# Makroökonomie

Von
## Dr. Klaus Rittenbruch
Professor der Volkswirtschaftslehre

11., neu bearbeitete und erweiterte Auflage

R.Oldenbourg Verlag München Wien

**Die Deutsche Bibliothek – CIP-Einheitsaufnahme**

Rittenbruch, Klaus:
Makroökonomie / von Klaus Rittenbruch. – München ; Wien :
Oldenbourg

[Hauptbd.].. – 11., neu bearb. und erw. Aufl. - 2000
  ISBN 3-486-25486-3

© 2000 Oldenbourg Wissenschaftsverlag GmbH
Rosenheimer Straße 145, D-81671 München
Telefon: (089) 45051-0
www.oldenbourg-verlag.de

Gedruckt auf säure- und chlorfreiem Papier
Druck: R. Oldenbourg Graphische Betriebe Druckerei GmbH

ISBN 3-486-25486-3

# Inhaltsverzeichnis

# Vorwort zur 11. Auflage

Das Buch ist als Einführung in die makroökonomische Theorie (mit „Ausflügen" in die makroökonomische Politik) im Rahmen des Grundstudiums gedacht. In der nunmehr vorgelegten 11. Auflage des Buches wurde die Grundkonzeption der Vorauflagen beibehalten. Im Zuge der drucktechnisch völligen Neugestaltung dieser Auflage wurde jedoch versucht, Text und Grafiken noch klarer zu gestalten und damit das Verständnis zu erleichtern. Das Buch ist inhaltlich insofern neu, als in Teil 1 die im Jahre 1999 erfolgte Umstellung des deutschen Systems der Volkswirtschaftlichen Gesamtrechnung auf das neue gemeinsame *Europäische System Volkswirtschaftlicher Gesamtrechnungen (ESVG) 1995* berücksichtigt wurde. Es war nicht das Ziel, das neue, eher noch komplizierter gewordene System in allen Details zu beschreiben; es war vielmehr die Absicht, ein Grundverständnis über das neue System zu vermitteln. Berücksichtigt wurde ferner in Teil 2 die Ablösung der nationalen, von der Deutschen Bundesbank ausgeführten Geldpolitik durch die Einführung einer übernationalen, durch das *Europäische System der Zentralbanken (ESZB)* betriebenen Geldpolitik. Kurz eingegangen wurde auch auf die Wirkungen einer nationalen Fiskalpolitik in einer Währungsunion.

Inhaltlich ist das Buch an mehreren Stellen erweitert worden. Der Gesamtumfang konnte jedoch durch Straffungen des bisherigen Textes in etwa beibehalten werden. So wurde dem Monetarismus kein eigenes Kapitel mehr gewidmet. Monetaristische Ansichten wurden an anderen Stellen eingearbeitet.

Das zu diesem Lehrbuch verfügbare „Übungsbuch zur Makroökonomie" befindet sich wegen der notwendigen Anpassungen an die Änderungen in der VGR und im Geldsektor in Überarbeitung. Ich hoffe, die neue Fassung des Übungsbuches in nicht allzu ferner Zukunft fertigstellen zu können.

Bei Korrekturarbeiten wurde ich von Herrn Holger Nußbeck tatkräftig unterstützt. Dafür möchte ich ihm auch an dieser Stelle vielmals danken.

Klaus Rittenbruch
Bielefeld

# Verzeichnis der benutzten Abkürzungen und Symbole

Es wurde eine weitgehende Übereinstimmung der in Teil 1 und Teil 2 benutzten Symbole angestrebt. Eine völlige Übereinstimmung ließ sich jedoch leider nicht erreichen. International hat sich noch keine völlig Angleichung der Notationen durchgesetzt.

## Allgemeine Abkürzungen

BBk     Deutsche Bundesbank
c.p.     ceteris paribus (= unter sonst gleichen Bedingungen)
ESt     Einkommensteuer
ESVG     Europäisches System Volkswirtschaftlicher Gesamtrechnungen
ESZB     Europäisches System der Zentralbanken
EWS     Europäisches Währungssystem
EWU     Europäische Währungsunion
EWWU     Europäische Wirtschafts- und Währungsunion
EZB     Europäische Zentralbank
KSt     Körperschaftsteuer
SR     Sachverständigenrat für die Begutachtung der gesamtwirtschaftlichen Entwicklung bzw.
       Jahresgutachten 19.. des Sachverständigenrates zur Begutachtung der gesamtwirtschaftlichen Entwicklung
Stat BA     Statistisches Bundesamt
Stat Jb BRD 19..     Statistisches Jahrbuch für die Bundesrepublik Deutschland 19..
VGR     Volkswirtschaftliche Gesamtrechnung
VSt     Vermögensteuer
WiSt     Wirtschaftswissenschaftliches Studium
WISU     Das Wirtschaftsstudium - Zeitschrift für Ausbildung, Examen und Berufseinstieg

## In *Teil 1* verwendete Symbole:

*(kursiv: Begriffe der alten deutschen VGR)*

A     Ausland
BIP     Bruttoinlandsprodukt
*BSP*     *Bruttosozialprodukt*
BNE     Bruttonationaleinkommen
BÜ     Betriebsüberschuss
BWS     Bruttowertschöpfung
C     Konsum
$C_H$     Konsumausgaben der Haushalte
$C_{PO}$     Konsumausgaben der Privaten Organisationen ohne Erwerbszweck
$C_{St}$     Konsumausgaben des Staates *(früher: Staatskonsum / Staatsverbrauch)*
D     Abschreibungen
DevB     Saldo der Devisenbilanz

DiB   Saldo der Dienstleistungsbilanz
E     Einkommen / Einkommenskonto
EX    Exporte (von Gütern) (nach ESVG)
$EX_G$ *Exporte von Gütern*
*EX*   *Exporte von Gütern und von Inländern erzielte Faktoreinkommen im Ausland*
*EV*   *Saldo der Erwerbs- und Vermögenseinkommen zwischen Inländern und Ausländern*
FKG   Finanzielle Kapitalgesellschaften
FD    Finanzierungsdefizit
FÜ    Finanzierungsüberschuss
*G*    *Einkommen aus Unternehmertätigkeit und Vermögen*
       (= Summe aus Betriebsüberschüsse und Selbständigeneinkommen)
GE    Geldeinheiten
H     (private) Haushalte
HB    Saldo der Handelsbilanz
I     Investition
$I^{br}$ Brutto-Investition
$I^{n}$ Netto-Investition
$I^{re}$ Ersatz- oder Re-Investition
IM    Importe (von Gütern) (nach ESVG)
$IM_G$ *Importe von Gütern*
*IM*   *Importe von Gütern und von Ausländern im Inland erzielte Faktoreinkommen*
KB    Saldo der Kapitalbilanz
KG    Kapitalgesellschaften
L     Einkommen aus unselbständiger Arbeit (Lohn und Gehalt)
LB    Saldo der Leistungsbilanz
LÜ    Laufende Übertragungen (= gegenwertlose Leistungen)
M     Geldmenge / Geldangebot
NIP   Netto-Inlandsprodukt
NNE   Nettonationaleinkommen / Primäreinkommen
P     Produktion / Produktionskonto
PE    Saldo der Primäreinkommen
PW    Produktionswert
S     Sparen
SE    Selbständigeneinkommen
St    Staat (Gebietskörperschaften und Sozialversicherung)
T     Steuern
$T^{d}$ direkte Steuern [normalerweise einschl. Sozialabgaben (Arbeitgeber- plus Arbeitnehmerbeiträge)]
$T^{i}$ indirekte Steuern
Tr    Transfers (= gegenwertlose Leistungen an Haushalte)
*U*    *Unternehmen*
VÄ    Vermögensänderung / Vermögensänderungskonto
VE    Volkseinkommen
VL    Vorleistungen
Y     (gesamtwirtschaftliches) Einkommen
Z     Subventionen (= gegenwertlose Zahlungen an Produzenten);
       in Kap. 4.2: Saldo der Zahlungsbilanz

Zi      Zinsen auf Staatsschuld

**In *Teil 2* verwendete Symbole:**

$\alpha$       Steigungsmaß (absolut) der Investitionsfunktion
$\beta$       Parameter in der $L_S$-Funktion
b       Bargeldabflussquote
B       Geldbasis
BG      Bargeldumlauf
c       marginale Konsumquote
C       Konsum
D       Sichteinlagen / Depositen
DevB   Saldo der Devisenbilanz
e       Wechselkurs (inländische GE / WE) (exchange rate)
EX      Exporte
fV      finanzielles Vermögen
$\gamma$       Parameter in der $L_S$-Funktion
G       Staatsausgaben für Güter und Dienste (government expenditures)
GB      Geschäftsbanken
GE      Geldeinheiten
H       (private) Haushalte
i       (realer) Zinssatz  (international meist: r)
im      marginale Importquote
IM      Importe
k       im Gütermarkt-Modell: (Gütermarkt-)Multiplikator
        im Geldmarkt-Modell:  Kassenhaltungskoeffizeint
K       Sachkapital
KB      Saldo der Kapitalbilanz
L       Geldnachfrage (Liquiditätspräferenz)
$L_S$      Geldnachfrage zu Spekulationszwecken
$L_T$      Geldnachfrage zu Transaktionszwecken
LB      Saldo der Leistungsbilanz
m       Geldmengenmultiplikator
$m_g$      Geldschöpfungsmultiplikator
M       Geldangebot / Geldmenge (money)
N       Arbeitsmenge
NB      Nichtbanken
P       Preisniveau
P*      erwartetes Preisniveau
Q       Parameter der Geldnachfrage bei Friedman
r       Mindestreservesatz
s       marginale Sparquote
S       Sparen
t       marginale Steuerquote
T       Steuern (tax)
        in Kap. 7: Transaktionsvolumen / Handelsvolumen
tot     Terms of Trade / reales Austauschverhältnis

| | |
|---|---|
| Tr | Transferzahlungen |
| u | Arbeitslosenquote (unemployment ratio) |
| ÜR | Überschussreserve |
| V | Umlaufsgeschwindigkeit des Geldes (velocity) |
| W | Vermögen (wealth) |
| w | Nominallohnsatz / Geldlohnsatz (wage) |
| w / P | Reallohnsatz |
| WE | ausländische Währungseinheit |
| Y | reales Volkseinkommen |
| $Y_0$ | Gleichgewichtseinkommen |
| $Y^{nom}$ | nominales Volkseinkommen |
| $Y_H^v$ | verfügbares Einkommen der Haushalte |
| Z | Saldo der Zahlungsbilanz (= Saldo der Devisenbilanz) |
| ZB | Zentralbank |

**Indizes:**

| | |
|---|---|
| A | Angebot (international: S = supply) |
| AL | Ausland |
| I | Inland |
| N | Nachfrage (international: D = demand) |
| p | permanent |
| pr | privat |
| r | real |
| t | Zeitindex |
| VB | Vollbeschäftigung |

**Sonstiges:**

| | |
|---|---|
| ‾ .... | *Querstrich* über einem Symbol: Größe ist *autonom*, d.h. vom Einkommen unabhängig |

# Einführung

## 1. Begriff und Aufgabe der Makroökonomie

Das vorliegende Buch befasst sich mit *makroökonomischen* Fragestellungen. Über den Inhalt des Begriffs „Makroökonomie" (heute oft *Makroökonomik*) dürften allerdings Studierende, die sich erstmals mit dieser Materie befassen, nur eine vage Vorstellung haben. So ist der Wunsch verständlich, gleich zu Beginn eine knappe, aber einleuchtende Definition darüber zu erhalten, was Makroökonomie ist, wovon das Buch also handelt. Bereits die Makroökonomie als Ausschnitt der umfassenderen Wirtschaftswissenschaften ist jedoch derart komplex, dass man sie nur schwer in einer kurzen Begriffsklärung umschreiben kann. Daher soll hier auch kein Versuch unternommen werden, eine derartige Definition zu erarbeiten.

Gemeinsamer Ausgangspunkt der Wirtschaftswissenschaften ist die Erkenntnis, dass eine Diskrepanz besteht zwischen den Wünschen und Bedürfnissen der Menschen und den zur Befriedigung dieser Bedürfnisse zur Verfügung stehenden Mitteln. Fast alle diese Mittel müssen durch den Einsatz begrenzter Produktionsfaktoren [Boden, natürliche Rohstoffe, menschliche Arbeit, Sachkapital (*produzierte Produktionsmittel* wie Maschinen, Fahrzeuge, Gebäude)] unter Einsatz von technisch-organisatorischem Wissen (know-how) erst hergestellt und an die Orte der Verwendung transportiert werden. Diese Begrenzung der Hilfsquellen (Ressourcen) im Hinblick auf die so zahlreichen Wünsche wird als **Knappheit** bezeichnet. Sie legt nahe, dass man sich Gedanken über den wirksamsten Einsatz der begrenzten Mittel macht. Das Treffen von Entscheidungen über den sinnvollsten Einsatz begrenzter Mittel ist es, was man unter **Wirtschaften** versteht.

Die Wirtschaftswissenschaften wollen untersuchen, wie und nach welchen Regeln die Entscheidungen über die Verwendung knapper Ressourcen erfolgen. Sie wollen ergründen, *warum* und *wie* (durch welchen Faktoreinsatz) bestimmte Güter produziert werden und warum dies gerade in den jeweiligen Mengen geschieht. Sie wollen ferner darlegen, warum bestimmte Anteile des Produktionsergebnisses auf bestimmte Wirtschaftssubjekte entfallen. Sie sollen aber auch Hilfen für die Wirtschaftspolitik geben, d.h. Hinweise darüber liefern, mit welchen Instrumenten gegebenenfalls bestimmte *gewünschte* wirtschaftliche Situationen erreicht werden können.

Wirtschaftliche Beziehungen und wirtschaftliche Betätigungen sind so zahlreich und finden auf so vielen Ebenen statt, dass zur Vereinfachung der Analyse und zur leichteren Durchdringung des Gesamtkomplexes *Wirtschaft* von den Wirtschaftswissenschaftlern Teilbereiche gebildet werden, die in Übersicht 0.1 aufgeführt sind.

Die Volkswirtschaftslehre wird in die beiden Bereiche *Mikro-* und *Makroökonomie* (heute oft: *Mikro-* und *Makroökonomik*) unterteilt. Gegenstand der **Mikroökonomie** ist die Analyse des wirtschaftlichen Verhaltens *einzelner Wirtschaftssubjekte* (Haushalte und Unternehmen). Dabei werden nur **grundsätzliche Verhaltensmuster** analysiert. Die Mikroökonomie ist daher ziemlich abstrakt gehalten.

In der Theorie des Haushalts wird vorrangig untersucht, nach welchen Kriterien die Haushalte die Wahl der von ihnen zu kaufenden Konsumgüter vornehmen

**Übersicht 0.1** Die Unterteilung der Wirtschaftswissenschaften

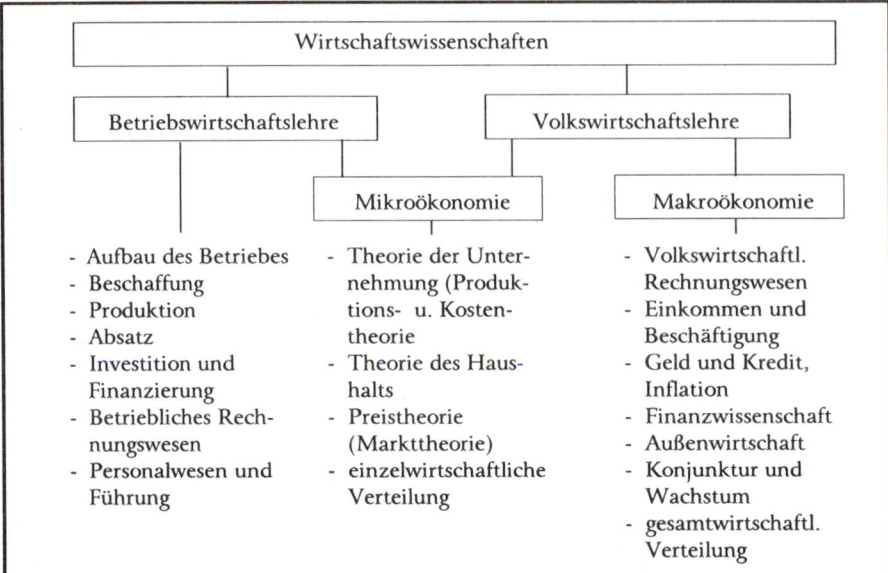

(Nachfragetheorie). Die Theorie der Unternehmung befasst sich mit der Frage, welche Aspekte für die Wahl des jeweils anzuwendenden Produktionsverfahrens maßgebend sind und welche Gründe dazu führen, Produkte in bestimmten Mengen anzubieten (individuelles Angebot). Die Addition der individuellen betrieblichen Angebote für die jeweiligen Produkte führt zum gesamten Marktangebot.

Der dritte Teilbereich der Mikroökonomie ist die Preis- oder Markttheorie. Hier wird untersucht, wie die jeweils individuell und unabhängig voneinander erstellten Pläne der einzelnen Wirtschaftssubjekte auf Märkten durch die Marktmechanismen (Angebot und Nachfrage) aufeinander abgestimmt werden.

Die **Betriebswirtschaftslehre** ist ebenfalls durch eine *einzelwirtschaftliche* Betrachtung gekennzeichnet. Sie unterscheidet sich damit nicht fundamental von der Mikroökonomie. Die Betriebswirtschaftslehre ist allerdings insofern weiter gefasst als die Mikroökonomie, als sie sich nicht nur mit grundsätzlichen Aspekten befasst, sondern auch mit vielen praktischen Details (z.B. der konkreten Einführung einer Kostenrechnung; Absatzstrategien; Mitarbeiterführung u.v.a.m.).

Im Gegensatz zur Mikroökonomie und der Betriebswirtschaftslehre werden in der **Makroökonomie** in einer *gesamtwirtschaftlichen* Betrachtung das (durchschnittliche) Verhalten ganzer **Gruppen** gleichartiger Wirtschaftseinheiten [sog. **Sektoren** oder **institutionelle Aggregate**; (z.B. die Gesamtheit aller Haushalte; die Gesamtheit aller Unternehmen; der Staat)] sowie die wirtschaftlichen Wechselwirkungen und die zwischen diesen Gruppen fließenden **Ströme** [auch: **funktionelle Aggregate** (z.B. die gesamten Konsumausgaben aller Haushalte; die gesamte Exporttätigkeit aller Unternehmen)] analysiert.

Rechtfertigung für eine makroökonomische Betrachtungsweise ist einmal, dass jeder Wirtschaftswissenschaftler überfordert wäre, wollte er allen Beziehungen zwischen den unzähligen Wirtschaftssubjekten im Einzelnen nachgehen. Außerdem hat es sich gezeigt, dass es für viele Fragestellungen ausreichend ist, mit Gruppen und deren durchschnittlichem Verhalten zu arbeiten. Im „Gesetz der großen Zahl" lässt sich eine gewisse Rechtfertigung für ein solches Verhalten finden, haben doch statistische Untersuchungen deutlich erkennen lassen, dass die ökonomischen Beziehungen zwischen Gruppen von Wirtschaftssubjekten (den Aggregaten) i.d.R. stabiler sind als die Beziehungen zwischen einzelnen Wirtschaftssubjekten. Die Notwendigkeit einer besonderen Makroökonomie ist zwar heute anerkannt, andererseits wird vermehrt eine bessere *mikroökonomische Fundierung der Makroökonomie* für nötig gehalten.

Eine gesamtwirtschaftliche Betrachtungsweise ist ferner deshalb angebracht, weil gerade die individuelle Erfahrung, die jeder mit wirtschaftlichen Ereignissen hat, zu falschen Schlüssen führen kann. Einzel- und gesamtwirtschaftliche Analyse führen nämlich nicht immer zu gleichen Ergebnissen, denn in den Sozialwissenschaften ist die Summe der Einzelteile nicht immer gleich der Gesamtheit. Aufgabe einer gesamtwirtschaftlichen Betrachtung ist es somit auch, diese Widersprüche zwischen individueller und volkswirtschaftlicher Sicht aufzudecken. Ein gutes Beispiel für solche Widersprüche ist der **Trugschluss der Verallgemeinerung**. Er wird üblicherweise am folgenden Beispiel aufgezeigt:
Wenn jemand von seinem Sitz aus das Geschehen auf dem Fußballplatz schlecht verfolgen kann, dann ist es eine richtige und vernünftige Entscheidung, auf den Stuhl zu steigen. Diese Entscheidung ist aber nur dann sinnvoll, wenn er das allein tut. Sobald jeder schlecht sehende Zuschauer auf den Stuhl steigt, wird die Entscheidung unsinnig. Nun sehen alle gleich schlecht wie vorher, haben aber ihre Situation insofern sogar noch verschlechtert, weil jetzt alle stehen, während sie vorher wenigstens saßen.

Von den zahlreichen Beispielen aus dem wirtschaftlichen Bereich seien hier nur die folgenden beiden angeführt:
Wenn einer für sich allein mehr sparen will, kann er dies i.d.R. erreichen. Sparen alle Wirtschaftssubjekte einer Volkswirtschaft mehr, sparen sie möglicherweise im Endeffekt weniger als vorher. Die vermehrte Ersparnis der Gesamtheit kann nämlich zu einem gesamtwirtschaftlichen Einkommensrückgang führen. Aus dem geringeren Einkommen kann nur noch weniger gespart werden (vgl. Kap. 6.5.2).

Ein einzelnes Wirtschaftssubjekt kann (als Schuldner) einen Kreditvertrag mit einem anderen Wirtschaftssubjekt (dem Gläubiger) abschließen. Dadurch wird es für den Schuldner möglich, sich in der betrachteten Periode mehr Güter zu verschaffen, als ihm selbst in dieser Periode aufgrund seines Beitrags zur Produktion (seinem Einkommen) zustehen. Die Schuld kann er in einer späteren Periode dadurch zurückzahlen, dass er dann Teile seines Einkommens (= Ansprüche auf produzierte Güter) an den Gläubiger abführt. - Die Wirtschaftssubjekte insgesamt (die Weltbevölkerung) können jedoch in einer Periode ihre Güterversorgung nicht dadurch erhöhen, indem sie von sich selbst Güter leihen und sie in einer späteren

Periode zurückzahlen. (Dieser Trugschluss spielt in der Diskussion um die Staatsverschuldung eine Rolle.)

Wenn im Folgenden die **Aufgabe der Makroökonomie** durch beispielhafte
Fragestellungen umschrieben wird, sollte dabei bedacht werden, dass der Begriff
„Makroökonomie" nicht ganz einheitlich verwendet wird. In einem engeren Sinne
versteht man darunter nur den Bereich „Einkommen und Beschäftigung" (vgl.
Übersicht 0.1). Hier wird der Begriff in einem weiteren Sinne als „gesamtwirt-
schaftliche Analyse" verstanden. In diesem weiteren Sinne ist die Aufgabe der
Makroökonomie in der Beantwortung der folgenden, ausgewählten zentralen Fragen
zu sehen:
- Wodurch wird die Höhe des Volkseinkommens und der Beschäftigung von Arbeit
  und Kapital bestimmt?
- Wie entstehen Konjunkturen, d.h. Phasen von angespannter, ja übersteigerter
  Wirtschaftstätigkeit und umgekehrt Phasen mangelnder Auslastung der Produk-
  tionsfaktoren, insbesondere der Arbeit?
- Wie entstehen Inflationen / Deflationen und welche Wirkungen haben sie auf die
  Volkswirtschaft?
- Welche Einflüsse gehen von der staatlichen Aktivität aus, also von Steuern und
  Staatsausgaben? Wie ist eine Staatsverschuldung zu beurteilen?
- Welche Bedeutung hat der Außenhandel für verschiedene Volkswirtschaften?
  Wie wird er durch Wechselkursänderungen beeinflusst? Welche Faktoren be-
  stimmen den Wechselkurs?
- Wodurch ist die Höhe des Anteils der Arbeitseinkommen am Volkseinkommen
  (die sog. Lohnquote) bestimmt? Ist die Höhe der Lohnquote beeinflussbar oder
  stellt sie möglicherweise in langfristiger Sicht letztlich eine eher konstante Größe
  dar?
- Worauf geht das Wachstum von Volkswirtschaften zurück? Ist Wachstum
  notwendig oder führt es letztlich zu einer Zerstörung der Umwelt?

Die angeführten Beispiele stellen allerdings nur einen kleinen Ausschnitt aus der
Fülle makroökonomischer Fragestellungen dar. Übersicht 0.1 zeigt, dass zur leichte-
ren Durchdringung dieses großen Gesamtkomplexes Teilgebiete gebildet werden, die
je nach Problemstellung miteinander verknüpft werden müssen. Dieses Lehrbuch
hat allerdings nicht das Ziel, alle Teilgebiete zu behandeln, also eine umfassende
Darstellung aller makroökonomischen Problemfelder zu bieten. Es beschränkt sich
vielmehr auf die folgenden Bereiche:
- Kreislauftheorie und volkswirtschaftliche Gesamtrechnung  (Teil 1);
- Einkommen und Beschäftigung;
- Geld und Kredit;
- Teile des Außenhandels.

Zu den nicht behandelten Gebieten gehören etwa das Inflationsproblem,
Wachstums-, Struktur- und Umweltprobleme, Fragen der makroökonomischen
Verteilung, Ansätze der Konjunkturtheorien sowie viele außenwirtschaftliche
Aspekte. Daher muss man bei der Lektüre des Buches (vor allem des Teils 2)
beachten, dass die vorgeführten Erklärungsansätze auch nur innerhalb der behan-

delten Teilbereiche gelten; bei Berücksichtigung weiterer Teilbereiche kann es notwendig werden, die hier vorgestellten Ergebnisse zu modifizieren.

Es sei im Übrigen noch darauf aufmerksam gemacht, dass die Volkswirtschaftslehre generell - wie auch ihre Teilgebiete - in Volkswirtschafts*theorie* und Volkswirtschafts*politik* unterteilt wird. **Aufgabe der Theorie** ist es, den Wirtschaftsablauf zu beschreiben und zu erklären. Die Erklärung ist jedoch i.d.R. kein Selbstzweck. Wenn man erforscht hat, wie bestimmte Faktoren auf Einkommen und Beschäftigung wirken, dann liegt es nahe, sich dieses Wissen für praktische Problemstellungen nutzbar zu machen.

Der Anlass für wirtschaftspolitische Eingriffe ergibt sich immer aus einem Vergleich der Zielvorstellungen - etwa über die wünschenswerte Höhe von Einkommen und Beschäftigung - mit der tatsächlichen Lage. Gibt es Abweichungen zwischen Ziel und Wirklichkeit, greift man auf die von der Theorie erarbeiteten Wirkungszusammenhänge zurück. Es kann eventuell möglich sein, so auf die Bestimmungsfaktoren einzuwirken, dass das gewünschte Ziel erreicht wird. Die **Aufgabe der Wirtschaftspolitik** (hier verstanden als *Theorie der Wirtschaftspolitik*, d.h. es geht hier nicht um den konkreten Einsatz wirtschaftspolitischer Instrumente) besteht also darin, Aussagen über die für die jeweilige Lage als geeignet erachteten wirtschaftspolitischen Instrumente zu erarbeiten. Außerdem gehören in den Bereich der Wirtschaftspolitik alle Probleme, die sich bei der praktischen Umsetzung theoretischer Vorstellungen ergeben, z.B. das Auftreten zeitlicher Verzögerungen in den Wirkungen, weil die Maßnahmen zunächst diskutiert, dann beschlossen, danach umgesetzt werden müssen und erst dann ihre Wirkungen einsetzen können.

Dieses Lehrbuch ist primär der Wirtschafts*theorie* gewidmet. Das umfangreiche Gebiet der Wirtschaftspolitik wird nur insofern angeschnitten, als im Anschluss an die Erläuterung der theoretischen Zusammenhänge mögliche wirtschaftspolitische Schlussfolgerungen angedeutet werden.

## 2. Zur Methodik der Volkswirtschaftslehre

Die Volkswirtschaftslehre versucht, in die riesige Zahl wirtschaftlicher Beziehungen zwischen den einzelnen Wirtschaftssubjekten eine gewisse Ordnung zu bringen. Vor allem geht es ihr um *gesetzmäßige* Beziehungen zwischen großen Gruppen von Wirtschaftssubjekten und zwischen volkswirtschaftlichen Größen wie Konsum, Investition, Einkommen. Denn nur dann, wenn gewisse Regelmäßigkeiten bestehen, können gegebenenfalls auch wirtschaftspolitische Eingriffe zur Erreichung bestimmter Ziele vorgeschlagen werden.

Die große Zahl wirtschaftlicher Vorgänge erlaubt es nicht, sie etwa alle zahlenmäßig zu erfassen und auszuwerten. Volkswirte sind daher in hohem Maße darauf angewiesen, die verwirrende Vielfalt der Wirklichkeit durch *Weglassen* von solchen Details, die als weniger wichtig erscheinen, zu vereinfachen. Es werden *gedankliche* Modelle erarbeitet, die durch *Abstraktion* von allen Einzelheiten der Wirklichkeit gerade die bedeutsamen und typischen Beziehungen umso klarer hervortreten lassen sollen. Aussagen über das Verhalten einzelner Wirtschaftssubjekte sowie von Aggregaten und über ihre Beziehungen untereinander sind wegen der Abstraktion allerdings als *Idealisierungen der Wirklichkeit* zu verstehen; sie beschreiben damit die Realität allenfalls annäherungsweise. „Man kann deshalb sagen, dass im Rahmen ökonomischer Modelle soziale Prozesse ... unter Voraussetzung idealer - und damit irrealer - Anfangsbedingungen beschrieben und vorausgesagt werden." [Bohnen (1978); Sp. 834]

Es kommt vor, dass sich Volkswirte dem folgenden Vorwurf ausgesetzt sehen: Ökonomen betreiben zu oft „Modellschreinerei", d.h. sie machen irgendwelche Annahmen über das Verhalten der Wirtschaftssubjekte und die sonstigen ökonomischen Bedingungen. Auf dieser Basis leiten sie dann ihre Ergebnisse ab. Diese Ergebnisse folgen jedoch zwangsläufig aus den gesetzten Prämissen. Ob letztere aber wenigstens in den Grundzügen das tatsächliche Verhalten der Wirtschaftssubjekte beschreiben, wird überhaupt nicht geprüft. - Es ist in der Tat wichtig, den Realitätsgehalt von Aussagen nicht aus den Augen zu verlieren. Der Überprüfung von Aussagen anhand von Erfahrungstatsachen (empirische Forschung) wird deshalb besondere Bedeutung beigemessen. Damit wird auch die Möglichkeit der Zurückweisung von Theorien als fehlerhaft (Falsifizierung) wesentlich erleichtert.

Wenn realitätsnahe Modelle (oder Theorien) erarbeitet werden sollen, benötigt man zuerst eine *beschreibende Erfassung* der Wirklichkeit. Es müssen also zunächst einmal Fakten gesammelt werden. Allerdings hat ein wahlloses Sammeln wirtschaftlicher Fakten, deren Zahl schließlich unerschöpflich ist, wenig Sinn. Eine gewisse theoretische Vorstellung darüber, was für die Beschreibung der Wirklichkeit wichtig sein könnte und was nicht, ist also erforderlich. Diese theoretische Vorstellung muss andererseits aber wieder an den Fakten geprüft werden; insofern besteht eine Wechselwirkung zwischen Erfahrung und Bildung von (erklärenden) Theorien.

Die Zuordnung und Systematisierung von Fakten sowie die Bildung von Definitionen sind die erste Stufe der Theoriebildung. Dies geschieht in Teil 1 dieses Buches in Form einer sog. **Ex-post-Analyse** des Wirtschaftsgeschehens. Darunter versteht man die Beschreibung des **Ergebnisses des Wirtschaftsprozesses einer abgelaufenen Periode** (ex post = aus dem Nachhinein). Diese Beschreibung erfordert zugleich die Prägung von Termini (Fachbegriffen), d.h. bestimmte Begriffe erhalten einen eindeutig bestimmten Fachinhalt. Das dient dem Zweck, Klarheit darüber zu schaffen, worüber man spricht. Dies ist im Fall der Wirtschaftswissenschaften besonders wichtig, weil viele Begriffe aus der Umgangssprache übernommen wurden, deren Bedeutungen dort aber häufig nicht eindeutig festgelegt sind.

Nach der Beschreibung wird zu klären versucht, *warum* die dargestellten Prozesse so ablaufen. Diese Analyse bezeichnet man **Ex-ante-Analyse** (ex ante = aus dem Vorhinein). Sie versucht zu **erklären**, wie sich die *makroökonomischen Größen unter der Annahme bestimmter Verhaltensweisen der Aggregate entwickeln.*

Der Versuch, den Wirtschaftsprozess zu erklären, ist nicht leicht. Naturwissenschaftler können zur Klärung bestimmter Fragen etwas leichter Versuche anstellen;

dieser Weg ist den Wirtschaftswissenschaftlern meistens versperrt. Man kann keine einmonatige vollständige Arbeitspause anordnen, nur damit Ökonomen sehen, welche Wirkung dies z.B. auf Konsum, Ersparnis, Importe usw. hat. Man kann allenfalls nach vergleichbaren Situationen in der Wirtschaftsgeschichte suchen und versuchen, daraus seine Schlüsse zu ziehen.

Die Analyse empirischen Materials für die Zwecke der Theoriebildung, der Suche nach Ursache und Wirkung, ist nicht ohne Gefahren. Dass der Rückgang der Zahl der Störche nicht ursächlich für einen gleichzeitig zu verzeichnenden Rückgang der Geburten ist, ist allgemein bekannt. In den Wirtschaftswissenschaften sind solche Scheinkorrelationen leider oftmals nicht so leicht zu entlarven. Vor allem auch die Denkweise des „danach, also deswegen", die bei der Ursachenforschung so nahe liegt, kann leicht zu Fehlschlüssen führen.

Eine andere Gefahr besteht darin, dass die Wirtschaftswissenschaftler die Wirtschaftswissenschaften mit den exakten Naturwissenschaften auf eine Stufe stellen. Vor dieser Gleichstellung hat F. A. von Hayek anlässlich der Verleihung des Nobelpreises 1974 beredt gewarnt, denn sie führt nach Hayek zu einer „Anmaßung von Wissen", das im Bereich komplexer sozialer Phänomene nicht gegeben und auch nicht erreichbar sei. Er ist der Meinung, dass es gerade diese weit verbreitete Einstellung zum Wesen der Nationalökonomie als quasi exakte Wissenschaft sei, die zu falschen Theorien und damit insbesondere zu wirtschaftspolitischem Handeln mit fatalem Ausgang geführt habe. Hayek (1975; S 13) stellt mit großem Nachdruck fest:

„Im Unterschied zu der Situation der exakten Naturwissenschaften ist in der Wirtschaftswissenschaft und in anderer Disziplinen, die mit inhärent komplexen Phänomenen zu tun haben, die Anzahl der Aspekte des zu erklärenden Geschehens, über die quantitative Angaben zu gewinnen sind, notwendig begrenzt, und die wichtigsten gehören gar nicht einmal dazu . . . Und während in den exakten Naturwissenschaften der Forscher das ihm auf der Grundlage seiner prima facie Theorie wichtig Erscheinende als messbar ansieht, wird in den Sozialwissenschaften oft das als wichtig behandelt, was gerade der Messung zugänglich ist. . . . Die Korrelation zwischen der Gesamtnachfrage und der Gesamtbeschäftigung mag nur annähernd bestehen, aber da sie die *einzige* ist, über die wir quantitative Angaben haben, wird sie als die einzige kausale Beziehung angesehen, die zählt. So kann es nach diesem Kriterium sehr wohl einen besseren ‚wissenschaftlichen' Beweis für eine falsche Theorie geben, als für eine zutreffende Erklärung, die abgelehnt wird, weil nicht genügend quantitative Belege für sie vorhanden sind."

Modelle sollen vor allem helfen, Aussagen über die Wirkungen von Änderungen wichtiger wirtschaftlicher Größen machen zu können, obwohl - zumindest wohl nach der Ansicht v. Hayeks - die Möglichkeiten dazu begrenzt sind. Solche Aussagen sind in der Tat auf gesamtwirtschaftlicher Ebene besonders schwierig: In der Realität treten häufig die vielfältigsten Einflüsse gleichzeitig auf. Ihre Wirkungen können allenfalls in einer „Schritt-für-Schritt-Analyse" aufgezeigt werden, d.h. durch eine Zerlegung in Einzelwirkungen. Des weiteren sind auf gesamtwirtschaftlicher Ebene Rückwirkungen von den veränderten Größen auf die die Veränderung auslösenden Größen nichts Ungewöhnliches. In der Mikroökonomie ist die Argumentation oft einfacher, weil man dort davon ausgehen darf, dass bei Veränderungen einer Größe „alles Übrige gleich bleibt" (*ceteris-paribus-Annahme*; i.d.R. abgekürzt als c.p.). Ändert sich in einer Einzelwirtschaft etwas, so sind diese Änderungen für die Gesamtwirtschaft unbedeutend, weil die Einzelwirtschaft in Relation zur Gesamtwirtschaft viel zu klein ist. Somit gibt es auch keine Rückwirkungen von der Gesamtwirtschaft auf die Einzelwirtschaft. Für Änderungen makroökonomischer Größen gilt diese Argumentation jedoch nicht mehr; hier ist mit Rückwirkungen zu rechnen. In der makroökonomischen Analyse darf daher eine c.p.-Argumentation nur mit großer Vorsicht angewendet werden.

Die Vorstellung, dass es möglich sei, anhand ökonomischer Modelle ziemlich genaue Aussagen über die Wirkungen makroökonomischer Einflussfaktoren machen zu können und die so gewonnenen Ergebnisse auch für wirtschaftspolitische Eingriffe bis hin zu einer „Feinsteuerung" der Volkswirtschaft nutzbar machen zu können, wird durch Lehrbuchdarstellungen gefördert, in denen die Volkswirtschaftstheorie anhand von Beispielen abgehandelt wird, die von exakt quantifizierten Funktionen ausgehen. Auch in diesem Lehrbuch werden zahlreiche Zahlenbeispiele präsentiert. Hieraus sollte allerdings nicht der Schluss gezogen werden, als würde die Ansicht vertreten, dass in der Realität derart exakte Ergebnisse wie in den Modellen möglich wären. Für die Realität und gegebenenfalls für die wirtschaftspolitische Anwendung ist bereits dann viel gewonnen, wenn es gelingt, Aussagen über die *Wirkungsrichtungen* zu machen. Solche Aussagen sind übrigens anhand allgemein formulierter Verhaltensfunktionen (bei Kenntnis der Größenordnungen von Verhaltensparametern) durchaus möglich. Wenn hier gleichwohl des öfteren auch mit spezifizierten, numerischen Verhaltensfunktionen gearbeitet wird, so hat dies didaktische Gründe: Zumindest die Lehrerfahrung des Verfassers geht dahin, dass Ableitungen anhand spezifizierter Funktionen für Studienanfänger oftmals leichter zu verstehen sind als anhand allgemeiner Funktionen. Bei der Übertragung der Ansätze auf die Realität sollte man sich daher immer wieder klar machen, dass es sich um überspitzte Formulierungen handelt, die insbesondere bezüglich ihres *quantitativen* Realitätsgehalts mit Abstrichen zu versehen sind.

## 3. Meinungen, Ideologien und Wirtschaftswissenschaften

Jeder wird tagtäglich mit wirtschaftlichen Vorgängen konfrontiert. Dieser tägliche Kontakt mit wirtschaftlichen Problemen führt dazu, dass fast jedermann geneigt ist, eigene Beiträge zur Lösung aktueller wirtschaftlicher Probleme zu liefern. Solche Beiträge sind jedoch oft von der Interessenlage des Einzelnen geprägt. Dass die tägliche individuelle Erfahrung eine schlechte Grundlage für die Lösung volkswirtschaftlicher Probleme sein kann, wurde schon vorn anhand des Trugschlusses der Verallgemeinerung aufgezeigt. Die eigenen Interessen zum Ausgangspunkt der Betrachtung zu machen, ist sicher nicht unzulässig. Eine volkswirtschaftliche Analyse verlangt allerdings, die Rückwirkungen auf andere Wirtschaftssubjekte zu berücksichtigen und diese - insbesondere wenn sie von anderen als unangenehm empfunden werden können - nicht zu unterschlagen.

Wenn man sich zu wirtschaftlichen Fragen äußert, sollte man sich darüber klar sein, dass es zwei Ebenen von Aussagen (Urteilen) gibt: **Positive Aussagen** beziehen sich auf das „was ist, war oder sein wird". „Die Höhe des Konsums hängt von der Höhe des Einkommens ab" ist eine solche positive Aussage. Positive Aussagen müssen nicht richtig sein; ob sie richtig sind, steht jedoch der allgemeinen Nachprüfbarkeit offen. Sie können allerdings auch sehr komplexer Natur und äußerst schwer nachprüfbar sein, weil z.b. entsprechende allgemeine Prüfmethoden noch nicht entwickelt wurden. - **Normative Aussagen** befassen sich demgegenüber damit „was sein sollte", was man für wünschbar oder nicht wünschbar hält. Gerade diese Aussagen sind es, in denen sich die Interessenlage, geprägt durch *persönliche* Wertvorstellungen, ausdrückt. Persönliche Wertvorstellungen haben aber keinen (wissenschaftlich neutralen) Wahrheitsgehalt. Eine solche normative Aussage wäre z.B.: Die Einkommen der Landwirte sind unangemessen niedrig. Landwirte müssen daher subventioniert werden.

Gerade Sozialwissenschaften sind anfällig für Ideologien im Sinne von „Gedankengebilden, welche die Lebens- und Machtansprüche gesellschaftlicher Gruppen legitimieren und deren Wahrheitsansprüche nur teilweise oder gar nicht gerechtfertigt sind." [E. Topitsch, K. Salamun (1978); S. 80] In diesem Sinne handelt es sich um gedankliche Systeme, die Wertvorstellungen bestimmter Gruppen in das Gewand wissenschaftlicher, empirisch nachprüfbarer Aussagen kleiden und so den Anschein von Allgemeingültigkeit erreichen wollen.

Als Wissenschaftler sollte man versuchen, positive und normative Aussagen möglichst kenntlich zu machen. Es ist allerdings nicht immer ganz leicht, eine klare Trennung von interessenbedingter und „wertfreier wissenschaftlicher Sachaussage" zu erreichen. Die Trennung wird auch dadurch erschwert, dass die Wissenschaft keineswegs immer ein weitgehend akzeptiertes und geschlossenes System anbietet, also durchaus auch subjektive Vorlieben für bestimmte Erklärungsansätze oder Lehrgebäude (Paradigmen) bestehen. Besonders schwierig ist die Neutralität im Bereich der Wirtschaftspolitik zu erreichen, gibt es hier doch oft Zielkonflikte oder Nebenwirkungen zu beachten.

## Literaturhinweise zur „Einführung":

**A. Bohnen:** Methodologische Grundprobleme der Wirtschaftstheorie. In Handwörterbuch der Volkswirtschaft; hrsgg. von W. Glastetter, E. Mändle, U. Müller, R. Rettig. Wiesbaden 1978. Sp. 827 ff.

**F. A. von Hayek:** Die Anmaßung von Wissen. In: Ordo, Bd. 26, 1975. S. 12 ff.

**R. Jochimsen, H. Knobel** (Hrsg.): Gegenstand und Methoden der Nationalökonomie. NWB Bd. 45. Köln 1971

**J. Kromphardt:** Wirtschaftswissenschaft II: Methoden und Theorienbildung in der Volkswirtschaftslehre. In: Handwörterbuch der Wirtschaftswissenschaft (HdWW) Bd. 9. Stuttgart u.a. 1982. S. 904 ff.

**E. Topitsch, K. Salamun:** Ideologie. In: HdWW. Bd. 4. Stuttgart u.a. 1978. S. 79 ff.

**P. Wachtel:** Makroökonomik - Von der Theorie zur Praxis. München - Wien 1994. S. 1 - 10

**A. Woll:** Allgemeine Volkswirtschaftslehre. 12. Aufl. München 1996 (1. Kap.)

# Teil 1

# Die Ex-post-Analyse des Wirtschaftsgeschehens

# 1. Kapitel:
## Die Aufgabe der Ex-post-Analyse

Oberstes Ziel der Wirtschaft*theorie* ist die **Erklärung** der wirtschaftlichen Realität (also die Beantwortung der Frage, welche Ursachen den Ablauf der wirtschaftlichen Vorgänge bestimmen). Vorstufe der Erklärung ist die **Beschreibung** der wirtschaftlichen Wirklichkeit. Beschreibung und Erklärung lassen sich jedoch nicht völlig getrennt sozusagen nacheinander betreiben; eine Beschreibung erfolgt vielmehr immer schon vor dem Hintergrund von (möglichen) Erklärungsansätzen. Deshalb ist eine wahllose Erfassung aller möglichen wirtschaftlichen Vorgänge als Vorstufe einer Erklärung ungeeignet.

Vor dem Hintergrund von Erklärungshypothesen werden also die zahllosen wirtschaftlichen Vorgänge gruppiert und systematisiert. Eine solche Systematisierung geht einher mit begrifflichen Abgrenzungen, der Bildung von Fachbegriffen (Termini) und Definitionen. Obwohl oft beklagt wird, dass jede Wissenschaft ihr „Fachchinesisch" habe, so dass schon aus diesem Grund die Laien den Ausführungen von Fachleuten nicht folgen könnten, lässt sich eine solche Fachsprache nicht vermeiden, da die Begriffsinhalte der Umgangssprache zu unscharf gefasst sind und für eine wissenschaftliche Diskussion präzisiert werden müssen.

In diesem Teil 1 wird zunächst versucht, ein Grundverständnis über die in einer arbeitsteiligen (Markt-)Wirtschaft bestehenden Beziehungen zwischen großen *Gruppen von Wirtschaftssubjekten (institutionelle Aggregate)* - z.B. die Gesamtheit aller Haushalte, die Gesamtheit aller Unternehmen - zu vermitteln. Die Zuordnung von gesamtwirtschaftlichen Aktivitäten und Sektoren wird als **Kreislaufanalyse** bezeichnet. In diesem Zusammenhang wird auch zu zeigen sein, was in volkswirtschaftlicher Sicht unter *Einkommen* zu verstehen ist, wie es an die Faktorbesitzer verteilt und durch staatliche Aktivitäten umverteilt wird, wie es verwendet wird. Die Beziehungen des Wirtschaftskreislaufs bilden eine wesentliche Grundlage für den Teil 2 des Buches, in dem das *Verhalten* der Aggregate und die daraus folgenden Wirkungen analysiert wird.

Die Kreislaufanalyse bildet zwar einen zentralen Bereich des Teils 1; es gibt aber Fragestellungen, für die die Standardversion der Kreislaufdarstellung keine ausreichenden Grundlagen liefern kann. So hat es sich als zweckmäßig erwiesen, den in der Kreislaufanalyse geübten hohen Grad der Zusammenfassung von Wirtschaftssubjekten zumindest für den Bereich der produzierenden Wirtschaftseinheiten wieder zu verringern, um so in einer **Input-Output-Tabelle** (mit anschließender Input-Output-Analyse) eine detaillierte Übersicht über die gegenseitigen Liefer- und Empfangsverflechtungen der jeweiligen Branchen liefern zu können. - Die wichtigen außenwirtschaftlichen Beziehungen, die zwar auch in der Kreislaufanalyse erscheinen, werden vertieft in einer ausführlichen **Zahlungsbilanz** beschrieben.

Die bisherige Kreislaufanalyse lieferte ferner keine hinreichenden Auskünfte über die Struktur und Entwicklung von Forderungen und Verbindlichkeiten zwischen den Gruppen von Wirtschaftssubjekten. Daher wurde als Ergänzung eine **Finanzierungsrechnung** geführt. Im neuen *Europäischen System Volkswirtschaftlicher Gesamtrechnungen* (ESVG 1995) ist jedoch die Finanzierungsrechnung integriert. Auf sie wird allerdings im Rahmen dieses Buches nicht eingegangen.

Schließlich ist zu bemerken, dass im Rahmen der bisherigen Standard-Kreislaufanalyse nur **Stromgrößen** untersucht wurden; das sind Größen, die sich sinnvoll nur als *Zeitraum*größen verstehen lassen. (So kann zwar Einkommen zu einem bestimmten Zeitpunkt ausgezahlt werden, entstanden ist es aber immer durch die Tätigkeit eines Produktionsfaktors in einem Zeitraum.) Neben Stromgrößen sind aber auch *Bestandsgrößen* (wie z.B. das Produktivkapital, das Volksvermögen) von einiger Wichtigkeit. Zudem können Verbindungen zwischen Bestands- und Stromgrößen bestehen (z.B. führt die Stromgröße Investition zu einer Änderung bei der Bestandsgröße Produktivkapital). Deshalb wurde die Kreislaufanalyse auch um vereinzelte **Volksvermögensrechnung**en ergänzt, deren Struktur vorgeführt werden wird. Im ESVG ist aber eine Integration auch der Vermögensrechnungen vorgesehen. Ferner werden wichtige gesamtwirtschaftliche Kennzahlen (Arbeitslosenquote, Preisindizes u.a.) in ihrem Aufbau und ihrer Aussagekraft erläutert.

Dieser gesamte Themenbereich wird als **Ex-post-Analyse** bezeichnet. Damit soll ausgedrückt werden, dass das System Aussagen über eine *abgelaufene Periode* liefert, dass es für sich allein genommen aber noch *keine Aussagen über die Ursachen* der aufgezeichneten Abläufe erlaubt. Insofern kann die Ex-post-Analyse methodisch mit dem System des Jahresabschlusses für eine Unternehmung (GuV-Rechnung, Bilanz) verglichen werden.

Die Ex-post-Analyse zerfällt in zwei Teilbereiche: Zunächst geht es um den **qualitativen Aspekt** der Erstellung eines *aussagefähigen Systems*, also eines Systems des **Wirtschaftskreislaufs** oder Systems der **Volkswirtschaftlichen Gesamtrechnung (VGR)** sowie einer Volkseinkommenssystematik. Zum zweiten geht es um den **quantitativen Aspekt** der Füllung dieser Ex-post-Rechensysteme mit **konkreten Daten** für Volkswirtschaften.

Die Bereitstellung konkreter Daten dient vor allem zwei Zwecken:
1) Mit Hilfe konkreter Daten kann geprüft werden, ob die in einem theoretischen Erklärungsansatz behaupteten Wirkungszusammenhänge (z.B. die These, dass der Konsum einer Periode vom Einkommen *derselben* Periode abhängt) als nicht zutreffend zurückgewiesen werden müssen (Falsifizierung von Theorien).
2) Alle mit Wirtschaftspolitik befassten und an ihr interessierten Personen und Institutionen sind auf empirisches Datenmaterial angewiesen. Zu diesem Kreis gehören:
   - nationale staatliche Stellen (Ministerien, Sozialversicherung);
   - halbstaatliche Institutionen (Sachverständigenrat zur Begutachtung der gesamtwirtschaftlichen Entwicklung; Beiräte bei Ministerien);
   - Sozialpartner, Wirtschaftsverbände, Kammern;

- internationale Behörden und Organisationen [EU und Europäische Zentralbank (man denke etwa an die Bedeutung, die Sozialproduktsdaten als Grundlage für die Bemessung von Beiträgen der Mitgliedsstaaten an die EU gewonnen haben oder an die Bedeutung der „Maastricht-Kriterien" für die Teilnahme an der Europäischen Währungsunion); OECD; UNO];
- Forschungsinstitute, einzelne Unternehmen und Haushalte.

Die Daten der VGR und der ergänzenden Rechenwerke geben damit auch
Aufschluss darüber, inwieweit gesamtwirtschaftliche Ziele erreicht wurden. So
verpflichtet etwa das deutsche **Gesetz zur Förderung der Stabilität und des
Wachstums der Wirtschaft** (kurz meist **Stabilitätsgesetz**; StWG) von 1967 in §1
Bund und Länder im Rahmen ihrer Wirtschafts- und Finanzpolitik auf die Beachtung von vier gesamtwirtschaftlichen Zielen:
„Maßnahmen sind so zu treffen, dass sie im Rahmen der marktwirtschaftlichen
Ordnung gleichzeitig
- zur Stabilität des Preisniveaus;
- zu einem hohen Beschäftigungsstand und
- außenwirtschaftlichem Gleichgewicht
- bei stetigem und angemessenen Wirtschaftswachstum beitragen."

In diesem Zusammenhang wird auch das Grundgesetz angeführt. Aus der Formulierung des Art. 20 GG „Die Bundesrepublik Deutschland ist ein demokratischer
und *sozialer* Bundesstaat" wird das fünfte Ziel *Verteilungsgerechtigkeit* abgeleitet. Die
gleichzeitige Erreichung aller vier bzw. fünf Ziele wird jedoch als sehr schwierig
angesehen. Deshalb nennt man diesen Zielkatalog auch **Magisches Viereck** (bzw.
bei Einbeziehung weiterer Ziele auch *Magisches Fünfeck / Vieleck*).

Auch in Art. 2 des EU-Vertrages findet sich ein nahezu identischer gesamtwirtschaftlicher Zielkatalog:
„Aufgabe der Gemeinschaft ist es, ... ein beständiges, nichtinflationäres und
umweltverträgliches Wachstum, einen hohen Grad an Konvergenz der Wirt-
schaftsleistungen, ein hohes Beschäftigungsniveau, ein hohes Maß an sozialem
Schutz, die Hebung der Lebenshaltung und die Solidarität zwischen den Mitgliedstaaten zu fördern."

Alle hier angeführten Gesetze enthalten jedoch *keinerlei quantitative Vorgaben*,
wann die Ziele als erreicht gelten. Gleichwohl sind konkrete Daten aus der VGR
erforderlich, wenn über Lage und Ziel diskutiert werden soll. Die Daten der VGR
beziehen sich allerdings immer nur auf die *Vergangenheit*. Für wirtschaftspolitische
Entscheidungen sind i.d.R. zusätzlich *Prognosedaten* unerlässlich. Letztere basieren
zwar auf den Ergebnissen der VGR, zählen selbst aber nicht zur VGR.

Das Sammeln und Aufbereiten der erhobenen Daten stellt eine schwierige und
umfangreiche Arbeit dar, die u.a. mit zahlreichen Problemen der Abgrenzung und
Zuordnung von Daten verbunden ist. Diese Probleme wirken allerdings auf die
Kreislauftheorie und die Zweckmäßigkeit der erarbeiteten Kreislaufsystematik
zurück. Probleme der Abgrenzung und Zuordnung werden hier jedoch nur insoweit

diskutiert, als sie für das Verständnis der Aussagekraft der Daten von Bedeutung sind. Fragen der Erhebung*technik* werden gar nicht behandelt.

Abschließend sei noch ein kurzer historischer Rückblick gegeben. Die im Zentrum von Teil 1 stehende Kreislaufanalyse zählt zu den ältesten Gebieten der makroökonomischen Theorie. Bereits im Jahre 1758 hat der Franzose F. Quesnay mit seinem **Tableau Economique** eine nach Sektoren gegliederte quantitative Gesamtschau der damaligen französischen Wirtschaft vorgelegt. Sein Tableau nahm einen wichtigen Platz im Rahmen seiner kritischen Analyse der damals praktizierten merkantilistischen Wirtschaftspolitik ein, die er für verfehlt hielt. Wenn auch aus heutiger Sicht die von Quesnay gewählte Kreislaufanordnung nicht befriedigen kann, so ist doch der von ihm entwickelte Kreislaufgedanke aus der makroökonomischen Theorie nicht mehr wegzudenken; und die Idee muss umso höher bewertet werden, als die theoretische Nationalökonomie zu seiner Zeit überhaupt erst am Anfang ihrer Entwicklung stand.

Wohl auch daran lag es, dass der außerordentlich nützlich Kreislaufgedanke lange Zeit in seiner Bedeutung nicht erkannt und von anderen Theoretikern nicht aufgegriffen wurde. Erst K. Marx führte ihn - unter ausdrücklicher Bezugnahme auf Quesnay - wieder in die theoretische Analyse ein. Er benutzte den Kreislaufgedanken, um seine These vom unausweichlichen Niedergang des Kapitalismus abzustützen. Der Kreislaufgedanke fand jedoch erneut keine weitere Verbreitung.

Die bislang wohl größte wirtschaftliche Krise - die Weltwirtschaftskrise - lieferte für den englischen Ökonomen J. M. Keynes den Anlass, gesamtwirtschaftliche Probleme erneut mit Hilfe des Kreislaufansatzes zu durchleuchten. Auch Keynes war der Ansicht - hierin ähnelt er Marx - , dass eine marktwirtschaftlich-kapitalistisch organisierte Wirtschaft auf Dauer nicht krisenfrei arbeiten könne. Aber - so hoffte Keynes - man könne die Krisen durch geeignete wirtschaftspolitische Eingriffe zumindest mildern, wenn nicht gar beseitigen. Dies könne aber nur gelingen, wenn man über genaue gesamtwirtschaftlichen Daten verfüge.

Das heutige Verständnis über die Kreislaufbeziehungen beruht in wesentlichen Punkten auf den von Keynes gelieferten Anregungen und Arbeiten. Inzwischen sind - insbesondere auch für das praktizierte System der VGR - durch Empfehlungen internationaler Organisationen (z.B. der UNO, OECD, EU) weitgehende Vereinheitlichungen in den nationalen Systemen erreicht worden, so dass internationale Vergleiche möglich sind.

## Literaturhinweise zu Teil 1 insgesamt:

**D. Brümmerhoff:** Volkswirtschaftliche Gesamtrechnungen. 5. Aufl. München - Wien 1995
**F. Haslinger:** Volkswirtschaftliche Gesamtrechnung. 7. Aufl. München - Wien 1995
**B. Hewel, R. Neubäumer:** Volkswirtschaftliches Rechnungswesen. In: B. Hewel, R. Neubäumer (Hrsg.): Volkswirtschaftslehre - Grundlagen der Wirtschaftstheorie und Volkswirtschaftspolitik. Wiesbaden 1994. S. 139 ff.
**R. Peto:** Einführung in das volkswirtschaftliche Rechnungswesen. 5. Aufl. München 2000
**A. Stobbe:** Volkswirtschaftliches Rechnungswesen. 8. Aufl. Berlin u.a. 1994

# 2. Kapitel:
# Der Wirtschaftskreislauf

## 2.1. Die Entwicklung des Kreislaufmodells

### 2.1.1. Der Kreislaufgedanke und die Sektorenbildung

Alle modernen Volkswirtschaften zeichnen sich durch ein Höchstmaß an Arbeitsteilung aus. Hohe Arbeitsteilung bedingt Abhängigkeit und zugleich vielfältige direkte und indirekte Verknüpfungen mit anderen Wirtschaftseinheiten. Diese Situation wird daher auch treffend als **generelle Interdependenz** (allgemeine wechselseitige Abhängigkeit) bezeichnet. In ihr liegt die besondere Schwierigkeit der Volkswirtschaftslehre begründet, können befriedigende Ergebnisse doch nur dann erzielt werden, wenn diese Verknüpfungen und Wechselwirkungen beachtet werden. Daraus darf allerdings nicht der Schluss gezogen werden, dass man nur dann zu brauchbaren Resultaten kommen könne, wenn man den Beziehungen aller Wirtschaftseinheiten zu allen anderen in allen Einzelheiten nachginge. Ein solches System wäre derart komplex, dass es nicht zu bewältigen wäre.

Eine verstehende Durchdringung der komplexen arbeitsteiligen Beziehungen erfordert gerade den Verzicht auf die Berücksichtigung aller Details. Wirtschaftssubjekte, die - in einem gewissen Rahmen - gleichartige Verhaltensweisen erkennen lassen, werden daher zu Gruppen zusammengefasst (aggregiert). Werden nur wenige große Gruppen von Wirtschaftseinheiten gebildet, nennt man die Gruppen **institutionelle Aggregate** oder meistens **Sektoren**. Wird die Gliederung sehr tief vorgenommen, spricht man von Wirtschaftsbereichen, Produktionsbereichen, Haushaltsgruppen u.ä.. Für die jeweils gebildeten Gruppen werden **vier wirtschaftliche (Haupt-)Aktivitäten** unterschieden:
- Produktion und Einkommenserzielung;
- Einkommensverwendung;
- Vermögensbildung;
- Kreditaufnahme und -gewährung.

Die Darstellung der aus diesen Aktivitäten resultierenden wechselseitigen Beziehungen zwischen den Sektoren bezeichnet man als *Wirtschaftskreislauf*.

> Unter einem **volkswirtschaftlichen Kreislauf** ist ein Modell der wirtschaftlichen Beziehungen zwischen - nach bestimmten Kriterien gebildeten - Gruppen von Wirtschaftseinheiten zu verstehen.

Es muss jedoch beachtet werden, dass es für die Zusammenfassung von Wirtschaftseinheiten zu Gruppen im Rahmen eines Kreislaufschemas keine gleichsam zwingend vorgegebenen Maßstäbe gibt. So wie man Menschen z.B. nach Haarfarbe, Geschlecht oder vielen anderen Kriterien gruppieren kann, gibt es auch für Wirtschaftssubjekte vielfältige Gruppierungsmöglichkeiten. Die Wahl einer bestimmten

Zusammenfassung hängt von der jeweiligen Fragestellung ab und enthält damit bereits Elemente einer Theoriebildung.

Weil sich Theoriebildung und das Kreislaufschema (als Darstellung der Beziehungen zwischen den Sektoren einer Volkswirtschaft) wechselseitig beeinflussen, warnen Holub und Schnabl (Input-Output-Rechnung; München 1982; S. 5) sehr eindringlich vor einem häufigen Missverständnis:

> **„Es gibt kein sogenanntes wahres Kreislaufschema.** Die Kreislauftheorie stellt vielmehr ein Gerüst dar, das je nach Fragestellung, politischen Vorstellungen sowie gesellschaftlichen Gegebenheiten mit ganz unterschiedlichen Sektoren und Strömen ausgestattet werden kann.
>
> Auch das uns selbstverständlich gewordene moderne Kreislaufschema der Volkswirtschaftslichen Gesamtrechnung muss unter diesem Aspekt als eine mögliche Ausprägung der Kreislaufidee und nicht als etwas Naturgegebenes gesehen werden. Zwar werden die augenblicklich geübten Konventionen wie z.B. die Sektorengliederung: Unternehmen, Staat, Haushalte, in den Lehrbüchern in aller Regel in einer Form präsentiert, als wären sie der einzig mögliche, ja gleichsam natürliche Weg, die in einer Periode abgelaufenen gesamtwirtschaftlichen Vorgänge abzubilden. Dass dies nicht der Fall ist, hoffen wir mit den vorstehenden Bemerkungen gezeigt zu haben."

Vor dem Hintergrund der im Jahre 1999 erfolgten Ablösung des eigenständigen Systems der Volkswirtschaftlichen Gesamtrechnung der Bundesrepublik Deutschland durch das **„Europäische System Volkswirtschaftlicher Gesamtrechnungen (ESVG) 1995"** gewann diese Aussage ein hohes Maß an Aktualität. Die Grundgedanken der volkswirtschaftlichen Kreislaufanalyse wurden zwar nicht aufgegeben, dennoch führte die zum Zwecke der europäischen Harmonisierung vorgenommene Revision zu zahlreichen Änderungen. Bisherige Begriffe sind entfallen oder haben einen neuen Begriffsinhalt erhalten; Wirtschaftseinheiten und Aktivitäten wurden anders zusammengefasst. Die auf der Basis der bisherigen Systematik ermittelten gesamtwirtschaftlichen Daten sind daher mit den neuen teilweise nur noch bedingt oder auch gar nicht mehr vergleichbar. Rückrechnungen nach dem neuen System sind sehr aufwendig, manchmal aber auch gar nicht möglich.

Wenn also - wie in diesem Lehrbuch im 3. Kapitel - auch zur bisherigen Entwicklung gesamtwirtschaftlicher Größen Stellung genommen werden soll, kann auf die Darstellung der bisherigen systematischen Grundlagen nicht völlig verzichtet werden. Andererseits müssen auch die neuen Ansätze zumindest in ihren Grundzügen erläutert werden. Gerade in einer solchen Phase des Wechsels der Systeme ist daher eine gewisse Paralleldarstellung unvermeidbar.

Die in der Ex-post-Analyse üblicherweise gebildeten Aggregate und Sektoren werden übrigens auch in der Ex-ante-Analyse (Teil 2) benutzt. In letzterer spielt das *(geplante)* **Verhalten** der Sektoren eine große Rolle. Bei Aussagen über das Verhalten ergeben sich aus der Aggregation allerdings gewisse Probleme, die hier, wo es nur um eine Zuordnung von Wirtschaftseinheiten und Strömen geht, nicht auftreten.

Die Revision der VGR wirkt sich allerdings auch hier insofern nachteilig aus, als einige Standardbegriffe der Ex-ante-Analyse (z.B. Unternehmen, Staatskonsum), die bisher mit denen der Kreislaufanalyse identisch waren, nunmehr in der VGR entfallen sind oder mit (z.T. nur leicht) verändertem Inhalt versehen wurden.

Die hohe **Arbeitsteilung** in entwickelten Volkswirtschaften bedingt eine weitgehende **Trennung von Produktion und Konsum** (letzte Verwendung der produzierten Güter). Unter *Produktion* versteht man den technisch-ökonomischen Prozess der Kombination und Transformation (Umwandlung) von *Produktionsfaktoren* (auch: Inputfaktoren) - nämlich Arbeit, Boden, Sachkapital, technisch-organisatorisches Wissen - zu neuen Gütern (Output). Der Produktionsprozess findet oft in besonderen, räumlich und organisatorisch getrennten Institutionen statt, kann aber auch - wie z.B. bei vielen Freiberuflern - enger mit der häuslichen Sphäre verbunden sein.

**Abb. 2.1** Grundansatz eines Wirtschaftskreislaufs

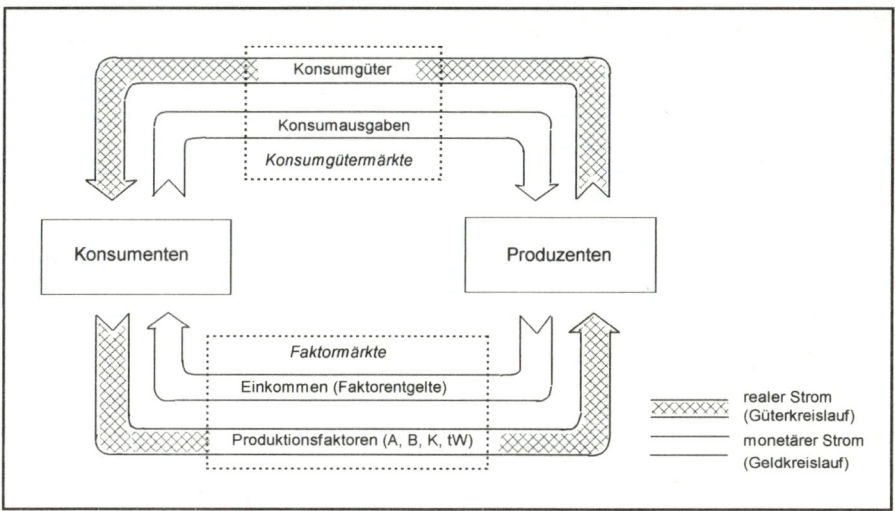

Die Unterscheidung nach den beiden Hauptaktivitäten *Produktion* und *Konsum* bildet den Ausgangspunkt für eine Kreislaufbetrachtung. In ihrer allereinfachsten Form kann sie durch Abb. 2.1 wiedergegeben werden. In dieser stark vereinfachten Sicht stellen sich die wirtschaftlichen Beziehungen zwischen den *Konsumenten* und den *Produzenten* wie folgt dar: Die vielen einzelnen Konsumenten wurden zum Sektor „Konsumenten", die zahlreichen für den Markt produzierenden Einheiten zum Sektor „Produzenten" aggregiert (zusammengefasst). Die Konsumenten haben allerdings eine Doppelfunktion: Sie sind auf der einen Seite die (letzten) Eigentümer der Produktionsfaktoren (Arbeit A, Boden B, Sachkapital K, technisch-organisatorisches Wissen tW). Sie stellen dem Sektor „Produzenten" ihre Produktionsfaktoren gegen Entgelt für eine bestimmte Periode zur Verfügung. Die Produzenten kombinieren die Produktionsfaktoren im Rahmen der vielfältigen Produktionsprozesse und erzeugen neue Sachgüter und Dienstleistungen. Diese in einer Periode erzeugten Güter werden als *Konsumgüter* an die Konsumenten abgesetzt, die somit auf der anderen Seite als „Letzte Verbraucher" fungieren. Diesen Ablauf bezeichnet man als **Güterkreislauf** oder auch als **realer Strom**.

Als Gegenleistung für die Überlassung der Produktionsfaktoren erhalten die Faktorbesitzer (die Konsumenten) *Faktorentgelte* oder *Geldeinkommen*, die somit nichts anderes sind als *Ansprüche auf die produzierten Güter*. Die Geldeinkommen werden von den Konsumenten für den Kauf der produzierten Güter ausgegeben (= Einlösung der Ansprüche) und werden damit wieder zu Einnahmen der Produzenten. Dies ist der **Geldkreislauf** oder **monetäre Strom**.

Obwohl sich durch die Art der grafischen Darstellung optisch der Eindruck von einem „Kreislauf" geradezu aufdrängt, sollte man sich doch bewusst sein, dass es sich nur um eine *Analogie* handelt. Das Geld kreist zwar tatsächlich in einer Wirtschaft. Aber der Güterstrom ist - so wie er sich in Abb. 2.1 darstellt - nicht als etwas „physisch Kreisendes" zu verstehen. (Erst recht nicht entspricht die heutige „Kreislaufwirtschaft" - die *Wiederverwertung* oder das *Recycling* - dem hier zugrundeliegenden Kreislaufgedanken.)

Geld- und Güterstrom sind zwei Seiten derselben Sache: Der Geldstrom stellt die Bewertung der eingesetzten unterschiedlichen Produktionsfaktoren sowie die Bewertung der in einer Periode erzeugten unterschiedlichen Güter dar. Man kann den Einsatz von Produktionsfaktoren ebenso real oder mengenmäßig (z.B. als geleistete Arbeitsstunden je Periode, mengenmäßiger Verbrauch von Rohstoffen, Maschinenstunden) messen wie auch den Output (z.B. produzierte PKW je Periode, geleistete Haarschnitte usw.). Da jedoch verschiedene Faktoreinsätze ebenso wenig addiert werden dürfen wie verschiedene Produkte, benötigt man einen einheitlichen Bewertungsmaßstab, das Geld. Daher ist letztlich auch der reale Strom ein monetärer und es tritt in Kreislaufuntersuchungen kein Informationsverlust auf, wenn man sich auf den monetären Strom beschränkt.

Dieses Kreislaufbild (Abb. 2.1) ist in vielerlei Hinsicht überaus vereinfacht. So stellen die *Produzenten* als „Gesamtheit der für den Markt produzierenden Einheiten" eine hochaggregierte Größe dar, die für viele Zwecke in kleinere Aggregate zerlegt werden sollte. Es gibt aber auch Produzenten, die ihre Produktion gar nicht über *Märkte* an die Verbraucher absetzen. Diese sind hier gar nicht berücksichtigt. Des weiteren wird nur eine Auswahl der vorne genannten vier Hauptaktivitäten berücksichtigt. Dieses Kreislaufbild enthält weder die Sachvermögensbildung (Investition) noch die vielfältigen Umverteilungsaktivitäten des Staates und auch nicht die außenwirtschaftlichen Beziehungen. In einem ersten Schritt (Kap. 2.1.2) wird jedoch gleichwohl mit einem weithin vereinfachten Ansatz gearbeitet, um die *Grundstruktur* eines Kreislaufs besser verständlich zu machen.

Eine Kreislaufanalyse, die die komplexe Realität angemessen beschreibt und zugleich die Grundlage für das Sammeln konkreter Daten bildet, muss wesentlich tiefer gehen. Daher werden in einem zweiten Schritt (Kap. 2.1.3) die Grundzüge des Kreislaufsystems beschrieben, das der Sichtweise des ESVG 1995 entspricht. In diesem System wird es für zweckmäßig gehalten, die in Übersicht 2.2 aufgeführten Sektoren zu bilden. Sie unterscheiden sich von der bisherigen Abgrenzung laut deutscher VGR sowohl in der Zuordnung von Wirtschaftseinheiten zu einzelnen Sektoren sowie in der Berücksichtigung von Aktivitäten (Übersicht 2.3).

**Übersicht 2.2** Die Sektoren der Kreislaufanalyse nach ESVG 1995

| Sektor | Haupttätigkeit | |
|---|---|---|
| Nichtfinanzielle Kapitalgesellschaften | Marktbestimmte Produktion von Waren und nichtfinanziellen Dienstleistungen durch Kapitalgesellschaften und Personengesellschaften (Quasi-Kapitalgesellschaften) | Marktproduzenten |
| Finanzielle Kapitalgesellschaften | Bereitstellung von Bank- und Versicherungsdienstleistungen und damit verbundenen Nebenleistungen | Marktproduzenten |
| Staat | (a) Produktion und Bereitstellung sonstiger nichtmarktbestimmter Güter (kollektive oder individualisierbare) | öffentliche sonstige Nichtmarktproduzenten |
| | (b) Umverteilung von Einkommen und Vermögen | |
| Private Haushalte | (a) Konsum | |
| | (b) Produktion marktbestimmter Güter durch Einzelfirmen, Landwirte, Freiberufler u.ä. | (b) Marktproduzenten |
| | (c) Produktion von Gütern für die Eigenverwendung | (c) private Nichtmarktproduzenten für die Eigenverwendung |
| Private Organisationen ohne Erwerbszweck | Produktion und Bereitstellung sonstiger nichtmarktbestimmter Güter für private Haushalte | Private sonstige Nichtmarktproduzenten |
| Übrige Welt | Gesamtüberblick über die Wirtschaftsbeziehungen zu den Einheiten der übrigen Welt | |

Quelle: ESVG 1995, S. 23 f.

Die Produktion ist Grundlage des Wirtschaftens. Sie bildet den zentralen Ansatzpunkt für die Abgrenzung von Sektoren. Es ist allerdings nicht ganz einfach, im Rahmen von Kreislaufbetrachtungen Produktion von anderen ökonomischen Aktivitäten abzugrenzen Die nach ESVG vorgesehene Zuordnung der *Produzenten* ist Übersicht 2.3 zu entnehmen. Besonders wichtige Unterschiede gegenüber der alten deutschen VGR sind:

(1) Der Sektor *Unternehmen* als „*Gesamtheit* aller für den Markt produzierenden Einheiten" (Ausnahme: Häusliche Dienste) entfällt. Im ESVG 1995 sind dagegen fünf Hauptgruppen von Produzenten vorgesehen.

(2) Der Sektor *Private Haushalte* hat einen neuen Begriffsinhalt erhalten.

**Übersicht 2.3** Abgrenzung der Produzenten

| | Private und öffentliche Marktproduzenten | | | Private und öffentliche sonstige Nichtmarktproduzenten | | |
| --- | --- | --- | --- | --- | --- | --- |
| | Finanzielle Dienstleistungen | Nichtfinanzielle Dienstleistungen und Sachgüter | | | | Gebietskörperschaften |
| | Zentralbank · Kreditinstitute · Versicherungen · Sonstige Finanzunternehmen | Aktiengesellschaften · GmbHs · Genossenschaften · Personengesellschaften (Quasi-Kapitalgesellsch.) · Landwirte · Selbständige und Freiberufler · Einzelunternehmer und Handwerker · Priv. Wohnungsvermietung · Häusliche Dienste (Bezahlte Kindermädchen, Haushälterinnen u.ä.) · Nichtmarktproduktion für die Eigenverwendung (Eigennutzung von Wohnungen) | Private Organisation ohne Erwerbszweck | Bund / Zentralregierung · Länder · Gemeinden · Sozialversicherung | |
| ESVG 1995 | Finanzielle Kapitalgesellschaften | Nichtfinanzielle Kapitalgesellschaften | Haushalte | PO | Staat | |
| VGR alt | Unternehmen | | Haushalte | U | PO | Staat |

VGR alt: Eigennutzung von Wohnungen zum Sektor U; Häusliche Dienste als Produktion des Sektors H.
ESVG: Häusliche Dienste der Eigenverwendung der Haushalte zugeordnet.

Die Kreislaufanalyse nach dem ESVG-Konzept geht von dem folgenden Grundsatz aus (ESVG 1995; S. 4):

„Die ESVG-Konzepte dienen primär der Beschreibung des Wirtschaftskreislaufs in monetären tatsächlich beobachtbaren Kategorien. Strom- und Bestandsgrößen, die nicht in monetären Kategorien erfassbar sind oder zu denen es nicht eindeutig einen monetären Gegenposten gibt, werden daher überwiegend nicht einbezogen."

Unmittelbar darauf folgt aber die Einschränkung:

„Dieser Grundsatz wurde nicht durchgehend befolgt."

Und es folgt eine Auflistung von Grenzfällen und ihrer Einordnung aus dem Bereich der Produktion. Dieser Grundsatz wirkt also darauf zurück, welche *Produktionen* in das Kreislaufkonzept aufgenommen werden sollen. Die Entscheidung hierüber hängt auch von den statistischen Möglichkeiten ab (vgl. auch Kap. 3.2.).

Das **Produktionskonzept des ESVG** (vgl. ESVG 1995; S. 4 f. und 41 ff.) ist recht weit gefasst und umfasst neben Marktproduktionen auch zahlreiche Produktionen für die *Eigenverwendung* (z.B. Eigenbau eines Hauses; Eigenverwendung von Wohnungen; Eigenverbrauch von landwirtschaftlichen Erzeugnissen) sowie *illegale Produktionen* (z.B. verbotene Prostitution und Drogenanbau und -handel). Nicht berücksichtigt werden Eigenleistungen in privaten Haushalten. Hierzu heißt es:

„Von der Produktion sind die häuslichen und persönlichen Dienste ausgeschlossen, die ein privater Haushalt für sich selbst erbringt (mit Ausnahme der durch bezahlte Hausangestellte erbrachten Dienste sowie der Dienstleistungen aus eigenem Wohnungsbesitz)." (ESVG 1995; S. 42)

Bereits in der deutschen VGR wurde zwischen **Marktproduzenten** (Verkauf von Gütern am *Markt* gegen *spezielles Entgelt*) und **Nichtmarkt-Produzenten** (Bereitstellung von Gütern gegen generelles Entgelt in Form von Steuern bzw. Mitgliedsbeiträgen und / oder Spenden) unterschieden. Diese Unterscheidung wurde im ESVG vertieft. Für die Zuordnung von Wirtschaftseinheiten zu den Sektoren gelten derart spezifizierte und umfangreiche Bedingungen (vgl. ESVG 1995), dass auf sie hier im Detail nicht eingegangen werden kann. Hier kann nur eine Kurzfassung wiedergegeben werden.

Die Zuordnung von Marktproduzenten zur Gruppe der **Finanziellen Kapitalgesellschaften** bzw. der **Nichtfinanziellen Kapitalgesellschaften** dürfte unmittelbar verständlich sein. Es muss jedoch kurz erläutert werden, wieso unter Letzteren auch *Personen*gesellschaften erscheinen. Es ist zumindest terminologisch nicht ganz glücklich, *Personen*gesellschaften unter die Rubrik *Kapital*gesellschaften aufzunehmen. Da aber Marktproduzenten in der Rechtsform einer Personengesellschaft, anders als Einzelfirmen und Freiberufler, ähnlich wie Kapitalgesellschaft organisiert sind, werden sie als *Quasi-Kapitalgesellschaft* verstanden und den Kapitalgesellschaften zugeordnet.

Letzteres ist auch im Hinblick auf die Abgrenzung der **Privaten Haushalte** zu sehen. In der deutschen VGR erschienen die Privaten Haushalte nur als Produzenten „Häuslicher Dienste". Private Haushalte waren daher nahezu ausschließlich Empfänger und Verwender von Einkommen. Die Produktion von Freiberuflern, Landwirten usw. wurde gedanklich scharf von den konsumtiven Aktivitäten getrennt und dem Sektor Unternehmen zugeschlagen. Auch die private Wohnungsvermietung sowie die Eigennutzung von Wohnungen wurden (fiktiv) dem Sektor Unternehmen zugeordnet. Im ESVG werden alle Produzenten, bei denen Produktionsbereich und die „klassische" Haushaltsaktivität *Konsum* wegen der engen persönlichen Bindung zwischen beiden Bereichen ineinander fließen, zum Sektor *Private Haushalte* zusammengefasst. Nach wie vor werden jedoch die „typischen" Produktionen innerhalb privater Haushalte ausgeklammert (siehe oben).

Die **Privaten Organisationen ohne Erwerbszweck** (PO) sind Organisationen mit eigener Rechtspersönlichkeit, deren Träger private Haushalte sind und die Sach- und (überwiegend) Dienstleistungen für die Mitglieder der Organisationen erbringen, teilweise allerdings auch für Nichtmitglieder. Die Güter werden in aller Regel nicht an die Empfänger verkauft, sondern kostenlos abgegeben. Deshalb spricht man von *Nichtmarkt-Produktion*. Die Finanzierung der Leistungen erfolgt zum ganz überwiegenden Teil aus Mitgliedsbeiträgen und / oder Spenden privater Haushalte (stellen also insofern privaten Konsum dar), ferner aus Vermögenseinkommen, teilweise auch aus Zuschüssen des Staates. - Zu den Privaten Organisationen gehören Gewerkschaften, Fachverbände, politische Parteien, Kirchen und Religionsgemeinschaften, kulturelle und soziale Vereinigungen (z.B. das DRK), Sportvereine und Wohlfahrtsverbände u.ä..

Der **Staat** (St) produziert Dienstleistungen für die Allgemeinheit (Verwaltung; Rechtspflege; Gesundheitswesen; innere und äußere Sicherheit durch Polizei und Militär). Die Produktion der Leistungen erfolgt überwiegend als *Nichtmarkt-Produktion*, d.h. die Leistungen werden überwiegend an die Allgemeinheit „kostenlos" abgegeben. Ihre Finanzierung erfolgt durch Zwangsabgaben in Form von Steuern. Einzelne Leistungen (z.B. Ausstellung von Ausweisen) werden jedoch auch speziell entgolten. Ferner investiert der Staat in die öffentliche Infrastruktur (Straßen; Kanäle u.ä.). Schließlich verteilt der Staat Einkommen um (Sozialhilfe, Kinder- und Wohngeld durch *Gebietskörperschaften*; Renten durch die *Sozialversicherung*). Für die exakte Zuordnung einzelner Dienstleistungen (Krankenhäuser; Stadttheater; Stadtbäder; Militärflughäfen) zum Sektor Staat als Nichtmarkt-Produzent oder den Marktproduzenten wurden ebenfalls sehr detaillierte Vorschriften erarbeitet. Auf sie kann hier nicht eingegangen werden.

Zu den Aufgaben des Staates gehört auch die *Einflussnahme auf die gesamtwirtschaftliche Entwicklung* (vgl. S. 17) durch seine Einnahmen- und Ausgabengebarung. Diese Aktivität schlägt sich jedoch nicht in speziellen Kreislaufströmen nieder, sondern nur in der Höhe von Kreislaufdaten.

Die außenwirtschaftlichen Beziehungen werden im Sektor **Übrige Welt** (bisher meist: Ausland) in Form eines Gesamtüberblicks dargestellt. Damit werden in diesem Sektor sehr unterschiedliche Aktivitäten und Funktionen erfasst. Im ESVG soll der Sektor *Übrige Welt* unterteilt werden in die beiden Hauptgruppen *Europäische Union* (mit der Untergliederung *Mitgliedstaaten der EU* und *Institutionen der EU*) sowie *Drittländer und internationale Institutionen*.

### 2.1.2.  Die Grundstruktur eines Wirtschaftskreislaufs am Beispiel eines Zwei-Sektoren-Modells

### 2.1.2.1.  Vorbemerkung

In der Realität sind die gesamtwirtschaftlichen Beziehungen sehr zahlreich und komplex. Der Verfasser hält es aus didaktischen Gründen für zweckmäßig, zunächst einen stark vereinfachten Kreislaufansatz vorzuführen. Er lässt die Grundstruktur der Aktivitäten und Beziehungen besonders deutlich sichtbar werden. Einleitend wird daher eine Modell-Volkswirtschaft beschrieben, in der es nur Produzenten für den *Markt* in der Rechtsform einer *Kapital*gesellschaft [hier als **Unternehmen** (U) bezeichnet] und **private Haushalte** (H) gibt. Letztere produzieren nicht, sondern treten nur als Eigentümer und Lieferanten der Produktionsfaktoren und als Endverbraucher (Konsumenten) auf. Es gibt weder außenwirtschaftliche Beziehungen (sog. *geschlossene Volkswirtschaft*) noch staatliche Aktivitäten. Erst im Anschluss an dieses Grundmodell wird ein komplettes Kreislaufmodell für eine Volkswirtschaft mit außenwirtschaftlichen Beziehungen (sog. *offene Volkswirtschaft*) und Staat in den Grundzügen vorgestellt.

Die Beschränkung auf Produzenten in der Rechtsform einer *Kapitalgesellschaft* („Unternehmen") wurde durch die Neuabgrenzung der Sektoren durch das ESVG 1995 erforderlich. Bezieht man entsprechend dem neuen System auch die Haushalte in den Bereich der Produktion ein, so erschwert dies die Darstellung der Grundstruktur eines Kreislaufs beträchtlich. Deshalb wird hier unterstellt, dass Haushalte gar nicht produzieren.

Wie bereits erwähnt, werden die wirtschaftlichen Aktivitäten eingeteilt in:
- Produktion;
- Einkommensentstehung und -verwendung;
- Vermögensbildung;
- Kreditgewährung.

Diese Aktivitäten werden in Kontenform beschrieben. Auf das Kontensystem finden die Regeln der doppelten Buchung Anwendung:
- Jeder Eintrag auf einem Konto wird auf einem anderen Konto gegengebucht.
- *Rechts* werden grundsätzlich *Zuflüsse* erfasst, *links* immer Abflüsse.
Zusätzlich zur verbalen Beschreibung werden Abkürzungen benutzt. Große Buchstaben bezeichnen den Sektor oder die Aktivität. Tiefgesetzte Indizes erläutern den Sektor. Bei zwei Indizes hintereinander bezeichnet der erste Index den Sektor des Abflusses, der zweite den des Zuflusses. Hochgestellte Indizes dienen der weiteren Unterscheidung von Aktivitäten.

## 2.1.2.2. Die Produktion

Die Produktion muss als Grundlage allen Wirtschaftens verstanden werden. Daher bietet sich als Ausgangspunkt für die kontenmäßige Durchleuchtung der wirtschaftlichen Aktivitäten das **Produktionskonto** an. Vereinfachend kann man sagen, dass ein gesamtwirtschaftliches Produktionskonto eine *Zusammengefasste Ergebnisrechnung aller produzierenden Wirtschaftseinheiten* einer Volkswirtschaft ist. Das wertmäßige Produktionsergebnis (der Output) einer Periode wird rechts ausgewiesen; links werden die wertmäßigen Faktoreinsätze (Inputs), die zur Erstellung des Produktionsergebnisses erforderlich waren, verzeichnet. Die volkswirtschaftliche Gliederung von Input und Output weicht allerdings von einer betriebswirtschaftlichen ab, da erstere das Ziel hat, gesamtwirtschaftliche Kreislaufzusammenhänge zu verdeutlichen.

Stellt man sich alle Unternehmen einer Volkswirtschaft zu einem einzigen, riesigen Konzern zusammengeschlossen vor, so entspräche - vereinfacht ausgedrückt - die Ergebnisrechnung dieses Super-Konzerns im Grunde dem volkswirtschaftlichen Produktionskonto für den Sektor U. Um dies zu verdeutlichen, wurde in Übersicht 2.4 eine Produktionsabfolge vom Stahlwerk zur Automobilfabrik durch die jeweiligen betrieblichen Erfolgsrechnungen skizziert. Anschließend wurden die drei Erfolgsrechnungen zum *Produktionskonto* zusammengefasst.

Diese Darstellung lässt bereits zwei wichtige Aspekte erkennen: Outputs, die in betriebswirtschaftlicher Sicht Endergebnisse der Produktion bedeuten (nämlich Stahl und Bleche), können in volkswirtschaftlicher Sicht zu Zwischenergebnissen werden, da sie in voller Höhe in die nächste Produktionsstufe eingehen. Allerdings werden in volkswirtschaftlicher Sicht nur solche Produkte als Zwischenergebnis betrachtet, die in den produktionsbedingten *Ver*brauch der betrachteten Periode fließen. Diese Produkte nennt man *Vorleistungen*.

**Übersicht 2.4** Die Zusammenfassung betrieblicher Erfolgskonten zu einem gesamtwirtschaftlichen Produktionskonto

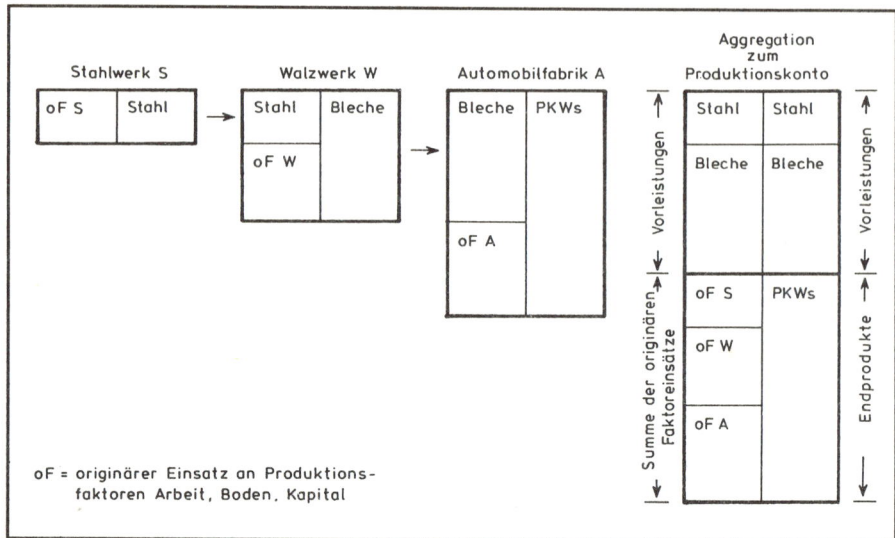

Als **Vorleistungen** bezeichnet man alle in einer Periode erzeugten Güter, die in derselben Periode wieder in die Produktion eingehen und verbraucht werden.

Alle übrigen Produkte werden den *Endprodukten* zugerechnet.

Als **Endprodukte** bezeichnet man alle in einer Periode erzeugten Güter, die nicht wieder dem laufenden produktionsbedingten Verbrauch zugeführt werden.

Aus Übersicht 2.4 wird unmittelbar deutlich, dass im (volkswirtschaftlichen) Produktionskonto die Vorleistungen gleichzeitig sowohl Output als auch Input sein müssen. Ferner wird deutlich, dass der Wert der Endprodukte gleich dem Wert der originären Faktoreinsätze sein muss.

Übersicht 2.5 soll tiefer in die Begriffswelt des Produktionskontos einführen. Als erste Position erscheinen die **Vorleistungen** (VL) in Form von eingesetzten Werkstoffen, Vorprodukten und Dienstleistungen. Als zweite Position sind die **Abschreibungen** (D) aufgeführt. Sie sind Ausdruck für den wertmäßigen Verschleiß von Anlagegütern während der betrachteten Periode.

Das Entgelt für den Einsatz von unselbständiger Arbeit bilden die **Arbeitnehmerentgelte** (Löhne und Gehälter; L) (bisher: *Bruttoeinkommen aus unselbständiger Arbeit*). Löhne und Gehälter sind immer *kontraktbestimmt*. „Kontraktbestimmte Faktorentgelte" liegen vor, wenn Unternehmen und Faktorlieferant einen Vertrag schließen, wonach der Faktorlieferant zur Erbringung der Leistung, das Unterneh-

**Übersicht 2.5**  Das Produktionskonto der Unternehmen (Kapitalgesellschaften)

| Faktoreinsätze | | | Input (Abflüsse) | | Output (Zuflüsse) | Verwendung des Produktionsergebnisses | |
|---|---|---|---|---|---|---|---|
| kontraktbestimmt | Werkstoffe und Dienstleistungen | Käufe von anderen Unternehmen zum laufenden produktionsbedingten Verbrauch | Vorleistungen (Vorleistungskäufe) $VL_{UU}$ | | Vorleistungen (Vorleistungsverkäufe) $VL_{UU}$ | Verkäufe von Gütern zum laufenden produktionsbedingten Verbrauch an andere Unternehmen | Vorleistungen |
| | Sachkapital | Wertmäßiger Verzehr von Anlagegütern | Abschreibungen $D_U$ | | Konsum (der Haushalte) $C_{HU}$ | Verkäufe von Gütern zum Ge- und Verbrauch an Haushalte | Verkäufe an andere Wirtschaftseinheiten / Endprodukte |
| | Unselbständige Arbeit | Sämtliche kontraktbestimmten Arbeitsentgelte | Arbeitnehmerentgelt (Löhne / Gehälter) $L_{UH}$ | | | | |
| residualbestimmt | Nutzung von Boden und Kapital | Kontraktbestimmte Nutzung von Boden und Kapital | Zinsen, Mieten, Pachten $BÜ_{UH}$ ($G_{UH}$) | Betriebsüberschuss (netto) (*Einkommen aus Unternehmertätigkeit und Vermögen; G*) / Brutto-Investition $I'_U$ | Brutto-Anlage-Investition | Verkäufe von Anlagegütern an andere Unternehmen / Anlagegüter zum Gebrauch in der Produktion | Güter verbleiben beim Produzenten |
| | | *Restgröße* Outputwerte – kontraktbestimmte Inputwerte = Gewinn | Gewinnausschüttungen an Haushalte | Verteilte Gewinne $BÜ_{UH}$ ($G_{UH}$) | | Selbsterstellte Anlagen | |
| | | | Zuführung zu Rücklagen | Unverteilte Gewinne $BÜ_{UU}$ ($G_{UU}$) | Vorratsinvestition | Lagerbestandsveränderungen | |

men zur Zahlung des Faktorentgelts - und zwar unabhängig von der Wirtschaftslage des Unternehmens - verpflichtet ist.

Für die Nutzung von Boden, die Bereitstellung von Kapital fallen **Zinsen, Pachten** und **Gewinne** an. Diese Einkommenskategorien werden zusammengefasst zur Kategorie **Betriebsüberschuss** (BÜ) (operating surplus) [bisher: **Teil der** *Einkommen aus Unternehmertätigkeit und Vermögen* (G; abgeleitet von „Gewinne" in einem weiteren Sinne)]. Betriebsüberschüsse sind regelmäßig sowohl *kontraktbestimmt* (Mieten, Pachten, Zinsen auf Fremdkapital) als auch *residualbestimmt*. Residualbestimmt sind die Gewinne / Gewinnanteile (i.e.S.), die sich immer erst am *Ende einer Periode* als **Restgröße** ergeben, nämlich als Differenz aus dem eigenständig zu Marktpreisen bewerteten Output und allen kontraktbestimmten Inputkosten (einschl. Abschreibungen).

Gewinne (i.e.S.) fließen in unserer Rechtsordnung grundsätzlich denjenigen zu, die (haftendes) Eigenkapital bereitgestellt haben (bzw. persönlich haften). Gewinne werden (im Rahmen des hier zugrundeliegenden einfachen Modells) zu einem Teil von den Unternehmen an die Haushalte als Faktorbesitzer ausgeschüttet (**verteilte Gewinne**; $G_{UH}$), der Rest verbleibt als **unverteilte Gewinne** (Zuführung zu den Rücklagen; $G_{UU}$) in den Kapitalgesellschaften (Unternehmen).

Auf der rechten Seite des Kontos ist das gesamtwirtschaftliche Produktionsergebnis nach den in der Volkswirtschaftslehre üblichen Güterkategorien ausgewiesen. Die Endprodukte werden (in diesem einfachen Modell) nur in die beiden Kategorien *Konsumgüter* (C) und *(Brutto-)Investitionsgüter* ($I^{br}$) aufgeteilt.

---

**Konsumgüter** ($C_H$) sind alle Güter, die - unabhängig von ihrer Nutzungsdauer - an Haushalte zur letzten Verwendung verkauft werden (Ausnahme: Wohneigentum).

---

Als **Investitionsgüter** (I) gelten (a) alle Sachgüter (Bauten, Ausrüstungen, Nutztiere und Nutzpflanzungen), die zum *Gebrauch in der Produktion* über mehrere Perioden hinweg Verwendung finden; (b) alle produzierten immateriellen Anlagegüter (Suchbohrungen, Computerprogramme, Urheberrechte u.ä.); (c) alle *Lagerbestandsveränderungen*.

(Obwohl diese Güter eigentlich nicht Endzweck der Produktion sind, hat es sich als zweckmäßig erwiesen, sie als *Endprodukte* zu verstehen.)

---

Den Investitionsgütern kommt in der volkswirtschaftlichen Analyse - vor allem auch in der des Teils 2 - besondere Bedeutung zu. Im Zuge der Übernahme des ESVG erfuhr der sehr enge Begriff der alten deutschen VGR eine wesentliche inhaltliche Ausweitung. Aus beiden Gründen erscheint es ratsam, sich frühzeitig mit den vielfältigen Investitionsbegriffen vertraut zu machen. Sie werden daher bereits an dieser Stelle ausführlich vorgestellt (vgl. Übersicht 2.6).

Bei allen in der Übersicht 2.6 aufgeführten Positionen handelt es sich nicht um Bestandsgrößen (also die Gesamtheit aller existierenden Investitionsgüter), sondern um die Veränderungen / Zugänge in einer Periode. Die **Brutto-Investition** ($I^{br}$) stellt den Wert der Gesamtzugänge (einschließlich Werterhöhungen) dar. Ein Teil der in einer Periode produzierten Anlagegüter dient jedoch nur dem *Ersatz* der in einer Periode verschlissenen Anlagegüter (*Ersatz-Investition* oder *Re-Investition*; $I^{re}$). Die über den Ersatz hinausgehenden Investitionsgüter (**Netto-Investition**; $I^n$) erhöhen den Bestand an dauerhaften Produktionsmitteln und damit die Produktionskapazität einer Volkswirtschaft. Die Vorratsinvestition / Vorratsänderung gilt als Teil der Netto-Investition.

Hieraus folgt, dass der volkswirtschaftliche **Produktionsapparat** (als Summe des Gesamt*bestands* an Anlage- und Vorratsgütern) mit der Netto-Investition wie folgt verknüpft ist:

    Bestand des Produktionsapparates am Ende der Periode
 -  Bestand des Produktionsapparates am Anfang der Periode
 = Netto-Investition in der Periode t

(Positive) Netto-Investitionen erhöhen also die Kapazität einer Volkswirtschaft. Deshalb spricht man auch vom **Kapazitätseffekt** der Netto-Investitionen.

**Übersicht 2.6**  Die Investitionsbegriffe

| Brutto-Investition (alt) | Brutto-Investition ($I^{br}$) (nach ESVG) | Brutto-Anlageinvestition | | | Vorrats-investition | Netto-Investition ($I^n$) |
|---|---|---|---|---|---|---|
| | | Vorratsänderung | | Bestandsänderung an Werkstoffen | Vorrats-investition | Netto-Investition ($I^n$) |
| | | | | Bestandsänderung an Halb- und Fertigfabrikaten | | |
| | | Sachanlagen<br>- Bauten<br>- Ausrüstungen | | gekaufte Anlagegüter | Netto-Anlage-investition plus Werterhöhung | |
| | | - Nutztiere und Nutz-pflanzungen | | | | |
| | | Immaterielle Anlagegüter<br>- Suchbohrungen<br>- Computerprogramme<br>- Urheberrechte<br>- sonstiges | | selbsterstellte Anlagegüter | Abschreibungen (D)<br>(wertmäßiger Verzehr an dauerhaften Produktionsmitteln während einer Periode) | |
| | | Werterhöhung nichtproduzierter Vermögensgüter | | | | |
| | | Nettozugang an Wertsachen | | | | |

*Abschreibungen* stellen eine *Verrechnung* des wertmäßigen Verzehrs von dauerhaften Produktionsmitteln während einer Periode dar. Abschreibungen und die tatsächlichen Ersatz-Investitionen sind auf der Ebene einzelner Produzenten regelmäßig nicht identisch. Die Abnutzung und ihre Verrechnung im Wege der Abschreibungen bilden einen kontinuierlichen Prozess über mehrere Perioden hinweg. Der tatsächliche Ersatz findet aber diskontinuierlich und in jeweils längeren zeitlichen Abständen statt. Auf *gesamtwirtschaftlicher* Ebene entfällt jedoch praktisch dieser Unterschied, da die zahlreichen Anlagen zu jeweils unterschiedlichen Zeitpunkten angeschafft wurden und somit volkswirtschaftlich die Ersatz-Investition stetig erfolgt. Daher können die Abschreibungen auch als Ausdruck für die Ersatz-Investitionen verstanden werden.

### 2.1.2.3.  Das Einkommen

### (1)  Die Einkommensentstehung

Produktion und Einkommen sind auf das Engste miteinander verknüpft. **Einkommen** ist nämlich nichts anderes als der *Anspruch* **auf produzierte Güter**. Dieser Anspruch resultiert primär aus dem **Faktoreinsatz** in der Produktion (*Leistungs-* oder *Primäreinkommen*). (Ansprüche können jedoch auch aus der hier zunächst ausgeklammerten *Umverteilung* folgen - *Sekundäreinkommen*). Es ist jedoch nicht sinnvoll, die Gesamtheit aller produzierten Güter zugleich auch als Einkommen zu verstehen. Die Gesamtheit der in einer Periode produzierten Güter, der **Produktionswert** (PW) enthält nämlich die Vorleistungen als *Doppelzählungen*. Insoweit ist die Größe Produktionswert wenig aussagekräftig, da ihre Höhe entscheidend von der Zahl der Produktionsstufen abhängt. Nach Abzug dieser Doppelzählungen verbleibt der Wert der in der betrachteten Periode neu erzeugten Endprodukte. Ihr Wert wird als **Bruttowertschöpfung** (BWS) bezeichnet. Von der Anspruchsseite her betrachtet ist dieser Betrag dann als **Brutto-Einkommen** ($Y^{br}$) zu verstehen.

Von einem *Brutto*-Betrag spricht man aus dem folgenden Grund: Die Produktion hat den Einsatz und Verschleiß von Anlagegütern erfordert. Soll nun der Bestand an Sachkapital (Produktivvermögen) nicht abnehmen, so muss in Höhe der Abschreibungen (= Wert des Sachkapitalverzehrs) ein realer Ersatz erfolgen. Anders ausgedrückt: Ein Teil der Brutto-Einkommen (= Ansprüche auf die produzierten Endprodukte) - nämlich in Höhe der Abschreibungen - darf nicht in Form von Konsumgütern verwendet werden, sondern muss für die den Bestand an Sachkapital sichernde Ersatz-Investition abgezweigt werden.

Die um die Ersatzinvestition verminderte Produktion an Endprodukten ist die **Nettowertschöpfung** (NWS) oder von der Anspruchsseite her das **Netto-Einkommen** ($Y^n$). Netto-Einkommen wird somit in volkswirtschaftlicher Sicht - einem Vorschlag des englischen Ökonomen Hicks folgend - wie folgt definiert:

> Unter dem **Netto-Einkommen** einer Periode versteht man den in einer Periode erzeugten Betrag an Endprodukten, der in dieser Periode *höchstens konsumiert* werden dürfte, wenn das Produktivvermögen (einschl. Vorräte) einer Volkswirtschaft nicht abnehmen soll.
>
> Es sollte beachtet werden, dass das so definierte Netto-Einkommen nicht mit dem *steuerlichen Begriff* des Netto-Einkommens verwechselt werden darf.

Übersicht 2.7 Produktion und Einkommensbegriffe

| | Einkommen | | Input | Output | Produktionsergebnis | | |
|---|---|---|---|---|---|---|---|
| | | | | | Netto-Produktion | | |
| Produktionswert PW | Brutto-Einkommen $Y^{br}$ | Netto-Einkommen $Y^n$ | Vorleistungen | Vorleistungen   VL | Netto-Wertschöpfung NWS | Brutto-Wertschöpfung BWS | Produktionswert PW |
| | | | Abschreibungen D | Ersatz-Investition $I^{br}$ | | | |
| | | | Arbeitnehmerentgelt L (Löhne/Gehälter) | maximal möglicher Konsum C | | | |
| | | | Betriebsüberschuss BÜ *(Einkommen aus Unternehmertätigkeit und Vermögen G)* | Endprodukte | | | |

In der Kreislaufanalyse geht es nach der Erfassung von Produktion und Einkommensentstehung in einem nächsten Schritt vor allem darum aufzuzeigen, wie die aus dem Einsatz der Produktionsfaktoren resultierenden **Primär-** oder **Leistungs-Einkommen** auf die Sektoren **verteilt** werden. Sodann wird zu zeigen sein, wie die Einkommen **verwendet** werden.

## (2) Das Einkommenskonto der Haushalte

Einkommensverteilung und Einkommensverwendung werden im Einkommenskonto beschrieben. Da die Einkommens*entstehung* aus Faktoreinsatz beim Faktorlieferanten als *Zufluss* zu verstehen ist, wird sie in *Einkommen*konten *rechts* erfasst. Die Einkommens*verwendung* stellt *Abfluss* dar und wird daher *links* ausgewiesen.

**Übersicht 2.8** Das Einkommenskonto der Haushalte

| Konsumausgaben der privaten Haushalte (C $_H$) | Faktoreinkommen<br>- aus unselbständiger Arbeit (L)<br>- aus Betriebsüberschüssen (BÜ)<br>*[früher: aus Unternehmertätigkeit*<br>*und Vermögen (G $_H$)]* |
|---|---|
| Sparen (= Nicht-Konsum) (S $_H$) | - kontraktbestimmt<br>- residualbestimmt |
| Im ESVG 1995 wurde die bisherige Einkommenskategorie „Einkommen aus Unternehmertätigkeit und Vermögen" (historisch: Gewinn i.w.S.) aufgeteilt in „Betriebsüberschuss" und die später behandelten „Selbständigeneinkommen" (siehe S. 44 f.). Die Summe aus den beiden neuen Kategorien wird in diesem Lehrbuch weiterhin mit G abgekürzt. ||

Einkommen aus Faktoreinsatz fließen den Haushalten zu als **Einkommen aus unselbständiger Arbeit** (Lohn und Gehalt L) und als **Einkommen aus dem Einsatz von Boden und Kapital sowie als Restgröße Gewinn** (i.e.S.) (Betriebsüberschüsse). Hinsichtlich der Einkommens*verwendung* wird prinzipiell unterschieden zwischen **Konsum** und **Sparen**. *Sparen* ist dabei in der Kreislaufanalyse ausschließlich negativ im Sinne von **Nicht-Konsum** definiert. In welcher Form die Ersparnisbildung auftritt [ob in Form des Hortens (Bargeldhaltung), auf Sparkonten, als Erwerb von Effekten oder in sonstigen Formen] hat hier keinerlei Bedeutung.

**(3) Das Einkommenskonto der Unternehmen**

Unternehmen in der Rechtsform einer Kapitalgesellschaft sind juristische Personen. Als solche können sie selbst Einkommen erzielen, nämlich in Form der **unverteilten Gewinne**. Als Einkommens*verwendung* der Unternehmen ist allerdings ausschließlich Sparen (= Nicht-Konsum) möglich, denn Konsum wurde oben als Einkommensverwendung von Haushalten definiert. Die Einbehaltung von Gewinnen (= Zuführung zu den Rücklagen) entspricht damit hier zwangsläufig dem Sparen der Unternehmen.

**Übersicht 2.9** Das Einkommenskonto der Unternehmen

| Sparen der Unternehmen (S$_U$) | unverteilte Gewinne (G$_{UU}$) |
|---|---|

**2.1.2.4. Die Vermögensänderung**

Bei der Erläuterung des Investitionsbegriffs wurde bereits deutlich, dass die Investition in engstem Zusammenhang mit der Entstehung und Veränderung des Produktionsapparates oder Produktivvermögens zu sehen ist. Das Produktivvermögen ist Teil des gesamtwirtschaftlichen Vermögens.

**(1) Das Vermögensänderungskonto der Unternehmen**

Im Vermögensänderungskonto der Unternehmen wird *links* die *Bildung des Produktivvermögens* in Form von Sachanlagen, immateriellen Anlagegütern sowie Vorratsinvestitionen (Lagerbestandsveränderungen) erfasst. *Rechts* wird die *Finanzierung* der Brutto-Investition verzeichnet. Sie erfolgt zunächst aus selbst aufgebrachten Mitteln, nämlich den *Abschreibungen* ($D_U$) sowie dem *Sparen der Unternehmen* ($S_U$). Die selbst aufgebrachten Mittel reichen für die Gesamtheit der Unternehmen regelmäßig zur Finanzierung der Brutto-Investition nicht aus; deshalb besteht ein Überschuss der laufenden Ausgaben über die laufenden Einnahmen, also ein *Ausgabenüberschuss* oder ein **Finanzierungsdefizit**. (Es sollte nicht mit „Verlust" verwechselt werden!) Das Finanzierungsdefizit wird gedeckt durch eine **Netto-Kreditaufnahme** des Sektors U bei anderen Sektoren.

**Übersicht 2.10** Das Vermögensänderungskonto der Unternehmen

| Brutto-Investition $(I_U^{br})$ | Brutto-Anlageinvestition | Abschreibungen ($D_U$) |
| | | Sparen der Unternehmen ($S_U$) (unverteilte Gewinne) |
| | Vorratsänderung | |
| | | Ausgabenüberschuss ($FD_U$) (Finanzierungsdefizit) |

In diesem vereinfachten Kreislaufmodell, in dem Staat und Ausland ausgeklammert sind, kann - volkswirtschaftlich gesehen - die *Kreditgewährung* nur von dem anderen Sektor, den **Haushalten**, vorgenommen worden sein. Dass die Kreditgewährung in der Praxis i.d.R. über Banken abgewickelt wird, ändert an dieser Aussage nichts! Bei einer Kreditgewährung ist nämlich die *Mitwirkung von Banken* im Grunde *nicht erforderlich*. Kreditgewährung ( = Forderungsaufbau) seitens der Haushalte bedeutet, dass die Haushalte einen Teil der Güter (also einen Teil ihrer Ansprüche), die durch den Einsatz ihrer Produktionsfaktoren entstanden sind, nicht gegenüber den Unternehmen geltend gemacht ( = konsumiert) haben. Dem gesparten ( = nicht konsumierten) Teil ihres Einkommens entspricht daher eine Forderung seitens der Haushalte auf diese nicht konsumierten Güter, und der Forderung der Haushalte entspricht zwangsläufig eine Verbindlichkeit der Unternehmen. (Damit dürfte übrigens auch klar sein, dass es ein Missverständnis wäre, das Vermögensänderungskonto als einen anderen Ausdruck für das Bankensystem zu verstehen. Hinsichtlich ihrer Dienstleistungen sind die Banken Teil des Sektors Unternehmen, und was die Kreditbeziehungen unter Berücksichtigung der Banken anbelangt, so lassen sich diese in gesonderten Kreditänderungskonten beschreiben.)

**(2) Das Vermögensänderungskonto der Haushalte**

In diesem grundlegenden Kreislaufbeispiel treten Haushalte nur als Konsumenten, nicht als Produzenten auf. Daher stellen alle Käufe der Haushalte (Ausnahme: Wohneigentum) ausschließlich *Konsum* dar. Dann muss der Überschuss der laufenden Einnahmen über die laufenden Ausgaben (Einnahmen- oder **Finanzierungsüberschuss**), der regelmäßig für die Gesamtheit aller Haushalte auftritt, zugleich das **Sparen des Sektors H** sein. Der Finanzierungsüberschuss der Haushalte ist damit identisch mit einer *Zunahme der Forderungen der Haushalte gegenüber den Unter-*

*nehmen.* Anders ausgedrückt: Der Finanzierungsüberschuss der Haushalte bedeutet eine *Zunahme der Nettoposition* oder des *Geldvermögens* (Differenz aus Forderungen und Verbindlichkeiten) und gleichzeitig eine Zunahme des Reinvermögens (Differenz aus Gesamtvermögen und Verbindlichkeiten).

**Übersicht 2.11** Das Vermögensänderungskonto der Haushalte

| Finanzierungsüberschuss der Haushalte $(FÜ_H)$ | Sparen der Haushalte $(S_H)$ (Zunahme des Reinvermögens) |
|---|---|

### (3) Zusammenfassende Darstellung der Vermögensänderung

In Übersicht 2.12 werden diese Beziehungen grafisch zusammengefasst.

**Übersicht 2.12** Die Vermögensänderung und ihre Finanzierung

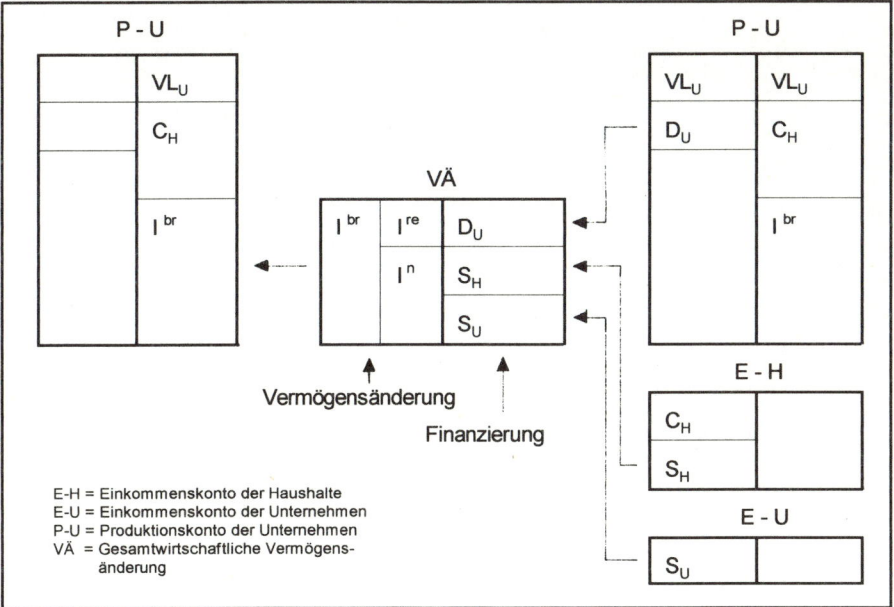

### 2.1.2.5. Die Finanzierung

Wirtschaftseinheiten können Kredite gewähren und nehmen. Im Rahmen einer Kreislaufanalyse interessiert dies allerdings nicht auf der Ebene einzelner Wirtschaftssubjekte, sondern nur auf der Ebene von Sektoren. Kreditgewährung auf dieser Ebene wurde bereits im letzten Gliederungsabschnitt in Zusammenhang mit der Vermögensänderung angesprochen. Die Kreditgewährung wird durch besondere *Finanzierungskonten* oder *Kreditänderungskonten* beschrieben. Auf diesen Konten wird für jeden Sektor aufgezeigt, wie der auf dem Vermögensänderungskonto ausgewiesene Finanzierungssaldo mit einer Veränderung der Forderungen und der Verbindlichkeiten einhergeht.

Da Sektoren (wie einzelne Wirtschaftseinheiten) *gleichzeitig* Kredite gewähren und nehmen können, ist letztlich der *Netto*-Wert von besonderer Bedeutung. Ist in einer Periode die Zunahme der Forderungen größer als die Verbindlichkeiten, liegt ein **Finanzierungsüberschuss** oder eine **Netto-Kreditgewährung** vor (im umgekehrten Fall **Finanzierungsdefizit** oder **Netto-Kreditaufnahme**).

**Übersicht 2.13**  Das sektorale Finanzierungskonto

| Zunahme der Forderungen | Zunahme der Verbindlichkeiten |
|---|---|
| | Finanzierungssaldo (Überschuss: + ;  Defizit: −) |

Auf eine ausführliche Darstellung der *Finanzierungsrechnung* wird hier verzichtet. Für die hier verfolgten Zwecke reicht es nämlich aus, dass die Finanzierungssalden auf den Vermögensänderungskonten erscheinen. Gesamtwirtschaftlich muss übrigens in einer Volkswirtschaft ohne Außenwirtschaftsbeziehungen (geschlossene Volkswirtschaft) die *Summe aller Finanzierungssalden* **null** ergeben. Im (realistischen) Fall einer Volkswirtschaft mit Außenwirtschaftsbeziehungen (offene Volkswirtschaft) kann jedoch ein Finanzierungssaldo gegenüber der Übrigen Welt auftreten.

### 2.1.2.6.  Die Zusammenfassung aller Konten zu einem Kreislauf

In den vorangegangenen Gliederungsabschnitten wurden die Hauptaktivitäten in einem Zwei-Sektoren-Modell einzeln als Konten vorgestellt. Da jeder Position in einem Konto eine Gegenposition in gleicher Höhe in einem anderen Konto entspricht, ist ja in den vorgeführten Konten der Kreislauf bereits angelegt. Ein einfaches Nebeneinanderstellen aller Konten ergibt somit den kompletten Kreislauf.

Kreislaufdarstellungen findet man in drei Varianten: Pfeildarstellungen, Kontensysteme, Matrixsysteme. Pfeildarstellungen sind zwar anschaulich, aber schwierig zu erstellen. Durchgesetzt haben sich die Kontensysteme. In Übersicht 2.14 wurden die Ströme durch Symbole dargestellt. Zur Unterscheidung der Ströme wurden Indizes benutzt. Stehen zwei Sektorbezeichnungen hintereinander, so bezeichnet der erste Sektor den des Abflusses, der zweite den des Zuflusses. Zusätzlich wurden zur besseren Veranschaulichung noch Pfeile eingezeichnet. Insofern handelt es sich bei Übersicht 2.14 um eine kombinierte Pfeil-Konten-Darstellung. Bei Matrixversionen (Übersicht 2.15) handelt es sich ebenfalls um Kontensysteme; die Konten werden hier nur in einer speziellen Form angeordnet. Kreisläufe in Matrixform sind besonders geeignet, wenn man einen schnellen Gesamtüberblick bei nicht allzu tief gegliederten Kreisläufen bieten möchte.

Da die Matrixanordnung für manche Leser ungewohnt sein dürfte, sei sie kurz erläutert: In einer Matrix werden die linken Soll-Seiten und die rechten Haben-Seiten getrennt und anschließend über Kreuz angeordnet. Ein Eintrag gilt dann spaltenmäßig gelesen als Abfluss oder Soll-Buchung, zeilenmäßig dagegen als Zufluss oder Haben-Buchung.

**Übersicht 2.14** Der Wirtschaftskreislauf für ein Zwei-Sektoren-Modell in Kontenform

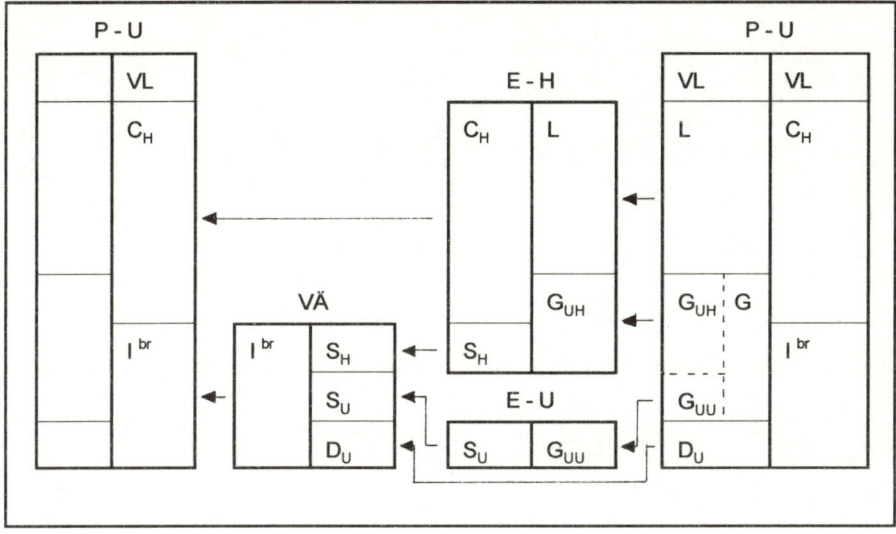

**Übersicht 2.15** Der Wirtschaftskreislauf für ein Zwei-Sektoren-Modell in Matrixform

| | | | Abflüsse | | | | | |
|---|---|---|---|---|---|---|---|---|
| | | | Produktion | Einkommen | | Vermögens-änderung | | Summe |
| | | | U | U | H | U | H | |
| **Z u f l ü s s e** | Produktion | U | VL | | $C_H$ | $I^{br}$ | | |
| | Einkommen | U | $G_{UU}$ | | | | | |
| | | H | L, $G_{UH}$ | | | | | |
| | Vermögens-änderung | U | $D_U$ | $S_U$ | | | $FÜ_H$ $FD_U$ | |
| | | H | | | $S_H$ | | | |
| | Summe | | | | | | | |

Die Kontendarstellung (Übersicht 2.14) ist ein guter Ausgangspunkt für die Ableitung von **Kreislauf-Gleichungen**. Diese Gleichungen spielen eine wichtige Rolle in der Ex-ante-Analyse (Teil 2). Sie sind ferner in der gesamtwirtschaftlichen Statistik von Bedeutung, da man mit ihrer Hilfe mittels Differenzbildung auch die Werte solcher Größen bestimmen kann, die selbst statistisch nicht bestimmt werden können.

Aus Übersicht 2.14 in Verbindung mit Übersicht 2.7 ist leicht zu erkennen, dass die folgenden Beziehungen gelten:

*(1) Produktion von der Outputseite her*

Produktionswert $\quad\quad$ PW $\quad = $ VL $+ \; C_H + I^{br}$

Brutto-Wertschöpfung BWS $=$ PW $-$ VL $\; = \; Y^{br} = C_H + I^{br}$

Netto-Wertschöpfung NWS $=$ BWS $-$ D $= Y^n = C_H + I^n$

*(2) Entstehung des Einkommens*

Brutto-Einkommen $\quad Y^{br} = $ PW $-$ VL $=$ D $+$ L $+$ G

Netto-Einkommen $\quad\quad Y^n = Y^{br} - $ D $\quad =$ L $+$ G

*(3) Verwendung des Einkommens*

Netto-Einkommen $\quad\quad Y^n = C_H + (S_H + S_U) = C_H + S$

Hinsichtlich des Netto-Einkommens gelten somit die folgenden drei Gleichungen in einer Ex-post-Betrachtung (abgelaufene Periode) gleichzeitig:

$$Y^n = C_H + I^n$$
$$Y^n = L + G$$
$$Y^n = C_H + S$$

Da die Gleichungen gleichzeitig gelten, muss natürlich auch gelten

$$C_H + I^n = C_H + S \quad \text{oder}$$
$$I^n = S$$

Diese Gleichung spielt eine Rolle in der makroökonomischen Ex-ante-Theorie. Deshalb soll auf sie im noch etwas näher eingegangen werden.

### 2.1.2.7. Die Ex-post-Identität von Sparen und Investieren

Es wurde soeben abgeleitet, dass in jeder Periode für eine Volkswirtschaft ohne Außenhandel gilt:

$$\boxed{I^{br} = D + S \quad \text{oder} \quad I^n = S}$$

Es ist dies die (definitorische) **Gleichheit** oder **Ex-post-Identität von I und S**. Dies bedeutet, dass sich am Ende jeder abgelaufenen Periode - wie kurz oder lang sie auch gewählt sein mag - ergibt, dass I = S ist. Für Studienanfänger ist dieser Sachverhalt manchmal etwas schwierig zu verstehen, da oft die Vorstellung besteht, dass doch *„vorher gespart* werden müsse, damit *anschließend investiert* werden kön-ne". Darüber hinaus wird darauf verwiesen, dass doch zumindest in einer Markt-wirtschaft die *Haushalte* völlig frei über ihre *Ersparnisse* und die *Unternehmen* ebenso frei über ihre *Investitionen* entscheiden. Eine Übereinstimmung der Plangrößen oder Ex-ante-Größen von Sparern und Investoren wäre dann doch reiner Zufall. In der Tat müssen die Planungen zu Beginn der Periode (ex ante) keineswegs übereinstimmen. Wegen der Definition der Größen I und S ergibt sich aber ihre Gleichheit für eine *abgelaufene* Periode (ex post) zwangsläufig. Ein Unterschied zwischen Ex-ante- und Ex-post-Größen wird nämlich durch das Auftreten *unfreiwilliger* oder

**ungeplanter Größen** erreicht. Wie dieser Ex-post-Ausgleich zustande kommt, soll nachfolgend an Beispielen verdeutlicht werden. Dabei wird einheitlich eine Produktion (= Einkommensentstehung) von Y = 225 GE angenommen. Die Plangrößen für Konsum und Sparen der Haushalte bzw. Konsumgüter- und Investitionsgüterproduktion der Unternehmen variieren dagegen je nach Beispiel.

## (1) Geplante Investition gleich geplante Ersparnis

Die geplante Einkommensverwendung der Haushalte entspricht genau den Vorstellungen der Unternehmen hinsichtlich ihrer Produktion.

| Produktion (= Einkommensentstehung) | Y = 225 | | U |
|---|---|---|---|
| erwartete = tatsächliche Verwendung | C = 200 | I = 25 | |

$\updownarrow$

| geplante = tatsächl. Einkommensverwendung | C = 200 | S = 25 | H |
|---|---|---|---|
| Einkommensentstehung | Y = 225 | | |

Hier sind die Ex-post-Größen gleich, da bereits die Plangrößen übereinstimmen.

## (2) Angleichung der Ex-post-Größen durch ungeplante Lagerinvestition

### (2.1) Ungeplanter Lageraufbau

Die Haushalte hatten geplant, von ihrem Einkommen Y = 225 nur C = 200 für den Konsum auszugeben. Sie führten diese Planung auch aus. Die Unternehmen hatten dagegen erwartet, dass das gesamte Einkommen für Konsum verwendet würde und dementsprechend nur Konsumgüter produziert. Da also Güter im Wert von 25 GE, die für den Konsum vorgesehen waren, nicht gekauft wurden, hat sich bei den Unternehmen eine *ungeplante Vorratsinvestition* (Lageraufbau) ergeben.

| Produktion | Y = 225 | | U |
|---|---|---|---|
| erwartete Verwendung der Produktion | C = 225 | | |
| tatsächliche Verwendung der Produktion | C = 200 | $I_{ungepl}$ = 25 | |

$\uparrow$

| geplante = tatsächliche Verwendung | C = 200 | S = 25 | H |
|---|---|---|---|
| Einkommen | Y = 225 | | |

Für die Planungen gilt also: $S_{ex\,ante} \neq I_{ex\,ante}$ (25 ≠ 0)

Da sich die Konsumenten mit ihren Vorstellungen durchgesetzt haben, gilt für die *abgelaufene Periode*

$$S_{ex\,ante} = S_{ex\,post}; \quad S_{ex\,post} = I_{gepl} + I_{ungepl}; \quad \text{also: } 25 = 0 + 25$$

somit: $I_{ex\,post} = S_{ex\,post}$.

### (2.2) Ungeplanter Lagerabbau

Die Haushalte wollen ihr gesamtes Einkommen für Konsumgüter ausgeben. Die Unternehmen haben nur 200 GE für den Konsum vorgesehen. Handelt es sich bei der geplanten Investition der Unternehmen um Maschinen, so kann dem Wunsch der Haushalte nur dann entsprochen werden, wenn auf Konsumgutläger zurückgegriffen werden kann. War die geplante Investition als Lageraufbau vorgesehen, so könnte dieser Lageraufbau unterbleiben. In beiden Fällen läge eine *ungeplante negative Lagerinvestition* vor.

| Produktion | $Y = 225$ | | |
|---|---|---|---|
| erwartete Verwendung der Produktion | $C = 200$ | $I_{gepl} = 25$ | U |
| tatsächliche Verwendung der Produktion | $C = 225$ | $I_{ungepl} = -25$ | |

$\uparrow$

| geplante = tatsächliche Verwendung | $C = 225$ | H |
|---|---|---|
| Einkommen | $Y = 225$ | |

Hier gilt daher: $S_{ex\,post} = I_{gepl} + I_{ungepl}$;  also: $0 = 25 + (-25)$

Damit wieder:  $S_{ex\,post} = I_{ex\,post}$.

### (3) Angleichung der Ex-post-Größen durch ungeplante Ersparnis

Die Unternehmen wollen 25 GE investieren (als geplanter Lageraufbau oder in Form von Maschinen, Gebäuden). Die Konsumenten beabsichtigen jedoch eine Ersparnis von null. Es sind zwei Fälle möglich:

### (3.1) Einführung von Lieferfristen

| Produktion | $Y = 225$ | | U |
|---|---|---|---|
| erwartete = tatsächliche Verwendung | $C = 200$ | $I = 25$ | |

$\downarrow$

| tatsächliche Verwendung | $C = 200$ | $S_{ungepl} = 25$ | |
|---|---|---|---|
| geplante Verwendung | $C = 225$ | | H |
| Einkommen | $Y = 225$ | | |

Die Unternehmen haben sich durchgesetzt; wegen der unerwarteten Mehrnachfrage haben sie Lieferfristen eingeführt. Die Haushalte sparen ungeplant.

Es gilt:        $I_{ex\,ante} = I_{ex\,post}$;   $I_{ex\,post} = S_{gepl} + S_{ungepl}$

$$25 = 0 + 25$$

Damit wieder:  $S_{ex\,post} = I_{ex\,post}$.

## (3.2) Durchsetzung von Preiserhöhungen

Die Unternehmen können auf die unerwartet hohe Nachfrage auch mit Preiserhöhungen reagieren. Die Haushalte geben dann zwar ihr gesamtes monetäres Einkommen von 225 GE aus, erhalten aber dafür nur 200 ME Konsumgüter. Sie werden also über die Preiserhöhungen zum Sparen in gütermäßiger Sicht gezwungen (**Zwangssparen**). Die Mehreinnahmen erhöhen bei den Unternehmen die Gewinne. Einbehaltene Gewinne sind Ersparnisse der Unternehmen. Letztere treten also an die Stelle der fehlenden Ersparnisse der Haushalte. - Eine zahlenmäßige Darstellung dieses Falls ist schwieriger; deshalb wird darauf verzichtet.

Die vier vorgeführten Formen der Ex-post-Angleichung von I und S können natürlich auch gemischt auftreten. Daher kann man sagen, dass in der Ex-post-Betrachtung immer gilt: $\quad S_{gepl} + S_{ungepl} = I_{gepl} + I_{ungepl}$.

Damit düfte nunmehr auch klar geworden sein, dass die Vorstellung „Es muss vorher gespart werden, damit anschließend investiert werden kann" nicht in Einklang mit den für zweckmäßig erachteten volkswirtschaftlichen Definitionen von Investieren und Sparen steht. Da Sparen ausschließlich negativ als Nicht-Konsum definiert ist, sind in dieser Sichtweise Sparen und Investieren nur zwei Seiten derselben Sache: Sparen bedeutet in realwirtschaftlicher Sicht Verzicht auf Konsum von in derselben Periode produzierten Gütern; aus der Sicht der Unternehmen sind diese Güter jedoch gleichzeitig Investition.

## 2.1.3. Grundzüge eines kompletten Wirtschaftskreislaufs

### 2.1.3.1. Das Gesamtmodell im Überblick

Das einführende Grundmodell wurde bewusst auf zwei Sektoren reduziert. So sollte ein Grundverständis über die gesamtwirtschaftlichen Hauptaktivitäten, nämlich
- Produktion und Einkommensenstehung,
- Einkommensverwendung,
- Vermögensbildung

und ihre Zusammenhänge vermittelt werden. Eine realitätsnahe Darstellung der gesamtwirtschaftlichen Beziehungen, die zugleich Grundlage für das Sammeln konkreter gesamtwirtschaftlicher Daten sein soll, erfordert die Berücksichtigung zahlreicher bislang ausgeklammerter Aspekte. Es sind dies vor allem die folgenden Punkte:
(1) Berücksichtigung weiterer Marktproduzenten neben den Kapitalgesellschaften;
(2) Produktion und Einkommensentstehung durch private Nichtmarkt-Produzenten und Produktionen der Haushalte für die Eigenverwendung;
(3) Aktivitäten des Staates [Erhebung von Steuern; Produktion von Dienstleistungen; Umverteilung (Transfers an Haushalte und Subventionen an Produzenten)];
(4) Berücksichtigung der wirtschaftlichen Beziehungen zur Übrigen Welt.

Kreislaufsysteme, die den zahlreichen Aspekten der konkreten wirtschaftlichen Beziehungen nachgehen, sind sehr komplex und erfordern eine Fülle von definitori-

**Übersicht 2.16** Die wichtigsten Kreislaufbeziehungen in einem Mehrsektoren-Modell

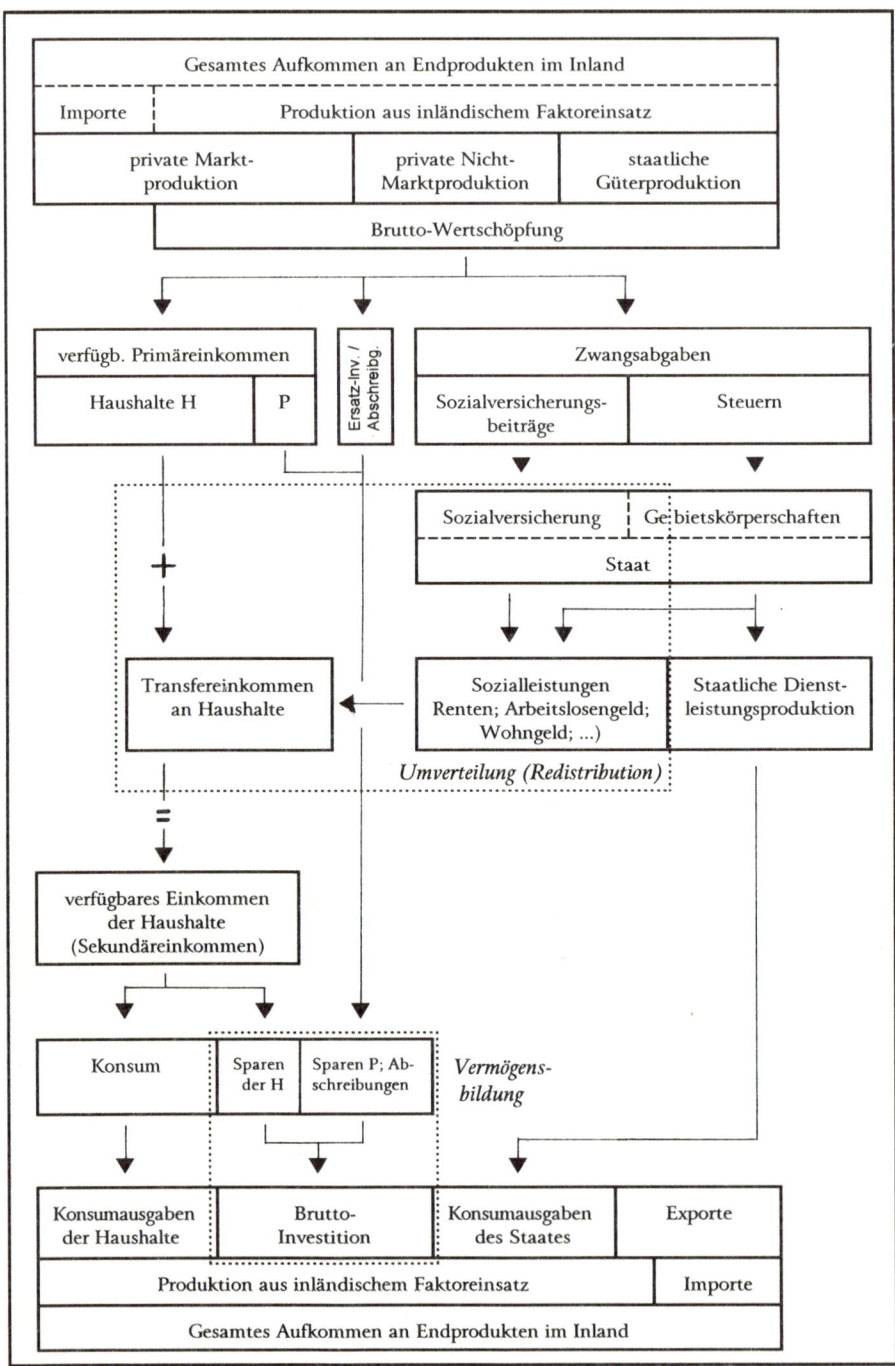

schen Abgrenzungen und Zuordnungsvorschriften. Diese vielfältigen und teilweise diffizilen Einzelheiten können hier nicht berücksichtigt werden. Die folgende Kreislaufbetrachtung trägt daher zwar einerseits den eben genannten vier wichtigen Komponenten Rechnung, andererseits beschränkt auch sie sich auf die Hauptlinien.

In Übersicht 2.16 wird zunächst versucht, einen Überblick über diese Hauptlinien in grafischer Weise zu geben. Die gesamte Produktion und Einkommensentstehung (Brutto-Wertschöpfung) geht nunmehr neben den für den Markt produzierenden Kapitalgesellschaften auf weitere Markt- und Nichtmarkt-Produzenten (vgl. auch Übersicht 2.3) zurück. Ein Teil der Brutto-Wertschöpfung dient nur dem Ersatz der in der Periode verschlissenen Anlagegüter (Abschreibungen). Die verbleibenden Ansprüche oder Einkommen sind die *Primäreinkommen*. Aus ihnen sind Zwangsabgaben (Steuern und Sozialversicherungsbeiträge) zu entrichten. Diese dienen einmal der Finanzierung der staatlichen Dienstleistungsproduktion, des weiteren der Finanzierung der staatlichen Umverteilung (Transfers an Haushalte und - in Übersicht 2.16 nicht aufgenommene - Subventionen an Produzenten). Zwangsabgaben senken die verfügbaren Einkommen, Transfers (und Subventionen) erhöhen sie. In der Summe verbleiben die „verfügbaren Einkommen (der Haushalte)" als sog. *Sekundäreinkommen*. Sie werden verwendet für den privaten Konsum und das Sparen der Haushalte. Das Sparen der Haushalte sowie das der Produzenten (P) und die Abschreibungen der Produzenten finanzieren die Brutto-Investition. Daraus folgt, dass letztlich die gesamte Einkommensverwendung für Konsum, Brutto-Investition und Exporte dem gesamten Aufkommen an Gütern aus der inländischen Produktion plus Einfuhr entspricht.

Im Einzelnen lassen sich die sehr diffizilen und vielfältigen Beziehungen nicht mehr durch eine grafische Übersicht beschreiben. Dies wird nur durch ausgedehnte Kontensysteme möglich. Durch das ESVG wurde dieses Kontensystem gegenüber dem bisherigen deutschen System noch mehr verfeinert, teilweise auch inhaltlich verändert. Die Erweiterung des Zwei-Sektoren-Grundmodells bewirkt auch, dass im vorigen Gliederungsabschnitt abgeleitete wichtige Begriffe (Einkommen, Konsum u.a.) nun etwas differenzierter gesehen werden müssen (so muss z.B. - wie in der Erläuterung der Übersicht 2.16 bereits erfolgt - der Begriff *verfügbares Einkommen* eingeführt werden). Der ganzen Komplexität dieses Systems kann hier allerdings nicht Rechnung getragen werden; es ist jedoch für die hier verfolgten Zwecke auch nicht erforderlich.

Der nächste Gliederungsabschnitt dient dem Zweck, einen Überblick über die wichtigsten *methodischen* Aspekte dieser Erweiterung gegenüber dem Grundmodell zu geben. Daran schließt sich eine Gesamtschau des kompletten Kreislaufs an.

### 2.1.3.2. Methodische Aspekte der Erweiterung des Kreislaufmodells

Als Folge der Erweiterung des Kreislaufmodells um weitere Produzenten-Sektoren, den Staat und die außenwirtschaftlichen Beziehungen treten einige Änderungen gegenüber dem Grundmodell auf, die man als *methodische* Änderungen verstehen kann. Sie treten insbesondere im Bereich von Produktion, Einkommensentstehung und Einkommensverwendung auf. Die wichtigsten Punkte werden nachfolgend aufgeführt.

## (1) Produktionskonto

Durch die Bildung mehrerer Produzenten-Sektoren kann ein Sektor nicht nur von sich selbst Vorleistungen empfangen, sondern auch von anderen Sektoren. Ebenso liefert er Vorleistungen nicht nur an sich selbst. Je *Sektor* ist daher normalerweise die Summe der empfangenen und der gelieferten Vorleistungen *nicht gleich*. Für die Volkswirtschaft insgesamt sind deren Summen jedoch gleich.

Auf der Outputseite folgt aus mehreren Produzenten-Sektoren eine Aufspaltung der Investitionsgüter nach empfangenden Sektoren.

**Übersicht 2.17** Produktionskonto bei mehreren Produzenten-Sektoren

| Vorleistungs-käufe | vom eigenen Sektor | Vorleistungs-verkäufe | an den eigenen Sektor |
|---|---|---|---|
| | von anderen Sektoren | | an andere Sektoren |
| Abschreibungen | | Konsum der Haushalte | |
| Faktoreinkommen | | | |
| | | Brutto-Investi-tion | des eigenen Sektors |
| | | | Verkäufe an andere Sektoren |

## (2) Einkommenskategorie „Selbständigeneinkommen"

Die laut Übersicht 2.3 dem Sektor *Haushalte* zugewiesenen Produzenten (Landwirte, Einzelfirmen, Freiberufler u.ä.) unterscheiden sich von Kapitalgesellschaften dadurch, dass bei ihnen **selbständige Arbeit** auftritt. Selbständige Arbeit wird jedoch in einer Marktwirtschaft *nicht kontraktbestimmt* entgolten; sie wird vielmehr *residualbestimmt* entgolten. Sie ist also *Gewinnbestandteil* und wird insofern nur dann entgolten, wenn die Differenz aus Erträgen und Aufwand groß genug ist.

Im Produktionskonto der Haushalte (Übersicht 2.18) erscheint daher neben dem *Betriebsüberschuss* zusätzlich die Einkommenskategorie **Selbständigeneinkommen** (mixed income). Nach alter Terminologie sind sie Bestandteil der *Einkommen aus Unternehmertätigkeit und Vermögen*.

**Übersicht 2.18**  Selbständigeneinkommen im Produktionkonto der Haushalte

| Vorleistungskäufe von Haushalten | | Vorleistungsverkäufe |
|---|---|---|
| Abschreibungen | | Konsum der Haushalte |
| Arbeitnehmerentgelt | | |
| Betriebsüberschuss | *VGR alt: Einkommen aus Unternehmertätig-keit und Vermögen* | Bruttoinvestition |
| **Selbständigeneinkommen (SE)** (residualbestimmt) | | |

## (3)  Berücksichtigung von Nichtmarkt-Produzenten

### (3.1)  Die Bewertung der Produktion von Nichtmarkt-Produzenten

Schon immer wurden neben den Markt-Produzenten auch Nichtmarkt-Produzenten in der Kreislaufanalyse berücksichtigt. Nichtmarkt-Produktion liegt vor, wenn die von einer produzierenden Wirtschaftseinheit produzierten Güter der Allgemeinheit oder den Mitgliedern der produzierenden Organisation (a) kostenlos oder (b) nicht direkt kostenbezogen zur Verfügung gestellt werden. Im Fall (b) gilt als Grenze, dass eine wirtschaftliche Einheit regelmäßig weniger als 50 % der Produktions-kosten durch Verkaufserlöse, Gebühreneinnahmen u.ä. deckt.

Im ESVG werden drei Bereiche der Nichtmarkt-Produktion gebildet:
(a) Staatliche Dienstleistungsproduktion;
(b) Dienstleistungsproduktion der Privaten Organisationen ohne Erwerbszweck;
(c) Eigenverwendung der privaten Haushalte.

Markt- und Nichtmarkt-Produktion unterscheidet sich deutlich hinsichtlich der Möglichkeit, den Output zu bewerten. Bewertungsfragen hätten eigentlich bereits in Kap. 2.1.2 angesprochen werden müssen. Sie wurden dort aber einfach übergan-gen. Hier müssen jedoch die wichtigsten unterschiedlichen Bewertungsansätze zumindest erwähnt werden (Übersicht 2.19), wobei bereits im Vorgriff ein Blick auf die Abgrenzung der Steuern (Übersicht 2.22) erforderlich ist. Eine Diskussion darüber, wann welcher Bewertungsansatz vorzuziehen ist, wird aber auch hier nicht geführt. Dazu sollte man die Spezialliteratur heranziehen.

Je nach Sichtweise und Notwendigkeit wird die Produktion von Markt-Produ-zenten zu Anschaffungspreisen (Marktpreisen) oder Herstellungspreisen bewertet. Bei *Marktproduzenten* werden beide Seiten des Produktionskontos eigenständig bewertet: Der Output wird zu Marktpreisen bewertet und der (kontraktbestimmte) Input zu Produktionskosten. Die Differenz zwischen dem Marktwert des Outputs und dem Wert der kontraktbestimmten Inputs ist die Residualgröße Gewinn i.e.S. (oder Verlust). Letztere ist zugleich Ausdruck für die Wirtschaftlichkeit des Produk-

**Übersicht 2.19** Bewertungskonzepte im ESVG

| | |
|---|---|
| Anschaffungspreis / Marktpreis | Der Preis, den ein Käufer tatsächlich für die Güter zum Zeitpunkt des Kaufes bezahlt (bei Produzenten ohne MwSt). |
| Herstellungspreis / Faktorkosten | Anschaffungspreis – Gütersteuern + Gütersubventionen (siehe Übersicht 2.22) |
| Produktionskosten / Inputkosten | Summe der Positionen Vorleistungen + Abschreibungen + Arbeitnehmerentgelte + sonstige Produktionsabgaben |

tionsprozesses. Für *Nichtmarkt-Produzenten* entfällt jedoch dieser Bewertungsansatz: Da die Produktion nicht am Markt verkauft wird, gibt es auch keine Marktpreise für die Produkte. Damit entfällt die Möglichkeit, den Output dieser Produzenten eigenständig zu bewerten. Die Lösung dieses Problems wird darin gesehen, den Output von Nichtmarkt-Produzenten mit dem Wert der eingesetzten Produktionsfaktoren anzusetzen (**Bewertung zu Produktions-** oder **Inputkosten**). Da die Produkte nicht verkauft werden, tut man so, als würden die für die Produktion des Nichtmarkt-Sektors eingesetzten Produktionsfaktoren unmittelbar für den *Konsum* (den letzten Verbrauch) eingesetzt. (In der deutschen VGR wurde hierfür auch der Begriff *Eigenverbrauch* verwendet.) Deswegen wird der nicht eigenständig bestimmbare Outputwert ersetzt durch die *Konsumausgaben des Sektors*. Eine Bewertung des Outputs zu Faktorkosten bewirkt, dass zwangsläufig beide Kontenseiten immer gleich groß sein müssen. Ein Gewinn (Verlust), der eine Aussage über die Wirtschaftlichkeit der Produktion erlaubt, kann damit bei einer Nichtmarkt-Produktion allerdings prinzipiell nicht auftreten.

**Übersicht 2.20** Das Produktionskonto von Nichtmarkt-Produzenten

| Vorleistungskäufe | | Summe aller Input- oder Produktionskosten | *Konsumausgaben des Sektors* (Ersatz für die nicht eigenständig bewertbare Dienstleistungsproduktion des Sektors) |
|---|---|---|---|
| Abschreibungen | | | |
| Arbeitnehmerentgelt | Primäreinkommen (Faktorentgelte) | | |
| Betriebsüberschuss (Zinsen, Mieten, Pachten) | | | |
| └── Bewertung zu Produktionskosten ──▲ | | | |

   Das in Übersicht 2.20 beschriebene Prinzip der Bewertung gilt auch für den Sektor *Staat*. Es ist allerdings zu beachten, dass gerade der Staat ein sehr komplexer Sektor ist, auch durch die Zusammenfassung von Gebietskörperschaften und Sozialversicherung.

Einige wenige Leistungen des Staates, nämlich solche, die nur gegen Gebühren erfolgen (z.B. Baugenehmigungen; Passausstellungen), gelten als Dienstleistungsverkäufe. Sie können den Produzenten als Vorleistungsverkäufe oder den Konsumenten als Konsumausgaben der Haushalte zugerechnet werden. Die Masse der Leistungen des Staates wird jedoch unentgeltlich bereitgestellt: Leistungen der öffentlichen Verwaltung (einschließlich des parlamentarischen Systems), des Rechtswesens und der Polizei, des öffentlichen Bildungssystems und große Teile des öffentlichen Gesundheitswesens, der diplomatischen Vertretungen, des Militärs für die äußere Sicherheit, Durchführung der Umverteilung usw. Der Wert dieser Leistungen wird mit ihren Inputkosten angesetzt und als **Konsumausgaben des Staates** $C_{St}$ (bisher: Staatsverbrauch, Staatskonsum) bezeichnet. Sie entsprechen damit den folgenden Aufwandspositionen im Produktionskonto des Staates:
- Löhne und Gehälter für öffentliche Bedienstete;
- Ausgaben für den laufenden Unterhalt von öffentlichen Einrichtungen und Verkehrsbauten (Vorleistungen in Form von Material, Energie, Putzdiensten usw.);
- Ausgaben der Sozialversicherung für das Gesundheitswesen;
- alle laufenden Aufwendungen für militärische Aktivitäten (Sold, Käufe von militärischen Gütern, laufender Unterhalt von militärischen Einrichtungen); der Kauf von militärischen Fahrzeugen sowie der Bau von Kasernen und Militärflughäfen werden ebenfalls dem laufenden Verbrauch (den Vorleistungen) zugerechnet, sofern die Güter *ausschließlich* militärischen Zwecken dienen (bei gemischter Nutzung erfolgt eine Zuweisung zu den staatlichen *Investitionen*).

Zu beachten ist allerdings, dass die **Zinsen auf Staatsschuld** per Konvention *nicht als Bestandteil der Produktionskosten* und damit der Konsumausgaben des Staates angesehen werden. Dies resultiert daraus, dass Zinsen auf Staatsschuld nur ganz generell auf die Staatsschulden insgesamt anfallen, letztere aber nicht auf das zur Produktion der staatlichen Leistungen erforderliche Sachvermögen bezogen werden können.

### (3.2) Konsum nach dem Ausgaben- und dem Verbrauchskonzept

Im ESVG wurde das Konzept des Konsums geändert. Zur besseren Erfassung des Konsums wurde für den Sektor *Staat* auch eine Trennung der gesamten Konsumausgaben (Ausgabenkonzept) in Individual- und Kollektivkonsum (Verbrauchskonzept) eingeführt (vgl. Übersicht 2.21).

Die Leistungen der *Privaten Organisationen* sowie der *Eigenverbrauch der Haushalte* werden in voller Höhe als Individualkonsum gewertet.

### (3.3) Einnahmen der Nichtmarkt-Produzenten

Den Outputs der Nichtmarkt-Produzenten stehen keine Einnahmen gegenüber. Die Aufwendungen der Sektoren (ihre Konsumausgaben) müssen jedoch gedeckt werden. Diese Deckung erfolgt bei den **Privaten Organisationen ohne Erwerbscharakter**
- durch Mitgliedsbeiträge und Spenden von Haushalten [sie zählen zu den „laufenden Übertragungen" (siehe unten)] als weitaus bedeutsamste Position;
- durch Einkünfte aus Vermögen;
- zu einem geringen Teil auch durch staatliche Zuschüsse.

**Übersicht 2.21** Abgrenzung des Konsums nach Ausgaben- und Verbrauchskonzept

| Konsum *Ausgabenkonzept* | Konsum *Verbrauchskonzept* | |
| --- | --- | --- |
| Konsumausgaben sind die Ausgaben institutioneller Einheiten für Güter, die zur unmittelbaren Befriedigung individueller oder kollektiver Bedürfnisse der Allgemeinheit verwendet werden. | Der Konsum nach dem Verbrauchskonzept umfasst die Güter, die von institutionellen Einheiten zur unmittelbaren Befriedigung individueller oder kollektiver Bedürfnisse erworben werden. | |
| | *Individualkonsum* Die Güter dienen unmittelbar privaten Haushalten und können einzelnen Haushalten zugeordnet werden. Der Haushalt muss der Entgegennahme zugestimmt haben. Die Nutzung verringert die Nutzungsmöglichkeit für andere Haushalte. | *Kollektivkonsum* Kollektive Dienstleistungen werden allen Haushalten eines Gebiets gleichzeitig erbracht. Ihre Nutzung erfordert nicht das Einverständnis der Haushalte (ist insofern passiv). Ihre Nutzung mindert nicht die Nutzung durch andere Haushalte. |
| | Beispiele Unterrichtswesen; Gesundheitswesen; Soziale Sicherung; Sport; Kultur; Hausmüll und Abwasserentsorgung (jeweils ohne Ausgaben für die allgemeine Verwaltung, Forschung usw.). | Beispiele Verwaltung der Gesellschaft; Gewährleistung der inneren und äußeren Sicherheit; Gesetzgebung; Umweltschutz; Infrastruktur und Wirtschaftsförderung. |

Quelle: ESVG 1995; S. 55 ff.

Beim Sektor **Staat** erfolgt die Finanzierung der Nichtmarkt-Produktion durch
- Zwangsabgaben (Steuern);
- laufende Übertragungen (z.B. Geldstrafen);
- Einkünfte aus Vermögen (Zinsen und Dividenden aus Beteiligungen des Staates an Kapitalgesellschaften; Gewinnabführung der Zentralbank);
- Schuldenaufnahme (Finanzierungsdefizit).

(Schuldenaufnahme zur Finanzierung der *Konsumausgaben des Staates* sollte jedoch im Regelfall *nicht* stattfinden; für Investitionen wird sie dagegen akzeptiert. Für Deutschland schreibt z.B. Art. 115 GG vor: „Die Einnahmen aus Krediten dürfen die Summe der im Haushaltsplan veranschlagten Ausgaben für Investitionen nicht überschreiten; Ausnahmen sind nur zulässig zur Abwehr einer Störung des gesamtwirtschaftlichen Gleichgewichts." Der zweite Halbsatz ist in Teil 2 des Lehrbuches von Bedeutung.)

## (4) Berücksichtigung der Steuern

Ein geringer Teil der staatlichen Leistungen (z.B. Ausstellung eines Passes, Anmeldung eines Kraftfahrzeuges, Führung eines Zivilprozesses) erfolgt als Markt-Produktion individuell gegen *Gebühren,* die aber nicht voll kostendeckend sind. Der Großteil der staatlichen Leistungen, nämlich die Nichtmarkt-Produktion, wird über *Steuern* finanziert.

> **Steuern** (T) sind einmalige oder laufende Geldleistungen, die *zwangsweise* von einem öffentlich-rechtlichen Gemeinwesen in aller Regel zur Erzielung von *Einnahmen* erhoben werden. Sie werden allen Personen/Institutionen auferlegt, bei denen der Tatbestand zutrifft, an den das Gesetz die Leistungspflicht knüpft. Eine *Zweckbindung* bestimmter Steuern an bestimmte Staatsausgaben *findet nicht statt.*

Die Steuern werden in zwei Kategorien unterteilt, die unterschiedlich behandelt werden. Die erste Gruppe sind die **indirekten Steuern** ($T^i$); im ESVG werden sie als **Produktions- und Importabgaben** bezeichnet. Es handelt sich um Abgaben, die bei *Produzenten erhoben* werden. Aus der Sicht der steuerpflichtigen Produzenten erhöhen sie die Kosten. Bei der *Gewinnermittlung* sind sie *abzugsfähig* (Ausnahme: MwSt). Sie werden deshalb auch als *Kostensteuern* bezeichnet. Sie erscheinen daher im *Produktions*bereich (der nicht-staatlichen Produzenten) und zwar als Inputgröße oder Abfluss, beim Sektor Staat jedoch konsequenterweise als Zufluss im Einkommensbereich. Als Kostengröße fließen sie in die Marktpreise der produzierten Güter ein. Wenn Güter zu Marktpreisen bewertet werden, ist ihr Wert daher gegenüber dem Wert des gesamten Faktoreinsatzes um die indirekten Steuer höher.

Die zweite Kategorie bilden die **direkten Steuern** ($T^d$). Im ESVG heißen sie **Einkommen- und Vermögensteuern**. Direkte Steuern sind aus dem entstandenen Einkommen / Vermögen zu entrichten. Sie erscheinen daher unter der Rubrik *Einkommensverwendung*. Sie vermindern das *verfügbare Einkommen* der Wirtschaftssubjekte, d.h. die Summe, die in freier Entscheidung zum Konsum und zur Vermögensbildung verwendet werden kann.

**Übersicht 2.22**  Die Einteilung der Steuern nach ESVG

| Produktions- und Importabgaben *(indirekte Steuern)* | | | |
|---|---|---|---|
| Zwangsabgaben (ohne Gegenleistung) auf Produktion und Einfuhr von Gütern oder den Einsatz von Produktionsfaktoren in der Produktion in Form von Geld- oder Sachleistungen an den Staat oder die EU. Die Steuern werden unabhängig davon fällig, ob Gewinn erzielt wurde oder nicht. | | | |
| Gütersteuern <br> Sie werden pro Einheit eines produzierten oder gehandelten Gutes als Mengen- oder Wertsteuer erhoben. | | | sonstige Produktionsabgaben <br> Produktionsabgabe unabhängig von Menge/Wert der produzierten Güter |
| MwSt | Importabgaben | sonstige Gütersteuern | |
| | Zölle / Import-steuern | *Beispiele* <br> Mineralöl-, Alkohol-, Tabak-, Vergnügungs-, Versicherungssteuer | *Beispiele* <br> Gewerbe-, Lohnsummen-, Grundsteuer, Firmen-Kfz-Steuer, Umweltabgaben |

| Einkommen- und Vermögensteuern *(direkte Steuern)* | | | |
|---|---|---|---|
| Einkommensteuern | | sonstige direkte Steuern und Abgaben | |
| Lohn- und Einkommensteuern (i.e.S.) <br> Steuern auf das Einkommen von natürlichen Personen | Körperschaftsteuern <br> Steuern auf das Einkommen von Kapitalgesellschaften | Vermögensteuern | sonstige direkte Steuern <br> (z.B. private Kfz-Steuer, private Hundesteuer) |
| Sofern der Sektor Staat nicht in Gebietskörperschaften und Sozialversicherung unterteilt wird, werden die *Sozialversicherungsbeiträge* (einschließlich Arbeitgeberanteile) ebenfalls den direkten Steuern (Untergruppe Lohn- und Einkommensteuer) zugeschlagen. | | | |

## (5) Berücksichtigung der Umverteilung

Von *Umverteilung* spricht man, wenn einzelnen Wirtschaftseinheiten Teile ihres Einkommens abgezogen werden und diese Teile *ohne Gegenleistung* an andere Wirtschaftseinheiten übertragen werden. (Nach dieser Definition könnte man auch Steuern zur Umverteilung rechnen). Finden Übertragungen, die ein Wirtschaftssubjekt oder ein Sektor an andere Wirtschaftssubjekte oder Sektoren leistet, mehrmalig statt, so spricht man von **Laufenden Übertragungen (LÜ)**. Gegenwertlose Leistungen an Haushalte werden meistens als *Transferzahlungen* (oder gegebenenfalls als *Sachgüter*transfers) (Tr) bezeichnet. Sie erhöhen die *verfügbaren Einkommen der Haushalte*. Wichtige gegenwertlose Zahlungen an Produzenten sind die *Subventionen* (Z); sie senken die Produktionskosten der Produzenten. In nicht sehr tief gegliederten Kreislaufbetrachtungen werden die empfangenen Subventionen meistens von den zu zahlenden indirekten Steuern abgezogen und es wird nur der Saldo $(T^i - Z)$ ausgewiesen.

Transferzahlungen an die Haushalte werden vor allem durch die *Sozialversicherungsbeiträge* finanziert; dies gilt z.B. für den bedeutenden Betrag der Renten und die Arbeitslosenunterstützung. Aber auch *Steuern* werden für die Finanzierung staatlicher Übertragungen herangezogen (Kindergeld, Wohngeld, Sozialhilfe, Zuschüsse zur Rentenkasse).

Hinsichtlich der **Renten** bestehen übrigens oft falsche Vorstellungen. Häufig hört man die Ansicht, dass sich die Rentner durch ihre Beiträge ihre Rente selbst erarbeitet hätten. Das ist so aber nicht richtig. In Deutschland wird nämlich ein **Umlagesystem** praktiziert: Die derzeit Beschäftigten bringen durch ihre derzeitigen Rentenbeiträge die Beträge auf, die von der Sozialversicherung nur an die derzeitigen Rentner weitergeleitet werden. Die Höhe der jeweiligen Rentenansprüche wird allerdings davon abhängig gemacht, welche Beiträge in der Vergangenheit gezahlt wurden. - Weil also die heute im Erwerbsleben stehenden Arbeitnehmer die heutigen Rentner unterhalten und erstere erwarten, dass sie später als Rentner ihrerseits von den dann Erwerbstätigen unterstützt werden, spricht man auch von einem **Generationenvertrag**. Die Zukunft dieses „Vertrages" scheint allerdings heute gerade auch in Deutschland angesichts des ungünstigen Altersaufbaus und der hohen Arbeitslosigkeit sehr ungewiss. Kapitaldeckungsverfahren, wie sie z.B. in der Lebensversicherung praktiziert werden, werden zumindest als Ergänzung des bisherigen reinen Umlagesystems ernsthaft diskutiert.

Neben der staatlichen Umverteilung im Sozialsystem treten noch *sonstige laufende Übertragungen* auf. Zur staatlichen Umverteilung zählen z.B. Zuschüsse an Private Organisationen und Übertragungen an das Ausland (Beiträge an internationale Organisationen u.ä.). Geldstrafen sind an den Staat geleistete Übertragungen. Im privaten Bereich gehören zu den sonstigen laufenden Übertragungen z.B. die Prämien an Schaden-Versicherungen und die Leistungen dieser Versicherungen.

## (6) Vermögensübertragungen

Neben den laufenden Übertragungen sind auch Übertragungen zu berücksichtigen, die zumindest bei einer Seite zu einer Vermögenszu- oder -abnahme führen. Derartige Übertragungen werden als *Vermögensübertragungen* bezeichnet. Unter Beteiligung des Staates fallen hierunter z.B. Erbschaftsteuern, Arbeitnehmersparzulagen, Investitionszuschüsse, Prämien für die Schlachtung von Kühen. Im privaten Bereich zählen z.B. Erbschaften von Privatpersonen an Private Organisationen zu den Vermögensübertragungen.

## (7) Die Berücksichtigung der außenwirtschaftlichen Beziehungen

Eine realistische Darstellung der wirtschaftlichen Beziehungen muss auch die außenwirtschaftlichen Verflechtungen einbeziehen. Dies gilt in besonderem Maße für Deutschland, das einen sehr hohen Weltmarktanteil hat. Das Kreislaufmodell wird daher zu einem Modell für eine *offene Volkswirtschaft* erweitert.

Die wesentlichen wirtschaftlichen Beziehungen der heimischen Volkswirtschaft zur Übrigen Welt sind in Übersicht 2.23 zusammengestellt. Zu beachten ist, dass aus der Kreislaufsystematik folgt, dass hier die Begriffe „Abflüsse" und „Zuflüsse" aus der Sicht der Übrigen Welt zu verstehen sind. Eine kurze Erläuterung der Positionen wird hier nur einmal für die Seite der Abflüsse vorgenommen; für die Seite der Zuflüsse sind die Begriffe Ausland und Inland nur jeweils auszutauschen.

**Übersicht 2.23** Die wirtschaftlichen Beziehungen zur Übrigen Welt (Auslandskonto)

| Abflüsse | Zuflüsse |
|---|---|
| 1  Exporte von Waren und Dienstleistungen EX | 1  Importe von Waren und Dienstleistungen IM |
| 2  Vom Ausland an das Inland geleistete Erwerbs- und Vermögenseinkommen | 2  Vom Inland an das Ausland geleistete Erwerbs- und Vermögenseinkommen |
| 2.1  Geleistete Arbeitnehmerentgelte des Auslands an das Inland $L_{AI}$ | 2.1  Geleistete Arbeitnehmerentgelte des Inlands an das Ausland $L_{IA}$ |
| 2.2  Geleistete Einkommen aus Unternehmertätigkeit und Vermögen $G_{AI}$ | 2.2  Geleistete Einkommen aus Unternehmertätigkeit und Vermögen $G_{IA}$ |
| 3  Vom Ausland an das Inland geleistete laufende Übertragungen $L\ddot{U}_{AI}$ (darunter Subventionen der EU an inländische Unternehmen $Z_{AI}$) | 3  Vom Inland an das Ausland geleistete laufende Übertragungen $L\ddot{U}_{IA}$ (darunter geleistete Produktions- und Importabgaben an die EU $T^{i}_{IA}$) |
| 4  Vom Ausland an das Inland geleistete Vermögensübertragungen $V\ddot{U}_{AI}$ | 4  Vom Inland an das Ausland geleistete Vermögensübertragungen $V\ddot{U}_{IA}$ |
| 5  Veränderung der Verbindlichkeiten des Inlands gegenüber der Übrigen Welt | 5  Veränderung der Forderungen des Inlands gegenüber der Übrigen Welt |

Position 1 erfasst die (heimischen) Exporte von Waren und Dienstleistungen; eine Unterscheidung nach Art ihrer Nutzung im Ausland (Vorleistung, Konsum, Investition) findet nicht statt.

Position 2 enthält die Einkommen, die inländische Produktionsfaktoren durch Einsatz im Ausland erzielen.

Position 2.1 gibt die Löhne / Gehälter wieder, die inländische Arbeitnehmer als sog. *Grenzgänger* (d.h. mit ständigem Wohnsitz im Inland) oder durch befristeten Einsatz im Ausland erzielen.

Bei Position 2.2 handelt es sich um Zins- und Dividendeneinkommen von Inländern durch Kapitaleinsatz im Ausland.

Position 3 enthält gegenwertlose Leistungen auf internationaler Ebene mit einer

*gewissen Regelmäßigkeit* (z.B. Rentenzahlungen vom Ausland an inländische Rentner; Subventionen der EU an inländische Unternehmen).
Unter Position 4 werden Übertragungen mit *einmaligem Charakter* notiert (z.B. einmalige Schenkung vom Ausland an das Inland).

Die Summen der Positionen 1 - 4 sind auf beiden Seiten i.d.R. nicht gleich. Ist z.B. die Summe 1 - 4 links größer als rechts, so liegt ein *Finanzierungsüberschuss des Inlands* (= Finanzierungsdefizit des Auslands) vor. Anders ausgedrückt: Die Verbindlichkeiten des Auslands gegenüber dem Inland (= Forderungen des Inlands gegenüber dem Ausland) haben sich erhöht. - Finanzierungssalden sind zugleich Ausdruck für die transaktionsbedingte **Änderung der Nettoposition gegenüber dem Ausland** (kurz: **Änderung der Auslandsposition**) oder der Änderung des **Netto-Auslandsvermögens**. Damit ist auch klar, dass ein Eintrag unter Position 5 nur entweder rechts *oder* links erfolgt. Die Gegenbuchung zu einem Finanzierungssaldo im Auslandskonto erfolgt im nationalen Vermögensänderungskonto.

Oben (Kap. 2.1.2.3) wurde dargelegt, dass Produktion und (Leistungs-)Einkommen nur zwei Seiten derselben Sache darstellen, daher im Grunde immer gleich groß sein müssen. Für die Welt insgesamt stimmt dies auch tatsächlich immer: Weltproduktion = Welteinkommen. Für einzelne Staaten trifft die Gleichung „nationale Produktion = nationales Einkommen" jedoch nicht zwingend zu. Inländische Produktion und Ansprüche (Einkommen) der Inländer können voneinander abweichen. Dies liegt daran, dass bei der Erstellung der inländischen Produktion regelmäßig auch ausländische Produktionsfaktoren beteiligt sind und deshalb Ansprüche auf die heimische Produktion erwerben. Umgekehrt wirken Produktionsfaktoren von Inländern an ausländischer Produktion mit und erhalten dadurch Ansprüche auf das ausländische Produktionsergebnis.

*Inländer* erwerben Ansprüche auf Teile der ausländischen Produktion, wenn sie
- kurzzeitig (also ohne Wohnsitzverlagerung) im Ausland arbeiten;
- ständig im Ausland arbeiten, jedoch mit Wohnsitz im Inland (sog. Grenzgänger);
- ihren Produktionsfaktor Kapital (in Form von Wertpapieren, sonstigen zinsbringenden Forderungen, Grundstücken) im Ausland einsetzen.
Für Ausländer sind die Argumente umzukehren.

Damit ist klar, dass die Abgrenzung von Aus- und Inländern von Bedeutung ist. Als **Inländer** gelten alle Personen und Institutionen mit ständigem Wohnsitz / Sitz im Inland, unabhängig von ihrer Nationalität. Die sog. *Gastarbeiter* werden somit zu den Inländern gerechnet. Ausländische Diplomaten sowie Angehörige ausländischer Streitkräfte werden den Ausländern zugeordnet.

Auf gesamtwirtschaftlicher Ebene wird daher unterschieden zwischen dem **Produktions- oder Inlandskonzept** und dem **Einkommens- oder Inländerkonzept**. Eine gegebenenfalls bestehende Differenz zwischen Inlandsprodukt und Inländerprodukt wird als **Saldo der Primäreinkommen** (PE) bezeichnet. Dieser Saldo wird entsprechend Übersicht 2.24 ermittelt.

**Übersicht 2.24** Die Ableitung des Saldos der Primäreinkommen

| Arbeitnehmerentgelt aus inländischer Produktion an ausländische Arbeitnehmer $L_{IA}$ | Arbeitnehmerentgelt für inländische Arbeitnehmer aus ausländischer Produktion $L_{AI}$ |
|---|---|
| Vermögenseinkommen aus inländischer Produktion an ausländische Kapitaleigner $G_{IA}$ | Vermögenseinkommen inländischer Kapitaleigner aus Kapitaleinsatz im Ausland $G_{AI}$ |
| Geleistete Produktions- und Importabgaben an EU $T^{i}_{IA}$ | Empfangene Subventionen von EU $Z_{AI}$ |
| | Saldo der Primäreinkommen PE |

In der bisherigen deutschen VGR erfolgte der Übergang vom Produktionskonzept zum Einkommenskonzept *ohne Berücksichtigung* der geleisteten Produktions- und Importabgaben sowie der empfangenen Subventionen. Dieser „kürzere" Saldo trug die Bezeichnung „Saldo der Erwerbs- und Vermögenseinkommen zwischen Inländern und der übrigen Welt" (EV).

Der Übergang vom Produktions- zum Einkommenskonzept erfolgt also nach dem folgenden Schema:

Inlandsprodukt *(Produktionskonzept)*
+ Saldo der Primäreinkommen (PE)
= Inländereinkommen *(Einkommenskonzept)*

In Übersicht 2.25 sind die Zusammenhänge zwischen dem Produktions- und dem Einkommenskonzept auch grafisch dargestellt.

**Übersicht 2.25** Inlandsprodukt und Inländerprodukt

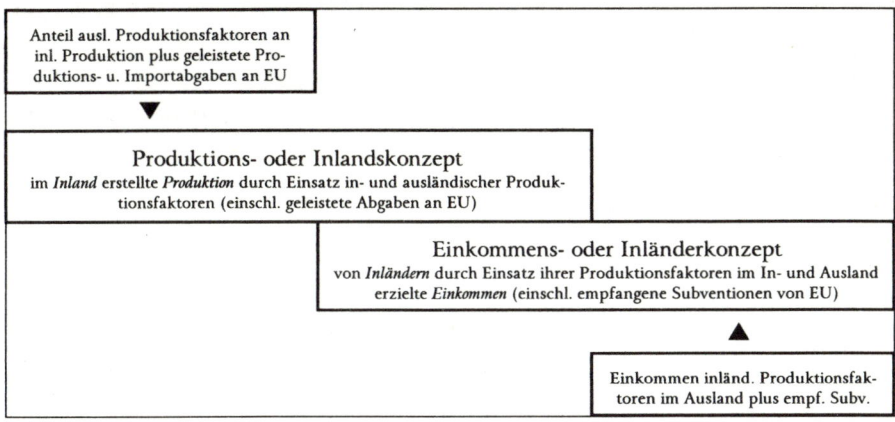

### 2.1.3.3. Der Wirtschaftskreislauf nach ESVG 1995

Das in Übersicht 2.14 beschriebene Grundprinzip eines Wirtschaftskreislaufs wird durch die zahlreichen in Kap. 2.1.3.2 beschriebenen Erweiterungen nicht außer

**Übersicht 2.26**    Kompletter Wirtschaftskreislauf in Matrixform

| Zu \ Ab | P — KG | P — H | P — PO | P — St | E — KG | E — H | E — PO | E — St | VÄ — KG | VÄ — H | VÄ — PO | VÄ — St | A | Σ |
|---|---|---|---|---|---|---|---|---|---|---|---|---|---|---|
| **P — KG** | $\text{VL}_{KG\,KG}$ | $\text{VL}_{H\,KG}$ | $\text{VL}_{PO\,KG}$ | $\text{VL}_{St\,KG}$ | | $\text{C}_{H\,KG}$ | | | $\text{I}^{br}_{KG}$ | $\text{I}^{br}_{H}$ | $\text{I}^{br}_{PO}$ | $\text{I}^{br}_{St}$ | $\text{EX}_{KG}$ | |
| **P — H** | $\text{VL}_{KG\,H}$ | $\text{VL}_{H\,H}$ | $\text{VL}_{PO\,H}$ | $\text{VL}_{St\,H}$ | | $\text{C}_{H\,H}$ | | | $\text{I}^{br}_{KG}$ | $\text{I}^{br}_{H}$ | $\text{I}^{br}_{PO}$ | $\text{I}^{br}_{St}$ | $\text{EX}_{H}$ | |
| **P — PO** | : | : | | : | | | | | | | | | | |
| **P — St** | $\text{VL}_{KG\,St}$ | $\text{VL}_{H\,St}$ | $\text{VL}_{PO\,St}$ | : | | $\text{C}_{H\,St}$ | $\text{C}_{PO}$ | $\text{C}_{St}$ | | | | | | |
| **E — KG** | $\text{BÜ}_{KG\,KG}$ | $\text{BÜ}_{H\,KG}$ | $\text{BÜ}_{PO\,KG}$ | | $\text{LÜ}_{KG\,KG}$ | $\text{LÜ}_{H\,KG}$ | | $\text{LÜ}_{St\,KG}$ / $\text{Zi}_{St\,KG}$ | | | | | $\text{LÜ}_{A\,KG}$ / $\text{BÜ}_{A\,KG}$ | |
| **E — H** | $\text{L}_{KG\,H}$ / $\text{BÜ}_{KG\,H}$ | $\text{L}_{HH}$ / $\text{BÜ}_{HH}$ / $\text{SE}_{HH}$ | $\text{L}_{PO\,H}$ / $\text{BÜ}_{PO\,H}$ | $\text{L}_{St\,H}$ | $\text{LÜ}_{KG\,H}$ | $\text{LÜ}_{H\,H}$ | | $\text{LÜ}_{St\,H}$ / $\text{Zi}_{St\,H}$ | | | | | $\text{LÜ}_{A\,H}$ / $\text{BÜ}_{A\,H}$ / $\text{SE}_{A\,H}$ | |
| **E — PO** | | | | | $\text{LÜ}_{KG\,PO}$ | $\text{LÜ}_{H\,PO}$ | | $\text{LÜ}_{St\,PO}$ | | | | | | |
| **E — St** | $\text{BÜ}_{KG\,St}$ / $\text{T}^i - Z$ | $\text{T}^i - Z$ | | | $\text{LÜ}_{KG\,St}$ / $\text{T}^d_{KG}$ | $\text{LÜ}_{H\,St}$ / $\text{T}^d_{H}$ | | | | | | | $\text{LÜ}_{A\,St}$ / $\text{T}^d_{A}$ / $\text{BÜ}_{A\,St}$ | |
| **VÄ — KG** | $\text{D}_{KG}$ | $\text{D}_{H}$ | $\text{D}_{PO}$ | $\text{D}_{St}$ | $\text{S}_{KG}$ | $\text{S}_{H}$ | $\text{S}_{PO}$ | $\text{S}_{St}$ | | $\text{VÜ}_{H\,KG}$ / $\text{FD}_{KG}$ | | $\text{VÜ}_{St\,KG}$ | $\text{VÜ}_{A\,KG}$ | |
| **VÄ — H** | | | | | | | | | $\text{VÜ}_{KG\,H}$ | | | | $\text{VÜ}_{AH}$ / $\text{FÜ}_{H}$ *) | |
| **VÄ — PO** | | | | | | | | | | | | | | |
| **VÄ — St** | | | | | | | | | $\text{VÜ}_{KG\,St}$ | $\text{VÜ}_{H\,St}$ / $\text{FD}_{St}$ | | | $\text{VÜ}_{A\,St}$ | |
| **A** | $\text{IM}_{KG}$ / $\text{BÜ}_{KG\,A}$ / $\text{L}_{KG\,A}$ | $\text{IM}_{H}$ / $\text{BÜ}_{H\,A}$ / $\text{L}_{H\,A}$ | $\text{IM}_{PO}$ | $\text{IM}_{St}$ | $\text{LÜ}_{KG\,A}$ | $\text{LÜ}_{H\,A}$ | | $\text{LÜ}_{St\,A}$ / $\text{Zi}_{St\,A}$ | $\text{VÜ}_{KG\,A}$ | $\text{VÜ}_{H\,A}$ / $\text{FD}_{A}$ *) | | $\text{VÜ}_{St\,A}$ | | |
| **Σ** | | | | | | | | | | | | | | |

Ab →    Zu ↑

*) = nur alternativ

**Übersicht 2.27** Die Aussage von Spalten und Zeilen in der Kreislaufmatrix

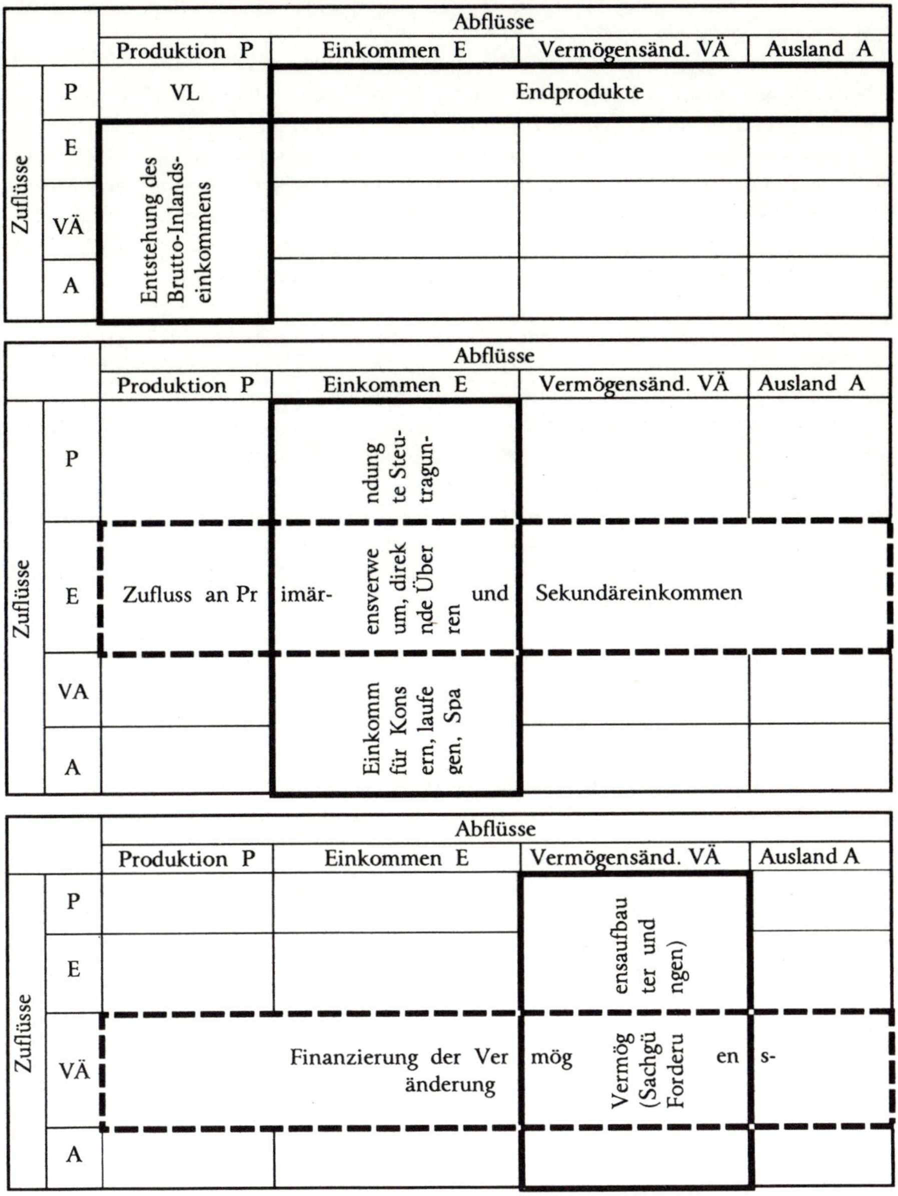

| | | Abflüsse | | | |
|---|---|---|---|---|---|
| | | Produktion P | Einkommen E | Vermögensänd. VÄ | Ausland A |
| Zuflüsse | P | VL | Endprodukte | | |
| | E | Entstehung des Brutto-Inlandseinkommens | | | |
| | VÄ | | | | |
| | A | | | | |

| | | Abflüsse | | | |
|---|---|---|---|---|---|
| | | Produktion P | Einkommen E | Vermögensänd. VÄ | Ausland A |
| Zuflüsse | P | | ndung te Steu- tragun- | | |
| | E | Zufluss an Pr | imär- ensverwe um, direk nde Über ren und | Sekundäreinkommen | |
| | VA | | Einkomm für Kons ern, laufe gen, Spa | | |
| | A | | | | |

| | | Abflüsse | | | |
|---|---|---|---|---|---|
| | | Produktion P | Einkommen E | Vermögensänd. VÄ | Ausland A |
| Zuflüsse | P | | | ensaufbau ter und ngen) | |
| | E | | | | |
| | VÄ | | Finanzierung der Veränderung | mög Vermög (Sachgü Forderu en s- | en | s- |
| | A | | | | |

Kraft gesetzt. Dies dürfte aus Übersicht 2.16 ersichtlich sein. Ein an den vielfältigen Besonderheiten der Realität orientiertes Kreislaufmodell - zudem eines mit sechs Sektoren - lässt sich aber nur noch sehr schwer als Pfeildiagramm entsprechend Übersicht 2.14 darstellen [vgl. aber z.B. die Darstellung bei Peto (2000); Kap. 3]. Pfeildiagramme lassen zwar den Kreislaufgedanken optisch besser zum Ausdruck kommen, für die Belange der Praxis haben sich jedoch reine Kontensysteme durchgesetzt. Mit ihnen lassen sich die vielfältigen wechselseitigen Beziehungen viel einfacher beschreiben.

Eine Wiedergabe des kompletten Kontensystems nach ESVG 1995 ist aber hier nicht möglich und auch nicht erforderlich. Der in Übersicht 2.15 benutzte Matrixansatz ist jedoch geeignet, einen Gesamtüberblick über die wichtigsten Kreislaufbeziehungen nach ESVG zu bieten (vgl. Übersicht 2.26). Zur Vereinfachung wurden die finanziellen und nichtfinanziellen Kapitalgesellschaften zusammengefasst. Zum leichteren Verständnis dieses Kreislaufs in Matrixform wird in Übersicht 2.27 die Aussage der Spalten und Zeilen der Matrix nochmals verdeutlicht.

Übersicht 2.26 zeigt die von ihrer quantitativen Bedeutung her wichtigsten Kreislaufströme. Die Indizes der Ströme dienen der besseren Unterscheidung. Enthalten die Indizes zwei Buchstabenkombinationen, so gibt die erste den Sektor des Abflusses, die zweite den des Zuflusses an. Dem 1. Zeilenkomplex sind die Vorleistungsverflechtung zwischen den Sektoren sowie die Endprodukte (Konsum nach dem Ausgabenkonzept, Bruttoinvestition der Sektoren sowie die Exporte) zu entnehmen. Der 1. Spaltenkomplex zeigt (neben den Vorleistungen) die Entstehung der Brutto-Faktoreinkommen im Inland. Sie setzen sich zusammen aus den Netto-Faktoreinkommen (Löhne L, Betriebsüberschusse BÜ und Selbständigeneinkommen SE) sowie Abschreibungen D.

Der Schnittpunkt des 2. Spalten- und Zeilenkomplexes zeigt die Einkommensumverteilung. Hier erscheinen auch die *Zinsen auf Staatsschuld* (Zi) sowie die direkten Steuern (einschließlich Sozialbeiträge).

Der 3. Spalten- und Zeilenkomplex zeigt die Vermögensänderung und ihre Finanzierung. Volkswirtschaftlich gilt, dass die Kapitalgesellschaften (KG) in ihrer Gesamtheit regelmäßig ein Finanzierungsdefizit (FD) gegenüber den Haushalten aufweisen. Der Staat könnte auch einen Finanzierungsüberschuss zeigen; in Deutschland ist dies jedoch seit längerem nicht der Fall. Die Volkswirtschaft insgesamt kann gegenüber der Übrigen Welt (Ausland A) entweder ein Finanzierungsdefizit oder aber einen Finanzierungsüberschuss aufweisen.

Die Matrixversion kann nur eine zusammengefasste Darstellung nach den drei Hauptaktivitäten Produktion, Einkommensentstehung und -verwendung sowie Vermögensänderung sein und hat daher vorrangig einen didaktischen Zweck, nämlich Studierenden einen Gesamtüberblick über die wichtigsten Kreislaufbeziehungen zu liefern. So gehört die in Übersicht 2.26 präsentierte Matrixversion auch nicht zum Lieferprogramm der offiziellen Statistik. Das Statistische Bundesamt wird konkrete Daten für Deutschland entsprechend dem tiefgegliederten Kontensystem des ESVG (vgl. ESVG 1995; S. 162 ff.) bereitstellen. Aus diesen Daten können vergleichsweise einfach die für die Matrixversion benötigten Daten zusammengestellt werden. Durch die Umstellung der Systeme sieht sich jedoch derzeit (Herbst 1999) das Statistische Bundesamt noch nicht in der Lage, alle vom System geforderten Daten zu liefern.

Im ESVG 1995 ist auch eine zusammengefasste Kontendarstellung für die Volks-wirtschaft insgesamt (vgl. ESVG 1995; S: 328 ff.) vorgesehen. Diese weicht in methodischer Hinsicht allerdings von der Matrixversion ab. Für die Zwecke dieses Lehrbuchs, nämlich insbesondere eine Grundlage für die Ex-ante-Analyse des Teils 2 zu liefern, reichen zusammengefasste Darstellungen aus. In Übersicht 2.28 (S. 58 f.) sind die wesentlichen Elemente dieses Gesamt-Kreislaufs nach dem Ansatz des ESVG wiedergegeben. Soweit derzeit verfügbar, wurden ergänzend Zahlen für Deutschland 1998 eingetragen; dies dürfte das Verständnis erleichtern.

Das System beginnt mit einer Beschreibung des gesamten Aufkommens an Gütern aus heimischer und ausländischer Produktion (0 Güterkonto).

Im Konto 1 (Produktionskonto) werden rechts die Produktionswerte (als Summe der Produktionswerte der fünf Produzenten-Sektoren) erfasst, links die Ansprüche in Form von Nettoeinkommen und Abschreibungen (Ersatzinvestitionen).

In Konto 2.1.1 (Einkommensentstehung) werden die Nettoeinkommen nach ihrer Entstehung im Inland aufgezeigt.

Konto 2.1.2 (Primäre Einkommensverteilung) beschreibt den Übergang vom In-landskonzept (Produktionskonzept) zum Inländerkonzept (Einkommenskonzept).

Konto 2.2 stellt die Einkommens*umverteilung* dar. Daher resultiert als Ergebnis aus Konto 2.2 das *Verfügbare Einkommen*.

Konto 2.4 (Einkommensverwendung) zeigt die Verwendung des Verfügbaren Einkommens.

In den Konten 3.1 und 3.2 wird schließlich die Vermögensänderung und ihre Finanzierung beschrieben.

Im ESVG 1995 ist jedoch nicht nur die Darstellung der Vermögens*änderung* vorgesehen, sondern auch die Erstellung von Vermögensbilanzen. Diese waren bis-her nicht Gegenstand der laufenden statistischen Programme, sondern wurden nur sporadisch von Wirtschaftsforschungsinstituten erstellt (vgl. Kap. 4.3). Vorerst ist noch nicht mit der regelmäßigen Veröffentlichung von Vermögensbilanzen durch das Statistische Bundesamt zu rechnen.

## 2.2. Gesamtwirtschaftliche Produktions- und Einkommenskonzepte

### 2.2.1. Die Konzepte nach ESVG 1995

Die Kreislaufanalyse ist auch die Grundlage für die Ableitung wichtiger gesamtwirt-schaftlicher Produktions- und Einkommenskonzepte. (So wird z.B. die Höhe des Beitrags der Mitgliedsstaaten an die EU von dem Wert der gesamtwirtschaftlichen Produktion abhängig gemacht.) Gesamtwirtschaftliche Produktions- und Einkom-menskonzepte wurden bereits im Grundmodell des Kreislaufs abgeleitet (vgl. Über-sicht 2.7). Die dort vorgestellten Begriffe bleiben im erweiterten Modell grundsätz-lich bestehen, sind aber im Detail an die erweiterten Bedingungen anzupassen. Die für wichtig erachteten Produktions- und Einkommenskonzepte im erweiterten Modell sind bereits in Übersicht 2.28 enthalten und dort durch Fettdruck markiert.

**Übersicht 2.28**    Die Kontenabfolge im ESVG 1995 (mit Daten für Deutschland 1998; in jeweiligen Preisen in Mrd DM)

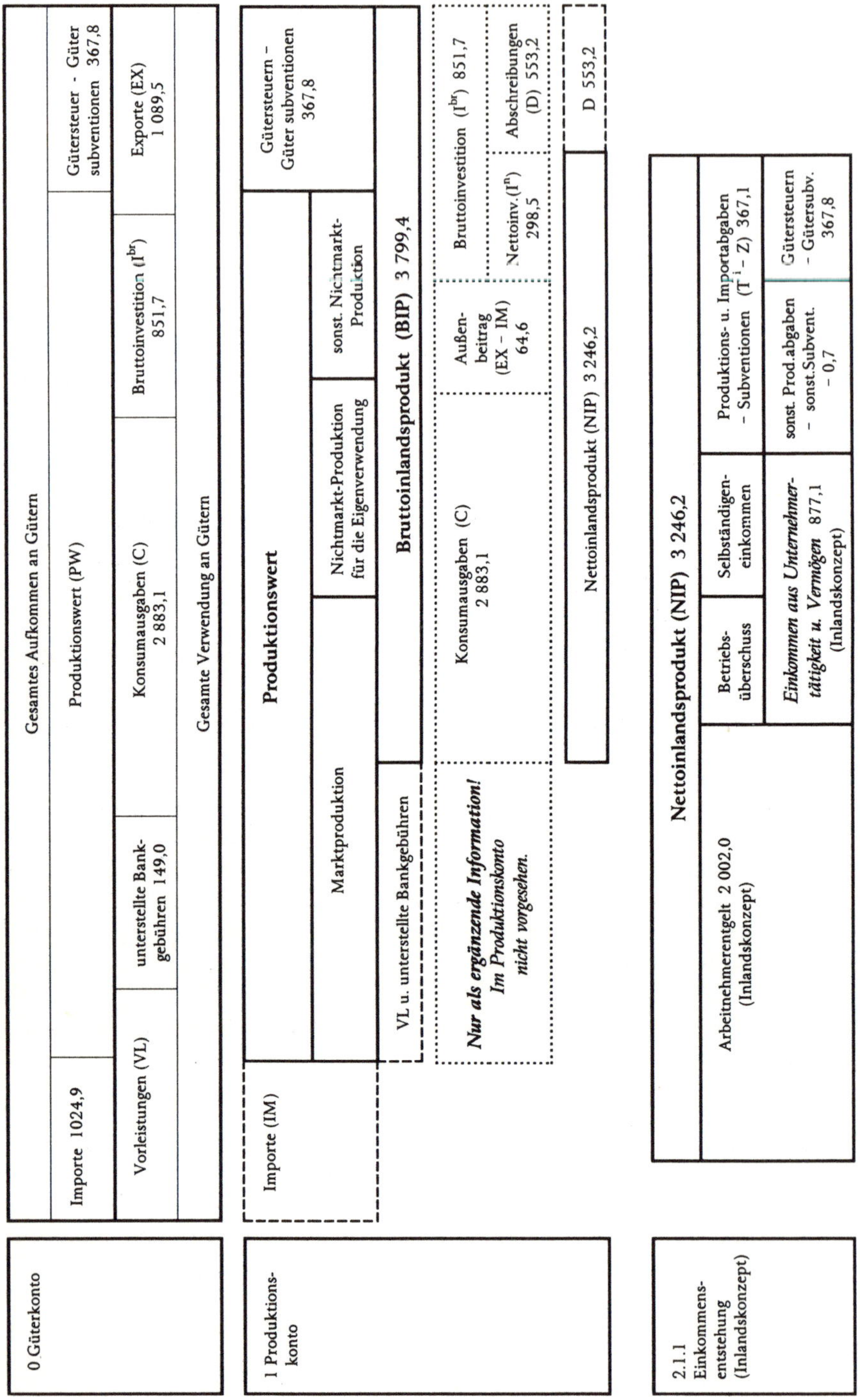

**0 Güterkonto**

Gesamtes Aufkommen an Gütern

| Produktionswert (PW) | | | Gütersteuer - Güter subventionen 367,8 |
|---|---|---|---|
| Importe 1024,9 | | Konsumausgaben (C) 2 883,1 | Exporte (EX) 1 089,5 |
| | unterstellte Bank- gebühren 149,0 | Bruttoinvestition (I^{br}) 851,7 | |
| Vorleistungen (VL) | | | |

Gesamte Verwendung an Gütern

**1 Produktions- konto**

**Produktionswert**

Gütersteuern – Güter subventionen 367,8

| | Nichtmarkt-Produktion für die Eigenverwendung | sonst. Nichtmarkt- Produktion |
|---|---|---|
| Importe (IM) | Marktproduktion | |
| | VL u. unterstellte Bankgebühren | |

*Nur als ergänzende Information! Im Produktionskonto nicht vorgesehen.*

**Bruttoinlandsprodukt (BIP) 3 799,4**

| | Bruttoinvestition (I^{br}) 851,7 |
|---|---|
| Außen- beitrag (EX – IM) 64,6 | |
| Konsumausgaben (C) 2 883,1 | Nettoinv.(I^{n}) 298,5 / Abschreibungen (D) 553,2 |

Nettoinlandsprodukt (NIP) 3 246,2    D 553,2

**2.1.1 Einkommens- entstehung (Inlandskonzept)**

**Nettoinlandsprodukt (NIP) 3 246,2**

| | Betriebs- überschuss | Selbständigen- einkommen | Produktions- u. Importabgaben – Subventionen (T^{i} - Z) 367,1 |
|---|---|---|---|
| Arbeitnehmerentgelt 2 002,0 (Inlandskonzept) | *Einkommen aus Unternehmer- tätigkeit u. Vermögen 877,1* (Inlandskonzept) | | sonst. Prod.abgaben – sonst.Subvent. – 0,7 / Gütersteuern - Gütersubv. 367,8 |

| 2.1.2 Primäre Einkommensverteilung | Nettoinlandsprodukt (NIP) 3 246,2 | | PE -30,8 |
|---|---|---|---|
| | Netto-Nationaleinkommen (NNE) 3 215,4 | | |

| 2.2 Sekundäre Einkommensverwendung | Netto-Nationaleinkommen / Primäreinkommen 3 215,4 | LÜ -39,3 |
|---|---|---|
| | Verfügbares Einkommen 3 176,1 | |

| 2.4 Einkommensverwendung | Verfügbares Einkommen (Y^v) 3 176,1 | | Sparen 293 |
|---|---|---|---|
| | Konsumausgaben (C) 2 883,1 | | |
| | Private Haushalte 2 103,4 | Priv. Organisationen 61,2 | Staat 718,5 |
| | *Ausgabenkonzept* | | |
| | Individualkonsum 2584,6 | | Kollektivkonsum 298,6 |
| | *Verbrauchskonzept* | | |

| 3.1 Vermögensänderung | Sparen 293 | Abschreibungen 553,2 | VÜ 1,2 | Fin.defizit 4,3 |
|---|---|---|---|---|
| | | Brutto-Investition 851,7 | | |

| 3.2 Finanzierung | Nettozugang an Verbindlichkeiten | Finanzierungssaldo |
|---|---|---|
| | Nettozugang an Forderungen | |

LÜ = Saldo der laufenden Übertragungen zwischen Inland und der übrigen Welt
VÜ = Saldo der Vermögensübertragungen zwischen Inland und der übrigen Welt.
Konto 2.3 wurde hier aus Vereinfachungsgründen nicht berücksichtigt.

PE = Saldo der Primäreinkommen zwischen Inland und der übrigen Welt
Fin.defizit = Finanzierungsdefizit

Quelle: ESVG 1995; S. 328 ff. Stat BA (1999). Stat BA (1999 a).

Wegen ihrer Bedeutung empfiehlt sich aber eine gesonderte und genauere Analyse dieser Begriffe (Übersicht 2.29).

Als zentraler Begriff im Rahmen gesamtwirtschaftlicher Produktions- und Einkommenskonzepte galt lange das sog. *Bruttosozialprodukt*. Deshalb wurden alle abgeleiteten Begriffe unter dem Oberbegriff *„Sozialproduktskonzepte"* zusammengefasst. Vor einigen Jahren wurde jedoch das **Bruttoinlands produkt** ins Zentrum der Analyse gerückt. Außerdem wurden mit der Einführung des ESVG 1995 die Begriffe des *Einkommens*konzept (charakterisiert durch die Begriffskomponente *„Sozial"*) umbenannt und auch inhaltlich leicht verändert. Begriffe des Einkommenskonzepts enthalten jetzt die Begriffskomponenten „National" und „Einkommen". Ein „Sozialprodukt" gibt es gar nicht mehr. Der Begriff wird aber wohl noch - zumindest eine gewisse Zeit - als Oberbegriff verwendet werden.

Den Ausgangspunkt bildet, wie auch beim Kontensystem, die Produktion. Von besonderer Bedeutung ist der Wert der im Inland erzeugten *Endprodukte*. Daher sind vom Produktionswert, der zu Herstellkosten bewertet wird, die Vorleistungen sowie die Importe abzuziehen. Bankdienstleistungen werden oft nicht gesondert in Rechnung gestellt, sondern werden aus der Differenz zwischen Soll- und Habenzinsen finanziert. Daher werden Bankgebühren unterstellt und dann wie Vorleistungen behandelt. Im erweiterten Modell ist sodann den indirekten Steuern und Subventionen Rechnung zu tragen. Ihr Saldo erhöht die Marktpreise der produzierten Güter. Der Wert der zu Marktpreisen bewerteten Endprodukte wird im erweiterten Modell als *Bruttoinlandsprodukt* bezeichnet. Es ist ein geeigneter Ausdruck für die gesamte im *Inland erbrachte Produktionsleistung*. Es ist nützlich, diese Definition auch in Form einer Gleichung zu schreiben.

---

Das **Bruttoinlandsprodukt** (BIP) bezeichnet den während einer Periode im Inland durch den Einsatz in- und ausländischer Produktionsfaktoren erzeugten Wert an Endprodukten (Konsumgüter, Bruttoinvestitionen, Exporte) abzüglich der Importe an Gütern.

Die Markt-Produktion wird zu *Marktpreisen* bewertet. Die Nichtmarkt-Produktion wird - soweit möglich - mit dem Wert vergleichbarer Marktprodukte bewertet. Falls es keine vergleichbaren Marktprodukte gibt, wird hilfsweise zu Produktionskosten bewertet.

$$BIP = C_H + C_{PO} + C_{St} + I^{br} + (EX - IM) \text{ oder}$$
$$BIP = C + I^{br} + (EX - IM)$$

---

Der Übergang vom Produktions- zum Einkommenskonzept erfolgt, indem zum Bruttoinlandsprodukt der *Saldo der Primäreinkommen (PE)* addiert wird.

---

Das **Bruttonationaleinkommen** (BNE) ist der Wert der in einer Periode von Inländern durch Einsatz ihrer Produktionsfaktoren im In- und Ausland erworbenen Bruttoeinkommen.

$$BIP + PE = BNE = C + I^{br} + (EX - IM) + PE$$

**Übersicht 2.29**  Die gesamtwirtschaftlichen Produktions- und Einkommensbegriffe
(mit Daten für Deutschland 1998; in jeweiligen Preisen in Mrd DM)

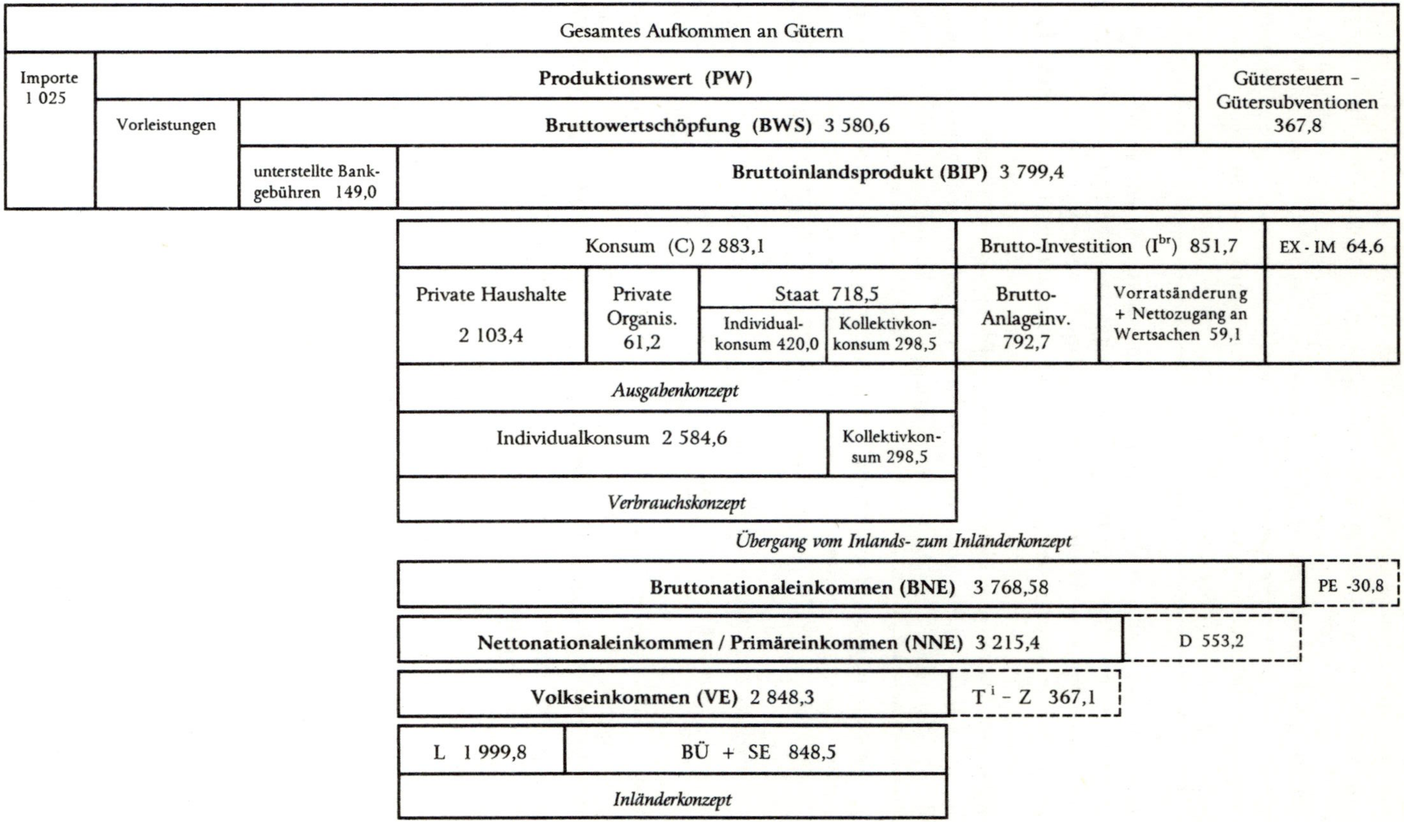

Gesamtes Aufkommen an Gütern

Produktionswert (PW)

Gütersteuern – Gütersubventionen 367,8

Bruttowertschöpfung (BWS)  3 580,6

Bruttoinlandsprodukt (BIP)  3 799,4

Importe 1 025

Vorleistungen

unterstellte Bankgebühren 149,0

Brutto-Investition ($I^{br}$)  851,7

EX · IM  64,6

Brutto-Anlageinv. 792,7

Vorratsänderung + Nettozugang an Wertsachen 59,1

Konsum (C)  2 883,1

Staat 718,5

Individualkonsum 420,0 | Kollektivkonsum 298,5

Private Organis. 61,2

*Ausgabenkonzept*

Private Haushalte 2 103,4

Individualkonsum 2 584,6

Kollektivkonsum 298,5

*Verbrauchskonzept*

*Übergang vom Inlands- zum Inländerkonzept*

Bruttonationaleinkommen (BNE)  3 768,58

PE -30,8

Nettonationaleinkommen / Primäreinkommen (NNE)  3 215,4

D 553,2

Volkseinkommen (VE)  2 848,3

$T^i$ - Z  367,1

L  1 999,8

BÜ + SE  848,5

*Inländerkonzept*

Quelle:  Stat BA (1999) und Stat BA (1999a)

Ein Teil der erworbenen Brutto-Ansprüche / Einkommen sollte allerdings zum Ersatz der im Produktionsprozess verschlissenen Anlagen (bewertete durch die Abschreibungen) verwendet werden. Nach Abzug der Abschreibungen verbleibt somit ein Ausdruck für das *Netto-Einkommen*.

---

**Nettonationaleinkommen (NNE) oder Primäreinkommen**

$BNE - D = NNE = C + I^n + (EX - IM) + PE$

---

Insbesondere für die Analyse der Einkommens*verteilung* wurde in der deutschen VGR ein weiterer „Nettoeinkommensbegriff", das sog. **Volkseinkommen** als Summe der von Inländern erzielten Faktoreinkommen, herangezogen. Im ESVG 1995 ist diese Einkommensgröße nicht vorgesehen. Das Statistische Bundesamt hat sich jedoch entschieden, diese Größe auch weiterhin zusätzlich auszuweisen. Das zu Marktpreisen bewertete Nettonationalprodukt ist gegenüber den reinen Faktorentgelten um den Saldo aus indirekten Steuern und Subventionen (Produktions- und Importabgaben abzüglich Subventionen) $(T^i - Z)$ zu hoch.

---

Das **Volkseinkommen (VE)** ist die Summe der von Inländern in einer Periode erzielten Faktoreinkommen (Erwerbs- und Vermögenseinkommen).

$VE = C + I^n + (EX - IM) + PE - (T^i - Z)$

oder als *Faktoreinkommen* auf der Basis des *Inländerkonzepts:*

$VE = L + (BÜ + SE)$    oder    $VE = L + G$

---

Der private Konsum bildet regelmäßig den größten Anteil am BIP. In der Ex-ante-Analyse spielen die Bestimmungsgründe des privaten Konsums eine wichtige Rolle. Unter diesen kommt dem *verfügbaren Einkommen der Haushalte* große Bedeutung zu. In der Ex-post-Analyse ist daher das verfügbare Einkommen zu definieren (ohne allerdings hier auf alle Feinheiten einzugehen). Ausgangspunkt bildet das Volkseinkommen. Aus diesem wird das Brutto-Einkommen der Haushalte abgeleitet, indem die Einkommensteile abgezogen werden, die nicht an die Haushalte fließen. Es sind dies Betriebsüberschüsse, die an den Staat fließen ($BÜ_{KG\,St}$) sowie als unverteilte Gewinne bei den Kapitalgesellschaften verbleiben ($BÜ_{KG\,KG}$). Beim Staat sind allerdings die gezahlten Zinsen auf Staatsschuld ($Zi_{St}$) abzuziehen.

---

**Brutto-Einkommen der Haushalte**

$Y_H^{br} = VE - BÜ_{KG\,KG} - (BÜ_{KG\,St} - Zi_{St})$

---

Die Haushalte erhalten im Wege der Einkommensumverteilung *Transferzahlungen* vom Staat (Tr) sowie laufende Übertragungen von den Kapitalgesellschaften. Ferner fließen ihnen vom Ausland *laufende Übertragungen* zu (z.B. Renten aus dem Ausland). Auf der anderen Seite leisten sie *laufende Übertragungen an das Ausland* (z.B. Überweisungen der Gastarbeiter). Außerdem müssen sie *direkte Steuern* (einschließlich Sozialbeiträge) an den Staat abführen. Somit verbleibt als verfügbares Einkommen der Haushalte:

---

**Verfügbares Einkommen der Haushalte**

$$Y_H^v = Y_H^{br} - T_H + Tr + L\ddot{U}_{KGH} + L\ddot{U}_{AH}$$

---

Verwendet wird das verfügbare Einkommen der Haushalte schließlich für Konsum, an andere Sektoren geleistete laufende Übertragungen und Sparen.

---

**Verwendung des verfügbaren Einkommen der Haushalte**

$$Y_H^v = C_H + L\ddot{U}_{H\ KG+PO+St+A} + S_H$$

---

## 2.2.2. Die wesentlichen methodischen Unterschiede zwischen ESVG und alter VGR

Kreislaufsysteme haben erstens den Zweck, die Beziehungen zwischen gesamtwirtschaftlichen Sektoren systematisch darzustellen. Zweitens bilden sie die Grundlage für das Sammeln konkreter Daten. Jede Änderung im System hat naturgemäß Rückwirkungen auf die Vergleichbarkeit der ermittelten Daten, schränkt damit für die Benutzer der Daten die Aussagekraft längerer Reihen mehr oder weniger ein. Revisionen der alten Daten nach dem neuen System können die Probleme mildern, aber nicht völlig beseitigen, ganz abgesehen davon, dass Rückrechnungen sehr zeitaufwendig sind.

Das Statistische Bundesamt hat im Mai 1999 erste Daten nach dem ESVG 1995 vorgelegt und gleichzeitig die Ergebnisse von bislang nicht ausgewerteten Erhebungen berücksichtigt. Die neuen Daten sind daher von zwei Seiten her mit den alten nicht mehr voll vergleichbar: (1) von der Methodik her (konzeptbedingt); (2) von der Erhebung her (datenbedingt). Es wird übrigens noch eine geraume Zeit dauern, bis für das gesamte - gegenüber der alten VGR erweiterte - System alle Daten regelmäßig verfügbar sein werden. Will man also derzeit (Herbst 1999) die bisherige gesamtwirtschaftliche Entwicklung analysieren (Kap. 3), kann man ganz überwiegend nur auf die Daten nach dem alten System zurückgreifen. Es ist dann aber erforderlich, vorher wenigstens kurz über die wichtigsten methodischen Unterschiede zwischen dem alten und dem neuen System zu informieren.

### (1) Sektorenbildung

In Zusammenhang mit Übersicht 2.3 wurde bereits dargelegt, dass nunmehr fünf produzierende Sektoren gebildet wurden. Die Kriterien für die Zuordnung einzelner produzierender Einheiten zu den jeweiligen Sektoren wurden bereits in Zusammenhang mit den Übersichten 2.2 und 2.3 genannt. Von Bedeutung ist die Neuinterpretation des Sektors *Haushalte*. Sie bewirkt, dass es nun auch ein komplettes Produktionskonto für die Haushalte gibt. Sie beziehen und liefern also z.B. Vorleistungen. Sie tragen selbst in bedeutendem Umfang zur Einkommensentstehung (Löhne, Betriebsüberschüsse, Selbständigeneinkommen) bei und produzieren damit auf der anderen Seite auch Konsumgüter und Investitionsgüter. Bislang galt als Investition der Haushalte nur die Erstellung von Eigenheimen und Eigentumswohnungen, die aber fiktiv dem Unternehmenssektor zugeschlagen wurde.

## (2) Investition

In Übersicht 2.6 wurde dargelegt, dass der Investitionsbegriff im ESVG wesentlich erweitert wurde. Durch die Aufnahme bislang unberücksichtigter Posten, insbesondere *immaterieller Anlagegüter* (hier vor allem gekaufte und selbsterstellte Software und Datenbanken), erhöht sich der Wert der Brutto-Investition gegenüber den Werten nach dem früheren System. Der Wert steigt ferner deshalb, weil bislang der Kauf *aller* militärischen Güter als „Vorleistungskäufe des Staates" gewertet wurde. Nunmehr gelten diejenigen militärischen Güter, die auch zivil genutzt werden können (z.B. Lastwagen; Militärkrankenhäuser), als „Investitionen des Staates". Als Folge erhöhen sich auch die Abschreibungen des Sektors Staat. Die Abschreibungen des Staates steigen gegenüber dem alten System auch deshalb, weil jetzt auch Abschreibungen auf öffentliche Tiefbauten (Straßen, Brücken, Wasserstraßen) vorgenommen werden. Wenn im Sektor Staat die neuen Abschreibungen die fortfallenden Vorleistungskäufe übersteigen, werden die *Konsumausgaben des Staates* höher ausfallen als bisher.

## (3) Gesamtwirtschaftliche Produktions- und Einkommenskonzepte

Wie bereits erwähnt, wurde der Begriff „*Sozial*produkt" als Ausdruck für das *Inländer*konzept völlig aufgegeben. Er wurde, bei gleichzeitiger leichter Änderung des Begriffsinhalts, ersetzt durch „Nationaleinkommen".

In diesem Zusammenhang ist auch von Bedeutung, dass die bislang geübte Unterscheidung von Exporten und Importen im Inlands- und Inländerkonzept aufgegeben wurde. Im Inlandskonzept wurde bisher von *Exporten / Importen von Gütern* ($EX_G$ / $IM_G$) ausgegangen. Ihre Differenz trug den Namen *Außenbeitrag zum BIP*. Im Inländerkonzept waren *Exporte* (EX) bzw. *Importe* (IM) die Summe aus *Exporte von Gütern* **plus** *von Inländern im Ausland erzielte Faktoreinkommen* bzw. *Importe von Gütern* **plus** *von Ausländern im Inland erzielte Faktoreinkommen* (vgl. auch Übersicht 2.24). Ihre Differenz trug den Namen *Außenbeitrag zum BSP*. Nunmehr wird nur noch ein Begriffspaar *Exporte* (EX) bzw. *Importe* (IM) benutzt. Ihre Differenz heißt *Außenbeitrag*. Dieses neue Begriffspaar entspricht den im alten System im Inlandskonzept benutzten Begriffen $EX_G$ und $IM_G$. Der Übergang vom Inlands- zum Inländerkonzept erfolgt nun nicht mehr nur über den *Saldo der Erwerbs- und Vermögenseinkommen zwischen Inländern und Ausländern* (EV), sondern über den neuen, erweiterten *Saldo der Primäreinkommen* (PE) (vgl. Übersicht 2.24).

In der Verteilungssicht wurde der Begriff *Einkommen aus Unternehmertätigkeit und Vermögen* ersetzt durch *Betriebsüberschüsse (operating surplus)* und *Selbständigeneinkommen (mixed income)*.

Auch der Begriff *verfügbares Einkommen* erfuhr gewisse Modifikationen, auf die hier aber nicht näher eingegangen wird. Übersicht 2.30 gibt einen Überblick über die wichtigsten Begriffsabgrenzungen nach altem und neuem Konzept.

**Übersicht 2.30** Alte und neue Sozialproduktsbegriffe

| VGR alt | ESVG 1995 |
|---|---|
| Bruttoinlandsprodukt (zu Marktpreisen) <br> $BIP = C_H + C_{St} + I^{br} + (EX_G - IM_G)$ | Bruttoinlandsprodukt (zu Marktpreisen) <br> $BIP = C_H + C_{PO} + C_{St} + I^{br} + (EX - IM)$ <br> $BIP = C + I^{br} + (EX - IM)$ |
| Nettoinlandsprodukt zu Marktpreisen <br> $NIP_{MP} = BIP - D$ <br> $NIP_{MP} = C_H + C_{St} + I^n + (EX_G - IM_G)$ | Nettoinlandsprodukt <br> $NIP = BIP - D$ <br> $NIP = C + I^n + (EX - IM)$ |
| Nettoinlandsprodukt zu Faktorkosten / Wertschöpfung <br> $NIP_{FK} = NIP_{MP} - (T^i - Z)$ <br> $NIP_{FK} = C_H + C_{St} + I^n + (EX_G - IM_G) - (T^i - Z)$ | in vergleichbarer Form entfallen |
| Bruttosozialprodukt (kurz: Sozialprodukt) <br> $BSP = C_H + C_{St} + I^{br} + (EX_G - IM_G + EV)$ <br> $BSP = C_H + C_{St} + I^{br} + (EX - IM)$ | Bruttonationaleinkommen <br> $BNE = C + I^{br} + (EX - IM + PE)$ |
| Nettosozialprodukt zu Marktpreisen <br> $NSP_{MP} = BSP - D$ <br> $NSP_{MP} = C_H + C_{St} + I^n + (EX - IM)$ | Nettonationaleinkommen / Primäreinkommen <br> $NNE = BNE - D$ <br> $NNE = C + I^n + (EX - IM + PE)$ |
| Nettosozialprodukt zu Faktorkosten / Volkseinkommen <br> $NSP_{FK} = NSP_{MP} - (T^i - Z)$ <br> $NSP_{FK} = C_H + C_{St} + I^n + (EX - IM) - (T^i - Z)$ <br> $NSP_{FK} = L + G$ | Volkseinkommen <br><br> $VE = NNE - (T^i - Z)$ <br> $VE = C + I^n + (EX - IM + PE) - (T^i - Z)$ <br> $VE = L + (BÜ + SE)$ oder $VE = L + G$ |

## (4) Bewertung

Einige Größen werden im ESVG 1995 anders bewertet als in der bisherigen VGR.
- Produktionswert und Bruttowertschöpfung
  Sie wurden bisher zu Marktpreisen / Anschaffungspreisen bewertet. Jetzt erfolgt eine Bewertung zu Herstellungspreisen.
- Produktion für die Eigenverwendung
  Grundlage der Bewertung sind nun Herstellungspreise vergleichbarer, auf dem Markt verkaufter Güter. Nur wenn solche Vergleichspreise nicht verfügbar sind, wird die früher generell übliche Bewertung zu Produktionskosten vorgenommen.
- In der alten VGR wurde der Wert von Handelsware und Handelsdienstleistung zusammengefasst. Im ESVG werden nur noch die Dienstleistungen ausgewiesen. Der Wert der Handelsware erscheint daher damit nicht mehr als Vorleistung des Handels, sondern wird als Kauf des letztendlichen Verbrauchers ausgewiesen.

## (5) Konsum

Beim Konsum wird nunmehr nach Ausgaben- und Verbrauchskonzept unterschieden (vgl. Übersicht 2.21). Die Summe aus Konsum der privaten Haushalte und den Konsumausgaben der Privaten Organisationen nach dem Ausgabenkonzept entsprechen im Wesentlichen dem privaten Konsum nach altem Konzept. Konsumausgaben der privaten Haushalte nach dem neuen Konzept sind nun aber um die Beträge höher, die für Käufe von staatlichen Dienstleistungen (Leistungen gegen Gebühren, die früher als Bestandteil des Staatsverbrauchs galten) aufgewendet werden.

### Literaturhinweise zu Kapitel 2:

**H. Essig, N. Hartmann:** Revision der Volkswirtschaftlichen Gesamtrechnungen 1991 bis 1998. Wirtschaft und Statistik 6 / 1999. S. 449 ff.

**Eurostat (Hrsg.):** Europäisches System Volkswirtschaftlicher Gesamtrechnungen, ESVG 1995. Brüssel - Luxemburg 1996

**R. Lüdeke:** Die Rolle des Staates im Wirtschaftskreislauf einer Marktwirtschaft. WiSt 8/1994. S. 388 ff.

**H. Lützel:** Revidiertes System Volkswirtschaftlicher Gesamtrechnungen. Wirtschaft und Statistik 10/1993. S. 711 ff.

**R. Peto:** Einführung in das volkswirtschaftliche Rechnungswesen. 5. Aufl. München - Wien 2000

**S. Schnorr-Bäcker:** Statistische Einheiten - Zur Verordnung des Rates betreffend die statistischen Einheiten für die Beobachtung und Analyse der Wirtschaft in der Gemeinschaft. Wirtschaft und Statistik 1/1994. S. 23 ff.

**Statistisches Bundesamt:** Volkswirtschaftliche Gesamtrechnungen. Fachserie 18. Reihe 1.3 Konten und Standardtabellen. 1994. Hauptbericht. Wiesbaden 1994. S. 19 ff. (Kap. 2: Erläuterungen zum Inhalt und Aufbau der Volkswirtschaftlichen Gesamtrechnungen)

**Statistisches Bundesamt: (1999)** Revidierte Vierteljahresergebnisse der Inlandsproduktberechnung 1991 bis 1998. Fachserie 18, Volkswirtschaftliche Gesamtrechnungen. Reihe S. 20. Wiesbaden, Mai 1999

**Statistisches Bundesamt: (1999 a)** Erste Ergebniss nach dem neuen Europäischen System Volkswirtschaftlicher Gesamtrechnungen (ESVG) 1995 für die Jahre 1991 bis 1998. Pressemitteilung vom 28.4.1999

# 3. Kapitel:
# Probleme und Ergebnisse der VGR

### 3.1. Probleme der Volkswirtschaftlichen Gesamtrechnung

### 3.1.1. Die Ermittlung der gesamtwirtschaftlichen Daten, ihre Vergleichbarkeit und ihr Aussagewert

In Kapitel 2 wurde gezeigt, wie durch ein Kreislaufsystem die zahlreichen wirtschaftlichen Beziehungen geordnet und systematisiert und damit durchschaubar gemacht werden können. Im Rahmen dieses Systems mussten zahlreiche Vorschriften entwickelt werden, wie einzelne Positionen abzugrenzen und zuzuordnen sind. In Kapitel 2 konnte darauf nur ansatzweise eingegangen werden. Trotz diffiziler Vorgaben bleiben jedoch Probleme bestehen, die die Aussagekraft einzelner konkreter Daten beeinträchtigen. Von besonderem Nachteil ist es, wenn Systeme verändert werden, wie es beim Übergang von alter VGR zum ESVG 1995 der Fall ist. Man sollte sich bewusst sein, dass durch solche Umstellungen Brüche in langfristigen Reihen bewirkt werden und die Vergleichbarkeit neuer und alter Daten selbst bei deren rückwirkender Angleichung mehr oder weniger stark eingeschränkt wird. Daraus können z.B. Nachteile für die Beurteilung der gesamtwirtschaftlichen Lage resultieren.

Die VGR unterliegt einem nicht leicht zu lösenden Spannungsfeld: Einerseits soll ein Kreislaufsystem geschaffen werden, das ein möglichst genaues Bild der gesamten volkswirtschaftlichen Produktion und Einkommenserzielung erlaubt. Die in einem solchen System erforderlichen definitorischen Abgrenzungen können aber nie so vorgenommen werden, dass jegliche methodischen Probleme beseitigt wären. Zusätzlich bleiben zahlreiche praktische Schwierigkeiten, für das System die konkreten Daten zu liefern. Andererseits kann der Wunsch, ein möglichst genaues Bild der Produktion zu liefern, durchaus in Widerspruch zu wirtschaftspolitischen Anforderungen an ein Kreislaufsystem stehen. So ist z.B. das Produktionsergebnis von Heimwerkern (z.B. das selbst produzierte Regal) für die gesamtwirtschaftliche Beschäftigungsentwicklung allenfalls insoweit interessant, als eine Nachfrage nach Heimwerker-Material und -maschinen entfaltet wird und / oder ein am Markt angebotenes Regal nicht gekauft wird.

Die Fülle und die weitreichende Detaillierung der veröffentlichten Daten könnten darüber hinweg täuschen, wie schwierig es ist, das vorgestellte System mit Zahlen zu füllen und welche Fehlermöglichkeiten dabei auftreten können. Selbst in Staaten mit einem ausgeprägten Erhebungssystem sind die Daten der VGR nicht so exakt, wie sie den Anschein erwecken [vgl. z.B. Strohm (1997)]. Nach Ansicht einiger Statistiker sollte man daher besser von einer Volkswirtschaftlichen Gesamt-*schätzung* als von einer Rechnung sprechen. Fehlergrenzen werden z.B. vom Statistischen Bundesamt gar nicht angegeben, da keine wissenschaftlichen Methoden zu ihrer Abschätzung zur Verfügung stehen.

Bereits die Ermittlung von Kreislaufdaten ist vielfältigen Schwierigkeiten unterworfen. Man muss z.B. damit rechnen, dass Fragebögen absichtlich oder unabsichtlich falsch oder nur teilweise ausgefüllt werden. Viele Erhebungen sind zudem nur Teilerhebungen, so dass die gesamtwirtschaftlichen Werte ohnehin nur mit statistischen Methoden (Hochrechnungen u.ä.) geschätzt werden können.

Schwierigkeiten resultieren auch aus dem zeitlichen Ablauf von Transaktionen (Lieferung, Eigentumsübergang, Bezahlung). Rechnungsabgrenzungen, wie sie in der betrieblichen Buchhaltung üblich sind, werden auch hier erforderlich. Ferner sind unterschiedliche begriffliche Abgrenzungen z.B. in Steuerrecht und Wirtschaftswissenschaften (etwa beim Begriff Einkommen) zu beachten, wenn z.B. Unterlagen der Finanzämter ausgewertet werden sollen.

Gewisse Probleme treten auch bei der *Produktion für die Eigenverwendung* auf. Hierzu gehören die folgenden Fälle:
- die Eigennutzung von Eigentumswohnungen / Häusern;
- der Eigenverbrauch von Erzeugnissen durch die Unternehmerhaushalte (insbesondere von Landwirten);
- Naturalentlohnungen (freie Kost bei Hausangestellten oder Gaststättenpersonal, Deputate bei Bergleuten oder Brauereiarbeitern).

In diesen Fällen wird mit **unterstellten Transaktionen** gearbeitet: Produktion (erzeugtes Inlandseinkommen) und privater Konsum werden jeweils um die gleichen, geschätzten und zu vergleichbaren Marktpreisen bewerteten Beträge erhöht, um ein genaueres Bild von den volkswirtschaftlichen Größen zu erhalten. Während für die Eigennutzung von Wohnungen und die Naturalentlohnungen noch recht verlässliche Unterlagen bereitstehen, ist z.B. der Eigenverbrauch von Unternehmerhaushalten oft nur weit weniger genau zu schätzen.

Andere Produktionen für die Eigenverwendung werden dagegen bewusst nicht berücksichtigt. Schon immer wurden die hausfraulichen Tätigkeiten als nichtmarktmäßige Aktivitäten ausgeklammert, während die im Grunde gleichartigen, aber entlohnten Arbeiten von Haushaltshilfen Eingang fanden. Auch die wachsende Werteschaffung durch Heimwerken geht bislang nicht in den Wert der gesamtwirtschaftlichen Produktion ein. Sie wurde im ESVG 1995 für die EU als „nicht signifikant" klassifiziert (ESVG 1995; S. 42). Gleichermaßen entfallen bislang viele weitere Aktivitäten von Haushalten: die Wahrnehmung von Ehrenämtern; unentgeltliche Mitwirkung beim Roten Kreuz, der Caritas; Nachbarschaftshilfe im sozialen Bereich u.ä.

Neben diesen bewusst nicht erfassten legalen Tätigkeiten gibt es noch eine Vielzahl von Aktivitäten am Rande oder gar jenseits der Legalität (Schwarzarbeit, Schwarzbrennerei, stille Beteiligungen im Verwandten- und Freundeskreis, Schmuggel, Drogenanbau und -handel). Das ESVG sieht zwar vor, dass diese Aktivitäten in die Produktion einzubeziehen sind; aber es liegt auf der Hand, dass sie allenfalls grob geschätzt werden können.

Der Bereich nicht erfasster legaler, halblegaler und illegaler Aktivitäten wird als **Schattenwirtschaft** (auch: second, informal oder unrecorded economy) bezeichnet.

Die Schattenwirtschaft wird in zwei Kategorien unterteilt:

a) **Selbstversorgungswirtschaft** (self-service-economy); sie umfasst alle Aktivitäten privater Haushalte und privater Organisationen, die entsprechend internationaler Gepflogenheiten nicht berücksichtigt werden sollen.

b) **Untergrundwirtschaft** (hidden economy); zu ihr werden alle Aktivitäten gerechnet, die - zum Zwecke der Steuerhinterziehung - dem Staat gegenüber verheimlicht werden oder die ohnehin illegal sind (illegale Leiharbeit, Drogengeschäfte u.ä.). Übersicht 3.1 bietet eine Systematik der Schattenwirtschaft im Hinblick auf ihre Erfassung in der Sozialproduktsstatistik.

Der Umfang der Schattenwirtschaft lässt sich naturgemäß nur schwer schätzen. Mit Hilfe verschiedener Schätzmethoden hat z.B. F. Schneider (1999) Größenordnungen für das Ausmaß der Schattenwirtschaft abgeleitet. Er veranschlagt die Anteile der Schattenwirtschaft Ende der 90er Jahre in Deutschland, Frankreich, Großbritannien, Schweden und USA auf etwa 14 % des offiziell ausgewiesenen BIP, in Italien auf ca. 23 %, Belgien 20 %, in Österreich auf knapp 7 %.

**Übersicht 3.1**   Schattenwirtschaft und Inlandsprodukt

| Gesamte Volkswirtschaft (dual economy) | | | | | | |
|---|---|---|---|---|---|---|
| Offizielle Wirtschaft<br>(first, formal, recorded economy) | | | | Schattenwirtschaft<br>(second, informal, unrecorded economy) | | |
| Öffentliche<br>Wirtschaft | | Privatwirtschaft | | Untergrundw.<br>(hidden economy) | Selbstversorgungsw.<br>(self-service-economy) | |
| Öffentl.<br>Haushalte | Öffentl.<br>Kapital-<br>gesellsch | Private<br>Organi<br>sation. | Private Haushalte<br>u.private Kapital-<br>gesellschaften | Private Haushalte<br>und Kapitalgesell-<br>schaften | Private<br>Haus-<br>halte | Private<br>Selbst-<br>organis. |
| ausgewiesenes BIP (VGR-Ist) | | 1 | 2 | 3 | 4 | |
| auszuweisendes BIP (VGR-Soll) | | | | | 4 | |
| erbrachtes tatsächliches BIP (gesamtwirtschaftliche Wertschöpfung) | | | | | | |

1 = auszuweisendes BIP, das offenkundig und legal im Unternehmenssektor erbracht wird, aber wegen unzureichender Erfassungsmethoden der VGR nicht oder nur teilweise ausgewiesen ist (z.B. kleingewerbliche Produktion, Heimarbeit).
2 = auszuweisendes BIP, das legal oder illegal erbracht, aber verheimlicht wird und deshalb nicht von der VGR erfasst werden kann (in einigen Ländern Schätzungen).
3 = auszuweisendes BIP, das offenkundig und legal im Haushaltssektor erbracht wird, aber wegen unzureichender Erfassungsmethoden nicht oder nur teilweise ausgewiesen wird (z.B. Eigenverbrauch in der Landwirtschaft; Neu-, Um-, Ausbauten von Wohnungen/Häusern in Selbsthilfe).
4 = erbrachtes BIP, das auf Grund bestehender VGR-Konventionen nicht auszuweisen ist (z.B. Hausarbeit).

Quelle: D. Cassel, A. Caspers (1984); S. 3

Die Gefahren der Vernachlässigung der Schattenwirtschaft für Wirtschaftstheorie und vor allem -politik sollten nicht zu gering geschätzt werden. So hält es Feige

(1981; S. 3) durchaus für möglich, „dass selbst in einer grundsätzlich gesunden Wirtschaft die Verschiebungen vom erfassten zum nichterfassten Sektor den Eindruck von abnehmendem Realeinkommen, steigender Arbeitslosigkeit, verringerter Produktivität und höheren Preisen verursachen können." Auf der Basis der offiziellen Daten angestellte Vergleiche können dann fehlerhaft sein; falsche Erklärungsansätze und fehlerhafte wirtschaftspolitische Maßnahmen könnten die Folge sein.

Auf der anderen Seite kann durch Verschiebungen von Produktionen, die bisher im häuslichen Bereich stattfanden, in den Marktbereich (z.B. vermehrte Nutzung von Restaurants, Wäschereien) der Eindruck von wachsendem Einkommen entstehen, obwohl sich in wirkliche Produktionsleistung einer Volkswirtschaft nicht unbedingt erhöht haben muss.

Probleme treten auch hinsichtlich des *Netto*-Einkommens auf. Die in der Kreislaufanalyse berücksichtigte Vermögensänderung bezieht sich auf das sog. *Produktivvermögen*. Da die natürlichen Ressourcen aus dem Produktivvermögen ausgeklammert sind, wird ihr Verbrauch nicht berücksichtigt. *Nettoeinkommen* wurde vorn definiert als die Produktion, die maximal konsumiert werden dürfte, wenn das Produktivvermögen nicht abnehmen soll. Werden keine Abschreibungen auf die natürlichen Ressourcen vorgenommen, wird insoweit das Nettoeinkommen zu hoch ausgewiesen (vgl. auch Kap. 3.1.4).

Auch die Ermittlung der Komponenten des Inlandsprodukts bereitet Schwierigkeiten. So ist z.B. die Abgrenzung von Konsum- und Investitionsgütern theoretisch eindeutig möglich. In der Praxis ist sie manchmal nur schwer durchzuführen. Es müsste nämlich immer zweifelsfrei feststellbar sein, zu welchem Zweck ein Gut gekauft wurde. Kauft z.B. ein Einzelunternehmer einen PKW, sind konsumtive und investive Verwendung kaum zu trennen.

Der Aussagewert von Sozialproduktsdaten wird insbesondere auch im Hinblick auf den Sektor *Staat* im Wirtschaftskreislauf kritisiert. Die Staatsleistungen können - wie oben dargelegt - weithin nur zu Produktionskosten bewertet werden. Das führt dazu, dass die Leistungen des Staates - sein produktiver Beitrag zum Inlandsprodukt - grundsätzlich umso höher bewertet werden, je mehr Faktoren eingesetzt und / oder je höher sie entlohnt werden. Recktenwald (1981; S. 159) weist mit Nachdruck darauf hin, dass es kaum akzeptabel sei, für einen der größten Posten des Inlandsprodukts einen Bewertungsansatz zu wählen, der dem ökonomischen Prinzip glatt zuwiderlaufe.

Als unbefriedigend muss ferner angesehen werden, dass der ganz überwiegende Betrag der staatlichen Leistungen als Endverbrauch (Konsumausgaben des Staates) betrachtet wird. Tatsächlich handelt es sich jedoch zumindest teilweise um Vorleistungen. Die Forschung bemüht sich hier um Verbesserungen.

Es dürfte richtig sein, dass die *Veränderungen* von in der VGR ausgewiesenen Daten meistens einen höheren Genauigkeitsgrad haben als die absoluten Zahlen. Grundsätzlich sollten aber Genauigkeit und Aussagekraft von Daten der VGR nicht überbewertet werden.

### 3.1.2. Reales und nominales Inlandsprodukt

Ein besonderes Problem beim zeitlichen Vergleich von Produktions- und Einkommensdaten resultiert aus der Entwicklung des allgemeinen Preisniveaus. Es ist bekannt, dass insbesondere Mitte der 70er Jahre der allgemeine Preisauftrieb in den westlichen Ländern beachtliche Raten aufwies (in der BR Deutschland bis zu knapp 8 % pro Jahr, in anderen Ländern sogar über 20 %). Legt man bei der Ermittlung von Inlands- / Nationalprodukt die tatsächlichen Marktpreise der jeweiligen Periode zugrunde, geht ein Teil des ausgewiesenen Wachstums allein auf die inflationäre Preisentwicklung zurück. Die tatsächlich zur Verfügung stehende *Menge* an Sachgütern und Leistungen wächst jedoch geringer, ja sie kann sogar abgenommen haben (Dies war z.B. in der BR Deutschland in den Jahren 1967, 1975, 1982 und 1993 der Fall.) Will man also die mengenmäßige Entwicklung wiedergeben, benötigt man neben der Erfassung der Güter zu ihren jeweiligen Preisen einen Ansatz, der die Wiedergabe der mengenmäßigen Entwicklung erlaubt, also die inflationäre (oder auch deflationäre) Preisniveauentwicklung ausschaltet.

Die Ermittlung der mengenmäßigen Entwicklung (sog. *reale Größen*), also die Eliminierung der Preisniveauentwicklung - die als **Deflationierung** oder auch wenig glücklich als „Preisbereinigung" bezeichnet wird - ist allerdings nicht ganz einfach. Man kann ja nicht einfach die Mengen verschiedener Größen (Äpfel und Birnen!) addieren, sondern nur ihre Werte. Auch *reale* Produktionsgrößen sind daher immer *Wertgrößen*. Grundsätzlich erfolgt die Addition, indem man die *Güterpreise konstant* hält. Es gibt aber Bestandteile des Inlandsprodukts, für die eine Mengenstruktur gar nicht bestimmbar ist (z.B. beim Staatskonsum). Die Ermittlung realer Größen ist daher an ziemlich viele Konventionen geknüpft.

> Das **nominale Inlands- / Nationalprodukt** ist das in den jeweiligen Preisen (auch: laufende Preise) der Periode bewertete Gesamtprodukt.
>
> Das **reale Inlands- / Nationalprodukt** ist das in konstanten Preisen eines bestimmten Basisjahres bewertete Gesamtprodukt.

Ein konstruiertes Beispiel (Übersicht 3.2) soll die Unterschiede zwischen beiden Bewertungen verdeutlichen. Das Beispiel wurde bewusst so einfach und realitätsfern (nur zwei Güter) gestaltet, damit die Unterschiede zwischen beiden Bewertungen klar hervortreten.

Um die Preisveränderungen auszuschalten, wurden hier die Preise der Periode 0 als Basis gewählt. Daher werden alle Mengen der Periode 1 mit den Preisen der Periode 0 bewertet. Im Beispiel resultiert daraus das folgende Ergebnis: Das nominale Inlandsprodukt zeigt eine positive Wachstumsrate. Das reale Inlandsprodukt ist dagegen gesunken, d.h. die gütermäßige Versorgung ist zurückgegangen.

Auf den ersten Blick erscheint dieses Vorgehen sicher als einfach und überzeugend. In der Praxis treten jedoch zahlreiche Probleme auf. So wird z.B. immer wieder angeführt, dass moderne Volkswirtschaften einen hohen Anteil von Dienst-

**Übersicht 3.2**  Nominales und reales Inlandsprodukt am Beispiel einer hypothetischen Volkswirtschaft

| | Produzierte Güter | | | | Inlandsprodukt | | | |
|---|---|---|---|---|---|---|---|---|
| | Gut 1 | | Gut 2 | | nominal (in jeweiligen Preisen) | | real (in Preisen der Periode 0) | |
| | Menge | Preis | Menge | Preis | absolut | Wachstumsrate | absolut | Wachstumsrate |
| 0 | 10 | 5 | 5 | 10 | 100 | - | 100 | - |
| 1 | 11 | 6 | 4 | 9,5 | 104 | + 4 % | 95 | - 5 % |

leistungen aufweisen (auch in der BR Deutschland ist ein wachsender Dienstleistungsbereich zu verzeichnen; vgl. Übersichten 3.9 und 4.21). Bereits bei Sachgütern ist es schwer, z.B. Preissteigerungen auf Grund von Qualitätsverbessserungen von „reinen" Preissteigerungen zu trennen. Bei Dienstleistungen [wo etwa im Bereich des Bank- und Finanzwesens durch Fortschritte in der EDV, aber auch im Gesundheitswesen (Lasertechnik bei Operationen) große Produktivitätsgewinne erzielt wurden] ist dieses Problem noch gravierender, da hier die Mengenkomponente meistens noch schwieriger zu isolieren ist. Die Mengenkomponente *staatlicher Dienstleistungen* sowie die der Privaten Organisationen ist gar nicht zu bestimmen, da die Leistungen nicht verkauft werden. Hier wird hilfsweise die Preisentwicklung der Aufwendungen herangezogen, was aber auch nicht voll befriedigend ist.

Abschließend sei noch erwähnt, dass sich in der statistischen Praxis die Deflationierung des Inlands-/Nationalprodukts wesentlich komplizierter darstellt als im vorgeführten Beispiel der Übersicht 3.2. In der Praxis wird eine Methode der sog. „doppelten Deflationierung" angewendet, deren Vorgehensweise hier jedoch nicht wiedergegeben werden soll. Ähnliche Probleme wie bei der Bestimmung realer Größen treten übrigens auch bei der Bestimmung von Änderungen des allgemeinen Preisniveaus auf. Hierauf wird in Kap. 4.4.4 ausführlicher eingegangen.

Obwohl mit Reihen von realen Daten versucht wird, die Einflüsse der Inflation auszuschalten, wird die Aussagekraft statistischer Daten manchmal etwas überschätzt. So werden Wachstumsraten auf eine Kommastelle genau angegeben (was insbesondere wirtschaftspolitisch dann höchst bedeutsam wird, wenn es darum geht, ob das Wachstum - 0,1 %, 0 % oder + 0,1 % beträgt). Es sollte aber nicht vergessen werden, dass es sich eher um *Schätzungen* als exakte Rechnungen handelt. Auch die immer mal wieder notwendig werdenden *Umbasierungen* von Daten beschränken die Aussagekraft.

### 3.1.3.  Das Inlandsprodukt als Wohlstandsindikator

Pro-Kopf-Daten und die Wachstumsraten des realen Inlands- / Nationalprodukts gelten nach wie vor als „der" Maßstab für den wirtschaftlichen Erfolg und den

Wohlstand ganzer Nationen. Andererseits ist die Kritik sowohl von Wissenschaft als auch Politik am Wachstumsziel nicht neu [vgl. z.B. den von Stratmann-Mertens, Hickel, Priewe (1991) herausgegebenen Sammelband]. Wachstum wird übrigens zugleich auch als *Mittel* angesehen: Wachstum soll einen Beitrag zur leichteren Erreichung anderer Ziele (wie Abbau von Arbeitslosigkeit, Linderung von Verteilungsproblemen) liefern.

Hinter dem Begriff „Inlandsprodukt" steht die Vorstellung von einer *gütermäßigen* Versorgung. Je höher diese ist, als desto wohlhabender wird eine Nation angesehen. Dass sich Wohlstand und Wohlfahrt (als umfassender Begriff für wirtschaftliches und nicht-wirtschaftliches „Wohlgefühl") sich jedoch nicht allein in der Summe der zur Verfügung stehenden produzierten Güter erschöpft, wird von immer mehr Menschen empfunden. Deshalb wird vermehrt anstelle eines quantitativen Wachstums ein *qualitatives Wachstum* gefordert. Leider sind die Vorstellungen darüber, was das denn nun genau sei, noch immer oft recht vage.

Schon in Kap. 3.1.1 wurde gezeigt, dass die derzeit praktizierte Ermittlung des Inlandsprodukts dem Ziel, einen exakten Maßstab für die Versorgung mit Gütern zu sein, nur bedingt gerecht wird. Die Aussage „Höheres Sozialprodukt gleich mehr Güter" gilt also nur bedingt. Die Aussage „Mehr Güter gleich mehr Wohlstand" ist anfechtbar. Sie bezieht sich zunächst ja auf die *Gesamtheit* der Bevölkerung. Damit bleibt aber die **Einkommensverteilung** innerhalb der Bevölkerung außer Betracht. Bei sonst gleicher Güterproduktion wird man den Wohlstand einer Nation sicher anders beurteilen müssen, wenn die Einkommensverteilung in einem Staat sehr ungleich, in einem anderen aber ziemlich gleichmäßig ist.

Die Gleichung „Mehr Güter gleich mehr Wohlstand" ist aber auch aus anderen Gründen angreifbar. Ein Aspekt ist die **Freizeit**. Die Bevölkerung eines Staates kann durchaus bewusst auf mehr Produktion zugunsten von Freizeit verzichten. Schließlich ist Freizeit sogar unerlässliche Voraussetzung für die sinnvolle Nutzung vieler Güter. Andererseits ist Arbeit aber auch keineswegs etwas, was nur „Arbeitsleid" (also unerwünschte Anspannung, Zwang zur Einkommenserzielung, Unterordnung und eben Nicht-Freizeit) bewirkt. Vielmehr ist Arbeit auch ein Element der persönlichen Selbstbestätigung, kann Erfolgserlebnisse und soziale Anerkennung vermitteln. Schon an diesen wenigen Hinweisen wird deutlich, wie schwierig es ist, die Wohlstands- / Wohlfahrtskomponente Freizeit angemessen zu bewerten.

Die Gleichung ist noch aus weiteren Gründen anfechtbar: So zählt z.B. die Produktion von Verpackungen und Werbeschriften/Werbespots ebenso wie die anschließend notwendig werdende Entsorgung im Sinne der Produktionsstatistik (aber auch der Arbeitsmarktstatititik!) als positiv. Von vielen Verbrauchern werden diese Güter aber inzwischen oft eher als hinderlich angesehen. Auch die nach Unfällen notwendig werdenden Reparaturen und medizinischen Versorgungen erhöhen das Inlandsprodukt. Die Gleichung „Mehr Unfälle = mehr Reparaturen = mehr Wohlstand" ist aber sicher nicht haltbar. Auch die das Inlandsprodukt erhöhende Rekultivierung von durch Umweltschäden belasteten Landstrichen kann unter diesem Gesichtspunkt gesehen werden. Insgesamt erscheinen also Folgekosten, die aus den *negativen Effekten* der Produktionsmethoden auf die *Umwelt* resultieren, in der Inlandsproduktsrechnung als positive Werte. Diese Folgekosten, von Leipert (1989) als **defensive Ausgaben** bezeichnet, nehmen nach Untersuchungen von Leipert einen wachsenden Anteil am Sozialprodukt ein. Aufwendungen zur Vermeidung und zum Abbau von Umweltschäden scheinen sich als wichtiger „Wachstumsmotor" entwickelt zu haben.

Während die defensiven Ausgaben als positive Werte angesehen werden, werden bestimmte Umweltbelastungen und damit in ihrer wohlstandsmindernden Wirkung nicht berücksichtigt, nämlich die **Minderung der Lebensqualität** in Form von Aussterben von Arten, Lärmbelästigung, abnehmendem Freizeitwert u.ä. In diesem Zusammenhang wird oft als Nachteil angeführt, dass die *Brutto*-Größen im Zentrum der Betrachtung stehen. Würde man auf (korrekte) *Netto*-Größen abstellen, so müsste eine Abschreibung auf die natürlichen Ressourcen erfolgen und die Minderung der Lebensqualität müsste als Abzugsposten behandelt werden. Härtel (1989; S. 492) findet eine solche Argumentation allerdings „einseitig" und versucht das auch zu belegen.

Als Wohlstandsindikator ist das Inlands- / Nationalprodukt in seiner derzeitigen Form eindeutig nicht zu gebrauchen. Als solcher Indikator wird es vorrangig auch nur von Politik und Öffentlichkeit (miss)verstanden. Die Nationalproduktsstatistiker betonen, dass es diesen Zweck gar nicht erfüllen könne und solle [vgl. z.B. Härtel (1989); Hölder (1989)]. Ganz in diesem Sinne äußert sich auch Schlecht (1991; S. 71): „Als umfassender Indikator für die Entwicklung der gesellschaftlichen Wohlfahrt . . . kann und soll die volkswirtschaftliche Gesamtrechnung nach übereinstimmender Auffassung der Experten gar nicht herhalten. . . . Aufgabe der traditionellen volkswirtschaftlichen Gesamtrechnung ist es vielmehr, Daten und Informationen über die kurz- und mittelfristige Wirtschaftsentwicklung zu liefern und so die Basis für Konjunkturanalysen und -prognosen sowie politische Entscheidungen bereitzustellen. Hier hat sich das Bruttosozialprodukt, so wie es heute berechnet wird, vielfach bewährt."

Ein bekannter Versuch, einen Wohlstandsindikator aus dem Inlandsprodukt abzuleiten, geht auf Nordhaus und Tobin (1973) zurück. Sie haben ein **Maß für den wirtschaftlichen Wohlstand (MEW = Measure of Economic Welfare)** entwickelt. Darauf aufbauend hat Samuelson ein Konzept des **Gesamtwirtschaftlichen Nettonutzens** vorgeschlagen. Hier wurde versucht, Doppelzählungen, die im herkömmlichen System vorhanden waren, z.B. durch eine Neuklassifizierung von Vorleistungen und Endprodukten zu eliminieren. Auch wurde versucht, die *Sozialen Kosten* (etwa der Umweltbelastung) ebenso zu berücksichtigen wie den Wert der Freizeit. Gleichwohl ist inzwischen deutlich geworden, dass die Konstruktion eines einheitlichen Wohlstandsindikators wegen zahlreicher diffiziler Bewertungsprobleme nur schwer gelingen kann.

Als weitere Alternative wurden **Sozialindikatoren** vorgeschlagen, eben weil Wohlstand und Wohlfahrt als komplexe Probleme kaum in einer einzigen Kennzahl angemessen dargestellt werden können. Solche Systeme von Kennziffern, die

Angaben über die Kraftfahrzeug- und Telefondichte, über Ärzte und Kranken-
hausbetten je Einwohner, wöchentliche Arbeitszeit und viele andere Dinge enthalten, müsssen hinsichtlich ihres Aussagewert sehr sorgfältig geprüft werden. Besonders vehement hat sich z.B. Recktenwald (1981; S. 162) gegen derartige Sozialindikatoren gewandt, den er als „umfassender und zugleich rücksichrittlich" und
„mit fundamentalen Schwächen behaftet" bezeichnet.

Heute wird nicht mehr versucht, einen einzigen Wohlfahrtsindikator zu konstruieren. Vielmehr gehen heute die Bemühungen vermehrt dahin, die Sozial-
produktsberechnungen um den eher langfristig wirkenden Wohlfahrtsaspekt *Änderung der Umweltbedingungen* zu ergänzen, indem sog. *Umwelt-Satellitenrechnungen zur
VGR* eingeführt wurden. Deren Grundzüge werden im folgenden Gliederungsabschnitt vorgeführt.

### 3.1.4. Berücksichtigung der Umweltproblematik in Satellitensystemen zur VGR

Intensive Diskussionen haben zu dem folgenden Ergebnis geführt: Es ist nicht
sinnvoll ist, den Umweltaspekt in den bisherigen Ansatz zu integrieren, indem das
derzeitige System völlig umgestaltet und sozusagen das bisherige BIP durch ein
„Ökoinlandsprodukt" ersetzt wird. Umweltaspekte werden nun vielmehr in einem
*Satellitensystem* zur bisherigen VGR dargestellt. Dadurch ist gewährleistet, dass die
bisherigen Systeme in ihrer alten Form weiterbenutzt werden können. Sie dienen
vorrangig der kurz- und mittelfristigen Analyse von Einkommen und Beschäftigung
und gelten für diesen Zweck auch als geeignet. Für Satellitensysteme spricht ferner,
dass noch zahlreiche methodische Probleme einer *Umweltökonomischen Gesamtrechnung* bestehen, so dass auch von daher eine völlige Integration in das bestehende
System - jedenfalls derzeit - nicht möglich erscheint.

Internationale Arbeitsgruppen (mit führender Beteiligung von C. Stahmer aus
dem Statistischen Bundesamt) haben 1992 ein Handbuch „SNA Handbook on
Integrated Environmental and Economic Accounting" veröffentlicht. Hierin wird
das erarbeitete Satellitensystem unter der Bezeichnung „System for Integrated
Environmental and Economic Accounting (SEEA)" vorgestellt. Die Zuordnung
dieses Systems zur VGR der Vereinten Nationen (dem SNA) wird in Übersicht 3.3
gezeigt.

Das Umwelt-Satellitensystem soll die Wechselwirkungen zwischen Wirtschaft
und den verschiedenen Formen der Umweltnutzung darstellen. Dabei wird das
SEEA insbesondere mit den Kernbereichen der VGR - nämlich der Darstellung
von Güterproduktion und -verwendung - verknüpft, und zwar vorrangig in der
Weise, dass Input-Output-Tabellen mit umweltbezogenen Erweiterungen benutzt
werden.

Das Statistische Bundesamt hat 1990 ein Konzept einer weitgehenden **Umweltökonomischen Gesamtrechnung** erarbeitet [vgl. W. Radermacher (1992); S. 413
ff.], wobei das SEEA als integraler Bestandteil dieses Konzepts gilt. Es umfasst fünf

**Übersicht 3.3**  Das SEEA als Umwelt-Satellitensystem zu den VGR der Vereinten Nationen

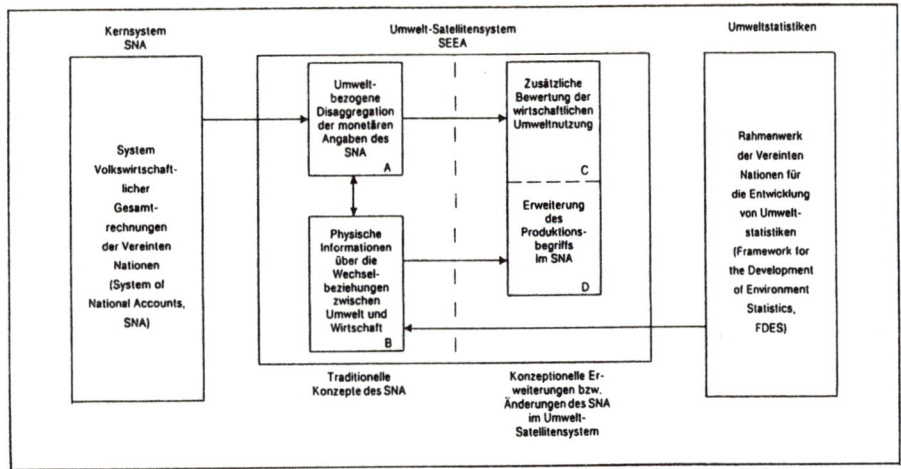

¹) SEEA: System for Integrated Environmental and Economic Accounting (Integrierte Volkswirtschaftliche und Umweltgesamtrechnung) — A, B, C, D: Bausteine des SEEA

Entnommen aus: C. Stahmer (1992); S. 579

**Übersicht 3.4**  Konzept der umweltökonomischen Gesamtrechnung des Statistischen Bundes-
          amtes

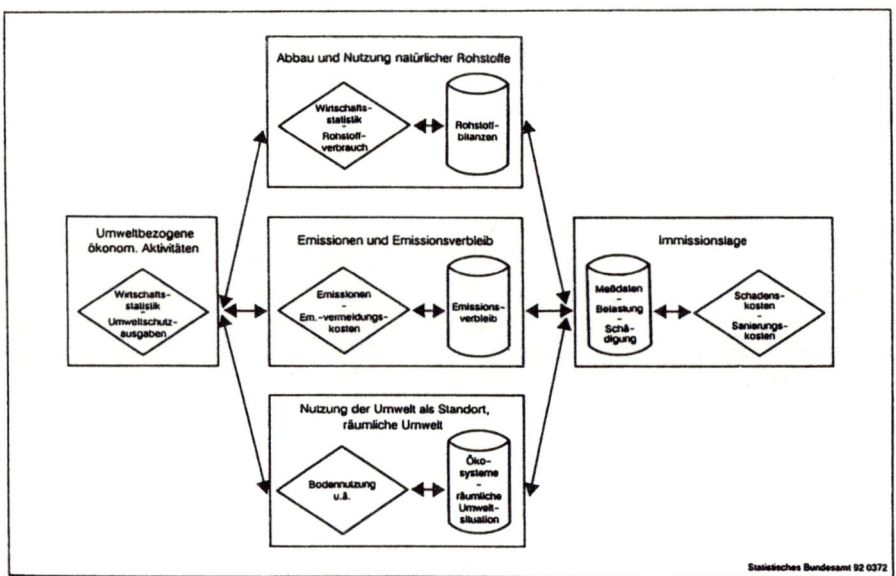

Entnommen aus: W. Radermacher (1992); S. 413

Darstellungsbereiche (vgl. Übersicht 3.4):
- umweltbezogene ökonomische Aktivitäten (Umweltschutzmaßnahmen u.ä.);
- Nutzung und Verbrauch natürlicher Rohstoffe;

- natürliche Umwelt als Standort für menschliche Aktivitäten;
- qualitativer Zustand der Umwelt.

Zunächst ist eine Erfassung von *physischen Einheiten* vorgesehen. Sie sollen später zu aussagefähigen Gesamtindikatoren verdichtet werden, die dann möglichst in Geldeinheiten gemessen werden sollen. Dabei soll u.a. dem (schon vorn vorgetragenen) Gedanken Rechnung getragen werden, nämlich zu einer Aussage über die **Nachhaltigkeit der wirtschaftlichen Aktivitäten** (sustainable development) zu gelangen. Als „nachhaltig" gilt eine Aktivität dann, wenn durch sie zukünftige Aktivitäten nicht eingeschränkt werden, d.h. wenn das Naturvermögen erhalten bleibt. Es ist dies eine Konzeption, die am Ansatz eines *Netto*-Einkommens unter Beachtung des Erhalts der Umwelt anknüpft.

Im Jahresgutachten 1996/97 (SR 1996/97; S. 69 f) hat der Sachverständigenrat kurz Stellung zur Umweltökonomischen Gesamtrechnung genommen. Er machte darauf aufmerksam, dass durch die Konzeption der Nachhaltigkeit ein Element der Zukunftsbezogenheit sowie starke normative Elemente in die (erweiterte) VGR gelangen, die dort sonst eher fremd sind. Denn die neue Fragestellung lautet nach Ansicht des Sachverständigenrates nun (SR 1996/97; S. 70): „Was muss heute getan werden, um künftige Belastungen zu vermeiden?" Und daraus folgt weiter: „Es bedarf der Vorgabe eines Standards, der die Vorstellung von einer ‚dauerhaft-umweltgerechten Entwicklung' soweit konkretisiert, dass darauf bezogen eine Defizitanalyse der betrachteten Situation möglich wird. ... Bei der Setzung der Standards sind die Umweltökonomischen Gesamtrechnungen letztlich unvermeidlich auf den gesellschaftlichen und den politischen Raum verwiesen."

Auch der Sachverständigenrate ist der Ansicht, dass noch eine größere Zahl methodischer Probleme zu lösen ist. Gleichwohl wird dem Umweltaspekt inzwischen so große Bedeutung beigemessen, dass Teilbereiche der SEEA bereits jetzt von der praktischen Statistik bearbeitet werden. Das Statistische Bundesamt hat 1996 mit der regelmäßigen Berichterstattung begonnen.

## 3.2. Einige Ergebnisse der Volkswirtschaftlichen Gesamtrechnung

### 3.2.1. Vorbemerkung

Wie bereits im 1. Kapitel dargelegt, ist das Hauptziel der VGR, Daten zur Beurteilung der gesamtwirtschaftlichen Lage und Entwicklung bereitzustellen. Von Bedeutung sind dabei vor allem die Daten, die eine Aussage darüber erlauben, inwieweit die Ziele des Stabilitätsgesetzes erreicht wurden. Ende der 90er Jahre haben darüber hinaus die „Maastricht-Kriterien" in Zusammenhang mit dem Start der Europäischen Währungsunion große Bedeutung gewonnen. In der politischen Diskussion, etwa beim Schuldenstand-Kriterium, spielten dann sogar die Werte hinter dem Komma eine Rolle - hinsichtlich der vorn diskutierten Genauigkeit gesamtwirtschaftlicher Daten mutet das schon ein wenig seltsam an.

Die VGR bietet allerdings direkt nur Angaben zum *Wachstumsziel* des Stabilitätsgesetzes sowie zu zwei der fünf Maastricht-Kriterien, nämlich der *Schuldenquote*
(Verhältnis zwischen öffentlichem Schuldenstand und BIP, das 60 % nicht übersteigen soll ) und der *Defizitquote* (die Neuverschuldung soll nicht mehr als 3 % des
BIP betragen). Die VGR bietet aber auch Zahlen zum *Verteilungsziel*.

Derzeit (Herbst 1999) sind wegen der Umstellung der Statistik auf das ESVG
1995 in Deutschland zahlreiche Daten für die Zeit ab 1998 noch nicht verfügbar.
So liegen z.B. noch keine detaillierten Kreislaufdaten für 1998 vor. Übersicht 2.26
kann daher derzeit noch nicht mit konkreten Daten gefüllt werden. Bislang konnten
nur Globaldaten (für BIP, BNE, Konsum usw.) bereitgestellt werden. Diese wurden
nach dem neuen System zudem nur bis 1991 zurückgerechnet. Wenn hier also die
langfristige Entwicklung der Wirtschaft der BR Deutschland vorgestellt wird, so
kann zu einem beträchtlichen Teil nur auf Daten zurückgegriffen werden, die nach
dem alten System gewonnen wurden.

Auch aus der neuen ESVG sind übrigens nur bedingt Angaben zum außenwirtschaftlichen Gleichgewicht und gar keine Angaben zu den Zielen Preisniveaustabilität, Beschäftigung zu entnehmen. Die Preisniveauentwicklung wird vom Statistischen Bundesamt in einer gesonderten Statistik beobachtet (siehe Kap. 4.4.4). Die
Daten zur Beschäftigung des Faktors Arbeit stammen vorrangig von der Bundesanstalt für Arbeit (Kap. 4.4.1). Vertiefte Angaben zur außenwirtschaftlichen Entwicklung sind der von der Bundesbank erstellten Zahlungsbilanzstatistik zu entnehmen (Kap. 4.2).

Konkrete Daten für Deutschland werden nunmehr für die folgenden Bereiche
vorgestellt:
- Daten zur langfristigen Entwicklung des Bruttoinlandsprodukts;
- Daten zur Entstehung des Bruttoinlandsprodukts;
- Daten zur Verteilung des Volkseinkommens;
- Daten zur Verwendung des Bruttoinlandsprodukts.

## 3.2.2.  Die langfristige Entwicklung des Bruttoinlandsprodukts

Ende der 50er, Anfang der 60er Jahre war der Optimismus nicht ungewöhnlich, dass
Konjunkturen - also Schwankungen im Niveau der gesamtwirtschaftlichen Aktivität
- zwar wohl nicht völlig vermeidbar seien, dass ihnen aber doch keine herausragende
Bedeutung mehr zukomme, da es sich allenfalls um Schwankungen der (realen)
Wachstumsraten im *positiven* Bereich handele. Der erste Einbruch in der bisher
ständig aufwärts gerichteten Entwicklung in der BR Deutschland im Jahre 1967
erschütterte diese Vorstellung dann jedoch. Andererseits schien dennoch die Gefahr
weiterer ernster Konjunktureinbrüche gebannt, da das 1967 neu geschaffene *Stabilitätsgesetz* die nötigen wirtschaftspolitischen Instrumente bereitzustellen schien, um
in Zukunft den Konjunkturverlauf glätten zu können. In § 1 dieses Gesetzes wird
ausdrücklich „stetiges und angemessenes Wirtschaftswachstum" als Ziel genannt.
Wenn auch nach einhelliger Meinung das Gesetz zwar kaum typisch wachstums-

politische Instrumente enthält, so waren die in ihm vorgesehenen konjunkturpolitischen Instrumente gleichwohl auch für den Einsatz im Sinne einer *Verstetigung
des Wirtschaftswachstums* gedacht.

Übersicht 3.5 und 3.6 bieten einen Überblick über die langfristige Entwicklung
in der BR Deutschland. Erwartungsgemäß zeigt der Vergleich zwischen den realen
und nominalen Größen, dass die nominellen Daten die „gütermäßige" Entwicklung
überzeichnen - umso mehr, je höher die Inflationsrate war (vgl. auch Übersicht
4.38). Während in den alten Bundesländern im betrachteten Zeitraum in nomineller
Rechnung die Pro-Kopf-Produktion um das Achtfache stieg, beträgt der Steige-
rungsfaktor in realer Rechnung nur 2,3. In den neuen Bundesländern sind in der
ersten Hälfte der 90er Jahre sowohl hohe reale Wachstumsraten als auch hohe
Inflationsraten zu verzeichnen. Inzwischen sind aber dort beide Raten deutlich
zurückgegangen. Die Wachstumsraten sind im Osten nun sogar niedriger als im
Westen, was die Angleichung der Pro-Kopf-Einkommen erschwert.

**Übersicht 3.5** Die Entwicklung von nominalem und realem BIP in der BR Deutschland

| Jahr | nominales BIP (in jeweiligen Preisen) | | | | reales BIP (in Preisen von 1991) | | | |
|---|---|---|---|---|---|---|---|---|
| | alte Länder | | neue Länder | | alte Länder | | neue Länder | |
| | insg. Mrd DM | pro Kopf T DM | insg. Mrd DM | pro Kopf T DM | insg. Mrd DM | pro Kopf T DM | insg. Mrd DM | Pro Kopf T DM |
| 1960 | 303 | 5,5 | | | 1 000 | 18,1 | | |
| 1970 | 676 | 11,1 | | | 1 545 | 25,5 | | |
| 1980 | 1 477 | 24,0 | | | 2 026 | 32,9 | | |
| 1990 | 2 449 | 38,7 | | | 2 544 | 40,2 | | |
| 1991 | 2 668 | 41,6 | 214 | 13,5 | 2 668 | 41,6 | 214 | 13,5 |
| 1995 | 3 062 | 46,3 | 398 | 25,7 | 2 733 | 41,3 | 280 | 18,1 |
| 1996 | 3 127 | 47,1 | 414 | 26,8 | 2 769 | 41,7 | 288 | 18,5 |
| 1997 | .. | | .. | | 2 809 | 42,6 | 292 | 18,8 |
| 1998 | .. | | .. | | 2 891 | 43,4 | 298 | 19,4 |

Quelle: SR 1997/98, Tabellenanhang; Wirtschaft und Statistik 3/1998, S. 214 u. 1 /1999, S.
14, 27*, 28*

Die langfristige Entwicklung für die Bundesrepublik Deutschland (alte Bundesländer) ist ausführlicher aus Übersicht 3.6 zu entnehmen. Es wird deutlich, dass das
Ziel „angemessenes und stetiges" Wachstum offenbar über den Gesamtzeitraum
nicht erreicht wurde. Das Wachstum war - auch nach Verabschiedung des Stabilitätsgesetzes - weder stetig noch immer angemessen (denn es gab auch Phasen
negativen Wachstums).

Im langfristigen Durchschnitt sind die realen Wachstumsraten sogar immer
niedriger geworden. In Übersicht 3.6 wurde ein langfristiger Trend eingezeichnet. Es
scheint ein nicht-linearer Trend angebracht. Hier wurde die Trendfunktion bestimmt als:

$$y = -1{,}0012 \ln (x - 1960) + 5{,}5769 \qquad (\text{für } x = \text{Jahr } 19..)$$

**Abb. 3.6**   Die Wachstumsraten des realen BIP in der BR Deutschland

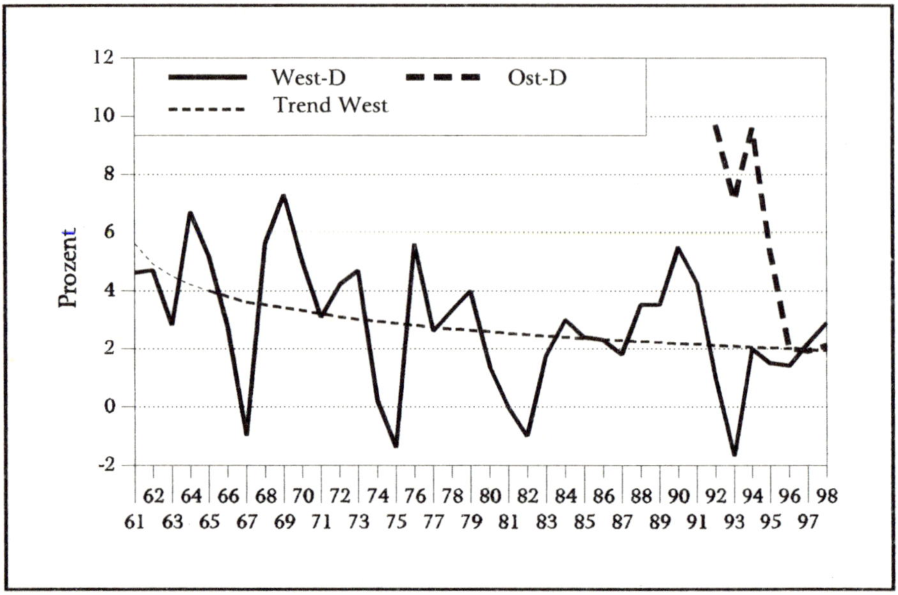

Quelle: SR 1997/98, Tabellenanhang; Bruttoinlandsprodukt 1998, Wirtschaft und Statistik, Jan. 1999, S. 14

Die konjunkturellen Bewegungen werden nicht nur in den schwanken Wachstumsraten des realen BIP sichtbar, sondern ebenso in der schwankenden Auslastung des Produktionspotentials (vgl. Übersicht 4.34). Letztere wird vom Sachverständigenrat als Konjunkturindikator bevorzugt.

Eine Analyse der *Ursachen* für die beschriebene Konjunktur- und Wachstumsentwicklung ist im Rahmen dieses Lehrbuches nicht möglich. Es sei aber doch auf zwei Aspekte aufmerksam gemacht, die bei der Beurteilung der Entwicklung beachtet werden sollten: (1) Es ist auf sog. **exogene Schocks** (das sind Einflussfaktoren, die nicht aus dem wirtschaftlichen Ablauf selbst resultieren) hinzuweisen, nämlich insbesondere die beiden Ölkrisen von 1973 und 1980/81 sowie auf die deutsche Wiedervereinigung. (2) Hohe Wachstumsraten sind grundsätzlich schwieriger zu erreichen, wenn bereits ein hohes Produktionsniveau erreicht ist.

Im Jahresgutachten 1987/88 (S. 128) äußerte der Sachverständigenrat noch die Vermutung, dass als Folge der „eingebauten Stabilisatoren" (vgl. Kap. 6.6.3) die konjunkturellen Schwankungen gedämpft wurden, und dass er es sogar für vorstellbar hält, dass sich das „typische Verlaufsmuster einer Konjunktur" in Zukunft als Folge staatlicher Wirtschaftspolitik und des Verhaltens der Tarifpartner immer weniger zeigen könnte.

Bis zum Jahre 1981 zeigt die Entwicklung einen typischen Verlauf: Die Wachstumsraten zeigen im Konjunkturverlauf die Form eines schiefen „M". In den 80er

Jahren gab es in der Tat eine ziemlich lange Wachstumsphase, die nicht in dieser typischen M-Form verlief. Heute besteht allerdings weithin Einigkeit, dass es sich nicht um ein neues Konjunkturmuster handelt, sondern dass die deutsche Wiedervereinigung einen Boom verlängert hat, der ohne die Vereinigung etwa 1988/89 sein Ende gefunden haben dürfte. Der steile Absturz in den Raten in 1992/93 bis in den negativen Bereich scheint eine Bestätigung für diesen Erklärungsansatz.

Bei der Neuberechnung von Bruttoinlands- / Bruttonationalprodukt im Gefolge der Einführung des ESVG wurden (1) neue, bisher nicht verwendete Erhebungsdaten sowie (2) die skizzierten konzeptionellen Änderungen (man denke z.B. an die Investitionen) berücksichtigt. In der Summe führte dies zu einem höheren Niveau des deutschen BIP. Die realen Wachstumsraten, die nun auf der Basis 1995 bestimmt wurden, mussten allerdings leicht nach unten korrigiert werden.

**Übersicht 3.7**  Neuberechnung des deutschen BIP nach ESVG 1995

| Bruttoinlandsprodukt in jeweiligen Preisen (in Mrd DM) | | | | | | | | |
|---|---|---|---|---|---|---|---|---|
| Jahr | 1991 | 1992 | 1993 | 1994 | 1995 | 1996 | 1997 | 1998 |
| Neues Ergebnis | 2 938,0 | 3 155,2 | 3 235,4 | 3 394,4 | 3 523,8 | 3 586,8 | 3 675,8 | 3 799,4 |
| Altes Ergebnis | 2 853,6 | 3 078,6 | 3 163,7 | 3 328,2 | 3 442,8 | 3 523,5 | 3 624,0 | 3 758,1 |
| Differenz in % | +3,0 | +2,5 | +2,3 | +2,0 | +2,4 | +1,8 | +1,4 | +1,1 |

| Veränderung des BIP (in konstanten Preisen) gegenüber Vorjahr in % | | | | | | | | |
|---|---|---|---|---|---|---|---|---|
| Neues Ergebnis (1995 = 100) | +2,2 | −1,1 | +2,3 | +1,7 | +0,8 | +1,8 | +2,3 | |
| Altes Ergebnis (1991 = 100) | +2,2 | −1,2 | +2,7 | +1,2 | +1,3 | +2,2 | +2,8 | |

Quelle: StatBA (1999a)

Im Hinblick auf die europäische Einigung und die zunehmende weltwirtschaftliche Integration ist auch ein Blick auf die Wachstumsraten anderer Staaten von Interesse. Bislang ist trotz der fortgeschrittenen europäischen wirtschaftlichen Einigung noch kein einheitlicher europäischer Konjunkturverlauf festzustellen (Übersicht 3.8). Daraus folgt, dass jedenfalls derzeit eine einheitliche EU-Konjunkturpolitik noch nicht sinnvoll ist (selbst wenn es dafür schon entsprechende wirtschaftspolitische Voraussetzungen gäbe).

### 3.2.3.  Die Entstehungsrechnung

Eine Entstehungsrechnung soll zeigen, in welchen Wirtschaftsbereichen das Bruttoinlandsprodukt erzeugt wurde. Sie lässt erkennen, wo die Schwerpunkte der Produktion liegen (anders: wie die *Struktur* der Wirtschaft aussieht) und wie sich diese im Zeitablauf verändert haben.

**Übersicht 3.8**   Die Wachstumsraten des realen BIP für ausgewählte Länder

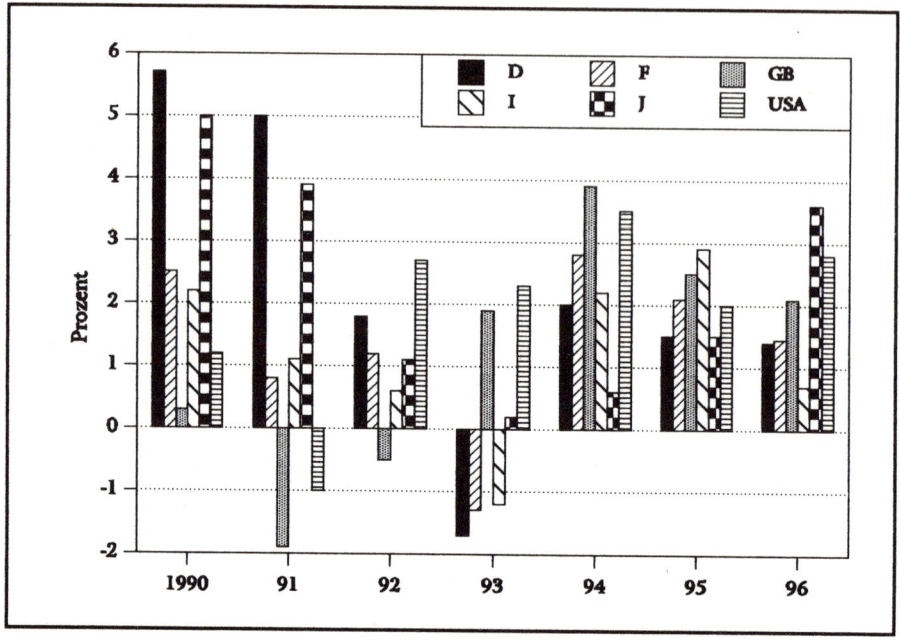

Quelle: SR 1997/98; S. 293

Die Übersicht 3.9 bestätigt auch für Deutschland eine Entwicklung, die sich in allen Industriestaaten zeigt: Es ist eine starke Abnahme der Land- und Forstwirtschaft festzustellen; auch das Produzierende Gewerbe zeigt einen beachtlichen relativen Rückgang. Eine starke Zunahme verzeichnet der Dienstleistungssektor. Auch die Öffentlichen Haushalte haben ihren Anteil stark ausgedehnt, wenn auch in den letzten Jahren versucht wurde, diesen Anteil wieder etwas zurückzuführen.

In der öffentlichen Diskussion wird diese strukturelle Veränderung, wonach sich die klassischen Industriestaaten in Dienstleistungsgesellschaften verwandeln, stark beachtet, zumal oft behauptet wird, dass gerade Deutschland hinsichtlich seines Dienstleistungsanteils noch weit hinter anderen Staaten (insbesondere USA, aber auch Großbritannien, Australien) zurückliege. Zum einen wird hieraus auf eine „mangelnde Modernität" der deutschen Volkswirtschaft geschlossen, zum anderen wird daran die Hoffnung geknüpft, durch neue Arbeitsplätze in diesem Bereich die die Arbeitslosigkeit abbauen zu können, spielt sich doch das oft zitierte „amerikanische Beschäftigungswunder" der zweiten Hälfte der 90er Jahre offenbar besonders stark im Dienstleistungssektor ab.

Inwieweit Deutschland tatsächlich zurückliegt, ist allerdings aus offiziellen Statistiken nicht leicht herauszulesen, zumal die begrifflichen Abgrenzungen in den verschiedenen Staaten recht unterschiedlich gehandhabt werden. Die offizielle, von den Statistischen Ämtern bislang noch immer geübte Abgrenzung zwischen Verar-

**Übersicht 3.9** Beiträge der Wirtschaftsbereiche der BR Deutschland zum BIP

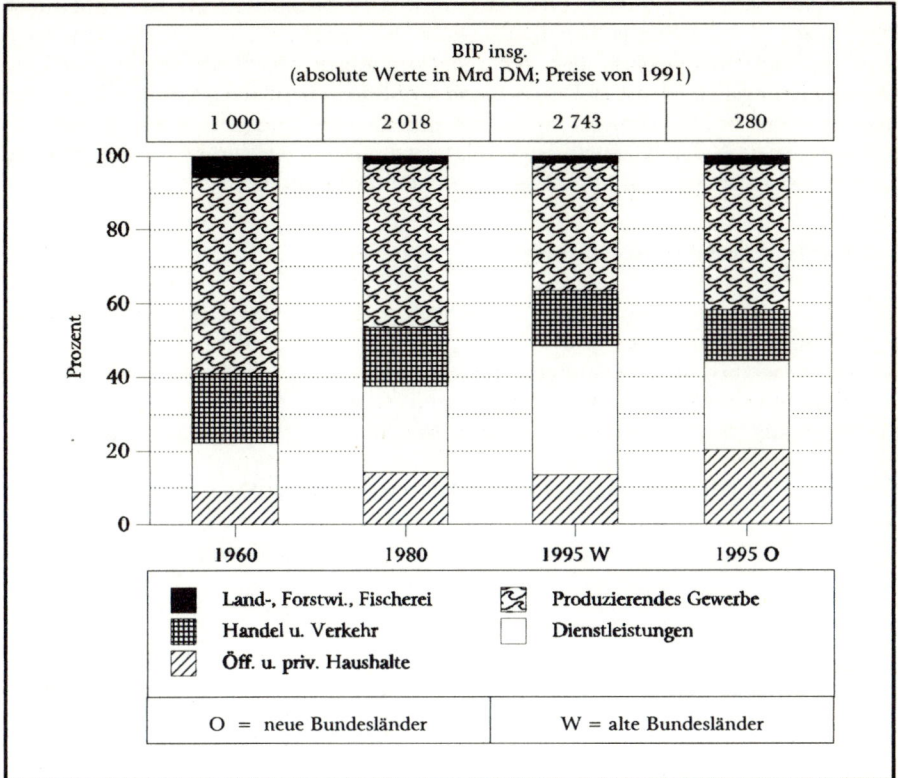

Quelle:  SR 1997/98; Tabellenanhang

beitendem Gewerbe und Dienstleistungen wird offenbar immer weniger brauchbar, da auch im Verarbeitenden Gewerbe die Dienstleistungsanteile (sog. *Produktions-orientierte Dienste*) immer wichtiger werden. Auch der Sachverständigenrat kritisiert in seinem Gutachten 1997/98 (S. 55) vehement die derzeitige Situation in der Dienstleistungsstatistik: „Nach wie vor ist die empirische Basis der amtlichen Statistik über den Dienstleistungssektor ausgesprochen schmal und steht in keiner Relation zu den Aufgaben, die der amtlichen Statistik zur Erfassung und Beobachtung quantitativ viel kleinerer Sektoren vom Gesetzgeber zugewiesen wurden. Hier Abhilfe zu schaffen ist dringend angeraten."

Das DIW hat der Frage nach einer „deutschen Dienstleistungslücke" 1996 eine Untersuchung gewidmet (DIW Wochenbericht 14/1996; S. 227 ff.). Diese Untersuchung hat vor allem deshalb besondere Beachtung gefunden, weil das DIW seinerzeit zu der festen Überzeugung gelangte, dass es zumindest in Westdeutschland im Vergleich zu den USA keine Dienstleistungslücke gibt, auch nicht im Bereich einfacher Dienstleistungen (wie z.B. in der Gastronomie). Der oben erwähnten

Hoffnung, dass der Dienstleistungssektor eine breite Basis für neue Beschäftigungen biete, fehlt nach Ansicht des DIW die empirische Grundlage. An der Arbeit des DIW wurde inzwischen jedoch Kritik geübt. So konnte die Arbeit von Cornetz / Schäfer (1998) die Ergebnisse des DIW nicht bestätigen. Der Beschäftigtenanteil im Dienstleistungsbereich ist in Deutschland wohl doch geringer als in den USA. Ob und inwieweit in Deutschland nun durch eine dienstleistungsorientierte Beschäftigungspolitik in diesem Bereich Arbeitsplätze geschaffen werden könnten, erfordert nach Ansicht der Autoren allerdings weitere Untersuchungen.

### 3.2.4. Die Verteilungsrechnung

Sie befasst sich vor allem mit der Frage, welche Anteile am Volkseinkommen die beiden folgenden Gruppen haben:
- Einkommen aus unselbständiger Arbeit;
- Einkommen aus Unternehmertätigkeit und Vermögen.
Ferner werden Brutto- und Nettoeinkommen (aus steuerlicher Sicht) analysiert.

**Übersicht 3.10**  Die Verteilung des Volkseinkommens in der BR Deutschland

| Einkommensarten und Abzüge | 1960 | | 1970 | | 1980 | | 1990 | | 1996 | |
|---|---|---|---|---|---|---|---|---|---|---|
| | Mrd DM | % | Mrd DM | % | Mrd DM | % | Mrd DM | % | Mrd DM | % |
| Einkommen aus unselbständiger Arbeit | 144,4 | 60,1 | 360,6 | 68,0 | 863,9 | 75,8 | 1 317,1 | 69,6 | 1 900,4 | 71,3 |
| - Arbeitgeber-Sozialbeiträge | 19,9 | 8,3 | 52,7 | 9,9 | 154,4 | 13,5 | 247,5 | 13,1 | 376,0 | 14,1 |
| = Bruttolohn- und -gehalt | 124,5 | 51,8 | 307,9 | 58,1 | 709,5 | 62,3 | 1 069,7 | 56,5 | 1 524,4 | 57,1 |
| - Sozialbeiträge der Arbeitnehmer u. Lohnsteuer | 19,7 | 8,2 | 69,3 | 13,1 | 203,3 | 17,8 | 326,1 | 17,2 | 527,4 | 19,7 |
| = Nettolohn- und -gehaltssumme | 104,9 | 43,7 | 238,6 | 45,0 | 506,2 | 44,4 | 743,6 | 39,3 | 997,0 | 37,4 |
| Einkommen aus Unternehmertätigkeit und Vermögen | 95,7 | 39,9 | 169,8 | 32,0 | 275,7 | 24,2 | 575,1 | 30,4 | 768,5 | 28,7 |
| - öffentliche Abgaben<br>- Saldo der sonstigen laufenden Übertragungen | 20,3<br>- | 8,5<br>- | 35,3<br>- 2,8 | 6,7<br>- 0,5 | } 61,0 | 5,4 | } 80,9 | 4,3 | } 76,9 | 2,9 |
| = Nettoeinkommen aus Unternehmertätigkeit u. Vermögen | 75,4 | 31,4 | 137,3 | 25,9 | 214,7 | 18,8 | 494,2 | 26,1 | 691,6 | 25,9 |
| Dieses besteht aus:<br>a) entnommene Beträge der privaten Haushalte | 46,7 | 19,4 | 111,6 | 21,0 | 231,9 | 20,3 | 448,8 | 23,7 | 755,3 | 28,3<br>- 3,5 |
| b) entnommene Beträge des Staates | 2,1 | 0,9 | 2,2 | 0,4 | - 11,8 | - 1,0 | - 29,1 | - 1,5 | - 92,6 | |
| c) nichtentnommene Gewinne | 26,7 | 11,1 | 23,5 | 4,4 | - 5,4 | - 0,1 | 74,4 | 3,9 | 28,9 | 1,1 |
| Volkseinkommen | 240,1 | 100,0 | 530,4 | 100,0 | 1 139,6 | 100,0 | 1 892,2 | 100,0 | 2 668,9 | 100,0 |

Angaben bis 1990: alte Bundesländer
Quelle: Stat Jb BRD 1988, S. 554; Stat BA: Volksw. Gesamtrechnungen, Fachserie 18, Reihe 1.3: Konten und Standardtabellen 1996. Wiesbaden 1997

Sowohl in der wirtschaftstheoretischen als auch in der wirtschaftspolitischen Diskussion (bei letzterer vor allem im Hinblick auf das Ziel *Verteilungsgerechtigkeit*) spielt die Verteilung des Volkseinkommens auf die beiden großen Faktorgruppen

„Arbeit" sowie „Boden und Kapital" immer wieder eine große Rolle. Der Anteil der Arbeit als *Lohnquote* steht dabei im Vordergrund des Interesses.

> Die **Lohnquote** (L/Y) bezeichnet den Anteil der Bruttoeinkommen aus unselbständiger Arbeit am Volkseinkommen.

Das Pendant der Lohnquote ist die *Profitquote* (G/Y) als Anteil der Einkommen aus Unternehmertätigkeit und Vermögen am Volkseinkommen. Beide Quoten ergänzen sich zu eins.

Aus Veränderungen der Lohnquote wird auf die Verbesserung (Verschlechterung) der relativen Position von Arbeitnehmern (bzw. Unternehmern) geschlossen. Zutreffende Schlussfolgerungen aus der Veränderung der Lohnquote zu ziehen ist jedoch nicht ganz einfach. So ist z.B. zu beachten:
- Die Zahl der Selbständigen hat im Laufe der Zeit abgenommen (Rückgang der landwirtschaftlichen Betriebe; fortschreitende Konzentration in der Wirtschaft). Diesem Aspekt wird allerdings dadurch Rechnung getragen, dass auch eine **bereinigte Lohnquote** ausgewiesen wird. In ihr wird fiktiv unterstellt, dass der im Jahr 1960 ermittelte Anteil der Arbeitnehmer an allen Erwerbspersonen fortbesteht.
- Die gesamtwirtschaftliche Größe „Einkommen aus unselbständiger Arbeit" umfasst eine weite Spanne unselbständiger Arbeit. Verschiebungen innerhalb der Gruppe der unselbständig Beschäftigten wirken auf die Quote zurück.
- Auch solche Personen, die unselbständig beschäftigt sind, verfügen vermehrt über Einkommen aus Unternehmertätigkeit und Vermögen (z.B. Sparguthaben, Wertpapiere, Grundbesitz). Die sog. **Querverteilung** muss also in der Verteilungsdiskussion beachtet werden.

Die Lohnquote unterliegt sodann gewissen konjunkturellen Schwankungen: Im Konjunkturaufschwung steigen die Einkommen aus Unternehmertätigkeit und Vermögen tendenziell schneller als die Löhne / Gehälter; im Abschwung fallen sie schneller. Daraus folgt, dass sich die Lohnquote eher antizyklisch verhält. Insgesamt sollte selbst die *bereinigte Lohnquote* nur als ein erstes, grobes Maß für die Entwicklung der Einkommensverteilung verstanden werden.

Einen aussagefähigeren Ansatz zur Beurteilung der Entwicklung der Einkommensverteilung, der wegen verbesserter Daten möglich geworden ist, sieht der Sachverständigenrat in der erstmals im Gutachten 1987/88 vorgestellten **Arbeitseinkommensquote**. Diese Quote enthält neben den Einkommen aus unselbständiger Arbeit „kalkulatorische Arbeitseinkommen aus selbständiger Tätigkeit" (kalkulatorischer Unternehmerlohn). Der Sachverständigenrat führte dazu aus (SR 1987/88; S. 106):
> „Es wird festgestellt, dass das Arbeitseinkommen eines Selbständigen sowie eines mithelfenden Familienangehörigen dem Durchschnittseinkommen eines beschäftigten Arbeitnehmers entspricht. Die Selbständigen und die mithelfenden Familienangehörigen, wie etwa Handwerker, Einzelhändler, Landwirte erbringen nicht anders als die Arbeitnehmer Arbeitsleistungen, denen ein Arbeitsentgelt, der Unternehmerlohn, zugerechnet werden kann."

Der Sachverständigenrat weist manchmal auch weitere Positionen aus, so die **Vermögenseinkommen der privaten Haushalte.** Hierbei handelt es sich um die *kontrakt*bestimmten Vermögenseinkommen (Zinsen, Mieten, Pachten). Teilweise **werden auch Übrige Einkommen** als Summe von **Vermögenseinkommen des Staates** und der **„Gewinn"-Einkommen** nachgewiesen (vgl. Übersicht 3.11-a). Wie im Jahresgutachten 1987/88 gezeigt wird, unterscheiden sich die *Arbeitseinkommensquote* und die *bereinigte Lohnquote* nur um einen konstanten Faktor. Die Entwicklung von Arbeitseinkommensquote und bereinigter Lohnquote verläuft daher parallel.

**Übersicht 3.11**    Die Verteilung des Volkseinkommens

3.11-a  Die Systematik der Einkommensverteilung (nach Sachverständigenrat)

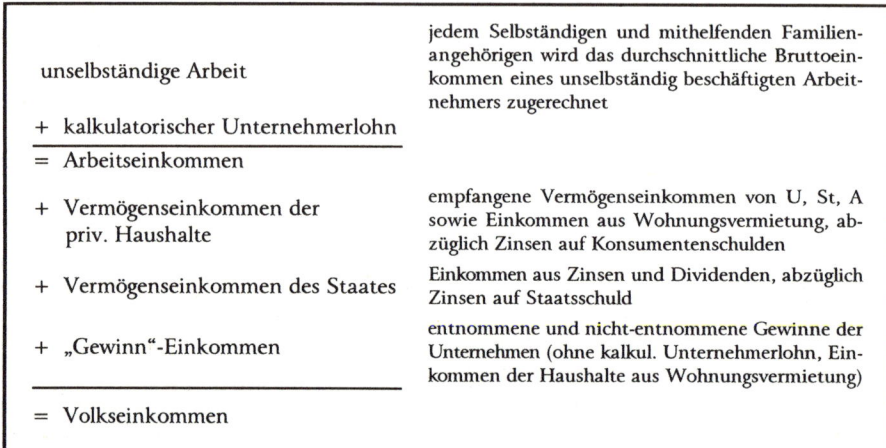

| | |
|---|---|
| unselbständige Arbeit | jedem Selbständigen und mithelfenden Familienangehörigen wird das durchschnittliche Bruttoeinkommen eines unselbständig beschäftigten Arbeitnehmers zugerechnet |
| + kalkulatorischer Unternehmerlohn | |
| = Arbeitseinkommen | |
| + Vermögenseinkommen der priv. Haushalte | empfangene Vermögenseinkommen von U, St, A sowie Einkommen aus Wohnungsvermietung, abzüglich Zinsen auf Konsumentenschulden |
| + Vermögenseinkommen des Staates | Einkommen aus Zinsen und Dividenden, abzüglich Zinsen auf Staatsschuld |
| + „Gewinn"-Einkommen | entnommene und nicht-entnommene Gewinne der Unternehmen (ohne kalkul. Unternehmerlohn, Einkommen der Haushalte aus Wohnungsvermietung) |
| = Volkseinkommen | |

3.11-b  Die Entwicklung der Einkommensverteilung in der BR Deutschland
(1960 - 1994 alte Bundesländer; ab 1995 Deutschland)

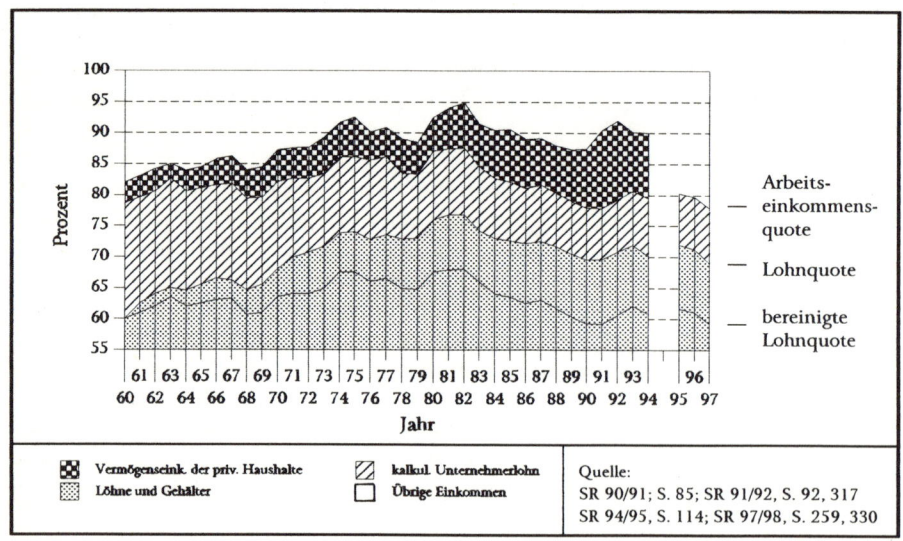

Quelle:
SR 90/91; S. 85; SR 91/92, S. 92, 317
SR 94/95, S. 114; SR 97/98, S. 259, 330

Früher lag die Lohnquote etwa bei 60 %, so dass man von einer „Konstanz der Lohnquote" sprach. Seit den 60er Jahren ist Lohnquote trendmäßig bis zu einem Höchstwert von ca. 75 % in 1982 angestiegen (ähnlich auch die bereinigte Lohnquote). Dies wurde als Ausdruck für die Verbesserung der relativen Situation der abhängig Beschäftigten angesehen. Als die Quote dann seit Anfang der 80er Jahre wieder sank, wurde dies insbesondere von den Gewerkschaften als Ergebnis einer „wirtschaftspolitisch beabsichtigten und gelungenen Umverteilung von unten nach oben" gewertet. 1998 war die *bereinigte Quote* wieder bei dem Ausgangswert von 1960 angelangt. Im Zuge der neuen ESVG wurden allerdings auch neue Daten für die *Lohnquote* vorgelegt. Sie wurde nunmehr für 1998 um 2 Prozentpunkte höher ausgewiesen [vgl. Essig, Hartmann (1999); S. 472].

Die Lohnquote in den neuen Bundesländern zeigt eine ziemlich ungewöhnliche Entwicklung. Obwohl es sich nur um eine vorübergehende, vereinigungsbedingte Sonderentwicklung handelt, dürfte es doch interessant sein, kurz auf sie einzugehen. Im Jahre 1991 wurde nämlich eine Quote von über 100 % ausgewiesen. Dies bedeutet, dass die Ansprüche des Faktors Arbeit an das Produktionsergebnis größer waren als das gesamte Produktionsergebnis. Damit erhielten gesamtwirtschaftlich betrachtet die Produktionsfaktoren Boden und Kapital überhaupt keine Entlohnung, sondern mussten über Verluste die überschießenden Ansprüche der Arbeit finanzieren. Auf Dauer wäre eine solche Situation nicht haltbar; inzwischen normalisiert sich denn auch die Lage etwas. (Eine gesonderte Lohnquote für die neuen Bundesländer wird seit 1995 gar nicht mehr ermittelt.)

**Übersicht 3.12**   Die Entwicklung der Lohnquote in den neuen Bundesländern 1991 - 1994

| Jahr | Volkseinkommen (Mrd DM) | Bruttoeinkommen aus un- selbst. Arbeit (Mrd DM) | Lohnquote |
|------|------|------|------|
| 1991 | 181,5 | 189,3 | 104,6 |
| 1992 | 226,3 | 225,3 | 99,6 |
| 1993 | 263,1 | 246,6 | 93,7 |
| 1994 | 290,9 | 266,1 | 91,5 |

Quelle:  SR 1995/96; S. 382

Die Veränderung der Arbeitseinkommensquote wird vom Sachverständigenrat auf sieben verschieden Ursachen zurückgeführt und jährlich im Gutachten kommentiert. Die wirtschaftspolitische Aussagekraft nimmt jedoch auch nach Ansicht des Sachverständigenrates immer mehr ab. Wichtiger wäre eine Analyse der *Querverteilung* entsprechend der in Übersicht 3.13 wiedergegebenen Systematik. Die Aussagefähigkeit könnte noch gesteigert werden, wenn eine Untergliederung nach Einkommensklassen, Gruppen von unselbständig Beschäftigten (Arbeiter, Angestellte, Beamte) möglich wird. Der Sachverständigenrat bemängelt (SR 19997/98; S. 172), dass der Öffentlichkeit zu diesem Thema noch immer keine ausreichenden Daten zur Verfügung stehen, obwohl in der Steuerverwaltung wichtige Grunddaten längst erhoben werden.

**Übersicht 3.13** Systematik der Querverteilung

| Arbeitnehmer-Haushalte | | | Unternehmer-Haushalte | | | |
|---|---|---|---|---|---|---|
| Einkommen aus unselbständiger Arbeit | Einkommen aus Vermögen | | Einkommen aus unselbständiger Arbeit | | Einkommen aus Vermögen | |
| Lohn / Gehalt | Zinsen, Mieten, Pachten | Dividende | kalkulator. Unternehmerlohn | Gewinn | Dividende | Zinsen, Mieten, Pachten |
| kontraktbestimmt | residualbestimmt | | residualbestimmt | | | kontraktbestimmt |

Dass der relative Rückgang der Lohneinkommen bei den Arbeitnehmer-Haushalten durch einen fühlbaren Anstieg der Vermögenseinkommen kompensiert wird, scheint jedoch nicht der Fall zu sein. Die Wochenzeitung DIE ZEIT hat beim Deutschen Institut für Wirtschaftsforschung (DIW) eine Untersuchung über die Entwicklung von Einkommen und Vermögen in Deutschland in Auftrag gegeben. Auch diese Studie litt unter der mangelhaften statistischen Basis. Gleichwohl gelangt das DIW zu der Aussage, dass die Einkommens- und Vermögensverteilung eher ungleicher werden: „Die Gewichte verschieben sich von der Arbeit zum Vermögen. Gefährlich ist das, weil Vermögenseinkünfte ‚extrem ungleich‘ verteilt sind. So bleiben Zinsen und Dividenden ‚für das Gros der Bevölkerung marginal‘. Am unteren Ende überwiegen Geldschulden, und der Besitz von Wohneigentum geht zurück." [U. J. Heuser (1997); S. 23] Für die Verteilung von Zins- und Dividendeneinkommen legte das DIW das in Übersicht 3.14 wiedergegebene Ergebnis vor.

**Übersicht 3.14**   Die Verteilung von Zins- und Dividendeneinkünften nach Haushaltseinkommensklassen in Deutschland 1996

| Ärmstes Fünftel | 2. - 4. Fünftel | Reichstes Fünftel |
|---|---|---|
| 0,6 % | 18,9 % | 80,5 % |

Quelle: U. J. Heuser (1997); S. 25

### 3.2.5. Die Verwendungsrechnung

Diese Rechnung zeigt die Entwicklung der Endnachfragekomponenten auf. Letztere unterliegen konjunkturellen Schwankungen, so dass aus dem Vergleich nur zweier Jahre keine Aussagen über grundsätzliche Verschiebungen in der Endnachfragestruktur abgeleitet werden können. Konjunkturellen Schwankungen unterliegen vor allem die Investitionen und besonders die Lagerinvestitionen (Übersicht 3.15).

Eine ziemlich eindeutige Aussage hinsichtlich langfristiger Strukturverschiebungen in der BR Deutschland kann für den Staatsverbrauch gemacht werden. Er hat bis Mitte der 70er Jahre anteilsmäßig stetig zugenommen. Dann betrug er etwa

**Übersicht 3.15**  Die Entwicklung der Investitionen in der BR Deutschland
(1980 - 94 alte Bundesländer, 1991 - 97 Deutschland; in Preisen von 1991)

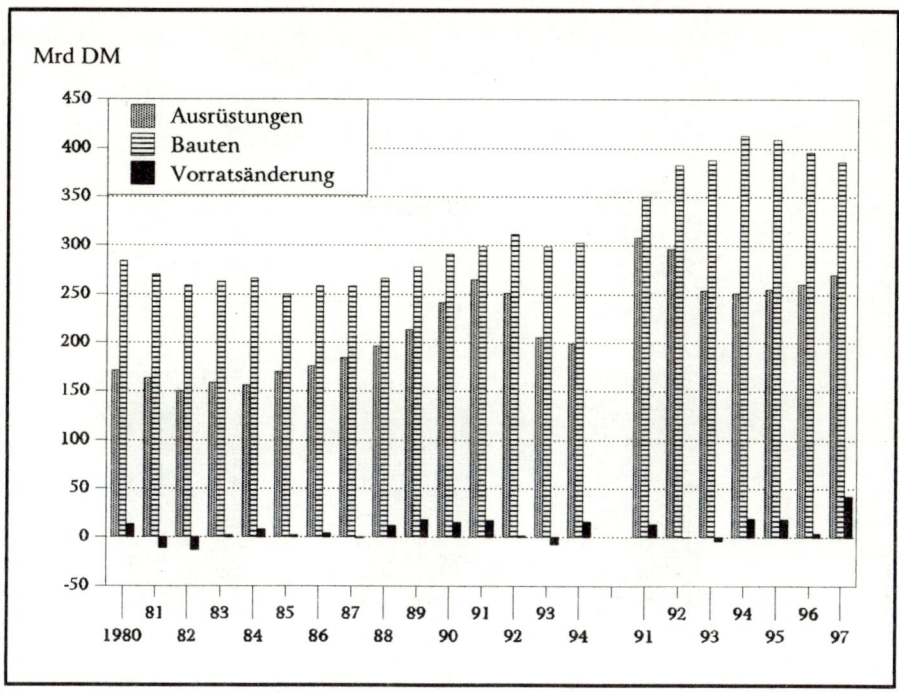

Quelle:  SR 1997/98, S. 339; 1998/99, S. 365

10 Jahre um 20 % des BIP, konnte dann aber etwas zurückgeführt werden (vgl. Übersicht 3.16). Nach der Wiedervereinigung stieg er wieder an; nun gehen die Bemühungen erneut dahin, den Anteil wieder zu senken.

Nahezu stetig abgenommen hat der Anteil der Anlage-Investitionen. Dafür ist zum Teil der Rückgang im Bausektor verantwortlich. Aber auch die Strukturverschiebung vom Produzierenden Gewerbe zu den Dienstleistungen dürfte hier eine Rolle spielen. Deutlich zugenommen hat der Exportanteil. Er ist im Laufe der Zeit zur zweitwichtigsten Endnachfragekomponente geworden.

Der durch die Wiedervereinigung und den Umbruch im Osten bewirkte starke Rückgang der Exporte Anfang der 90er Jahre hat sich inzwischen wieder umgekehrt. In 1998 hat der Export für Gesamtdeutschland wieder Werte wie Ende der 80er Jahre für Westdeutschland erreicht. Der Außenbeitrag (die Netto-Exporte) haben sich allerdings weniger gleichmäßig entwickelt. Die Ölkrisen in 1973/74 und 1980/81 führten zu abrupten, starken Anstiegen der Importwerte und senkten den Außenbeitrag. Auch die Wiedervereinigung veränderte für Westdeutschland die Außenhandelssituation zunächst beträchtlich (vgl. auch Kap. 4.2.3).

**Übersicht 3.16** Die Verwendung des BIP in der BR Deutschland
(1960 und 1990 alte Bundesländer; 1997 Deutschland)

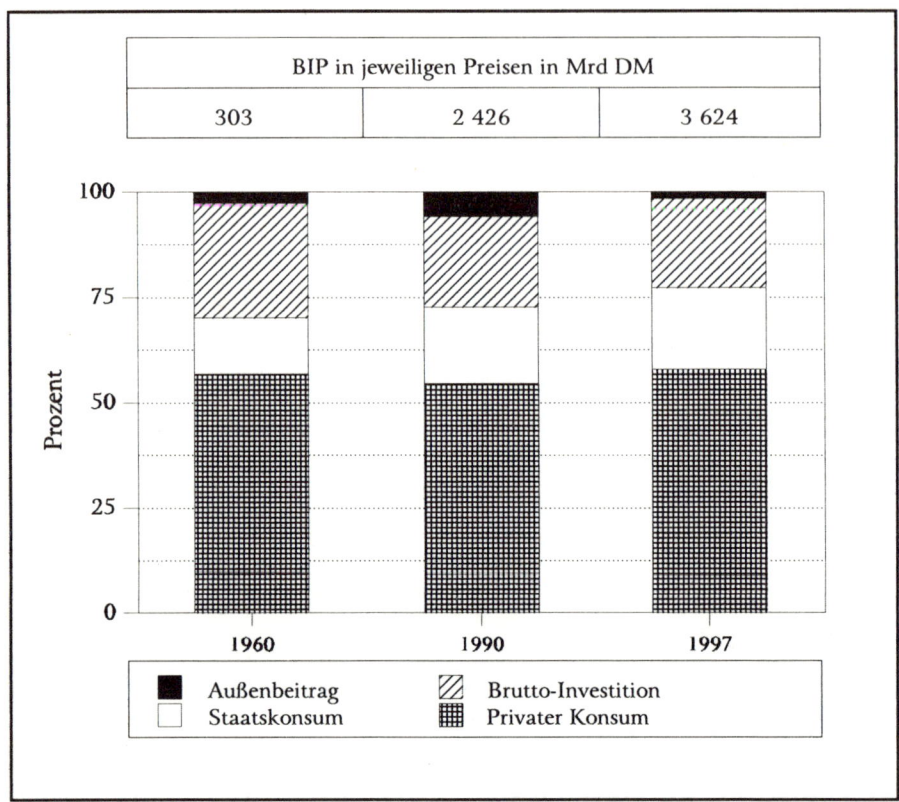

| BIP in jeweiligen Preisen in Mrd DM | | |
|:---:|:---:|:---:|
| 303 | 2 426 | 3 624 |

Quelle: SR 1998/99; S. 358

Großes Interesse findet die Entwicklung des Staatsanteils oder **Staatsquoten**. Letztere werden als Indikator dafür herangezogen, ob und inwieweit der staatliche Sektor den privaten Bereich und damit die für eine *Markt*wirtschaft charakteristischen Marktkräfte verdrängt. Leider ist der Begriff *Staatsquote* nicht einheitlich definiert (vgl. Übersicht 3.17). Das liegt u.a. an unterschiedlichen Abgrenzungen in der Finanzstatistik und der VGR. Auch werden bei Staatsquoten sowohl Einnahmen als auch Ausgaben in Beziehung zu bestimmten Sozialproduktsgrößen gesetzt. Meistens versteht man unter Staatsquoten jedoch Staats*ausgaben*quoten.

Einen Überblick über die Entwicklung der Staatsquoten für die BR Deutschland bietet Übersicht 3.18. Die Staatsquoten haben bis Mitte der 70er Jahre zugenommen, blieben dann einige Jahre auf dem Niveau. Durch eine entsprechende Wirtschaftspolitik konnten die Quoten in den 80er Jahren gesenkt werden. Im Gefolge der Wiedervereinigung (Aufbau Ost; Transfers) stiegen die Quoten jedoch wieder an; ihre Senkung ist beabsichtigt.

**Übersicht 3.17** Formen der Staatsquote und verwandter Quoten

| (1 ) Staatsquoten | |
|---|---|
| (1.1) Staatsquote i.e.S. | Ausgaben der Gebietskörperschaften und öffentlichen Sondervermögen in % des BIP |
| (1.2) Staatsquote I | Ausgaben des Staates in % des Produktionspotentials (in jeweiligen Preisen) |
| (1.3) Staatsquote II | Ausgaben des Staates in % des BIP (in jeweiligen Preisen) |
| (2)  Spezielle Quoten | |
| (2.1) Staatsverbrauchsquote | Staatsverbrauch in % des BIP |
| (2.2) Abgabenquote | Steuern und Sozialbeiträge in % des BIP (in jeweiligen Preisen) |
| (2.3) Einkommensübertragungsquote | Transferzahlungen des Staates in % des BIP |

**Übersicht 3.18** Die Entwicklung von Staatsquoten in der BR Deutschland
(bis 1990 alte Bundesländer)

| | 1960 | 1970 | 1980 | 1990 | 1997 |
|---|---|---|---|---|---|
| (1.1) Staatsquote i.e.S. | 29,5 *) | 29,1 | 34,3 | 33,6 | 32,4 |
| (1.3) Staatsquote II | 32,9 | 39,1 | 49,0 | 46,1 | 49,0 |
| (2.1) Staatsverbrauchsquote | 13,4 | 15,8 | 20,2 | 18,3 | 19,4 |

*) 1962    Quelle: SR 1991/92, S. 331, 338; SR 1998/99, S. 358 f., 368 ff.

## Literaturhinweise zu Kapitel 3:

F. Abb, J. Weber: Systeme sozialer Indikatoren. WISU 4/1989. S. 239 ff.

D. Brümmerhoff: Volkswirtschaftliche Gesamtrechnungen. 5. Aufl. München - Wien 1995

D. Cassel, A. Caspers: Was ist Schattenwirtschaft? Begriff und Erscheinungsformen der Second Economy. WiSt 1/1984. S. 1 ff.

W. Cornetz, H. Schäfer: Dienstleistungsdefizit in der Bundesrepublik Deutschland? In: W. Cornetz (Hrsg.): Chancen durch Dienstleistungen. Ansatzpunkte einer aktiven Gestaltung struktureller Prozesse. Wiesbaden 1998. S. 37 ff.

I. Costas: Grundlagen der Wirtschafts- und Sozialstatistik. Frankfurt/M. - New York 1985 (insb. Kap. 8, 9, 11.4)

H. Essig, N. Hartmann: Revision der Volkswirtschaftlichen Gesamtrechnung 1991 bis 1998. Wirtschaft und Statistik 6 / 1999. S. 449 ff.

E. L. Feige: Die Makroökonomie und der nichterfaßte Sektor. Hrsgg. und verlegt von DIE ERSTE österreichische Sparkasse. Wien 1981

J. Gershuny: Die Ökonomie der nachindustriellen Gesellschaft - Produktion und Verbrauch von Dienstleistungen. Frankfurt/M. - New York 1981

**H. Greisberger:** Fundamente einer umweltintegrativen Wirtschaftsberichterstattung. Frankfurt/M. 1994

**H.-H. Härtel:** Grundlegende Modifizierungen des Sozialprodukts sind nicht notwendig. Wirtschaftsdienst 10/1989. S. 490 ff.

**J. Haisken-De New u.a:** Keine Dienstleistungslücke in Deutschland. Ein Vergleich mit den USA anhand von Haushaltsbefragungen. DIW-Wochenbericht 14/1996. S. 221 ff

**F. Haslinger:** Volkswirtschaftliche Gesamtrechnung. 7. Aufl. München - Wien 1995

**U. J. Heuser:** Wohlstand für wenige. DIE ZEIT 24.10.1997. S. 23 ff

**E. Hölder:** Das Bruttosozialprodukt - ein zentraler Maßstab wirtschaftlichen Wachstums. Wirtschaftsdienst 10/1989. S. 486 ff.

**E. Hölder u.a. (Hrsg.):** Wege zu einer Umweltökonomischen Gesamtrechnung des Statistischen Bundesamtes. Wirtschaft und Statistik 7/1992. S. 411 ff.

**Ch. Leipert:** Unzulänglichkeiten des Sozialprodukts in seiner Eigenschaft als Wohlstandsmaß. Tübingen 1975

**Ch. Leipert:** Die heimlichen Kosten des Fortschritts. Wie Umweltzerstörung das Wirtschaftswachstum fördert. Frankfurt/M. 1989

**W. D. Nordhaus, J. Tobin:** Is Growth Obsolete? In: M. Moss (Ed.): The Measurement of Economic and Social Performance. New York 1973. S. 509 ff.

**G. Petry, S. Wied-Nebbeling:** Die gesamtwirtschaftliche Bedeutung der Schattenwirtschaft. Frankfurt/M. 1987

**W. Radermacher:** Konzept für eine Umweltökonomische Gesamtrechnung des Statistischen Bundesamtes. Wirtschaft und Statistik 7/1992;   S. 411 ff.

**H. Cl. Recktenwald:** Der Staat in der Volkswirtschaftlichen Gesamtrechnung - Fundamentale Schwächen und ökonomischer Widersinn. WiSt 4/1981. S. 158 ff.

**U. P. Reich, C. Stahmer:** Gesamtwirtschaftliche Wohlfahrtsmessung und Umweltqualität. Frankfurt/M. 1983

**O. Schlecht:** 24 Jahre Stabilitätsgesetz - Erfahrungen und Perspektiven der Wirtschaftspolitik. In: E. Stratmann-Mertens, R. Hickel, J. Priewe (Hrsg.): Wachstum - Abschied von einem Dogma. Frankfurt/M. 1991

**F. Schneider:** Ist Schwarzarbeit ein Volkssport geworden? Ein internationaler Vergleich des Ausmaßes der Schwarzarbeit von 1970 bis 1997. In: S. Lamneck (Hrsg.): Der Sozialstaat zwischen Markt und Hedonismus. Opladen 1999. S. 293 ff.

**C. Stahmer:** Integrierte Volkswirtschaftliche und Umweltgesamtrechnung. Überblick über die Konzepte der Vereinten Nationen. Wirtschaft und Statistik 9/1992. S. 577 ff.

**Statistisches Bundesamt (1999 a):** Erste Ergebnisse nach dem neuen Europ. System Volkswirtschaftlicher Gesamtrechnungen (ESVG) 1995 für die Jahre 1991 bis 1998. Mitteilung für die Presse vom 28.4.1999

**Statistisches Bundesamt:** Fachserie 19. Umwelt. Reihen 4, 5, 6.: Umweltökonomische Gesamtrechnungen

**Statistisches Bundesamt:** Das Konzept für eine Umweltökonomische Gesamtrechnung des Statistischen Bundesamtes. Wiesbaden 1992

**E. Stratmann-Mertens, R. Hickel, J. Priewe (Hrsg.):** Wachstum - Abschied von einem Dogma. Frankfurt/M. 1991

**W. Strohm:** Beitrag der amtlichen Statistik zur gesamtwirtschaftlichen Konjunkturbeobachtung. Wirtschaft und Statistik 10/1997. S. 683 ff.

**V. Teichert:** Die informelle Ökonomie. WISU 10/1989. S. 542 ff.

**L. Wicke:** Die ökologischen Milliarden. Das kostet die zerstörte Umwelt - so können wir sie retten. München 1986

**L. Wicke:** Umweltökonomie und Umweltpolitik. München 1991 (insb. Kap. V)

**H. Zimmermann:** Grenzen einer Erweiterung der Volkswirtschaftlichen Gesamtrechnung. Wirtschaftsdienst 10/1989. S. 493 ff.

**o.V.:** Die Aussagekraft der Lohnquote. WISU 11/1998; S. 1288 ff

# 4. Kapitel:
# Ergänzungen des Standard-Kontensystems der VGR

## 4.1. Die Input-Output-Tabelle

Durch die Zusammenfassung von Produzenten zu wenigen Sektoren gehen die vielfältigen Beziehungen und Wechselwirkungen zwischen den zahlreichen Produzenten weitgehend unter. So wird z.B. nicht sichtbar, wie die Automobil- und Stahlindustrie miteinander und mit allen übrigen Wirtschaftsbereichen verflochten sind. Wird z.B. die Automobilindustrie von einem Nachfragerückgang betroffen, wirkt sich das auch auf die Zulieferer aus. Es werden weniger Bleche, weniger Scheinwerfer usw. benötigt. Die Zulieferer benötigen nun ihrerseits weniger Material, beschränken die Arbeitszeit usw. Der ursprüngliche Impuls „weniger Autos" wirkt sich wegen der *intersektoralen Verflechtungen* auf einen beachtlichen Teil weiterer Branchen und Sektoren aus.

Diese Rückwirkungen lassen sich im Standard-Kreislaufsystem kaum sichtbar machen. Hierzu muss man die fünf für die Produzenten gebildeten Sektoren deutlich erhöhen (disaggregieren). Ergebnis einer solchen Disaggregation ist eine *Input-Output-Tabelle*, mit der die gegenseitigen Liefer- und Empfangsbeziehungen der verschiedenen Wirtschaftsbereiche beschrieben werden können. Im Grunde ist die Input-Output-Tabelle nur eine in Matrixform (vgl. Übersichten 2.15 und 2.25) vorgenommene Zusammenfügung von Produktionskonten stark disaggregierter Sektoren. Das Schwergewicht der Analyse wird auf den Ausweis der Vorleistungslieferungen eines jeden Sektors an jeden anderen gelegt. Übersicht 4.1 beschreibt den grundsätzlichen Aufbau einer solchen Verflechtungstabelle.

Am Beispiel des Sektors 1 wird kurz beschrieben, wie das Schema zu lesen ist. Waagerecht wird der Output des Sektors 1 nach seiner Verwendung aufgeschlüsselt. In Quadrant I (auch: *Vorleistungsmatrix*) wird gezeigt, wie viel der Sektor 1 an sich selbst und an die Sektoren 2 und 3 als Vorleistungen geliefert hat. (Dass ein Sektor auch an sich selbst Vorleistungen liefern kann, resultiert daraus, dass ein Sektor immer noch aus vielen Unternehmen besteht, die sich gegenseitig beliefern können.)

In Quadrant II (auch: *Endnachfragematrix*) wird sichtbar, welche Teile der Produktion des Sektors 1 zu Endnachfrage (Privater und staatlicher Konsum, Investition, Export) wurden. (Bei der Investition wird allerdings *nicht* sichtbar, in welchem Sektor der Volkswirtschaft die Investition stattfand! Die Produkte können im Sektor 1 selbst oder in jedem anderen produzierenden Sektor investiert worden sein.) Die Zeilensumme (Nr. 10) ergibt den gesamten Output (Produktionswert) des Sektors 1.

Senkrecht wird der gesamte Input des Sektors 1 (der - da die Gewinne hier als Input zählen - nach den Regeln der doppelten Buchhaltung gleich dem Produktionswert sein muss) aufgeschlüsselt. In Quadrant I werden alle Inputs aufgenom-

**Übersicht 4.1**  Das Input-Output-Schema

| Output → / Input ↓ | Vorleistungen | | | | Endnachfrage | | | | | |
|---|---|---|---|---|---|---|---|---|---|---|
| | Sektor 1 | Sektor 2 | Sektor 3 | Zwischennachfrage (Summe 1-3) | Privater Konsum | Staatskonsum | Bruttoinvestition | Exporte | Gesamte Endnachfrage (Summe 5-8) | Gesamter Output (Summe 4+9) |
| | 1 | 2 | 3 | 4 | 5 | 6 | 7 | 8 | 9 | 10 |
| **Vorleistungen** 1 Sektor 1 | | | | | | | | | | |
| 2 Sektor 2 | I | | | | II | | | | | |
| 3 Sektor 3 | | | | | | | | | | |
| 4 Summe 1-3 | | | | | | | | | | |
| **Primäre Inputs** 5 Abschreibungen | | | | | | | | | | |
| 6 Produktionssteuern – Subventionen | | | | | | | | | | |
| 7 Löhne | III | | | | | | | | | |
| 8 Eink. aus U-tätigkeit und Vermögen | | | | | | | | | | |
| 9 Bruttowertschöpfung (Summe 5-8) | | | | | | | | | | |
| 10 Importe | | | | | | | | | | |
| 11 Gesamter Input (Summe 4+9+10) | | | | | | | | | | |

men, die als Vorleistungen an Sektor 1 geliefert wurden. In Quadrant III (*Matrix der primären Inputs*) wird (sofern man von den Importen und dem Saldo aus indirekten Steuern und Subventionen absieht) der eigene Beitrag des Sektors 1 zum Produktionswert des Sektors 1 ausgewiesen. Er besteht aus: Abschreibungen für den Verzehr des Sachkapitals in Sektor 1; Löhne und Gehälter für den Einsatz unselbständiger Arbeit; Einkommen aus Unternehmertätigkeit für den Einsatz selbständiger Arbeit, für die Nutzung von Boden und Kapital sowie als Restgröße der Gewinn. Die Summe der primären Inputs abzüglich Importe ergibt den *Beitrag des Sektors 1 zum BIP* oder die *Bruttowertschöpfung des Sektors 1*. Seine *Wertschöpfung* (das durch den Sektor 1 erzeugte Netto-Inlandsprodukt zu Faktorkosten) ist die Summe der von Sektor 1 gezahlten Faktoreinkommen in Form von Löhnen und Einkommen aus Unternehmertätigkeit und Vermögen.

Input-Output-Tabellen für Deutschland werden heute regelmäßig vom Statistischen Bundesamt erstellt. In Übersicht 4.2 ist die derzeit letzte verfügbare Tabelle abgedruckt. Aus einer solchen Tabelle kann man durch Vergleich der Größenordnungen bereits wertvolle Schlüsse über die Bedeutung einzelner Wirtschaftsbereiche und ihrer gegenseitigen Abhängigkeiten ziehen. Tiefere Einblicke kann man durch eine Input-Output-*Analyse* gewinnen.

In einer ersten Auswertung kann man untersuchen, welches Gewicht die vorleistenden Sektoren für die jeweils empfangenden Sektoren haben (Ermittlung der *Inputkoeffizienten*). Umgekehrt kann man feststellen, welche Bedeutung die empfangenden Sektoren jeweils für die vorleistenden Sektoren haben. Eine Input-Output-Analyse erlaubt ferner eine Aussage darüber, welche Produktion jeder andere Sektor im Gesamtverbund einer Volkswirtschaft an zusätzlichen Vorleistungen erbringen muss, wenn ein bestimmter Sektor eine Einheit Endnachfrage mehr produzieren soll. Es lässt sich also angeben, welche Produktion alle Sektoren 1 - n nur deshalb erzeugen mussten, damit *ein* Sektor (z.B. die Automobilindustrie) Konsumgüter (also Endnachfrage) im Wert von 1 GE produzieren konnte. Wenn nämlich die Automobilindustrie produziert, benötigt sie Vorleistungen (z.B. Energie). Der Energiesektor benötigt dann aber seinerseits Vorleistungen (z.B. Kohle), die ihrerseits wieder Vorleistungen erfordern. Selbst wenn außer der Automobilindustrie sonst *kein* anderer Sektor für den Konsum produzieren würde, müssten trotzdem (nahezu) alle anderen Bereiche einer Volkswirtschaft auch produzieren.

Rechnerisch lassen sich die erforderlichen jeweiligen Produktionen mit Hilfe mathematischer Methoden (Matrizenrechnung) bestimmen. Die Anwendung dieses Verfahrens ist jedoch an bestimmte Voraussetzungen geknüpft. Bei Beachtung der Einschränkungen liefern die Ergebnisse jedoch interessante Einblicke in die wechselseitigen Produktionsverflechtungen in einer Volkswirtschaft.

## 4.2. Die Zahlungsbilanz

### 4.2.1. Der Inhalt der Zahlungsbilanz

Die Zahlungsbilanz bietet Informationen über die *außenwirtschaftlichen Verflechtungen* einer Volkswirtschaft, die über die des Auslandskontos (Übersicht 2.22) hinausgehen. Insbesondere im Bereich der *Finanz*transaktionen ist eine Zahlungsbilanz wesentlich aussagekräftiger als das Auslandskonto. Diese Informationen sind wichtig für die Wirtschaftstheorie (Beschreibung und Erklärung der außenwirtschaftlichen Einflüsse auf das Inland) sowie die Wirtschaftspolitik, da binnenländische geld-, fiskal- und wettbewerbspolitische Maßnahmen von der Zahlungsbilanzsituation her ausgelöst werden können.

Der Begriff Zahlungs*bilanz* ist allerdings wenig glücklich gewählt. Eine Zahlungsbilanz ist keine „Bilanz", denn es handelt sich nicht um eine Bestandsrechnung,

**Tabelle 4.2** Input-Output-Tabelle für Deutschland 1995
(Inländische Produktion und Einfuhr zu Ab-Werk-Preisen in Mio DM)

| Lfd. Nr. | Verwendung (H.v. = Herstellung von) / Aufkommen | Erzg. v. Produkten d. Land- u. Forstwirtschaft, Fischerei | Erzg. v. Energie, Gewinnung v. Wasser und Bergbauerzeugn. | H.v. chemischen u. Mineralölerzeugn., Gew. v. Steinen u. Erden | Erzg. u. Bearb. v. Eisen, Stahl u. NE-Metallen | H.v. Stahl- u. Masch.-bauerzeugn., ADV-Einr., Fahrzeugen | H.v. elektrotechn., feinmech. Erzeugn., EBM-Waren usw. | H.v. Holz-, Papier-, Lederwaren, Textilien, Bekleidung | H.v. Nahrungs- mitteln, Getränke, Tabakware |
|---|---|---|---|---|---|---|---|---|---|
| | | 1 | 2 | 3 | 4 | 5 | 6 | 7 | 8 |
| | **Output ¹) nach Gütergruppen ²)** (Zeile 1 bis Zeile 12): | | | | | | | | |
| 1 | Produkte der Land- und Forstwirtschaft, Fischerei | 8 075 | 30 | 666 | 14 | 31 | 69 | 4 894 | 54 175 |
| 2 | Energie, Wasser, Bergbauerzeugnisse | 2 193 | 42 435 | 40 304 | 17 444 | 6 527 | 3 693 | 6 997 | 4 509 |
| 3 | Chemische und Mineralölerzeugnisse, Steine und Erden usw. | 7 872 | 3 808 | 132 522 | 6 044 | 30 633 | 20 792 | 18 626 | 9 223 |
| 4 | Eisen, Stahl, NE-Metalle, Gießereierzeugnisse u.ä. | 1 134 | 1 513 | 4 903 | 80 035 | 52 951 | 27 824 | 1 678 | 170 |
| 5 | Stahl- und Maschinenbauerzeugnisse, ADV-Einrichtungen, Fahrzeuge | 1 954 | 6 331 | 8 270 | 2 755 | 127 085 | 12 057 | 2 489 | 2 351 |
| 6 | Elektrotechnische und feinmechanische Erzeugnisse, EBM-Waren usw. | 631 | 4 697 | 5 520 | 1 913 | 42 429 | 38 492 | 6 382 | 3 779 |
| 7 | Holz-, Papier- und Lederwaren, Textilien, Bekleidung | 885 | 373 | 8 174 | 639 | 5 930 | 5 528 | 56 921 | 5 948 |
| 8 | Nahrungsmittel, Getränke, Tabakwaren | 7 712 | 59 | 3 133 | 39 | 298 | 167 | 355 | 44 345 |
| 9 | Bauleistungen | 1 493 | 5 735 | 3 230 | 1 531 | 3 363 | 1 582 | 2 246 | 1 304 |
| 10 | Dienstleistungen des Handels, Verkehrs, Postdienstes usw. | 6 783 | 5 865 | 32 984 | 15 515 | 47 505 | 25 015 | 23 121 | 25 632 |
| 11 | Übrige marktbestimmte Dienstleistungen | 5 445 | 20 188 | 62 077 | 17 069 | 88 647 | 48 559 | 36 085 | 36 479 |
| 12 | Nichtmarktbestimmte Dienstleistungen | 636 | 1 595 | 3 439 | 987 | 4 089 | 1 351 | 885 | 2 168 |
| 13 | Vorleistungen der Produktionsbereiche (Sp. 1 bis Sp. 13) bzw. letzte Verwendung von Gütern (Sp. 14 bis Sp. 19) ohne Umsatzsteuer | 44 813 | 92 629 | 305 222 | 143 985 | 409 488 | 185 129 | 160 679 | 190 178 |
| 14 | Nichtabziehbare Umsatzsteuer | – | – | – | – | – | – | – | |
| 15 | Vorleistungen der Produktionsbereiche (Sp. 1 bis Sp. 13) bzw. letzte Verwendung von Gütern (Sp. 14 bis Sp. 19) einschl. nichtabziehbarer Umsatzsteuer | 44 813 | 92 629 | 305 222 | 143 985 | 409 488 | 185 129 | 160 679 | 190 178 |
| 16 | Abschreibungen | 14 952 | 27 988 | 23 137 | 8 561 | 29 954 | 16 107 | 12 648 | 10 72 |
| 17 | Produktionssteuern abzüglich Subventionen ³) | – | – | – | – | – | – | – | |
| 18 | Einkommen aus unselbständiger Arbeit | 14 742 | 44 768 | 106 353 | 40 359 | 196 570 | 121 794 | 70 225 | 41 93 |
| 19 | Einkommen aus Unternehmertätigkeit und Vermögen ³) | 4 880 | 14 856 | 58 784 | 4 004 | – 6 181 | – 1 677 | 7 518 | 32 81 |
| 20 | Bruttowertschöpfung zu Marktpreisen | 34 574 | 87 612 | 188 274 | 52 924 | 220 343 | 136 224 | 90 391 | 85 48 |
| 21 | Produktionswert | 79 387 | 180 241 | 493 496 | 196 909 | 629 831 | 321 353 | 251 070 | 275 65 |
| 22 | Einfuhr gleichartiger Güter zu Ab-Zoll-Preisen | 36 535 | 38 342 | 131 859 | 50 386 | 148 658 | 116 515 | 95 223 | 46 35 |
| 23 | Gesamtes Aufkommen an Gütern | 115 922 | 218 583 | 625 355 | 247 295 | 778 489 | 437 868 | 346 293 | 322 0 |

¹) Die in dieser Tabelle angegebenen Werte entsprechen dem Berechnungsstand der Ergebnisse aus der Inlandsproduktsberechnung vom Herbst 1997. Sie weichen damit von den übrigen Tabellen (Berechnungsstand Frühjahr 1998) ab. – Siehe hierzu auch Vorbemerkung, S. 648 »Fundstellen und weiterführende Informationen«, S. 684. – Deutschland.

Entnommen aus: Stat Jb BRD 1998; S. 680 f

| | | | | | Letzte Verwendung von Gütern | | | | | | | |
|---|---|---|---|---|---|---|---|---|---|---|---|---|
| Bau | Leistg. d. Handels, Verkehrs, Postdienstes u.ä. | übrige marktbestimmte Dienstleistungen | nichtmarktbestimmte Dienstleistungen | zusammen | Privater Verbrauch im Inland | Staatsverbrauch | Anlageinvestitionen | Vorratsveränderung | Ausfuhr von Waren und Dienstleistungen | zusammen | Gesamte Verwendung von Gütern | Lfd. Nr. |
| 9 | 10 | 11 | 12 | 13 | 14 | 15 | 16 | 17 | 18 | 19 | 20 | |
| 75 | 272 | 8 621 | 2 102 | 79 024 | 29 216 | – | 723 | 276 | 6 683 | 36 898 | 115 922 | 1 |
| 1 048 | 11 826 | 15 770 | 10 476 | 163 322 | 51 882 | – | – | – 82 | 3 461 | 55 261 | 218 583 | 2 |
| 73 725 | 20 931 | 23 177 | 20 913 | 368 266 | 104 632 | – | 1 472 | 9 312 | 141 673 | 257 089 | 625 355 | 3 |
| 11 791 | 1 615 | 1 210 | 390 | 185 214 | 154 | – | 10 707 | 3 859 | 47 361 | 62 081 | 247 295 | 4 |
| 16 744 | 15 199 | 8 479 | 14 564 | 218 278 | 108 449 | – | 181 328 | – 1 290 | 271 724 | 560 211 | 778 489 | 5 |
| 23 029 | 4 835 | 19 202 | 17 096 | 168 005 | 59 146 | – | 75 520 | 11 506 | 123 691 | 269 863 | 437 868 | 6 |
| 17 552 | 11 520 | 39 468 | 8 627 | 161 561 | 113 518 | – | 12 602 | 3 553 | 55 059 | 184 732 | 346 293 | 7 |
| 108 | 1 792 | 30 678 | 8 389 | 97 075 | 197 116 | – | – | – 2 914 | 30 738 | 224 940 | 322 015 | 8 |
| 11 527 | 6 357 | 51 922 | 20 958 | 111 248 | 5 501 | – | 368 709 | – | 724 | 374 934 | 486 182 | 9 |
| 34 283 | 62 382 | 43 492 | 40 610 | 363 187 | 375 223 | – | 14 746 | – | 71 400 | 461 369 | 824 556 | 10 |
| 65 530 | 129 392 | 478 680 | 185 336 | 1 173 487 | 649 301 | – | 26 256 | – | 24 372 | 699 929 | 1 873 416 | 11 |
| 2 243 | 3 111 | 26 664 | 106 458 | 153 623 | 98 912 | 686 540 | 1 797 | – | 814 | 788 063 | 941 686 | 12 |
| 257 655 | 269 232 | 747 361 | 435 919 | 3 242 290 | 1 793 050 | 686 540 | 693 860 | 24 220 | 777 700 | 3 975 370 | 7 217 660 | 13 |
| – | 648 | 15 938 | 26 644 | 43 230 | 144 060 | – | 48 120 | – | – | 192 180 | 235 410 | 14 |
| 257 655 | 269 880 | 763 299 | 462 563 | 3 285 520 | 1 937 110 | 686 540 | 741 980 | 24 220 | 777 700 | 4 167 550 | 7 453 070 | 15 |
| 9 410 | 74 992 | 191 831 | 31 402 | 451 710 | x | x | x | x | x | x | x | 16 |
| – | – | – | – | – | x | x | x | x | x | x | x | 17 |
| 152 815 | 325 266 | 323 410 | 445 700 | 1 883 940 | x | x | x | x | x | x | x | 18 |
| 63 247 | 121 940 | 557 162 | 102 | 857 450 | x | x | x | x | x | x | x | 19 |
| 225 472 | 522 198 | 1 072 403 | 477 204 | 3 193 100 | x | x | x | x | x | x | x | 20 |
| 483 127 | 792 078 | 1 835 702 | 939 767 | 6 478 620 | x | x | x | x | x | x | x | 21 |
| 3 055 | 32 478 | 37 714 | 1 919 | 739 040 | x | x | x | x | x | x | x | 22 |
| 486 182 | 824 556 | 1 873 416 | 941 686 | 7 217 660 | x | x | x | x | x | x | x | 23 |

einschl. der Einfuhr gleichartiger Güter.
Abgrenzung entspricht derjenigen für Produktionsbereiche.

³) Die Produktionssteuern abzüglich Subventionen sind zusammen mit den Einkommen aus Unternehmertätigkeit und Vermögen in Zeile 19 nachgewiesen.

sondern um eine Strom- bzw. Bestandsänderungsrechnung. Außerdem werden in ihr nicht ausschließlich „Zahlungen" erfasst. Eine Änderung des Begriffs ist aber nicht beabsichtigt.

---

Eine **Zahlungsbilanz** ist die systematische Erfassung *aller* ökonomischen (also auch der nicht-monetären) Transaktionen, die zwischen Inländern und Ausländern während einer Periode stattgefunden haben. Wirtschaftliche Transaktionen im Sinne der Zahlungsbilanz liegen vor, wenn Waren, Dienstleistungen und Vermögenstitel (Geld, Forderungen, Eigentumsrechte) zwischen Inländern und Ausländern übertragen werden.

Als *Inländer* gelten
- alle natürlichen Personen mit ständigem Wohnsitz im Inland, unabhängig von ihrer Nationalität;
- alle übrigen Wirtschaftssubjekte, soweit der Schwerpunkt ihrer wirtschaftlichen Tätigkeit im Inland liegt; Nationalität und Eigentumsverhältnisse spielen keine Rolle.
Ausgenommen sind Angehörige ausländischer Streitkräfte und diplomatisches Personal.

---

Das Konzept einer Zahlungsbilanz und vor allem das Prinzip der Verbuchungen lässt sich am leichtesten verstehen, wenn man sich eine Zahlungsbilanz als Aufstellung über *Zu- und Abflüsse* (oder Herkunft und Verwendung) *von Devisen* (= ausländische Zahlungsmittel im Besitz von Inländern) vorstellt. Nicht-monetäre Ströme lassen sich gedanklich nämlich in monetäre überführen. Alle Vorgänge, die in einer Zahlungsbilanz dargestellt werden, werden übrigens in derselben Zahlungsbilanz *doppelt verbucht*. Einem Zufluss (Herkunft) entspricht somit gleichzeitig ein Abfluss (Verwendung). Beispiele dürften am ehesten helfen, diesen Aspekt zu verstehen.

*Beispiel (1):* Export von Gütern
Der Verkauf von Gütern an das Ausland (Export) führt zu Zahlungs*zuflüssen* (Deviseneinnahmen). Dies ist ein *aktiver Vorgang,* der in der Leistungsbilanz *links* verbucht wird. Gleichzeitig wird dies aber auch als Abfluss - hier besser: Verwendung - verstanden. Erfolgt die Bezahlung in bar, so stellen die Deviseneinnahmen (wurden „verwendet für") einen *Aufbau von Devisenforderungen* dar. Erfolgte der Verkauf dagegen auf Ziel, so ist die „Verwendung" in der (kurzfristigen) Kreditgewährung zu sehen, was aber ebenfalls einen *Forderungsaufbau* gegenüber dem Ausland bedeutet. Forderungsaufbau ist Teil eines sog. *Kapitalexports* (passiver Vorgang), der (in der Kapitalbilanz) *rechts* verbucht wird.

*Beispiel (2):* Empfangene Übertragung (Schenkung von Sachgütern)
Eine empfangene Übertragung von Sachgütern (z.B. Hilfsgüter bei einer Katastrophe) ist ein nicht-monetärer Vorgang. Man kann ihn jedoch in einen solchen uminterpretieren: Anstelle der Sachgüterschenkung hätte auch Geld geschenkt werden können (Devisen*zufluss*). Eine (einmalige) Sachgüterschenkung wird daher in der Bilanz der Vermögensübertragungen *links* gebucht. Das geschenkte Geld wäre dann für den Kauf von Sachgütern (Import von Waren) verwendet worden (Devisen*abfluss*). Die Gegenbuchung erfolgt also in der Leistungsbilanz *links*.

*Beispiel (3):* Kreditaufnahme eines deutschen Unternehmens im Ausland
Eine Kreditaufnahme bewirkt einen Devisen*zufluss* (Erfassung also links unter Kapital*import*). Die Verwendung /Abfluss besteht - wie unter (1) - darin, dass ein *Aufbau von (Devisen-)Forderungen* stattfindet (also Gegenbuchung *rechts* unter Kapital*export*).

Hieraus kann abgeleitet werden:

---

In einer Zahlungsbilanz werden im Prinzip *links* Wertströme im Sinne eines *Zahlungseingangs* oder *Zuflusses* erfasst; *rechts* werden Wertströme im Sinne eines *Zahlungsausgangs*, eines *Abflusses* oder einer *Verwendung* erfasst.

---

Im derzeit praktizierten Zahlungsbilanzschema werden die Transaktionen mit dem Ausland entsprechend Übersicht 4.2 gegliedert.

**Übersicht 4.2** Gruppierung der ökonomischen Transaktionen mit dem Ausland

| Leistungs-transaktionen | Entgeltliche Über-tragungen von Sachgütern und Dienstleistungen | unmittelbar gegen ausländische Sachgüter und/oder Dienstleistungen *(Realtausch)* | |
| --- | --- | --- | --- |
| | | gegen Entgelt in ausländischer Währung | in Form von Barzahlung |
| | | | auf Kredit |
| | Erwerbs- und Ver-mögenseinkommen | gegen Entgelt in ausländischer Währung | |
| unentgeltliche Übertragungen (Schen-kungen) von Gütern und Finanzmitteln | | laufende Übertragungen (mehrmalig) | |
| | | Vermögensübertragungen (einmalig) | |
| Finanzielle Transaktionen | | Finanztransaktionen, die durch Leistungs-transaktionen bedingt sind | |
| | | reine Finanztransaktionen, d.h. Veränderun-gen von Kreditbeziehungen und Zahlungsmit-telbeständen mit Gegenleistung, jedoch ohne Beziehung zu Leistungstransaktionen | |

Dieses Gruppierungsschema bildet die Grundlage für die Ausgestaltung von kon-kreten Zahlungsbilanzen. Es wird in der Praxis je nach Fragestellung mehr oder weniger stark untergliedert. Im Jahre 1995 wurde die bis dahin gültige Zahlungs-bilanzsystematik geändert, um die Aussagekraft zu verbessern. Die derzeit gültige Gliederung ist in Übersicht 4.3 wiedergegeben. Die Inhalte der Teilbilanzen und ihre wichtigsten Positionen werden nachfolgend kurz erläutert.

**(1) Handelsbilanz**
In ihr wird der Außenhandel mit *Sachgütern* (Waren) verzeichnet.

**Übersicht 4.3** Gliederung der Zahlungsbilanz

| | Leistungs-bilanz | Handelsbilanz | Außenbeitrag |
|---|---|---|---|
| Z a h l u n g s b i l a n z | | Ergänzungen zum Warenverkehr | |
| | | Dienstleistungsbilanz | |
| | | Erwerbs- und Vermögenseinkommen | |
| | | Laufende Übertragungen (mehrmalige Übertragungen) | |
| | Vermögensübertragungen (einmalige Übertragungen) | | |
| | Kapital-bilanz | Direktinvestitionen | |
| | | Wertpapiertransaktionen | |
| | | Übriger Kapitalverkehr | |
| | Saldo der statistisch nicht aufgliederbaren Transaktionen (Restposten) | | |
| | Veränderung der Netto-Auslandsaktiva der Währungsbehörde („Devisenbilanz") (Zunahme: +) | | |

**(2) Ergänzungen zum Warenverkehr**
Hierbei handelt es sich im Wesentlichen um Lagerverkehr auf inländische Rechnung sowie Absetzung von Rückwaren.

**(3) Dienstleistungsbilanz**
Die wichtigsten Positionen sind:
- Transporte; Wertschöpfungen von Transportversicherungen und sonstigen Versicherungen;
- Reiseverkehr (einschließlich der Käufe von Sachgütern durch Touristen);
- Beratungsleistungen, Finanzdienstleistungen.

**(4) Bilanz der Erwerbs- und Vermögenseinkommen**
- Einkommen aus unselbständiger Arbeit (von Grenzgängern sowie aus befristeter Tätigkeit im Ausland);
- Kapitalerträge.

**(5) Bilanz der laufenden Übertragungen**
Sie nimmt alle Gegenbuchungen zu privaten / öffentlichen internationalen Güter- und Kapitalleistungen auf, die *ohne ökonomische Gegenleistung* erfolgen. Die Trennung in *laufende* (oder: mehrmalige) *Übertragungen* und (einmalige) *Vermögensübertragungen* hat den Zweck, dass hier nur solche Übertragungen berücksichtigt werden sollen, die Einfluss auf (verfügbares) Einkommen und Verbrauch haben.

Zu den **privaten Übertragungen** zählen insbesondere:
- Überweisungen von ausländischen Arbeitnehmern in ihre Heimatländer;

- von Firmen gezahlte Renten / Pensionen;
- Prämienzahlungen an Versicherungen und die meisten Versicherungsleistungen.

Zu den **öffentlichen Übertragungen** gehören:
- Beiträge *an* internationale Organisationen (EU, UNO)
  [Zahlungen *von* der EU werden z.T. als *vermögenswirksam* betrachtet (z.B. Infra-
  strukturhilfen)];
- laufende Entwicklungshilfe;
- laufende Entschädigungszahlungen, Kriegsfolgelasten;
- Renten / Pensionen aus öffentlicher Versicherung.

**(6) Leistungsbilanz** (auch: Bilanz der laufenden Posten)
Sie ist die Summe der Teilbilanzen 1 - 5. In einer offenen Volkswirtschaft entspricht der *Saldo der Leistungsbilanz* der *Differenz aus inländischer Ersparnis und Netto-
Investition.* (In einer geschlossenen Volkswirtschaft gilt die einfache Ex-post-Identität
von I und S; vgl. Kap. 2.1.2.7.).

**(7) Vermögensübertragungen**
Sobald gegenwertlose Leistungen von nur *einer* Seite als *einmalig* betrachtet werden,
gelten sie als *Vermögens*übertragungen. Beispiele: Schuldenerlasse, Erbschaften,
Schenkungen, Erbschafts- und Schenkungssteuern, bestimmte Investitionszuschüsse, Vermögensmitnahmen von Aus- und Einwanderen.

**(8) Kapitalbilanz**
Hier werden alle Transaktionen öffentlicher und privater Stellen verbucht, die Forderungen oder Verbindlichkeiten gegenüber dem Ausland begründen oder beenden
(*ausgeklammert* sind jedoch die Transaktionen der jeweiligen Währungsbehörde). Es
werden jedoch nicht die Bestände erfasst, sondern nur die *Veränderungen der
Bestände* (deshalb auch die Bezeichnung **Kapital*verkehrs*bilanz**); daher tragen alle
Zahlen dieses Teils auch immer ein *Vorzeichen*, das die Veränderungsrichtung angibt.

Im Rahmen der *Kapitalbilanz* sind die Begriffe *Kapitalexporte* und *-importe* wichtig.

---

**Kapitalexporte** sind die Änderungen
- aller auf Geld lautenden Forderungen von Inländern gegenüber dem Ausland
  sowie
- sonstiger Vermögenswerte (z.B. Beteiligungen, Grundstücke, Gebäude), die
  Inländer im Ausland haben.

**Kapitalimporte** sind dementsprechend die Änderungen
- aller auf Geld lautenden Forderungen von Ausländern gegenüber Inland
  sowie
- sonstiger Vermögenswerte, die Ausländer im Inland haben.

---

Die seit 1995 geltende Unterteilung der Kapitalbilanz nach **Direktinvestitionen, Wertpapiertransaktionen** und **Übriger Kapitalverkehr** hat den Zweck,
insbesondere die Direktinvestitionen als Indikator für die Standortattraktivität
einer Volkswirtschaft herauszuheben (vgl. SR 1997/98; S. 47 ff.).

**Übersicht 4.5** Die Zahlungsbilanz für Deutschland 1998 (in Mrd DM)

| Kredit / Aktiva | | Kontenform | | Debet / Passiva | Salden |
|---|---|---|---|---|---|

**1 Handelsbilanz**

| Warenexporte (fob) | 949,7 | Warenimporte (cif) | 821,1 | HB +128,6 |
|---|---|---|---|---|
| | | Saldo | 128,6 | |

**2 Ergänzungen zum Warenverkehr**

| Zur Ausfuhr | - 0,2 | Zur Einfuhr | 2,7 | WV - 2,9 |
|---|---|---|---|---|
| Saldo | 2,9 | | | |

**3 Dienstleistungsbilanz**

| Einnahmen | | 146,7 | Ausgaben | | 207,4 | DiB - 60,7 |
|---|---|---|---|---|---|---|
| darunter: Reise | 28,8 | | darunter: Reise | 81,4 | | |
| Transport | 38,3 | | Transport | 31,9 | | |
| Patente/Lizenzen | 5,1 | | Patente/Lizenzen | 8,3 | | |
| Forschung | 7,0 | | Forschung | 6,2 | | |
| Saldo | | 60,7 | | | | |

**4 Erwerbs- und Vermögenseinkommen**

| Einnahmen | | 132,1 | Ausgaben | | 155,6 | EV - 23,5 |
|---|---|---|---|---|---|---|
| darunter: Erwerbseinkommen | 6,3 | | darunter: Erwerbseinkommen | 8,3 | | |
| Vermögenseinkommen | 125,8 | | Vermögenseinkommen | 147,3 | | |
| Saldo | | 23,5 | | | | |

**5 Laufende Übertragungen**

| Empfangene Übertragungen | | 27,9 | Geleistete Übertragungen | | 85,2 | LÜ - 57,3 |
|---|---|---|---|---|---|---|
| darunter: öffentliche | 22,3 | | darunter: öffentliche | 62,2 | | |
| davon: von EU | 13,6 | | davon: an EU | 43,9 | | |
| private | 5,6 | | private | 23,0 | | |
| | | | davon: Gastarbeiter | 6,9 | | |
| Saldo | | 57,3 | | | | |

**Leistungsbilanz** (1+2+3+4+5)

| Einnahmen | 1 256,2 | Ausgaben | 1 272,0 | LB - 15,8 |
|---|---|---|---|---|
| Saldo | 15,8 | | | |

**6 Vermögensübertragungen**

| Empfangene Vermögensübertragungen | 5,6 | Geleistete Vermögensübertragungen | 0,9 | VÜ + 4,7 |
|---|---|---|---|---|
| | | Saldo | 4,7 | |

**7 Kapitalbilanz**

| Ausl. Nettokapitalanl. in Deutschland + 589,0 (Zunahme / Kapitaleinfuhr: +) | | Deutsche Nettokapitalanl. im Ausland + 599,2 (Zunahme / Kapitalausfuhr: +) | | KB - 10,2 |
|---|---|---|---|---|
| Direktinvestitionen | + 23,5 | Direktinvestitionen | + 121,5 | |
| Wertpapiertransaktionen | + 271,9 | Wertpapiertransaktionen | + 298,3 | |
| Kredit- u. übriger Kapitalverkehr | + 293,6 | Kredit- u. übriger Kapitalverkehr | + 179,4 | |
| davon: lfr. Kredite der Kreditinstitute | + 63,0 | davon: lfr. Kredite der Kreditinstitute | + 66,3 | |
| kfr. Kredite der Kreditinstitute | +218,2 | kfr. Kredite der Kreditinstitute | + 74,1 | |
| Saldo | + 10,2 | | | |

**8 Statistisch nicht aufgliederbare Transaktionen** (Restposten)

| Ungeklärte Beträge | 29,5 | Saldo | 29,5 | RP + 29,5 |
|---|---|---|---|---|

**9 Änderung der Auslandsposition der Deutschen Bundesbank** (Devisenbilanz)

| Saldo | 8,2 | Zunahme der Nettoforderungen | + 8,2 | DevB - 8,2 |
|---|---|---|---|---|

| Summe der Passivsalden | + 162,8 | = | Summe der Aktivsalden | + 162,8 | ∑Salden = 0 |
|---|---|---|---|---|---|

Quelle: Deutsche Bundesbank, Zahlungsbilanzstatistik, Feb. 1999

*Man beachte:* In der Rubrik *Übriger Kapitalverkehr* werden auch alle öffentlichen und privaten Devisenbewegung aufgenommen. Nur die Devisenbewegungen, die die *Währungsbehörde* betreffen, werden der (aus historischen Gründen auch heute noch oft so bezeichneten) „Devisenbilanz" zugeordnet.

## (9) Statistisch nicht aufgliederbare Transaktionen / Restposten

Nicht alle Daten, die die Zahlungsbilanz betreffen, können korrekt ermittelt werden. Daraus resultieren Fehler, die sich teilweise kompensieren. Der Restfehler erscheint in dieser Teilbilanz und dient dem Ausgleich der Gesamtbilanz.

## (10) Veränderung der Netto-Auslandsaktiva der Währungsbehörde / Devisenbilanz

Diese Teilbilanz ist eigentlich eine Unterbilanz der Kapitalbilanz Wegen der besonderen Aufgaben einer Zentralbank im internationalen Zahlungsverkehr werden die Transaktionen der Zentralbank jedoch gesondert erfasst. - Diese Bilanz zeigt, wie sich die **Netto-Auslandsaktiva** (oder die **Auslandsposition**) **der Währungsbehörde** verändert haben.

Nach diesen Erklärungen dürfte es möglich sein, die konkrete Zahlungsbilanz 1998 für Deutschland (Übersicht 4.4) zu lesen. Neben den Grunddaten ist rechts auch eine verkürzte Saldendarstellung ausgewiesen, die für manche Zwecke ausreichend ist.

Teilbilanz 9 (Übersicht 4. 4) zeigt die Änderung der Auslandsposition der Währungsbehörde. Durch eine Nebenrechnung lässt sich aus der Zahlungsbilanz auch die **Änderung der Auslandsposition / des Netto-Auslandsvermögens eines Staates insgesamt** bestimmen. Wäre die lückenlose Erfassung aller Zahlungsbilanzpositionen möglich, ergäbe sie sich als *Summe der Salden von Leistungsbilanz und Vermögensübertragungen* oder ebenso als *Differenz aus der Änderung der Forderungen/Ansprüche und der Änderung der Verbindlichkeiten.* Da jedoch nicht alle Beträge vollständig und korrekt ermittelt werden können, ist der *Restposten* zu beachten. Es gelten die Beziehungen gemäß Übersicht 4.5.

**Übersicht 4.5** Ermittlung der Änderung der Auslandsposition aus der Zahlungsbilanz am Beispiel Deutschlands 1998 (in Mrd DM)

| | | | | |
|---|---|---|---|---|
| Saldo der Leistungsbilanz | − 15,8 | Veränderung der Ansprüche | | + 607,4 |
| + Saldo der Vermögensübertrag. | + 4,7 | (einschl. Bundesbank) | | |
| + Restposten | + 29,5 | − Änderung der Verbindlichk. | | + 589,0 |
| = Veränderung des Netto-Auslandsvermögens | + 18,4 | = Veränderung des Netto-Auslandsvermögens | | + 18,4 |

## 4.2.2. Die unausgeglichene Zahlungsbilanz

Immer wieder hört man von „unausgeglichenen (defizitären oder überschüssigen) Zahlungsbilanzen" vieler Länder. Auch das im Stabilitätsgesetz enthaltene Ziel

„außenwirtschaftliches Gleichgewicht" wird oft als „Zahlungsbilanz*ausgleich*" (oder Zahlungsbilanz*gleichgewicht*) interpretiert, zumal im Gesetz keine Konkretisierung des Ziels vorgenommen wurde. Es wurde bereits gezeigt, dass die gesamte Zahlungsbilanz wegen der doppelten Verbuchung *buchungstechnisch immer ausgeglichen* ist. Daher kann der Begriff *„unausgeglichene Zahlungsbilanz"* widersprüchlich erscheinen. Er macht in der Tat auch nur Sinn, wenn man ihn auf **Teilbilanzen** (oder *Kombinationen von Teilbilanzen*) bezieht. Diese können sehr wohl unausgeglichen sein; dabei gilt zwangsläufig, dass die Unausgeglichenheit einer Teilbilanz bei mindestens einer anderen Teilbilanz eine Unausgeglichenheit mit umgekehrtem Vorzeichen bedingt.

Für die Zahlungsbilanz insgesamt gilt hinsichtlich der Salden der Teilbilanzen die folgende Bedingung (wobei einige hier nebensächliche Positionen ausgeklammert wurden: Ergänzungen zum Warenverkehr, Vermögensübertragungen, Restposten):

HB + DiB + EV + LÜ + KB + DevB = 0

Im Grunde können nun beliebige Gruppen von Teilbilanzen gebildet werden, die einander gegenüber gestellt werden können, also etwa:

HB + KB = – DiB – EV – LÜ – DevB

Allerdings erscheint nicht jede mögliche Kombination hinsichtlich ihres ökonomischen Gehaltes gleich sinnvoll. Die heute als zweckmäßig angesehenen Zuordnungen sind in Übersicht 4.6 zusammengestellt.

In Übersicht 4.6 wurden drei Kombinationen herausgehoben: Leistungsbilanz, Kapitalbilanz und Devisenbilanz. Für ihre Summe muss ebenfalls gelten:

LB + KB + DevB = 0

Die beiden folgenden Gruppierungen finden gleichermaßen Interesse:

(1)   LB + KB = – DevB
(2)         LB = – KB – DevB

Die Version (1) wird besonders von der *Zentralbank* bevorzugt. Es werden dann im Grunde zwei Gruppen von Wirtschaftssubjekten gebildet:

(a) die Zentralbank;
(b) alle übrigen inländischen Wirtschaftssubjekte (einschließlich Staat).

Diese Unterteilung ist bedingt durch die besondere Bedeutung der Zentralbank für die nationalen Währungsreserven sowie die möglichen Auswirkungen der Zahlungsbilanzsituation auf die Geldpolitik. Nimmt die Zentralbank nämlich Devisen auf (gibt ab), so erhöht (senkt) dies c.p. die heimische Geldmenge (siehe auch Kap. 12). Die Zentralbank sieht das Problem *Zahlungsbilanzausgleich* i.d.R. wie folgt:

---

**Zahlungsbilanzausgleich** liegt vor, wenn die außenwirtschaftlichen Aktivitäten aller Wirtschaftssubjekte (ohne Zentralbank) zum *Ausgleich* von Zu- und Abflüssen/Verwendung geführt *haben*. Zahlungsbilanz*defizit* bedeutet, dass bei allen übrigen Wirtschaftssubjekten die Zuflüsse *kleiner* waren als die Abflüsse. In diesem Fall hat die Zentralbank das Defizit aller übrigen Wirtschaftssubjekte finanzieren müssen; die Währungsreserven der Zentralbank haben abgenommen. Bei einem *Überschuss* gilt die umgekehrte Sichtweise. Die Zentralbank hat den Überschuss aufgenommen; ihre Währungsreserven sind gestiegen.

---

In Übersicht 4.7 sind diese Bedingungen auch optisch dargestellt.

**Übersicht 4.6** Saldenkonzepte der Zahlungsbilanz
(mit Daten für Deutschland 1998 in Mrd DM)

| Handelsbilanz | Ergänzungen zum Warenverkehr | Dienstleistungsbilanz | Erwerbs- und Vermögenseinkommen | Laufende Übertragungen | Vermögensübertragungen | Direktinvestitionen | Wertpapiertransaktionen | Übriger Kapitalverkehr | Restposten | Veränderung der Netto-Auslandsaktiva der Bundesbank |
|---|---|---|---|---|---|---|---|---|---|---|
| + 128,6 | - 2,9 | - 60,7 | - 23,5 | - 57,3 | + 4,7 | - 97,9 | - 26,4 | + 114,2 | + 29,5 | + 8,2 |

Außenbeitrag zum BIP
+ 65,0

Außenbeitrag zum BSP
+ 41,5

Leistungsbilanz (LB)          Kapitalbilanz (KB)
- 15,8                        - 10,2

Saldo der statistisch erfassten Transaktionen
- 21,3

Saldo aller Transaktionen
+ 8,2

Summe aller Salden: 0

Quelle der Daten: siehe Übersicht 4.4

Dieser Ansatz vom Zahlungsbilanzausgleich war Anlass, einen **Saldo der Zahlungsbilanz Z** zu definieren. Es gilt: $- DevB = Z$. Diese Definition hat den Vorteil, dass bei einem Defizit der Saldo Z eine negative und bei einem Überschuss eine positive Zahl ist. Wenn heute von ausgeglichener bzw. unausgeglichener Zahlungsbilanz gesprochen wird, wird meistens dieser Ansatz gemeint, d.h. der Saldo Z ist ungleich null.

Neben der gerade behandelten Version (1) spielt jedoch auch die Version (2) eine Rolle, also (2):    $LB = - KB - DevB$
Liegt Zahlungsbilanzausgleich im Sinne der Zentralbank vor, dann ist $Z = 0$. Damit

**Übersicht 4.7** Ausgeglichene und unausgeglichene Zahlungsbilanz
in der Sicht der Zentralbank

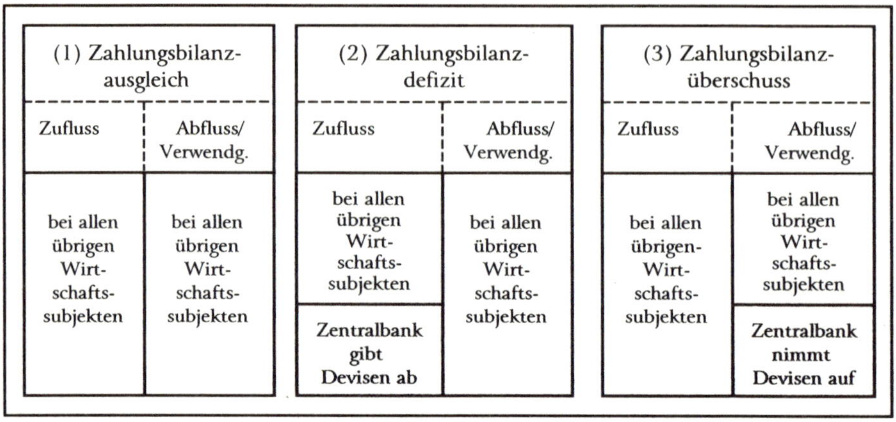

| (1) Zahlungsbilanz-ausgleich | | (2) Zahlungsbilanz-defizit | | (3) Zahlungsbilanz-überschuss | |
|---|---|---|---|---|---|
| Zufluss | Abfluss/ Verwendg. | Zufluss | Abfluss/ Verwendg. | Zufluss | Abfluss/ Verwendg. |
| bei allen übrigen Wirt-schafts-subjekten | bei allen übrigen Wirt-schafts-subjekten | bei allen übrigen Wirt-schafts-subjekten <br><br> Zentralbank gibt Devisen ab | bei allen übrigen Wirt-schafts-subjekten | bei allen übrigen- Wirt-schafts-subjekten | bei allen übrigen Wirt-schafts-subjekten <br><br> Zentralbank nimmt Devisen auf |

verändert sich die Gleichung (2) zu: $LB = -KB$. Zwangsläufig gilt hier also: Bei $Z = 0$ entspricht einem Leistungsbilanzsaldo von $LB \neq 0$ notwendig ein gegengerichteter Kapitalbilanzsaldo. Auch eine derartige Situation kann man als *unausgeglichene Zahlungsbilanz* verstehen.

Die Entwicklung der Leistungsbilanz wird in hohem Maße durch die Entwicklung des Außenbeitrags und letzterer wiederum durch Handels- und Dientleistungsbilanz bestimmt. Bei $Z = 0$ kann für den Fall eines Leistungsbilanzüberschusses vereinfacht wie folgt argumentiert werden: Ein Leistungsbilanzüberschuss bewirkt c.p. eine geringere inländische Güterversorgung, da mehr Güter ab- als zufließen. Unter bestimmten Bedingungen kann dies auch das Ziel Preisniveaustabilität beeinträchtigen. Dem Leistungsbilanzüberschuss steht ein gleich hoher Kapitalexport gegenüber, d.h. es werden Forderungen (im weitesten Sinne, einschließlich Immobilienerwerb) gegenüber dem Ausland aufgebaut. Weil ein Leistungsbilanzüberschuss c.p. Einkommen und Beschäftigung des Inlands erhöht (vgl. Kap. 6.7.1), wird er allerdings oft als „positiv" und als Ausdruck für die Leistungsfähigkeit eines Landes gewertet.

Außenhandelsbeziehungen sind aber immer eine zweiseitige Sache. Einem (ständigen) Leistungsbilanzüberschuss des Inlands muss ein Defizit bei den Handelspartnern entsprechen, das dort dann konsequenterweise als „negativ anzusehen" wäre. Produktion und Beschäftigung sind dort c.p. geringer. Die ständigen Kapitalimporte (Verschuldung, Verkauf von Aktien, Grundstücken) können im Ausland auch als Ausverkauf oder Überfremdung angesehen werden. Möglich ist auch, dass Zinszahlungen und Schuldentilgung ausbleiben; das Inland verliert dann seine Ansprüche.

Es dürfte klar geworden sein, dass „Zahlungsbilanzausgleich" nicht nur ein statistisches Problem - und womöglich nur *einer* Periode - ist. Vielmehr sind die Rück-

wirkungen der Zahlungsbilanz auf die übrigen wirtschaftspolitischen Ziele wie z.B.
Vollbeschäftigung, Wachstum, Preisniveaustabilität von Bedeutung. Einige dieser
Aspekte sind Gegenstand des Teils 2.

### 4.2.3. Die Entwicklung der Zahlungsbilanz der BR Deutschland

Die Daten nur eines Jahres erlauben es kaum, Aussagen über die außenwirtschaftliche Situation eines Landes zu machen. Für die BR Deutschland werden daher
nachfolgend Zahlen für einen längeren Zeitraum vorgeführt. (Die Daten beziehen
sich bis 1989 auf die alten Bundesländer, ab 1990 auf Deutschland.) Eine tiefgehende Analyse der Entwicklung ist hier jedoch nicht beabsichtigt; umfassende
Interpretationen sind in den Veröffentlichungen der Deutschen Bundesbank zu
finden.

**Übersicht 4.8**  Die Entwicklung der Leistungsbilanz für die BR Deutschland
(bis 1989 alte Bundesländer)

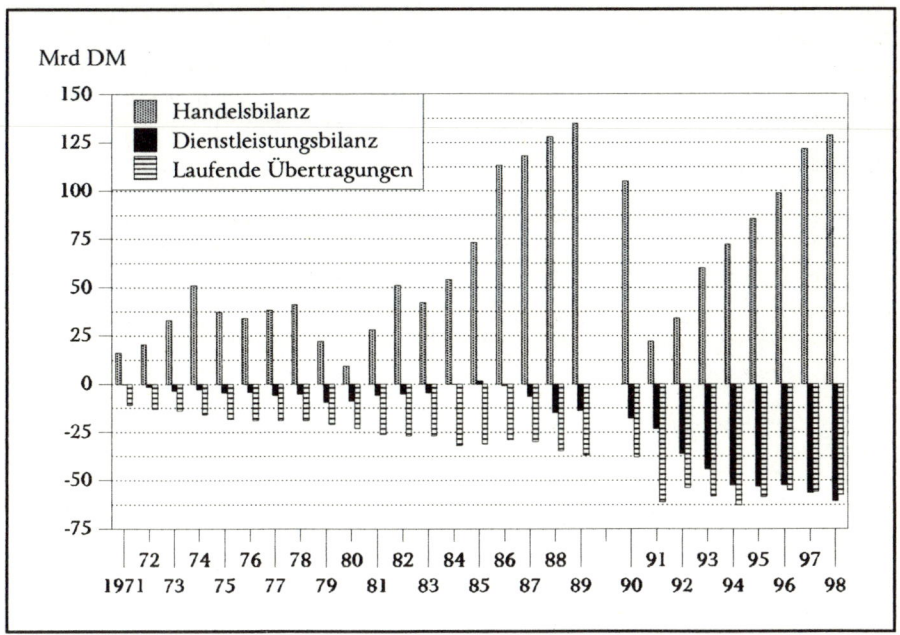

Quelle: Deutsche Bundesbank; Zahlungsbilanzstatistik (letzte Daten von Feb. 1999)

Übersicht 4.8 zeigt die Entwicklung der Komponenten der Leistungsbilanz. Die
Handelsbilanz ist in Deutschland traditionell aktiv. Zwar wurden durch die erste
Ölkrise 1973/74 und die zweite 1979/80 Einbrüche bewirkt. Die zweite Ölkrise
wurde rasch überwunden, und seit 1981 war dann ein stetiges, starkes Ansteigen des
Handelsbilanzsaldos zu verzeichnen. Als Grund hierfür wird u.a. eine den Welt-
handel anregende expansive Finanzpolitik in den USA bei gleichzeitigem Anstieg
des Dollars angeführt. 1986/87 änderten sich die Ursachen des Handelsbilanzüber-

schusses: Ein starker Fall des Ölpreises in Dollar und ein gleichzeitiger Kurssturz des Dollars führten zu einer beachtlichen Reduktion der Ölrechnung. Dies wirkte weiter auf die Preise der übrigen Energieträger. So stiegen die deutschen Exportüberschüsse bis zum Umbruch im Osten stark an. Letzterer brachte eine bedeutsame Umlenkung der Güterströme mit sich, was einen Einbruch im Exportsektor bewirkte. Das Wegbrechen von Ostmärkten und der breite Wunsch nach westlichen Importgütern in den neuen Bundesländern ließ den Exportüberschuss regelrecht „abstürzen". Inzwischen (1998) ist jedoch wieder der Überschuss von 1989 erreicht.

Es ist allerdings nicht nur der Saldo der Handelsbilanz insgesamt von Interesse. Auch die Intensität der außenwirtschaftlichen Beziehungen zu einzelnen Handelspartnern ist von Bedeutung. Deshalb werden Außenhandelsstatistiken u.a. auch nach Ländern und Gütern untergliedert. Daraus geht hervor, dass das Schwergewicht des deutschen Außenhandels mit knapp 60 % derzeit eindeutig bei den EU-Mitgliedsländern liegt. Ferner gilt, dass der Handel innerhalb der Gruppe der Industrieländer intensiv ist; der mit Entwicklungsländern ist vergleichsweise gering.

**Übersicht 4.9** Der deutsche Warenhandel nach Partnerländern 1996

| Ländergruppen | | | Warenexporte | | Warenimporte | | Saldo |
|---|---|---|---|---|---|---|---|
| | | | Mrd DM | % | Mrd DM | % | Mrd DM |
| EU | | A | 43,3 | 5,6 | 25,3 | 3,8 | +18,0 |
| | | B + L | 48,1 | 6,2 | 42,1 | 6,3 | +6,0 |
| | | F | 84,1 | 10,9 | 71,0 | 10,6 | +13,1 |
| | | GB | 61,7 | 8,0 | 45,6 | 6,8 | +16,1 |
| | | I | 57,3 | 7,4 | 56,8 | 8,5 | +0,5 |
| | | NL | 57,3 | 7,4 | 57,5 | 8,6 | −0,2 |
| | | insg. | 435,5 | 56,4 | 368,8 | 55,1 | +66,7 |
| Übrige westeuropäische Länder | | | 64,5 | 8,4 | 56,4 | 8,4 | +8,1 |
| Mittel- und osteurop. Länder | | | 64,7 | 8,4 | 56,6 | 8,4 | +8,1 |
| Außereurop. Länder | Industrieländer | J | 21,2 | 2,7 | 34,1 | 5,1 | −12,9 |
| | | USA | 60,1 | 7,8 | 49,0 | 7,3 | +11,1 |
| | | insg. | 207,3 | 26,8 | 187,2 | 28,0 | +20,1 |
| | Entwicklungsländer | | 96,5 | 12,5 | 74,1 | 11,1 | +22,4 |
| Summe | | | 771,9 | 100,0 | 669,1 | 100,0 | +102,8 |

Quelle: Stat JB BRD 1997; S. 303 f.

Traditionell negativ ist die Übertragungsbilanz. Überweisungen ausländischer Mitbürger, Wiedergutmachungsleistungen, Nettozahlungen an die EU sind die wichtigsten Ursachen hierfür. Auch die Dienstleistungsbilanz ist traditionell in Deutschland eher negativ. Ein wesentlicher Grund hierfür ist die Reisebilanz, deren Negativsaldo bislang jährlich angewachsen ist und 1998 ca. 53 Mrd DM betrug.

Die Entwicklung der Leistungsbilanz ergibt sich als Summe der Entwicklungen der drei Teilbilanzen aus Übersicht 4.8. Der Einbruch in der Handelsbilanz in 1979/80 findet sich denn auch in der Leistungsbilanz wieder, die damals - für Deutschland ungewohnt - passiv wurde. Seither wurden große Leistungsbilanzüberschüsse erzielt, die sich konsequenterweise in wachsenden Netto-Kapitalexporten widerspiegeln. Auch hier brachte die Wiedervereinigung eine Zäsur. Die Bedingungen kehrten sich teilweise um. Nettokapitalimporte werden aber durchaus auch als positiver Beitrag zum „Aufbau Ost" angesehen.

**Übersicht 4.10**  Die Entwicklung der Zahlungsbilanz für die BR Deutschland
(bis 1989 alte Bundesländer)

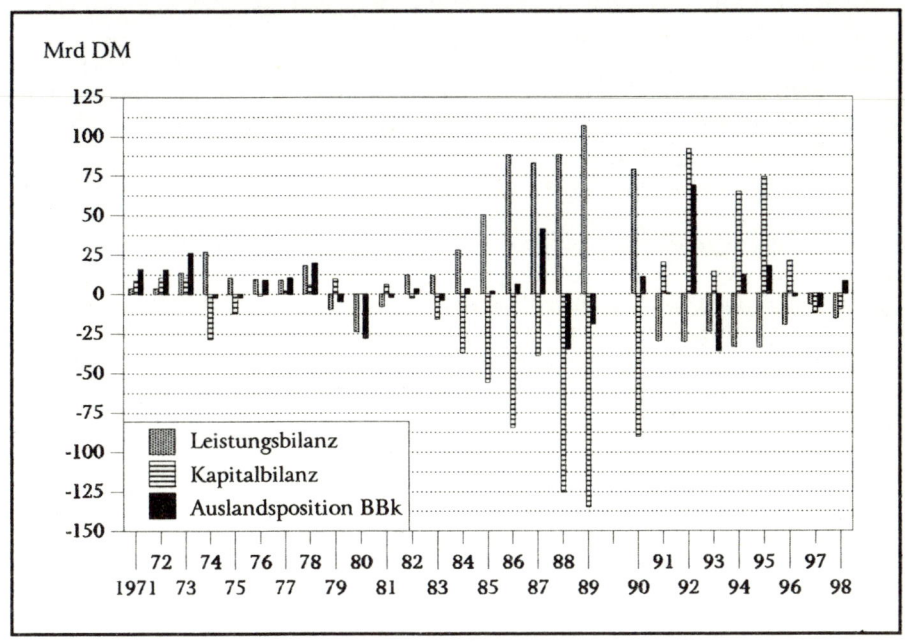

Quelle:  Deutsche Bundesbank, Zahlungsbilanzstatistik (letzte Daten von Feb. 1999)

Übersicht 4.10 zeigt, dass Zahlungsbilanzausgleich im Sinne der Zentralbank (Z = 0) nur selten annähernd gegeben war. Bis 1973 war das Ziel  „Zahlungsbilanzausgleich" des öfteren gefährdet. Die Deutsche Bundesbank war nämlich wiederholt gezwungen, im Rahmen des Bretton-Woods-Fixkurssystems Devisen aufzukaufen. Nach Zusammenbruch des Weltwährungssystems wurden gegenüber dem Dollar und den meisten Währungen untereinander flexible Wechselkurse eingeführt, die

die Probleme für die Devisenbilanz verringerten. Der 2. Ölpreisschock führte zu einer Passivierung der Leistungsbilanz. Da den steigenden Importwerten keine ausreichenden Kapitalimporte gegenüberstanden, finanzierte die Bundesbank das Defizit aus ihren Reserven. 1981 - 1986 war Z annähernd null. Später waren jedoch wieder größere Ausschläge zu verzeichnen. So trat z.B. 1987 ein Kurssturz des Dollars auf. Um die nachteiligen Folgen für die deutsche Exportwirtschaft zu mildern, griff die Bundesbank massiv in die Kursbildung ein. Später wurden Eingriffe in den Devisenmarkt mit entsprechender Rückwirkung auf Z auch als Folge des installierten *Europäischen Währungssystems (EWS)* erforderlich, das den Vorläufer der gemeinsamen Währung Euro bildete.

## 4.3.  Die Vermögensrechnung

Vermögensrechnungen sollen vorrangig bei der Klärung folgender Probleme helfen:
1. Verteilung des Vermögens auf einzelne Bevölkerungsgruppen (Werden die Reichen immer reicher?).
2. Ermittlung von Vermögensgrößen, die die Höhe des (gesamtwirtschaftlichen) Konsums  beeinflussen können.
3. Erfassung des Bestandes an Sachkapital, der bei der Schätzung gesamtwirtschaftlicher Produktionsfunktionen zu berücksichtigen ist. Auch bei der Berechnung des Kapitalkoeffizienten, der in der (langfristig angelegten) Wachstumstheorie eine Rolle spielt, greift man auf den Sachkapitalbestand zurück.
4. Eine Verbesserung der Übersicht über Auslandsforderungen und -verbindlichkeiten.
5. Gewinnung zusätzlicher Einblicke in die Wandlungen der Wirtschaftsstruktur.

Bereits die theoretische Konzeption der Erstellung von Vermögensrechnungen bereitet Schwierigkeiten, die mit der Abgrenzung des Begriffs „Vermögen" beginnen. Die Schwierigkeiten werden noch größer, wenn es an die Ermittlung konkreter Daten geht. In einer weiten Form kann der Begriff *Vermögen* wie folgt gefasst werden:

> Zum **Vermögen** zählen alle Sachgüter, Forderungen und Rechte sowie Fähigkeiten im Besitz eines Wirtschaftssubjektes, die einen Nutzen abwerfen (können).

Diese sehr weite Begriffsfassung ist jedoch nicht allgemein akzeptiert, auch für praktische Ansätze nicht unbedingt geeignet. Wie das Vermögen jeweils abgegrenzt werden soll, ist daher eine Frage der Zweckmäßigkeit, die wiederum von der jeweiligen Fragestellung abhängt. Ein guter Ausgangspunkt dürfte die von Brümmerhoff (1995) vorgeschlagene Gliederung des Gesamtvermögens sein (Übersicht 4.12). Wegen zahlreicher Erfassungsschwierigkeiten sind nur die in Übersicht 4.12 grau unterlegten Bereiche Gegenstand laufender statistischer Programme. Umfassendere Vermögensuntersuchungen werden nur in größeren zeitlichen Abständen als Ergebnisse von Sonderforschungsprogrammen vorgelegt. Eine aussagekräftige **Volksvermögensrechnung** müsste sich dabei des Schemas der Übersicht 4.13 bedienen.

**Übersicht 4.11**  Gliederung des Gesamtvermögens

| Gesamtvermögen (in weitestem Sinne) | | | | | | | |
|---|---|---|---|---|---|---|---|
| Immaterielles Vermögen | | | | Materielles Vermögen (Sachvermögen) | | | |
| Arbeits-vermögen | sonstige vermögens-werte Rechte | Versor-gungsver-mögen | Forde-rungen | produziert | | | nicht produziert |
| | | | | Produktivvermögen | Gebrauchsvermögen | Wert-sachen | natürliche Ressourcen |
| | | | | Vorräte / Anlagen | privat / öffentlich | | |
| | | | | Bauten / Ausrüstungen | | | |

Quelle: D. Brümmerhoff (1995); S. 123

Aufbau und Inhalt einer solchen Volksvermögensrechnung erscheinen auf den ersten Blick plausibel. Volksvermögensrechnungen sind jedoch ganz grundsätzlich problematisch. Eine solche Rechnung suggeriert nämlich, dass eine Volkswirtschaft mit mehr Vermögen reicher sei als eine mit weniger. Vor einem derartigen Fehlschluss warnen jedoch Engels, Sablotny und Zickler (1974; S. 29) eindringlich:

„Ein Reicher ist besser dran als ein Armer. Das ist trivial. Für den Vergleich zweier Gruppen von Menschen gilt dieser Satz immer noch. Für eine Volkswirtschaft wird er falsch. Das Land mit dem höchsten denkbaren Wohlstand - das Schlaraffenland - hat ein Volksvermögen von Null. Alle Güter sind sogenannte freie Güter. Sie haben keinen Preis und so gibt es auch kein Vermögen. Dieses Schlaraffen-Paradox begegnet uns in jeder realen Wirtschaft. Wird sauberes Wasser knapp, dann werden Quellen, die früher nichts wert waren, zu Vermögen. Der Wohlstand hat sich vermindert, aber das Volksvermögen ist gestiegen. Bei Grund und Boden (dem größeren Teil des Volksvermögens) ist es ebenso. Hohe Bodenpreise sind Ausdruck der Knappheit, also Ausdruck der Armut, nicht des

**Übersicht 4.12**  Kurzgefasstes Schema einer Volksvermögensrechnung

| Aktiva | Passiva |
|---|---|
| 1 Realvermögen<br>  1.1 Reproduzierbares Vermögen<br>    1.1.1 Produktionsvermögen<br>      (privat und staatlich)<br>      - Bauten<br>      - Ausrüstungen<br>      - Lagerbestände<br>    1.1.2 Haushaltsvermögen<br>      - Gebrauchsvermögen<br>      - Verbrauchsvermögem<br>  1.2 Nicht reproduzierbares Vermögen<br>    1.2.1 Grundstücke<br>    1.2.2 Bodenschätze<br>    1.2.3 Kunstwerke<br>  1.3 Arbeitsvermögen (Humankapital)<br>2 Auslandsaktiva<br>  2.1 Monetäre Metalle<br>  2.2 Devisenforderungen<br>  2.3 sonstige Forderungen | 3 Auslandspassiva<br>  3.1 Devisenverbindlichkeiten<br>  3.2 Sonstige kurzfristige Verbindlichkeiten<br>  3.3 Langfristige Verbindlichkeiten<br>4 Reinvermögen<br>  (= Volksvermögen) |

Reichtums. Daraus ergibt sich als erste Folgerung: Die Höhe des Volksvermögens hat mit dem natürlichen Reichtum eines Volkes wenig zu tun."

Volksvermögensrechnungen, die dem Ansatz der Übersicht 4.12 folgen, liegen nur wenige vor. Besonders umfangreiches Material veröffentlichten vor längerer Zeit die Autoren Engels, Sablotny und Zickler (1974). Auch die von Schmidt (1986) veröffentlichten Daten beziehen sich auf einen nun schon weiter zurückliegenden Zeitpunkt. Sie dürften aber immer noch interessant sein, vermitteln sie doch zumindest einen Eindruck von den Größenordnungen.

**Übersicht 4.13**   Das Volksvermögen der BR Deutschland
(Stand 31.12.1982; Angaben in Mrd DM)

| Vermögensart | Bestandswert |
|---|---|
| 1  Grund und Boden | 3 574 |
| 1.1  bebaute Grundstücke | 2 682 |
| 1.2  landwirtschaftlich genutzt | 720 |
| 1.3  Wald, Gewässer u.ä. | 172 |
| 2  Reproduzierbares Sachvermögen | 5 722 |
| 2.1  Wohnbauten | 2 244 |
| 2.2  Nichtwohnbauten | 2 179 |
| 2.3  Ausrüstungen | 878 |
| 2.4  Vorräte | 431 |
| 3  Forderungen | 5 734 |
| 3.1  mit festem Nennwert | 4 695 |
| 3.2  Festverzinsliche Wertpapiere | 697 |
| 3.3  Aktien | 342 |
| 4  Aktiva insgesamt | 15 030 |
| 5  Verbindlichkeiten | 5 679 |
| 5.1  mit festem Nennwert | 4 678 |
| 5.2  Festverzinsliche Wertpapiere | 675 |
| 5.3  Aktien | 326 |
| 6  *Reinvermögen*  (4 − 5) | 9 351 |
| 7  Privates Gebrauchsvermögen | 661 |
| 8  *Volksvermögen*  (6 + 7) | 10 012 |

Quelle: L. Schmidt (1986); S. 127

Im Gegensatz zu Volksvermögensrechnung werden Teilvermögensrechnungen regelmäßig erstellt. Die Deutsche Bundesbank veröffentlicht periodisch Berichte **über die Entwicklung des Geldvermögens.** Darin sind Angaben über die Entwicklung von Forderungen und Verbindlichkeiten, untergliedert nach mehreren Sektoren, enthalten. Damit wird zugleich ein Überblick über die Entwicklung der Netto-position der jeweiligen Sektoren geboten.

Im Hinblick auf Produktion und Beschäftigung sind Nutzung und Entwicklung des *Produktivvermögens* (Sachanlagen plus Vorräte) von Bedeutung. In kurzfristiger Sicht ist vor allem die *Investition* (als Veränderung des Produktivvermögens) wichtig. Der Bestand an Anlagevermögen spielt eher langfristig eine Rolle. Der *jahresdurch-schnittliche Bestand an Sachanlagen* wird als **Kapitalstock** bezeichnet. Der Sachver-ständigenrat sieht dessen Bedeutung wie folgt (SR 1995/96; S. 52): „Die Ent-wicklung des Angebotsspielraums einer Volkswirtschaft wird nach der Konzeption des Sachverständigenrates von dem Wachstum des Kapitalstocks und von der Entwicklung der Kapitalproduktivität bestimmt." Zu den laufenden statistischen Programmen des Statistischen Bundesamtes gehört daher die Erfassung des **Re-produzierbaren Sachvermögens** (Anlagen plus Vorräte). Außerdem wird über die Entwicklung von Kennziffern in Zusammenhang mit dem Einsatz des Faktors Sachkapital berichtet (z.T. untergliedert nach Wirtschaftsbereichen). Dabei stehen die folgenden Kennziffern im Vordergrund des Interesses:

$$\textbf{Kapitalproduktivität} \ = \ \frac{\text{Bruttoinlandsprodukt (in Preisen eines Basisjahres)}}{\text{Kapitalstock (in Preisen eines Basisjahres)}}$$

Die *Kapitalproduktivität* gibt das Produktionsergebnis je Einheit eingesetztem Kapi-tal an. Der Kehrwert dieser Größe ist der Kapitalkoeffizient.

$$\textbf{Kapitalkoeffizient} \ = \ \frac{\text{Kapitalstock (in Preisen eines Basisjahres)}}{\text{Bruttoinlandsprodukt (in Preisen eines Basisjahres)}}$$

Als Kehrwert macht er im Grunde die gleiche Aussage wie die Kapitalproduktivität. Er beschreibt, wie viel Brutto-Anlagevermögen benötigt wurde, um eine Einheit Output zu erzeugen. Beide Kennziffern sind allerdings nur statistische Zuord-nungen, weil ja nicht Kapital allein, sondern auch Arbeit an der Produktion beteiligt war. Kurzfristig schwanken i.d.R. beide Größen. Langfristig gibt es eine tendenzielle Abnahme der Kapitalproduktivität (= Zunahme des Kapitalkoeffizienten). Als Ursache dafür wird angeführt, dass der Faktor Arbeit relativ knapp und teuer war, so dass vermehrt Kapital eingesetzt wurde.

Schließlich wird regelmäßig noch die Kapitalintensität als dritte Größe genannt.

$$\textbf{Kapitalintensität} \ = \ \frac{\text{Kapitalstock (in Preisen eines Basisjahres)}}{\text{Erwerbstätige (Jahresdurchschnitt)}}$$

Sie informiert darüber, wie die Arbeitsplätze durchschnittlich mit Sachkapital ausgestattet sind. Diese Zahl weist eine große Bandbreite zwischen den einzelnen Wirtschaftsbereichen auf. Grundsätzlich gilt, dass der Sachkapitaleinsatz in allen Bereichen stark angestiegen ist. Von 1950 - 1990 hat sich - in konstanten Preisen - die durchschnittliche Ausstattung eines Arbeitsplatzes mit dauerhaften Produk-tionsmitteln etwa vervierfacht. Neue Arbeitsplätze werden i.d.R. mit neuester Technik ausgerüstet und haben deshalb eine höhere Kapitalintensität.

**Übersicht 4.14** Die Entwicklung von Kapitalstock, Kapitalkoeffizient und Kapitalintensität für alle Wirtschaftsbereiche in der BR Deutschland (alte Bundesländer; in Preisen von 1991)

| Jahr | Kapitalstock (Mrd DM) | Kapitalkoeffizient | Kapitalintensität (T DM) |
|------|----------------------|--------------------|--------------------------|
| 1960 | 3 692 | 3,7 | 142 |
| 1970 | 6 457 | 4,2 | 243 |
| 1980 | 9 602 | 4,8 | 356 |
| 1990 | 12 420 | 4,9 | 436 |
| 1994 | 13 765 | 5,1 | 480 |

Quelle: St BA: Volksw. Gesamtrechnungen. Fachserie 18. Reihe 1.3: Konten und Standardtabellen 1994 (Hauptbericht). Wiesbaden 1995. S. 138

## 4.4. Weitere wichtige gesamtwirtschaftliche Daten

### 4.4.1. Beschäftigung und Arbeitslosigkeit

Erreichung und Erhalt eines **hohen Beschäftigungsniveaus** (in Praxis und Wissenschaft oft „Vollbeschäftigung") werden sowohl im deutschen Stabilitätsgesetz als auch im EU-Vertrag als (wohl wichtigstes) gesamtwirtschaftliches Ziel genannt. Arbeitslosigkeit bewirkt nämlich nicht nur ein geringeres Einkommen, sondern auch psychische Probleme bei den Betroffenen, gefährdet den sozialen Frieden und belastet über die nötigen Transferzahlungen den Staatshaushalt. Hinweise, wann das Ziel als erreicht gilt, werden allerdings weder im StWG noch im EU-Vertrag gegeben. Sicher ist die gesetzliche Formulierung „hoher Beschäftigungsstand" weicher als „Vollbeschäftigung", bietet also mehr Raum für wirtschaftspolitische Interpretationen. Gerade dieses Ziel wird in den meisten Industriestaaten immer weniger erreicht (vgl. Übersicht 4.15). Nur in wenigen Staaten (USA, Niederlande, Großbritannien) sind in der letzten Zeit die Arbeitslosenquoten gefallen (wobei die Quoten international jedoch nicht ohne weiteres vergleichbar sind).

**Übersicht 4.15** Arbeitslosenquoten für ausgewählte Staaten

|    |    | 1987 | 1988 | 1989 | 1990 | 1991 | 1992 | 1993 | 1994 | 1995 | 1996 |
|----|----|------|------|------|------|------|------|------|------|------|------|
| EU | D *) | 6,2 | 6,1 | 5,5 | 4,8 | 4,2 | 4,5 | 7,9 | 8,4 | 8,2 | 8,8 |
|    | E | 20,4 | 19,3 | 17,1 | 16,2 | 16,4 | 18,2 | 22,8 | 24,1 | 22,9 | 22,1 |
|    | F | 10,4 | 9,9 | 9,4 | 9,0 | 9,5 | 10,0 | 11,7 | 12,3 | 11,7 | 12,4 |
|    | GB | 10,4 | 8,5 | 7,1 | 7,0 | 8,9 | 10,2 | 10,4 | 9,6 | 8,7 | 8,2 |
|    | I | 10,2 | 10,8 | 10,7 | 10,0 | 10,1 | 10,3 | 10,3 | 11,4 | 11,9 | 12,0 |
|    | NL | 10,0 | 9,3 | 8,7 | 7,5 | 7,1 | 7,2 | 6,6 | 7,1 | 6,9 | 6,3 |
| J |    | 2,8 | 2,3 | 2,3 | 2,1 | 2,1 | 2,2 | 2,5 | 2,9 | 3,1 | 3,4 |
| USA |    | 6,2 | 5,5 | 5,3 | 5,5 | 6,7 | 7,4 | 6,8 | 6,1 | 5,6 | 5,4 |

*) bis 1992 alte Bundesländer; ab 1993 Deutschland
Quelle: Eurostat, Daten zu Konjunkturlage, 12/1991; 12/1994; 2/1998

Die umfangreichen veröffentlichten Daten zu Beschäftigung und Arbeitslosigkeit können den Eindruck erwecken, dass die Messung dieser Sachverhalte einfach ist. Die konkrete Messung stellt jedoch in zweifacher Hinsicht ein Problem dar:

1. Es besteht ein **qualitatives Problem**, nämlich eine *theoretisch überzeugende Begriffsabgrenzung* von Arbeitslosigkeit bzw. Vollbeschäftigung zu erarbeiten und zugleich auch die *Ursachen* für Arbeitslosigkeit offen zu legen.
2. Es gibt ein **quantitatives Problem**, für die Wirtschaftspolitik *konkrete und aussagefähige Zahlen* über Arbeitslosigkeit und Beschäftigung bereit zu stellen.

Es liegt nahe, dass der Analyse der *Ursachen* von Arbeitslosigkeit eine besondere Rolle zukommt. Üblicherweise wird eine lange Liste von Ursachen erstellt:
- saisonale Einflüsse;
- konjunkturelle Einflüsse;
- Inhomogenitäten des Arbeitsmarktes (friktionelle und strukturelle Aspekte);
- zu hohe Reallöhne;
- Kapitalmangel;
- Bevölkerungsentwicklung u.a.

Es ist klar, dass die Ursachen von Arbeitslosigkeit (und ihre jeweilige quantitative Bdeutung) nur durch eine *kombinierte* theoretische und empirische Analyse bestimmt werden können. Im Rahmen dieser nur beschreibenden Ex-post-Analyse muss jedoch darauf verzichtet werden, eine derartige kombinierte Betrachtung durchzuführen. Theoretische Überlegungen zu den Ursachen der Arbeitslosigkeit werden erst in der (erklärenden) Ex-ante-Analyse des Teils 2 (Kap. 10) vorgenommen.

Die Aufschlüsselung quantitativer Daten nach (möglichen) Ursachen erweist sich ohnehin als sehr schwierig. Daher wird in der laufenden praktischen Statistik darauf verzichtet; nur die Ausweisung der (allerdings nicht so wichtigen) Saisonkomponente ist verhältnismäßig einfach. Eine grober Hinweis auf eine konjunkturelle Komponente der wird allerdings am Schluss dieses Gliederungsabschnittes versucht.

Im Folgenden wird deshalb weitgehend pragmatisch vorgegangen: Es wird gezeigt, nach welchen Prinzipien die offiziellen Zahlen ermittelt werden und welche Probleme hinsichtlich ihrer Aussagefähigkeit daraus folgen. Die Darstellung beschränkt sich auf Deutschland. Ein Eingehen auf die zahlreichen nationalen Besonderheiten würde den Rahmen sprengen. Sie bedingen allerdings, dass internationale Vergleiche insbesondere hinsichtlich des *Niveaus* der Arbeitslosigkeit mit Vorsicht angestellt werden müssen. Dies gilt auch für die von Eurostat oder der OECD vorgelegten harmonisierten Daten. Am ehesten sind die Daten geeignet, unterschiedliche nationale *Entwicklungen* deutlich werden zu lassen.

In Deutschland wird die Arbeitslosenstatistik im wesentlichen von der Bundesanstalt für Arbeit erstellt. Von besonderer Bedeutung ist, welche Personen im Sinne der offiziellen Arbeitsmarktstatistik als *arbeitslos* gelten. In Deutschland liefert das **Sozialgesetzbuch** von 1998 (Abt. III: Arbeitsförderung; § 16) die wesentlichen Elemente einer **Legaldefinition von Arbeitslosigkeit**. Zusammen mit Ausführungsbestimmung gilt eine Person als arbeitslos, wenn sie

- sich im Alter von 15 bis unter 65 Jahren befindet und über das **Arbeitsamt** eine Stelle sucht;
- in der Hauptsache, (d.h. mindestens 19 Stunden wöchentlich) als Arbeitnehmer tätig sein will;
- bereit ist, eine **zumutbare Beschäftigung** anzunehmen;
- zur Berufstätigkeit in der Lage ist (d.h. nicht durch Krankheit arbeitsunfähig ist).

Ferner gelten für die Arbeitslosenstatistik die Abgrenzungen nach Übersicht 4.17.

Im Zentrum des öffentlichen Interesses steht die **Arbeitslosenquote**. Lange Zeit wurde in Deutschland nur eine Arbeitslosenquote (die Arbeitslosenquote I) benutzt. Gegen sie wurde vorgetragen, dass sie inkonsequent sei: Selbständige würden mit dem Argument, dass sie ja prinzipiell nicht arbeitslos werden könnten, aus der Betrachtung ausgeschlossen, Beamte (für die doch das Gleiche gelte) aber nicht. Seit einigen Jahren wird nunmehr auch eine Arbeitslosenquote II mit erweiterter Basis (alle zivilen Erwerbspersonen) gebildet. Der Wert dieser Quote ist konsequenterweise immer niedriger als der der Quote I. Die Quote II entspricht eher den Ansätzen in anderen Staaten.

$$\text{Arbeitslosenquote I} = \frac{\text{registrierte Arbeitslose}}{\text{abhängige zivile Erwerbspersonen}}$$

$$\text{Arbeitslosenquote II} = \frac{\text{registrierte Arbeitslose}}{\text{zivile Erwerbspersonen}}$$

Leider wird in den Statistiken manchmal nur durch Fußnoten deutlich, welche Quote gerade ausgewiesen wird. Im Gutachten des Sachverständigenrates (SR 1997/98; S. 317 f.) finden sich innerhalb einer einzigen Tabelle unterschiedliche Arbeitslosenquoten, ohne dass ersichtlich wird, warum einmal diese, dann jene Definition für die Arbeitslosenquote gewählt wurde.

Einen Überblick über die Entwicklung der Arbeitslosigkeit (auf der Basis der genannten Abgrenzungskriterien) in der BR Deutschland bietet Übersicht 4.17. Aus ihr können die folgenden Ergebnisse abgeleitet werden:

(1) Die Arbeitslosigkeit zeigt Schwankungen, die eng mit den Schwankungen der Wachstumsraten des realen BIP (vgl. Abb. 3.6) und der Auslastung des Produktionspotentials (vgl. Übersicht 4.34) übereinstimmen. Die Arbeitslosigkeit wird somit offenbar (zumindest *auch*) von der Konjunktur beeinflusst. Allerdings ist der Verlauf deutlich asymmetrisch: Es gibt jeweils steile Anstiege, aber nur langsame Rückgänge. Noch klarer stimmen *Kurzarbeit* und *Zahl der offenen Stellen* mit den Wachstumsraten des realen BIP überein, denn die Kurzarbeit kann besonders schnell auf die wechselnde Auslastung der Kapazität reagieren. Im Aufschwung wird also zunächst die Kurzarbeit abgebaut; dann werden zunächst Überstunden bevorzugt. Auch in 1998 ist die Zahl der Überstunden hoch. Neue Arbeitskräfte werden offenbar erst eingestellt, wenn sich der Aufschwung als dauerhaft erweist.

(2) Die Arbeitslosigkeit hat sich verfestigt. Insbesondere während der beiden Ölkrisen 1973 und 1980/81 stieg sie steil an, fiel aber - im Gegensatz zur ersten Re-

Übersicht 4.17 Die Begriffe der Arbeitsmarktstatistik

| Wohnbevölkerung | |
|---|---|
| **Nichterwerbspersonen** | **Erwerbspersonen** |
| alle Personen, die keinerlei auf Entgelt ausgerichtete Tätigkeit ausüben oder suchen | alle Personen, die unmittelbar oder mittelbar eine auf Erwerb gerichtete Tätigkeit ausüben oder suchen |

zivile Erwerbspersonen

abhängige zivile Erwerbspersonen

| Erwerbslose | Erwerbstätige |
|---|---|
| Personen ohne Arbeitsverhältnisse, die sich um eine Arbeitsstelle bemühen | Personen, die in einem Arbeitsverhältnis stehen oder selbständig einen Beruf ausüben |

Spalten (vertikal beschriftet):

- Vorruhestand; Teilnahme an FuU-Maßnahmen u. Sprachlehrgängen
- nicht beim Arbeitsamt gemeldet
- beim Arbeitsamt gemeldet (offene Arbeitslosigkeit) — **Arbeitslose**
- Teilnehmer an AB-Maßnahmen
- sozialversicherungspflichtige und geringfügig Beschäftigte
- Beamte
- Selbständige und mithelfende Familienangehörige
- Soldaten

Untere Blöcke:

- ernsthaft an (abhängiger) Arbeit interessiert
- nicht wirklich an Vermittlung interessiert
  - in Schattenwirtschaft tätig
  - gar nicht an Arbeit interessiert
- Kurzarbeit

- verdeckte
- A-losigkeit

Offene und verdeckte Arbeitslosigkeit

Quelle: St BA: Bevölkerung und Erwerbstätigkeit. Reihe 4.3: Erwerbstätige und Arbeitsmarkt. 1/1996, S. 4. SR 1997/98; S. 96

**Übersicht 4.18** Die Entwicklung der Arbeitslosigkeit in der BR Deutschland

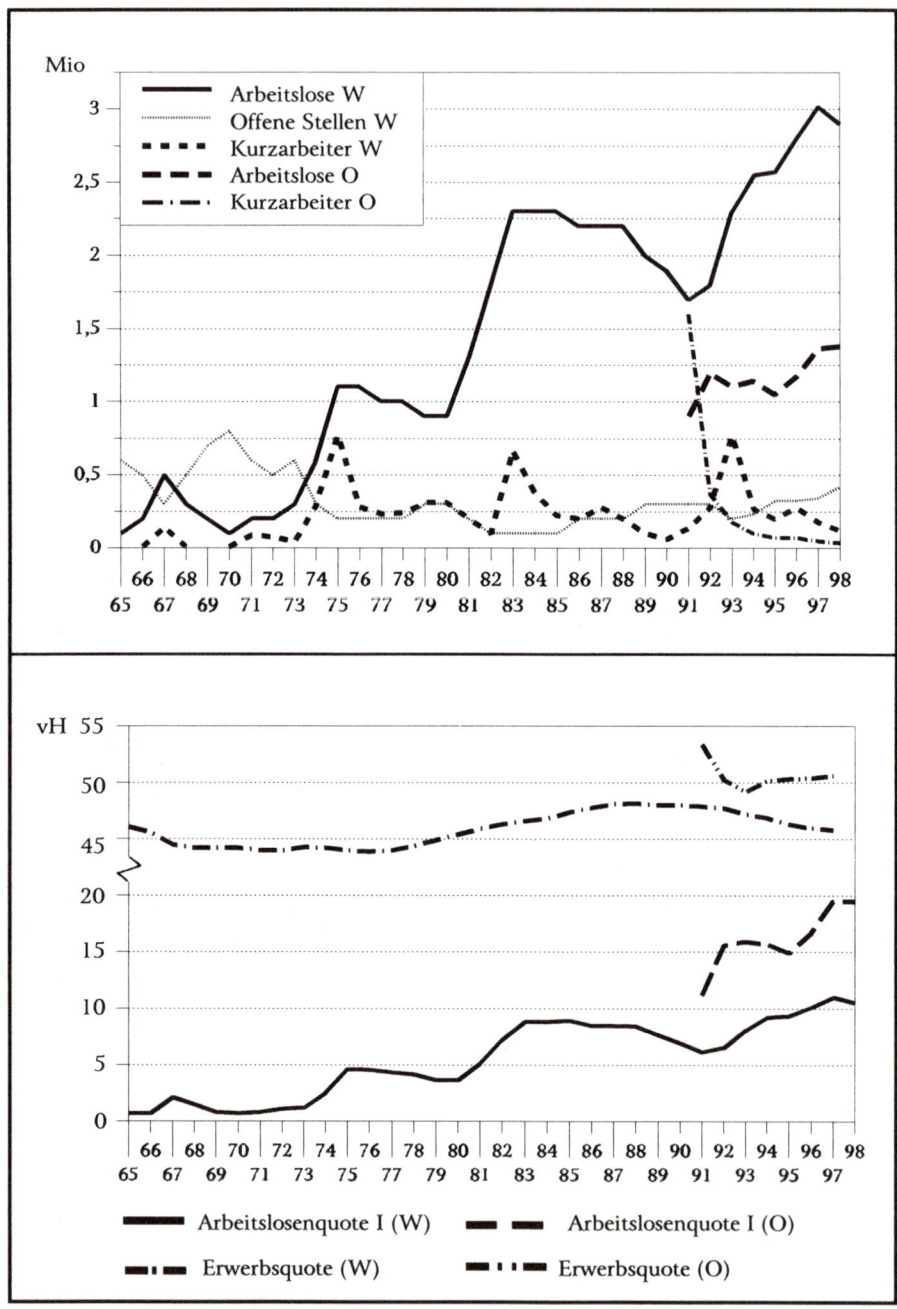

Quelle:  SR 1991/92, S. 95 u. 308;  SR 1998/99, S. 339; Wirtschaft und Statistik (Tabellenteil; laufende Jahrgänge)

zession 1967 - nie wieder auf das Niveau zurück. Die Tiefpunkte der Arbeitslosigkeit erreichten vielmehr ein immer höheres Niveau, so dass die Arbeitslosigkeit insgesamt einen eher treppenartigen Verlauf zeigt.

Es ist leicht einsichtig, dass eine Arbeitslosenstatistik, die auf den obigen Begriffsabgrenzungen beruht, unabhängig von Erfassungsproblemen keine voll befriedigende Auskunft über das Ausmaß der Arbeitslosigkeit geben kann. Von den zahlreichen Kritikpunkten seien die wichtigsten angeführt:
Nicht als (offiziell) arbeitslos berücksichtigt werden alle Personen, die
- sich ohne Einschaltung des Arbeitsamtes um eine Stelle bemühen;
- sich aus Resignation nicht mehr an der Stellensuche beteiligen;
- am Arbeitsmarkt keine Chancen sehen und deshalb eine (evtl. nur vorübergehende) Weiterbildung absolvieren;
- ihren Wehrdienst vorziehen oder sich länger als eigentlich beabsichtigt bei der Bundeswehr verpflichten;
- als ausländische Arbeitnehmer (evtl. mit Rückkehrprämie) in ihr Heimatland zurückkehren („exportierte Arbeitslosigkeit");
- in den Vorruhestand wechseln;
- in einer staatlichen Arbeitsbeschaffungsmaßnahme (ABM) beschäftigt sind;
- es mangels anderer Chancen mit der Selbständigkeit versuchen. [Auch die Zunahme der *Scheinselbständigkeit* (das Drängen von bisher abhängig Beschäftigten in die juristische Selbständigkeit bei gleichzeitigem Fortbestehen einer Abhängigkeitsposition gegenüber der alten Firma) kann verfälschend wirken.]

Zu erwähnen ist auch, dass die **Kurzarbeit** nicht in die Arbeitslosenquote eingeht. Auch auf die - allerdings schwer fassbare - **stille Reserve** ist aufmerksam zu machen (die in einigen der oben aufgeführten Punkte enthalten ist). Es handelt sich dabei um Personen, die unter gegenwärtigen Bedingungen auf die Arbeitsuche verzichten, im Grunde aber gern arbeiten würden. Der Übergang zwischen Erwerbspersonen und Nicht-Erwerbspersonen ist hier fließend.

Andererseits gelten Personen offiziell als arbeitslos,
- obwohl sie arbeiten, allerdings in Form von **Schwarzarbeit**;
- weil sie eine über das Arbeitsamt angebotene (im Grunde evtl. durchaus akzeptable) Arbeit erfolgreich als *unzumutbar* ablehnen konnten oder bei einem Einstellungsgespräch die Nicht-Einstellung geradezu provozierten, weil ihnen z.B. das Arbeitslosengeld oder sonstige Unterstützungen attraktiver erscheinen.
- Schließlich ist zu erwähnen, dass die **Teilzeitarbeit** und die Wünsche nach Teilzeitarbeit in der Arbeitslosenquote ebenfalls keine Berücksichtigung finden.

Die Auskunft über die „wirkliche" Höhe der Arbeitslosigkeit wird verbessert durch den Ausweis einer **verdeckten Arbeitslosigkeit** (vgl. SR 1997/98; S. 95 ff.). In sie gehen u.a. ein: die Teilnahme an Arbeitsbeschaffungs-, Fortbildungs- und Umschulungsmaßnahmen, an Sprachch-Lehrgängen; Empfänger von Vorruhestandsgeld werden ebenso berücksichtigt wie Kurzarbeit, die in Vollzeitarbeitslosigkeit umgerechnet wird. Die dabei auftretenden methodischen Probleme sollen hier jedoch nicht diskutiert werden.

**Übersicht 4.19**   Offene und verdeckte Arbeitslosigkeit in Deutschland (Angaben in %)

| Jahr | alte Bundesländer | | neue Bundesländer | |
|------|------|------|------|------|
|      | offen *) | offen und verdeckt **) | offen *) | offen und verdeckt **) |
| 1992 | 6,6  | 8,4  | 14,8 | 32,8 |
| 1993 | 8,2  | 10,3 | 15,8 | 30,5 |
| 1994 | 9,2  | 11,0 | 16,0 | 28,1 |
| 1995 | 9,3  | 11,2 | 14,9 | 26,2 |
| 1996 | 10,1 | 12,3 | 16,7 | 26,3 |
| 1997 | 11,0 | 12,9 | 19,5 | 27,1 |

*)   Arbeitslosenquote I
**) registrierte und verdeckt Arbeitslose, bezogen auf alle Erwerbspersonen
Quelle: SR 1998/99; S. 340

Manchmal wird als „Vollbeschäftigung" eine Situation bezeichnet, in der die Zahl der Arbeitslosen gleich der Zahl der offenen Stellen ist. In offizieller Sicht versteht man unter **offenen Stellen** die Zahl unbesetzter Arbeitsplätze, die die Arbeitgeber beim Arbeitsamt gemeldet haben. Die offizielle Zahl offener Stellen ist damit ebenfalls ungenau: Einerseits fallen alle Stellen heraus, die von den Unternehmen gar nicht gemeldet werden, da sie die Besetzung durch das Arbeitsamt für wenig erfolgreich halten; andererseits können vorsorglich Stellen gemeldet werden, die später doch nicht besetzt werden sollen.

Aus den angeführten Gründen fällt die Beantwortung der Frage, wie groß die Arbeitslosigkeit denn nun wirklich ist, schwer. Je nach gesellschaftlichem Standpunkt neigen einzelne Personenkreise mehr dazu, die nicht erfassten Arbeitslosen in ihrer Bedeutung wesentlich höher einzuschätzen, andere finden dagegen, dass viel zu viele offiziell Arbeitslose tatsächlich unecht arbeitslos sind. Forderungen nach einer Revision der Arbeitslosenstatistik werden daher insbesondere im politischen Raum immer mal wieder erhoben.

Will man die Arbeitslosigkeit wirksam bekämpfen, benötigt man weitergehende Informationen über ihre Ursachen und deren Bedeutung. Deshalb veröffentlichen z.B. die Bundesanstalt für Arbeit und der Sachverständigenrat zusätzliche Strukturdaten über Kurz- und Teilzeitarbeit, über die Dauer der Arbeitslosigkeit, nach Alter, Geschlecht und Ausbildung, von denen einige auszugsweise in Übersicht 4.20 wiedergegeben sind.

Der Anteil der eher geringfügig Ausgebildeten an den Arbeitslosen ist hoch. Dies liegt an den steigenden Anforderungen in der modernen Produktion. Zudem geht der Anteil des Produzierenden Gewerbes generell zurück, so dass viele typische Hilfsarbeiten entfallen. Auch in Deutschland wurden viele Stellen im Dienstleistungssektor (einschließlich Staat und private Haushalte) geschaffen (vgl. Übersicht 4.21). Dies gilt ebenso im Bereich der sog. *unternehmensbezogenen Dienstleistungen* (Rechts-, Wirtschafts- und Vermögensberatung, Architekturleistungen, Ingenieur-

**Übersicht 4.20** Die Struktur der Arbeitslosigkeit in Deutschland 1996

| nach Altersgruppen | | nach Ausbildung | | nach Dauer | |
|---|---|---|---|---|---|
| ... bis unter ... Jahre | % | | % | ... bis unter ... Monate | % |
| - 20 | 3,1 | mit abgeschlossener Berufsausbildung | 60,7 | - 1 | 11,5 |
| 20 - 25 | 9,3 | | | 1 - 3 | 19,3 |
| 25 - 30 | 11,3 | Lehre | 49,6 | 3 - 6 | 16,3 |
| 30 - 35 | 13,0 | Berufsfachschule | 1,8 | 6 - 12 | 21,9 |
| 35 - 40 | 11,7 | Fachschule | 3,9 | 12 - 24 | 16,1 |
| 40 - 45 | 10,3 | FH | 1,5 | 24 u. mehr | 14,9 |
| 45 - 50 | 9,5 | Hochschule | 3,8 | | |
| 50 - 55 | 9,6 | ohne abgeschlossene Berufsausbildung | 39,3 | | |
| 55 - 60 | 19,4 | | | | |
| 50 - 65 | 2,7 | ohne Hauptschulabschluss | 11,0 | | |
| | | mit H. oder höherem Abschluss | 28,3 | | |

Quelle: Stat Jb BRD 1997; S. 122

**Übersicht 4.21** Änderung der abhängig Beschäftigten (in Mio) nach Wirtschaftsbereichen (alte Bundesländer; Zeitraum 1980 - 1997)

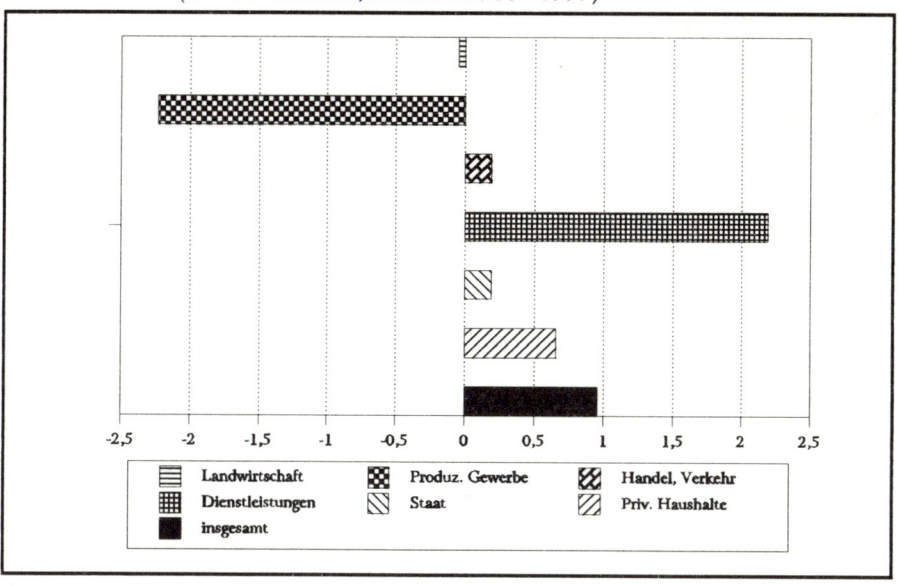

Quelle: SR 1998/99; S. 343

büros u.ä.) - eine Entwicklung, die aber aus der offiziellen Statistik nur schwer herauszulesen ist - wie für *personenbezogene Dienstleistungen* (Private Versorgung in Krankenhäusern und Heimen, Freizeit- und Kulturbereich, persönliche Hygiene). Auf die Diskussion des Problems, ob in Deutschland eine *Dienstleistungslücke* und damit eine Chance für neue Arbeitsplätze in diesem Wirtschaftssektor bestehe, wurde bereits in Kap. 3.2.3 kurz eingegangen.

Vorn wurde das Problem angesprochen, die Arbeitslosigkeit nach Ursachen zu quantifizieren. Die in Übersicht 4.18 wiedergegebenen Verläufe der Arbeitslosigkeit insgesamt sowie der Kurzarbeit legen allerdings zumindest eine erste (schon auf S. 116 vorgenommene) Interpretation nahe: Es gibt eine Komponente der Arbeitslosigkeit, die eine *Schwankung* zeigt und es gibt eine zweite Komponente einer sich auf *immer höherem Niveau verfestigenden Arbeitslosigkeit*. Verbindet man nämlich die Tiefpunkte der Arbeitslosigkeit miteinander (vgl. Übersicht 4.22), so dürfte die *über* dieser Linie liegende Arbeitslosigkeit vorrangig mit *konjunkturellen* Schwankungen zusammenhängen. Der *unter* dieser Linie liegende, trendmäßig immer größer werdende Anteil müsste dann auf andere Ursachen (Strukturprobleme vielfältigster Art, eventuell zu hohe Löhne) zurückgehen. Dieser Betrag wird meist als *strukturelle Arbeitslosigkeit,* manchmal auch als *Sockelarbeitslosigkeit* bezeichnet. (Es erscheint übrigens durchaus auch sinnvoll, die Grenze der Sockelarbeitslosigkeit noch höher anzusetzen, nämlich entsprechend der *konjunkturellen Durchschnitts*-Arbeitslosigkeit. Strukturelle Änderungen sind nämlich in der Hochkonjunktur leichter durchzuführen und somit wird dann auch die strukturelle Komponente der Arbeitslosigkeit ge-

**Übersicht 4.22**    Trennung von konjunktureller Arbeitslosigkeit und Sockelarbeitslosigkeit in Deutschland (alte Bundesländer)

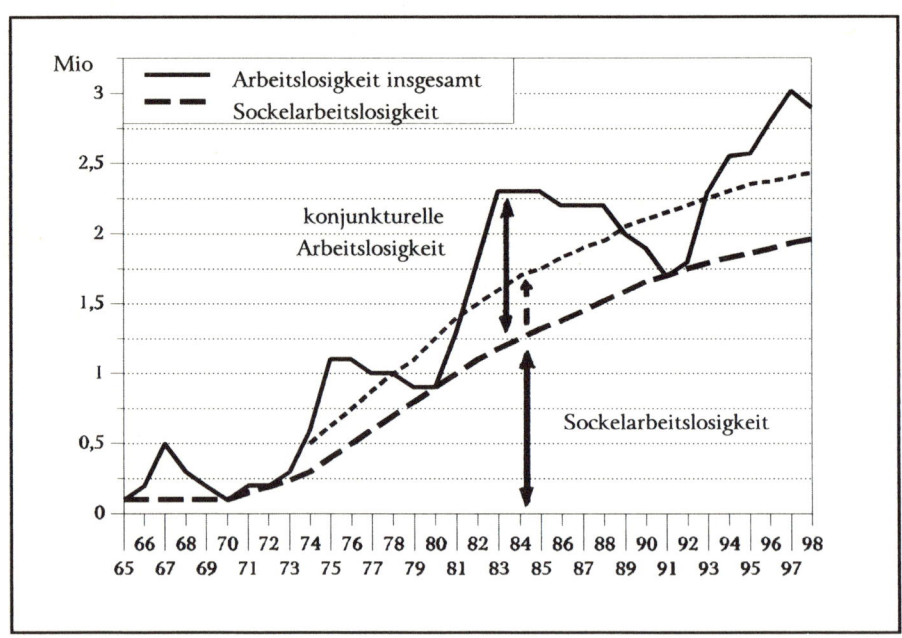

ringer.) Die grafische Trennung von konjunktureller Arbeitslosigkeit und Sockelarbeitslosigkeit ergibt somit den groben Hinweis, dass die Sockelarbeitslosigkeit in
West-Deutschland um 1998 etwa 70 - 75 % der gesamten Arbeitslosigkeit betrug
und die konjunkturelle Komponente etwa 25 - 30 %. Weitere Interpretationen sind
hier jedoch nicht möglich. So wäre es z.B. nicht zulässig, nunmehr den Schluss zu
ziehen, dass die hier als „konjunkturelle Komponente" ausgewiesene Arbeitslosigkeit eindeutig und ausschließlich auf Schwankungen der Nachfrage zurückgeht.
Hier bedarf es einer sorgfältigen theoretischen Analyse (vgl. Kap. 10).

Die Schwankungen der Arbeitslosigkeit lassen sich auch direkt mit der Wachstumsentwicklung des realen BIP in Verbindung setzen. Die Beziehung zwischen
Arbeitslosigkeit und Wachstum ist heute unter dem Namen **Okunsches Gesetz**
bekannt. Der amerikanische Ökonom hatte sich mit der statistischen Beziehung
zwischen der Veränderung der Arbeitslosigkeit und dem Ausmaß der Abweichung
des tatsächlichen BIP vom Produktionspotential (= mögliches BIP; siehe Kap.
4.4.3.) befasst. Heute wird diese Beziehung meist leicht uminterpretiert in eine
Beziehung zwischen der Veränderung der Arbeitslosenquote und den Wachstumsraten des realen BIP. Besonders deutlich wird der Zusammenhang, wenn man die
*Veränderung der Arbeitslosenquote* (in Prozentpunkten gegenüber der Vorperiode) mit
der *Abweichung* (in Prozentpunkten) der tatsächlichen realen Wachstumsraten *vom
langfristigen Wachstumstrend* vergleicht (Übersicht 4.23).

Bereits die einfache Anschauung legt die folgenden Schlüsse nahe:
1. Wachstumseinbrüche gehen mit einem starken Anstieg der Arbeitslosenquote
   einher.
2. Positive Wachstumsraten, die in etwa dem langfristigen Trend entsprechen (z.B.
   1971; 1977; 1984 - 87), verändern die Arbeitslosenquote praktisch nicht.
3. Der langfristige Wachstumstrend bildet eine Art **Beschäftigungs-** oder **Arbeits-
   losigkeitsschwelle,** d.h. ein Rückgang der Arbeitslosigkeit wird erst durch ein
   *überdurchschnittliches* Wachstum hervorgerufen (1968/69; 1978/79; 1988 - 91).
4. Die Arbeitslosigkeit nimmt bereits dann zu, wenn die Wachstumsraten zwar
   noch positiv sind, aber *unter* dem langfristigen Trend liegen.
5. Die Beziehung scheint asymmetrisch zu verlaufen: Überdurchschnittliches
   Wachstum lässt die Arbeitslosenquote weniger stark fallen als sie durch unter-
   durchschnittliches oder gar negatives Wachstum steigt.

Eine derartige auf reiner Anschauung basierende Analyse ist methodisch anfechtbar. Schalk, Lüschow, Untiedt (1997) haben sich demselben Problemkreis auf
methodisch anspruchsvollere Weise angenommen. Der Kern der obigen Aussagen
wird durch ihre Arbeit allerdings bestätigt.

Von Interesse ist die Beantwortung der Frage nach den Ursachen für die Okun-
Gesetzmäßigkeit. Dass erst ein überdurchschnittliches Wachstum eine Senkung der
Arbeitslosenquote bewirkt, dürfte vor allem auf die Produktivitätsentwicklung
zurückzuführen sein. Beträgt als Folge des technischen Fortschritts der Anstieg der
Arbeitsproduktivität z.B. etwa 2 % pro Jahr, so könnte dieselbe Produktion nun mit
geringerem Arbeitseinsatz durchgeführt werden. Arbeitsplätze werden also nur ge-

**Übersicht 4.23**    Das Okun-Gesetz für Deutschland

Änderung der Arbeitslosenquote (in Prozentpunkten) gegenüber Vorjahr (Zunahme − , Abnahme +) und Abweichungen der Wachstumsraten des realen BIP vom Wachstumstrend in Deutschland (alte Bundesländer)

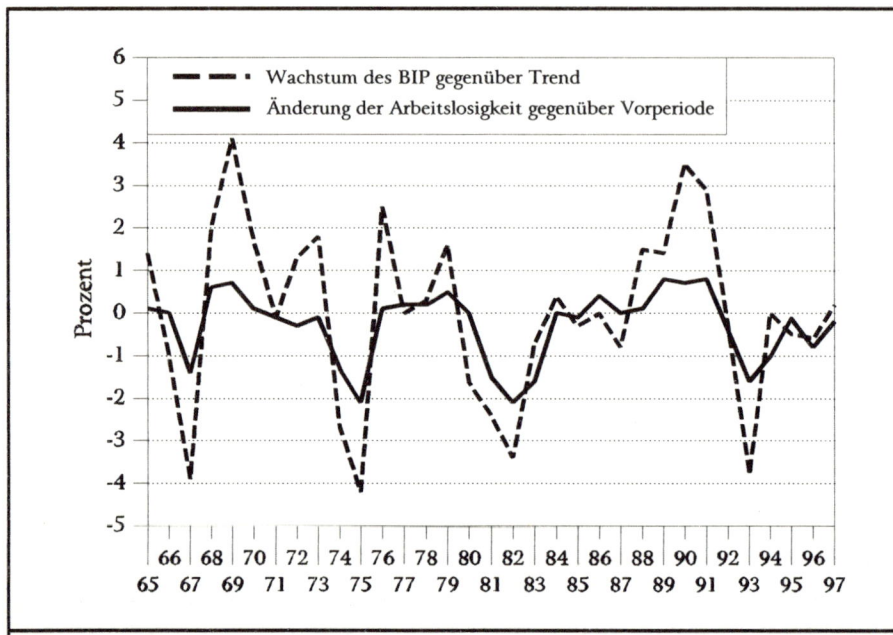

*Erläuterung:* Bezogen auf das Wachstum des realen BIP beschreibt die Null-Linie den Trendverlauf. Beispiel: 1971 betrug das tatsächliche Wachstum + 3,06 %. Es entsprach damit fast genau dem Trendwert y dieses Jahres. Er resultiert aus der Trendgleichung $y = -1,0012 \ln (1971 - 1960) + 5,5769$, die bereits für Übersicht 3.9 bestimmt wurde: Für 1971 ergibt sich y = 3,176. Somit erscheint oben für das Jahr 1971 die *Abweichung* der tatsächlichen Rate vom Trendwert: 3,06 − 3,176 = − 0,116

schaffen, wenn die Produktion um mehr als den Produktivitätsfortschritt wächst. Für den asymmetrischen Verlauf bieten Schalk, Lüschow, Untiedt (1997; S.5) als wichtige Erklärung an: Bei überdurchschnittlichem Wachstum werden nicht nur offiziell Arbeitslose eingestellt, sondern auch nicht registrierte Arbeitslose. Dies führt dazu, dass die offizielle Quote nicht so stark zurückgeht. Auch das Ansteigen der Überstunden anstelle von Neueinstellungen dürfte eine Rolle spielen.

Abschließend sei noch angemerkt, dass eine alleinige Analyse der Arbeitslosenzahlen nicht ausreicht. Es sollte nicht übersehen werden, dass auch die Zahl der Arbeitsplätze zwischen 1987 und 1992 um 2 Mio zugenommen hat und erst in den letzten Jahren wieder etwas rückläufig war. Ferner sollten die Bevölkerungsentwicklung insgesamt (z.B. Eintritt geburtenstarker Jahrgänge in das Erwerbsleben; Zuwanderung von Aussiedlern und ausländischen Arbeitnehmern) und der Übergang in die Selbständigkeit ebenso beachtet werden wie etwa Änderungen in der Einstellung zur Erwerbstätigkeit. Daraus können Änderungen in der **Erwerbsquote** (Anteil aller Erwerbspersonen an der Wohnbevölkerung) resultieren, was wiederum Rückwirkungen auf Beschäftigungslage und Arbeitslosenquote haben kann.

## 4.4.2. Die Lohnentwicklung

Im Folgenden soll zur Lohnentwicklung Stellung genommen werden. Der Entwicklung des Lohnes kommt eine besondere Bedeutung zu, denn der Lohn ist gleichzeitig Einkommens- und Kostenfaktor. Aus der Sicht der arbeitenden Bevölkerung dürfte er i.d.R. höher sein; aus der Sicht der Arbeit nachfragenden Unternehmen wird er oft als „zu hoch", als „Standortnachteil" und als Hauptursache für die Arbeitslosigkeit bezeichnet. Die Argumentation ist hier auf beiden Seiten manchmal sehr einfach. Auf der Unternehmerseite ist zu hören: Die Löhne müssen nur deutlich sinken und schon wird die Arbeitslosigkeit merklich zurückgehen. Auf Gewerkschaftsseite heißt es: Allein durch steigende Löhne wird die bislang fehlende Nachfrage für den Kauf der Produkte erzeugt. Dann steigen Produktion und es wird auch mehr Arbeit benötigt.

Auch hier gilt wie im vorigen Gliederungsabschnitt, dass ein qualitatives und ein quantitatives Problem vorliegt. Es müsste also theoretisch erarbeite werden, welche Bedingungen gelten müssen, damit Löhne als „zu hoch" bezeichnet werden können. Dann müsste auf quantitativer Ebene gezeigt werden, wie denn die „richtigen" Löhne auszusehen hätten, damit die durch die zu hohen Löhne bedingte Arbeitslosigkeit verschwindet. Auch hier trifft leider zu, dass die qualitativen Vorstellungen (die in der Ex-ante-Analyse des Kap. 10 behandelt werden) nicht leicht in konkrete quantitative Größen umzusetzen sind.

Ein internationaler Vergleich der Lohnhöhen scheint die These zu bestätigen, dass in Deutschland die Löhne „zu hoch" sind: Deutschland ist das Land mit den höchsten Stundenlöhnen (Übersicht 4.24).

**Übersicht 4.24** Arbeitsstundenkosten (in ECU) in der Industrie in ausgewählten EU-Staaten (Arbeiter und Angestellte; Betriebe mit 10 und mehr Beschäftigten)

| Land | 1984 | 1992 | 1994 |
|---|---|---|---|
| B | 13,40 | 21,27 | 24,26 |
| D (alte Länder) | 14,24 | 23,14 | 26,14 |
| D (neue Länder) | . . | 11,97 | 16,44 |
| E | . . | 15,11 | 14,13 |
| F | 12,37 | 19,12 | . . |
| IRL | 8,94 | 12,80 | 13,22 |
| I | 10,73 | 18,09 | . . |
| NL | 13,68 | 19,27 | 21,33 |
| P | 2,38 | 5,55 | 5,53 |
| UK | 9,04 | 13,11 | 12,65 |

Quelle: Eurostat, Daten zur Konjunkturlage 2/1998, S. 193

Bestandteil der (kostenwirksamen) Löhne sind die Lohnnebenkosten
- in Form gesetzlicher Lohnnebenkosten (wie z.B. Sozialversicherungsbeiträge);
- tariflich vereinbart (wie Lohnfortzahlung im Krankheitsfall) sowie
- betrieblicher Art (wie z.B. zusätzliche betriebliche Altersversorgung).

Besonders die Lohnnebenkosten werden für die „insgesamt zu hohen Löhne"
verantwortlich gemacht. Prozentual gesehen liegt danach Deutschland z.B. weit
über Großbritannien und Irland. Aber einige andere EU-Mitgliedstaaten weisen
doch ähnlich hohe *Anteile* wie Deutschland auf. Absolut gesehen sind die Beträge
in Deutschland jedoch am höchsten. Eine detaillierte Aufgliederung der gesamten
Arbeitskosten liefert eine Aufstellung des Statistischen Bundesamtes (Übersicht
4.25).

**Übersicht 4.25** Die Struktur der Arbeitskosten (in %) im Produzierenden Gewerbe 1992
in ausgewählten Ländern der EU

| Art der Kosten | B | D[1] | D[2] | E | F | IRL | NL | P | UK |
|---|---|---|---|---|---|---|---|---|---|
| 1. Direkte Kosten | 67,9 | 76,6 | 77,8 | 73,6 | 68,6 | 82,7 | 74,9 | 74,1 | 84,6 |
| 2. Sozialleistungen insg | 31,5 | 21,4 | 19,4 | 22,5 | 28,5 | 14,4 | 22,6 | 20,8 | 12,4 |
| Gesetzl. Aufwendungen zur Sozialversicherung | 27,4 | 14,3 | 16,3 | 20,6 | 21,6 | 8,1 | 15,7 | 17,7 | 7,6 |
| Nichtgesetzl. Aufwend. zur Sozialversicherung | 2,9 | 4,1 | 0,5 | 0,6 | 5,0 | 5,6 | 5,8 | 2,7 | 3,8 |
| Direkte Sozialleistungen | 1,1 | 3,0 | 2,6 | 1,3 | 1,8 | 0,7 | 1,0 | 0,3 | 1,0 |
| 3. Sonst. Sozialleistungen | 0,6 | 2,0 | 2,8 | 3,9 | 2,9 | 2,8 | 2,5 | 5,2 | 3,1 |

1) alte Bundesländer; 2) neue Bundesländer
Quelle: StBA, Stat Jb f. d. Ausland 1997, S. 142 f.

Auch in der jüngsten Vergangenheit ist die strukturelle Verschiebung zulasten
der Netto-Löhne noch weitergegangen (Übersicht 4.26).

**Übersicht 4.26** Die Entwicklung der Zusammensetzung der Bruttoeinkommen aus unselbständiger Arbeit in Deutschland (Angaben in %)

| Jahr | Bruttoeinkom-men aus unselb-ständiger Arbeit | Arbeitgeberbei-träge zur Sozial-versicherung | Durchschnitt-liches Brutto-entgelt | Abzüge (Lohnsteuer u. Arbeitnehmerbei-träge zur SV) | Durchschnitt-liches Nettoentgelt |
|---|---|---|---|---|---|
| 1991 | 100,0 | 18,5 | 81,5 | 25,7 | 55,8 |
| 1996 [*] | 100,0 | 19,8 | 80,2 | 27,8 | 52,4 |

*) vorläufige Zahlen
Quelle: Deutsche Bundesbank, Monatsbericht 10/1997, S. 27

Durchschnittswerte sind sicher hilfreich bei Vergleichen oder beim Abschätzen
von Entwicklungstrends. Man sollte aber weder die Unterschiede nach Branchen,
Regionen und Berufen außer Acht lassen noch z.B. die Spanne übersehen, aus der
sich der Durchschnitt zusammensetzt. Einen Hinweis über die Spanne der Löh-
ne/Gehälter liefert die schon in Kap. 3.2.4. erwähnte - von Heuser in DIE ZEIT
ausgewertete - Untersuchung des DIW. Danach verdienen 20 % aller abhängig
Beschäftigten unter 2 000 DM pro Monat brutto (Übersicht 4.27).

**Übersicht 4.27**  Die Verteilung des Bruttoarbeitseinkommens in Deutschland 1996

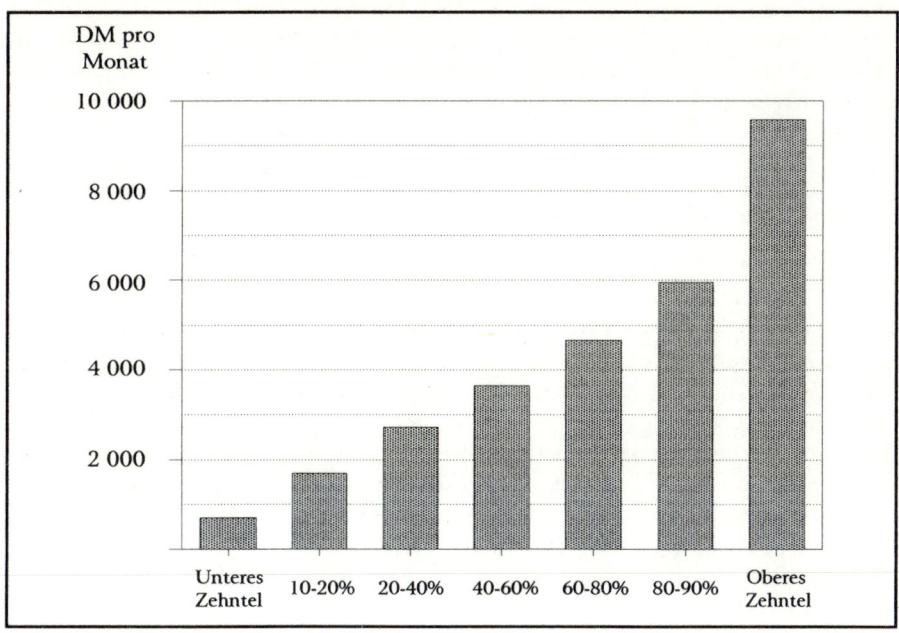

Quelle: U. J. Heuser (1997), S. 25

Es ist prinzipiell sicher richtig, dass Löhne „zu hoch" sein können, um alle Personen zu beschäftigen, die zum herrschenden Lohn arbeiten wollen. Dies lässt sich begründen durch den Ansatz der *Mindestlohnarbeitslosigkeit* oder *„klassischen Arbeitslosigkeit"* (siehe Kap. 10). Hohe Löhne können auch Anlass zur Substitution von Arbeit durch Kapital sein. Die statistische Quantifizierung der „richtigen" (d.h. vollbeschäftigungsadäquaten) Lohnhöhe gestaltet sich aber leider als schwierig; diese Aussage gilt selbst dann, wenn zu hohe Löhne die einzige Ursache für Arbeitslosigkeit wären.

Die absolute Höhe der Löhne ist - für sich allein genommen - weder die entscheidende Ursache für die heimische Arbeitslosigkeit noch ist sie im internationalen Vergleich ein geeigneter Indikator für die internationale Wettbewerbsfähigkeit. Es gilt vielmehr: „Die Lohnkosten allein sind ohne Berücksichtigung der damit in dem jeweiligen Bereich verbundenen Arbeitsproduktivität zur Beurteilung der Standortqualitäten, zum Beispiel bei Investitionsentscheidungen, nicht ausreichend. Hohe Lohnkosten verbunden mit hoher Produktivität können durchaus in der Gesamtschau zu einer besseren Kostensituation führen als niedrige Lohnkosten gepaart mit einer noch niedrigeren Produktivität." [Hauf (1997); S. 523] Als wesentlich aussagekräftigere Messziffer wird daher eine *Kombination aus Lohnhöhe und Arbeitsproduktivität* angesehen, die sog. **Lohnstückkosten** (Lohnkosten je Produkteinheit).

Die Lohnstückkosten sind zu einer wichtigen Kennziffer geworden. Die internationalen Richtlinien zur VGR (etwa das Europäische System Volkswirtschaftlicher Gesamtrechnungen 1995) enthalten jedoch keine Vorschriften zur Berechnung der Lohnstückkosten. Hauf (1997; S. 524) betont, dass „grundsätzlich keine richtige und keine falsche Berechnungsweise von Lohnstückkosten existiert, sondern immer nach Gegenstand und Zweck der Untersuchung geschaut werden muss."

Das Konzept der Lohnstückkosten ist der Betriebswirtschaftslehre entlehnt. Dort werden die Lohnstückkosten wie folgt definiert:

$$\text{Lohnstückkosten} = \frac{\text{Bruttolohn je Arbeitnehmer}}{\text{Output je Erwerbstätigen}}$$

Vereinfacht gesehen setzen sich die Gesamtkosten zusammen aus (a) Löhnen, (b) Werkstoffkosten, (c) Kapitalkosten (Zinsen und Abschreibungen), (d) Kostensteuern. Zwecks weiterer Vereinfachung seien die Kosten auf Lohn- und Kapitalkosten reduziert. Die *gesamten Stückkosten* bestehen dann nur noch aus *Lohnstückkosten* und *Kapitalstückkosten*. Die Höhe dieser Stückkosten hängt ab vom *Preis* des jeweiligen Produktionsfaktors und von der *Produktivität* (Output je Faktoreinsatz).

Ein kleines Zahlenbeispiel soll den Ansatz erläutern:

| | |
|---|---|
| Bruttolohn je Arbeitnehmer und Stunde | 40 DM |
| Kapitalkosten je Stunde | 30 DM |
| Output je Arbeitnehmer und Stunde (Arbeitsproduktivität) | 5 ME |
| Also: *Lohnstückkosten* | 8 DM |
| Kapitalstückkosten | 6 DM |
| Gesamte Stückkosten | 14 DM |

Den Wert der Lohnstückkosten für sich allein genommen als hoch oder niedrig zu bezeichnen, macht keinen Sinn. Von Bedeutung sind *Änderungen* der Lohnstückkosten. Die Lohnstückkosten können sich ändern, wenn sich (a) die Löhne ändern und/oder (b) die Arbeitsproduktivität. Die Lohnstückkosten bleiben gleich, wenn sich Arbeitsproduktivität und Lohn prozentual gleich entwickeln. Eine steigende Arbeitsproduktivität um 20 % auf 6 ME pro Periode würde also c.p. einen Lohnanstieg um 20 % auf 48 DM erlauben, ohne dass sich die Lohnstückkosten ändern würden. Ein Lohnanstieg über die Produktivitätsentwicklung hinaus wird die Lohnstückkosten erhöhen und - bei gleichbleibenden Kapitalstückkosten - auch die gesamten Stückkosten. Können die gestiegenen Kosten nicht in den Preisen überwälzt werden, kann ein Beschäftigungsrückgang die Folge sein. Auch können die Unternehmen versuchen, die teurer gewordene Arbeit durch Kapital zu ersetzen.

Untersucht man die Entwicklung der Arbeitsproduktivität, so ist zu fragen, worauf die Steigerung der Arbeitsproduktivität zurückgeht. Letztere ist nämlich nur eine statistische, aber keine erklärende Größe in dem Sinne, dass der Faktor Arbeit eindeutig die Ursache für Änderungen der Arbeitsproduktivität ist. So kann die Arbeitsproduktivität steigen, weil die Arbeitsorganisation und/oder die Ausbildung der Arbeitskräfte verbessert wurde. Häufig wird sie steigen, weil effizientere Maschinen eingesetzt wurden. Sie kann aber auch steigen, wenn z.B. infolge zu hoher Arbeitskosten Arbeit gegen Kapital substituiert wurde, Arbeit also verschwindet. Sinkende Lohnstückkosten sind dann die Folge zu hoher Löhne und nicht etwa das Ergebnis sinkender Löhne.

Steigende Löhne bei konstanter Arbeitsproduktivität werden die Lohnstück-kosten steigen lassen. Unter sonst gleichen Bedingungen würden dann auch die Stückkosten insgesamt steigen. Auf einzelwirtschaftlicher Ebene kann darauf gegebenenfalls mit Preiserhöhungen reagiert werden; steigende Lohnkosten müssten dann nicht zu Arbeitskräfteabbau führen. Ist eine Überwälzung nicht möglich, so können auf einzelwirtschaftlicher Ebene die Auslastung und auch der Arbeitskräftebedarf zurückgehen.

Dieser Ansatz wird auf die gesamtwirtschaftliche Ebene übertragen. Hier geht es vor allem darum, durch die Lohnstückkosten einen Indikator für *gesamtwirtschaftliche Verteilungsspielräume* sowie Hinweise auf - im Vergleich zur Produktivität - zu schnell steigende Löhne als eine *Ursache von Arbeitslosigkeit* zu erhalten. Bei der Übertragung des einzelwirtschaftlichen Ansatzes auf die gesamtwirtschaftliche Ebene treten vor allem Probleme bei der Bestimmung der (gesamtwirtschaftlichen) Arbeitsproduktivität auf. In gesamtwirtschaftlicher Betrachtung ist der Output nicht als Mengengröße, sondern nur als *Wertgröße* darstellbar. Daher wird als Ersatz für die Mengengröße das Bruttoinlandsprodukt *in konstanten Preisen* gewählt.

Auf gesamtwirtschaftlicher Ebene sowie der Ebene von Wirtschaftsbereichen und Regionen wird vorrangig mit *zwei Alternativen* gearbeitet, den **nominalen** und den **realen Lohnstückkosten**. Hierfür gelten die folgenden Definitionen:

| Lohnstückkosten |
|---|
| nominale Lohnstückkosten $= \dfrac{\text{Bruttoeinkommen aus unselbständiger Arbeit je beschäftigten Arbeitnehmer}}{\text{Bruttoinlandsprodukt (in konstanten Preisen) je Erwerbstätigen}}$ |
| reale Lohnstückkosten $= \dfrac{\text{reale Bruttoeink. aus unselbständiger Arbeit je beschäftigten Arbeitnehmer}}{\text{Bruttoinlandsprodukt (in konstanten Preisen) je Erwerbstätigen}}$ |
| reale Lohnstückkosten $= \dfrac{\text{Bruttoeinkommen aus unselbständiger Arbeit je beschäftigten Arbeitnehmer}}{\text{Bruttoinlandsprodukt (in jeweiligen Preisen) je Erwerbstätigen}}$ |

Als Größe für die Lohnkosten gilt das nominale bzw. reale Bruttoeinkommen aus unselbständiger Arbeit (entspricht der Größe „Lohn" im *Inlands*konzept) je *Arbeitnehmer*. Die Arbeitsproduktivität wird verstanden als Bruttoinlandsprodukt (in konstanten Preisen) je *Erwerbstätigen*. Im Zähler wird auf die beschäftigten Arbeitnehmer, im Nenner jedoch auf alle Erwerbstätigen abgestellt. Dies bedeutet, dass im Nenner auch die Selbständigen und mithelfenden Familienangehörigen erscheinen. Diesen wird ein kalkulatorisches Arbeitseinkommen in Höhe der durchschnittlichen Löhne zugerechnet (vgl. auch die Berechnung der Arbeitseinkommensquote; Kap. 3.2.4). Damit wird erreicht, dass Änderungen in der Zusammensetzung der Erwerbstätigen nach abhängig Beschäftigten und Selbständigen keinen Einfluss auf die Höhe der Lohnstückkosten ausüben.

Für die *realen Lohnstückkosten* werden hier zwei Definitionen angeboten, die jedoch gleich-wertig sind. Die Überführung der einen Version in die andere ist einfach und lässt sich wie folgt vornehmen: Um von den nominalen Lohnkosten $L_n$ (Bruttoeinkommen aus unselb-ständiger Arbeit) zu den realen $L_r$ zu gelangen, werden diese mit dem Preisindex [hier dem Deflator des BIP (Defl)] deflationiert. Letzterer ergibt sich als: $BIP_n : BIP_r = Defl$. Dann gilt:

$$L_r = \frac{L_n}{Defl} = \frac{L_n}{BIP_n : BIP_r} = \frac{L_n \cdot BIP_r}{BIP_n}$$

$$\text{reale Lohn-stückkosten} = \frac{L_n : A}{BIP_n : E} = \frac{L_n \cdot E}{BIP_n \cdot A} \quad \Bigg| \quad \cdot \frac{BIP_r}{BIP_r}$$

$$\rightarrow \frac{L_n \cdot BIP_r \cdot E}{BIP_n \cdot BIP_r \cdot A} = \frac{L_r \cdot E}{BIP_r \cdot A} = \frac{L_r : A}{BIP_r : E}$$

Also gilt: $\dfrac{\text{reale Lohnkosten je Arbeitnehmer}}{\text{Arbeitsproduktivität}} = \dfrac{L_r : A}{BIP_r : E} = \dfrac{L_n : A}{BIP_n : E}$

Ermittelt werden die realen Lohnstückkosten üblicherweise auf dem Weg über die untere Version. Die Begriffsbildung erscheint dann allerdings auf den ersten Blick widersprüchlich: Im Rahmen der *„nominalen* Lohnstückkosten" erscheint das *reale* BIP ($BIP_r$), im Rahmen der *„realen* Lohnstückkosten" erscheint das *nominale* BIP ($BIP_n$) im Nenner.

Im einführenden Grundansatz sind die Lohnstückkosten als „DM je (mengenmäßiger) Outputeinheit" zu verstehen. In der gesamtwirtschaftlichen Version steht aber auch im Nenner eine *Wertgröße*. Daher sind jetzt die Lohnstückkosten als „DM je 100 DM" zu verstehen. Dies bedeutet, dass die Lohnstückkosten nunmehr keine DM-Größe mehr sind, sondern eine dimensionslose Größe. Da „DM je 100 DM" letztlich nichts anderes als Prozent bedeutet, werden sie als *Prozent* ausgewiesen.

Wendet man die vorgestellten Konzepte an, so erhält man für die BR Deutsch-land die in Übersicht 4.28 wiedergegebenen Ergebnisse.

Was ist nun die Aussage der Lohnstückkosten? Diese Frage muss getrennt für die nominalen und die realen Lohnstückkosten beantwortet werden. Es soll mit den *nominalen Lohnstückkosten* begonnen werden. Nach van Suntum (1997; S. 30) gilt, dass kurzfristig die nominale Lohnstückkostenentwicklung nur schwer zu inter-pretieren ist. „Ein über längere Frist anhaltender Anstieg der nominalen Lohnstück-kosten signalisiert dagegen stets eine Überforderung des inländischen Verteilungs-spielraums, denn er bedeutet, dass die Nominallöhne permanent stärker gestiegen sind als das reale Sozialprodukt. Diese Überforderung schlägt sich zwangsläufig in entsprechenden Preissteigerungen und / oder in einem Anstieg der Arbeitslosenquo-te nieder, je nach Reaktion der Geldpolitik." Und weiter heißt es (S. 31): „Länder mit hohem Anstieg der *nominalen* Lohnstückkosten haben tendenziell eine schlechte-re Beschäftigungsentwicklung zu verzeichnen als Länder mit vergleichsweise gerin-gem Anstieg der nominalen Lohnstückkosten." Die in Übersicht 4.28 beschriebene Entwicklung der nominalen Lohnstückkosten für die BR Deutschland (Zeile 9) kann somit als eine Ursache für die im langfristigen Trend gestiegene Arbeitslosig-keit angesehen werden.

**Übersicht 4.28**   Lohnstückkostenberechnungen für die BR Deutschland (alte Länder)

|  |  | Einheit | 1960 | 1970 | 1980 | 1990 | 1996 |
|---|---|---|---|---|---|---|---|
| 1 | Einkommen aus unselbst. Arbeit | Mrd DM | 143,2 | 359,3 | 860,9 | 1 315,5 | 1 622,8 |
| 2 | Arbeitnehmer | Mio | 20,1 | 22,1 | 23,8 | 25,4 | 25,1 |
| 3 =1 : 2 | Bruttoeinkommen je Arbeitnehmer | DM | 7 130 | 16 230 | 36 140 | 51 680 | 64 720 |
| 4 | BIP (Preise 1991) | Mrd DM | 1 000 | 1 543 | 2 018 | 2 520 | 2 779 |
| 5 | BIP (jeweil. Preise) | Mrd DM | 303 | 675 | 1 472 | 2 426 | 3 143 |
| 6 | Erwerbstätige | Mio | 26,1 | 26,6 | 27,0 | 28,5 | 28,2 |
| 7 = 4 : 6 | Arbeits-produktivität | DM | 38 370 | 58 100 | 74 800 | 88 500 | 98 600 |
|  |  | 1960 = 100 | 100 | 151 | 195 | 231 | 257 |
| 8 = 5 : 7 | BIP in jeweil. Preisen je Arbeitnehm | DM | 11 620 | 25 430 | 54 560 | 85 190 | 111 520 |
| 9 = 3 : 7 | nominale Lohnstückkosten | % | 18,6 | 27,9 | 48,3 | 58,4 | 65,6 |
|  |  | 1960 = 100 | 100 | 150 | 260 | 314 | 353 |
| 10 = 3 : 8 | reale Lohnstückkosten | % | 61,4 | 63,8 | 66,2 | 60,7 | 58,0 |

1996: vorläufige Werte
Quelle: St. Hauf (1997); S. 527

Man sollte die in Übersicht 4.28 berechneten nominalen Lohnstückkosten nicht falsch verstehen: Es handelt sich nicht um durchschnittliche Anteile der Arbeitskosten an den totalen Stückkosten in einem betriebswirtschaftlich-kostenrechnerischen Sinne. Die *nominalen Lohnstückkosten* sagen also nicht aus, dass z.B. 1960 die Produkte durchschnittlich mit 18,6 % Arbeitskosten belastet waren, inzwischen aber mit ca. 66 %. Die nominalen Lohnstückkosten stellen eine konstruierte Messziffer dar, aber keine Zahl, die so in der Praxis zu finden wäre, denn die nominalen Stückkosten sind ein Quotient aus den *tatsächlichen* Löhnen (je Arbeitnehmer) der Periode und dem *realen* BIP je Erwerbstätigen der Periode.

Lohnstückkosten werden auch gern international verglichen, um daraus Aussagen über die internationale Wettbewerbsfähigkeit abzuleiten. Bei Vergleichen in einer einheitlichen Währung wirken Wechselkursschwankungen jedoch stark auf die Werte ein. Daher ist es gleichgültig, ob man als einheitliche Währung die DM, den Dollar oder den Yen wählt. Wegen der Einflüsse der Wechselkurse meint Hauf (1997; S. 534), dass man zeitliche Vergleiche der Änderungsraten (in jeweils heimischer Währung) vorziehen sollte. Zumindest aus der Übersicht 4.29 kann jedoch nicht auf einen Zusammenhang zwischen der Entwicklung der nominalen Lohnstückkosten und der Arbeitslosigkeit geschlossen werden.

Die *realen Lohnstückkosten* sagen aus, wie viel Prozent die Lohnkosten (einschl. kalkulatorischer Löhne) bei der Erstellung des Bruttoinlandsprodukts ausgemacht

**Übersicht 4.29** Entwicklung der nominalen Lohnstückkosten und der Arbeitslosigkeit in ausgewählten Ländern

| Jahr | D | | F | | UK | | I | | E | | EU 15 | | USA | | J | |
|------|---|---|---|---|----|----|---|---|---|---|-------|----|-----|-----|---|---|
| | 1 | 2 | 1 | 2 | 1 | 2 | 1 | 2 | 1 | 2 | 1 | 2 | 1 | 2 | 1 | 2 |
| 1991 | 100 | 5,6 | 100 | 9,5 | 100 | 8,8 | 100 | 8,8 | 100 | 16,4 | 100 | 8,2 | 100 | 6,8 | 100 | 2,1 |
| 1992 | 107,8 | 6.6 | 104,2 | 10,4 | 98,0 | 10,1 | 100,0 | 9,0 | 104,7 | 18,5 | 104,4 | 9,3 | 97,6 | 7,5 | 102,7 | 2,2 |
| 1993 | 116,7 | 7,9 | 110,7 | 11,7 | 93,2 | 10,4 | 88,4 | 10,3 | 97,5 | 22,8 | 107,1 | 10,7 | 110,1 | 6,9 | 130,7 | 2,5 |
| 1994 | 117,6 | 8,4 | 110,7 | 12,3 | 93,7 | 9,6 | 84,4 | 11,4 | 91,1 | 24,1 | 107,2 | 11,2 | 110,6 | 6,1 | 142,0 | 2,9 |
| 1995 | 122,8 | 8,2 | 113,3 | 11,7 | 89,1 | 8,7 | 77,12 | 11,9 | 89,9 | 22,8 | 108,8 | 10,8 | 103,2 | 5,6 | 140,4 | 3,1 |
| 1996 | 120,3 | 8,8 | 115,2 | 12,4 | 92,8 | 8,2 | 87,9 | 12,0 | 93,8 | 22,1 | 110,4 | 10,9 | 108,5 | 5,4 | 122,0 | 3,4 |
| 1997 | 114,9 | 9,7 | 113,1 | 12,8 | 111,7 | 7,1 | 92,1 | 12,1 | 92,7 | 20,9 | 111,0 | 10,7 | 124,2 | 4,9 | 124,5 | 3,4 |
| 1998 | 113,4 | 9,8 | 113,8 | 11,9 | 121,9 | 6,5 | 92,0 | 12,0 | 93,0 | 19,7 | 112,1 | 10,2 | 133,7 | 4,6 | 123,0 | 3,5 |

1) nominale Lohnstückkosten; 1991 = 100
2) Arbeitslosenquote
Quelle: Bundesministerium für Arbeit und Sozialordnung: Statistisches Taschenbuch 1998 - Arbeits- und Sozialstatistik. Tab. 9.8 und 9.14

haben. Damit bieten sie im Grunde die gleichen Informationen wie die *Arbeitseinkommensquote* (vgl. Kap. 3.2.4.). Bei letzterer bezieht man die Arbeitseinkommen auf das Volkseinkommen, hier werden sie auf das (höhere) BIP bezogen. Konsequenterweise ist die Arbeitseinkommensquote deshalb durchgängig höher. Da sich BIP und Volkseinkommen in etwa parallel entwickeln, verlaufen auch die realen Lohnstückkosten und die Arbeitseinkommensquote nahezu parallel.

Für Zeitvergleiche werden die realen Lohnstückkosten wenig geeignet gehalten [vgl. Hauf (1997); S. 527]. Für *Niveauvergleiche* innerhalb nationaler Regionen sowie zwischen verschiedenen Wirtschaftsbereichen und bedingt im internationalen Vergleich können sie benutzt werden. Da die realen Lohnstückkosten im Grunde nur eine Variante der Lohnquote darstellen, können sie nicht ständig steigen.

Internationale Vergleichswerte legen z.B. Köddermann (1996; S. 8) und Hauf (1997; S. 535) vor. Ihre Ergebnisse sind aber derart unterschiedlich, dass zunächst geklärt werden müsste, worauf diese Unterschiede zurückzuführen sind. Erst dann könnten gegebenenfalls Schlussfolgerungen gezogen werden.

**Übersicht 4.30** Reale Lohnstückkosten 1995 für ausgewählte Länder in verschiedenen Untersuchungen

| Autoren | D | F | GB | J | NL | P | USA |
|---------|------|------|------|------|------|------|------|
| Hauf | 60,6 | 58,5 | 62,4 | - | 59,7 | 59,4 | - |
| Köddermann | 57,9 | 62,3 | 65,5 | 66,7 | - | - | 66,3 |

Quelle: S. Hauf (1997), S. 535; R. Köddermann (1996), S. 8

Ein interessanter Niveauvergleich ist jedoch der zwischen den alten und den neuen Bundesländern (Übersicht 4.31). Dieser von Hauf (1997; S. 530 ff) durchgeführte Vergleich ist zwar - wie Hauf selbst betont - durchaus mit größeren Problemen behaftet, gibt aber doch Hinweise darauf, wieso die Lage der ostdeutschen Unternehmen im Wettbewerb schwierig ist. So betrug kurz nach der deutschen Vereinigung das Lohnniveau im Osten zwar nicht einmal 50 % des westdeutschen Wertes; die Wirtschaftsleistung (gesamtwirtschaftliche Wertschöpfung je Erwerbstätigen) war mit knapp ein Drittel der westdeutschen jedoch noch viel niedriger, so dass die realen Lohnstückkosten in den neuen Ländern um 50 % höher lagen als in den alten Ländern. Zwar hat sich die Produktivität inzwischen deutlich verbessert, andererseits haben sich die Löhne im Osten relativ schnell dem Westniveau angenähert. Daher liegen die realen Lohnstückkosten im Osten noch immer 30 % höher.

**Übersicht 4.31** Lohnkosten, Wirtschaftsleistung und reale Lohnstückkosten in den neuen Ländern in Prozent der Werte im früheren Bundesgebiet

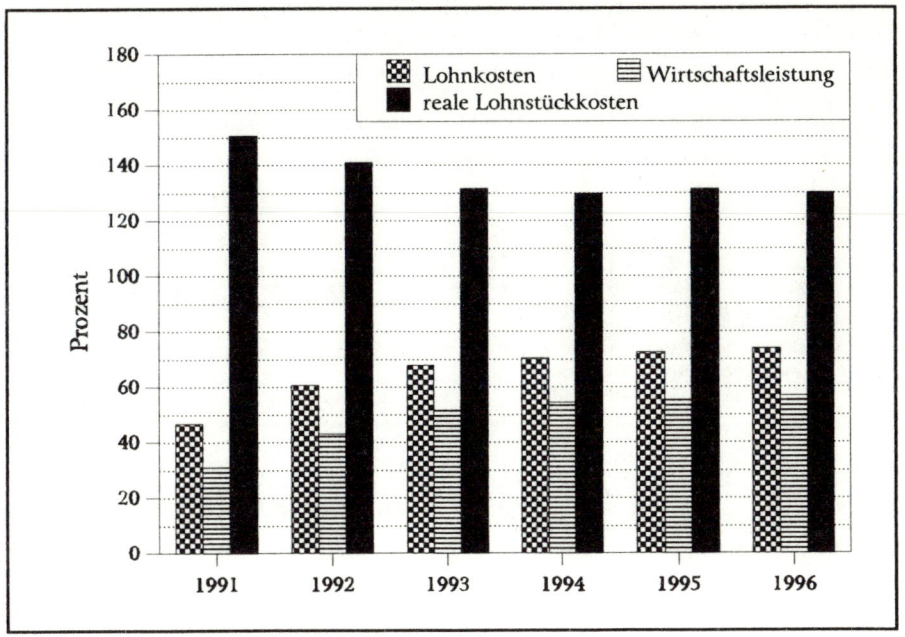

Quelle: S. Hauf (1997); S. 533

Allerdings sollte man bei all diesen Vergleichen die Warnung der Deutschen Bundesbank nicht übersehen (Monatsbericht 10/1997; S. 29): „Ein globaler und isolierter Lohnstückkostenvergleich greift ... in der Tat zu kurz für eine Gesamtbeurteilung der unternehmerischen Wettbewerbsfähigkeit."

Auch der deutsche Sachverständigenrat zur Begutachtung der gesamtwirtschaftlichen Entwicklung befasst sich jährlich mit der Lohnentwicklung. Das Beschäftigtenproblem führt er (SR 1997/98; S. 90) insbesondere in den neuen Bundesländern in hohem Maße auf die viel zu hohen ostdeutschen Lohnstückkosten zurück. Er führt aus: „Die Lohnstückkosten sanken zwar geringfügig, dies resultierte aber im wesentlichen aus der Produktivitätssteigerung infolge des Arbeitsplatzabbaus und ist daher weder ein Indikator für maßvolle Tarifpolitik noch für günstige Beschäftigungsperspektiven." (SR 1997/98; S. 131) Aber auch in Westdeutschland hält er die langfristig gestiegenen nominalen Lohnstückkosten für die Beschäftigtenentwicklung für mitverantwortlich.

Neben den Lohnstückkosten wird auch die Entwicklung der Nominal- und Reallöhne sowie die **Lohndrift** analysiert. Bei letzterer werden die Unterschiede in der Entwicklung der Effektiv- und der Tarifverdienste dargestellt. Eine positive Lohndrift liegt vor, wenn die Effektivverdienste schneller als die Tarifverdienste steigen. Die exakte statistische Ermittlung der Lohndrift ist jedoch schwierig. Gleiches gilt für ihre Interpretation, da für sie verschiedene Ursachen verantwortlich sein können. Ein wichtiger Einflussfaktor dürfte die konjunkturelle Entwicklung sein. So wird eine positive Lohndrift oft ein Hinweis auf gewisse Anspannungen am Arbeitsmarkt sein. Aber auch die Fluktuation der Arbeitskräfte und der betriebliche Wettbewerb um Arbeitskräfte können zu einer Lohndrift führen. Außerdem sind die aus-

**Übersicht 4.32**    Löhne, Produktivität und Lohnstückkosten im früheren Bundesgebiet

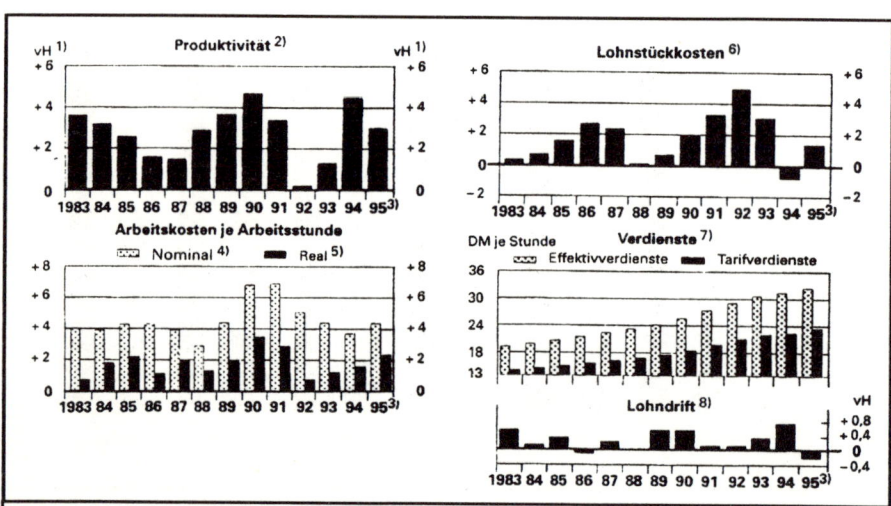

1) Veränderung gegenüber dem Vorjahr in vH. - 2) BIP in Preisen von 1991 in Relation zu den geleisteten Arbeitsstunden der Erwerbstätigen (Quelle für Arbeitsstunden: DIW). - 3) Eigene Schätzung des SR. - 4) Bruttoeinkommen aus unselbständiger Arbeit der beschäftigten Arbeitnehmer (Inlandskonzept) plus kalkulatorischer Unternehmerlohn (für jeden Selbständigen/mithelfenden Familienangehörigen in Höhe des durchschnittlichen Bruttoeinkommens eines beschäftigten Arbeitnehmers) je geleistete Arbeitsstunden der Erwerbstätigen. - 5) Bruttoeinkommen aus unselbständiger Arbeit (Inlandskonzept) plus kalkulatorischer Unternehmerlohn (für jeden Selbständigen/mithelfenden Familienangehörigen in Höhe des durchschnittlichen Bruttoeinkommens eines beschäftigten Arbeitnehmers) je Erwerbstätigenstunde (Quelle: DIW) preisbereinigt mit dem Deflator des BIP. - 6) Bruttoeinkommen aus unselbständiger Arbeit je beschäftigten Arbeitnehmer in Relation zum BIP in Preisen von 1991 je Erwerbstätigen (jeweils Inlandskonzept). - 7) Inländerkonzept; Jahresdurchschnitte; Quelle: DIW. - 8) Differenz der Effektivverdienste je Stunde in vH zu der der Tarifverdienste in vH im jeweiligen Jahr.

Entnommen aus: SR 1995/96; S. 116

gehandelten Tariflöhne immer Mindestlöhne. Eine gegebenenfalls erforderliche größere betriebliche Lohndifferenzierung mag dann nur möglich sein, wenn in die tariflich vereinbarten Lohngruppen zusätzliche Lohngruppen mit übertariflichen Lohnzuschlägen eingefügt werden.

Löhne sind aus der Sicht der Arbeitnehmer *Einkommensfaktor*, für viele Arbeitnehmer der einzige wirklich bedeutsame. Deshalb ist ihre Höhe für den Lebensstandard der Arbeitnehmer wichtig. Gesamtwirtschaftlich sind die Löhne eine bedeutsame Determinante für den gesamtwirtschaftlichen Konsum (vgl. Kap. 6.2.1.). Während für den Lohn als Kostenfaktor der Bruttolohn (also einschließlich aller Lohnnebenkosten) von Bedeutung ist, sind die Arbeitnehmer vorrangig an den Nettolöhnen interessiert. Zusätzlich spielt die Preisniveauentwicklung eine Rolle.

Die realen Arbeitskosten (auch *Produzentenlohn*) erhält man durch Deflationierung der gesamten Lohnkosten mit dem Deflator des BIP. Die realen Nettoverdienste (auch *Konsumentenlohn*) sind die Bruttoarbeitslöhne abzüglich Steuern und Sozialbeiträge, deflationiert mit dem Preisindex der Lebenshaltung. Damit können sich beide Größen unterschiedlich entwickeln, je nach Entwicklung von (a) Steuern und Sozialbeiträgen und (b) der beiden Preisindizes.

Übersicht 4.33 lässt erkennen, dass in der zweiten Hälfte der 80er Jahre der Konsumentenlohn meist stärker stieg als der Produzentenlohn.  Die Gründe dafür

**Übersicht 4.33** Reale Arbeitskosten und reale Nettoverdienste in Deutschland 1983 - 1995 (alte Bundesländer)

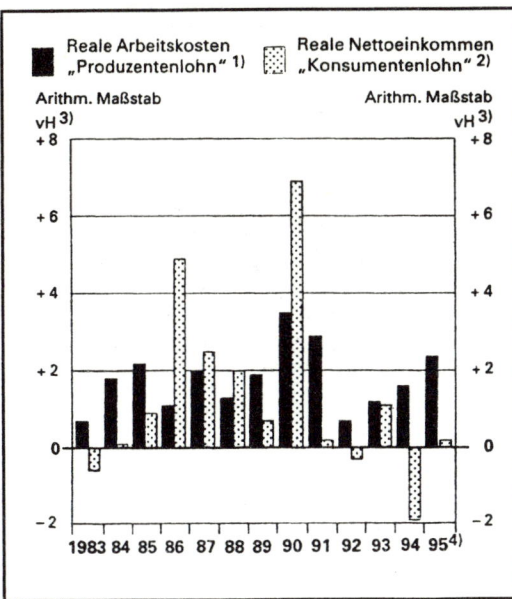

1) Bruttoeinkommen aus unselbständiger Arbeit der beschäftigten Arbeitnehmer (Inlandskonzept) plus kalkulatorischer Unternehmerlohn (für jeden Selbständigen / mithelfenden Familienangehörigen in Höhe des durchschnittlichen Bruttoeinkommens eines beschäftigten Arbeitnehmers) je geleistete Arbeitsstunden der Erwerbstätigen (Quelle: DIW); preisbereinigt mit dem Deflator des BIP. 2) Nettoeinkommen aus unselbständiger Arbeit der beschäftigten Arbeitnehmer (Inländerkonzept) plus kalkulatorischer Unternehmerlohn (für jeden Selbständigen/ mithelfenden Familienangehörigen in Höhe des durchschnittlichen Nettoeinkommens eines beschäftigten Arbeitnehmers) je geleistete Arbeitsstunden der Erwerbstätigen (umgerechnet auf Inländerkonzept), deflationiert mit dem Preisindex für die Lebenshaltung aller privaten Haushalte. 3) Veränderung gegenüber dem Vorjahr in vH. 4) Eigene Schätzung des SR.

Entnommen aus: SR 1995/96; S. 219

waren Steuer- und Abgabensenkungen. Seit 1990 blieb der Konsumentenlohn dagegen zurück. In 1994, aber auch in 1997 (vgl. SR 1997/98; S. 131) fiel der reale Konsumentenlohn sogar, während der reale Produzentenlohn weiter anstieg. Angesichts des hohen Abstandes von Brutto- und Nettolohn (vgl. Übersicht 4.26) ist es schon bedenklich, wenn - im Wesentlichen durch die staatliche Steuer- und Sozialpolitik bedingt - Produzenten- und Konsumentenlohn in dieser Weise auseinander driften. Tendenzen zur Schwarzarbeit dürften hierdurch nur verstärkt werden.

### 4.4.3. Das Produktionspotential

Das tatsächliche BIP einer Volkswirtschaft entspricht keineswegs immer dem, das unter „idealen Bedingungen" möglich gewesen wäre. Konjunkturelle Schwankungen führen vielmehr zu Unterauslastung oder Überlastung der vorhandenen Kapazitäten. Zur besseren Beurteilung der Lage, aber auch des langfristigen Wachstums, wird daher das tatsächliche Inlandsprodukt mit einem „Idealwert", dem *Produktionspotential*, verglichen.

> Das **Produktionspotential** ist das reale BIP, das mit den gegebenen Produktionsfaktoren bei deren *Normalauslastung* produziert werden könnte.

Als *Normalauslastung* legt der Sachverständigenrat eine Auslastung der vorhandenen Produktionskapazitäten von 96¾ % zugrunde. Der Faktor Arbeit tritt explizit nicht

**Übersicht 4.34**   Das Produktionspotential und seine Auslastung in der BR Deutschland 1974 - 1997 (alte Bundesländer)

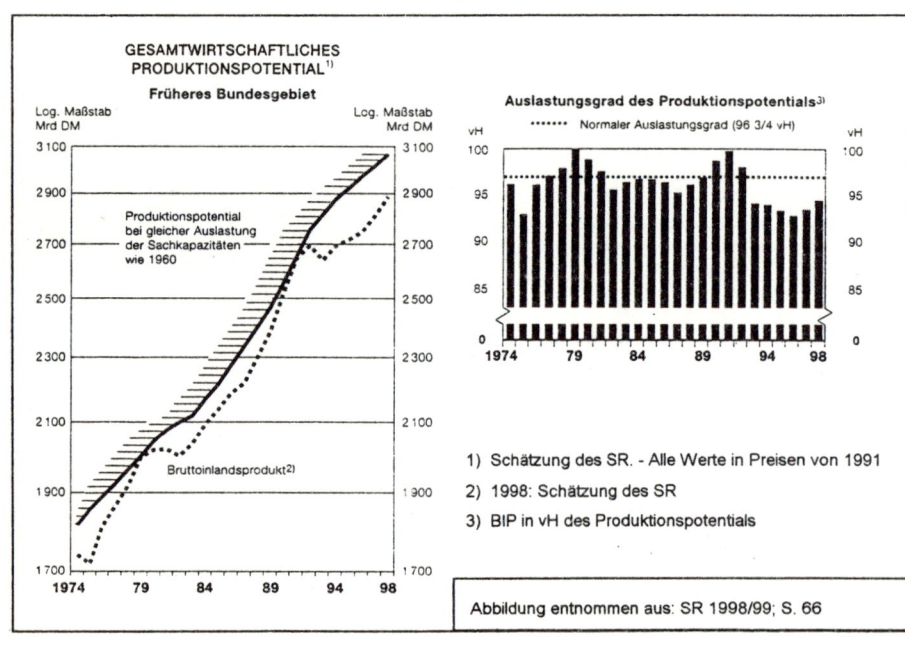

auf. (Näheres im Anhang zum jeweiligen Jahresgutachten: Methodische Erläuterungen; z.B. SR 1998/99, S. 284 ff.)

Das Produktionspotential zählt in Deutschland nicht zu den Größen der offiziellen Statistik. Die Deutsche Bundesbank hat 1981 einen Ansatz vorgelegt. Im Rahmen ihrer auf Preisniveaustabilität ausgerichteten Geldpolitik hat sie sich bei der Entwicklung der Geldmenge an der Entwicklung des Produktionspotentials orientiert. Sie hat damals ausgeführt (Monatsberichte, 10/1981; S. 32):
„Als Produktionspotential für die Ableitung ihres Geldmengenziels sieht die Bundesbank diejenige gesamtwirtschaftliche Produktionsleistung an, die mit den verfügbaren Produktionsfaktoren Arbeit und Sachkapital sowie dem Energieeinsatz unter Berücksichtigung des technischen Fortschritts bei ‚normaler‘ Nutzung erbracht werden kann, d.h. einem Nutzungsgrad, bei dem alle im Stabilitäts- und Wachstumsgesetz genannten Ziele - stetiges und angemessenes Wirtschaftswachstum, Stabilität des Preisniveaus, hoher Beschäftigungsstand und außenwirtschaftliches Gleichgewicht - in größtmöglicher Annäherung realisiert sind."

Das Produktionspotential und die tatsächliche Auslastung werden jährlich vom Sachverständigenrat kommentiert. Übersicht 4.34 gibt die Entwicklung der letzten Jahre wieder.

### 4.4.4. Preisindizes

Unter den wirtschaftspolitischen Zielen nimmt die *Preisniveaustabilität* neben dem Beschäftigungsziel einen herausragenden Rang ein (vgl. StWG § 1; Art. 2 und Art. 105 EU-Vertrag). Dieses Ziel hat einen *psychologischen Aspekt*, da Geldwertstabilität auch für Glaubwürdigkeit, Beständigkeit und Rechtssicherheit steht. Ferner hat es einen *instrumentalen Charakter*. Preisniveaustabilität ist Voraussetzung dafür, dass die Allokationsfunktion des Preissystems wirken kann. Wenn das Preisniveau nicht stabil ist, kann die Einkommens- und Vermögensverteilung nachteilig beeinflusst werden und es muss mit Verzerrungseffekten im Steuersystem gerechnet werden, Außerdem sind negative Rückwirkungen auf andere Ziele, etwa das Beschäftigungsziel, zu erwarten. Preisniveaustabilität wird daher generell als vorteilhaft bewertet (vgl. auch EZB, Monatsbericht 1/1999; S. 43 ff).

Die *Messung* der Preisniveauentwicklung ist allerdings mit statistischen Problemen behaftet. Die wichtigsten sollen nachfolgend vorgestellt werden. Eine tiefgehende Analyse muss jedoch der statistischen Spezialliteratur vorbehalten bleiben. Ein sehr einfaches Modell (Beschränkung auf nur drei Güter) (Übersicht 4.35) ist geeignet, einige wichtige Aspekte der Problematik zu verdeutlichen. Wenn die Änderung des Preisniveaus in Periode 1 gegenüber Periode 0 nachgewiesen werden soll, dann ist zunächst zu definieren, was unter dem *Preisniveau* zu verstehen ist. Es dürfte klar sein, dass es nicht sinnvoll ist, als Preisniveau den einfachen Durchschnitt anzusehen. Dann würde nicht berücksichtigt, dass das billige Gut 2 einen so hohen mengenmäßigen Anteil hat. Es wird also definiert:

Das **Preisniveau** ist der gewogene Durchschnitt aller Güterpreise.

**Übersicht 4.35**  Preis-Mengen-Entwicklung in einer Modell-Volkswirtschaft

| Periode | Gut 1 | | Gut 2 | | Gut 3 | |
|---------|-------|---|-------|---|-------|---|
| | Menge $q_1$ | Preis $p_1$ | Menge $q_2$ | Preis $p_2$ | Menge $q_3$ | Preis $p_3$ |
| 0 | 10 | 1,0 | 200 | 0,5 | 50 | 2,0 |
| 1 | 11 | 1,1 | 190 | 0,45 | 48 | 2,1 |

Damit bestimmt sich das Preisniveau in den beiden Perioden wie folgt:

$$\text{Periode 0:} \quad P_0 = \frac{10 \cdot 1 + 200 \cdot 0,5 + 50 \cdot 2}{10 + 200 + 50} = 0,8077$$

$$\text{Periode 1:} \quad P_1 = \frac{11 \cdot 1,1 + 190 \cdot 0,45 + 48 \cdot 2,1}{11 + 190 + 48} = 0,7968$$

Zunächst ist klarzustellen, dass die Zahl 0,8077 (bzw. 0,7968) für sich allein genommen nichts aussagt. Begriffe wie „hoch" oder „niedrig" sind in diesem Zusammenhang jedenfalls nicht angebracht. Einen Sinn ergibt nur ein *Vergleich* zwischen zwei Werten. Allerdings ist auch der Vergleich der beiden oben berechneten Zahlen nicht sinnvoll. Das für die Periode 1 berechnete Preisniveau $P_1$ weicht ja gegenüber dem der Periode 0 nicht nur deshalb ab, weil sich die Güterpreise verändert haben; es hat auch eine **Veränderung der *Mengen*** stattgefunden. Es muss daher versucht werden, die Mengenwirkung auszuschalten und die reine **Preiswirkung zu isolieren.**

Der zentrale Ansatz, die *Preis*-Komponente heraus zu filtern, besteht darin, mit *konstanten Mengenstrukturen* zu arbeiten. Dabei werden zwei Alternativen benutzt:

(1)  Es werden die Mengen der *Basis*-Periode zugrunde gelegt (Laspeyres-Index):

Der **Laspeyres-Preisindex** lautet:

$$P_L = \frac{\sum\limits_{i=1}^{n} q_{i0}\, p_{i1}}{\sum\limits_{i=1}^{n} q_{i0}\, p_{i0}}$$

Dabei bedeuten $p_i$ die Preise, $q_i$ die Mengen der verschiedenen Güter i. 0 bezeichnet die Basisperiode, 1 die betrachtete Periode.

Anwendung auf das Beispiel der Übersicht 4.35:

$$P_{L1} = \frac{10 \cdot 1,1 + 200 \cdot 0,45 + 50 \cdot 2,1}{10 \cdot 1 + 200 \cdot 0,5 + 50 \cdot 2} = 0,9809$$

(2)  Es werden die Mengen der *Berichts*-Periode zugrunde gelegt (Paasche-Index):

Der **Paasche-Index** lautet:

$$
P_P = \frac{\sum\limits_{i=1}^{n} q_{i1}\ p_{i1}}{\sum\limits_{i=1}^{n} q_{i1}\ p_{i0}}
$$

Anwendung auf das Beispiel der Übersicht 4.35:

$$
P_{P1} = \frac{11 \cdot 1,1 + 190 \cdot 0,45 + 48 \cdot 2,1}{11 \cdot 1 + 190 \cdot 0,5 + 48 \cdot 2} = 0,9822
$$

Was sagen diese beiden Zahlen aus?

(1)  Für den *Laspeyres-Index* lautet die Interpretation:
Wenn in Periode 1 dieselben Mengen gekauft worden wären wie in Periode 0, dann wären diese Mengen in Periode 1 um 1,91 % billiger gewesen.

(2)  Für den *Paasche-Index* gilt entsprechend:
Wenn in Periode 0 dieselben Mengen gekauft worden wären wie in Periode 1, dann wären diese Mengen in Periode 1 um 1,78 % billiger gewesen.

Damit wird deutlich: Da die Mengen nicht konstant geblieben sind, handelt es sich bei beiden berechneten Zahlen letztlich um *fiktive Werte*. Die Unterschiede in der berechneten Preisniveauänderung gehen nur auf die unterschiedliche Gewichtung in beiden Ansätzen zurück. Deshalb wäre es falsch, den Laspeyres-Index als „besser" oder „schlechter" als den Paasche-Index zu werten. In der Praxis wird allerdings oft der Laspeyres-Index bevorzugt (z.B. auch vom Statistischen Bundesamt). Dies liegt daran, dass es weniger aufwendig ist, eine längere Zeit die Preise gleichbleibender Güter zu verfolgen als jede Berichtsperiode eine neue, aktuelle Mengenstruktur zugrunde zu legen. Das Statistische Bundesamt führt aber auch Kontrollrechnungen nach Paasche durch.

In der Realität gibt es eine riesige Zahl von Gütern. Daher können nicht die Preise aller Güter erfasst werden. Deshalb wird eine Auswahl getroffen, die man **Warenkorb** nennt. Im Prinzip sollte eine solche Auswahl (in Deutschland ca. 750 Sachgüter und Dienstleistungen) *repräsentativ* sein. Leider gibt es keine Kriterien dafür, welches Gut repräsentativ ist und welches nicht. Die berechnete Preisniveauänderung kann jedenfalls davon beeinflusst werden, welche Güter in den Warenkorb aufgenommen werden und welche nicht. Die ausgewiesene Änderung kann daher gegenüber der wirklichen zu hoch oder zu niedrig sein. Zu bedenken ist auch, dass Güter völlig vom Markt verschwinden; neue kommen hinzu. Auch die Qualität vorhandener Güter kann sich ändern. Insbesondere bei Dienstleistungen ist die Annahme konstanter Mengen oft kaum vertretbar: Etwa im Bereich der Finanzdienstleistungen und in der Medizin (Operationen) ändern sich die qualitativen Unterschiede sehr schnell. Schließlich kann für weite Teile des Staatsverbrauchs überhaupt keine Mengenstruktur bestimmt werden.

Der Warenkorb wird zwar i.d.R. in etwa fünfjährigem Abstand überprüft und gegebenenfalls neu zusammengestellt. Jede Änderung des Warenkorbs bedeutet aber gleichzeitig, dass die Vergleichbarkeit mit früheren Daten beeinträchtigt wird. Übersicht 4.36 zeigt beispielhaft die Veränderung in der Grobstruktur des Warenkorbs für die alten Bundesländer. Deutlich treten die (damals noch bestehenden) Unterschiede zwischen den Warenkörben West und Ost hervor.

**Übersicht 4.36**  Die Warenkörbe 1985 und 1991 für den Preisindex der Lebenshaltung (BR Deutschland; alle privaten Haushalte)

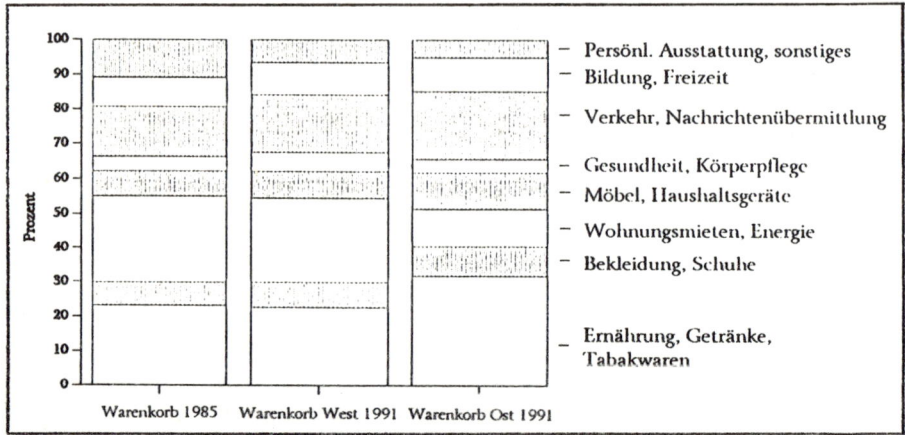

Quelle: Stat BA: Fachserie 17. Reihe 7: Preise und Preisindizes für die Lebenshaltung. 7/1995, S. 14; 8/1995, S. 39 und 79

Die veröffentlichten Daten können aber auch einfach durch die Datenerhebung verfälscht sein. Erfasst werden nur die offiziellen Preise. Rabatte, Sonderangebote, Fabrikverkäufe gehen z.B. nicht ein. Schließlich mögen auch die Datenerfasser ihre Arbeit nicht immer ganz korrekt erledigen.

Alles zusammen genommen besteht die Tendenz, dass die mit einem Laspeyres-Ansatz verarbeiteten Daten die Preisniveauveränderung leicht überschätzen. Die Deutsche Bundesbank weist auf eine eigene Untersuchung (Monatsbericht, 5/1998; S. 60), wonach „der durchschnittliche ‚Fehler' bei der Inflationsmessung in Westdeutschland in der Größenordnung von drei Viertel Prozentpunkten pro Jahr liegen könnte." Diese Fehlschätzung ist auch der Hauptgrund dafür, dass die Deutsche Bundesbank eine Inflationsrate bis zu 2 % pro Jahr noch als „Preisniveaustabilität" ansieht (Monatsbericht, 5/1998, S. 60). In gleicher Weise hat sich auch der Rat der Europäischen Zentralbank für die Europäische Währungsunion festgelegt: „Preisstabilität wird definiert als Anstieg des Harmonisierten Verbraucherpreisindex (HVPI) für das Euro-Währungsgebiet von unter 2 % gegenüber dem Vorjahr." (EZB, Monatsbericht 1/1999; S. 51).

Das Ausmaß möglicher Fehlschätzungen spielt eine größere Rolle, wenn - wie in den letzten Jahren - die Inflationsraten gering sind. Das Statistische Bundesamt meint allerdings (Pressemitteilung vom 17.11.1997), dass solche - ähnlich auch vom amerikanischen Notenbankpräsidenten Greenspan (1997) vorgetragenen - Argumente am Problem vorbeigingen, da es gar keinen „Lebenshaltungs*kosten*index" ermitteln wolle, sondern einen „reinen Preisindex".

Um die Aussagefähigkeit zu erhöhen, werden verschiedene Warenkörbe gebildet. Im Mittelpunkt steht der **Preisindex für die Lebenshaltung aller Haushalte**. Weitere Preisindizes beziehen sich auf
- 4-Personen-Haushalte von Angestellten und Beamten mit höherem Einkommen;
- 4-Personen-Arbeitnehmerhaushalte mit mittlerem Einkommen des alleinverdienenden Haushaltsvorstands;
- 2-Personen-Haushalt von Renten- und Sozialhilfeempfängern.
Es ist jedoch beabsichtigt, diese weiteren Indizes ab 2003 nicht mehr auszuweisen.

Auch die Inflationsrate zählt zu den Maastricht-Kriterien für den Beitritt zur Europäischen Währungsunion. Als Referenzwert wird auf den *Index der Verbraucherpreise* abgestellt. Die statistischen Ansätze für diesen Index weichen jedoch in den Staaten der EU voneinander ab. Deshalb wird seit 1997 vom Statistischen Amt der Europäischen Gemeinschaften (Eurostat) ein **Harmonisierter Verbraucherpreisindex** (HVPI) angewendet. Derzeit (1999) erfüllt er noch nicht alle Anforderungen. Gleichwohl stellte der EZB-Rat fest: „Der HVPI ist der geeignetste Maßstab für die ESZB-Definition der Preisstabilität. Er ist der einzige Preisindex, der zu Beginn der dritten Stufe im gesamten Euro-Währungsgebiet ausreichend harmonisiert ist. Mit der Konzentration auf den HVPI ‚für das Währungsgebiet' macht der EZB-Rat deutlich, dass er seine Entscheidungen auf die monetäre, wirtschaftliche und finanzielle Entwicklung im gesamten Euro-Währungsgebiet stützen will." (EZB, Pressemitteilung vom 13.10.1998)

Es muss erwähnt werden, dass es neben Verbraucher-Preisindizes weitere Preisindizes mit jeweils unterschiedlichen Warenkörben gibt. Für Produzenten ist z.B. der *Index der Erzeugerpreise gewerblicher Produkte* von Bedeutung, für Bauinteressenten ein *Preisindex für Neubau*. Als Indikator für die Preisniveauentwicklung insgesamt wurde teilweise auch der *Preisindex für das Bruttosozialprodukt* (jetzt: BIP) herangezogen.

Das im Stabilitätsgesetz gesetzte Ziel „Preisniveaustabilität" war in Deutschland in der Vergangenheit nur selten erfüllt. Im internationalen Vergleich steht Deutschland gleichwohl überdurchschnittlich gut da. Übersicht 4.37 zeigt, dass die Inflationsraten besonders Anfang der 70er und 80er Jahre, aber auch im Gefolge der Wiedervereinigung Anfang der 90er Jahre relativ hoch waren. In den Jahren 1973 - 76 fielen hohe Inflationsraten mit niedrigen Wachstumsraten des BIP zusammen. Deshalb wurde diese Phase auch als **Stagflation** (zusammengezogen aus *Stag*nation und In*flation*) bezeichnet. Zwischenzeitlich gab es jeweils Perioden, in denen die Inflationsraten zurück gingen. Die in solchen - als **Disinflation** bezeichneten - Phasen notwendige Anpassung der Wirtschaftssubjekte an niedrigere Inflationsraten kann zu Anpassungsproblemen führen. - In den letzten Jahren konnten in den meisten Industriestaaten die Inflationsraten deutlich gesenkt werden. Einige Ökonomen halten die Inflation deshalb für besiegt. Der frühere Bundesbankpräsident Tietmeyer sieht die Preisniveaustabilität jedoch immer wieder neu als gefährdet an.

**Übersicht 4.37**  Die Entwicklung des Preisindex für die Lebenshaltung
(alle privaten Haushalte) in Deutschland 1965 - 1998

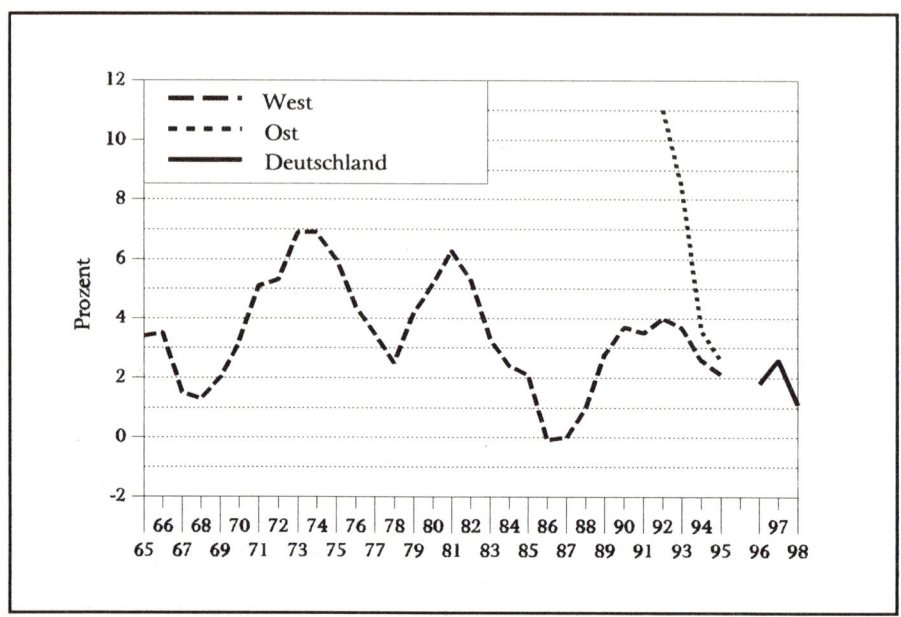

Quelle: Wirtschaft und Statistik (Tabellenteil; laufende Jahrgänge)

## Literaturhinweise zu Kapitel 4:

*Zu Kapitel 4.1.:*

**P. Bleses, C. Stahmer:** Input-Output-Tabellen 1990. Wirtschaft und Statistik 5/1994. S. 329 ff.

**H.-W. Holub, H. Schnabl:** Input-Output-Rechnung: Input-Output-Tabellen. München - Wien 1982 (3. Aufl. 1994)

**D. Brümmerhoff:** Volkswirtschaftliche Gesamtrechnungen. 5. Aufl. München 1995 (6. Kap.)

**Statistisches Bundesamt:** Fachserie 18. Volkswirtschaftliche Gesamtrechnungen. Reihe 2: Input-Output-Tabellen.

*Zu Kapitel 4.2.:*

**Deutsche Bundesbank:** Änderungen in der Systematik der Zahlungsbilanz. Monatsbericht 3/1995. S. 33 ff.

**G. Dieckheuer:** Internationale Wirtschaftsbeziehungen. 3. Aufl. München 1995 (Kap. A)

**H.-J. Jarchow, P. Rühmann:** Monetäre Außenwirtschaft. Bd. 1: Monetäre Außenwirtschaftstheorie. 2. Aufl. Göttingen 1988

**K. Rose:** Theorie der Außenwirtschaft. 10. Aufl. München 1989 (1. Teil)

*Zu Kapitel 4.3.:*

**D. Brümmerhoff:** Volkswirtschaftliche Gesamtrechnungen. 5. Aufl. München 1995 (7. Kap.)

**Bundesregierung:** Entwicklung der Vermögen und ihrer Verteilung. Antwort der Bundesregierung auf die Große Anfrage der Abgeordneten O. Schreiner u.a. und der Fraktion der SPD. Deutscher Bundestag, Drucksache 13/3885 vom 28.2.1996

**W. Engels, H. Sablotny, D. Zickler:** Das Volksvermögen. Seine verteilungs- und wohlstandspolitische Bedeutung. Frankfurt/M. 1974

**R. Dornung-Draus:** Das Vermögen der privaten Haushalte in der Bundesrepublik Deutschland: Bestand, Entwicklung und Verteilung. Jahrbücher für Nationalökonomie und Statistik. Bd 206. Jan. 1989. S. 18 ff.

**M. Miegel:** Die verkannte Revolution - Einkommen und Vermögen der privaten Haushalte. Bonn 1983

**L. Schmidt:** Integration der Vermögensbilanzen in die internationalen Systeme Volkswirtschaftlicher Gesamtrechnungen. In: u. P. Reich, C. Stahmer: Internationale Systeme Volkswirtschaftlicher Gesamtrechnungen. Stuttgart 1986

*Zu Kap. 4.4.1.:*
**O. Landmann, J. Jerger:** Beschäftigungstheorie. Berlin u.a. Orte 1999 (Kapitel 1)
**E. Schaich, P. Zimmermann:** Anspruch und Wirklichkeit der statistischen Erfassung der Arbeitslosigkeit in der Bundesrepublik. Mitteilungen des Rheinisch-Westfälischen Institutes für Wirtschaftsforschung. Nr. 36, 1985. S. 109 ff.
**J. Schalk, J. Lüschow, G. Untiedt:** Wachstum und Arbeitslosigkeit - Gibt es noch einen Zusammenhang? IfO-Schnelldienst, 17-18/1997. S. 3 ff.
**H. D. Westerhoff:** Probleme der Arbeitslosenstatistik. IfO-Studien 8/1987. S. 101 ff.

*Zu Kap. 4.4.2.:*
**Deutsche Bundesbank:** Zur Entwicklung der Arbeitseinkommen seit Anfang der neunziger Jahre. Monatsbericht. 10/1997. S. 19 ff.
**W. Gohout:** Lohnnebenkosten als Standortfaktor im internationalen Wettbewerb. WiSt 9/1997. S. 468 ff.
**S. Hauf:** Volkswirtschaftliche Lohnstückkosten und ihre Komponenten. Wirtschaft und Statistik 8/1997. S. 523 ff.
**U. J. Heuser:** Wohlstand für wenige. DIE ZEIT 24.10.1997. S. 23 ff.
**R. Köddermann:** Sind Löhne und Steuern zu hoch? IfO-Schnelldienst 20/1996. S. 6 ff.
**U. van Suntum:** Löhne, Wechselkurse und Beschäftigung. Zur Aussagekraft von Lohnstückkosten und realen Wechselkursen als Beurteilungsmaßstab für die nationale Lohnpolitik. Zeitschrift für Wirtschaftspolitik 1/1997. S. 23 ff.

*Zu Kap. 4.4.3.:*
**Deutsche Bundesbank:** Neuberechnung des Produktionspotentials für die Bundesrepublik Deutschland. Monatsberichte. 10/1981. S. 32 ff.
**M. Heise:** Das volkswirtschaftliche Produktionspotential - Berechnungsmethoden und Aussagewert. WiSt 11/1991. S. 553 ff.

*Zu Kap. 4.4.4.:*
**I. Costas:** Grundlagen der Wirtschafts- und Sozialstatistik. Frankfurt/M. 1985 (Kap. 11.1-3)
**Deutsche Bundesbank:** Probleme der Inflationsmessung. Monatsbericht. 5/1998. S. 53 ff.
**G. Elbel:** Zur Einführung Harmonisierter Verbraucherpreisindizes für Europa. Wirtschaft und Statistik 3/1997. S. 187 ff.
**Europäische Zentralbank:** Eine stabilitätsorientierte geldpolitische Strategie für das ESZB. Pressemitteilung vom 13.10.1998
**Europäische Zentralbank:** Die stabilitätsorientierte geldpolitische Strategie des Eurosystems. Monatsbericht. Januar 1999. S. 43 ff.
**A. Greenspan:** Problems of Price Measurement. Deutsche Bundesbank, Auszüge aus Presseartikeln, Nr. 66 vom 11.11.97. S. 1 ff.
**L. Nett:** Preisindizes: WISU 1/1995. S. 38 ff.
**Statistisches Bundesamt:** Fachserie 17. Reihe 7: Preise und Preisindizes für die Lebenshaltung
**J. Weeber:** Die Umstellung des Preisindex für die Lebenshaltung auf das Basisjahr 1995. WISU 4/1999. S. 474 ff.

# Teil 2

# Makroökonomische Ex-ante-Analyse

# 5. Kapitel:
# Einleitung

## 5.1. Das makroökonomische Totalmodell im Überblick

In Teil 1 wurde ein System für die *Beschreibung* des gesamtwirtschaftlichen Ergebnisses einer abgelaufenen Periode entwickelt. Dieses System wurde allerdings bereits im Hinblick auf eine *Erklärung* gesamtwirtschaftlicher Zusammenhänge konzipiert. Eine Erklärung setzt an bei dem (geplanten) **Verhalten** der beteiligten Aggregate. Es wird versucht, das gesamtwirtschaftliche Ergebnis, das aus diesem Verhalten folgt, abzuleiten. Da Pläne immer zukunftsgerichtet sind, heißt ein solches Vorgehen auch **Ex-ante-Analyse** (ex ante = aus dem Vorhinein). Die Erklärung bildet den Hauptgegenstand des Teils 2. Es wird aber auch zur Anwendung der Erkenntnisse in der *Wirtschaftspolitik* Stellung genommen.

Wichtiges Ziel einer makroökonomischen theoretischen Untersuchung ist es, die Ursachen für die Höhe von Realeinkommen Y, Beschäftigung N, Preisniveau P, Lohnhöhe w und Zinssatz i zu erklären. In der Realität gibt es allerdings weder „den" Lohnsatz noch „den" Zinssatz. In einer grundlegenden Analyse kann es daher nur darum gehen, mit einem „repräsentativen" Lohn- bzw. Zinssatz zu arbeiten.

Die zu erklärende Höhe der jeweiligen Größen wird in der Realität durch eine Fülle von Einflussfaktoren bestimmt, die in einem komplexen Zusammenhang stehen. Die oben genannten Größen und ihre Zusammenhänge können daher befriedigend auch nur in einem *gemeinsamen Ansatz*, einem sog. **Totalmodell**, erklärt werden. (Das Modell ist aber nicht insofern „total", dass mit ihm *alle* makroökonomischen Probleme analysiert werden könnten.) Hier wird davon ausgegangen, dass die wechselseitigen Beziehungen zwischen den oben genannten gesamtwirtschaftlichen Größen in ihren wesentlichen Grundzügen durch die Übersicht 5.1 zutreffend wiedergegeben sind. Wenn diese Übersicht hier an den Anfang des Teils 2 gestellt wird, so handelt es sich im Grunde allerdings um eine Vorwegnahme des Ergebnisses, denn ein Totalmodell ist ja nicht einfach da und vorgegeben. Es dürfte aber das Verständnis der nachfolgenden Kapitel erleichtern, wenn man sich an dieser Übersicht orientiert.

Das in Übersicht 5.1 beschriebene Totalmodell stellt die gesamtwirtschaftlichen Beziehungen noch relativ einfach dar. Andererseits ist es gerade das Charakteristikum einer Modellanalyse, die Zusammenhänge durch Vereinfachungen (Abstraktionen) auf ihre Hauptaspekte zurückzuführen und damit leichter durchschaubar zu machen. Das Modell ist übrigens nicht vollkommen starr, sondern verfügt über eine gewisse Flexibilität, da die Beziehungen im Detail durchaus unterschiedlich modelliert werden können.

**Übersicht 5.1**  Die Beziehungen im makroökonomischen Totalmodell

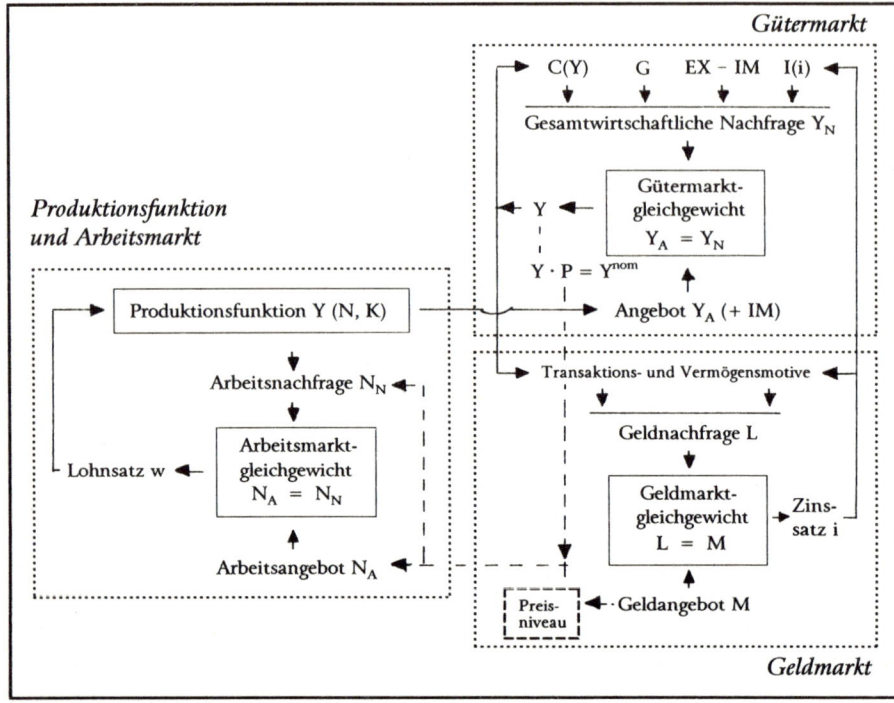

Übersicht 5.1 zeigt, dass alle Größen direkt oder indirekt miteinander verknüpft sind. Daher kann die Bestimmung der Höhe der Größen Y, N, P,w, i letztlich nur *simultan* erfolgen. Aus methodischen Gründen hat es sich jedoch als zweckmäßig erwiesen, die interdependenten Beziehungen gedanklich in *makroökonomische Teilmärkte* zu zerlegen. Diese Teilmärkte werden zunächst isoliert analysiert (makroökonomische *Partialanalysen*) und anschließend zur Totalanalyse zusammengefügt. Dabei werden die in Übersicht 5.1 kenntlich gemachten Teilmärkte gebildet:
- Gütermarkt (auch: Produktmarkt);
- Geldmarkt;
- Arbeitsmarkt.

Im **Gütermarkt** wird das gesamtwirtschaftliche Angebot (die Gesamtheit aller von den Unternehmen produzierten Sachgüter und Dienste) der gesamten Nachfrage (privater und staatlicher Konsum, Investition, Auslandsnachfrage) gegenübergestellt. Es werden die Bedingungen untersucht, unter denen es zu einer Übereinstimmung von Angebot und Nachfrage (gesamtwirtschaftliches Gleichgewicht) kommt. Damit sollen die aus der Gütersphäre resultierenden Ursachen für die Höhe von Produktion und Einkommen aufgezeigt werden.

Im **Geldmarkt** wird das Geldangebot M auf der einen Seite und die Geldnachfrage L seitens der Nichtbanken auf der anderen Seite analysiert. Im Rahmen der

Analyse des *Geldangebots* wird gezeigt, wie Geld (und die Geldmenge) durch die Aktivitäten von Zentralbank und Geschäftsbanken entsteht. Unter *Geldnachfrage* versteht man das Problem, weshalb Nichtbanken (Haushalte, Staat, Unternehmen ohne Banken) überhaupt das unverzinsliche oder gering verzinsliche Vermögensobjekt *Geld* oder *Kasse* (das je nach Zweck etwas anders abgegrenzt und in einer engen Sichtweise nur Banknoten und Sichtguthaben umfasst oder in weiteren Fassungen auch andere geldnahe Forderungen enthält) haben („halten") wollen, obwohl es doch zahlreiche Möglichkeiten der höherverzinslichen Anlage gibt. Durch die Zusammenfügung von Geldangebot und -nachfrage lässt sich zeigen, wie sich der für den Gütermarkt relevante „repräsentative" Zins i für die (höherverzinslichen) langfristigen Wertpapiere / Kredite bildet.

Im Teilbereich **Arbeitsmarkt** wird untersucht, welche Bedingungen zum Ausgleich von Angebot und Nachfrage nach Arbeit führen. Dabei wird zunächst unterstellt, dass Arbeit ein *homogenes Gut* ist; dies bedeutet, dass alle Arbeitnehmer die gleiche Arbeitsleistung erbringen und auch alle Betriebe nur diese gleiche Arbeitsleistung nachfragen. Dann bildet sich auch ein *einheitlicher Lohnsatz w*. In der Realität besteht weder auf der Angebots- noch auf der Nachfrageseite eine derartige Homogenität. Diesem Aspekt wird durch eine anschließende Modifizierung des Modells Rechnung getragen. Die Unvollkommenheiten des Arbeitsmarktes bewirken allerdings, dass in der Realität ein völliger Ausgleich von Angebot und Nachfrage meistens nicht erreicht werden kann.

Die Verknüpfung von Arbeits- und Gütermarkt erfolgt über die **volkswirtschaftliche Produktionsfunktion**. Sie beschreibt die Abhängigkeit des volkswirtschaftlichen Produktionsergebnisses (Output in der Form des BIP oder NIP) vom Einsatz der volkswirtschaftlichen Produktionsfaktoren (Arbeit, Boden, Kapital, technisches Wissen). Im hier zugrunde gelegten kurzfristigen Ansatz gelten Kapitalbestand, Boden und technisches Wissen als konstant. Dann hängt das Produktionsergebnis nur noch von der Auslastung des Kapitalbestands und dem (mengenmäßigen) Einsatz an Arbeit ab.

In dem vorgestellten Totalmodell fehlt im Grunde ein explizit ausgewiesener **Wertpapiermarkt** als Angebot und Nachfrage von (höher-)*verzinslichen Forderungstiteln* (z.B. Industrieobligationen). Es lässt sich aber nachweisen, dass der Wertpapiermarkt in einer derartigen Weise mit den anderen Teilmärkten verknüpft ist, dass sich eine explizite Behandlung erübrigt.

In grafisch komprimierter Form präsentiert sich das Totalmodell entsprechend Abb. 5.2. In dieser Grafik (deren voller Sinn sich allerdings letztlich erst nach der Lektüre von Kap. 11 erschließen kann) drückt sich aus, dass die makroökonomischen Werte von Preisniveau P und Realeinkommen Y von zwei Seiten her bestimmt werden:

a) Von der **gesamtwirtschaftlichen Nachfrage** $Y_N(P)$ her (für die eine von links oben nach rechts unten geneigte Beziehung zwischen P und Y besteht). In die Beziehung $Y_N(P)$ fließen die *kombinierten Güter- und Geldmarktgleichgewichte* ein.

b) Von dem **gesamtwirtschaftlichen Angebot $Y_A(P)$** her (für das weithin eine von links unten nach rechts oben ansteigende Beziehung zwischen P und Y besteht). Das gesamtwirtschaftliche Angebot $Y_A(P)$ geht aus einer *Kombination von Arbeitsmarkt und Produktionsfunktion* hervor.

**Abb. 5.2**   Die grafische simultane Bestimmung von Einkommen und Preisniveau

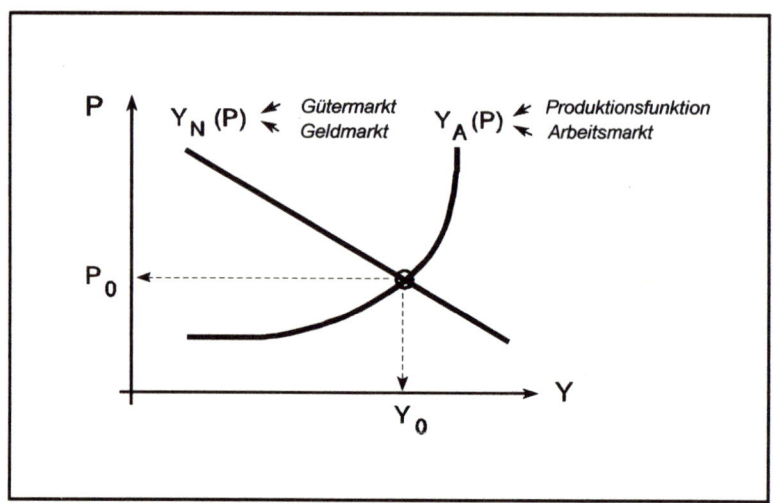

Der in Übersicht 5.1 skizzierte Gesamtzusammenhang wird in diesem Lehrbuch gleichsam „bausteinartig" abgehandelt und zusammengesetzt:

1. Schritt: Partialanalyse des Gütermarkts (bei Preisniveaustabilität) - Kap. 6;
2. Schritt: Partialanalyse des Geldmarkts (bei Preisniveaustabilität) - Kap. 7;
3. Schritt: Kombination von Güter- und Geldmarkt - Kap. 8;
4. Schritt: Partialanalyse von Produktionfunktion / Angebot und Arbeitsmarkt - Kap. 10;
5. Schritt: Kombination von Güter-, Geld- und Arbeitsmarkt sowie Produktionsfunktion - Kap. 10.4.2;
6. Schritt: Unter Beachtung von Preisniveaueffekten werden jeweils die folgenden Bereiche zusammengefügt:
   a) Güter- und Geldmarkt zur gesamtwirtschaftlichen Nachfrage $Y_N(P)$;
   b) Produktionsfunktion und Arbeitsmarkt zum gesamtwirtschaftlichen Angebot $Y_A(P)$ - Kap. 11.2 und 11.3;
7. Schritt: Zusammenfassung von gesamtwirtschaftlicher Nachfrage $Y_N(P)$ und gesamtwirtschaftlichem Angebot $Y_A(P)$ zum Totalmodell - Kap. 11.4

In der Abfolge dieser Schritte wird deutlich werden, dass Ergebnisse, die aus der isolierten Analyse eines Teilmarktes (z.B. des Gütermarkt) abgeleitet worden sind, gegebenenfalls modifiziert werden müssen, wenn mehrere Teilmärkte zusammengefügt werden.

## 5.2. Wirtschaftstheoretische und -politische Konzeptionen

Die Volkswirtschaftslehre verfügt nicht über einen einzigen, allseits akzeptierten Erklärungsansatz. Es gibt im Gegenteil so viele Varianten (z.B. Keynesianismus, Monetarismus, Postkeynesianismus, Neue Klassische Makroökonomie), dass Studienanfänger, die nach einem Einstieg in die makroökonomische Theorie suchen, ebenso wie Politiker, die von der Theorie Hinweise auf praktische Handlungsanweisungen erwarten, eher verwirrt werden. Zumindest für Studierende des Grundstudiums reduzieren sich jedoch die zahlreichen Varianten im Grunde auf zwei, nämlich den **Keynesianismus** und die **Neoklassik**.

Dass es eine Vielfalt makroökonomischer Theorien gibt, ist durchaus zu erklären. Rothschild (1986; S. 109 f.) hält dies eher für normal:
„Das ist angesichts der enormen Komplexität der Wirtschaftszusammenhänge bis zu einem gewissen Grade unvermeidlich. *Jede* Theorie, welche die globalen Wirtschaftsabläufe in ihren Wechselwirkungen analysieren will, muss *notwendigerweise* sehr weitgehende Abstraktionen von der Wirklichkeit vornehmen, um sich auf einige wenige Fakten zu konzentrieren, welche als wichtig und für eine bestimmte Fragestellung als relevant angesehen werden. Keine einzige der sich zum Teil ergänzenden, zum Teil miteinander konkurrierenden Theorien kann eine gesicherte Gesamtsicht des globalen Wirtschaftsgeschehens liefern. Aber soweit die Theorien nicht geradewegs falsch sind (und dann - so sollte man hoffen - ausgeschieden werden), können sie für gewisse Teilaspekte und Fragestellungen brauchbare Einsichten liefern und *in ihrer Gesamtheit* auch als Baustein für wirtschaftspolitische Konzepte dienen.“

Sozialwissenschaftliche Lehren sind von der jeweiligen gesellschaftlich-historischen Situation und ihren ökonomischen Problemen beeinflusst [vgl. z.B. Galbraith (1988)]. Daher dürfte es das Verständnis der heutigen Sichtweise erleichtern, wenn in einem kurzen historischen Abriss die Hauptentwicklungslinien des makroökonomischen Denkens nachgezeichnet werden.

In historischer Sicht werden die im Zeitraum vom Ende des 18. bis zum ersten Drittel des 20. Jh. vorherrschenden ökonomischen Ansichten als **klassisch-neoklassische Periode** bezeichnet. Die Vorstellungen der klassischen Ökonomen (u.a. Malthus, Mill, Ricardo, Say, A. Smith) und ihrer neoklassischen Nachfolger (u.a. I. Fisher, Jevons, A. Marshall, Menger, Pigou, Walras) werden aus heutiger Sicht zu einem als **Klassik / Neoklassik** bezeichneten Gedankengebäude zusammengefasst. Dieser Ansatz wird auch heute immer wieder als Bezugssystem gewählt.

Das (neo-)klassische, *mikroökonomisch* orientierte System geht von einer grundsätzlichen **Stabilität des privaten Sektors** aus. Damit ist gemeint, dass eine nach den Prinzipien des allgemeinen (Konkurrenz-)Preismechanismus organisierte Wirtschaft letztlich zu *Vollbeschäftigung* tendiert. Zwar sind *befristete Störungen*, die aus Anpassungen an veränderte Marktbedingungen resultieren, möglich. Sie bedingen jedoch **keine Notwendigkeit wirtschaftspolitischer Eingriffe**, im Gegenteil, die automatisch in Richtung Vollbeschäftigung wirkenden Anpassungsvorgänge würden dadurch eher behindert. Nur wenn systemwidrige Veränderungen des allseitigen Konkurrenzsystems auftreten (z.B. Monopolisierung im Bereich der Unternehmen; von Gewerkschaften erzwungene Mindestlöhne), besteht die Gefahr, dass sich die „Selbstheilungskräfte" nicht durchsetzen können.

Dass ein solches System grundsätzlich zu Vollbeschäftigung tendiert, wird auf die folgenden Gründe zurückgeführt: Die Koordination der Pläne der zahllosen Wirtschaftssubjekte erfolgt durch die „unsichtbare Hand" (A. Smith) der (Konkurrenz-) **Preisbildung**. Ein funktionierendes Preissystem mit nach oben und unten flexiblen Preisen muss dazu auf allen Märkten - auch auf dem Arbeitsmarkt! - gewährleistet sein. Das Preissystem im Zusammenwirken mit Gewinn / Verlust der Unternehmen lenkt die Produktionsfaktoren in die besten Verwendungen, maximiert die Güterversorgung und bewirkt Vollauslastung der Produktionsfaktoren.

Eine zentrale Komponente für den Vollbeschäftigungsmechanismus stellt das **Saysche Theorem** dar. Es besagt, dass in einer arbeitsteiligen Wirtschaft jedes Wirtschaftssubjekt nur deshalb Güter anbietet, weil es andere Güter, die es selbst nicht produziert, nachfragen möchte. Daraus folgt: Jedes Angebot geht mit einer entsprechenden Nachfrage einher. Dies bedeutet, dass es - auf längere Sicht - weder eine allgemeine Über- noch Unterproduktion geben kann. Zwar kann in einer Geldwirtschaft durchaus kurzfristig Nachfrage ausfallen, indem Haushalte sparen. Dies bewirkt aber keinen dauerhaften gesamtwirtschaftlichen Produktionsrückgang. Wenn Haushalte sparen - so die Argumentation -, bieten sie ihr Sparkapital grundsätzlich mit dem Zweck der Zinserzielung am *Kapitalmarkt* an. Dort fragen es die Unternehmen für Investitionszwecke nach. Ein vermehrtes Sparangebot senkt den Zins; die Investoren werden dann mehr Kapital nachfragen. Ein im Konsumbereich auftretender Nachfrage- und Produktionausfall wird somit durch eine Nachfrage- und Produktionssteigerung im Investitionsbereich kompensiert.

Vom Geldsektor gehen nach klassischer Ansicht keinerlei bedeutsame Wirkungen auf Produktion, Einkommen und Beschäftigung aus. Es gilt die **Quantitätstheorie**, wonach die Geldmenge bzw. ihre Veränderung ausschließlich das allgemeine *Preisniveau* beeinflusst, nicht aber die für die Steuerung von Produktion und Verteilung wichtigen *relativen Preise*. Die Realwerte aller Güter und Einkommen werden danach durch Änderungen im Geldsektor nicht berührt. Geld gilt als *neutral*. Es gibt eine Zweiteilung der Wirtschaft (**klassische Dichotomie**): Die *reale Welt* (Produktion, Einkommen, Verteilung) wird durch die *Preisverhältnisse* gesteuert. Der *monetäre Bereich* bezieht sich nur auf das *Preisniveau*, das durch die *Geldmenge* bestimmt wird.

Die Vorstellung, dass es keine langanhaltende Unterbeschäftigung geben könne, ließ sich mit der andauernden Weltwirtschaftskrise in der 1. Hälfte des 20. Jh. kaum vereinbaren. Selbst wenn langfristig tatsächlich Selbstheilungskräfte wirken sollten, so erwies sich zumindest der Zeitraum für die Betroffenen als viel zu lang. Auf den britischen Nationalökonomen **John Maynard Keynes** (1883 - 1946), der nach einer theoretischen Begründung für das Auftreten anhaltender Krisen und nach wirtschaftspolitischen Auswegen suchte, geht denn auch der Ausspruch zurück: „In the long run we are all dead."

Mit seinem 1936 veröffentlichen Buch **The General Theory of Employment, Interest and Money** wollte Keynes zeigen, dass der (neo-)klassische Ansatz zu eng sei. Seine „allgemeine" Theorie enthält daher die klassische Vollbeschäftigungs-situation als *einen* möglichen Fall, zeigt aber zugleich, dass auch die damals zu beobachtende *lang andauernde* Krise theoretisch begründet werden kann. Keynes lieferte auch eine wirtschaftspolitische Schlussfolgerung: Durch staatliche Wirt-schaftspolitik könne die Krise verhindert oder zumindest gemildert werden.

In der Keynesschen Theorie wird im Gegensatz zur mikroökonomisch argumen-tierenden Klassik mit *makroökonomischen Aggregaten* gearbeitet. Die Kreislauftheorie (2. Kapitel) diente gerade dem Zweck, aussagekräftige Aggregate zu schaffen, für die durch die wesentlich verbesserten statistischen Methoden der volkswirtschaftlichen Gesamtrechnung konkrete Daten bereitgestellt werden können.

Die Kerngedanken des Keynesianismus sind in den folgenden Punkten zu sehen: Die kapitalistische Marktwirtschaft tendiert nicht zwangsläufig zu Vollbeschäfti-gung, sondern kann durchaus längere Zeit in Unterbeschäftigung verharren. We-sentliche Gründe dafür sind:
- die Ungültigkeit des Sayschen Theorems;
- die Ungültigkeit der klassischen Geldlehre (Quantitätstheorie);
- eine z.T. von der Neoklassik abweichende Sicht des Arbeitsmarktes.

Nach Keynes gilt das Saysche Theorem nicht, weil die Ersparnis nicht (vorrangig) vom Zins, sondern vom Einkommen abhängt. Dann kann es aber auch nicht der Zins sein, der Sparen und Investieren zum Ausgleich bringt. **Sparen** ist nach Keynes zunächst einmal als **Nicht-Konsum** (= Nachfrageausfall) anzusehen, nicht aber als Angebot am Kapitalmarkt, das die Zinsen sinken lässt. Eine Kompensation des durch Sparen bedingten Nachfrageausfalls durch eine entsprechende investive Nachfrage ist damit nicht automatisch gewährleistet.

Der **Zins** resultiert nach Keynes entgegen der Klassik nicht aus Angebot und Nachfrage an Sparkapital, sondern bildet sich primär durch den *Geldsektor*, das Zusammenwirken von Geldangebot und Geldnachfrage. Besonders hinsichtlich der Geldnachfrage werden von Keynes neue Gesichtspunkte angeführt. Da der Zins aber auch bei Keynes eine bedeutsame Determinante für die Höhe der Investition ist, werden nun Geldbereich und Güterbereich verknüpft; die klassische Dichotomie wird aufgegeben.

Die Haushalte planen ihre Konsumnachfrage und ihre Ersparnis, die Unterneh-men die Konsumgüterproduktion und die Investition. Beide tun das *unabhängig* voneinander. Damit stellt sich die Frage, ob und gegebenenfalls wie es zu einer Übereinstimmung der Vorstellungen von Anbietern und Nachfragern (also zu Gleichgewicht) kommt. Für Keynes liegt ein entscheidender Bestimmungsgrund für das Niveau der gesamtwirtschaftlichen Aktivität in der Höhe der gesamtwirtschaftli-chen **effektiven Nachfrage**. Sie setzt sich im privaten Bereich aus der Konsum- und Investitionsnachfrage zusammen. *Psychologische Faktoren* wirken auf beide Kompo-nenten ein. Insbesondere bei den Investitionen spielen auf *Unsicherheit* zurückzuführende *schwankende Ertragserwartungen* eine große Rolle. (Der von Keynes betonte Aspekt der Unsicherheit findet allerdings im „Lehrbuch-Keynesianismus" wenig Berücksichtigung.) Es ist dann die *effektive Nachfrage*, die Summe aus Konsum- und Investitionsnachfrage, die das *Angebot*, die Produktion (= Einkommen) und damit die Beschäftigung gleichsam nach sich zieht. Dabei kann es durchaus zu einer Übereinstimmung von Angebot und Nachfrage kommen, nur müssen die Faktoren Kapital und Arbeit nicht voll ausgelastet sein.

In einem **Gleichgewicht bei Unterbeschäftigung** - wie diese Situation oft bezeichnet wird - befinden sich die Wirtschaftssubjekte gewissermaßen in einem Teufelskreis: Weil die Nachfrage gering ist, wird wenig produziert. Weil die Produktion (das Einkommen) gering ist, wird wenig nachgefragt. Neoklassiker schlagen als Ausweg eine Lohnsenkung vor, die ihrer Meinung nach ein positiver Impuls für das Angebot sein könnte. Keynes versucht nachzuweisen, dass dieser Weg keineswegs einen gesicherten Erfolg verspricht. Löhne sind nicht nur ein Kostenfaktor, sondern auch der bedeutsamste Einkommensfaktor. Sinkende Einkommen in einer ohnehin unterbeschäftigten Wirtschaft werden kaum ein Impuls für zusätzliche Nachfrage (= zusätzliche Produktion) sein.

In der Unterbeschäftigung wird also ein Nachfrageschub benötigt. Aus dem privaten Sektor kommt er aber unter den genannten Bedingungen gerade nicht. Daher kann es nur der *Staat* sein, der durch eine **expansive Politik** (im Bereich Steuern, Staatsausgaben und eventuell der Geldpolitik) die fehlende gesamtwirtschaftliche Nachfrage erzeugen muss. Ein dabei einsetzender **Multiplikatorprozess** wird den Aufschwung unterstützen.

Der Ansatz von Keynes bezog sich ursprünglich auf das Problem *Unter*beschäftigung. (Ist sie geringeren Ausmaßes, spricht man von *Rezession*; ist sie stärkeren Ausmaßes, von *Depression*.) Später wurde er gleichsam in Umkehrung auch auf die *Über*beschäftigung (*Boom*) ausgeweitet. Nach dem 2. Weltkrieg haben sich diese wirtschaftstheoretischen und -politischen Vorstellungen schnell und weithin durchgesetzt, so dass von einer **Keynesschen Revolution** gesprochen wurde. Da sich die Steuerungselemente ganz wesentlich auf *staatliche* Einnahmen und Ausgaben beziehen, werden die Anhänger einer keynesianischen Politik auch als **Fiskalisten** bezeichnet.

Das deutsche **Stabilitätsgesetz** (Gesetz zur Förderung der Stabilität und des Wachstums der Wirtschaft) von 1967 ist ganz in diesem Geist erlassen worden. Damals wurde das Gesetz als „der Welt bestes Konjunkturgesetz" gerühmt. Nach seiner Verabschiedung war der Optimismus weit verbreitet, dass es nun viel leichter sei, die Ziele des *Magischen Vierecks* (hoher Beschäftigungsstand, Preisniveaustabilität, stetiges und angemessenes Wachstum, außenwirtschaftliches Gleichgewicht) zu erreichen. Ein gewichtiger Beitrag zu einer wirksamen Steuerung der gesamtwirtschaftlichen Aktivität (**Globalsteuerung**) schien geleistet zu sein. Die erste Rezession in der BR Deutschland im Jahre 1967 wurde mit dem vorgesehenen Instrumentarium erfolgreich bewältigt. Bei einigen Wissenschaftlern und Politikern verbreitete sich sogar der Optimismus, dass bald die Steuerungsimpulse so genau dosiert werden könnten, dass die gesamtwirtschaftlichen Ziele nahezu exakt erreicht werden können (**Feinsteuerung**).

Nach der anfänglichen Hochstimmung kamen jedoch relativ schnell Zweifel an der „Machbarkeit" der Konjunktur auf. Die Zweifel wurden hervorgerufen durch wachsende außenwirtschaftliche Einflüsse, die Erfolglosigkeit globaler Eingriffe bei der Bekämpfung der Arbeitslosigkeit, die weltweit anschwellende Inflation (in ihrer Kombination mit Arbeitslosigkeit auch **Stagflation** genannt). In der politischen Praxis fanden zudem expansive Maßnahmen relativ viel Beifall, notwendige kontraktive ließen sich jedoch kaum durchsetzen. Vor allem erwies sich aber auch das richtige „Timing" von im Prinzip angemessenen Maßnahmen als äußerst schwer zu lösendes praktisches Problem. So erschien schon im Januar 1973 in der „Wirtschaftswoche" ein Aufsatz unter dem Titel: „Ist der Welt bestes Konjunkturgesetz noch etwas wert?" Keynesianische Wirtschaftspolitik wurde später zwar immer mal wieder praktiziert, aber sie erfolgte in Deutschland nie mehr unter expliziter Bezugnahme auf das Stabilitätsgesetz.

Schon lange hatte **Milton Friedman** Kritik daran geübt, die effektive Nachfrage als zentrale Größe von Theorie und Politik anzusehen. In den siebziger Jahren fanden als Folge der wachsenden Inflation seine Gedanken, die auf Ansätze der klassischen Quantitätstheorie zurückgreifen (und deshalb als **Neoquantitätstheorie** oder **Monetarismus** bezeichnet werden), zunehmend Anhänger. Bald sprach man von einer **monetaristischen Gegenrevolution**.

Die monetaristische Theorie unterscheidet sich im Kern wenig von der neoklassischen. Auch Monetaristen sind von der *Stabilität des privaten Sektors* überzeugt. Die Möglichkeit von Arbeitslosigkeit wird jedoch nicht abgestritten. Insbesondere die wachsende Sockelarbeitslosigkeit (vgl. Kap. 4.4.1) könne jedoch weder durch Geld- noch durch Fiskalpolitik adäquat bekämpft werden. Da sie auf andere Ursachen (strukturelle Faktoren; Arbeitsmarktverfassung; Mindestlohnregelungen) zurückgehe, bedarf es auch einer anderen Politik, wenn sie gesenkt werden soll (z.B. Lockerung von Kündigungsschutz; Stärkung der Flexibilität des Faktors Arbeit). Vor allem auch eine fallweise (diskretionäre) Geldpolitik - so Monetaristen - trage kurzfristig eher zur Verunsicherung der Wirtschaftssubjekte bei, zumal ihre Wirkungsabläufe und vor allem deren Zeitdauer nur unbefriedigend bekannt seien. Eine expansive Geldpolitik zur Konjunkturankurbelung berge zudem die große Gefahr in sich, dass inflationäre Prozesse ausgelöst werden.

Wie die eher angebotsorientierte, neoklassische Richtung bemängeln auch die Monetaristen, dass im Zuge des Keynesianismus einseitig der *Nachfrage* Aufmerksamkeit geschenkt worden sei. Ein Markt besteht aber immer aus zwei Seiten, Nachfrage und *Angebot*. Der Staatsinterventionismus habe im Übrigen dazu beigetragen, dass der Marktanteil in der *Markt*wirtschaft sowie die Angebotskräfte (Leistungs-, Innovations- und Investitionsbereitschaft) immer weiter zurückgedrängt worden seien. Wirklich sinnvolle Wirtschaftspolitik kann nach Ansicht von Monetaristen nicht in einer fallweisen, diskretionären Wirtschaftspolitik bestehen, sondern nur in einer langfristigen, auf **Stetigkeit** bedachten Politik, vor allem einer stetigen, auf *Preisniveaustabilität* ausgerichteten Geldpolitik. Außerdem ist für eine weitgehende Herstellung bzw. Wiederherstellung von *effektiven Marktbedingungen* zu sorgen.

In den 70er und auch noch 80er Jahren erschien der Streit zwischen Keynesianern und Monetaristen heftig und z.T. unversöhnlich. Nach wie vor gibt es in der Theorie keynesianisch beeinflusste Richtungen, den **Postkeynesianismus** und die **Neue keynesianische Makroökonomik** (NKM) und die neoklassisch und monetaristisch orientierte **Neue Klassische Makroökonomik** (NCM). Fortschritte in der Theorie und die Erfahrungen mit keynesianischer und monetaristischer Wirtschaftspolitik haben aber dazu beigetragen, die jeweiligen Grenzen der unterschiedlichen Ansätze besser abschätzen zu können und damit „Alleinvertretungsansprüche" einzelner Theorien abzubauen.

Inzwischen hat sich ein breiter Grundkonsens über bestimmte theoretische Grundlagen herausgebildet. Dies gilt für viele Teile der hier dargestellten Theorie. Der keynesianische Ansatz wird heute eher als ein Ansatz gesehen, der besser für die Analyse von Unterbeschäftigungssituationen geeignet ist, während der neoklassische eher für Vollbeschäftigung (und Überbeschäftigung) gilt. Ferner ist weithin anerkannt, dass der keynesianische Ansatz kurzfristig ausgerichtet ist, sich für die Analyse langfristiger Wachstums- und Strukturprobleme jedoch wenig eignet. Den Leserinnen und Lesern der folgenden Kapitel sollte also bewusst bleiben, dass den Erklärungsansätzen kein Absolutheitsanspruch zukommt. Dann dienen die folgenden Kapitel hoffentlich der Einübung von makroökonomischem Denken und bilden zugleich eine Grundlage für das Verständnis auch weiterführender Ansätze.

## 5.3. Methodische Probleme makroökonomischer Modellanalysen

### 5.3.1. Die komparativ-statische Gleichgewichtsökonomik

Die Standard-Modelle des Keynesianismus und der Neoklasssik bedienen sich einer sog. *komparativ-statischen Gleichgewichtsökonomik*. Damit wird unterstellt, dass es innerhalb der betrachteten Systeme weithin Tendenzen zu Gleichgewichten gibt. Der Begriff „Gleichgewicht" wurde bereits mehrfach in Kap. 5.2 benutzt, ohne dass er dort eindeutig definiert wurde. Leider hat der Begriff in der Volkswirtschaftslehre auch mehrere Bedeutungen. So wird u.a. unter *Gleichgewicht* verstanden:
- Übereinstimmung der Plangrößen verschiedener Aggregate;
- Planerfüllung;
- Verharren des Systems in einem bestimmten Zustand;
- Ausgleich entgegengesetzter Kräfte.
Im Folgenden wird unter **Gleichgewicht** nahezu ausschließlich die *Übereinstimmung der Plangrößen* (Ex-ante-Größen) verstanden.

Eine **komparativ-statische Analyse** ist dadurch gekennzeichnet, dass alle Variablen des Modells auf *dieselbe* betrachtete Periode bezogen werden. Manchmal formuliert man diesen Sachverhalt auch so: Aus solchen Ansätzen ist der Zeitfaktor ausgeklammert. Diese Formulierung ist allerdings insofern missverständlich, als die Größen, die in diesem Teil 2 eine Rolle spielen, ganz überwiegend *Zeitraum-* oder Stromgrößen sind. Die in einem Zeitraum ablaufenden Vorgänge werden allerdings gedanklich in einen Zeitpunkt zusammengepresst. Damit wird auch die *Dauer von Anpassungsprozessen* nicht beachtet. Zunächst wird also von einer Situation ausgegangen, in der Gleichgewicht herrscht. Dann erfolgt eine Änderung einer wichtigen Determinante. In der Realität setzt dann ein Anpassungsprozess ein, der durchaus ziemlich lange dauern kann. Hier wird aber nur das Endergebnis nach erfolgter Anpassung angegeben.

Im Rahmen einer Gleichgewichtsökonomik wird davon ausgegangen, dass es in der Wirtschaft Tendenzen hin zu einem Gleichgewicht gibt. Nun sind aber für ein lebendes sozio-ökonomisches System gerade ständige Änderungen charakteristisch. Besonders Keynes betonte ja die Erwartungs- und Verhaltensänderungen in einer von Unsicherheit geprägten Welt. Ständige Änderungen werden voraussichtlich dazu führen, dass ein (End-)Gleichgewicht selten erreicht wird. Trotzdem hat die Bestimmung eines Endgleichgewichts Sinn: Es erlaubt anzugeben, in welche *Richtung* sich das System bewegt. Das Gleichgewicht ist damit sozusagen das „Gravitationszentrum". Wenn allerdings die Postkeynesianer mit ihrer These Recht haben, dass Gleichgewichte nicht einmal als Referenzsituationen geeignet sind, dann muss dieses Vorgehen überdacht werden.

## 5.3.2. Kurz- und langfristige Ansätze

Bei ökonomischen Modellen wird zwischen kurz- und langfristigen Ansätzen unterschieden. Theoretisch wird i.d.R. wie folgt abgegrenzt: In einer **kurzfristigen Betrachtung** gilt mindestens *eine der Einflussgrößen als konstant*. In einer **langfristigen Betrachtung** sind *alle relevanten Größen variabel*. In der Realität überlagern und durchdringen sich jedoch die Wirkungen kurz- und langfristiger Einflussgrößen. Die konkrete Abgrenzung von „kurzfristig" und „langfristig" ist daher manchmal schwierig. In einer Modellanalyse handelt es sich damit gegebenenfalls nur um eine *gedankliche* Trennung.

Bei der im Zentrum von Teil 2 stehenden *Einkommens- und Beschäftigungstheorie* handelt es sich um einen *kurzfristigen* Ansatz. Als konstant gelten hier vorrangig solche Größen, die auf das Wachstum einer Volkswirtschaft einwirken. Dies gilt z.B. für die (Netto-)Investitionen. Sie haben eine Doppelnatur (vgl. Teil 1): Als Produktion der Periode liefern sie einen Beitrag zur Einkommensentstehung (**Einkommenseffekt** der Investitionen). Gleichzeitig erhöhen sie den Sachkapitalbestand, das Produktivvermögen einer Volkswirtschaft (**Kapazitätseffekt** der Investitionen). Der letztere Effekt wird aber in der kurzfristigen Analyse bewusst ausgeklammert, obwohl eine Trennung beider Effekte letztlich künstlich ist.

In einem kurzfristigen Ansatz wird ferner unterstellt, dass es keinen technischen Fortschritt gibt (der in der Realität aber kontinuierlich stattfindet). Außerdem wird davon ausgegangen, dass keine fundamentalen Änderungen in den wirtschaftlichen

Verhaltensweisen, den Einstellungen der Bevölkerung zu wirtschaftlichen Fragen, in der politischen und wirtschaftlichen Ordnung auftreten.

### 5.3.3. Die Bedeutung empirischer Studien

Die meisten wirtschaftstheoretischen Fragen können nicht allein durch Nachdenken, sondern nur mit Hilfe empirischer Studien gelöst werden. Schließlich zählen die Wirtschaftswissenschaften zu den Erfahrungswissenschaften (= empirische Wissenschaft). Die Messung ökonomischer Größen und ihrer Abhängigkeiten, die als *Ökonometrie* bezeichnet wird, hat nach dem 2. Weltkrieg eine stark wachsende Bedeutung erlangt. Systematische *Versuche* zur Ermittlung von Abhängigkeiten, wie sie in den Naturwissenschaften oft möglich sind, kommen allerdings für die Sozialwissenschaften kaum in Betracht. Empirische Studien im Bereich der Wirtschaftswissenschaften bestehen in aller Regel in der Auswertung der Daten *vergangener* Situationen. Die Isolierung einzelner Einflussfaktoren ist dann nur mit subtilen ökonometrischen Methoden möglich.

In Teil 2 stehen sog. *Gleichgewichts*modelle im Vordergrund der Methodik. In derartigen Modellen spielt das *geplante* Verhalten eine wichtige Rolle, da - wie bereits dargelegt - Gleichgewicht meistens als Übereinstimmung von Plangrößen verstanden wird. Empirische Daten aus der Vergangenheit beschreiben aber üblicherweise das *tatsächliche* Verhalten. Letzteres muss aber nicht mit dem geplanten übereinstimmen. Also können aus empirischen Untersuchungen oft gar nicht die Plandaten gewonnen werden, die dem methodischen Ansatz angemessen sind.

Empirische Studien im Bereich der Makroökonomie sind schon von sich aus mit so vielen Problemen behaftet, dass sie ein eigenes Wissensgebiet darstellen. Im Rahmen des Teils 2 dieses Lehrbuchs wird daher auf empirische Befunde nur am Rande eingegangen.

### Literaturhinweise zu Kapitel 5.2:

**G. Bombach:** Makroökonomik: Streit der Schulen oder Synthese. In: G. Bombach (Hrsg.): Makroökonomik heute: Gemeinsamkeiten und Gegensätze. Tübingen 1983. S. 1 ff.

**A. S. Eichner:** Einführung. In: A. S. Eichner (Hrsg.): Über Keynes hinaus - Eine Einführung in die postkeynesianische Ökonomie. Köln 1982. S. 23 ff.

**J. K. Galbraith:** Die Entmythologisierung der Wirtschaft - Grundvoraussetzungen ökonomischen Denkens. Wien - Darmstadt 1988 (insb. Kap. 17, 21, 22)

**J. Flemmig:** Moderne Makroökonomik: Eine kritische Bestandsaufnahme. In: J. Flemmig (Hrsg.): Moderne Makroökonomik - Eine kritische Bestandsaufnahme. Marburg 1995. S. 11 ff.

**H. Hagemann, H.D. Kurz, W. Schäfer:** Einleitung der Herausgeber. In: H. Hagemann, H. D. Kurz, W. Schäfer: Die neue Makroökonomik - Marktungleichgewicht, Rationierung und Beschäftigung. Frankfurt - New York 1981. S. 13 ff.

**A. Heise:** Einleitung: Makroökonomische Krise - Krise der Makroökonomik? In: A. Heise (Hrsg.): Renaissance der Makroökonomik. Marburg 1998. S. 11 ff.

**H. Hoffmann:** Postkeynesianische Ökonomie - Übersicht und Orientierung. In: Postkeynesianismus - Ökonomische Theorie in der Tradition von Keynes, Kalecki und Sraffa. Mit Beiträgen von K. Dietrichs u.a. Marburg 1987. S. 9 ff.

**J. Kromphardt:** Wirtschaftswissenschaft II: Methoden und Theorienbildung in der Volkswirtschaftslehre. In: Handwörterbuch der Wirtschaftswissenschaft (HdWW). Stuttgart u.a. 1982. S. 904 ff. (insb. S. 924 - 933)

**J. A. Kregel:** Die Erneuerung der Politischen Ökonomie. Eine Einführung in die Postkeynesianische Ökonomie. Marburg 1988 (insb. S. 17 - 45)

**R. Kurz:** Neue Makroökonomik und ihre beschäftigungspolitischen Konsequenzen. Forschungsberichte Serie A, Nr. 46 des Instituts für Angewandte Wirtschaftsforschung Tübingen. Tübingen 1987 (insb. S. 1 - 9)

**O. Landmann:** Keynes in der heutigen Wirtschaftstheorie. In: Der Keynesianismus I - Theorie und Praxis keynesianischer Wirtschaftspolitik. Hrsgg. von G. Bombach u.a. Berlin u.a. 1976. S. 133 ff.

**N. G. Mankiw:** A Quick Refresher Course in Macroeconomics. Journal of Economic Literature. Bd. 28 12/1990. S. 1645 ff.

**H. Riese:** Zur Reformulierung der Makropolitik. In: A. Heise (Hrsg.): Renaissance der Makroökonomik. Marburg 1998. S. 25 ff.

**K. W. Rothschild:** Der Wechsel vom keynesianischen zum neoklassischen Paradigma in der neueren Wirtschaftspolitik. Versuch einer soziologisch-historischen Einordnung. In: H. J. Krupp, B. Rohwer, K. W. Rothschild (Hrsg.): Wege zur Vollbeschäftigung - Konzepte einer aktiven Bekämpfung der Arbeitslosigkeit. Freiburg/Br. 1986. S. 107 ff.

**H. Schelbert:** Neue Makroökonomik: Gegensätze und Gemeinsames. In: H. Bombach (Hrsg.): Makroökonomik heute: Gemeinsamkeiten und Gegensätze. Tübingen 1983. S. 83 ff.

**G. Tichy:** Konjunkturpolitik. Quantitative Stabilisierungspolitik bei Unsicherheit. Berlin u.a. 1988 (insb. S. 186 - 216 ff. und 268 ff.)

**P. Wachtel:** Makroökonomik - Von der Theorie zur Praxis. München - Wien 1994 (1.Kap.)

**H. Walther:** Ökonomische Doktrinen als Werkzeug politischer Legitimation. - Das Beispiel des Monetarismus. In: E. Matzner, E. Nowottny (Hrsg.): Was ist relevante Ökonomie heute? Festschrift für K. W. Rothschild. Marburg 1994. S. 73 ff.


## Literaturhinweise zu Teil 2 insgesamt:


**G. Blümle, W. Patzig:** Grundzüge der Makroökonomie. 3. Aufl. Freiburg/Br. 1993

**W. Cezanne:** Grundzüge der Makroökonomik. 6. Aufl. München - Wien 1995

**E.-M. Claassen:** Grundlagen der makroökonomischen Theorie. München 1980

**G. Dieckheuer:** Makroökonomik. Theorie und Politik. 2. Aufl. Berlin u.a. 1995

**R. Dornbusch, S. Fischer, R. Startz:** Macroeconomics. 7. ed. Boston/Mass. u. a. 1998

**B. Felderer, S. Homburg:** Makroökonomik und neue Makroökonomik. 6. Aufl. Berlin 1994

**J. M. Keynes:** Allgemeine Theorie der Beschäftigung, des Zinses und des Geldes. 5. Aufl. Berlin 1974

**S. Klatt:** Einführung in die Makroökonomie. 3. Aufl. München - Wien 1995

**H. Majer:** Makroökonomik. Theorie und Politik. 6. Aufl. München - Wien 1997

**N. G. Mankiw:** Makroökonomik. Wiesbaden 1993

**F. E. Münnich:** Einführung in die empirische Makroökonomik. 3. Aufl. Berlin u.a. 1983

**R. Rettig, L. Böckmann, D. Voggenreiter:** Makroökonomische Theorie. 7. Aufl. Düsseldorf 1998

**R. Richter, U. Schlieper, W. Friedmann:** Makroökonomik - Eine Einführung. 4. Aufl. Berlin u.a. 1981

**H.-P. Spahn:** Makroökonomie - Theoretische Grundlagen und stabilitätspolitische Strategien. Berlin - Heidelberg 1996

**A. Stobbe:** Volkswirtschaftslehre III - Makroökonomik. 2. Aufl. Berlin u.a. 1987

**P. Wachtel: Makroökonomik - Von der Theorie zur Praxis. München - Wien 1994**

**H.-W. Wohltmann:** Grundzüge der makroökonomischen Theorie. Totalanalyse geschlossener und offener Volkswirtschaften. 2. Aufl. München - Wien 1996

**A. Woll:** Volkswirtschaftslehre. 11. Aufl. München 1993

# 6. Kapitel:
# Der Gütermarkt in nachfrageorientierter Sicht

## 6.1. Die Voraussetzungen des Gütermarkt-Modells

Entsprechend den Ausführungen in Kap. 5.3 stellt das Gütermarkt-Modell als *Partialmodell* den ersten Baustein des angestrebten Totalmodells dar. Als Partialmodell unterliegt es einschränkenden Bedingungen, die Studierende nicht aus den Augen verlieren sollten. Diese wichtigen **Einschränkungen** sind:

1. Das **Preisniveau P** gilt als **konstant**; anders formuliert: alle Größen sind *reale Größen*. In diesem Stadium der Analyse sind also weder $Y_A$ noch $Y_N$ von P abhängig. Erst später wird P zu einer wichtigen Größe im Rahmen des Totalmodells.
2. In Kap. 5.3 wurde bereits erwähnt, dass Realeinkommen Y und Preisniveau P u.a. aus dem Zusammenwirken von Güterangebot *und* -nachfrage resultieren, beide Komponenten also letztlich gleichwertig sind. Gleichwohl wird im Gütermarkt-Modell das **Schwergewicht der Analyse** auf die **Nachfrage** gelegt. Das Angebot rückt als eigenständige Größe in den Hintergrund. Es wird eher als *Reaktion* auf die *Entwicklung der Nachfrage* verstanden.

Beide Einschränkungen sind Ausfluss einer „keynesianischen Sichtweise". Wie in Kap. 5.1 dargelegt wurde, wird Keynes' *„Allgemeine* Theorie" heute eher als eine spezielle, besonders für *Unterbeschäftigungs*situationen geeignete Theorie angesehen. Geht man von Unterbeschäftigung aus, so ist die Annahme, dass eine steigende Nachfrage zumindest in der Anfangsphase keine Preiseffekte auslösen wird, durchaus plausibel. Eine steigende Kapazitätsauslastung wird nämlich eher zur Senkung der totalen Durchschnittskosten beitragen. Ebenso ist hier die zweite Annahme realistisch: Bei zunächst noch nicht ausgelasteter Kapazität wird die tatsächliche Produktion (= das Angebot) eher eine *Folge* der „effektiven Nachfrage" sein.

In diesem Kapitel 6 werden also die Beziehungen zu den übrigen, in Übersicht 5.1 aufgezeigten Teilmärkten abgeschnitten. Es werden allein die Gütermarktbeziehungen in einer keynesianischen Sichtweise analysiert (vgl. Übersicht 6.1).

**Übersicht 6.1** Der keynesianische Gütermarkt

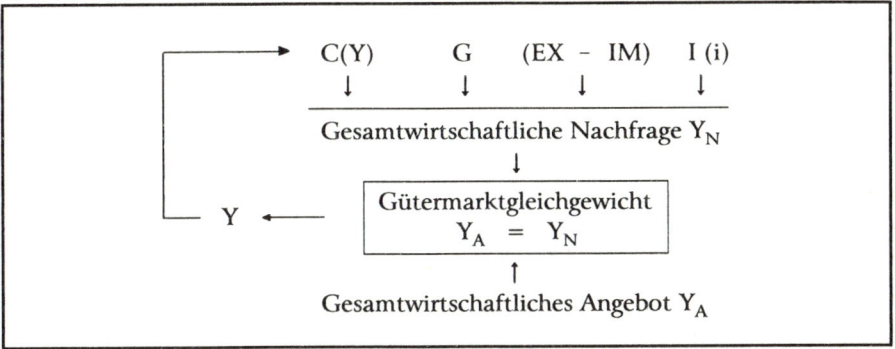

Das Totalmodell lässt sich in grafischer Form für das nun behandelte Partialmodell *Gütermarkt* abwandeln. Es nimmt die in Abb. 6.2 wiedergegebene Form an. Da hier das Preisniveau mit $P_0$ konstant ist (man nennt das auch *Fixpreismodell*), reduziert sich $Y_N(P)$ praktisch auf einen Punkt; deshalb wurden die gesamten Kurven gestrichelt gezeichnet. Dieser Punkt kann sich allerdings (in der Höhe von $P_0$) parallel zur Y-Achse bewegen. Das Angebot $Y_A$ ist hier ebenfalls keine Funktion von P. Man kann das für diesen Fall auch so formulieren: Die Elastizität des Angebots im Hinblick auf das Preisniveau ist unendlich, d.h. eine zusätzliche Produktion ist zu konstanten Preisen möglich. Da im kurzfristigen Ansatz die Kapazität jedoch gegeben und damit beschränkt ist, kann nicht jede beliebige Produktion erzeugt werden. Eine Grenze ist durch $Y_{max}$ vorgegeben, wobei $Y_{max}$ dem möglichen Inlandsprodukt bei Vollauslastung der Kapazitäten entspricht. - Auch hier wird deutlich, dass der *Nachfrage* die vorrangige Bedeutung zugewiesen wird.

**Abb. 6.2**   Die Beziehung zwischen gesamtwirtschaftlicher Nachfrage, gesamtwirtschaftlichem Angebot und Preisniveau in einem Fixpreis-Gütermarktmodell

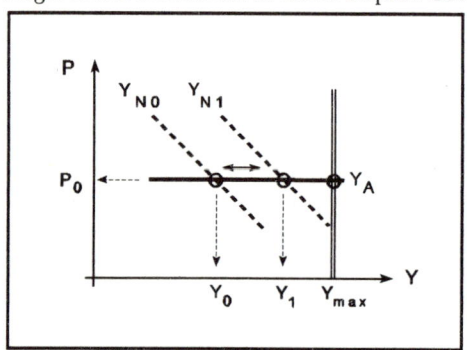

Im Folgenden wird es zunächst darum gehen, die *Bestimmungsgründe für die volkswirtschaftliche Nachfrage* darzulegen. Dabei wird die gesamtwirtschaftliche Nachfrage in *vier große Komponenten* zerlegt, die bereits aus Teil 1 bekannt sind:
- private Nachfrage;
  - Konsumnachfrage der privaten Haushalte ($C_H$);
  - Investitionsnachfrage der Unternehmen ($I_{pr}$);
- öffentliche Nachfrage (Staatsausgaben für Güter und Dienste und öffentliche Investitionen) (G = government expenditures);
- Auslandsnachfrage (EX).

Anschließend ist zu prüfen, unter welchen Bedingungen es zu einem Gleichgewicht von gesamtwirtschaftlichem Angebot und gesamtwirtschaftlicher Nachfrage kommt.

## 6.2. Die gesamtwirtschaftliche Güternachfrage

### 6.2.1. Die Konsumnachfrage

Der private Konsum ist unter den vier Endnachfragekomponenten regelmäßig der größte Posten. Damit kommt der Analyse der Bestimmunsggründe des privaten

Konsums eine besondere Bedeutung zu. Ein grundlegender Beitrag zur Entwicklung des Konzepts einer gesamtwirtschaftlichen **Konsumfunktion** wurde von Keynes geleistet.

Als mögliche Einflussgrößen auf das geplante, beabsichtigte Konsumverhalten der privaten Haushalte sind zu nennen:
- das (verfügbare) Einkommen der betrachteten Periode (und somit auch Steuersätze und Sozialabgaben);
- Erwartungen über die Entwicklung des Einkommens;
- Zins- und Kreditpolitik (Verfügbarkeit von Konsumentenkrediten);
- der Sparwille als Ausdruck für Ansammlung von Vermögen und/oder Vorsorge;
- die Einkommensverteilung innerhalb der Gesamtbevölkerung;
- die Höhe des Vermögens;
- Veränderungen des Preisniveaus (Stichwort: Flucht in die Sachwerte).

Für Keynes war unmittelbar klar, dass von den genannten Faktoren *kurzfristig* nur das *Einkommen der betrachteten Periode* wichtig sei. Inwieweit die genannten möglichen Größen tatsächlich von Bedeutung sind, kann jedoch nicht durch Intuition, sondern letztlich nur durch empirische Untersuchungen geklärt werden. Inzwischen sind zahlreiche empirische Tests durchgeführt worden (vgl. z.B. Peren; 1986). Im Zentrum der einführenden Theorie steht aber nach wie vor der Keynessche Ansatz.

Es ist unbestritten, dass Änderungen des Preisniveaus auf den Konsum einwirken können. Keynes (1974; S. 82) war allerdings der festen Überzeugung, dass man den Zusammenhang zwischen Konsum und Einkommen grundsätzlich als einen Zusammenhang zwischen *realen Größen* verstehen müsse. Reine Geldwertänderungen verändern dann die Höhe des realen Konsums nicht. Die Konsumenten durchschauen die Zusammenhänge; es besteht **Freiheit von Geldillusion**. - In dieser Phase des Gütermarktmodells spielen derartige Aspekte ohnehin keine Rolle, da ja Preisniveau*konstanz* angenommen wurde.

Verzichtet man zunächst zur Vereinfachung auf die Unterscheidung von Volkseinkommen Y und verfügbarem Einkommen $Y_v$ , so lässt sich die auf Keynes zurückgehende Verhaltensannahme über die Bestimmungsgründe des privaten Konsums formal wie folgt schreiben:
$$C = f(Y), \quad \text{meistens} \quad C = C(Y)$$
Diese Funktion sagt aus: Der Konsum in einer Periode wird in Abhängigkeit von der Höhe des *Einkommens derselben Periode* geplant. Dieser Ansatz wird auch als **absolute Einkommenshypothese** bezeichnet.

Keynes (1974; S. 84) hat diesen Zusammenhang allerdings noch spezifiziert. In dieser spezifizierten Form kommt für ihn ein „**fundamentales psychologisches Gesetz**" zum Ausdruck: „Wir betrachten es als grundlegende psychologische Regel jedes modernen Gemeinwesens, dass es bei einer Zunahme seines Realeinkommens seinen Verbrauch nicht um einen gleichen *absoluten* Betrag vermehren wird, so dass ein größerer absoluter Betrag gespart werden muss."

Eine Entscheidung über die Höhe des Konsums bedingt zwangsläufig eine gleichzeitige Entscheidung über die Höhe der Ersparnis. Deshalb hat sich auch bereits Keynes (1974; S. 92 ff.) mit *Sparmotiven* auseinandergesetzt. Wenn aber kurzfristig für die Höhe des Konsums das Einkommen der Periode entscheidend ist, muss das auch für die *Ersparnis* gelten. Sparmotive wirken dann eher in langfristiger Sicht. Da von der fundamentalen Beziehung $Y = C + S$ oder $Y - C = S$ auszugehen ist (vgl. Teil 1), folgt daraus für eine *Verhaltenssicht* $Y - C(Y) = S(Y)$. Grafisch stellt sich der Keynessche Ansatz entsprechend Abb. 6.3 dar. Zum leichteren Verständnis wurde ein Zahlenbeispiel zugrunde gelegt. (Der Parameter 0,6 in der Konsumfunktion wurde aus Gründen der besseren Darstellbarkeit relativ niedrig gewählt; in der Realität liegt er eher bei 0,8 bis 0,9.)

**Abb. 6.3** Konsum- und Sparfunktion nach dem Keynesschen Ansatz

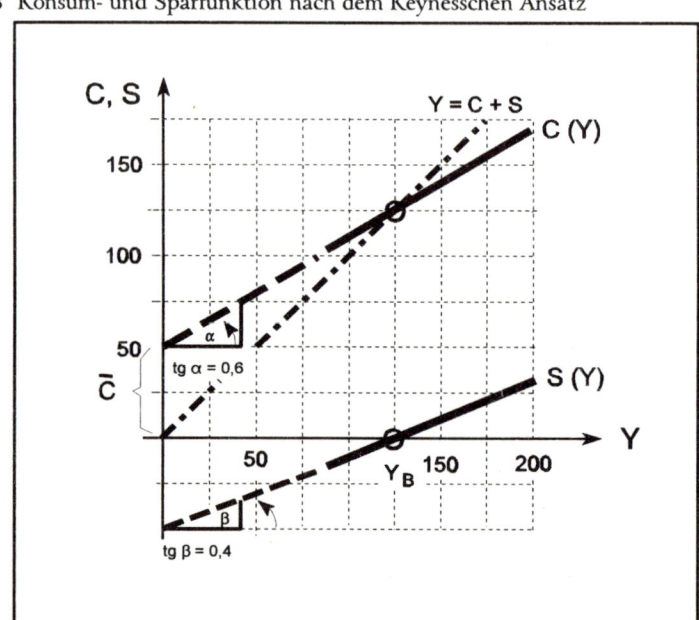

Die Keynessche Konsumhypothese lässt sich wie folgt näher beschreiben:
1. Mit steigendem (Real-)Einkommen wächst das (Real-)Einkommen.
2. Von jeder zusätzlichen Einkommenseinheit wird (in volkswirtschaftlicher Betrachtung) entsprechend dem „fundamentalen psychologischen Gesetz" immer nur ein Bruchteil dem Konsum zugeführt. - Die *Zunahme des Konsums bei Zunahme des Einkommens um eine Einheit* wird als **Grenzneigung zum Konsum** oder **marginale Konsumquote** (c) bezeichnet. Die marginale Konsumquote liegt zwischen null und eins.

Formal kann dieser Sachverhalt wie folgt ausgedrückt werden:

marginale Konsumquote:    $c = \dfrac{dC}{dY}$    (für $0 \leq c \leq 1$)   und entsprechend

marginale Sparquote:    $s = \dfrac{dS}{dY}$    (für $0 \leq s \leq 1$ und $c + s = 1$)

Keynes war überzeugt, dass die marginale Konsumquote im Verlauf eines Konjunkturzyklusses durchaus schwanken könne. Im Abschwung könnten die Konsumenten zunächst versuchen, ihr bisheriges Konsumniveau aufrecht zu erhalten; umgekehrt werden sie im Aufschwung zunächst mehr sparen [Keynes (1974); S. 82]. Die Parallele zum später behandelten *Sperrklinkeneffekt* liegt auf der Hand. - Langfristig erwartete Keynes einen tendenziellen Anstieg der Sparquote. Deshalb werde eine Konsumlücke entstehen, die zu einer *Stagnation* führen dürfte. Abb. 6.4 gibt aber keinen Hinweis auf die Richtigkeit dieser Erwartung. Zinn (1998) meint jedoch, dass die Stagnationsthese von Keynes zu unrecht kaum beachtet werde. Sie gebe gerade auch für die Lösung heutiger wirtschaftspolitischer Probleme wertvolle Hinweise.

3. Beim kurzfristigen Keynesschen Ansatz wird ein sog. *autonomer Konsum* $\overline{C}$ ($\overline{C}$ = 50) angenommen. Er sollte nicht als „Existenzminimum" missverstanden werden. Er erfüllt vielmehr die Funktion eines *Niveauparameters* (Ordinatenabschnitt der C-Funktion), d.h. er wird benötigt, um die Lage des relevanten Teils der Konsumfunktion im Koordinatensystem zu beschreiben. Veränderungen des Niveauparameters können auftreten (z.B. durch eine Zinssenkung, eine allgemeine Änderung des Konsumklimas).
4. Relevant ist die Konsumfunktion in der Realität nur jenseits des sog. *Basiseinkommens*. Dieses ist definiert als das Einkommen, das gerade voll konsumiert würde (hier: $Y_B$ = 125).
5. Auch bei konstanter marginaler Sparquote nimmt die *durchschnittliche Konsumquote* $\frac{C}{Y}$ ab.

Bei empirischen Test von Konsumfunktionen wird meistens von *Zeitreihen* ausgegangen. Ein solcher Test wurde in sehr einfacher Form für die BR Deutschland vorgenommen (vgl. Abb. 6.4). Hier wurde - im Gegensatz zu Keynes - auf *nominale Werte* abgestellt. Der erste optische Eindruck, den die Abfolge der empirischen Werte (dargestellt durch **X**) vermittelt, lässt auf eine langfristig eher lineare Beziehung zwischen der abhängigen Größe C ($Y_H^v$) und der unabhängigen Größe $Y_H^v$ schließen. Ermittelt man daher aus den tatsächlichen Werten eine lineare Regression nach der Methode der kleinsten Quadrate, so ergibt sich für den zugrunde gelegten Zeitraum von 1960 - 1993 die folgende Funktion (in Mrd DM):

$$C_H = 0,8735\, Y_H^v - 0,7559$$

Das Ergebnis dieser kleinen empirischen Untersuchung lautet somit wie folgt:
1. Der Wert der marginalen Konsumquote ist mit c = 0,8735 erwartungsgemäß kleiner als eins.
2. Der Niveauparameter $\overline{C}$ ist praktisch null. Damit gibt es keinen Unterschied zwischen marginaler und durchschnittlicher Konsumquote.

Es muss allerdings die Frage aufgeworfen werden, ob das statistische Vorgehen überhaupt der Problemstellung angemessen ist. Diese Frage muss aus den folgenden Gründen z.T. verneint werden:
1. Im Keynesschen Ansatz wird eine *kurzfristige* Konsumfunktion formuliert. Die benutzte Zeitreihe liefert aber eindeutig eine **langfristige Konsumfunktion**.
2. Es wurde nicht - wie vom Ansatz gefordert - von den *geplanten* Werten ausgegangen, sondern von den tatsächlichen.

**Abb. 6.4**   Die Ableitung einer Konsumfunktion für die BR Deutschland
              (alte Bundesländer; Zeitraum 1960 - 1993; Werte in jeweiligen Preisen)

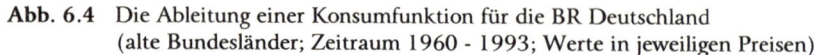

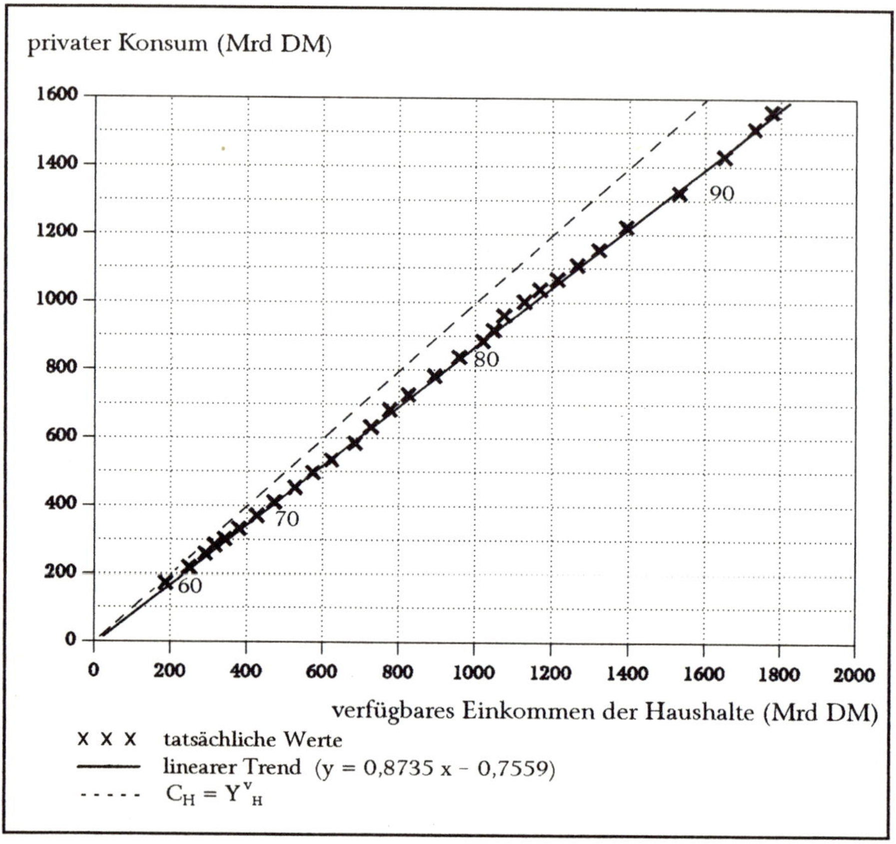

privater Konsum (Mrd DM)

[Diagramm: x-Achse "verfügbares Einkommen der Haushalte (Mrd DM)" von 0 bis 2000; y-Achse von 0 bis 1600. Datenpunkte mit Jahresmarkierungen 60, 70, 80, 90. Legende:]

x x x   tatsächliche Werte
————    linearer Trend  (y = 0,8735 x - 0,7559)
- - - - - $C_H = Y^v_H$

Quelle der Daten:  Bundesministerium für Arbeit und Sozialordnung, Statistisches Taschen-
                   buch 1998 - Arbeits- und Sozialstatistik. Tabellen 1.4 und 1.17

3. Die zu erklärende Variable C ist Bestandteil der unabhängigen Variablen Y. Von
   daher besteht bereits eine Korrelation zwischen beiden Größen; sie ist jedoch
   kein zwingender Ansatzpunkt für eine *erklärende* funktionale Beziehung.
4. Zur Abschätzung der Aussagefähigkeit der ermittelten Funktion ist die Heran-
   ziehung von statistischen Kenngrößen (z.B. Durbin-Watson-Koeffizient) nötig.

Detaillierte ökonometrische Untersuchungen zeigen, dass das Einkommen zwar
eine besonders wichtige Determinante darstellt, die alleinige Bindung des Konsums
an das Einkommen derselben Periode jedoch keinen in jeder Hinsicht befriedigen-
den Erklärungsansatz darstellt. Trotz des Vorliegens verbesserter Ansätze wird in
der einführenden Theorie weithin mit der absoluten Einkommenshypothese gearbeitet, da bereits sie die Ableitung einiger wesentlicher Ergebnisse erlaubt.

Ein kurzer Blick auf die Beziehungen zwischen kurz- und langfristiger Konsumfunktion dürfte von Interesse sein (vgl. Abb. 6.5). Die langfristige Konsumfunktion kann als Abfolge von kurzfristigen Konsumfunktionen interpretiert werden. Ausgangspunkt sei das Einkommen $Y_0$. Die Konsumenten konsumieren entsprechend dem Punkt A. Fällt das Einkommen auf $Y_1$, schränken die Konsumenten ihren Konsum zunächst nur geringfügig entsprechend der kurzfristigen Konsumfunktion $C_{k1}$ zu Lasten der Ersparnis auf den Wert B ein. Dieses Verhalten wird als **Sperrklinkeneffekt** oder **ratchet-effect** bezeichnet. Sollte sich der Einkommensrückgang als dauerhaft erweisen, besteht langfristig die Tendenz, den Wert des Konsums auf C zu reduzieren. - Steigt umgekehrt das Einkommen auf $Y_2$, so steigt der Konsum zunächst nur wenig auf den Wert D an, da die Konsumenten nun vermehrte Möglichkeiten des Sparens sehen. Neue Produkte, der Konsum führender Bevölkerungskreise und die Erwartung weiter steigender Einkommen regen jedoch langfristig einen steigenden Konsum (Punkt E) an. In einer überwiegend wachsenden Wirtschaft wird der Sperrklinkeneffekt allerdings in positiver Richtung nicht sehr ausgeprägt sein; die Bewegung erfolgt dann gleich entlang der langfristigen Konsumfunktion.

**Abb. 6.5** Die Beziehungen zwischen kurz- und langfristiger Konsumfunktion

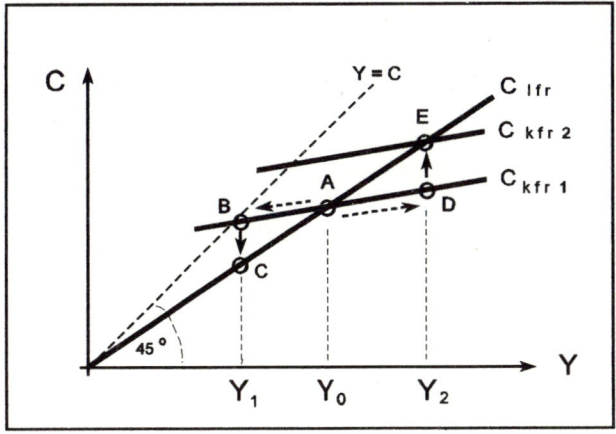

Nun sollen noch einige von der absoluten Einkommenshypothese abweichende Ansätze vorgeführt werden. Robertson hat vorgeschlagen, den Konsum von der Höhe des Einkommens der Vorperiode abhängig zu machen: $C_t = C_t(Y_{t-1})$. Wegen der hier benutzten zeitlichen Verzögerung (engl.: lag) spricht man auch vom **Robertson-Lag**. Auf der Basis sehr kurzer Perioden (z.B. Monate) spricht einiges für diesen Ansatz; auf Jahresbasis scheint er aber bereits nicht mehr sehr ausgeprägt zu sein.

Duesenberry hat die These geäußert, dass zwei (von Keynes abweichende) Aspekte für die Höhe des Konsums wichtig sind: a) Konsumgewohnheiten sind im Zeitablauf irreversibel, d.h. die Konsumenten orientieren sich an einem einmal erreichten Konsumniveau. b) Konsumenten berücksichtigen auch den Konsum anderer Konsumenten. Erhöhen bestimmte Konsumentengruppen ihren Konsum, so wirkt dies auch auf andere Konsumenten zurück. - Da hier der Maximal-Konsum einer früheren Periode bedeutsam ist, wird dieser Ansatz **relative Einkommens-hypothese** genannt. Er ist nahe verwandt mit der oben vorgestellten Beziehung zwischen kurz- und langfristiger Konsumfunktion.

Eine weitere Variante der Konsumfunktion geht auf **M. Friedman** zurück. Er bestreitet, dass der Konsum in einer stabilen und damit vorhersagbaren Weise (nämlich über die stabile marginale Konsumquote) von der Höhe des jeweiligen Einkommens der Periode abhängt. Friedman hält zwar das Einkommen der Periode nicht für unwichtig, meint aber, dass das *Dauereinkommen (permanent income)* - also Einkommen und Einkommenserwartungen über viele Jahre hinweg - einen entscheidenden Einfluss hat. Dabei sind für ihn *alle* Einkommensquellen von Bedeutung [Sachvermögen, finanzielles Vermögen und menschliches Leistungsvermögen (human capital) als Gegenwartswert aller zukünftigen Arbeitseinkommen]. Sein Ansatz trägt daher den Namen **permanente Einkommenshypothese**. Seine Konsumfunktion beschreibt daher eher eine *langfristige Beziehung*.

Das jeweilige tatsächliche Einkommen kann - durch unerwartete Gewinne / Verluste bei Unternehmerhaushalten, durch zeitweilige Über- oder Unterbeschäftigung bei Arbeitnehmerhaushalten - vom „dauerhaften Einkommen" abweichen. Daher empfiehlt sich nach Friedman die Aufteilung des Einkommens in eine „dauerhafte" und eine nur „vorübergehende" (transitorische) Komponente. Entsprechend sollte auch der Konsum in einen dauerhaften und einen vorübergehenden Anteil zerlegt werden. Gerade die Reaktion des vorübergehenden Konsums auf vorübergehende Einkommensänderungen ist nach Ansicht von Friedman nur schwer abzuschätzen. Friedman hat zahlreiche empirische Arbeiten angeregt. Besonders die Bestimmung des permanenten Einkommens stößt jedoch auf größere Schwierigkeiten.

Peren (1986), der zahlreiche Varianten getestet hat, kommt zum Schluss seiner Arbeit (S. 182) zu dem zusammenfassenden Ergebnis: „Ex post lässt sich nicht sagen, welches Modell den privaten Konsum der bundesdeutschen Haushalte in den Jahren von 1970 bis 1982 am besten widerspiegelt. So wird der Gesamtkonsum am besten durch die KEYNES'sche Funktion erklärt." Geht man jedoch von Gütergruppen (z.B. Verbrauchs- und Gebrauchsgüter) aus, haben sich andere Ansätze teilweise als besser erwiesen.

### 6.2.2. Die Investitionsnachfrage

Die Investitionen bilden die zweite bedeutsame Komponente der Endnachfrage. Den Investitionen kommt besondere Bedeutung zu, weil sie sich durch beträchtliche Schwankungen auszeichnen. Schwankungen können durch wechselnde Erwartungen der Unternehmen ausgelöst werden. Erwartungen können dann ihrerseits Ursachen für Veränderungen von Einkommen und Beschäftigung werden.

Bei Untersuchungen über die Bestimmungsgründe des volkswirtschaftlichen Investitionsverhaltens sollte man zweckmäßigerweise zwischen privaten und öffentlichen Investitionen unterscheiden, da die Investitionsmotive beider Gruppen unterschiedlich sind. Der Staat tätigt überwiegend Investitionen im Bereich der sog. Kollektivgüter (Straßen, Kanäle, Schulen, Verwaltung). Vom Umfang her belaufen sie sich auf etwa 12 % der gesamten Brutto-Investition. Die staatliche Investitionstätigkeit wird von Überlegungen über den Erhalt und den Ausbau der Infrastruktur als unerlässlicher Grundlage für die private Produktion beeinflusst. Sie wird aber andererseits auch als Instrument zur Beeinflussung der gesamtwirtschaftlichen Aktivität benutzt. Im Folgenden werden daher nur die Investitionsmotive *privater* Investoren behandelt.

Im Rahmen der einführenden Theorie werden die Investitionen letztlich nur als *Gesamtgröße* betrachtet. Außerdem wird die Investitionsneigung von nur wenigen Determinanten abhängig gemacht. Bei einer detaillierteren Analyse empfiehlt es sich jedoch, die Investitionen mindestens in die drei Teilkomponenten Ausrüstungs-, Bau- und Lagerinvestitionen aufzugliedern und deren Motive getrennt zu untersuchen. Der Sachverständigenrat geht in seinen Jahresgutachten regelmäßig auf letztere ein.

**Übersicht 6.6** Investitionsmotive deutscher Unternehmen

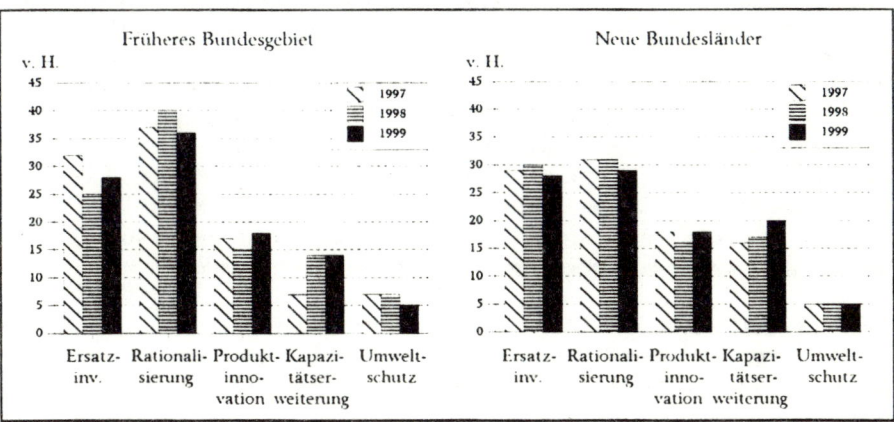

Umfragen des Deutschen Industrie- und Handelstages im Herbst 1996 (für 1997), Herbst 1997 (für 1998) und Herbst 1998 (für 1999) bei seinen Kammern in Deutschland, wobei Antworten von mehr als 25 000 Mitgliedsunternehmen ausgewertet wurden.                    Quelle: SR 1997/98; S. 45 und SR 1998/99; S. 70

Bei den (privaten) **Bauinvestitionen** ist eine Trennung nach Wohnungsbau und Industriebauten zweckmäßig. Die Anlässe für *Industriebauten* sind im Grunde die gleichen wie die für Ausrüstungsinvestitionen. Determinanten für den privaten *Wohnungsbau* sind u.a. die Einkommensentwicklung, die Bevölkerungsentwicklung (z.B. Zuzug vom Ausland; Aufbau der Bevölkerungspyramide: Jahrgänge des „Babybooms" kommen ins heiratsfähige Alter), das Zinsniveau und stark auch staatliche Einflüsse (Vorschriften im Mietrecht; Steuergesetzgebung; Aspekte des sozialen Wohnungsbaus).

Bereits eine kurze statistische Analyse der drei Komponenten (vgl. Übersicht 3.18) lässt erkennen, dass die **Lagerinvestitionen** (Vorratsänderung) die größten

Schwankungen zeigen. Dies wird allgemein damit erklärt, dass die Unternehmen bestrebt sind, ein ziemlich konstantes Verhältnis zwischen Absatz und Lagerbestand einzuhalten. Da sie sich dabei vorrangig an der Vergangenheit orientieren, folgt die Lagerbewegung mit einem gewissen zeitlichen Abstand der allgemeinen konjunkturellen Entwicklung.

Hinsichtlich der **Ausrüstungsinvestitionen** wird davon ausgegangen, dass die Unternehmen ihren Produktionsapparat (K) an die erwartete Entwicklung der Nachfrage anpassen wollen. Allerdings wird eine kapazitätserweiternde Netto-Investition nur dann von den Unternehmen durchgeführt, wenn
- keine unausgelasteten Kapazitäten mehr vorhanden sind;
- die zusätzliche Nachfrage als dauerhaft angesehen wird;
- die Unternehmen - z.B. wegen intensiven Wettbewerbs - nicht einfach in Preiserhöhungen ausweichen können.

Da die Netto-Investition als Differenz zwischen dem Kapitalbestand in $t_1$ und dem in $t_0$ definiert ist (vgl. Teil 1), ist der **Zweck von Netto-Investitionen** in der *Anpassung des tatsächlichen an den gewünschten oder optimalen Kapitalbestand* zu sehen. Diese Anpassung dauert allerdings aus produktionstechnischen Gründen oft länger als eine Periode. Die Theorie hat Ansätze entwickelt, wie der optimale Kapitalbestand und die damit erforderliche Netto-Investition bestimmt werden können. Auf eine Wiedergabe dieser Ansätze soll hier verzichtet werden. - Netto-Investitionen haben also einen **Kapazitätseffekt**, d.h. jede Netto-Investition erhöht den vorhandenen Sachkapitalbestand. Im hier angewendeten kurzfristigen Ansatz ist die Netto-Investition jedoch in Relation zum gesamten Kapitalbestand so klein, dass die Änderung des Sachkapitals vernachlässigt werden darf. In langfristiger Sicht (Wachstum) ist dieser Effekt jedoch von Bedeutung. Im Folgenden spielt nur der zweite Effekt von Investitionen, der **Einkommenseffekt**, eine Rolle.

Generell kann man davon ausgehen, dass Unternehmen nur dann Investitionen durchführen, wenn sie sich davon Gewinne versprechen. Die Gewinnerwartungen hängen von der Einschätzung der Unternehmen über kurz- und langfristige Absatzchancen, die Preisentwicklung, die erwartete Kostenentwicklung, die gegenwärtige und erwartete Gestaltung des Steuersystems (insbesondere der Gewinnsteuern) u.a. ab. Diese Erwartungen fließen in die prognostizierten Einnahmen- und Ausgabenströme ein, die das jeweilige Investitionsvorhaben beschreiben.

Im Rahmen einer *kurzfristigen* makroökonomischen Analyse der **Determinanten der Investitionen** werden die folgenden Größen in den Vordergrund gerückt:
1. Der *(Real-)Zins i* als Komponente der Kostenseite.
2. Die *Absatzerwartungen* - vor dem Hintergrund der *vorhandenen* Kapazität K - als Komponente der Ertragsseite. Die Absatzerwartungen werden oft vereinfachend ausgedrückt durch das Einkommen der Periode Y oder das erwartete Einkommen Y*.
3. Teilweise werden auch die *Gewinnsteuern* t explizit als Determinante aufgeführt.
Daraus resultieren die Varianten der gesamtwirtschaftliche **Investitionsfunktion**:
$$I = I(i, Y), \quad I = I(i, Y^*), \quad I = I(i, Y, t) \quad \text{oder} \quad I = I(i, Y^*, t).$$

Nach der betriebswirtschaftlichen Investitionstheorie soll - bei gegebenen Ertragserwartungen - die Entscheidung über die Durchführung einer Investition davon
abhängig gemacht werden, wie hoch der (erwartete) *interne Zins im Vergleich zu den
Finanzierungskosten* ist. Alle Investitionen, deren interner Zins höher (oder gerade
noch gleich) als die Finanzierungskosten ist, sollen danach durchgeführt werden.
Sinkt der Marktzins, werden Investitionen, deren interner Zins bisher im Vergleich
zu niedrig war, nunmehr auch rentabel. Daraus folgt, dass c.p. umso mehr Investitionen durchgeführt werden, je niedriger der Marktzins (die Finanzierungskosten) ist.

**Abb. 6.7** Die gesamtwirtschaftliche Investitionsfunktion

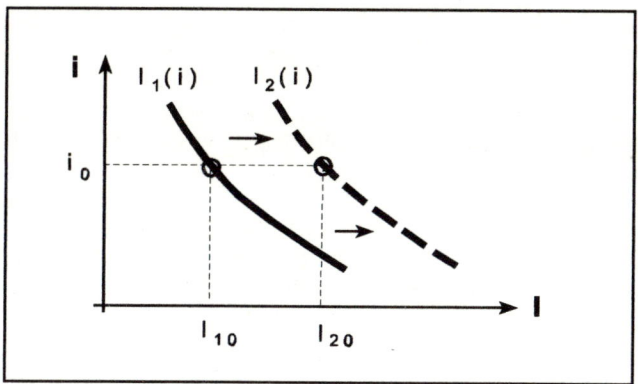

Es ist allerdings nicht ungewöhnlich, dass sich das gesamte Erwartungsniveau der
Unternehmen ändert (allgemein sich ausbreitende pessimistische Stimmung durch
Rohstoffverteuerung, politische Umwälzungen; allgemeine Aufbruchstimmung nach
Neuwahlen, entscheidenden technischen Neuerungen). Bereits Keynes hat auch
gerade für den Bereich der Investitionen die Bedeutung von Stimmungen und nicht
immer rational zu begründenden Erwartungen sowie die Bedeutung der Unsi-
cherheit betont. In einem i-I-Diagramm kann man derartige Veränderungen des
„Investitionsklimas" durch *Verschiebungen* der gesamten Kurve ausdrücken. Ein
positives Investitionsklima führt somit dazu, dass nun trotz eines konstanten
Zinssatzes $i_0$ die Investitionsmenge von $I_{10}$ auf $I_{20}$ zunimmt.

Von Bedeutung ist die Frage, wie stark denn nun in der Realität der Einfluss des
Zinses auf die Investitionsnachfrage ist (anders formuliert, wie steil oder flach die
Kurve verläuft oder wie groß die *Zinselastizität* der Investitionsnachfrage ist). Dieser
Frage werden immer wieder ökonometrische Studien gewidmet. Sicherlich kommt
dem Zins in Bereichen mit einer hohen Kapitalintensität (Wohnungs-, Schiffs- und
Kraftwerksbau) größere Bedeutung zu. In anderen Bereichen dürften die (sich
ändernden) Ertragserwartungen bedeutsamer sein als reine Zinsänderungen [vgl.
z.B. Münnich (1983); S. 154 ff.]. Insbesondere wenn der Zins schon relativ niedrig
ist, dürften weitere Zinssenkungen keine großen Effekte mehr auslösen.

Abschließend sei noch erwähnt, dass die Investitionstätigkeit auch in Abhängigkeit von der *Veränderung des Einkommens* oder des *Konsums* gesehen wird. Formal wird dies wie folgt ausgedrückt:

$$I_t = I_t (Y_t - Y_{t-1}) \qquad \text{bzw.} \qquad I_t = I_t (C_t - C_{t-1})$$

Dahinter steht der bereits erwähnte Ansatz, dass die Unternehmen versuchen, den Kapitalbestand an die Produktion anzupassen. Sofern die Kapazität ausgelastet ist, erfordert z.B. ein erhöhter Konsum eine Ausweitung des Kapitalbestands durch Netto-Investitionen. Man spricht daher von **induzierten Netto-Investitionen**. Wie man durch relativ einfache Modelle zeigen kann, erfordert z.B. eine wachsende Konsumgüterproduktion einen *beschleunigten* Anstieg der (induzierten) Investitionen. Deshalb wird dieser Zusammenhang auch als **Akzelerationsprinzip** (Beschleunigungsprinzip) bezeichnet. Kommt der Konsum*anstieg* jedoch zum Stillstand, dann erübrigen sich weitere Netto-Investitionen. Wegen der längeren Lebensdauer der Investitionsgüter geht die Investitionstätigkeit schnell stark zurück. Derartige aus einem Konsumimpuls resultierende Schwankungen der Netto-Investitionen und damit des gesamten Einkommens spielen eine Rolle in der Konjunkturtheorie. Sie sollen hier jedoch nicht weiter behandelt werden.

Die bisherigen Überlegungen haben gezeigt, dass die Investitionsfunktion von komplexerer Natur ist und dass sie zugleich ziemlich unstabil sein kann. Trotz dieser Tatsache wird im Folgenden mit sehr einfachen Investitionsfunktionen gearbeitet. Ein solches Vorgehen erscheint solange gerechtfertigt, wie nur einige grundlegende Zusammenhänge aufgezeigt werden sollen. In der ersten Phase der Analyse wird die Investitionsfunktion sogar derart radikal vereinfacht, dass sie nicht einmal mehr den Charakter einer *Funktion* behält. Es wird zunächst einfach angenommen, dass die Unternehmen eine bestimmte Investition durchführen wollen. Nach den Gründen wird überhaupt nicht gefragt. Die Höhe der Netto-Investition wird *autonom* vorgegeben: $I = \bar{I}$. In einem I-Y-Diagramm wird ein solcher Ansatz entsprechend Abb. 6.8 wiedergegeben.

**Abb. 6.8**  Darstellung autonomer Netto-Investitionen

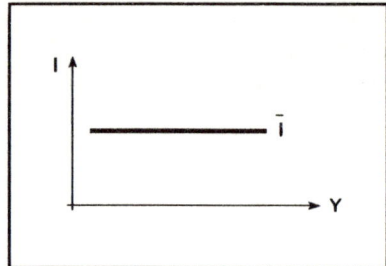

### 6.2.3. Die Staatsnachfrage

Unter Staatsnachfrage werden in der Einkommens- und Beschäftigungstheorie nur die **Staatsausgaben für Güter und Dienste** (G) verstanden. Sie sind eine Summe aus den *Konsumausgaben des Staates* ($C_{St}$) und den *öffentlichen Investitionen* ($I_{St}$). Die

Subventionen an Unternehmen (Z) sowie die Transferzahlungen an Haushalte (Tr) gehören als gegenwertlose Zahlungen zur *Umverteilung*. Sie sind nicht einkommenswirksam und zählen daher nicht zur gesamtwirtschaftlichen Nachfrage.

Die Ermittlung der Bestimmungsgründe für die Höhe der jeweiligen Staatsausgaben für Güter und Dienste ist nicht ganz einfach. Der Staatskonsum ist - wie in Teil 1 dargelegt - eine Summe aus sehr heterogenen Größen: Er enthält u.a. Gehälter für öffentliche Bedienstete, Ausgaben der Sozialversicherung für Medikamente, Ausgaben für Bauten im Rahmen der Landesverteidigung. Die Verteilung der Mittel auf die einzelnen Verwendungen ist Ergebnis der parlamentarischen Diskussion. Es darf aber auch nicht übersehen werden, dass die Höhe der Staatsausgaben von den Steuereinnahmen (die ihrerseits von der Höhe des Einkommens abhängen) sowie von den Möglichkeiten der Staatsverschuldung bestimmt wird.

Der gesamte Komplex von Staatseinnahmen und -ausgaben ist so umfangreich, dass er neben der Makroökonomie (i.e.S.) noch in einem eigenen Untersuchungsbereich, der *Finanzwissenschaft*, vertieft behandelt wird. Innerhalb einer einführenden Einkommens- und Beschäftigungstheorie wird daher auf die Bestimmungsgründe für die Staatsausgaben für Güter und Dienste (G) nicht näher eingegangen. Die Staatsausgaben für Güter und Dienste werden vielmehr als *autonom* (d.h. einkommensunabhängig) und als *exogen* (d.h. in ihrer Höhe nicht durch Variablen des Modells bestimmt) angesehen. Dies wird geschrieben als: $G = \bar{G}$.

Die Annahme, dass die Staatsaugaben autonom (und gegebenenfalls exogen) seien, bedeutet aber nicht, dass sie im Modell grundsätzlich konstant sind. Sie können in ihrer Höhe durchaus verschieden angesetzt werden. Es ist im Gegenteil sogar beabsichtigt, die Wirkungen schwankender Staatsausgaben aufzuzeigen. Im Modell sind sie nur nicht *funktional* mit anderen Größen verknüpft. - In der Praxis ist die Variabilität der (gesamten) Staatsaugaben nach unten allerdings kurzfristig sehr gering. Viele Ausgaben können wegen langfristiger gesetzlicher und politischer Bindungen (Gehälter der öffentlichen Bediensteten; Sozialleistungen; Verteidigungslasten im Rahmen internationaler Bündnisse; Zinsen auf Staatschuld) kurzfristig kaum gesenkt werden.

### 6.2.4. Die Auslandsnachfrage

Für Deutschland ist die Auslandsnachfrage (EX) traditionell ein bedeutsamer Faktor der Endnachfrage. Hinsichtlich der Einkommenswirksamkeit der Exporte gilt jedoch, dass nur der **Außenbeitrag**, also die Differenz aus Ex- und Importen (EX – IM, auch als *Netto-Exporte* bezeichnet), von Bedeutung ist.

An Bestimmungsfaktoren für die Ex- und Importe eines Landes sind z.B. zu nennen: die Faktorausstattung (z.B. natürliche Rohstoffe); die Güterpreise im Vergleich zum Ausland; Zölle; Wechselkurse; die Entwicklung der Einkommen in den am Außenhandel beteiligten Ländern. Diesen (möglichen) Einflussfaktoren soll hier nicht näher nachgegangen werden. Später werden einige dieser Aspekte vertieft in einem eigenen Kapitel 12 behandelt.

In der einführenden Einkommens- und Beschäftigungstheorie wird hinsichtlich des Außenhandels ähnlich vorgegangen wie bei der Staatsnachfrage. Der Export wird als *autonom* und *exogen* angenommen: $EX = \overline{EX}$.

Die Importe (IM) als zweite Komponente des Außenbeitrags werden dagegen auch in einfachen einführenden Modellen üblicherweise als *Funktion des Einkommens* IM(Y) angesetzt. Dies wird damit begründet, dass Importe als Vorleistungsgüter in die Produktion eingehen, hier also eine unmittelbare Beziehung zwischen Importen und Produktion (= Einkommen) besteht. Aber auch zwischen Einkommen und importierten Konsumgütern ist die Beziehung eng. Somit wird eine einfache Importfunktion geschrieben als: $IM = IM(Y)$ oder genauer $IM = im\,Y + \overline{IM}$. (Dabei bezeichnet im die *marginale Importquote* in Bezug auf das Einkommen und $\overline{IM}$ den autonomen Import oder den Niveauparamter der Importfunktion.)

## 6.3. Das Gütermarkt-Gleichgewicht und die Stufen seiner Analyse

Im Zentrum der Gütermarktanalyse steht das Problem, welche *Höhe der Produktion (= des Einkommens)* aus den *Planungen* über das gesamtwirtschaftliche Angebot und die gesamtwirtschaftliche Nachfrage resultiert. Da die Planungen der für das Angebot zuständigen Sektoren *unabhängig* von den Planungen der für die Nachfrage zuständigen Sektoren erfolgt, scheint eine Übereinstimmung der Planungen eher Zufall zu sein. Wenn sich am Ende einer Periode herausstellt, dass Planungen und realisierte Größen nicht übereinstimmen, ist allerdings mit Planrevisionen der Sektoren zu rechnen. Ob und gegebenenfalls wie solche Planänderungen zu einer Übereinstimmung der Plangrößen (= Gleichgewicht) führen, steht im Zentrum der nachfolgenden Analyse.

Auszugehen ist von der

---

**Bedingung** für ein makroökonomisches Gleichgewicht am Gütermarkt

Das *geplante Güterangebot* muss *gleich* der *geplanten Güternachfrage* sein.

$$Y_A = Y_N$$

---

Man kann dies auch anders formulieren:

---

Gleichgewicht am Gütermarkt herrscht, wenn
die *geplante Einkommensentstehung* *gleich* der *geplanten Einkommensverwendung* ist.

---

Die folgende Gütermarktanalyse ist - wie bereits erwähnt - in einer *nachfrageorientierten Sicht* konzipiert. Dies bedeutet, dass der Entwicklung der Nachfrage die entscheidende Bedeutung für das Gütermarkt-Gleichgewicht beigemessen wird. Für das Angebot gilt: Es wird kein Unterschied zwischen geplantem Angebot $Y_A$ und tatsächlichem Angebot (= tatsächlicher Produktion) Y gemacht. Wenn die tatsächliche (= geplante) Produktion nicht mit der für diese Periode geplanten Nachfrage übereinstimmt, erfolgt in der nächsten Periode eine Anpassung der Produktion. Das Angebot wird somit als *Reaktion* auf die Nachfrage verstanden.

Die in Übersicht 6.1 aufgezeigten Beziehungen sollen aus didaktischen Gründen nicht sofort in ihrer Gesamtheit analysiert werden. Den meisten Studierenden scheint es nämlich leichter zu fallen, zunächst mit einfachen Modellen zu beginnen, selbst wenn diese dann realitätsferner sind.

In der *ersten Stufe* wird eine **geschlossene Volkswirtschaft ohne Staat** unterstellt, d.h. es gibt keine Außenwirtschaftsbeziehungen und keine staatlichen Aktivitäten. Die Volkswirtschaft besteht nur aus zwei Aggregaten, nämlich Haushalten als nur konsumierende Einheiten und Unternehmen als produzierende Einheiten. Für Keynes hatte dieses Modell eine große Bedeutung: Er wollte ja gerade zeigen, dass ein rein markt- und privatwirtschaftlich organisiertes System nicht zwingend eine „Tendenz zu inhärenter Stabilität" in sich trage, sondern zu langanhaltender Unterbeschäftigung (manchmal auch als *Gleichgewicht bei Unterbeschäftigung* bezeichnet) führen könne.

In der *zweiten Stufe* wird der **Staat** in die Gütermarktanalyse einbezogen. Die Wirkungen von Staatseinnahmen und -ausgaben werden jedoch nur in sehr grundsätzlicher Form behandelt. Weite Teile der Realität - etwa der konkreten Ausgestaltung des Haushalts- und Steuerrechts - werden ausgeklammert.

In der *dritten Stufe* werden die **Außenwirtschaftseinflüsse** beachtet. Dies erfolgt in der Gütermarktanalyse ebenfalls nur in sehr einfacher und grundsätzlicher Form. In Kap. 12 werden Außenwirtschaftsaspekte erneut vertiefend aufgegriffen.

Bei den in den einzelnen Stufen erarbeiteten Ergebnissen sollte nie vergessen werden, dass es sich um Partialmodelle innerhalb des (größeren) Partialmodells „Gütermarkt" handelt. Die abgeleiteten Ergebnisse gelten immer nur jeweils unter den Bedingungen des Partialmodells. Aus „niederen" Modellstufen abgeleitete Ergebnisse können daher in „höheren" Stufen Modifikationen erfahren. Selbst Aussagen innerhalb des kompletten Gütermarktmodells sind immer noch Aussagen in einem Partialmodell.

Im Folgenden werden die Modelle jeweils parallel mit allgemeinen Verhaltensfunktionen und Zahlenbeispielen vorgeführt. Die in den Zahlenbeispielen benutzten Parameter geben jedoch nur grundsätzliche Größenordnungen wieder; die Werte lehnen sich also nicht etwa eng an die deutschen Verhältnisse an. Die exakten rechnerischen Ergebnisse der Zahlenbeispiele dürfen - auch wegen der einfach konzipierten Modelle - nicht überbewertet werden. Der Zweck der Zahlenbeispiele liegt vorrangig darin, Studierenden die *Richtung*, in die sich das System bewegt, leichter verständlich zu machen.

Es sei noch darauf hingewiesen, dass in diesem Teil 2 kein Unterschied zwischen Inlands- und Inländerkonzept gemacht wird. Außerdem wird regelmäßig auf das *Netto*größen abgestellt. Die üblicherweise betrachtete Einkommensgröße ist somit das *Volkseinkommen*. Die hier beabsichtigte grundsätzliche Darlegung von gesamtwirtschaftlichen Beziehungen wird dadurch normalerweise nicht beeinträchtigt.

## 6.4. Das Gütermarkt-Gleichgewicht in einer geschlossenen Volkswirtschaft ohne Staat

### 6.4.1. Das Gütermarkt-Gleichgewicht bei einkommensabhängigem Konsum und autonomer Netto-Investition

In der ersten Stufe wird eine Volkswirtschaft unterstellt, die nur aus Haushalten und Unternehmen besteht. Es gibt weder staatliche Aktivitäten noch Außenhandelsbeziehungen. Daher gilt:

a) Die (geplante) *gesamtwirtschaftliche Nachfrage* $Y_N$ besteht daher nur aus zwei Nachfragekomponenten, nämlich der privaten Konsumnachfrage $C_H$ und der privaten Investitionsnachfrage $I_{pr}$. Letztere wird hier als autonom angenommen $(I = \bar{I})$. Der Zinssatz i tritt hier nicht als Determinante in Erscheinung.

b) Das (geplante) *gesamtwirtschaftliche Angebot* $Y_A$ ist identisch mit der gesamten tatsächlichen Produktion Y der Periode.

Es ist nun zu prüfen, wann bei den gegebenen Verhaltensfunktionen der beiden Sektoren Gleichgewicht herrscht, anders formuliert, wann die Planungen der Sektoren übereinstimmen $(Y_A = Y_N)$.

**Übersicht 6.9**  Ableitung des Gütermarkt-Gleichgewichts bei einkommensabhängigem Konsum und autonomer Netto-Investition

| *allgemeiner Ansatz* | *Zahlenbeispiel* |
|---|---|
| \(1\) Angebot $Y_A$ | |
| $Y_A = Y$ | $Y_A = Y$ |
| \(2\) Nachfrage $Y_N$ | |
| (2.1) $C_H = cY + \bar{C}$ | (2.1) $C_H = 0{,}6\,Y + 50$ |
| (2.2) $I_{pr} = \bar{I}$ | (2.2) $I_{pr} = 100$ |
| \(3\) Gleichgewicht $Y_A = Y_N$ | |
| $Y = (cY + C) + I$ <br> $(1 - c)\,Y = C + I$ (wobei: $1 - c = s$) | $Y = (0{,}6\,Y + 50) + 100$ <br> $0{,}4\,Y = 150$ |
| $Y_0 = \dfrac{1}{s}\,(C + I)$ | $Y_0 = \dfrac{1}{0{,}4}\,150 = 375$ |

Keynes hatte die neoklassische Ansicht kritisiert, wonach der Ausgleich von Sparen und Investieren über den Zins herbeigeführt wird. In seinem Ansatz ist aber S eine Funktion von Y. Dann können (Netto-)Investition I und Ersparnis S auch nur über das *Einkommen* zum Ausgleich gebracht werden. Also gilt auch: Gleichgewicht herrscht, wenn die geplante Investition gleich der geplanten Ersparnis ist. Es ist also das Einkommen zu bestimmen, bei dem dies der Fall ist.

**Übersicht 6.10** Ableitung des Gleichgewichtseinkommens für I = S

| *allgemeiner Ansatz* | *Zahlenbeispiel* |
|---|---|
| (1)  Sparfunktion | |
| $S_H = Y - (c\,Y + \overline{C})$ <br> $S_H = s\,Y - \overline{C}$ | $S_H = 0{,}4\,Y - 50$ |
| (2)  Investitionsfunktion | |
| $I_{pr} = \overline{I}$ | $I_{pr} = 100$ |
| (3)  Gleichgewicht $I_{gepl} = S_{gepl}$ | |
| $I = s\,Y - C$ | $100 = 0{,}4\,Y - 50$ |
| $Y_0 = \dfrac{1}{s}\,(C + I)$ | $Y_0 = \dfrac{1}{0{,}4}\;150 = 375$ |

Erwartungsgemäß führen beide Ansätze zum selben Gleichgewichtseinkommen. Was sagt das Ergebnis aus? In der *allgemeinen Version* handelt es sich um eine *Bedingungsgleichung* für das Gütermarkt-Gleichgewicht.

---

**Bedingung** für ein **Gütermarkt-Gleichgewicht**

Nur wenn der Wert der tatsächlichen Produktion (des Realeinkommens) Y gleich dem mathematischen Produkt aus (a) der Summe der autonomen Endnachfragekomponenten und (b) dem Kehrwert der marginalen Sparquote ist, dann entspricht das geplante Angebot $Y_A$ (= tatsächliche Produktion Y) der geplanten Nachfrage $Y_N$. Dann ist Y das Gleichgewichtseinkommen $Y_0$ .

---

Bezogen auf das Zahlenbeispiel gilt:

---

Nur wenn die tatsächliche Produktion (das Angebot) Y = 375 beträgt, entspricht die effektive Nachfrage (gemäß den Verhaltensfunktionen) mit $Y_N = 375$ gerade diesem Angebot.
*Oder:* Nur wenn die Produktion Y = 375 beträgt, sparen die Haushalte freiwillig gerade so viel (S = 100), wie die Unternehmen investieren wollen (I = 100).

---

Man muss sich klar machen, dass bislang nur die *Bedingungen* genannt wurden, wann Gleichgewicht herrscht. Es ist aber noch nichts darüber ausgesagt, ob und wie es zu einer Erfüllung dieser Bedingung kommt. Diese Frage lässt sich am besten beantworten, wenn man versucht, sich die hinter den Funktionen stehenden ökonomischen Beziehungen an einem Beispiel zu verdeutlichen.

In der Modellvolkswirtschaft werden nur zwei Typen von Gütern produziert:
1) Konsumgüter, die von den Haushalten entsprechend ihrer Konsumfunktion
   C = 0,6 Y + 50 nachgefragt werden.

2) Investitionsgüter (in Form von Maschinen), die von den Unternehmen unabhängig von der Wirtschaftslage in einer Höhe von I = 100 nachgefragt werden. (Es handelt sich um **Netto**-Investitionen, d.h. es geht hier nur um zusätzliche, den Sachkapitalbestand erhöhende Investitionen; der notwendige Ersatz an verschlissenen Maschinen ist bereits abgezogen). - Die Investoren planen ferner, ihren Lagerbestand an Konsumgütern konstant zu halten. Die gesamte geplante Netto-Investition als Summe aus geplanter Kapazitätsausweitung plus geplanter Lagerinvestition beträgt also I = 100.

3) Bei Bedarf können und werden die Unternehmen auf Lagerbestände aus ihrem Konsumgüterlägern zurückgreifen.

4) Konsumgüter und Maschinen haben den gleichen Preis von 1 GE.

5) Alle Werte sind reale Größen, d.h. es gibt keine Preisänderungen.

Der Ablauf stellt sich unter diesen Bedingungen entsprechend Übersicht 6.11 dar.

**Übersicht 6.11**   Ableitung des Gleichgewichtseinkommens in einer Zwei-Sektoren-Volkswirtschaft

| Periode | Angebot $Y_A$ | | | Nachfrage $Y_N$ | | | Investition I | | | | Ersparnis S | |
|---|---|---|---|---|---|---|---|---|---|---|---|---|
| | $Y_A = Y$ | | | $C_{gepl}$ | $I_{gepl}$ | $Y_N$ | $I_{ex post}$ | | | $I_{ungepl}$ | $S_{gepl}$ | $S_{ex post}$ |
| | Produzierte Konsumgüter | Produzierte Investitionsgüter | Summe | Geplante und realisierte Konsumgüter-Nachfrage | Geplante Zunahme der Maschinenkapazität bei Konstanz des Konsumgüter-Lagers | Summe | Tatsächliche Zunahme der Maschinenkapazität | Tatsächliche Veränderung des Konsumgüter-Lagers | Tatsächliche Veränderung des gesamten Produktionskapitals | Ungeplante Veränderung des Konsumgüter-Lagers | Geplantes Sparen der Haushalte | Tatsächliches Sparen der Haushalte |
| | 1 | 2 | 3 = 1+2 | 4 | 5 | 6 = 4+5 | 7 | 8 | 9 = 7+8 | 10 = 9-5 | 11 | 12 = 3-4 |
| 1 | 100 | 100 | 200 | 170 | 100 | 270 | 100 | -70 | 30 | -70 | 30 | 30 |
| 2 | 170 | 100 | 270 | 212 | 100 | 312 | 100 | -42 | 58 | -42 | 58 | 58 |
| 3 | 212 | 100 | 312 | 237 | 100 | 337 | 100 | -25 | 75 | -25 | 75 | 75 |
| 4 | 250 | 100 | 350 | 260 | 100 | 360 | 100 | -10 | 90 | -10 | 90 | 90 |
| 5 | 275 | 100 | 375 | 275 | 100 | 375 | 100 | 0 | 100 | 0 | 100 | 100 |
| 6 | 300 | 100 | 400 | 290 | 100 | 390 | 100 | +10 | 110 | +10 | 110 | 110 |

Da die Haushalte ihre Vorstellungen den Unternehmen üblicherweise nicht mitteilen, können die Unternehmen nur „auf Verdacht" produzieren. Für Periode 1 gehen die Unternehmen davon aus, dass sie Konsumgüter im Wert von 100 absetzen können. Ferner produzieren sie (auf Bestellung) 100 Maschinen. Die Gesamtproduktion (= Einkommen) der Periode beträgt damit Y = 200. Bei einem Einkommen von 200 fragen die Haushalte entsprechend ihrer Konsumfunktion jedoch 170 Konsumgüter nach. Hier wird unterstellt, dass die Unternehmen durch eine ungeplante Lager-Investition in Höhe von I $_{ungepl}$ = -70 auf die Konsumwünsche eingehen. Damit beträgt am Ende der Periode die gesamte tatsächliche Netto-

Investition $I_{ex\ post}$ = 30 und entspricht $S_{ex\ post}$ = 30 (vgl. auch Kap. 2.1.2.3.). Eine Gleichgewichtssituation ist demnach in Periode 1 nicht gegeben.

Ein ungeplanter Lagerabbau ist für die Unternehmen i.d.R. ein Signal, die Produktion als Folge der starken Nachfrage auszuweiten. Produzieren sie in Periode 2 nun den Betrag an Konsumgütern, den sie in Periode 0 absetzen konnten (also C = 170), dann werden sie am Ende der Periode 2 erneut feststellen, dass wiederum ein ungeplanter Lagerabbau stattgefunden hat. Die Werte von gesamtwirtschaftlichem Angebot und gesamtwirtschaftlicher Nachfrage haben sich allerdings angenähert. Erst wenn die Produktion Y = 375 beträgt (davon 275 Konsumgüter und 100 Investitionsgüter), entspricht das geplante Angebot der geplanten Nachfrage. Y = 375 ist somit das **Gleichgewichtseinkommen**.

Würden die Unternehmen unter den Bedingungen des Modells die Produktion (das Angebot) noch mehr ausdehnen (z.B. auf Y = 400), würde die Nachfrage nicht mehr ausreichen. Es entstünde ein ungeplanter Lageraufbau, der nun wieder Signal für eine Produktionsrücknahme wäre. Da hier das System eine Tendenz zum Gleichgewicht hin hat, spricht man auch von einem **stabilen Gleichgewicht**.

In der Makroökonomie werden oft grafische Darstellungen bevorzugt, um Zusammenhänge zu beschreiben. Grafiken erlauben, die Zusammenhänge auf einen Blick zu erfassen. Auch in der Gütermarkt-Gleichgewichtsanalyse ist daher die grafische Methode weit verbreitet. Im Folgenden wird der Inhalt der Übersicht 6.9 in grafischer Form präsentiert: Der *allgemeine Ansatz* ist in Abb. 6.12 wiedergegeben, das *Zahlenbeispiel* in Abb. 6.13.

**Abb. 6.12**    Das Gütermarkt-Gleichgewicht als Schnittpunkt von gesamtwirtschaftlichem Angebot und gesamtwirtschaftlicher Nachfrage

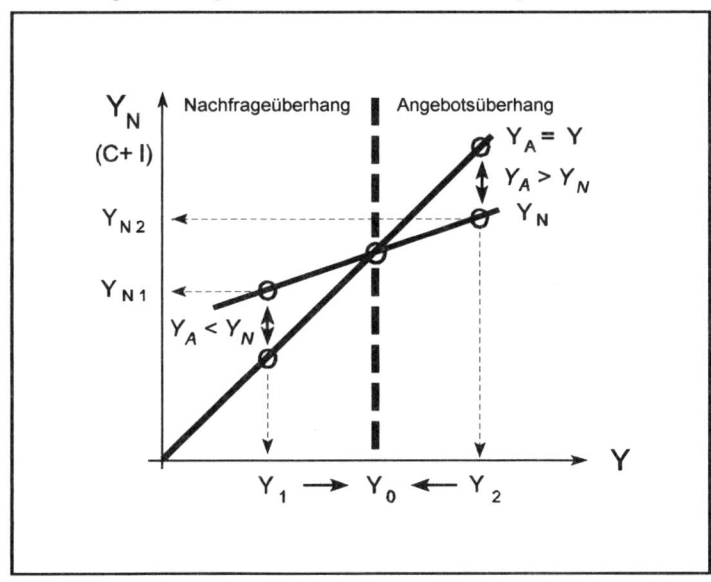

In Abb. 6.12 ist auf der Abszisse die tatsächliche Produktion Y (= geplantes Angebot $Y_A$) abgetragen. Auf der Ordinate erscheint die effektive Nachfrage $Y_N$. Wählt man die Einheiten auf beiden Achsen gleich groß, so stellt die Winkelhalbierende das geplante Angebot und gleichzeitig alle Kombinationen dar, bei denen Angebot gleich Nachfrage ist. Die Nachfrage $Y_N$ weist eine Steigung < 1 auf. Im linken Bereich ist $Y_N > Y_A$. Hier besteht eine Tendenz zur Produktionsausweitung. Die Differenz zwischen $Y_{N1}$ und $Y_1$ wird deshalb auch als **expansive Lücke** bezeichnet. Bei $Y_0$ herrscht Gleichgewicht. Rechts von $Y_0$ gilt $Y_N > Y_A$. Es besteht eine Tendenz zur Produktionseinschränkung. Die Differenz zwischen $Y_2$ und $Y_{N2}$ trägt auch den Namen **kontraktive Lücke**.

Das Zahlenbeispiel unterscheidet sich naturgemäß nicht vom allgemeinen Ansatz. Hier wird zur Ergänzung allerdings (Abb. 6.13-b) auch die grafische Lösung für den Gleichgewichtsansatz $I_{gepl} = S_{gepl}$ aufgenommen.

**Abb. 6.13** Ableitung des Gütermarkt-Gleichgewichts bei autonomer Netto-Investition

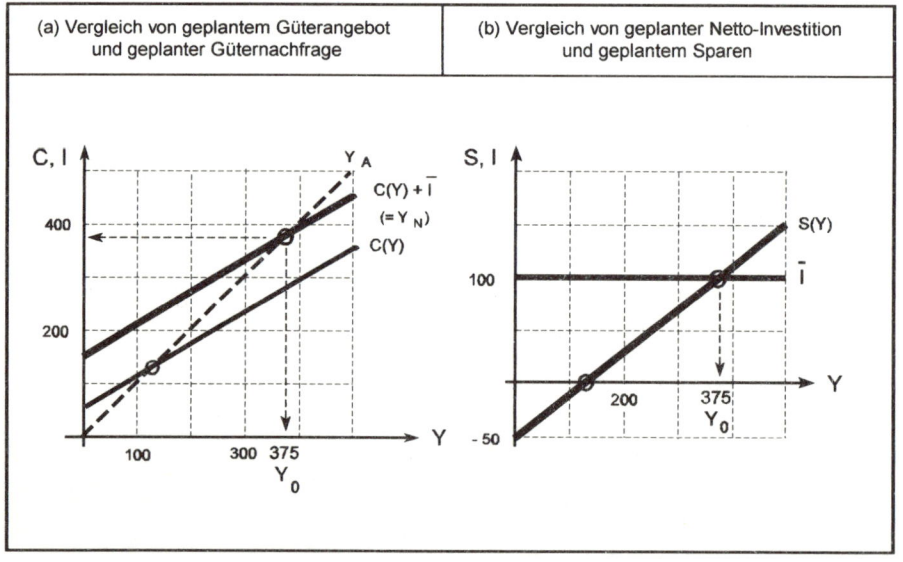

6.4.2. **Das Gütermarkt-Gleichgewicht bei einer vom Zins abhängigen Netto-Investition - die IS-Funktion**

Die Annahme *autonomer* Investitionen ist zwar geeignet, das Grundproblem des Gütermarkt-Gleichgewichts auf einfache Weise zu verdeutlichen. In der Realität ist allerdings dem *Zins* üblicherweise bei Investitionsentscheidungen eine wichtige Rolle beizumessen. Daher wird das Modell nunmehr um den Zins als Einflussgröße für die Investitionsnachfrage erweitert. Die Investitionsfunktion wird daher nun wie folgt angesetzt:

*allgemein:*   $I_{pr} = -\alpha i + \overline{I}$    *Zahlenbeispiel:*   $I_{pr} = -8i + 150$

(Hierbei beschreibt $\alpha$ das Ausmaß, in dem die Investitionen auf den Zins reagieren. $\overline{I}$ gibt einen autonomen Anteil an den Investitionen wieder.)

Das Vorgehen bei der Bestimmung des Gütermarkt-Gleichgewichts entspricht dem Vorgehen in der Übersicht 6.10.

**Übersicht 6.14**   Die Ableitung des Gütermarkt-Gleichgewichts bei zinsabhängiger Netto-Investition - die IS-Funktion

| *allgemeiner Ansatz* | *Zahlenbeispiel* |
|---|---|
| (1)  Angebot $Y_A$ | |
| $Y_A = Y$ | $Y_A = Y$ |
| (2)  Nachfrage $Y_N$ | |
| (2.1) $C_H = cY + \overline{C}$  bzw.<br>$S_H = sY - \overline{C}$ | (2.1) $C_H = 0{,}6\,Y + 50$   bzw.<br>$S_H = 0{,}4\,Y - 50$ |
| (2.2) $I_{pr} = -\alpha i + \overline{I}$ | (2.2) $I_{pr} = -8i + 150$ |
| (3)  Gleichgewicht $I_{gepl} = S_{gepl}$ | |
| $-\alpha i + I = sY - C$ | $-8i + 150 = 0{,}4\,Y + 150$ |
| **IS-Funktion** | |
| $Y = \dfrac{1}{s}(C + I - \alpha i)$ | $Y = \dfrac{1}{0{,}4}(200 - 8i) = -20i + 500$ |
| $i = \dfrac{1}{\alpha}(C + I - sY)$ | $i = \dfrac{1}{8}(200 - 0{,}4\,Y) = -0{,}05\,Y + 25$ |

Übersicht 6.14 lässt erkennen: Das Gütermarkt-Gleichgewicht bei zinsabhängiger Investitionsnachfrage stellt sich als eine Gleichung von *zwei* Variablen dar. Somit gibt es auch nicht nur eine einzige Lösung. Es gibt zahlreiche Wertepaare von i und Y, bei denen Gleichgewicht ($Y_A = Y_N$ oder $I_{gepl} = S_{gepl}$) herrscht. Diese Wertepaare werden durch die sog. *IS-Funktion* beschrieben. Sie ist allerdings keine echte Funktion im Sinne von abhängiger und unabhängiger Variable, sondern nur eine *Zuordnungsvorschrift* für die jeweiligen Gleichgewichtswertepaare. Deshalb kann man die Funktion sowohl nach i als auch nach Y auflösen.

| **IS-Funktion** |
|---|
| Die *IS-Funktion* beschreibt alle Kombinationen von i und Y, bei denen Gütermarkt-Gleichgewicht besteht (also die geplanten, vom Zins abhängigen Investitionen gleich der geplanten, vom Einkommen abhängigen Ersparnis sind. |

Die Wertepaare für ein Gütermarkt-Gleichgewicht bei zinsabhängiger Investitions-
nachfrage hängen somit in diesem einfachen Ansatz ab von den Parametern
- Summe der autonomen Endnachfragekomponenten;
- Höhe der marginalen Sparquote s;
- Ausmaß $\alpha$, in dem die Investitionen auf den Zins reagieren.

In der makroökonomischen Theorie spielt die IS-Funktion eine wichtige Rolle.
Sie wird von sehr vielen Autoren sozusagen als **komprimierter Ausdruck** für die
gesamte *Gütermarkt*-**Situation** verstanden. Deshalb wird sie auch in ihrer grafischen Form als *IS-Kurve* bei gesamtwirtschaftlichen Analysen häufig benutzt.
Übersicht 6.15 zeigt, wie man bei gegebener Investitionsfunktion und gegebener
Sparfunktion (abgeleitet aus der Konsumfunktion) auch leicht auf grafischem Wege
die IS-Kurve ableiten kann.

**Übersicht 6.15** Die Ableitung der IS-Kurve

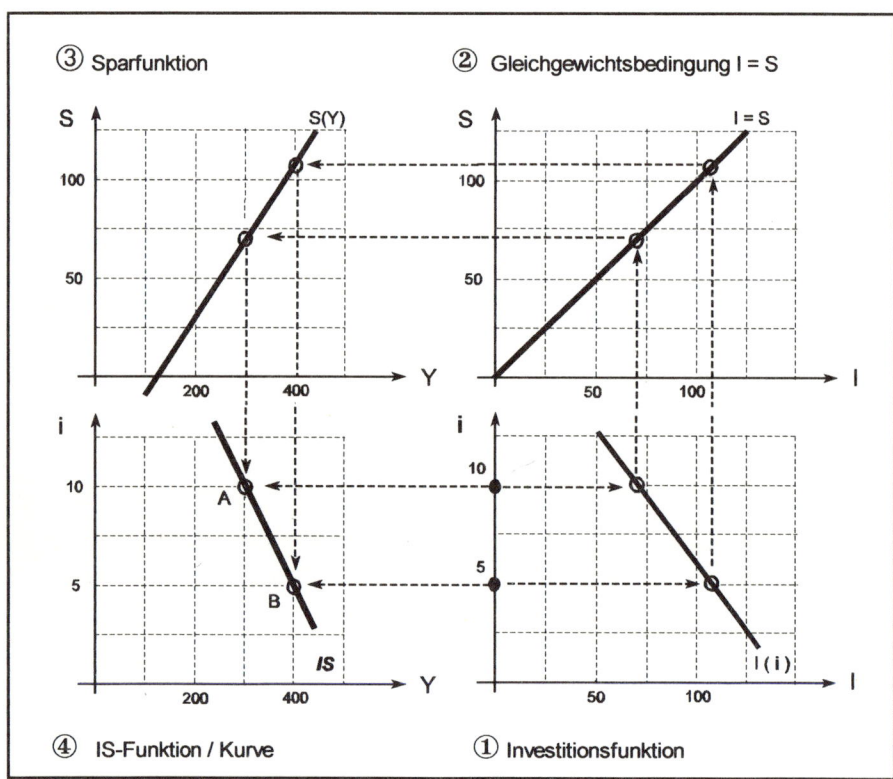

Das Vorgehen bei der grafischen Ableitung der IS-Kurve sei kurz erläutert. Vorgegeben sind
die Verhaltensfunktionen in den Diagrammen (1) und (3) sowie die Gleichgewichtsbedingung
in Diagramm (2). Diagramm (4) ist zunächst leer. Man beginnt in Diagramm (1). Ist z. B. der
Zins i = 10 %, so planen die Unternehmen eine Investition von 70. Gleichgewicht herrscht,
wenn auch die Konsumenten eine Ersparnis von 70 planen. Laut Diagramm (3) planen die

Haushalte eine Ersparnis von 70, wenn ihr Einkommen 300 beträgt. Also wird in Diagramm (4) der Gleichgewichtswert i = 10 und Y = 300 eingetragen (Punkt A). Entsprechend ist vorzugehen, wenn der Zins z.B. 5 % beträgt. Als Gleichgewichtswert ergibt sich der Punkt B.

Die IS-Kurve ist eine Zuordnungsvorschrift für Gleichgewichtswerte. Alle Kombinationen von i und Y, die nicht auf IS liegen, sind somit Ungleichgewichtssituationen. Bei Kombinationen rechts von IS ist I < S (was zugleich bedeutet, dass $Y_A$ > $Y_N$ ist). Bei Kombinationen links von IS gilt dann, dass I > S (bzw. $Y_A$ < $Y_N$). Unter den Bedingungen des Modells könnte der Punkt A (Abb. 6.16-a) nicht dauerhaft bestehen bleiben. Die beim Zins $i_A$ geplante Güternachfrage ist kleiner als das produzierte Einkommen. Daher wird ein schon früher beschriebener Kontraktionsprozess ausgelöst, der das Einkommen auf $Y_A'$ zurückgehen lassen wird. Da in dieser isolierten Gütermarkt-Betrachtung der *Zins* in seiner Höhe jeweils *vorgegeben* ist, erfolgt hier die Anpassung immer in *waagerechter* Richtung.

**Übersicht 6.16** Ungleichgewichte am Gütermarkt und die IS-Kurve

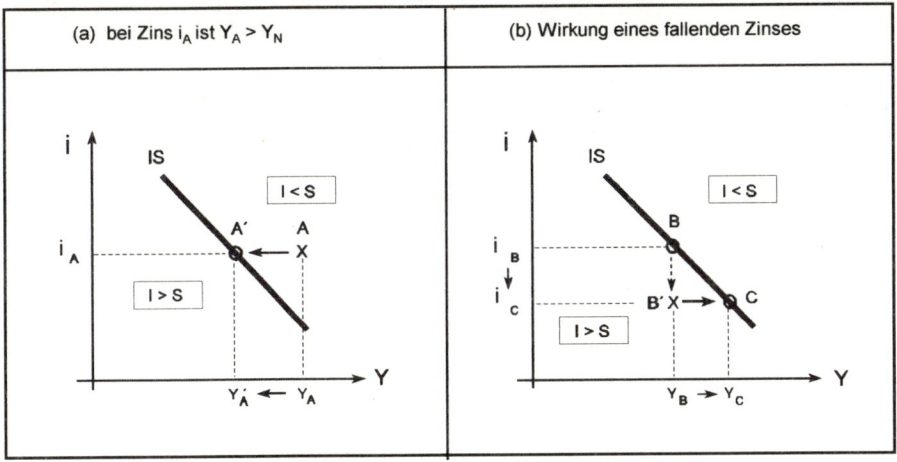

In Abb. 6.16-b wird die Auswirkung eines fallenden Zinssatzes beschrieben. Ausgangspunkt sei das Gleichgewicht B. Durch Geldmarkteinflüsse (Kap. 7) fällt der Zins auf $i_C$. Damit stellt sich das Ungleichgewicht B' ein. Die sinkenden Zinsen bewirken eine Zunahme der zinsabhängigen Investitionen. Die Investitionszunahme führt zu einem Anstieg auf das höhere Einkommen $Y_C$. Dieses höhere Einkommen gewährleistet nun auch die für das Gleichgewicht nötige höhere Ersparnis.

## 6.5. Änderungen des Gleichgewichtseinkommens durch Änderungen der effektiven Nachfrage - die Multiplikatoranalyse

### 6.5.1. Der Investitionsmultiplikator

Das Gleichgewichtseinkommen sollte nicht als ein Einkommen verstanden werden, dass - einmal erreicht - auf Dauer auf dieser Höhe verharren wird. Dies gilt zwar dann, wenn sich die relevanten Parameter nicht ändern. Letzteres ist in der realen

Welt jedoch nicht zu erwarten. Die autonomen Endnachfragekomponenten C und I können sich ebenso ändern wie die (kurzfristige) marginale Konsumquote. C kann z.B. ansteigen, weil neue, interessante Produkte am Markt erscheinen. C kann aber auch fallen, weil breite Bevölkerungskreise Arbeitslosigkeit befürchten und deshalb aus Vorsorge mehr sparen. Ähnliche Argumente können für Änderungen der autonomen Netto-Investitionen angeführt werden.

Die Auswirkungen von Änderungen der autonomen Endnachfragekomponenten ($\Delta Y_N$) (das griechische Delta steht für *Differenz* und bezeichnet die *Änderung einer Größe*) auf das Gleichgewichtseinkommen werden traditionellerweise am Beispiel der *Investitionen* vorgeführt, weil diese in der Realität weit stärker schwanken als etwa die Konsumausgaben. Es sei also angenommen, dass die Investoren eine Erhöhung der Netto-Investition ($\Delta I = + 50$) durchführen, um z.B. mit neuen Anlagen zukunftsträchtige Produkte zu produzieren. Mit Hilfe der bereits vorgeführten Lösungsansätze kann das neue Gleichgewichtseinkommen leicht bestimmt werden (Übersicht 6.17).

**Übersicht 6.17** Die Wirkung einer Änderung der autonomen Netto-Investition auf das Gleichgewichtseinkommen

| *allgemeiner Ansatz* | *Zahlenbeispiel* |
|---|---|
| (1) Ausgangsgleichgewicht entsprechend Übersicht 6.9 | |
| $Y_0 = \dfrac{1}{s}(C + I)$ | $Y_0 = \dfrac{1}{0,4}\ 150 = 375$ |
| (2) Änderung der autonomen Netto-Investition um $\Delta I$ | |
| $\Delta Y_N = + \Delta I$ | $\Delta Y_N = + \Delta I = + 50$ |
| (3) Gleichgewichtseinkommen | |
| (3.1) Neues Gleichgewichtseinkommen | |
| $Y_1 = \dfrac{1}{s}(C + I + \boldsymbol{\Delta I})$ | $Y_1 = \dfrac{1}{0,4}(150 + \boldsymbol{50}) = 500$ |
| (3.2) Änderung des Gleichgewichtseinkommens | |
| $Y_1 - Y_0 = \Delta Y = \dfrac{1}{s}\boldsymbol{\Delta I}$ | $\Delta Y = \dfrac{1}{0,4}\ \boldsymbol{50} = 125$ |

Die grafische Analyse (Abb. 6.18) führt erwartungsgemäß zum selben Ergebnis. Abb. 6.18-a gibt den Fall 3.1 der Übersicht 6.17 wieder. Der Fall 3.2 wird durch Abb. 6.18-b wiedergegeben. Aus ihr ist zu entnehmen: Das Verhältnis von $\Delta I$ zu $\Delta Y$ ist nicht anderes als s (die Steigung der Sparfunktion).

**Abb. 6.18**  Die multiplikativen Wirkungen einer Änderung der autonomen Netto-Investition

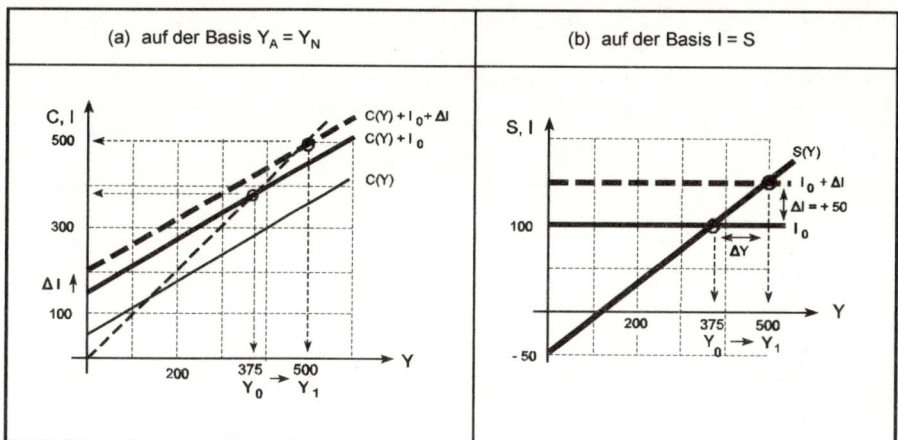

Das Ergebnis ist erstaunlich: Eine Zunahme der Investition um 50 bewirkt eine Zunahme des Einkommens um ein *Mehrfaches*, hier um $\Delta Y = 125$. Worauf ist das zurückzuführen? Die Zunahme der Investitionstätigkeit bedeutet nichts anderes als eine Zunahme der Produktion, also des Realeinkommens. Steigt das Einkommen, wird wegen der Einkommensabhängigkeit des Konsums auch der Konsum angeregt. Der steigende Konsum erhöht bei den Konsumgüterproduzenten das Einkommen, woraufhin auch diese ihre Konsumnachfrage erhöhen. Dieser Prozess setzt sich allerdings nicht unendlich fort. Es wird nämlich jeweils ein Teil des zusätzlichen Einkommens gespart, wird also nicht nachfragewirksam. Die nicht nachfragewirksame Ersparnis bezeichnet man daher auch als **Sickerverluste** (im Einkommensbildungsprozess).

Aus den obigen Darstellungen geht hervor, dass der Quotient 1/s offenbar die Funktion eines **Multiplikators** hat, der das Ausmaß des *Einkommens*-**Effektes einer Änderung der autonomen Netto-Investition** bestimmt. Für den Investitions-Multiplikator (oft mit k bezeichnet) gilt (im Rahmen dieses sehr einfach strukturierten Modells) also:

---

**Investitions-Multiplikator**

Bei gegebener marginaler Sparquote führt eine Änderung der autonomen Netto-Investitionen um den Betrag $\Delta I$ zu einer gleichgerichteten Änderung des Einkommens $\Delta Y$. Letztere ergibt sich durch Multiplikation der Investitionsänderung mit dem Kehrwert der marginalen Sparquote (dem *Multiplikator k*). Da die marginale Sparquote s < 1 ist, ist k > 1, so dass $\Delta Y > \Delta I$. Je größer die marginale Konsumquote c (d.h. je kleiner s) ist, desto größer ist der Multiplikator k.

---

Im Grunde handelt es sich beim Multiplikatoreffekt um einen *Prozess*. Dessen Ablauf lässt sich am besten anhand der Übersicht 6.19 nachvollziehen. Nur wenn sich die dargestellten „Runden" innerhalb *einer* Periode abwickeln, beträgt die Erhöhung des Einkommens bereits in der betrachteten Periode $\Delta Y = 125$. Sonst verteilt sich der Gesamteffekt auf mehrere Perioden.

**Übersicht 6.19** Die Multiplikatorwirkung als Prozess

| Runde | Zusätzliche Nachfrage | Zusätzliches Einkommen | Zusätzliches Sparen (= Sickerverluste) |
|---|---|---|---|
| 1 | $\Delta I = 50$ | $\Delta Y_1 = 50$ | $\Delta S_1 = 0,4 \, \Delta Y_1 = 20$ |
| 2 | $\Delta C_1 = 0,6 \, \Delta Y_1 = 30$ | $\Delta Y_2 = 30$ | $\Delta S_2 = 0,4 \, \Delta Y_2 = 12$ |
| 3 | $\Delta C_2 = 0,6 \, \Delta Y_2 = 18$ | $\Delta Y_3 = 18$ | $\Delta S_3 = 0,4 \, \Delta Y_3 = 7,2$ |
| 4 . . ∞ | $\Delta C_3 = 0,6 \, \Delta Y_3 = 10,8$ | $\Delta Y_4 = 10,8$ usw. | |
| Summe | | $\Delta Y = 125$ | |

Auf dem höheren Niveau bleibt das Einkommen allerdings nur dann, wenn auch weiterhin in jeder Periode die erhöhte Netto-Investition durchgeführt wird. Das bedeutet aber auch, dass die Kapazität jede Periode um den Betrag $\Delta I$ ausgeweitet wird (*Kapazitätseffekt*). In einer längerfristigen Betrachtung bedeutet dies, dass die Aufrechterhaltung des (höheren) *konstanten* Gleichgewichtseinkommens eine ständige Kapazitäts*ausweitung* verlangt. Irgendwann werden sich die Unternehmen aber fragen, warum sie trotz konstanter Produktion (= Einkommen) ständig die Kapazität erhöhen. Reduzieren sie deshalb die Netto-Investitionen, wird das Einkommen zurückgehen. Insofern kann man sagen, dass das kurzfristige Gleichgewichtseinkommen langfristig gesehen den Keim zur eigenen Zerstörung in sich trägt. Diesem Gedanken wurde in der langfristig ausgerichteten (in diesem Buch aber ausgeklammerten) *Wachstumstheorie* Rechnung getragen. Sie zeigt, dass das eben erwähnte Problem nur dann vermieden werden kann, wenn das Einkommen ständig wächst.

### 6.5.2. Das Sparparadoxon

Gleichung 3.2 in Übersicht 6.17 zeigt, dass die autonomen Endnachfragekomponenten *additiv* verknüpft sind. Daraus folgt, dass nicht nur die Änderung der autonomen Netto-Investition multiplikative Effekte auslöst, sondern die Änderung *jeder* autonomen Endnachfragekomponente. Ein interessanter Fall ist der folgende: Die Haushalte befürchten eine Rezession mit vermehrter Arbeitslosigkeit. Deshalb beabsichtigen sie, aus Vorsorge für erwartete schlechte Zeiten mehr zu sparen. Das ist gleichbedeutend mit einem *Rückgang des autonomen Konsums*.

Ausgangspunkt ist das Gleichgewichtseinkommen aus Übersicht 6.9. Die Abnahme des autonomen Konsums betrage $\Delta C = -50$ (somit $\Delta S = +50$). Wird dieser Fall auf den Ansatz der Abb. 6.13-b angewendet, so ergibt sich die Abb. 6.20.

**Abb. 6.20** Das Sparparadoxon

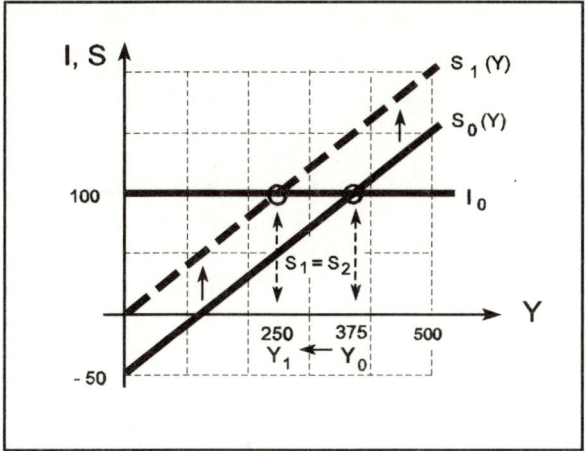

Das Ergebnis dieses Falles ist beachtenswert: Weil die Haushalte ihre autonome Ersparnis erhöhen (= autonomen Konsum senken), wird ein negativer multiplikativer Effekt ausgelöst. Die Sparneigung steigt, aber die Ersparnis steigt nicht, weil die steigende Sparneigung das Einkommen senkt. Deshalb spricht man vom *Widersinn des Sparens* oder **Sparparadoxon**. Das Ergebnis würde übrigens noch schlechter ausfallen, wenn die Unternehmen als Folge der steigenden Sparneigung ihre autonomen Investitionen senken würden. Dann würde das Einkommen noch weiter sinken und die gesamte Ersparnis ebenfalls sinken.

Es sei an dieser Stelle erwähnt, dass das Sparparadoxon im Zusammenhang mit den (allerdings noch nicht behandelten) *öffentlichen Haushalten* in Deutschland vor allem in den Jahren 1982/83 und 1995/96 eine gewisse wirtschaftspolitische Bedeutung erlangte. Da ein Rückgang der gesamtwirtschaftlichen Nachfrage negative Multiplikatoreffekte auslöst, wurde von einigen Wirtschaftswissenschaftlern und Politikern vor „übertriebenem Sparen" gewarnt. In der Tat können gerade in Phasen niedriger oder gar negativer Wachstumsraten des realen BIP aus Haushaltsgründen durchgeführte Sparmaßnahmen zumindest kurzfristig zur Verschärfung der Lage beitragen.

Aus diesen Ausführungen darf nicht geschlossen werden, dass Sparen grundsätzlich schädlich sei. (Geplantes) Sparen (= Konsumverzicht) kann durchaus erwünscht, ja Voraussetzung für ein spannungsfreies Wachstum der Wirtschaft sein, das nur über Investitionen möglich ist.

### 6.5.3. Multiplikatorwirkungen und die IS-Funktion

Änderungen der effektiven Nachfrage haben auch Einfluss auf die *Lage* der IS-Funktion / Kurve im i-Y-Koordinatensystem. Bei Nachfragerückgang verschiebt sich die Kurve nach links, bei Zunahme nach rechts. Das Ausmaß der Verschiebung resultiert aus der Änderung der effektiven Nachfrage, multipliziert mit dem Multiplikator. Da der Zins nicht im Multiplikator erscheint, wird die Form der IS-Kurve allerdings nicht verändert.

Dies ist auch unmittelbar aus der vorn abgeleiteten IS-Funktion ersichtlich:

*IS-Funktion*    $Y = \dfrac{1}{s} (C + I + \alpha i)$

Verändert sich I (bzw. C) um den Betrag $\Delta I$ (bzw. $\Delta C$), so ändert sich Y um den Betrag $(1/s) \Delta I$. Da dies für jede beliebige i-Y-Gleichgewichtskombination gilt, muss eine Änderung der autonomen Endnachfragekomponenten zu einer *Parallelverschiebung* der IS-Kurve führen.

### 6.5.4. Der Aussagewert der Multiplikatortheorie

Die bisherigen Ausführungen über den Multiplikator können leicht den Eindruck erwecken, dass (a) der Multiplikator sehr hohe Werte (vier bis fünf) habe und dass (b) das Multiplikatorprinzip erlaube, durch Nachfrageänderungen jedes beliebige *Real*einkommen (= Produktion) erzielen zu können. Damit solche Fehlinterpretationen vermieden werden, sei daran erinnert, dass es sich um sehr einfache Partialmodelle handelt.

Hohe Multiplikatorwerte treten nur in den bisher zugrunde gelegten einfachen Zwei-Sektoren-Modellen auf. Die Multiplikatoren werden kleiner, wenn Steuern und Importe und das Gütermarkt-Modell eingebaut werden. Sie werden normalerweise noch kleiner, wenn man die Grenzen des Gütermarktmodells überschreitet und z.B. die Einflüsse des Geldmarkts berücksichtigt.

Die Möglichkeit, jedes beliebige Realeinkommen zu erzeugen, besteht naturgemäß auch nicht. Irgendwann stößt jede Volkswirtschaft an ihre Kapazitätsgrenzen. Auch die Annahme, dass das Preisniveau konstant und unabhängig von der Produktion ist, kann nur in einer einfachen Modellkonstruktion gemacht werden. Abb. 5.2 macht ja gerade deutlich, dass von einem Zusammenhang zwischen Angebot und Preisniveau auszugehen ist. Eine einigermaßen realistische Äußerung über die Wirksamkeit von Nachfrageänderungen und die Größe multiplikativer Wirkungen kann daher eigentlich erst gemacht werden, wenn das Totalmodell in seiner Gesamtheit vorgestellt worden ist. Gleichwohl sollen bereits hier einige Aspekte angeführt werden, die hilfreich sein dürften, die Wirkungen von Nachfrageänderungen besser einzuschätzen.

Es ist klar, dass in einer Geldwirtschaft die Wirkungen einer Nachfrageänderung grundsätzlich zunächst nur *monetärer* Art sein können. Ob die monetäre Nachfrage und die monetären Multiplikatorwirkungen auch Wirkungen auf das *Real*einkommen (Y) ausüben, hängt indes stark von der Ausgangslage ab. In Zeiten einer *Unterauslastung* von Sachkapital und Arbeit kann zusätzliche monetäre Nachfrage $Y_N^{mon}$ auch reale Wirkungen ausüben. Preisanhebungen treten hier wahrscheinlich nicht auf, zumal die steigende Kapazitätsauslastung meistens sogar noch mit sinkenden totalen Stückkosten einhergeht. $Y_N^{mon}$ und Y bewegen sich in etwa parallel. Steigt die (monetäre) Nachfrage jedoch stetig weiter, werden die Produktionsfaktoren knapper. In einigen Bereichen treten erste Engpässe auf (Überstunden, erhöhter Verschleiß der Anlagen), die zu Preiserhöhungen führen. Y bleibt hinter $Y_N$ zurück. Eine weiter wachsende Nachfrage führt schließlich zu einer völligen Ausschöpfung der Ressourcen ($Y_{max}$). Die Konkurrenz um die Produktionsfaktoren hat gar keinen Mengeneffekt mehr, sondern nur noch einen Preiseffekt. Wachsen kann also nur noch das Nominaleinkommen, nicht aber das Realeinkommen. In Übersicht 6.21 werden diese Zusammenhänge auch grafisch verdeutlicht.

**Übersicht 6.21**   Reale und monetäre Wirkungen einer permanenten (monetären) Nachfrageausweitung

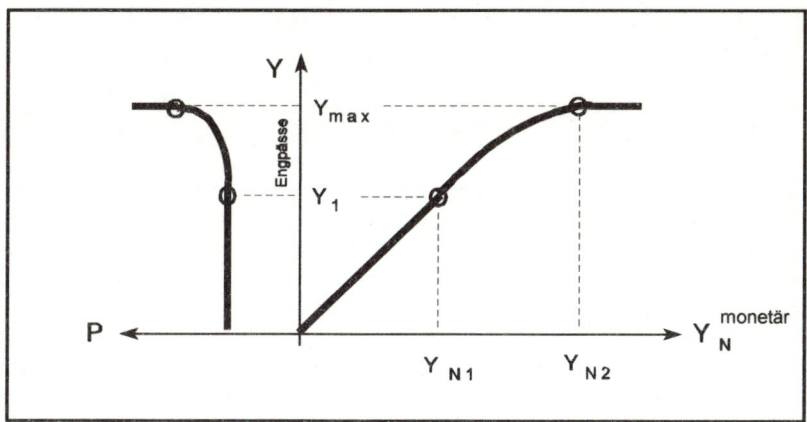

## 6.6. Das Gleichgewichtseinkommen unter Einbeziehung des Staates

### 6.6.1. Die Trennung von Ausgaben- und Einnahmenwirkungen

In der Realität sind die Staatsausgaben in ihrer Höhe nicht unabhängig von den Steuereinnahmen. Eine klare Darlegung der Wirkungen staatlicher Tätigkeit auf das Einkommen wird jedoch wesentlich erleichtert, wenn man Staatsausgaben und Staatseinnahmen getrennt behandelt.

In Teil 1 wurden die an den Staat und vom Staat geleisteten Zahlungsströme zweckmäßigerweise wie folgt unterteilt werden:
*Staatsausgaben*
a) Ausgaben für Güter und Dienste (G), bestehend aus
   - Konsumausgaben des Staates ($C_{St}$),
   - (Netto-)Investitionen des Staates ($I_{St}$).
b) Gegenwertlose Zahlungen, bestehend aus
   - Transferzahlungen an Haushalte (Tr),
   - Subventionen an Unternehmen (Z),
   - Transfers / Subventionen an das Ausland ($Tr_{St\,A}$).

*Staatseinnahmen*

a) direkte und indirekte Steuern ($T^d$ und $T^i$),

b) Einnahmen aus Vermögen (abzüglich gezahlte Zinsen auf Staatsschuld),

c) Einnahmen aus Netto-Kreditaufnahme ($FD_{St}$).

Im Hinblick auf die Praxis sei erwähnt:

- Eine Kreditaufnahme durch die Regierung darf in den Mitgliedstaaten der Europäischen Währungsunion *nicht bei der Europäischen Zentralbank* erfolgen (Art. 104 EU-Vertrag),
- In Deutschland ist das Ausmaß der Neuverschuldung im Regelfall begrenzt auf die „veranschlagten Ausgaben für Investitionen" (Art. 115 GG).

Durch beide Beschränkungen soll gesichert werden, dass durch die Verschuldung des Staates nicht das Ziel „Preisniveaustabilität" verletzt wird.

Im Rahmen der einführenden Einkommens- und Beschäftigungstheorie steht bei den Staatsausgaben der Punkt (a) im Vordergrund, bei den Staatseinnahmen sind es die Punkte (a) und (c).

## 6.6.2. Die Wirkungen der Staatsausgaben

Im Folgenden werden die Staatsausgaben G als autonom vorgegeben, d.h. es wird unterstellt, dass der Staat in der betrachteten Periode unabhängig vom Einkommen, den zu erwartenden Steuereinnahmen oder dem Wert anderer im Modell aufgenommener Variablen die angenommenen Ausgaben tätigen will. Die Effekte der Staatsausgaben sollen zunächst sozusagen möglichst „rein" abgeleitet werden. Am einfachsten gelingt dies, wenn man - bewusst im Gegensatz zur Realität - unterstellt, dass die Staatsausgaben in voller Höhe durch Kredite (bei Geschäftsbanken, sonstigen Unternehmen und / oder Haushalten) finanziert werden.

Es liegt nahe, dass eine Staatsnachfrage im investiven Bereich (z.B. öffentlicher Hochbau im Krankenhaus- und / oder Hochschulwesen) hinsichtlich der Einkommensschaffung genauso wirkt wie eine private Investition (z.B. Bau einer Werkshalle). Auch das Angebot staatlicher Dienstleistungen - repräsentiert durch die Einstellung und Entlohnung staatlicher Bediensteter - stellt ebenso eine einkommenswirksame Nachfrage dar wie z.B. die Nachfrage privater Haushalte nach durch Unternehmen erstellte Dienstleistungen. Der in Übersicht 6.9 präsentierte Grundansatz wird daher durch die Aufnahme der Staatsausgaben für Güter und Dienste nicht verändert (Übersicht 6.22).

Das um die (voll kreditfinanzierten) Staatsausgaben erweiterte Modell lässt erkennen: Die Staatsausgaben als autonome Endnachfragekomponente sind *additiv* mit den übrigen autonomen Endnachfragekomponenten verknüpft. (Zusätzliche) Staatsausgaben erhöhen somit c.p. das Einkommen in gleicher Weise wie z.B. (zusätzliche) Netto-Investitionen. Die gesamte Einkommenswirkung ist wegen des Multiplikators auch hier größer als die (zusätzlichen) Staatsausgaben.

Das Ergebnis kann auch leicht grafisch abgeleitet werden. Auf die Wiedergabe wird hier jedoch verzichtet. Man braucht nämlich z.B. in Abb. 6.18 die Größe $\Delta I$ nur durch G = 50 zu ersetzen.

**Übersicht 6.22**  Das Gleichgewichtseinkommen unter Berücksichtigung autonomer (kreditfinanzierter) Staatsausgaben

| *allgemeiner Ansatz* | *Zahlenbeispiel* |
|---|---|
| (1) Angebot $Y_A$ | |
| $Y_A = Y$ | $Y_A = Y$ |
| (2) Nachfrage $Y_N$ | |
| (2.1) $C_H = c\,Y + \overline{C}$ | (2.1) $C_H = 0{,}6\,Y + 50$ |
| (2.2) $I_{pr} = \overline{I}$ | (2.2) $I_{pr} = 100$ |
| (2.3) $G = \overline{G}$ | (2.3) $G = 50$ |
| (3) Gleichgewicht $Y_A = Y_N$ | |
| $Y = (c\,Y + C) + I + \boldsymbol{G}$ | $Y = (0{,}6\,Y + 50) + 100 + \boldsymbol{50}$ |
| $Y_0 = \dfrac{1}{s}(C + I + \boldsymbol{G})$ | $Y_0 = \dfrac{1}{0{,}4}(150 + \boldsymbol{50}) = 500$ |

Neben den Staatsausgaben für Güter und Dienste leisten die modernen Sozialstaaten vielfältige Zahlungen im Rahmen der Umverteilung. Da bei einer Umverteilung nur einem Wirtschaftssubjekt Einkommensteile weggenommen und auf ein anderes übertragen werden, löst eine derartige Übertragung solange keine gesamtwirtschaftlichen Effekte aus, wie die marginale Konsumquote der Empfänger mit der der abgebenden Wirtschaftssubjekte identisch ist. Findet tatsächlich eine Umverteilung „von oben nach unten" statt, könnte die durchschnittliche marginale Konsumquote steigen, was ein Einkommenswachstum bewirken könnte.

### 6.6.3. Die Wirkungen der Steuern

Die Faktoreinkommen des Staates und die staatliche Kreditaufnahme rufen bei den übrigen Wirtschaftssubjekten keine direkten Entzugseffekte hervor. Daher werden hier nur die Steuerwirkungen analysiert. Auch dies erfolgt in der Weise „rein", als hier angenommen wird, dass die gesamten Steuereinnahmen *nicht* wieder ausgegeben werden, anders formuliert: die Steuereinnahmen werden stillgelegt.

Die in der Realität praktizierten Steuersysteme weisen eine Vielzahl unterschiedlichster Steuern auf. Die Systeme sind außerdem meistens ziemlich undurchsichtig aufgebaut und genügen selten den Anforderungen, die Finanzwissenschaftler an ein „rationales Steuersystem" stellen. In dieser Untersuchung der Steuerwirkungen kann den vielfältigen und komplexen Details des aktuellen Steuerrechts nicht nachgegangen werden. Im Folgenden wird stark vereinfachend unterstellt, dass es nur eine einzige Steuer gibt und zwar nur *direkte Steuern (einschl. Sozialabgaben) der privaten Haushalte* ($T_H$). Sie verändern das *verfügbare Einkommen der Haushalte* und wirken damit auf die Höhe des privaten Konsums ein. Direkte Unternehmenssteuern werden somit ebenso ausgeklammert wie die zahlreichen indirekten Steuern.

Um die Wirkungen von direkten Steuern auf den Konsum darzustellen, muss auf die Konsumfunktion zurückgegriffen werden. Bisher wurde der Konsum in Anhängigkeit vom Einkommen gesehen. Dieser Ansatz muss nun modifiziert werden, da für die Konsumenten nicht das (Brutto-)Einkommen, sondern das verfügbare Einkommen die relevante Determinante für die Höhe des Konsums ist. Gleichzeitig muss aber auch beachtet werden, dass das verfügbare Einkommen durch Transfers erhöht wird.

Damit verändert sich die bisher zugrunde gelegte Konsumfunktion wie folgt:

(1) $C = c\, Y_H^v + \overline{C}$

Unter Berücksichtigung der in Übersicht 2.28 aufgezeigten Beziehungen gilt:

(2) $Y_H^v = Y - T_H + Tr -$ Gewinneinkommen von Produzenten und Staat

Verzichtet man aus Gründen der weiteren Vereinfachung auf die Berücksichtigung der Gewinneinkommen von Produzenten und Staat, so reduziert sich (2) zu (2a).

(2a) $Y_H^v = Y - T_H + Tr$

Somit wird nun mit der folgenden Konsumfunktion gearbeitet:

(3) $C = c\,(Y - T_H + Tr) + \overline{C}$

Als Ausgangsfall dient wiederum die in Übersicht 6.9 beschriebene Situation. Nun erhebt der Staat von allen Haushalten eine von der Höhe des Einkommens unabhängige Steuer (sog. *Pauschalsteuer*) in Höhe von $T_H = \overline{T_H}$ bzw. $T_H = 30$. Die Auswirkungen auf das Einkommen lassen sich mit dem bekannten Ansatz nachweisen.

**Übersicht 6.23** Die Wirkung einer Pauschalsteuer auf das Gleichgewichtseinkommen

| *allgemeiner Ansatz* | *Zahlenbeispiel* |
|---|---|
| (1) Ausgangsgleichgewicht entsprechend Übersicht 6.9 | |
| $Y_0 = \dfrac{1}{s}(\overline{C} + \overline{I})$ | $Y_0 = \dfrac{1}{0,4}\,150 = 375$ |
| (2) Veränderung von $Y_N$ durch Pauschalsteuer $\overline{T_H}$ ($T_H = 30$) | |
| $Y_N = [c\,(Y - \boldsymbol{T_H}) + C] + I$ | $Y_N = [0,6\,(Y - \boldsymbol{30}) + 100] + 50$ |
| (3) Gleichgewicht $Y_A = Y_N$ | |
| $Y = [c\,(Y - \boldsymbol{T_H}) + C] + I$ | $Y = [0,6\,(Y - \boldsymbol{30}) + 100] + 50$ |
| $Y_1 = \dfrac{1}{s}(C + I - \boldsymbol{c\,T_H})$ | $Y_1 = \dfrac{1}{0,4}\,132 = 330$ |

Es ist ersichtlich, dass eine (stillgelegte) Steuer das Gleichgewichtseinkommen senkt. Sie wirkt genauso wie eine (zusätzliche) Ersparnis, hat also die Funktion von

*Sickerverlusten.* Beachtenswert ist aber, dass eine Steuer von $T_H = 30$ das Einkommen *weniger* senkt als eine Reduzierung der autonomen Endnachfragekomponenten um denselben Betrag. Dies liegt daran, dass die Steuer T die effektive Nachfrage nicht um den gesamten Betrag $T_H$ (= 30), sondern nur um c $T_H$ (= 18) senkt. Ein Teil der (zusätzlichen) Steuer wird nämlich aus einem *Rückgang der Ersparnis* der Haushalte getragen.

In der Realität sind die direkten Steuern einkommensabhängig und regelmäßig progressiv ausgestaltet. Die Modelle können im Hinblick hierauf schrittweise verfeinert werden. Hier soll nur noch kurz gezeigt werden, wie eine *proportionale Einkommensteuer* $T_H = t\,Y$ (bzw. $T_H = 0,4\,Y$) wirkt. Auch hier bildet Übersicht 6.9 die Ausgangssituation.

**Übersicht 6.24**  Die Wirkung einer proportionalen Einkommensteuer auf das Gleichgewichtseinkommen

| *allgemeiner Ansatz* | *Zahlenbeispiel* |
|---|---|
| (1) Ausgangsgleichgewicht entsprechend Übersicht 6.9 | |
| $Y_0 = \dfrac{1}{s}\,(C + I)$ | $Y_0 = \dfrac{1}{0,4}\,150 = 375$ |
| (2) Veränderung von $Y_N$ durch proportionale Einkommensteuer $T_H = t\,Y\,(= 0,4\,Y)$ | |
| $Y_N = [c\,(Y - \boldsymbol{t\,Y}) + C] + I$ | $Y_N = [0,6\,(Y - \boldsymbol{0,4\,Y}) + 100] + 50$ |
| (3) Gleichgewicht $Y_A = Y_N$ | |
| $Y = [c\,(Y - \boldsymbol{t\,Y}) + C] + I$ | $Y = [0,6\,(Y - \boldsymbol{0,4\,Y}) + 100] + 50$ |
| $Y_1 = \dfrac{1}{s + \boldsymbol{c\,t}}\,(C + I)$ | $Y_1 = \dfrac{1}{0,64}\,150 = 234,375$ |

Die einkommensabhängige Steuer senkt hier c.p. das Gleichgewichtseinkommen wesentlich stärker; nun ist hier der gesamte Steuerbetrag mit $T = 0,4 \cdot 234,375 = 93,75$ auch wesentlich höher als im vorigen Fall. Übersicht 6.24 zeigt auch, dass die Gütermarkt-Multiplikatoren mit fortschreitender Komplexität des Modells ebenfalls komplexer werden. Einkommensabhängige Steuern verändern im Gegensatz zu einer Pauschalsteuer den Multiplikator. Sie reduzieren den Multiplikator, indem im Nenner nun der Betrag c t aufgenommen wird. Je höher der Steuersatz t festgesetzt wird, desto stärker wird die Multiplikatorwirkung reduziert. Damit ist auch klar, dass eine *progressive* Einkommensteuer ihren dämpfenden Effekt umso mehr entfaltet, je höher das Einkommen bereits ist.

Progressive Einkommensteuern bewirken somit c.p., dass bei einem Aufschwung die Nachfrageentwicklung gedämpft wird. Konjunkturelle Überhitzungserscheinungen (insbesondere die Gefahr des Anstiegs des Preisniveaus) werden dadurch in gewissem Umfang vermindert. Umgekehrt gehen die Steuern wegen der Progression im Abschwung überproportional zurück, d.h. das verfügbare Einkommen fällt langsamer. Im Verein mit den im Abschwung vermehrt fällig werdenden Unterstützungszahlungen (Arbeitslosengeld, Sozialhilfe) - aber auch den kurzfristig konstanten Gehältern öffentlicher Bediensteter - wird so ein Beitrag dazu geleistet, den Rückgang der gesamtwirtschaftlichen Nachfrage zu bremsen und damit die durch einen Abschwung auftretenden Beschäftigungsprobleme zu lindern. Diese auf das Steuer- und Sozialsystem zurückzuführenden konjunkturellen Dämpfungselemente werden als **eingebaute Stabilisatoren** bezeichnet.

### 6.6.4. Kombinierte Betrachtung von Staatsausgaben und Staatseinnahmen

### 6.6.4.1. Die Multiplikatorwirkungen einer ausgeglichenen Budgetausweitung

Nunmehr werden die beiden Elemente Einnahmen und Ausgaben zusammengefügt. In der Realität sind Staatseinnahmen und -ausgaben oft nicht gleich. In Zeiten einer Hochkonjunktur kann bewusst auf die Verausgabung von Steuern verzichtet werden. In Zeiten einer Rezession können schuldenfinanzierte Ausgaben gegebenenfalls einen Beitrag zu mehr Einkommen und Beschäftigung leisten.

Nachfolgend wird die Wirkung von Staatsausgaben und Steuern auf das Gleichgewichtseinkommen zunächst am Beispiel einer **ausgeglichenen Budgetausweitung** beschrieben. In diesem erstmalig vom Norweger T. Haavelmo untersuchten Fall - deshalb auch *Haavelmo-Theorem* - wird also davon ausgegangen, dass $\Delta G = \Delta T$ ist. Die Vermutung liegt nahe, dass die Wirkung hier null ist, da der Staat nur „mit der einen Hand nimmt, was er mit der anderen gibt". Ob diese Vermutung zutrifft, soll nun untersucht werden. Als Ausgangsfall eignet sich erneut das Beispiel der Übersicht 6.9 gut. Dort gibt es (noch) keine staatlichen Aktivitäten. Man braucht sich jetzt nur vorzustellen, dass die Bevölkerung beschlossen habe, ein öffentliches Rechts- und Gesundheitswesen einzuführen. Dieses erfordert Staatsausgaben für Staatskonsum in Höhe von G = 100 erfordern. Sie sollen voll durch Steuern finanziert werden, also T = 100.

In Übersicht 6.25 ist dieser Fall analytisch, in Abb. 6.26 grafisch dargestellt. Aus ihr ist zu entnehmen: Die eingangs geäußerte Vermutung, wonach die Gesamtwirkung einer ausgeglichenen Budgetausweitung null sei, wird nicht bestätigt. Vielmehr *erhöht* die ausgeglichene Budgetausweitung das Einkommen und zwar *genau um den Betrag der ausgeglichenen Budgetausweitung*, also $\Delta Y = G = T = 100$.

---

**Haavelmo-Theorem**

Die *Multiplikatorwirkung einer ausgeglichenen Budgetausweitung* beträgt genau *eins*, d.h. die Zunahme des Einkommens durch eine voll verausgabte zusätzliche Steuer entspricht genau dem Betrag dieser (zusätzlichen) steuerfinanzierten Staatsausgaben. - Dabei ist das Ergebnis *unabhängig* von der Höhe der marginalen Konsumquote (bzw. Sparquote).

---

**Übersicht 6.25** Die Wirkungen einer ausgeglichenen Budgetausweitung (Haavelmo-Theorem)

| *allgemeiner Ansatz* | *Zahlenbeispiel* |
|---|---|
| (1) Ausgangsgleichgewicht entsprechend Übersicht 6.9 | |
| $Y_0 = \dfrac{1}{s}(C + I)$ | $Y_0 = \dfrac{1}{0,4}\,150 = 375$ |
| (2) Ausgeglichene Budgetausweitung $A_{St} = T_H \;(= 100)$ | |
| $Y_N = [c\,(Y - \boldsymbol{T_H}) + C] + I + \boldsymbol{G}$ | $Y_N = [0,6\,(Y - \boldsymbol{100}) + 100] + 50 + \boldsymbol{100}$ |
| (3) Gleichgewicht $Y_A = Y_N$ | |
| $Y = [c\,(Y - \boldsymbol{T_H}) + C] + I + \boldsymbol{G}$ | $Y = [0,6\,(Y - \boldsymbol{100}) + 100] + 50 + \boldsymbol{100}$ |
| $Y_1 = \dfrac{1}{s}\,[C + I + (\boldsymbol{G} - \boldsymbol{c\,T})]$ | $Y_1 = \dfrac{1}{0,4}\,[150 + \boldsymbol{(100 - 60)}] = 475$ |
| Da $\boldsymbol{G} = T$, gilt: <br> $\Delta Y = \dfrac{1}{s}(T - c\,T) = \dfrac{1-c}{s}\,T = \dfrac{s}{s}\,T$ | $\boldsymbol{G} = T = 100$ <br> $\Delta Y = \dfrac{1}{0,4}\,\boldsymbol{(100 - 60)} = 100$ |
| $\Delta Y = T = G$ | $\Delta Y = T = G = 100$ |

**Abb. 6.26** Die Multiplikatorwirkungen einer ausgeglichenen Budgetausweitung

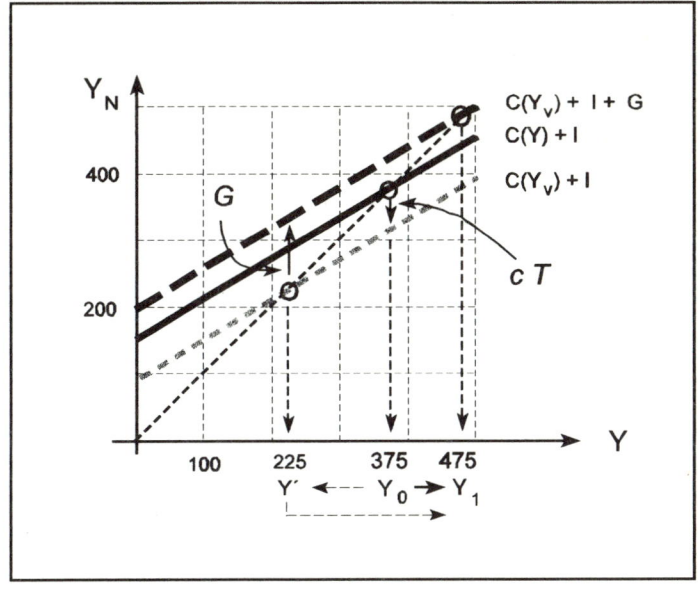

Worauf ist das Ergebnis zurückzuführen? In Zusammenhang mit Übersicht 6.23 wurde bereits dargelegt, dass die Steuer T die Nachfrage um den geringeren Betrag $\Delta Y_N = -cT$ senkt. Ein Teil der (zusätzlichen) Steuern wird aus Einkommensteilen getragen, die sonst gespart würden. Die Staatsausgaben G werden demgegenüber in voller Höhe in positiver Richtung einkommenswirksam.

Diese theoretisch abgeleitete Multiplikatorwirkung einer ausgeglichenen Budgetausweitung sollte allerdings nicht überbewertet werden, schließlich wurde das Ergebnis aus einem einfach strukturierten Modell gewonnen. Der Schluss, dass man ja nur das Budget ausgeglichen ausweiten müsse, um das Einkommen zu erhöhen, ist daher zumindest voreilig. Auch das Ergebnis, dass der Multiplikator genau den Wert *eins* hat, gilt so ausschließlich unter den Bedingungen des Modells. Es darf also keine zeitlichen Verzögerungen zwischen Staatsausgaben und -einnahmen geben. Ferner dürfen sich die Verhaltensparameter der Wirtschaftsakteure durch die Einführung (zusätzlicher) Steuern nicht verändern. In der Realität kann eine zusätzliche Steuer die Einkommensverteilung und damit die marginale Konsumquote ändern. Auch die Investitionsneigung der Unternehmen kann durch eine zusätzliche Steuer verändert werden. Darüber hinaus gilt auch hier, dass das Modell auf den Gütermarkt beschränkt ist. Wie bereits erwähnt, wird bei Einbeziehung des Geldmarkts die Wirkung des Gütermarkt-Multiplikators i.d.R. abgeschwächt. Dies wird in Kap. 8 gezeigt werden.

Was bleibt dann noch von dem anfänglich so frappierenden Effekt? Die Aussage, dass eine ausgeglichene Budgetausweitung normalerweise *nicht neutral* in Bezug auf die Höhe des Einkommens ist, dürfte trotz aller Einschränkungen haltbar sein. So wird an schon an diesem Theorem deutlich, dass Einkommen und Beschäftigung offenbar durch den Staatshaushalt beeinflusst werden. Eine *Parallelpolitik* (Politik des ausgeglichenen Budgets: z.B. Senkung der Staatsausgaben, weil die Steuereinnahmen rückläufig sind), wie sie z.B. in Deutschland zur Zeit der Weimarer Republik betrieben wurde, kann eine Rezession also durchaus verstärken.

### 6.6.4.2. Unausgeglichener Staatshaushalt

Wenn schon eine *ausgeglichene* Budgetausweitung einen Effekt auf Einkommen und Beschäftigung ausübt, dann ist es naheliegend, dass die Effekte verstärkt werden, wenn der Staatshaushalt nicht ausgeglichen ist. Wird ein geringer Teil der Steuereinnahmen stillgelegt (G < T) [bzw. bei Berücksichtigung von Transferzahlungen Tr: G < (T − Tr)], wird der expansive Effekt der Staatsausgaben gedämpft. Wären die Steuern so hoch, dass G = cT ist, dann wäre (im einfachen Ansatz nach Übersicht 6.25) die Einkommenswirkung des Budgets *null*. Wäre G < cT, so würde c.p. sogar ein kontraktiver Prozess eingeleitet.

Grundsätzlich stellt sich der Gleichgewichtsansatz in dieser Modellphase als Kombination der Übersichten 6.22 und 6.24 dar. Damit gilt:
$$Y_A = [c\,(Y - t\,Y + Tr) + C] + I_{pr} + G$$
Die Lösung des Gleichgewichtsansatzes ist inzwischen so oft vorgeführt worden,

dass es Studierenden nunmehr möglich sein sollte, selbst T, Tr und G zu variieren und die Ergebnisse zu interpretieren.

Im Falle eines Booms könnte ein überschüssiger Haushalt sinnvoll sein, um negative Begleiterscheinungen eines Booms abzumildern. Umgekehrt kann im Fall einer Unterbeschäftigung eine defizitäre Haushaltspolitik (G > T) erwogen werden. Defizitäre Staatshaushalte sind heute eher die Regel. Sie bereiten allerdings vielen Ländern gewichtige Probleme, denen hier jedoch nicht nachgegangen werden kann. Die Teilnahme an der Europäischen Währungsunion wird sogar davon abhängig gemacht, wie sich die Staatsverschuldung entwickelt. Wenn auch grundsätzlich eine Reduktion der Staatsverschuldung sinnvoll und nötig erscheint, so gilt aber auch, dass zumindest kurzfristig - entsprechend der oben durchgeführten Analyse - durch eine Rückführung der Neuverschuldung negative Effekte auf Einkommen und Beschäftigung ausgelöst werden. Daher findet eine solche Politik nicht immer die Zustimmung der betroffenen, eher kurzfristig orientierten Wähler.

## 6.7.  Das Gütermarkt-Gleichgewicht in einer offenen Volkswirtschaft

### 6.7.1.  Das Gleichgewicht bei autonomen Investitionen und autonomen Exporten

In Teil 1 wurde gezeigt, dass der Außenhandel gerade auch für Deutschland eine wichtige Komponente der Endnachfrage darstellt. Ein Modell ohne Außenhandel müsste somit als ziemlich realitätsfern bewertet werden. Deshalb wird in dieser letzten Stufe des Gütermarkt-Modells der Außenhandel eingebaut. Die auf den Außenhandel einwirkenden Faktoren sind allerdings von komplexerer Natur (vgl. Kap. 6.2.4.) und unterliegen nur zum Teil dem Einfluss des betrachteten Landes. Im Rahmen dieser einführenden Analyse werden daher auch für die Exporte rigorose Vereinfachungen vorgenommen. Die Determinanten der Exporte werden gar nicht in das Modell aufgenommen. Die Importe werden weithin als einkommensabhängig gesehen. Die Verhaltensfunktionen für den Außenhandel lauten daher:

$$EX = \overline{EX} \quad \text{und} \quad IM = IM(Y) \quad \text{oder genauer} \quad IM = im\,Y + \overline{IM}.$$

Übersicht 6.27 beschreibt das um den Außenhandel erweiterte Modell. Die Veränderungen gegenüber den bisherigen Ansätzen sind deutlich:
a) Die *autonomen* Netto-Exporte (EX – IM) treten als Endnachfragekomponente auf, die mit den anderen (autonomen) Endnachfragekomponenten *additiv* verknüpft ist. Daher unterscheidet sich eine Änderung der Netto-Exporte nicht von einer Änderung einer beliebigen anderen Endnachfragekomponente. Eine Erhöhung (Senkung) der autonomen Netto-Exporte hat einen positiven (negativen) Effekt auf das Einkommen.
b) Da die Importe auch vom Einkommen abhängen, erhöhen steigende Einkommen auch die Importe. Dies wirkt allerdings dämpfend auf das Einkommenswachstum, da Importe - wie Steuern und Sparen - Sickerverluste darstellen. Dieser dämpfende Effekt drückt sich in dem veränderten Multiplikator aus. Letzterer enthält nun auch die marginale Importquote (im < 1); damit nimmt sein Wert gegenüber den früheren Modellen ab.

**Übersicht 6.27** Das Gleichgewichtseinkommen im Modell mit Außenhandel

| *allgemeiner Ansatz* | *Zahlenbeispiel* |
|---|---|
| (1) Angebot $Y_A$ | |
| $Y_A = Y$ | $Y_A = Y$ |
| (2) Nachfrage $Y_N$ | |
| $C = c\,Y_H^v + C$  und  $T_H = t\,Y$ <br> $I = \bar{I}$ <br> $G = \bar{G}$ <br> $EX = \overline{EX}$ <br> $IM = im\,Y + \overline{IM}$ | $C = 0,6 Y_H^v + 50$  und  $T_H = 0,4\,Y$ <br> $I = 100$ <br> $G = 50$ <br> $EX = 40$ <br> $IM = 0,2\,Y + 10$ |
| (3) Gleichgewicht $Y_A = Y_N$ | |
| $Y = [c\,(Y - t\,Y) + C] + I + G$ <br> $\quad + [EX - (im\,Y + IM)]$ | $Y = [0,6\,(Y - 0,4\,Y) + 50] + 100 + 50$ <br> $\quad + [40 - (0,2\,Y + 10)]$ |
| $Y_0 = \dfrac{1}{s + c\,t + im}\,(C + I + G + EX - IM)$ | $Y_0 = \dfrac{1}{0,84}\,210 = 250$ |

Es sollte beachtet werden, dass das Gleichgewichtseinkommen keineswegs zwingend auch Handelsbilanzausgleich (EX = IM) und auch nicht Zahlungsbilanzausgleich im Sinne von Z = 0 (vgl. Kap. 4.2.2) bedingt. Im vorliegenden Beispiel beträgt EX = 40 und IM = 64,76; es liegt also ein Importüberschuss vor. Solange ein Importüberschuss durch Kapitalimporte und / oder Abbau der Devisenreserven der Zentralbank (Z < 0) finanziert werden kann, kann das Gleichgewichtseinkommen bestehen bleiben.

Ein langanhaltender positiver oder negativer Außenbeitrag kann aber unerwünscht sein. Importüberschüsse können negative Rückwirkungen auf die heimische Beschäftigung haben, Importe stellen ja grundsätzlich Sickerverluste dar. Außerdem müssen sie finanziert werden. Mangelnde Kreditwürdigkeit kann zu einem Lieferstopp führen. Die inländische Produktion wird (z.B. über die Vorleistungsverflechtung) beeinträchtigt. Exportüberschüsse führen entsprechend zu Forderungsaufbau gegenüber dem Ausland (Kapitalexporte). Unter bestimmten Bedingungen kann durch ständige Exportüberschüsse das Ziel Preisniveaustabilität gefährdet werden. Außerdem ist Außenhandel immer eine zweiseitige Sache. Exportüberschüsse des einen Landes gehen woanders mit Importüberschüssen einher.

Das Modell der Übersicht 6.27 ist geeignet, den Gleichgewichtsansatz auch noch von einer anderen Seite zu beleuchten. Dabei wird auf den Ansatz in Kap. 2.1.2.6 (S. 38) zurückgegriffen, wonach in einer geschlossenen Volkswirtschaft gilt:

$$S = I$$

Im erweiterten Modell der Übersicht 6.27 (offene Volkswirtschaft) kann diese Bedingung auch in einer Weise geschrieben werden, in der die gesamte Einkommensentstehung und Einkommensverwendung zum Ausdruck kommt. Im Gleichgewicht müssen diese beiden Seiten dann gleich sein. Also gilt:

$$\textbf{Einkommensentstehung} \ = \ \textbf{Einkommensverwendung}$$

$$C \ + \ I_{pr} \ + \ G \ + \ EX \ = \ C \ + \ S \ + \ T \ + \ IM$$

Die Größe C tritt auf beiden Seiten der Gleichung auf, daher gilt ebenso:

$$\textbf{Expansionsrößen / Injektionen} \ = \ \textbf{Kontraktionsgrößen / Sickerverluste}$$

$$I_{pr} \ + \ G \ + \ EX \ = \ S \ + \ T \ + \ IM$$

Auf der linken Seite stehen die **einkommenswirksamen Nachfragezuflüsse** (*Injektionen* oder *Expansionsgrößen*). Ihnen stehen auf der rechten Seite die **nicht ausgabewirksamen Nachfrageausfälle** (*Sickerverluste* oder *Kontraktionsgrößen*) gegenüber. Die Bedingung für ein Gütermarkt-Gleichgewicht lässt sich daher auch wie folgt formulieren:

---

**Gütermarkt-Gleichgewicht** besteht,
wenn die (geplanten) **Injektionen gleich** den (geplanten) **Sickerverlusten** sind.

---

Dies ist genau der der IS-Funktion zugrunde liegende Ansatz. Als letzter Schritt zur Komplettierung des Gütermarkt-Modells soll nun auch sie noch um den Außenhandel erweitert werden.

### 6.7.2.  Die IS-Funktion für eine offene Volkswirtschaft

Die letzte Stufe des Gütermarkt-Modells besteht darin, den Zins in die Betrachtung einzubeziehen. Das Modell der Übersicht 6.27 wird deshalb um eine Investitions*funktion* von der Form $I = - \alpha i + I$ erweitert. Jetzt kann die soeben abgeleitete Bedingungsgleichung für ein Gleichgewicht geschrieben werden als:

$$\text{Expansionsgrößen} \ = \ \text{Kontraktionsgrößen}$$

$$(- \alpha i + I) + G + EX = s(Y - tY - C) + (im \, Y + IM)$$

Nach Umformungen ergibt sich die erweiterte

---

**IS-Funktion** für eine **offene Volkswirtschaft**

$$Y \ = \ \frac{1}{s + ct + im} \ [C + I + G + (EX - IM) - \alpha i]$$

---

Daraus folgt: Die IS-Kurve wandert nach rechts (links), wenn die Expansionsgrößen I, G und EX zunehmen (abnehmen). Sie wandert nach links (rechts), wenn die Kontraktionsgrößen S, T und IM zunehmen (abnehmen). Sie verändert ihre Steigung, wenn sich der Parameter $\alpha$ ändert (vgl. auch Abb. 6.28).

**Abb. 6.28** Ursachen für die Verschiebung der IS-Kurve

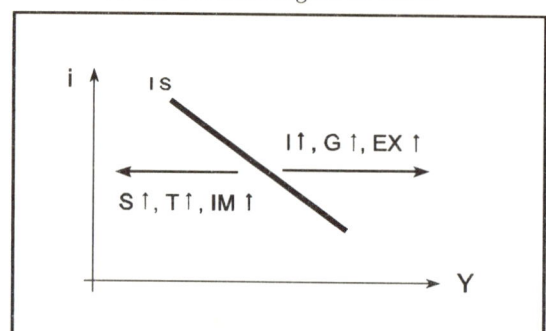

## 6.8. Diskrepanzen zwischen Gleichgewichts- und Vollbeschäftigungs-einkommen

Bislang wurde die Bestimmung des Gleichgewichtseinkommens in verschiedenen Modellvarianten vorgeführt. Gleichgewichtssituationen sind durch die Übereinstimmung der Pläne der Sektoren charakterisiert. Deshalb besteht im Gleichgewicht kein Anlass mehr zu einer Planrevision. Eine wichtige Frage ist jedoch noch ungeklärt: Ist das *Gleichgewichts*einkommen immer auch ein *Vollbeschäftigung*seinkommen im Sinne von vollbeschäftigten Faktoren Sachkapital und Arbeit? Die Auslastung der Faktoren Arbeit und Kapital muss allerdings nicht genau proportional erfolgen. Es ist grundsätzlich möglich, dass z.B. das Kapital ausgelastet ist, nicht aber die Arbeit (Kapitalmangelarbeitslosigkeit; vgl. Kap. 10.). In der kurzfristigen Analyse steht die Auslastung des Faktors Arbeit im Vordergrund der Analyse. **Vollbeschäftigung** wird dabei regelmäßig eigenständig von den Bedingungen des **Arbeitsmarktes** her definiert (vgl. Kap. 10.). Zur Kennzeichnung einer möglichen Diskrepanz zwischen Gleichgewichts- und Vollbeschäftigungseinkommen wird in diesem Kapitel einfach angenommen, dass der vollbeschäftigte Faktor Arbeit ein bestimmtes, maximales Einkommen - das Vollbeschäftigungseinkommen $Y_{VB}$ - produzieren kann.

Für Anhänger des klassischen Systems war klar: Von Anpassungsvorgängen abgesehen kann keine andauernde Abweichung der tatsächlichen Produktion von der Vollbeschäftigungsproduktion auftreten, wenn nur die Bedingungen des klassischen Systems (insbesondere vollständige Konkurrenz auf allen Märkten, Preis- und Lohnflexibilität) erfüllt sind. Für die keynesianische Sichtweise ist es aber gerade typisch, dass das Gleichgewichtseinkommen $Y_0$ nicht mit dem Vollbeschäftigungseinkommen $Y_{VB}$ übereinstimmen muss. Abweichungen sind in zwei Richtungen möglich:   (1) $Y_0 < Y_{VB}$   und   (2) $Y_0 > Y_{VB}$   (vgl. auch Abb. 6.29).

Gütermarkt-Gleichgewichte, bei denen nicht zugleich auch Vollbeschäftigung besteht, sind wirtschaftspolitisch unerwünscht. Ein Gleichgewicht bei Unterbeschäftigung bedeutet mangelnde Auslastung des Kapitals und vor allem Arbeitslosigkeit.

Von einem Überbeschäftigungsgleichgewicht (Abb. 6.29-b) spricht man, wenn die Nachfrage $Y_N$ größer als die mögliche Produktion bei Vollauslastung der Produktionsfaktoren und damit beim Vollbeschäftigungseinkommen ($Y_{VB}$) ist. Das Gleichgewichts-*Real*einkommen $Y_0$ ist dann naturgemäß gar nicht erreichbar. Aus der überschießenden Nachfrage resultieren unerwünschte Überhitzungserscheinungen, insbesondere inflationäre Entwicklungen mit ihren weithin nachteiligen Effekten.

**Abb. 6.29** Gleichgewicht bei Unter- und Überbeschäftigung

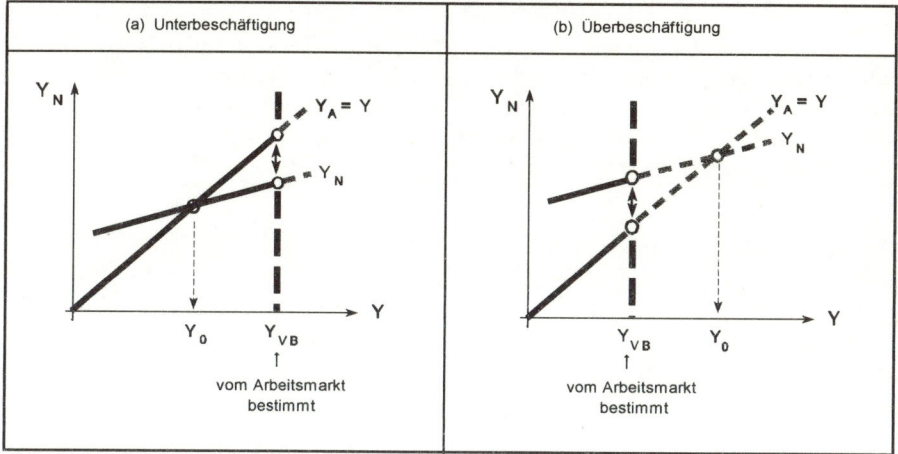

Abb. 6.29 lässt deutlich erkennen: Um zu $Y_0 = Y_{VB}$ zu gelangen, muss im Fall der Unterbeschäftigung die effektive Nachfrage steigen, im Fall der Überbeschäftigung sinken. Die Gleichgewichtssituation $Y_0$ ist aber nun gerade dadurch gekennzeichnet, dass die (privaten) Wirtschaftssubjekte ihre Pläne erfüllt sehen. Daher gibt es für sie keinen Grund, ihre Pläne zu ändern, und die gesamtwirtschaftlich unerwünschte Situation bleibt bestehen. Der von Keynes vorgeschlagene Ausweg bestand daher darin, dass es der *Staat* sein müsse, der durch *aktive Nachfragepolitik* das Niveau der effektiven Nachfrage manipulieren müsse (vgl. Abb. 6.30). Im Fall

**Abb. 6.30** Anstreben des Vollbeschäftigungseinkommens durch Nachfrageänderung

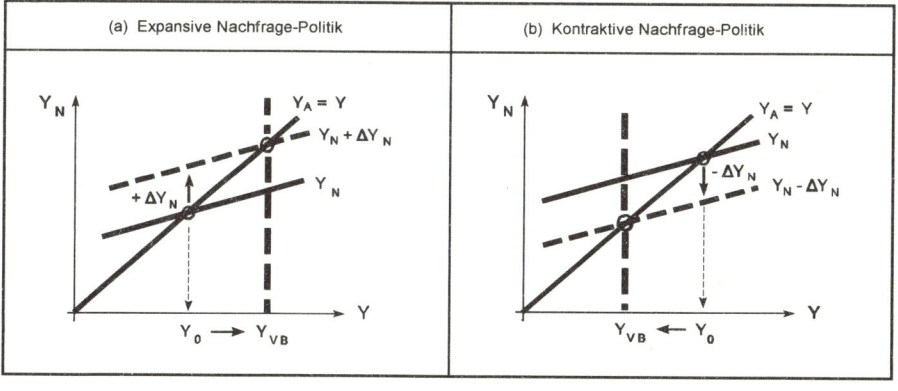

der Unterbeschäftigung muss der Staat für eine Anhebung der Nachfrage sorgen. Da in der Unterbeschäftigung die Steuereinnahmen vergleichsweise gering sind, kann und soll die fehlende Nachfrage durch *kreditfinanzierte Staatsausgaben* (**deficit spending**) erzeugt werden. Wegen des Multiplikatoreffekts gilt, dass $\Delta Y_N < \Delta Y$. Deshalb kann der Betrag der zusätzlichen staatlichen Nachfrage geringer ausfallen als das fehlende Einkommen. - Umgekehrt muss im Fall der Überbeschäftigung eine kontraktive Nachfragepolitik betrieben werden. Durch Senkung der Staatsausgaben und/oder Erhöhung der Steuern kann z.B. die effektive Nachfrage gesenkt werden.

Diese Gedanken fanden nach dem 2. Weltkrieg zahlreiche Anhänger in Theorie und Politik. In Kap. 9. wird auf einige der wirtschaftspolitischen Schlussfolgerungen aus dem Gütermarkt-Modell eingegangen. Es ist aber zweckmäßig, den Gütermarkt nicht isoliert zu betrachten. Daher wird nachfolgend zunächst der makroökonomische Geldmarkt behandelt.

### Literaturhinweise zu Kapitel 6:

Zu Kapitel 6.2.:

**W. Cezanne:** Grundzüge der Theorie der Investitionsnachfrage. WISU 8/1983. S. 89 ff.

**E.-M. Claassen:** Grundlagen der makroökonomischen Theorie. München 1980 (Kapitel II und III)

**W. Franz:** Neues von der Konsumfunktion. WISU 11/1987. S. 577 ff.

**J. Heubes:** Das Akzelerationsprinzip. WiSt 4/1981. S. 176 ff.

**J. M. Keynes:** Allgemeine Theorie der Beschäftigung, des Zinses und des Geldes. 5. Aufl. Berlin 1974 (Kap. 8, 9, 11, 12, 13)

**A. Maußner:** Die gesamtwirtschaftliche Konsumfunktion. WISU 7/1998. S. 813 ff.

**F. E. Münnich:** Einführung in die empirische Makroökonomik. 3. Aufl. Berlin 1983 (Kap. 2.2 - 2.5)

**F. W. Peren:** Einkommen, Konsum und Ersparnis in der Bundesrepublik Deutschland seit 1970: Analyse unter Verwendung makroökonomischer Konsumfunktionen. Frankfurt/M. 1985

**R. Richter, U. Schlieper, W. Friedmann:** Makroökonomik - Eine Einführung. 4. Aufl. Berlin u.a. 1981 (§§ 32 - 35)

**K. G. Zinn:** Die Langfristperspektive der Keynesschen Wirtschaftstheorie. WISU 8-9/1998. S. 926 ff.

Zu Kapitel 6.6.4.1.:

**M. Borchert:** Implikationen des HAAVELMO-Theorems. WISU 1/1983. S. 29 ff.

**M. Maneval, S. Brunner:** Die Wirkungen eines ausgeglichenen Zusatz-Budgets auf das Kreislaufgleichgewicht. WISU 8/1983, S. 373 ff. und 9/1983, S. 427 ff.

# 7. Kapitel:
# Der Geldmarkt

## 7.1. Grundlagen

### 7.1.1. Wesen und Arten des Geldes

#### 7.1.1.1. Die Geldfunktionen

Bisher wurde ständig von in Geld bewerteten Größen gesprochen. Das Geld wurde somit gleichsam als selbstverständliche, nicht erklärungsbedürftige Größe behandelt. Geld ist aber keineswegs eine so selbstverständliche Größe. Über das Wesen und vor allem die Wirkungen des Geldes auf die Wirtschaft bestehen vielmehr - auch in der Wissenschaft - oft noch Unklarheiten. Im weiteren Verlauf dieses Buches soll versucht werden, wenigstens einige Antworten auf die folgenden Fragen zu geben:
- Was ist Geld?
- Wie entsteht Geld und warum will man es haben?
- Welcher Zusammenhang besteht zwischen Geldmenge und Zins?
- Welche Wirkungen üben Änderungen der Geldmenge auf die Gesamtwirtschaft aus (Problem des sog. Transmissionsmechanismus)?
Die ersten drei Fragen sollen in diesem 7. Kapitel behandelt werden. Auf die vierte Frage soll im 8. Kapitel eingegangen werden.

Eine arbeitsteilige Wirtschaft ohne ein leicht zu handhabendes allgemeines Tauschmittel ist kaum vorstellbar. Es liegt auf der Hand, welche ungeheuren Erschwernisse auftreten, wenn man sich immer erst den Partner suchen muss, der gerade genau das anbietet, was man selbst nachfragt und dabei seinerseits genau das nachfragt, was man selbst anbietet. Auch „Tauschzentralen", wie sie z.B. nach dem 2. Weltkrieg in Deutschland wegen des zerrütteten Geldwesens bis zur Währungsreform 1948 eingerichtet worden waren, können diese Schwierigkeiten nur unzureichend abmildern. Ein allgemein akzeptiertes Tauschmittel bildet eine große volkswirtschaftliche Ersparnis, da die Informationskosten verringert werden. Produktionsfaktoren und Zeit, die sonst zur Suche nach einem Tauschpartner eingesetzt werden müssten, können nun z.B. für die Produktion anderer, nützlicherer Güter bereitgestellt werden, oder es kann bei ansonsten gleicher Güterversorgung die Freizeit erhöht werden. Geld als allgemeines Tauschmittel ist allerdings im Laufe der Wirtschaftsgeschichte in den unterschiedlichsten Formen aufgetreten (Vieh, Felle, Edelmetalle, Zigaretten, bedrucktes Papier). Es ist also offenbar nicht die konkrete Form, die bestimmt, was Geld ist. Geld ist vielmehr das, was die *Tauschmittelfunktion* erfüllt.

Das Medium, das in einer Wirtschaft Geld ist, muss aber auch noch die Funktion der *allgemeinen Recheneinheit* erfüllen. Auch diese Funktion verringert die Informationskosten, weil man jetzt nicht mehr wissen muss, was eine Tube Zahnpasta in Bleistiften ausgedrückt kostet und ein Auto in Tuben Zahnpasta usw. Der Wert ei-

nes jeden Gutes wird nun nur noch einmal mit der allgemeinen Recheneinheit
verglichen.

Durch Geld lässt sich ferner die direkte Tauschbeziehung „Ware gegen Ware" in
eine Kette „Ware - Geld - Ware" auflösen. Dadurch kann der Tauschakt zeitlich
auseinandergezogen werden. Geld übernimmt dann die Funktion der *Wertaufbewah-
rung*; der Anspruch auf eine Gegenleistung wird in Form des Geldes „gelagert".

Zusammenfassend kann festgehalten werden:
Als **Geld** gilt ein Medium, das die **drei Funktionen** gleichzeitig erfüllt
- Tauschmittelfunktion;
- allgemeine Recheneinheit;
- Wertaufbewahrungsmittel.
Damit ein bestimmtes Gut die Funktionen des Geldes übernehmen kann, muss es
allerdings einige Eigenschaften haben, nämlich
- Haltbarkeit;
- Homogenität;
- leichte Teilbarkeit;
- Seltenheit.

## 7.1.1.2. Die Geldarten

Während früher Waren (insbesondere Edelmetalle) die Funktionen des Geldes
annahmen, ist heute Geld „unterwertig", d.h. der Warenwert des Geldes ist viel
geringer als sein Wert als Zahlungsmittel, im Extremfall null. Daher spricht man
auch von *Kreditgeld*. Heute existieren die folgenden Arten an Kreditgeld:
- Banknoten;
- Münzen;
- Buch- oder Giralgeld.

**Banknoten** werden von der Zentralbank ausgegeben. Sie sind unbeschränktes
*gesetzliches Zahlungsmittel,* d.h. jedes inländische Wirtschaftssubjekt ist verpflichtet,
sie zur Tilgung von Verbindlichkeiten anzunehmen.

**Münzen** dienen der Erleichterung des täglichen Zahlungsverkehrs. Sie werden
von der Regierung ausgegeben. Die Höhe der Münzproduktion ist beschränkt. Auch
ihre Funktion als gesetzliches Zahlungsmittel ist auf einen bestimmten Höchst-
betrag begrenzt. Aus der Sicht der Wirtschaftssubjekte besteht sonst aber kein
wirtschaftlicher Unterschied zwischen Münzen und Banknoten.

Als **Buch-** oder **Giralgeld** bezeichnet man die Guthaben von Nichtbanken auf
Girokonten bei Geschäftsbanken. Sie können jederzeit („auf Sicht", daher auch
*Sichtguthaben*) vom Besitzer in Banknoten umgetauscht werden. Durch Überweisung
oder Scheck können sie auf andere Wirtschaftssubjekte übertragen werden.

Neben diese drei Geldarten treten noch Vermögensobjekte, die vergleichsweise
schnell und ohne große Kosten in Geld umgewandelt werden können, die **Geld-**

**substitute**, auch **geldnahe Forderungen, Quasigeld** oder **near money**. Hierzu zählen die *Termineinlagen* in den beiden Formen *Festgeld* und *Kündigungsgeld*. Auch *Spareinlagen* (bei inländischen Kreditinstituten mit einer Kündigungsfrist von drei Monaten) können leicht in Geld transformiert werden. Die Abgrenzung von Quasigeld ist jedoch durch die seit den 80er Jahren entwickelten und sich schnell weiter ausdehnenden **Finanzinnovationen** (= Neuerungen im Finanzbereich wie Futures, Swaps, Electronic Banking, Electronic Cash u.v.a.m.) immer schwieriger geworden. Derartige Formen sind allerdings oft keine vollkommenen Geldsubstitute, da ihre Umwandlung in Geld mit Kosten verbunden ist. Außerdem können diese Substitute meist auch Kursschwankungen unterliegen.

Zu erwähnen sind auch noch die **Devisen**. Es sind dies geldmäßige Kreditbeziehungen in Form von Sichtguthaben zwischen Gläubigern und Schuldnern verschiedener Währungsgebiete. Ausländische Banknoten und Münzen im Besitz von Inländern nennt man **Sorten**. Ein wirtschaftlicher Unterschied zwischen Devisen und Sorten besteht nicht. Daher werden letztere in der Theorie den Devisen zugerechnet.

Geprägtes **Gold** ist nur noch in wenigen Staaten offizielles Zahlungsmittel. Im Grunde hat es als Währungsmetall heutzutage keine Bedeutung mehr. Eine gewisse Rolle spielt es noch als Währungsreserve von Zentralbanken. Privatpersonen schätzen Gold allerdings hin und wieder noch als „sicheres" Wertaufbewahrungsmittel. Gold unterliegt aber durchaus Kursschwankungen. Außerdem bringt es keine Zinsen.

### 7.1.2. Das Grundprinzip der Geldschöpfung

Geld ist nicht einfach da. Es muss deshalb dargelegt worden, wie denn überhaupt modernes, unterwertiges Geld entsteht und in die Wirtschaft gelangt. Wie Geld in die Wirtschaft gelangt, wird als *Geldschaffung, Geldproduktion* (womit jedoch nicht der physische Prozess des Druckens von Geldscheinen gemeint ist) oder meist als **Geldschöpfung** bezeichnet. Als für die Wirtschaft relevantes Geld gilt allerdings nur Geld in der Verfügungsgewalt von *Nichtbanken* (Haushalte, Unternehmen ohne Banken, Staat).

Das Grundprinzip der Geldschöpfung lässt sich am einfachsten darstellen, wenn man unterstellt, dass es in der betrachteten Volkswirtschaft nur eine *einzige* Bank gibt, die alle üblichen Bankgeschäfte ausführt und zur Geldproduktion autorisiert ist. Es werden zwei Formen der Geldschöpfung unterschieden. Diese werden jetzt erläutert.

(1) Geldschöpfung durch den Erwerb *primärer Aktiva* seitens der Bank

In diesem Fall erwirbt die Bank von einem (zu den Nichtbanken zählenden) Wirtschaftssubjekt ein *Aktivum*, z.B. Devisen (oder ein Grundstück, Fahrzeuge) im Wert von 1 Mio Euro. Die Bank zahlt dafür mit von ihr geschaffenem Geld in Form von Sichtguthaben. Das Ergebnis dieses Vorgangs schlägt sich in den Bilanzen der Bank und der Nichtbank entsprechend Übersicht 7.1 nieder.

**Übersicht 7.1**    Geldschöpfung durch den Erwerb primärer Aktiva

| Bankbilanz | | | |
|---|---|---|---|
| Devisen | + 1 Mio Euro | Sichtverpflichtung gegenüber Nichtbank | + 1 Mio Euro |

| Nichtbank-Bilanz | | |
|---|---|---|
| Devisen | – 1 Mio Euro | |
| Sichtguthaben bei Bank | + 1 Mio Euro | |

Der Erwerb primärer Aktiva bewirkt bei der Nichtbank einen Aktivtausch im Vermögen. Gleichzeitig erwirbt die Nichtbank eine *Forderung gegenüber der Bank*. Dies ist die *Geldschöpfung*. Sofern die Nichtbank von sich aus freiwillig die Devisen von der Bank zurückkauft, findet wieder eine *Vernichtung* des geschaffenen Geldes statt. Die Bank hat jedoch keine Möglichkeit, die Geldvernichtung zu erzwingen.

Die Nichtbank kann nun im Wege der Überweisung über ihr Sichtguthaben verfügen. Sie kann auch um Auszahlung in Form von Banknoten bitten. Wirtschaftliche Unterschiede zwischen Sichtguthaben und Banknoten bestehen nicht.

(2)  Geldschöpfung durch den Erwerb *sekundärer Aktiva* seitens der Bank

Von Geldschöpfung durch den Erwerb sekundärer Aktiva spricht man, wenn bei der Nichtbank zugleich mit der Entstehung der Forderungen gegenüber der Bank eine Verbindlichkeit entsteht. Dies ist bei einer *Kreditvergabe* der Fall.

**Übersicht 7.2**    Geldschöpfung durch den Erwerb sekundärer Aktiva

| Bankbilanz | | | |
|---|---|---|---|
| Kredit an Nichtbank | + 1 Mio Euro | Sichtverpflichtung gegenüber Nichtbank | + 1 Mio Euro |

| Nichtbank-Bilanz | | | |
|---|---|---|---|
| Sichtguthaben bei Bank | + 1 Mio Euro | Verbindlichkeit gegenüber Bank | + 1 Mio Euro |

In diesem Fall (2) erwirbt die Bank ein Aktivum in Form einer Forderung gegenüber der Nichtbank. Bei der Nichtbank führt dies zu einer Aktiv-Passiv-Mehrung. Durch die Laufzeit des Kredits ist hier zugleich der Zeitpunkt der Geldvernichtung bestimmt.

Während im Fall (1) die Nichtbank eine Nettoforderung (Forderungen minus Verbindlichkeiten) von 1 Mio Euro gegenüber der Bank aufbaut, ist die Geldschöpfung im Fall (2) nicht mit einer Änderung der Nettoforderungen gegenüber der Bank verbunden.

Aus den beiden Fällen folgt:

---

**Grundprinzip der Geldschöpfung**

Geld entsteht dadurch, dass die Bank Aktiva erwirbt, die keine Zahlungsmittel der inländischen Wirtschaft darstellen und mit Zahlungsmitteln zahlt, die Forderungen auf sich selbst sind.

---

Obwohl (juristisch gesehen) Geld also eine Forderung gegen die Bank ist, dürfte aus den Beispielen klar geworden sein, dass eine „Einlösung" der Forderung direkt bei der Bank nicht in Betracht kommt. Eingelöst werden kann die Forderung letztlich nur dadurch, indem man mit dem Geld in der Wirtschaft Güter und / oder Forderungen gegenüber anderen Wirtschaftssubjekten erwirbt.

Da die Bank mit Forderungen auf sich selbst zahlt, gibt es für die Bank - vor allem in der 2. Version - *keine Grenze der Geldschöpfung*. Hieraus folgt, dass man die Geldproduktion nicht einfach völlig einer oder mehreren *privaten* Banken überlassen kann. Letztere könnten kaum auf die Bewahrung von *Preisniveaustabilität*, also die Einhaltung der nötigen *volkswirtschaftlichen* Grenzen einer Geldproduktion, verpflichtet werden. Sie würden vielmehr solange Kredite vergeben und Geld schöpfen, wie es ihnen *betriebswirtschaftlich* sinnvoll erschiene. Die Schaffung einer *Zentralbank* (siehe Kap. 7.1.3.1) mit entsprechenden Zielvorgaben soll dieser Gefahr entgegenwirken. In der Realität besteht daher ein zweigeteiltes Bankensystem, die Zentralbank und die für die Nichtbanken zuständigen Finanzinstitute. Daraus resultiert das *Mischgeldsystem*, nämlich das *Bargeld* (als Teil des sog. Zentralbankgeldes) und die *Sichtguthaben* (Geschäftsbankengeld). Das Grundprinzip der Geldschöpfung erfährt aber im Mischgeldsystem keine Änderung.

Die Darstellung des Grundprinzips der Geldschöpfung lässt außerdem bereits einen weiteren wichtigen Aspekt erkennen: Geld ist nur Geld, wenn es sich im Nichtbankensektor befindet, anders formuliert: in Umlauf ist. In den Nichtbankensektor gelangt es aber nur, wenn die Nichtbanken Geld haben wollen, also Geld*nachfrage* entfalten. Geldschöpfung oder „Geld*angebot*" findet daher nie ohne Geldnachfrage statt.

## 7.1.3. Finanzinstitute

### 7.1.3.1. Die Zentralbank

Einer Zentralbank wird als **Kernaufgabe** eine volkswirtschaftliche Aufgabe übertragen, nämlich das für sie relevante Wirtschaftsgebiet mit **stabilem Geld** zu versorgen und die **Geldpolitik** auszuführen. Dazu wird einer Zentralbank das alleinige Recht gewährt, sog. *Basisgeld* (bestehend aus dem gesetzlichen Zahlungsmittel Bargeld sowie Zentralbankeinlagen von Geschäftsbanken), innerhalb ihres Währungsgebietes zu schaffen. Sie ist insoweit eine *Monopol*institution. Eine Zentralbank kann auch von Banken verlangen, dass sie bei der Zentralbank eine sog. *Mindestreserve* halten. Als Monopolinstitut kann eine Zentralbank den *Preis* für Basisgeld (nämlich den Zentralbank-Zinssatz) gegenüber den Geschäftsbanken autonom festlegen. U.a. hierdurch sowie durch die Mindestreserve erhält eine Zentralbank die Möglichkeit, Einfluss auf die Entwicklung der gesamten Geldmenge zu nehmen. Damit eine Zentralbank ihre Aufgaben unbeeinflusst von der Politik der Regierungen und anderen Institutionen durchführen kann, wird in den Staaten, die an einem stabilem Geldwert ernstlich interessiert sind, der Zentralbank ein Autonomiestatut eingeräumt.

In der Bundesrepublik Deutschland nahm von 1948 bis Ende 1998 die *Deutsche Bundesbank* die Aufgaben einer Zentralbank wahr. Die bisherigen Aufgaben der Deutschen Bundesbank waren im jeweils geltenden Bundesbank-Gesetz niedergelegt. Mit der Errichtung der *Europäischen Wirtschafts- und Währungsunion (EWWU)* sowie des *Europäischen Systems der Zentralbanken (ESZB)* wurde die Deutsche Bundesbank (wie auch die anderen nationalen Zentralbanken der an der EWWU beteiligten Staaten) Teil des ESZB. Für das ESZB sind die Art. 105 - 109 des EU-Vertrages sowie das ESZB-Statut maßgebend. Im Hinblick auf die Erfordernisse des ESZB wurde das Bundesbank-Gesetz teilweise novelliert. [Eine Übersicht über die Gesetzesänderungen bieten z.B. Duwendag u.a. (1999); S. 316 ff.]

**Übersicht 7.3**   Das Europäische System der Zentralbanken (ESZB)

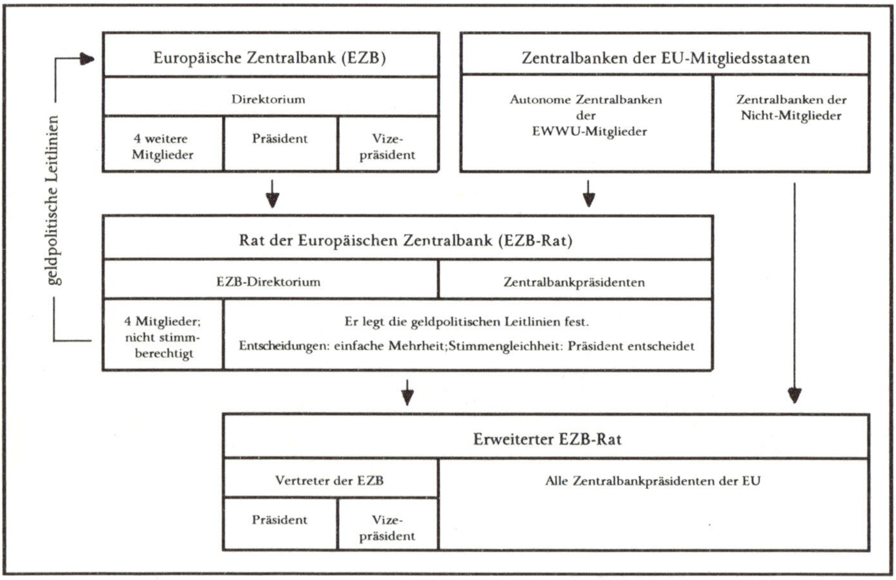

Das ESZB besteht aus der *Europäischen Zentralbank (EZB)*, dem *Rat der Europäischen Zentralbank (EZB-Rat)* und den *nationalen Zentralbanken*. Die Präsidenten der der EWWU angehörenden Zentralbanken bilden zusammen mit dem Direktorium der EZB den EZB-Rat. Der EZB-Rat genehmigt die Ausgabe von Banknoten, entscheidet über das geldpolitische Instrumentarium der EZB und die geldpolitischen Leitlinien. Das Direktorium leitet die EZB. Die EZB führt die laufenden Geschäfte aus und setzt die geldpolitischen Leitlinien des EZB-Rates um. Dazu werden an die nationalen Zentralbanken entsprechende Weisungen gegeben. - Ferner wurde ein *Erweiterter EZB-Rat* eingerichtet. Er soll dafür sorgen, die noch nicht zur EWWU gehörenden Mitgliedsländer der EU besser an die EWWU anzubinden.

Die Kernaufgabe einer Zentralbank wurde somit in der EWWU den nationalen Zentralbanken entzogen und dem ESZB zugewiesen. Damit diese Aufgabe erfüllt werden kann, wurde in Art. 107 EU-Vertrag sowie im ESZB-Statut die Autonomie des ESZB niedergelegt. Die nationalen Zentralbanken wirken aber über den EZB-Rat an der Gestaltung der supranationalen Geldpolitik mit. Gleichzeitig werden sie zu einem Organ, das die Geldpolitik des ESZB auf nationaler Ebene *ausführt*. Sie behalten auch einen Teil ihrer bisherigen Aufgaben [vgl. H. Goetze (1999); Teile F, G]. So wird die Deutsche Bundesbank weiterhin in großem Umfang für die bankmäßige *Abwicklung des Zahlungsverkehrs* im Inland und mit dem Ausland sorgen. Sie wickelt den *Zahlungsverkehr des Bundes* und teilweise der Länder ab, wird weiterhin bei der *Bankenaufsicht* eine wichtige Rolle spielen und die *nationalen Währungsreserven verwalten*.

### 7.1.3.2. Geschäftsbanken

Geschäftsbanken sind Unternehmen, die geschäftsmäßig (d.h. nicht nur gelegentlich) Bankgeschäfte betreiben. Sie produzieren für die Nichtbanken Buch- oder Giralgeld (auch: Geschäftsbanken-Geld). Die Geschäftsbanken übernehmen die Aufgabe, den täglichen Geldverkehr von Nichtbanken abzuwickeln. Sie nehmen Einlagen und Spargelder entgegen und führen Effekten- und Depotgeschäfte für ihre Kunden aus. Eine wichtige Aufgabe ist schließlich die Kreditvergabe. Geschäftsbanken zählen zu den Unternehmen. Alle Aufgaben sollen daher möglichst ökonomisch durchgeführt werden, d.h. Kosten- und Gewinngesichtspunkte sollen für ihre Entscheidungen maßgebend sein.

In der Praxis gibt es ein breites Spektrum von Banken, die sich hinsichtlich Größe, Rechtsform und Kundenstamm unterscheiden. Es gibt z.B. die Großbanken (wie Deutsche Bank AG), Privatbanken, Sparkassen und Kreditgenossenschaften. Hinsichtlich ihrer Geschäftstätigkeit unterscheiden sich in Deutschland diese Bankentypen allerdings wenig. Sie setzen zwar manchmal gewisse Schwerpunkte, führen aber praktisch alle Bankgeschäfte aus. Deshalb bezeichnet man die deutschen Banken auch als „Universalbanken". In einigen Bereichen findet man allerdings auch in Deutschland Spezialinstitute, so z.B. die Hypothekenbanken, die vorrangig in der Finanzierung von Grundstücken und Gebäuden sowie Schiffen tätig sind.

### 7.1.3.3. Finanzintermediäre

Zu den Geschäftsbanken zählen alle Institutionen, die Giralgeld produzieren können. Es gibt aber als *Finanzintermediäre* bezeichnete Institutionen, die im Geldsektor vorrangig als *Kreditvermittler* tätig sind, aber selbst kein Giralgeld schaffen. Zu diesen Institutionen werden insbesondere *Kapitalsammelstellen* wie Versicherungen, Bausparkassen, Investmentgesellschaften und die staatliche Sozialversicherung gerechnet. Wichtig ist, inwieweit durch die Aktivitäten solcher Institutionen Geldsubstitute geschaffen werden, die hinsichtlich der Geldmenge von Bedeutung sind.

### 7.1.3.4. Das Konzept der Monetären Finanzinstitute im ESZB

Im Rahmen des ESZB wurde das Konzept der *Monetären Finanzinstitute (MFIs)* entwickelt. Neben den Zentralbanken und den gebietsansässigen Kreditinstituten (Geschäftsbanken) gehören dazu als dritte Hauptgruppe „sonstige gebietsansässige

Finanzinstitute, deren wirtschaftliche Tätigkeit darin besteht, Einlagen bzw. Einlagensubstitute i.e.S. von anderen Wirtschaftssubjekten als MFIs entgegenzunehmen und auf eigene Rechnung Kredite zu gewähren und / oder in Wertpapieren zu investieren." (EZB, Monatsbericht, 2/1999, S. 31) In Deutschland zählen nun auch die Bausparkassen sowie insbesondere Geldmarktfonds zu den MFIs (vgl. Deutsche Bundesbank, Monatsbericht 3/1999, S. 18 f.). (Geldmarktfonds sind Investmentgesellschaften, bei denen das Vermögen am Geldmarkt angelegt wird. Sie ermöglichen auch Privatpersonen und Unternehmen, die sonst keinen Zugang zum Geldmarkt haben, ihre liquiden Mittel jederzeit verfügbar und dennoch verzinst anzulegen.) Im Eurosystem wird ein Verzeichnis der zu den MFIs gehörenden Institute erstellt. Diese werden bei der Ermittlung der Geldmenge berücksichtigt.

### 7.1.4.  Geldmengenkonzepte

Bei der Erklärung der Einflüsse des Geldes auf die Wirtschaft kommt der *Geldmenge* eine besondere Bedeutung zu. Sie gilt z.B. als Einflussfaktor auf die gesamtwirtschaftliche Produktion und Beschäftigung sowie das Preisniveau. Die negativen Auswirkungen einer rasch wachsenden Geldmenge spürten die Deutschen vor allem während der „galoppierenden Inflation" der 20er Jahre,[1] aber auch während der „zurückgestauten Inflation" (Geldmengenausweitung bei gleichzeitigem Preisstopp) während und vor allem nach dem 2. Weltkrieg. Vor allem in den 70er und 80er Jahren nahm der Anstieg des Preisniveaus in vielen Industriestaaten ebenfalls wieder zu (Daten für die BR Deutschland in Übersicht 4.38), war aber in seinen Auswirkungen weniger dramatisch als während der 20er Jahre.

   Die Abgrenzung der Geldmenge bildet ein schwieriges Gebiet von Geldtheorie und Geldpolitik. Issing (1995; S. 15) meint dazu: „Geldmengenabgrenzungen sind eine Frage der Zweckmäßigkeit, die nach den jeweiligen konkreten Gegebenheiten zu entscheiden ist. Die aktuellen Aggregate sind daher im Zeitablauf immer wieder daraufhin zu überprüfen, ob sie den ursprünglichen Absichten noch gerecht werden und die monetäre Entwicklung richtig wiedergeben. Innovationen im finanziellen Sektor einer Volkswirtschaft können den Charakter bestehender monetärer Aktiva verändern oder neue hervorbringen mit der Folge, dass die bisherigen Geldmengenabgrenzungen an Aussagekraft verlieren."

   Übereinstimmung besteht darüber, dass es sinnvoll ist, verschiedene Geldmengenaggregate zu bilden. Die EZB schreibt dazu (Monatsbericht, Februar 1999, S. 32): „Da viele unterschiedliche Finanzwerte substituierbar sind und sich Finanzaktiva, Transaktionen und Zahlungsmittel in ihrer Art und ihren Merkmalen im Zeitablauf ändern, ist es nicht immer klar, wie die Geldmenge definiert werden sollte und welche Vermögenswerte einer bestimmten Abgrenzung der Geldmenge zugeordnet werden sollten. Aus diesen Gründen definieren und überwachen Zentralbanken gewöhnlich mehrere monetäre Aggregate. Diese reichen von sehr eng gefassten Aggregaten wie z.B. Zentralbankgeld oder Basisgeld, welches Bargeld (d.h. Banknoten

---

1) In Deutschland stieg der Preisindex der Lebenshaltung von 1913 (Basis = 1) bis Juni 1922 auf 41,5 und schoss geradezu bis Ende 1923 auf 1,25 Billionen!

und Münzen) und Zentralbankeinlagen umfasst, bis zu weiter gefassten Aggregaten, die Bargeld, Bankeinlagen und bestimmte Arten von Wertpapieren enthalten."

Aus den oben genannten Gründen resultiert, dass sich die konkreten Abgrenzungen im Zeitablauf geändert haben und dass sich die Geldmengenkonzepte in verschiedenen Staaten unterscheiden. Obwohl sich das geldpolitische Konzept des ESZB am früheren Konzept der Deutschen Bundesbank anlehnt, unterscheiden sich beide Geldmengenkonzepte in Einzelheiten. Auf diese Unterschiede wird hier nicht eingegangen; es wird nur das Konzept des ESZB vorgestellt.

**Übersicht 7.4**  Geldmengenkonzepte des ESZB

| | Geld basis | Geldmenge (bei Nichtbanken) | | |
|---|---|---|---|---|
| Zentralbankguthaben (von Geschäftsbanken) | M 0 | | | |
| Kassenbestände der Geschäftsbanken | M 0 | | | |
| Bargeldumlauf (ohne Kassenbestände der Geschäftsbanken) | | M 1 | M 2 | M 3 |
| Sichtguthaben | | M 1 | M 2 | M 3 |
| Einlagen mit vereinbarter Laufzeit bis zu 2 Jahren | | | M 2 | M 3 |
| Einlagen mit vereinbarter Kündigungsfrist von bis zu 3 Monaten | | | M 2 | M 3 |
| Repogeschäfte (Wertpapierpensionsgeschäfte) | | | | M 3 |
| Geldmarktfondsanteile und Geldmarktpapiere | | | | M 3 |
| Schuldverschreibungen bis zu 2 Jahren | | | | M 3 |

Quelle: EZB, Monatsbericht, Feb. 1999, S. 35

Aus der Sicht der Nichtbanken ist nur das Geld von Bedeutung, das sich im *Umlauf*, d.h. bei Nichtbanken befindet. Es werden unterschieden *private Nichtbanken* (private Haushalte, Unternehmen ohne Banken) und *öffentliche Nichtbanken* (Länder, Gemeinden und Sozialversicherungsträger; *Zentralregierungen* sind jedoch - bis auf wenige Sonderpositionen - als „geldneutraler" Sektor ausgeklammert). Wesentliches Kriterium der Zuordnung einer bestimmten Geldanlageform zu einem der gebildeten Geldmengenaggregate liegt in ihrer Nähe zum Geld mit der höchsten Liquiditätsstufe, nämlich den Banknoten und den Sichtguthaben.

M1 wird als *eng gefasste Geldmenge* bezeichnet. Sie besteht aus Bargeld (Banknoten und Münzen) sowie Sichtguthaben. Letztere können jederzeit in Bargeld umgewandelt werden und/oder für bargeldlose Zahlungen benutzt werden.

M2 als *„mittlere" Geldmenge* enthält zusätzlich zu M1 *liquide Anlageformen*, die den „engen" Geldarten nahe kommen. Je nach Form können solche liquiden Anlagen sehr einfach oder mit gewissen Einschränkungen (z.B. Kündigungsfrist, Strafzinsen, Gebühren) in Bargeld und/oder Sichtguthaben umgewandelt werden.

Die *weit abgegrenzte Geldmenge* M3 enthält zusätzlich von Monetären Finanzinstituten (MFIs) ausgegebene *marktfähige Instrumente*.

Dazu zählen:
- Geldmarktfondsanteile.
- Geldmarktpapiere.
  Es handelt sich um Wertpapiere mit kurzer Laufzeit. Sie entstehen vorrangig aus der Kreditaufnahme öffentlicher Haushalte. Im Ausland gibt es auch private Emittenten.
- Repogeschäfte.
  Ein Inhaber von Wertpapieren verkauft Wertpapiere mit der Verpflichtung, diese Wertpapiere zu einem festen Termin zu einem festgelegten Preis zurückzukaufen.

Die „marktfähigen Instrumente" sind wegen ihres hohen Liquiditätsgrades und ihrer Kurssicherheit enge Substitute für Einlagen. Wenn die Nichtbanken Umschichtungen innerhalb der verschiedenen Formen vornehmen, so können die Teilgeldmengen berührt werden, nicht aber M3. Die Geldmenge M3 ist daher normalerweise stabiler als M2 oder M1.

Erwähnt sei an dieser Stelle auch die *Gesamtheit des Zentralbankgelds* als Summe aus Bargeld und Zentralbankguthaben (wobei letztere in aller Regel nur von Geschäftsbanken gehalten werden). Sie umfasst das Geld, das von der Zentralbank direkt kontrolliert werden kann. Sie wird als **Geldbasis** (M0) (auch: *monetäre Basis, high powered money)* bezeichnet. Die Geldbasis ist in Zusammenhang mit dem Geldangebot (Kap. 7.4) von Bedeutung.

## 7.2. Das Konzept des makroökonomischen Geldmarkts

In der Praxis gibt es eine Vielzahl *monetärer Märkte*. Eine wichtige Unterteilung ist die in *Geldmarkt* (i.e.S. als Markt für Zentralbankgeld zwischen Banken; i.w.S. einschließlich Handel mit Geldmarktpapieren zwischen Banken und der Zentralbank) und *Kapitalmarkt* [Geld gegen langfristige Wertpapiere (Aktien, Renten)]. Das Konzept des **makroökonomischen Geldmarkts** unterscheidet sich jedoch wesentlich von diesen Märkten der Praxis. Der makroökonomische Geldmarkt (Übersicht 7.5) wird verstanden als das Aufeinandertreffen von Geldangebot und Geldnachfrage. Dabei handelt es sich um Geldbestände, wobei je nach Sichtweise die Geldmengendefinition M1, M2 oder M3 herangezogen wird. Direkte Teilnehmer am makroökonomischen Geldmarkt sind nur die Banken (einschl. Monetäre Finanzin-

**Übersicht 7.5** Die Marktpartner am makroökonomischen Geldmarkt

| Geldangebot | Monetäre Finanz- institute | Zentralbank | |
| | | ↕ | Zentralbank-Zinssätze und Umfang des Zentralbankgeldes |
| | | Geschäftsbanken | |
| ↕ | ↕ | | Geschäftsbanken-Zinssätze (in Theorie: „repräsentativer" Zinssatz) |
| Geldnachfrage | Nichtbanken | | |

stitute der 3. Kategorie) und die Nichtbanken. Indirekt wirkt allerdings auch die Zentralbank mit, da sie auf das Angebot der Geschäftsbanken Einfluss nimmt.

Im Grundprinzip der Geldschöpfung (vgl. Kap. 7.1.2) sind bereits die Komponenten Geldangebot und Geldnachfrage enthalten. Es gilt nämlich:

> **Nichtbanken fragen Geld nach,** wenn sie einen Kredit nachfragen oder der Bank Vermögensgüter (in aller Regel *Forderungen* gegen andere Nichtbanken) verkaufen wollen.

> **Banken bieten Geld an**, indem sie bereit sind, einer Nichtbank Kredit zu gewähren oder von einer Nichtbank ein Vermögensgut (Forderungen) zu erwerben.

Man kann also sagen, dass am makroökonomischen Geldmarkt die Banken Forderungen gegen Nichtbanken nachfragen und Geld anbieten, die Nichtbanken Geld (im Sinne der Geldmengenabgrenzungen) nachfragen und Forderungen gegen sich selbst anbieten.

In der Standard-Geldmarktanalyse soll aufgezeigt werden, wie sich der Zins als Preis für die Geldhaltung bildet und wie durch den Gleichgewichtszinssatz Geldangebot und Geldnachfrage zum Ausgleich gebracht werden.

Obwohl selbst in der geldtheoretischen Spezialliteratur oft nur von „dem" Zinssatz gesprochen wird, muss aber bedacht werden, dass es in der Realität gar nicht den *einen* Zinssatz gibt. Es gibt vielmehr viele Zinssätze gleichzeitig. Es gibt einmal die Zentralbank-Zinssätze. Sie gelten nur für die Beziehungen zwischen der Zentralbank und den Geschäftsbanken.

Für Nichtbanken sind nur die Geschäftsbanken-Zinssätze von Bedeutung. Auch hier gibt es zahlreiche Zinssätze, abhängig von der Laufzeit der Kredite (kurz- oder langfristig), von der Art der Kredite (fungible Obligationen oder nicht-fungible Darlehen) oder von der Bonität des Schuldners. Die *Zinsstruktur* und ihre Entwicklung sind durchaus von Bedeutung. In der Theorie des makroökonomischen Geldmarkts wird jedoch nur von einem einzigen „repräsentativen" Zinssatz als „dem" Zinssatz zwischen Nichtbanken und Bankensystem ausgegangen. In diesem Zinssatz wird das Verbindungsglied zwischen Geld- und Gütersphäre gesehen (vgl. Übersicht 5.1). In der Realität entspricht diesem „repräsentativen" Zinssatz am ehesten der Kapitalmarktzinssatz (Zinssatz für langfristige Anlagen).

Nachfolgend sollen nun die beiden Komponenten des Geldmarkts ausführlicher untersucht werden. Zunächst werden die Determinanten der Geldnachfrage analysiert. Geldnachfrage ist dabei wie folgt definiert:

> Unter **Geldnachfrage** versteht man die von den *Nichtbanken* (Haushalte und Unternehmen) *gewünschte Kassenhaltung*.

Anschließend wird das Geldangebot behandelt, also die Frage beantwortet, wie in einer Volkswirtschaft Geld (im Sinne von M1, M2, M3) entsteht.

> Unter **Geldangebot** versteht man die Bereitschaft des Bankensystems, Geld (im Sinne von M1, M2 oder M3) bereitzustellen.

Den Abschluss der Geldmarktanalyse bildet dann die Zusammenfügung von Geldangebot und Geldnachfrage und die Ableitung des Geldmarkt-Gleichgewichts.

## 7.3.  Die Bestimmungsgründe der Geldnachfrage

### 7.3.1.  Der Geldsektor in klassisch-neoklassischer Sicht

In klassischer Sicht wurde dem Geldsektor keine besondere, eigenständige Bedeu-
tung für den Wirtschaftsablauf beigemessen. Geld war früher *Warengeld* in Form von
Edelmetallen oder als Papierumlauswährung durch Gold gedeckt. Die Entwicklung
der Geldmenge hing daher von der Produktion von Edelmetallen ab, wobei deren
Produktion im Wesentlichen durch die aus Angebot und Nachfrage resultierende
Preisbildung gesteuert wurde. In neoklassischer Sicht wurde unterstellt, dass die
Zentralbank die Geldmenge (das Geldangebot) bestimmt. Daraus resultiert die
(neo-)klassische These, dass die Geldmenge (das Geldangebot) zumindest kurzfristig eine *exogene* Größe ist (d.h. nicht ihrerseits vom Ausmaß der gesamtwirtschaftlichen Aktivität abhängt).

Hinsichtlich der Funktionen des Geldes spielte in klassisch / neoklassischer Sicht -
neben der Funktion der allgemeinen Recheneinheit - nur die *Tauschmittelfunktion*
eine Rolle. Einnahmen und Ausgaben laufen nicht genau zeitlich synchron. Haushalte erhalten i.d.R. monatlich Einkommenszahlungen, müssen aber relativ stetig
Ausgaben tätigen, bauen also im Laufe des Monats ihre Kassenhaltung wieder ab.
Bei Unternehmen besteht in etwa die gegenläufige Tendenz (stetige Einnahmen,
periodische Gehalts- und Steuerzahlungen). Daraus resultiert das nach Ansicht der
Klassiker einzig sinnvolle *Motiv einer Geldnachfrage* (oder Kassenhaltung), nämlich
das **Transaktionsmotiv**. Eine Wertaufbewahrungsfunktion als reine *Hortung* von
Geld (im Sinne einer zinslosen Geldhaltung ohne Absicht der alsbaldigen Ausgabe
oder verzinslichen Anlage) erschien den Klassikern als unwirtschaftliches Verhalten.
Ein „vernünftiges" Wirtschaftssubjekt wird nicht horten, solange es irgendwo eine
zinsbringende Geldanlage gibt. Somit muss nur noch die Frage beantwortet werden,
wie hoch die gewünschte Kassenhaltung, die Geldnachfrage für Transaktionszwecke
($L_T$), ist.

Diese Frage wird von den (Neo-)Klassikern in Zusammenhang mit ihrer **Quantitätstheorie des Geldes** beantwortet. Letztere setzt an bei der *Quantitätsgleichung*,
die als *Ex-post-Identität* für jede (abgelaufene) Periode erfüllt ist:
$$M \cdot V_T \equiv P \cdot T$$
wobei: M =  Geldmenge (sie gilt als exogene Größe); P  =  Preisniveau, T = ge-
        samtes Transaktionsvolumen (oder Handelsvolumen) je Periode, $V_T$ = Um-
        laufsgeschwindigkeit der Geldmenge (V abgeleitet von velocity)
Üblicherweise wird unterstellt, dass das Transaktionsvolumen T proportional zum
realen Volkseinkommen Y ist (wobei T > Y). Dann kann die Quantitätsgleichung
wie folgt umgeschrieben werden:
$$M \cdot V \equiv P \cdot Y$$
V ist nun als „Einkommenskreislaufgeschwindigkeit des Geldes" zu verstehen. Sie
gibt an, wie oft eine GE je Periode im Einkommenskreislauf umgeschlagen worden

ist. Sie ist zugleich der Kehrwert des *Kassenhaltungskoeffizienten* $k$ ($k = 1/V$). Er gibt an, wie lange (bezogen auf die Länge der betrachteten Periode; i.d.R. 1 Jahr) 1 GE durchschnittlich in einer Kasse war.

Die obige Identitätsgleichung sagt aus: Das Produkt aus Realeinkommen Y und Preisniveau P (das nichts anderes ist als das Nominaleinkommen $Y^{nom}$) *muss* in jeder Periode gleich der Geldmenge M multipliziert mit der Einkommenskreislaufgeschwindigkeit V sein. Beispiel: $Y = 100$, $P = 2$, $M = 50$. Dann muss $V = 4$ sein (bzw. 1 GE befand sich durchschnittlich 1/4 Periode in einer Kasse).
Oder: $Y = 100$, $M = 60$, $V = 5$. Dann muss $P = 3$ sein.

Aus dieser *Quantitätsgleichung* wird eine *Quantitätstheorie* im Sinne einer erklärenden Theorie der Geldnachfrage erst durch die Einführung von *Verhaltensannahmen*. Es ist also zu fragen, wovon die Geldnachfrage zu Transaktionszwecken ($L_T$) abhängt (oder, da Geld hier nur für Transaktionszwecke gewünscht wird: wovon die *gewünschte* Geldmenge M abhängt). Dazu wird zunächst die Quantitätsgleichung umgeformt zu: $M = k\,P\,Y$. Da im Gleichgewicht $L_T = M$, folgt:
$$L_T = k\,P\,Y \qquad \text{oder} \qquad L_T = k\,Y^{nom}$$
Die gewünschte Kassenhaltung für Transaktionszwecke hängt also ab von
- dem Kassenhaltungskoeffizienten k;
- dem Nominaleinkommen (als Produkt aus Preisniveau P und Realeinkommen Y).
Andere Einflussfaktoren auf die Geldnachfrage, insbesondere der *Zins*, kommen im klassischen Ansatz *nicht* vor.

Nach (neo-)klassischer Sicht resultiert die Höhe der Größe k (bzw. V) aus den Zahlungsgewohnheiten, der Bankenstruktur, der Zahl der Produktionsstufen, dem Monopolisierungsgrad in einer Volkswirtschaft. Da sich diese Faktoren allenfalls langsam ändern, wird die Größe k (bzw. V) als ziemlich stabil angesehen. In klassischer Sicht ist somit die Geldnachfrage (als gewünschte Kassenhaltung für Transaktionszwecke) proportional zum Nominaleinkommen $Y^{nom}$.

Ein Zahlenbeispiel dürfte am schnellsten diese Zusammenhänge verdeutlichen. Wenn beispielsweise das jährliche Nominaleinkommen in einer Volkswirtschaft (ohne Staat und Außenhandel) 1 200 GE beträgt und die Einkommen monatlich ausgezahlt werden, benötigt man 100 GE, um alle einkommensbedingten Transaktionen durchzuführen. Am Ende eines jeden Monats zahlen nämlich die Unternehmen an die Haushalte 100 GE, die letztere sukzessiv im Laufe des Monats für Konsumgüter ausgeben. Damit steigt bei den Unternehmen der Kassenbestand im Laufe des Monats wieder kontinuierlich bis auf 100 GE an. Jede Geldeinheit wird unter den Bedingungen dieses Modells also *zwölfmal* je Jahr benutzt. Dies ist die *Transaktionshäufigkeit des Geldes im Einkommenskreislauf* oder die *Umlaufsgeschwindigkeit der Transaktionskasse (V)*. Ebenso gut kann man sagen, dass sich eine Geldeinheit 1/12 der Periode in einer Kasse befindet; also ist der *Kassenhaltungskoeffizient* k = 1/12. Im Schnitt verfügen beide Aggregate somit jeweils über einen Kassenbestand von 50 GE (vgl. Abb. 7.6). Würde der Rhythmus der Einkommenszahlungen auf 15 Tage gesenkt, könnte das gleiche jährliche Sozialprodukt mit der halben Geldmenge, also 50 GE, abgewickelt werden. Die Geldnachfrage würde zurückgehen.

**Abb. 7.6** Die Geldhaltung für Transaktionszwecke bei Haushalten und Unternehmen

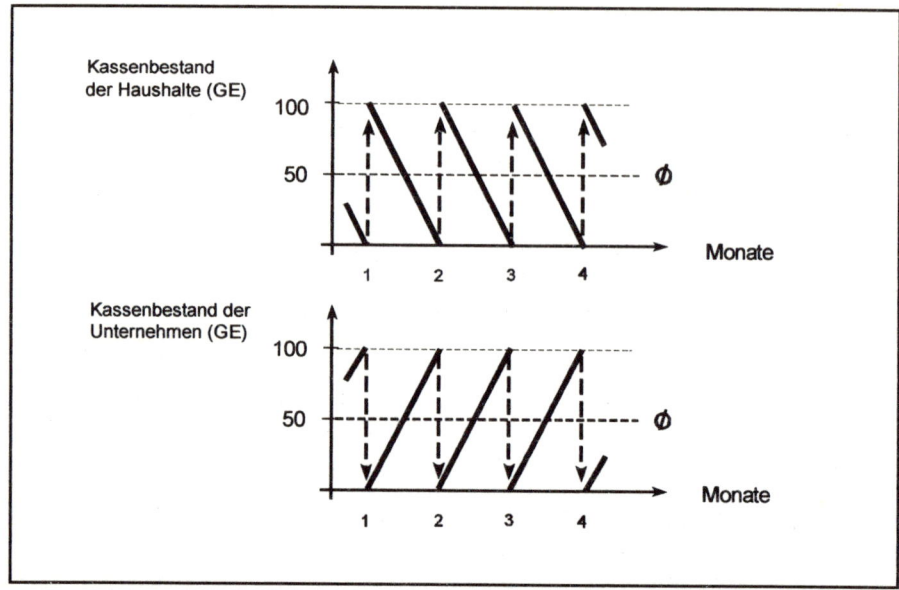

Zu erwähnen ist noch, dass die klassische Quantitätstheorie davon ausgeht, dass kein Zusammenhang zwischen der Güterproduktion Y und dem Geldsektor besteht. Das Realeinkommen Y wird vielmehr durch mikroökonomische Bedingungen des Gütermarkts bestimmt und ist - von kurzfristigen Anpassungsproblemen an veränderte Marktbedingungen abgesehen - im Grunde ein Vollbeschäftigungseinkommen. **Geld ist neutral**, d.h. es übt keine Wirkungen auf die Gütersphäre und die dort herrschenden relativen Preise aus. Geld- und Gütersphäre existieren unverbunden nebeneinander. Deshalb spricht man von der **klassischen Dichotomie** (Zweiteilung).

Die klassische Quantitätstheorie ist ein wichtiger Ansatzpunkt für die Erklärung von *Inflationen*. Unter der Voraussetzung, dass Y und V gegeben sind, resultiert aus einer Erhöhung von M ein Anstieg des Preisniveaus P.

Historisch ist dies im 16. Jh. in Europa belegt. Durch die großen Mengen an Silber, die aus mittel- und südamerikanischen Kolonien nach Europa gebracht wurden und denen kein entsprechender Anstieg von Y entsprach (insbesondere stagnierte die Getreideproduktion), entwertete sich das Silbergeld und die Preise, vor allem für Getreide, stiegen kräftig an. Aber auch die Inflationen im 20. Jh. lassen sich im Kern mit diesem Ansatz erklären, worauf insbesondere die Neoquantitätstheoretiker (siehe unten) aufmerksam gemacht haben.

Die Quantitätstheorie wurde hier nur in ihrer „naiven" Form vorgeführt. Damit wurden zwar die Kerngedanken wiedergegeben, aber insbesondere neoklassische Ansichten sind doch sehr verkürzt dargestellt worden. Gleichwohl dürfte diese Darstellung ausreichen, um die als Kritik an der klassischen Geldlehre konzipierte

Keynessche Geldtheorie und später die an der Quantitätstheorie wiederanknüpfen-
den Monetaristen oder Neoquantitätstheoretiker besser zu verstehen.

## 7.3.2. Die Keynessche Liquiditätspräferenztheorie

### 7.3.2.1. Die Geldnachfrage zu Transaktionszwecken

Wie bereits in Kap. 5.2 erwähnt, sieht Keynes in der klassischen Geldlehre keine
adäquate Beschreibung der Realität. Insbesondere fand er die klassische Sicht der
Geldnachfrage als zu eng. Ein wichtiger Teil der Keynesschen Theorie besteht in
einer Neuformulierung der Geldnachfragetheorie. Für die Geldnachfrage prägte
Keynes den Begriff **Liquiditätspräferenz**. (Deshalb wird die Geldnachfrage -
zumindest im Keynesschen Kontext - üblicherweise mit dem Buchstaben L abgekürzt.)

Das von den Klassikern genannte **Transaktionsmotiv** der Geldnachfrage oder die
**Geldnachfrage zu Transaktionszwecken** ($L_T$) wird von Keynes im Grunde unverändert übernommen. Er diskutierte zwar, inwieweit der Kassenhaltungskoeffizient
k als konstant gelten könne, meinte dann, dass es zwar keinen Grund für eine
Konstanz von k gebe, dass es aber für die *kurze Frist* eine vertretbare Annahme sei,
von einem festen k auszugehen [vgl. Keynes (1974; S. 169)].

Da bei Keynes das Preisniveau P als konstant gilt, ist die Geldnachfrage für
Transaktionszwecke allerdings nur vom Realeinkommen Y abhängig:
$$L_T = k\,Y \qquad \text{oder verbal}$$

> Die Höhe der **Geldnachfrage zu Transaktionszwecken** ($L_T$) hängt - bei gege-
> benem Kassenhaltungskoeffizienten k - von der Höhe des Einkommens Y ab.

### 7.3.2.2. Die Geldnachfrage aus Vorsichtsgründen

Bei der Ableitung der Geldnachfrage zu Transaktionszwecken wurde davon ausgegangen, dass über die Höhe und den zeitlichen Ablauf der Zahlungen *Sicherheit*
herrscht. In der Realität muss jedoch von **unvollkommener Information** hinsichtlich dieser beiden Aspekte ausgegangen werden. Die Wirtschaftssubjekte unterliegen
also einem mehr oder weniger großen *Risiko*, erforderliche Zahlungen eventuell nicht
leisten zu können, weil z.B. Einnahmen nicht in der erwarteten Zeit und / oder
Höhe eingetreten sind. Illiquidität ist im geringsten Fall unangenehm (z.B. im
Urlaub die unerwartet hohe Rechnung nicht sofort begleichen zu können); im
schlimmsten Fall kann sie zum Konkurs führen. Daher werden die meisten Wirtschaftssubjekte neben der Kassenhaltung für die erwarteten Transaktionen eine sog.
**Vorsichtskasse** für unerwartete Transaktionen halten. Die Geldtheorie versucht,
die *Höhe* dieser Transaktionskasse zu begründen.

Es liegt nahe, dass die Höhe der Vorsichtskasse eines Wirtschaftssubjekts von
seiner *individuellen* Einschätzung der Risiken abhängt. Das Halten einer Vorsichts-

kasse bewirkt aber Alternativkosten in Höhe der entgangenen Zinsen. Daraus resultiert das Problem, die *optimale Vorsichtskasse* zu bestimmen. Hierzu wurden von Geldtheoretikern Ansätze entwickelt [vgl. z.B. Jarchow (1998); Kap. II 2]. In dieser einführenden Darstellung soll jedoch auf die Wiedergabe dieser Ansätze verzichtet werden. Stattdessen wird von der Annahme ausgegangen, dass die Vorsichtskasse in einem festen Verhältnis zur Transaktionskasse steht. Dann taucht die Vorsichtskasse als eigenständige Größe der Geldnachfrage nicht mehr auf, sondern ist in der Transaktionskasse enthalten.

### 7.3.2.3.  Die Geldnachfrage zu Spekulationszwecken

Ein weiteres Motiv der Geldnachfrage ergibt sich aus der Vermögensstruktur der Wirtschaftssubjekte. Neben realen Vermögensformen (Grundbesitz, Eigentum an Maschinen) pflegen Wirtschaftssubjekte einen Teil ihres Vermögens in finanziellen Werten zu halten. Nach welchen Kriterien die Entscheidung über die Aufteilung in reale und finanzielle Vermögenswerte erfolgt, wird an dieser Stelle nicht untersucht. Hier wird nur gefragt, in welchen speziellen Formen das **finanzielle Vermögen** gehalten wird und welche Gründe dafür maßgebend sind, den einzelnen Formen jeweils bestimmte Anteile zuzuweisen.

Keynes, auf den diese Erweiterung des Geldnachfrageansatzes zurückgeht, unterschied hinsichtlich der Haltung von finanziellem Vermögen nur *zwei Alternativen:*
(1) Haltung in Form von Geld, also unmittelbare Kassenhaltung;
(2) Anlage in Form von festverzinslichen Wertpapieren. (Keynes unterstellte sogar nur einen einzigen Typ von Wertpapieren.)
Aus heutiger Sicht muss eine Beschränkung auf diese beiden Alternativen als eine sehr grobe Vereinfachung der Realität bezeichnet werden. Keynes' Ansatz gilt aber als so bedeutsam, dass seine Grundzüge auch heute noch in jedem Lehrbuch vorgestellt werden.

Keynes' Kernfrage lautete: Unter welchen Bedingungen wird ein Wirtschaftssubjekt lieber Geld halten als festverzinsliche Wertpapiere kaufen? Für Keynes spielten das **derzeitige Zinsniveau** sowie die **Erwartungen über die zukünftige Zinsentwicklung** die entscheidende Rolle. Da Kurs und Effektivverzinsung von Wertpapieren in einem unmittelbaren, inversen Zusammenhang stehen, kann man auch sagen, dass es die derzeitigen und die erwarteten Kurse der festverzinslichen Wertpapiere sind, die die Grundlage für die Entscheidung für Geldhaltung oder für Wertpapierkauf bilden.

Der Zusammenhang zwischen Zins und Kurs sei hier kurz erläutert. Ein festverzinsliches Wertpapier (Obligation) habe einen Nennwert / Nominalwert und Ausgabewert von 100 GE. Der garantierte Zinssatz beträgt 5 GE p.a., anders formuliert: der *Nominalzinssatz* beträgt 5 % p.a. Jeder Inhaber dieses Wertpapieres bekommt somit 5 GE Zinsen p.a., und zwar unabhängig davon, zu welchem Kurs er dieses Wertpapier gegebenenfalls gekauft hat.

Üblicherweise ist der Nominalzinssatz Ausdruck dafür, welches Markt-Zinsniveau zur *Zeit der Ausgabe* eines Wertpapiers geherrscht hat. Das Markt-Zinsniveau kann und wird sich jedoch im Laufe der Zeit ändern. Steigt z.B. der Marktzins auf 6 %, so wirkt sich das auf den Kurs des bereits früher ausgegebenen Wertpapiers (mit dem Nominalzinssatz 5 %) aus. Benötigt z.B. ein Altbesitzer Geld, obwohl sein Wertpapier noch nicht beim Schuldner zum Nennwert zur Einlösung fällig ist, kann er sein Wertpapier am Wertpapiermarkt verkaufen. Dort wird er allerdings keine 100 GE bekommen, sondern weniger. Der Kurs des alten 5 Prozenters sinkt, denn ein Neuanleger kann ja bei einem neuen Wertpapier 6 GE pro 100 GE, also 6 % bekommen, wird also niemals 100 GE für ein Wertpapier bezahlen, das ihm nur 5 GE p.a. bringt. Er wird also nur soviel zahlen, dass das alte Wertpapier ihm ebenfalls 6 % bringen wird. Für den Extremfall von Wertpapieren mit *unendlicher Laufzeit* (die es in Deutschland allerdings nicht gibt) gilt die folgende einfache Beziehung zwischen Nominalzinssatz, Effektivzinssatz und Kurswert.

$$\text{Effektivverzinsung} = \frac{\text{Nominalzinssatz} \cdot 100}{\text{Kurswert}} \qquad \text{Kurswert} = \frac{\text{Nominalzinssatz} \cdot 100}{\text{Effektivverzinsung}}$$

Damit müsste der Kurswert des alten Papiers auf 83,33 GE sinken. Dann entsprechen 5 GE einer Effektivverzinsung von 6 %.

Im Normalfall der Wertpapiere mit endlicher Laufzeit ist die Laufzeit in die Formel einzubeziehen. Die Berechnung der Effektivverzinsung wird dadurch zwar komplizierter, eine grundsätzliche Änderung der Beziehung zwischen Effektivverzinsung, Nominalzins und Kurswert wird dadurch aber nicht bewirkt. Der Kurswert wird allerdings nicht so tief fallen wie nach dem obigen Ansatz für Papiere mit unendlicher Laufzeit.

Für Besitzer von Wertpapieren resultiert neben dem Zinsertrag also auch die Möglichkeit, wegen der Kursschwankungen von Wertpapieren auch Kursverluste zu erleiden oder von Kursgewinnen zu profitieren. Erwartet ein Wirtschaftssubjekt Kurssteigerungen (= Sinken des Effektivzinssatzes), wird es versuchen, noch Wertpapiere zum alten Kurs zuzukaufen. Es wird also sein finanzielles Vermögen von Kassenhaltung in Wertpapiere umschichten. Erwartet es dagegen sinkende Kurse (steigende Zinsen), wird es jetzt noch keine Wertpapiere kaufen, sondern lieber abwarten und Geld halten. Der Teil der Geldhaltung (oder Geldnachfrage), der aus Gründen der Vermögensanlage erfolgt, ist also ein Ergebnis von (a) der *derzeitigen Zinshöhe* sowie (b) *Spekulationen* über die *Zins- und Kursentwicklung*. Deshalb wird dieser Teil der Geldnachfrage als **Geldnachfrage zu Spekulationszwecken** (häufig kurz **Spekulationskasse**) bezeichnet und mit dem Symbol $L_S$ abgekürzt.

Keynes war überzeugt, dass jedes Wirtschaftssubjekt bestimmte Vorstellungen darüber habe, was die „normale" Höhe des Zinses sei und wie sich deshalb nach seiner Ansicht in Zukunft die Zinsen (und damit die Kurse) entwickeln werden. Die Vorstellungen verschiedener Wirtschaftssubjekte können und werden jedoch mehr oder weniger voneinander abweichen. Dass der Kern dieses Gedankens richtig ist, wird dadurch bestätigt, dass sowohl bei sinkenden Kursen als auch steigenden Kursen immer Käufer und Verkäufer von Wertpapieren auftreten.

Aus der Sicht eines einzelnen Wirtschaftssubjekts stellte sich nach Keynes die Situation wie folgt dar: Die einzelnen Wirtschaftssubjekte sind sich jeweils *subjektiv* über die „normale" Höhe des Zinses *sicher*. Liegt der Zins über der Normalvorstellung eines Wirtschaftssubjekts, wird es Wertpapiere kaufen. Liegt der Marktzinssatz unter seiner Normalvorstellung, wird es lieber Geld halten. Wegen der subjektiven Sicherheit kommt es zu einer (extremen) „Alles-oder-Nichts-Entscheidung" aus, d.h. entweder hält ein Wirtschaftssubjekt sein gesamtes finanzielles Vermögen (f V) ausschließlich als Geld (Kasse) oder ausschließlich in Form von Wertpapieren. Kombinationen sind bei (subjektiver) Sicherheit nicht sinnvoll. Für *einzelne* Wirtschaftssubjekte lässt sich somit die Geldnachfrage zu Spekulationszwecken nach dem Keynesschen Ansatz entsprechend Abb. 7.7 darstellen.

**Abb. 7.7** Die individuelle Geldnachfrage zu Spekulationszwecken

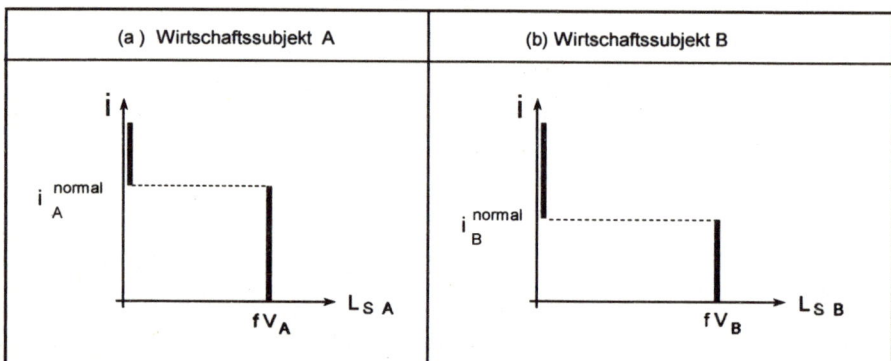

Unter diesen Voraussetzungen werden bei sinkenden Markt-Zinssätzen immer mehr Wirtschaftssubjekte nur Geld halten wollen, weil sie mit einer Umkehr der Entwicklung (mit wieder steigenden Zinsen = sinkenden Kursen) rechnen. Die *gesamtwirtschaftliche* Nachfrage nach Spekulationskasse als Addition der unzähligen individuellen Nachfragekurven wird daher zu einer stetigen Kurve, der gesamtwirtschaftlichen Nachfrage nach Spekulationskasse $L_S$. Dieser Teil der Geldnachfrage ist vom Zinssatz i abhängig, also $L_S = L_S (i)$. Grafisch ist dieser Ansatz in Abb. 7.8 wiedergegeben. Während individuell die „Alles-oder-Nichts-Entscheidung" gilt, führt die Addition der individuellen Spekulationskassen allerdings dazu, dass *gesamtwirtschaftlich* sowohl Geld als auch Wertpapiere gleichzeitig gehalten werden.

**Abb. 7.8** Die gesamtwirtschaftliche Geldnachfrage zu Spekulationszwecken

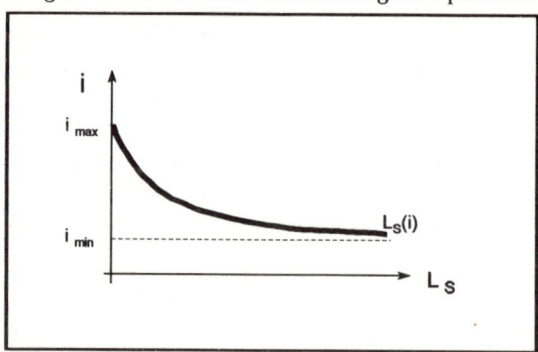

Keynes war der Meinung, dass es einen Mindestzins $i_{min}$ geben könne, bei dem alle Wirtschaftssubjekte ihr gesamtes finanzielles Vermögen nur noch in Form von Kasse halten wollen. Die Geldnachfrage zu Spekulationszwecken wird somit bei $i_{min}$ vollkommen elastisch in Bezug auf den Zins. Eine Umwandlung des Vermögens in eine zinsbringende Wertpapieranlage lohnt sich bei $i_{min}$ nicht mehr, da die Transformationskosten von Geld in Wertpapiere (Bankgebühren, Maklerprovisionen) letztlich bei einem solch niedrigen Zinssatz höher werden als die Zinserträge. Ein zusätzliches Geldangebot könnte in dieser Situation keinerlei Zinssenkung mehr bewirken. Das zusätzliche Geld würde in der „passiven Kasse" verschwinden und hätte somit keinerlei ökonomische Wirkung. Deshalb wurde für diesen Extremfall der Begriff **Liquiditätsfalle** (liquidity trap) gewählt. Keynes (1974; S. 173) selbst bemerkte, dass ihm hierfür allerdings kein praktisches Beispiel bekannt sei; vielleicht könnte ein derartiger Extremfall in Zukunft mal wichtig werden. In der Theorie fand diese Extremsituation allerdings größere Beachtung.

Die Geldnachfrage zu Spekulationszwecken darf nicht als unveränderliche Funktion missverstanden werden. Sie kann sich durchaus verändern. So kann die Geldnachfrage zu Spekulationszwecken z.B. in Zeiten allgemeiner Unsicherheit zunehmen (Verschiebung der $L_S$-Kurve nach oben / rechts). Ist die Masse der Wirtschaftssubjekte davon überzeugt, dass das „Normalzinsniveau" sinkt, wird sich die Kurve nach unten / links verschieben.

### 7.3.2.4. Die gesamte Liquiditätspräferenz

Im Keynesschen Ansatz ergibt sich die gesamte Geldnachfrage oder gesamte *Liquiditätspräferenz* als Summe aus einkommensabhängiger Geldnachfrage zu Transaktionszwecken $L_T$ (Y) (auch: *aktive Kasse*) und zinsabhängiger Spekulationszwecken $L_S$ (i) (auch: *passive Kasse*). Die gesamte Geldnachfrage ist also abhängig vom Einkommen und vom Zinssatz. Dabei ist die Geldnachfrage mit dem Einkommen positiv und dem Zins negativ verknüpft.

| Die Keynessche Liquiditätspräferenz | | |
|---|---|---|
| $L = L (Y, i)$ | oder explizit | $L = L_T (Y) + L_S (i)$ |

Möchte man diese Beziehung grafisch darstellen, so bedarf es in einem Koordinatensystem mit nur zwei Dimensionen i und L einer Hilfskonstruktion, um auch den Einfluss des Einkommens Y sichtbar zu machen. Diese besteht darin, dass die für ein bestimmtes Einkommen $Y_1$ benötigte Transaktionskasse $L_T (Y_1)$ vorweg auf der L-Achse abgetragen wird. Dann wird $L_S$ dazu addiert (vgl. Abb. 7.9).

Die in der Theorie vorgenommene klare Trennung zwischen $L_T$ und $L_S$ sollte allerdings nicht überbewertet werden. Kein Individuum - so bereits Keynes (1974; S. 163) - teile sein Geld exakt in zwei Kassen auf. Wichtig sei nur, dass man erkenne, dass die gesamte **Geldnachfrage** ein **zusammengesetztes Ergebnis von verschiedenen Beweggründen** ist.

**Abb. 7.9**   Die gesamte Geldnachfrage bei vorgegebenem Einkommen $Y_1$

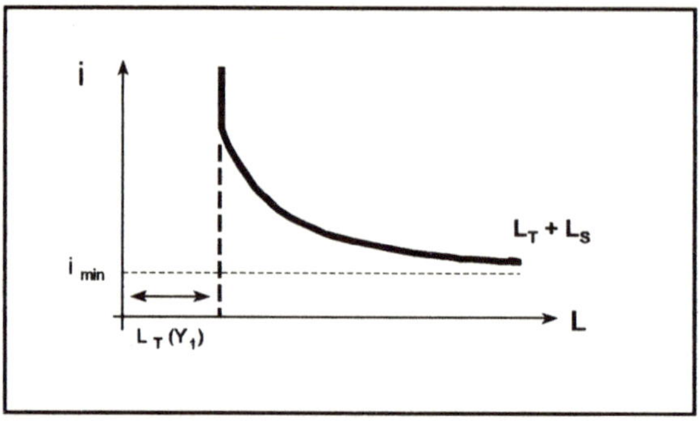

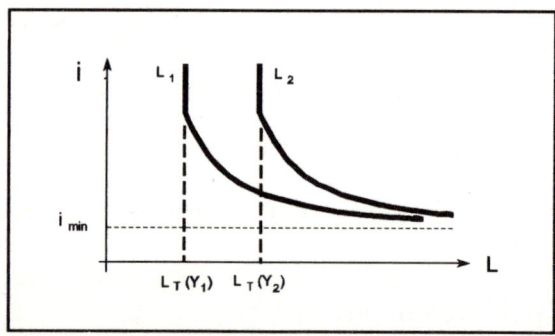

Ändert sich die Höhe des Einkommens, ändert sich die Geldnachfrage zu Transaktionszwecken. Die Geldnachfrage zu Spekulationszwecken bleibt unter sonst gleichen Bedingungen gleich. Für alternative Höhen des Einkommens Y gibt es damit unterschiedliche Funktionen der gesamten Geldnachfrage. Sie sind in der Form alle gleich, unterscheiden sich aber in ihrem Abstand von der Ordinate (vgl. Abb. 7.10).

**Abb. 7.10**   Verlagerung der gesamten Geldnachfrage in Abhängigkeit von verschiedenen Einkommenshöhen

Änderungen der Geldnachfrage zu Spekulationszwecken führen in entsprechender Weise zu Verlagerungen der Kurve der gesamten Geldnachfrage.

### 7.3.3.  Der Lagerhaltungsansatz

Die Keynessche Geldnachfrage geht von der Alternative „Geldhaltung oder Anlage in (längerfristigen) Wertpapieren" aus. Es wurde aber bereits erwähnt, dass in der Realität eine schnell wachsende Zahl von Finanzinnovationen festzustellen ist. Darunter sind viele geldnahe Aktiva (also Aktiva, die sich relativ schnell in Bargeld/ Sichtguthaben umwandeln lassen), die sowohl einen Zinsertrag bringen als sich auch durch ein relativ geringes Risiko auszeichnen. Daraus folgt, dass die Geldnachfrage zu Transaktionszwecken eines Wirtschaftssubjekts anders als bei Keynes nicht

nur vom Einkommen, sondern auch vom Zins geldnaher Aktiva abhängt. Da die
Kassenhaltung für Transaktionszwecke Kosten in Höhe des Zinsentgangs verursacht, werden rational handelnde Wirtschaftssubjekte überlegen, inwieweit sie
durch zwischenzeitliche geldnahe Anlage diese Kosten des Zinsentgangs minimieren
können. Dabei sind allerdings gegebenenfalls anfallende Transformationskosten in
die Überlegung einzubeziehen.

Von Baumol wurde 1952 (und unabhängig davon ähnlich von Tobin 1956)
darauf aufmerksam gemacht, dass diese Entscheidungssituation dem betriebswirtschaftlichen Problem der „optimalen Lagerhaltung" entspricht. Die Übertragung
dieses Ansatzes auf die Kassenhaltung wurde von Baumol vorgeführt [vgl. z.B. die
Wiedergabe bei Duwendag u.a. (1999); S. 90 ff. und Bofinger u.a. (1996); S. 479
ff.]. Während in großen Firmen solche Überlegungen sicherlich immer mehr eine
Rolle spielen dürften, sind sie bei privaten Haushalte doch wohl seltener anzutreffen [vgl. Duwendag u.a. (1999); S. 92]

### 7.3.4. Der Portfolio-Ansatz

In der Liquiditätspräferenztheorie wird unterstellt, dass Wirtschaftssubjekte eine
„Alles-oder-Nichts-Entscheidung" treffen. Dies wurde oben mit der „subjektiven
Sicherheit" des Anlegers begründet. In der Realität findet man jedoch regelmäßig
bei einzelnen Wirtschaftsschaftssubjekten eine *Mischung* von Kassenhaltung, kurz-,
mittel- und langfristigen Anlagen mit jeweils unterschiedlichen Kursrisiken. Im
Grunde gilt, dass zwischen allen Vermögensobjekten Substitutionsmöglichkeiten
bestehen. Für die konkrete Zusammensetzung eines Portfolios (Portfolio / Porte-
feuille i.e.S. = Gesamtheit der Aktiva) sind die folgenden Punkte maßgebend:
- der Ertrag des jeweiligen Vermögensobjektes;
- das Ertragsrisiko;
- die Kosten in Zusammenhang mit Kauf, Haltung und Verkauf eines Vermögensobjektes;
- die Möglichkeit / Unmöglichkeit des Ausstiegs aus einer Anlageform.

Im (von Markowitz und Tobin um 1958 entwickelten) Portfolio-Ansatz geht es
allerdings primär um eine Begründung der Geldnachfrage und weniger um eine
umfassende Theorie der Vermögensanlage (oder: Aufteilung des gesamten Vermögens W auf alle möglichen Anlageformen). Deshalb wird hier - ähnlich wie bei
Keynes - das Vermögen auf die zwei Formen *Geldhaltung* und *Wertpapierhaltung*
*insgesamt* reduziert und deren Aufteilung analysiert. Die Wertpapierhaltung unterliegt aber nun nicht mehr einer „subjektiven Sicherheit". Vielmehr wird dem *Risiko*
besondere Aufmerksamkeit gewidmet. Die Kurs- bzw. Zinsänderungserwartung
unterliegt nun einer Wahrscheinlichkeitsverteilung. Damit ist nicht mehr nur der
erwartete Ertrag einer Anlage von Bedeutung, sondern auch das Ertragsrisiko eines
jeden einzelnen Wertpapiers sowie des Wertpapierbestands insgesamt. Wirtschaftssubjekte haben unterschiedliche Einstellungen zum Risiko, so dass auch die Risiko-
neigung einzelner Wirtschaftssubjekte die jeweilige Aufteilung des Vermögens auf
Geldhaltung und Wertpapiere bestimmt.

Der Portfolio-Ansatz liefert als Ergebnis [zu dessen Ableitung vgl. z.B. Bofinger u.a. (1996); S. 428 ff.] als „Normalfall" die folgende Funktion für die (reale) Geldnachfrage:

$$L = L (i, W, R)$$

Dabei sind die unabhängigen Variablen wie folgt mit L verknüpft:
Die Geldnachfrage L nimmt *zu*
- mit fallendem Zinssatz i;
- mit steigendem Gesamtvermögen W;
- mit steigendem Risiko R.

### 7.3.5. Die Geldnachfrage bei M. Friedman

Besondere Bedeutung gerade auch für die praktische Geldpolitik kommt den Arbeiten von Milton Friedman zur Geldtheorie und Geldpolitik zu. Friedman legte eine Neuformulierung der klassischen Quantitätstheorie (vgl. Kap. 7.4.2) vor; deshalb wird sein Ansatz auch als **Neoquantitätstheorie** bezeichnet. Für Friedman (1976; S. 78) gilt: „Die Quantitätstheorie ist in erster Linie eine Theorie der *Nachfrage* nach Geld." Hinsichtlich der Geldnachfrage spielt neben dem Transaktionsaspekt im Grunde auch der Spekulationsaspekt eine Rolle. Letzterer wird aber von Friedman insofern konsequent erweitert, als die (reale) Geldnachfrage (Kassenhaltung) als ein Teil einer *umfassenden* Vermögensanlageentscheidung zu sehen ist. Zugleich betont er, dass sich die Analyse der Geldnachfrage formal nicht von der (mikroökonomischen) Analyse der Nachfrage nach Konsumgütern unterscheidet [vgl. Friedman (1976); S. 78 f.].

Friedman geht daher bei seiner Analyse der Geldnachfrage von einzelnen Haushalten und Unternehmen aus. Er hält *drei Gruppen von Bestimmungsgründen* für die Geldnachfrage maßgebend:
1. Das **Gesamtvermögen** eines Wirtschaftssubjektes, das in unterschiedlichen Formen gehalten werden kann.
2. Die **Erträge** des Vermögens (also der Geldhaltung sowie anderer Vermögensformen).
3. Die **Präferenzen** eines Wirtschaftssubjektes für die Geldhaltung (mit u bezeichnet).

Die *Obergrenze* für die Geldnachfrage bildet das Gesamtvermögen eines Wirtschaftssubjekts. Unter **Vermögen** (W) versteht Friedman *alle Quellen* des Einkommens und konsumierbarer Dienste. Der Wert des Gesamtvermögens ergibt sich als *Gegenwartswert aller zukünftigen Einkommen*. Sein Einkommensbegriff ist allerdings der des *permanenten Einkommens* ($Y_p$) (vgl. Kap. 6.2.1). Unter Verwendung eines Diskontierungszinsfußes r kann somit an die Stelle des Vermögens das (nominale) permanente Einkommen treten, denn es gilt $W = Y_p/r$.

Friedman unterscheidet *fünf Vermögensformen*, nämlich:
- Geldhaltung;
- festverzinsliche Wertpapiere (bonds);
- Aktien und sonstige Anteilswerte (equities);

- Sachkapital;
- menschliches Leistungsvermögen (human capital).

Jede dieser fünf Vermögensarten kann Erträge bringen. Die Art der Erträge und die Bestimmungsfaktoren für ihre Höhe werden von Friedman näher analysiert [Friedman (1976); S. 80 ff.]. *Geld* bringt (abgesehen von vernachlässigbaren Zinsen auf Sichtguthaben) „Erträge nur als Naturalien in der üblichen Form der Bequemlichkeit, Sicherheit etc." Aus *Wertpapieren* und *Anteilswerten* resultieren Gelderträge in Form von Zinsen ($r_b$) bzw. Dividenden ($r_e$) sowie Kursgewinnen. *Sachkapital* erbringt physischen Nutzen, der nach Friedman in Geld bewertet werden kann; zusätzlich sind hierbei (erwartete) Änderungen des Preisniveaus in der Zeit t zu beachten $\dfrac{1}{P}\dfrac{dP}{dt}$. Schließlich führt Friedman das *menschliche Leistungsvermögen / human capital* als Vermögensgröße an. Es kann als diskontiertes Lebenseinkommen verstanden werden. Seine Erträge sind die Arbeitseinkommen. (Seine Bewertung bereitet allerdings größte Schwierigkeiten.) Friedman ist überzeugt, dass es zwar gewisse Möglichkeiten der Substitution zwischen dem human capital und anderen Kapitalformen gibt, dass letztlich diese Möglichkeit jedoch gering ist. Deshalb setzt er das Verhältnis von human capital zu den übrigen, nicht-menschlichen Vermögensformen (mit w bezeichnet) zur Vereinfachung als konstant an.

Friedman geht davon aus, dass die Wirtschaftssubjekte ihr Gesamtvermögen so auf die unterschiedlichen Vermögensformen aufteilen, dass ein Nutzenoptimum erreicht wird. Ändern sich die Ertragserwartungen bei den jeweiligen Komponenten, werden Substitutionsvorgänge zwischen den verschiedenen Anlageformen eingeleitet. Von dieser Substitutionsvorgängen gehen nach Friedman vielfältige Wirkungen auf die Gesamtwirtschaft aus.

Zusammenfassend ergibt sich die folgende (reale) Geldnachfragefunktion (L/P) bei Friedman:

---

**Geldnachfrage bei M. Friedman**

$$\frac{L}{P} = f\left(\underbrace{\frac{Y_p}{P};\ \ w;}_{\text{Vermögen}}\ \ \underbrace{r_b\ ;\ r_e\ ;\ \frac{1}{P}\frac{dP}{dt}\ ;}_{\text{Erträge}}\ \underbrace{u}_{\text{Präferenzen}}\right)$$

---

Man kann vereinfachend davon ausgehen kann, dass $r_b$ und $r_e$ zugleich den allgemeinen (Durchschnitts-)Zinssatz i mitrepräsentieren. Dann gilt: In der Friedmanschen Geldnachfragetheorie sind - wie schon bei Keynes - von Bedeutung
- der Zins i;
- das Einkommen;
- Geld wird als Vermögensform verstanden.
Allerdings müssen die Abweichungen gegenüber Keynes beachtet werden:
- Von Änderungen des Zinses i ausgelöste Effekte einer Vermögensänderung.

- Auswirkungen erwarteter Preisniveauänderungen.
- Das Vermögen wird durch die Ersatzgröße „permanentes Einkommen" repräsentiert. Diese Einkommensgröße ist daher nicht - wie das laufende Einkommen bei Keynes - Ausdruck für das Transaktionsvolumen.

Hinsichtlich der *Wirkungsrichtungen der Einflussgrößen* gilt bei Friedman:
- Die reale Geldnachfrage nimmt zu, wenn der Zins fällt.
- Die reale Geldnachfrage nimmt zu, wenn die Inflationsrate zurückgeht.
- Die reale Geldnachfrage steigt, wenn das permanente Einkommen steigt.
- Über die Einflüsse von Änderungen von w und u macht Friedman keine Aussagen.

Die obige Form der Geldnachfrage gilt zunächst nur für einen einzelnen Haushalt. Friedman geht jedoch davon aus, dass die Übertragung dieses mikroökonomischen Ansatzes auf die Gesamtwirtschaft zulässig ist. Ferner ist er überzeugt, dass letztlich auch die Geldnachfrage von Unternehmen durch diesen Ansatz in zutreffender Weise miterfasst wird. Friedman hat übrigens auch zahlreiche empirische Arbeiten zur Geldtheorie durchgeführt und angeregt. Für ihn waren sie eine Bestätigung seiner theoretischen Ansätze.

### 7.3.6. Empirische Untersuchungen zur Geldnachfrage

Die Volkswirtschaftslehre zählt zu den Erfahrungswissenschaften und muss daher ihre Ergebnisse an der Realität überprüfen. Dies gilt auch für die Determinanten der Geldnachfrage. Die empirische Forschung geht aber auch auf diesem Gebiet mit zahlreichen methodischen und statistischen Problemen einher. So geht die Theorie z.B. hinsichtlich der Geldnachfrage davon aus, dass es sich um die *gewünschte* Kassenhaltung handelt. In empirischen Untersuchungen wird aber regelmäßig die *tatsächliche* Geldhaltung gemessen. Es ist aber nicht sehr wahrscheinlich, dass die gewünschte immer gleich der tatsächlichen Kassenhaltung ist. Darüber hinaus erweist sich die Trennung von Geldnachfrage und Geldangebot in der empirischen Forschung als kaum möglich [vgl. Gebauer (1996; S. 246 f.) und Duwendag u.a. (1993; S. 109)]. Auf diese und weitere Fragen näher einzugehen, ist hier allerdings nicht möglich.

Im Rahmen empirischer Untersuchungen wurden vor allem die folgenden Fragen angegangen [vgl. Duwendag u.a (1999; S. 98 ff.) und Bofinger u.a. (1996; S. 491 ff.)]:
1. Welche Bedeutung hat der Zinssatz?
2. Gibt es Hinweise auf eine mögliche Liquiditätsfalle?
3. Welche Einkommens- und / oder Vermögensgrößen sind von Bedeutung?
4. Welches ist die relevante Geldmenge?
5. Ist die Geldnachfrage stabil? [Gerade diese Frage wird im Hinblick auf eine effiziente Geldpolitik seitens der Zentralbank (insbesondere auch der neuen Europäischen Zentralbank) eine große Bedeutung eingeräumt.]

Die bisher vorgelegten empirischen Studien führten noch nicht zu völlig unstrittigen Ergebnissen. Die Liquiditätsfalle dürfte in der Praxis keine Rolle spielen.

Es scheint gesichert, dass der Zins Einfluss auf die Geldnachfrage ausübt. Hinsichtlich der Frage 3 zeigen die empirischen Ergebnisse, dass eher Vermögensgrößen als (laufende) Einkommensgrößen relevant sind. In der BR Deutschland ergab sich zumindest für die Beziehung zwischen dem Geldvermögen der privaten Haushalte (Summe aller finanziellen Aktiva) und den Geldmengen M1 und M3 ein recht stabiler Zusammenhang [vgl. Bofinger u.a. (1996); S. 493 f.]. Die Stabilität der Geldnachfrage wurde mehrfach für verschiedene Nationen untersucht. Für Deutschland ergab sich danach eine ausreichende Stabilität. Ob die nun in der EWWU wichtige Geldnachfrage auf *europäischer Ebene* ebenfalls eher stabil ist, konnte bislang noch nicht voll befriedigend geklärt werden.


## 7.4.  Das Geldangebot

### 7.4.1.  Das Geldangebot im Mischgeldsystem

Das Grundprinzip der Geldschöpfung oder des Geldangebots wurde bereits in Kap. 7.1.2 am Beispiel eines Ein-Bank-Systems vorgeführt. In diesem Kapitel 7.4 geht es nun darum, das Geldangebot in einem aus Zentralbank und Geschäftsbanken bestehenden *Bankensystem* zu erläutern. Dabei erfolgt eine Beschränkung auf Geld im Sinne von M1 (also Bargeld und Sichtguthaben). In diesem System schaffen die Geschäftsbanken Giralgeld oder Sichtguthaben; die Zentralbank schafft Bargeld und Sichteinlagen der Geschäftsbanken bei der Zentralbank. Man spricht deshalb auch von einem *Mischgeldsystem*.

Die Produktion von Sichtguthaben seitens der Geschäftsbanken erfolgt auf genau dieselbe Weise wie in den Übersichten 7.1 und 7.2 beschrieben. Die Geschäftsbank erwirbt primäre oder sekundäre Aktiva von einer Nichtbank und bezahlt sie mit von ihr geschaffenen Sichtguthaben. Über diese Sichtguthaben kann die Nichtbank im Wege der Überweisung verfügen. Für die Produktion solcher Sichtguthaben durch Geschäftsbanken scheint es - genau wie im Ein-Bank-Modell - keine Grenze der Geldschöpfung zu geben.

Im Mischgeldsystem liegt der entscheidende Unterschied gegenüber dem Ein-Bank-Modell darin, dass **Geschäftsbanken kein Bargeld schaffen** können. Bargeld ist aber letztlich das gesetzliche Zahlungsmittel und Nichtbanken wollen einen Teil ihrer Kassenhaltung (der Geldmenge M1) in Form von Bargeld halten. (Dieser Teil wird als *Bargeldquote* bezeichnet.) Besteht also ein Bankkunde auf der Umwandlung seines Sichtguthabens in Bargeld, dann kann die Bank diesem Wunsch nicht nachkommen. Um dem Wunsch der Nichtbanken nach Bargeld entsprechen zu können, muss sich die Geschäftsbank ihrerseits an die Zentralbank wenden, die das alleinige Recht der Bargeldproduktion hat. Die Produktion von Sichtguthaben durch die Geschäftsbanken kann somit nicht unbegrenzt durchgeführt werden, sondern ist an die Bereitstellung von Bargeld durch die Notenbank gebunden.

Die Tatsache, dass Nichtbanken Bargeld halten wollen, ist die erste Beschränkung der Geldschöpfungsmöglichkeit durch die Geschäftsbanken. Eine zweite Begrenzung liegt in der Verpflichtung der Geschäftsbanken, bei der Zentralbank eine sog. *Mindestreserve* zu halten.

---

Unter der **Mindestreserve** versteht man die Guthaben (Zentralbankgeld), die Geschäftsbanken zwangsweise bei der Zentralbank unterhalten müssen.

Die Höhe der Mindestreserve macht einen bestimmten von der Zentralbank festgelegten Prozentsatz der reservepflichtigen Einlagen bei den Geschäftsbanken aus.

---

Sowohl durch die Bargeldnachfrage der Nichtbanken als auch durch die Mindestreserve-Verpflichtung der Geschäftsbanken wird erreicht, dass die Geschäftsbanken Nachfrage nach Zentralbankgeld entfalten müssen. Nur weil diese Nachfrage besteht, kann die Zentralbank überhaupt auf die Geschäftsbanken Einfluss nehmen.

Der Begriff „Mindestreserve" ist allerdings etwas irreführend. Früher galt sie tatsächlich als Instrument, die Solvenz einer Bank zu sichern. Diese Aufgabe wird heute von speziellen Behörden der Bankenaufsicht wahrgenommen. Heute dient sie der Anbindung des Geschäftsbankensektors an die Zentralbank, der Steuerung der Bankenliquidität und der Sicherung eines stabilen Geldschöpfungsmultiplikators (siehe unten). - Bei der Errichtung des ESZB wurde lange diskutiert, ob eine Mindestreserveregelung im Euro-System eingeführt werden sollte. In Luxemburg gab es z.B. vorher keine Mindestreserve, in Deutschland eine unverzinsliche. Die Entscheidung fiel *für* eine (verzinsliche) Mindestreserve.

Führt man vereinfachend die Geldschaffung nur auf Kreditvergabe (Geldschaffung durch Erwerb *sekundärer Aktiva*) zurück, so kann man die Grundbeziehungen im Mischgeldsystem entsprechend Übersicht 7.11 beschreiben.

**Übersicht 7.11** Grundbeziehungen im Mischgeldsystem

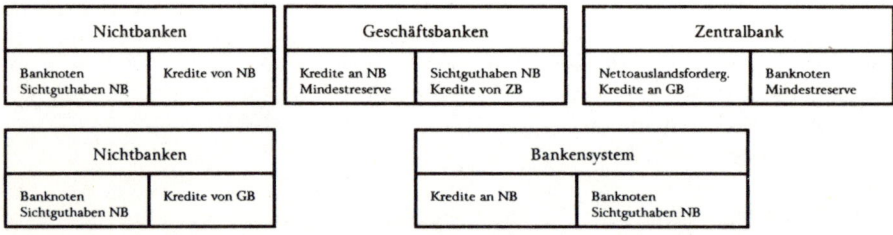

Für die Analyse des Geldangebots sind auf Grund dieser Überlegungen also von Bedeutung:
*(a) Die Entstehung der Zentralbankgeldmenge (Geldbasis).*
*(b) Die Beziehung zwischen Geldbasis und Geldmenge.*
Zunächst wird davon ausgegangen, dass den Geschäftsbanken eine bestimmte Zentralbankgeldmenge zufließt. Es wird analysiert, wie sich auf dieser Basis die gesamte Geldmenge (das Geldangebot) aufbaut.

### 7.4.2. Der traditionelle Geldschöpfungsmultiplikator

Als traditioneller Ansatz zur Darstellung der Beziehungen zwischen Geldbasis und Geldmenge gilt das *Modell der multiplen Giralgeldschöpfung*. Aus heutiger Sicht weist dieser Ansatz größere Schwächen auf. Er ist aber trotzdem recht gut geeignet, einen grundlegenden Zusammenhang zwischen Zentralbank, Geschäftsbanken und Nichtbanken aufzuzeigen. Deshalb wird dieser Ansatz trotz seiner Schwächen in die meisten Lehrbücher aufgenommen.

Ausgangspunkt des Ansatzes ist, dass den Geschäftsbanken Zentralbankgeld zugeflossen ist. Dies kann z.B. dadurch erfolgt sein, dass eine Nichtbank Devisen in Höhe von 1 000 GE an eine Geschäftsbank verkauft hat und letztere diese an die Zentralbank weiterverkauft hat. Es wird weiter angenommen, dass Geschäftsbanken eine Mindestreservequote (r) von 10 % auf ihre Einlagen zu halten haben und dass mit einer Bargeldabflussquote (b) von 20 % zu rechnen ist. Unter diesen Bedingungen kann der in Übersicht 7.12 beschriebene Geldschöpfungsprozess ablaufen.

*Vorbemerkung:* Die Geschäftsbanken verfügen über Konten bei der Zentralbank. Auf diesen Konten werden die Zentralbankeinlagen der Geschäftsbanken erfasst. Die Zentralbankeinlagen der Geschäftsbanken können jederzeit in Bargeld umgetauscht werden.

Bank 1 fließt (zusätzliches) Zentralbankgeld in Höhe von 1 000 GE zu. Die Gegenposition bilden die Sichtverbindlichkeiten gegenüber Kunde 1.1. Auf diese Einlagen ist eine Mindestreserve (MiR 1) von 10 % (= 100 GE) zu halten. Der Bank 1 verbleibt eine sog. *Überschussreserve* (ÜR 1) von 900 GE. Da Zentralbankeinlagen gering verzinst sind, wird Bank 1 einen (höher verzinslichen) Kredit in Höhe von 900 GE an ihren Kunden 1.2 vergeben. Bankkunde 1.2 hebt 20 % (= 180 GE) bar ab; 720 GE überweist er (zur Begleichung einer Forderung) an den Kunden 2.1 der Bank 2. Die Überweisung von 1.2 nach 2.1 bewirkt, dass die Zentralbank das Zentralbankguthaben der Bank 1 um 720 GE reduziert und das der Bank 2 um 720 GE erhöht.

Bank 2 verzeichnet also jetzt einen Zufluss an Zentralbankgeld in Höhe von 720 GE und zugleich eine Sichtverbindlichkeit gegenüber Kunde 2.1. Bank 2 muss jetzt ihrerseits eine Mindestreserve (MiR 2 = 72 GE) bilden. Es verbleibt ihr eine Überschussreserve (ÜR 2) von 648 GE. Diese wird zur Kreditvergabe an den Kunden 2.2 verwendet. Der hebt 20 % (= 129,6 GE) bar ab und überweist 518,4 GE an Bank 3. Letzterer fließt damit Zentralbankgeld in Höhe von 518,4 GE zu. Der Prozess kann sich dann in gleicher Weise fortsetzen.

Durch diesen Prozess wird also ein *Mehrfaches* an Sichtguthaben (Geschäftsbankengeld) geschaffen. Es ist leicht einsichtig, dass dieser Ablauf einer *geometrischen Reihe* entspricht. Der Prozess kann solange weitergehen, bis der ursprüngliche Betrag an (zusätzlichem) Zentralbankgeld in Höhe von 1 000 GE aufgeteilt ist auf (a) Mindestreserve (von insgesamt 357,14 GE) und (b) Bargeld(abfluss) (von 642,86 GE). Es ist auch klar, dass das Ausmaß der Geldschöpfung abhängt von
- der Höhe des Mindestreservesatzes (r);
- der Höhe der Bargeldabflussquote (b).

Die Ableitung der bei diesem Prozess wirkenden Multiplikatoren wird im folgenden Abschnitt vorgeführt.

**Übersicht 7.12**  Die multiple Giralgeldschöpfung

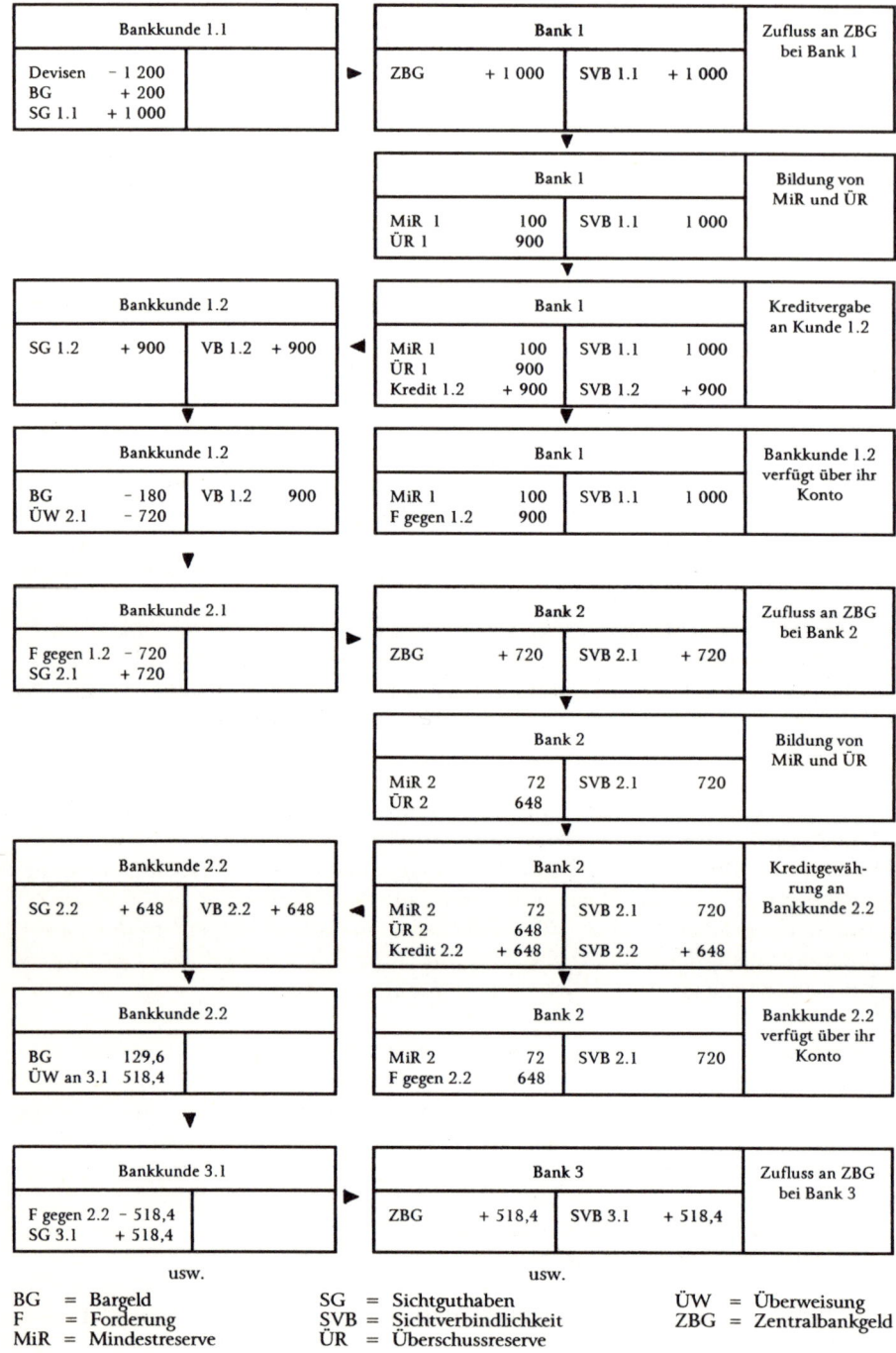

usw.                                        usw.

| BG | = | Bargeld | SG | = | Sichtguthaben | ÜW | = | Überweisung |
|---|---|---|---|---|---|---|---|---|
| F | = | Forderung | SVB | = | Sichtverbindlichkeit | ZBG | = | Zentralbankgeld |
| MiR | = | Mindestreserve | ÜR | = | Überschussreserve | | | |

Es gilt:                          $\ddot{U}R = MiR + BG$

Der Bargeldabfluss ergibt sich aus der (zusätzlichen) Kreditvergabe $\Delta K$, multipliziert mit der Bargeldabflussquote b, also:    $BG = b \Delta K$

Daraus resultieren die (zusätzlichen) mindestreserverpflichtigen Depositen (Sichteinlagen) D

$$\Delta D = \Delta K - b \Delta K$$

Die auf zusätzliche Depositen gehaltenen Mindestreserven folgen aus der Multiplikation der zusätzlichen Depositen $\Delta D$ mit dem Mindestreservesatz r

$$MiR = r \Delta D$$

Damit kann die Zusammensetzung der Überschussreserve neu formuliert werden:

$$\ddot{U}R = r \Delta D + b \Delta K$$
$$\ddot{U}R = r (\Delta K - b \Delta K) + b \Delta K$$
$$\ddot{U}R = \Delta K [r (1 - b) + b]$$

$$\Delta K = \frac{\ddot{U}R}{r - rb + b} \quad \text{oder} \quad \Delta K = \frac{1}{r + b (1 - r)} \ddot{U}R$$

Hieraus resultiert der

| Kreditschöpfungsmultiplikator |
|---|
| $m_{Kr} = \dfrac{1}{r + b (1 - r)}$ |

Auf gleiche Weise kann auch der *Geldschöpfungsmultiplikator* abgeleitet werden.

| Geldschöpfungsmultiplikator |
|---|
| $m_G = \dfrac{1 - b}{r + b (1 - r)}$ |

Unter Verwendung der Zahlen des Beispiels aus Übersicht 7.11 (b = 0,2; r = 0,1) ergeben sich die Multiplikatoren: $m_{Kr} = 3,5714$ und $m_G = 2,8571$. Die Ergebnisse des Geld- und Kreditschöpfungsprozesses lassen sich dann entsprechend Übersicht 7.13 zusammenfassen.

Diese Darstellung erweckt den Eindruck, dass die gesamte Geldmenge (= Geldangebot) daraus resultiert, dass die Zentralbank einen bestimmten Betrag an Zentralbankgeld bereitstellt, auf dem sich - ausgehend von einer Überschussreserve bei den Geschäftsbanken - im Wege der multiplen Giralgeldschöpfung die Sichtguthaben bei den Geschäftsbanken aufbauen.

Der bisher beschriebene Ansatz zeigt wichtige Elemente des Geldangebots: Zentralbankgeldmenge, Mindestreservesatz und Bargeldquote. Gleichwohl beschreibt er die Entstehung der Geldmenge nur unbefriedigend. Das Modell der multiplen Giralgeldschöpfung zeigt nur *Änderungen* auf, gibt aber keine Auskunft über die Höhe des gesamten Geld- bzw. Kreditvolumens. Sodann wird nur der *maximale* Rahmen einer Geldschöpfung abgeleitet. Wenn die Bankkunden aber keine Kredite

**Übersicht 7.13**  Die multiple Giralgeldschöpfung der Geschäftsbanken

| Bank | (1) Zufluss an ZBG | (2) Mindest-reserve | (3) Überschussreser-ve (= maximale Kreditvergabe) | (4) Bargeld-abfluss | (5) Abfluss an ZBG an andere Banken |
|---|---|---|---|---|---|
| | | [10 % von 1] | [90 % von 1] | [20 % von 3] | [3 − 4] |
| 1 | 1 000 | 100 | 900 | 180 | 720 |
| 2 | 720 | 72 | 648 | 129,6 | 518,4 |
| 3 | 518,4 | 51,84 | 466,56 | 93,31 | 373,25 |
| 4 | ⋮ | ⋮ | ⋮ | ⋮ | ⋮ |
| Σ | 3 571,39 [$m_G \cdot 900 + 1000$] | 357,14 | 3 214,25 [$m_{KR} \cdot 900$] | 642,86 | 2 571,39 |

[2 + 4]
1 000

nachfragen, gibt es auch keine Geld- bzw. Kreditschöpfung. Somit wird auch hier der schon früher erwähnte Aspekt deutlich: **Geldangebot erfolgt nicht ohne Geldnachfrage.**[1] Für die Kreditnachfrage ist zudem der *Zins* von Bedeutung. In dieses Modell geht der Zins aber gar nicht ein. Darüber hinaus muss darauf aufmerksam gemacht werden [vgl. Issing (1987); S. 58], dass die Überschussreserven im Geldangebotsprozess gar nicht die entscheidende Rolle spielen, die ihnen in diesem Ansatz zugewiesen werden.

### 7.4.3. Verhaltensorientierte Geldangebotsanalyse

Das Geldangebot resultiert also nicht aus einem mechanistischen Prozess; es ist vielmehr das **Verhalten** der Wirtschaftssubjekte zu beachten. Das Verhalten der Nichtbanken wurde im Kapitel „Geldnachfrage" diskutiert, ist aber hier erneut einzubringen. Eine verhaltensorientierte Geldangebotsanalyse muss das Zusammenwirken der folgenden Komponenten beachten [vgl. Bofinger u.a. (1996); S. 522]:
- die Steuerungsmöglichkeiten der Zentralbank;
- die Rolle des Geldschöpfungsmultiplikators;
- Entscheidungen der Kreditinstitute;
- Entscheidungen der Nichtbanken.

Eine derartige Gesamtschau ist allerdings recht schwierig, so dass hier nur die Grundgedanken skizziert werden können. Eine detaillierte Analyse muss der geldtheoretischen Spezialliteratur vorbehalten bleiben.

Häufig wird mit dem folgende Ansatz begonnen. Im Grundkonzept des sog. **Geldbasiskonzepts** wird eine Verknüpfung zwischen der gesamten Geldmenge M

---

1) Dieser Aspekt ist für Gebauer (1996) ein wichtiger Ansatzpunkt, Teile der bisherigen Geldtheorie, insbesondere auch das hier wiedergegebene Konzept des makroökonomischen Geldmarkts, zur Diskussion zu stellen.

(hier M1) und der Geldbasis B durch einen Geldmengenmultiplikator m hergestellt, wobei m durch Verhaltensparameter bestimmt ist.

Es gilt:          $M = m\,B$   bzw.   $m = M : B$

Dabei bedeuten:  M = Bargeldumlauf (BG) + Sichtdepositen (D)
                 B = Bargeldumlauf (BG) + Reserven der Geschäftsbanken (R)

Damit kann man schreiben:

$$m = \frac{BG + D}{BG + R} \quad \text{oder nach Erweiterung um } \frac{1}{D}: \quad m = \frac{\dfrac{BG}{D} + 1}{\dfrac{BG}{D} + \dfrac{R}{D}}$$

BG/D ist der Bargeldhaltungskoeffizient k. Er gibt an, wie viel Bargeld die Nicht-banken im Verhältnis zu ihren Depositen halten. R /D ist der Reservekoeffizient r als Quotient aus der Reservehaltung der Geschäftsbanken R und den Sichtguthaben der Nichtbanken D. Geht man vereinfachend - im Grunde aber zutreffend - davon aus, dass die Banken freiwillig möglichst keine (gering verzinsten) Überschuss-reserven R halten möchten, bestehen die Reserven nur aus Mindestreserven MiR. Dann kann man den Reservekoeffizienten r auch als Mindestreservesatz inter-pretieren. Damit ergibt sich der **Geldmengenmultiplikator** nunmehr als

$$m = \frac{k + 1}{k + r} \; .$$

Und die Geldmenge M ist jetzt mit der Geldbasis B verknüpft:

$$M = \frac{k + 1}{k + r} \; B$$

Diese Formel ist allein aus Umformulierungen entstanden. Sie ist damit nur eine Definition. Solange die Parameter k und r nicht aus dem *Verhalten* von Zentralbank, Geschäftsbanken und Nichtbanken erklärt werden können, ist kein Fortschritt erzielt worden. Sie stellt außerdem nur einen ersten Ansatz dar, da sie wesentliche Einflussfaktoren noch nicht berücksichtigt wie u.a. z.B.:
- der den Nichtbanken in Rechnung gestellte Kreditzinssatz $i_{Kr}$;
- der den Geschäftsbanken von der Zentralbank in Rechnung gestellte Refinanzie-rungszinssatz $i_R$;
- die Möglichkeiten der Geschäftsbanken, sich eine bestimmte Menge Q an Zen-tralbankgeld zu beschaffen.

Wesentlich erweiterte Geldangebotsmultiplikatoren wurden entwickelt. Wegen der Komplexität der Ansätze muss auf eine Wiedergabe verzichtet werden [vgl. aber z.B. Jarchow (1998); Kap. III 2 und III 3]. Einige Hinweise auf Verhaltensweisen der betroffenen Akteure werden jedoch in den folgenden Abschnitten gegeben.

*(a) Zentralbank*

Die Zentralbank kann die Höhe der Mindestreservesätze eindeutig fixieren. Sie kann auch die quantitative Möglichkeit der Refinanzierung der Geschäftsbanken beschränken. Ferner kann sie die Zinssätze für die Refinanzierung festlegen. Inwie-weit die Banken ihre Möglichkeiten ausnutzen, liegt aber in der Entscheidung der Geschäftsbanken. Schließlich muss eine Zentralbank gegebenenfalls auf die aus einem Wechselkurssystem resultierenden Einflüsse reagieren. In einem System *fixer Wechselkurse* oder einem *System mit Bandbreiten* [wie es im Europäischen Währungssystem (EWS) vor dem Beginn der EWWU praktiziert wurde] muss die Zentralbank zur Konstanthaltung der Kurse gegebenenfalls Devisen ankaufen (bzw. verkaufen), was zu einer Ausweitung (bzw. Einschränkung) der Geldbasis führt.

### (b) Geschäftsbanken

Das Verhalten von Geschäftsbanken als privaten Unternehmen wird von Rentabilitäts-, Liquiditäts- und Risikogesichtpunkten bestimmt. Es ist daher davon auszugehen, dass eventuell vorhandene Überschussreserven nicht automatisch für eine Kreditvergabe vorgesehen werden. Größere Überschussreserven werden vielmehr normalerweise zum Erwerb von Liquiditätsanlagen oder zum Abbau einer Verschuldung bei der Zentralbank benutzt. Kreditgewährung setzt dagegen - wie erwähnt - eine entsprechende Nachfrage voraus, die u.a. stark von den allgemeinen Ertragserwartungen der Nichtbanken und dem Kreditzins abhängt.

Aus der Sicht der Geschäftsbanken ist - so betont Issing (1987; S. 72 ff.) - von herausragender Bedeutung, wie hoch die Abflüsse an Zentralbankgeld an (1) die Zentralbank, (2) die Nichtbanken (Bargeld) und (3) das Ausland sind und inwieweit diese Abflüsse aus bestehenden *Liquiditätsreserven* (dazu zählt z.B. der Bestand an Geldmarktpapieren, die jederzeit bei der Zentralbank eingereicht werden können) gedeckt werden können.

### (c) Nichtbanken

Die Geldnachfrage der Nichtbanken wurde in Kap. 7.3. ausführlich dargestellt. Von Interesse ist allerdings, wie stabil die Bargeldabflussquote ist. Langfristig ist diese Quote in Deutschland als Folge des zunehmenden unbaren Zahlungsverkehrs seit 1950 von etwa 1,0 auf heute 0,4 gesunken. Für wichtiger werden jedoch kurzfristige Schwankungen im Bargeldumlauf angesehen, da sich die Banken weniger gut einstellen können, so dass Liquiditätsengpässe auftreten können. [Vgl. Duwendag u.a. (1999); S. 182]

Zusammenfassend kann somit [in Anlehnung an Duwendag u.a. (1999); S. 117 ff.] festgehalten werden, dass das Geldangebot durch eine Geldangebotsfunktion beschrieben werden kann, in die mehrere Parameter eingehen:

---

**Geldangebotsfunktion**

$$M = m\,(i_{Kr}\,,\,i_R\,;\,k\,;\,Q\,;\,r\,;\,...\,)\;B$$
$$\phantom{M = m\,(}+\quad-\quad-\quad+\quad-$$

---

Die angegebenen Vorzeichen drücken dabei aus, welche Wirkung eine Änderung des Parameters auf die Geldmenge M hat.

Von besonderer Bedeutung im Hinblick auf das Geldangebot ist die Frage, ob die Zentralbankgeldmenge B exogen oder endogen ist. Von einer *exogenen Zentralbank-*

*geldmenge* spricht man, wenn allein die Zentralbank über die Zentralbankgeldmenge entscheidet; die Zentralbankgeldmenge ist *endogen*, wenn die Geschäftsbanken und Nichtbanken für ihre Höhe mitverantwortlich sind. Veränderungen der Zentralbankgeldmenge erfordern zwar immer das Mitwirken der Zentralbank, aber umgekehrt kann die Zentralbank nicht immer ihre Vorstellungen durchsetzen. Wenn die Zentralbank die Geldbasis erhöhen will, so ist sie auf die Mitwirkung der Geschäftsbanken angewiesen. Wenn diese aber ihre Kredite nicht ausweiten wollen (weil sie das z.B. für zu risikoreich halten), gibt es auch keine Ausweitung der Geldbasis. Umgekehrt könnte die Zentralbank zwar eigentlich die Absicht haben, weitere Kredite an die Geschäftsbanken zu verweigern; sie kann dies aber - zumindest kurzfristig - nicht tun, wenn dadurch die Geschäftsbanken in Liquiditätsschwierigkeiten kommen würden.

Es ist also unstrittig, dass das Zentralbankgeld und damit die **Geldmenge** eine **endogene Größe** ist. Unter der Voraussetzung, dass die Bargeldabflussquote k sowie die von der Zentralbank gesetzten Größen Refinanzierungszinssatz $i_R$, Mindestreservesatz r und die Mengenbeschränkung Q konstant sind, lässt sich die oben abgeleitete Geldangebotsfunktion vereinfachen zu:

$$M = m(i_{Kr}) B.$$

Damit ist das Geldangebot eine steigende Funktion des Kreditzinssatzes ($i_{Kr}$).

**Abb. 7.14**  Zinsabhängiges und exogenes Geldangebot

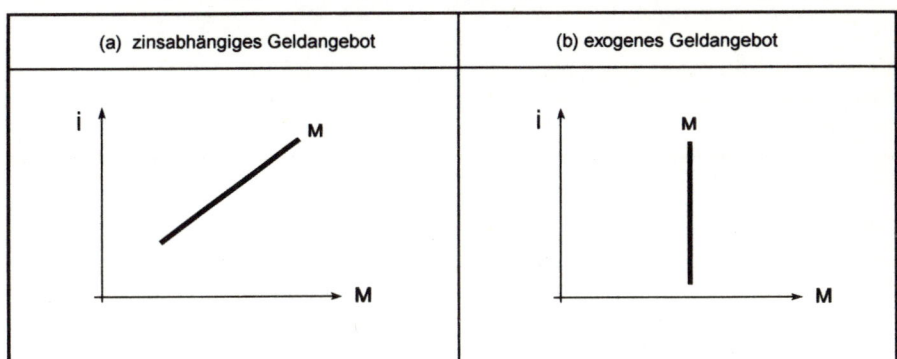

### 7.4.4.  Instrumente der Zentralbank

Die Zentralbank steht nur in Beziehung zu den Geschäftsbanken. Ihr Einfluss auf die *gesamte* Geldmenge kann daher nur über die Geschäftsbanken ausgeübt werden. Ihre Einflussmöglichkeiten bestehen in den **geldpolitischen Instrumenten**. Die für das ESZB vorgesehenen Instrumente weichen teilweise von denen der Deutschen Bundesbank ab. So wurden die von der Bundesbank praktizierte *Diskontpolitik* (Kreditgewährung der Zentralbank an Geschäftsbanken durch Rediskontieren von Handelswechseln) und *Lombardpolitik* (Kreditgewährung an Geschäftsbanken gegen Verpfändung von bestimmten Wertpapieren und Schuldbuchforderungen) nicht in das ESZB übernommen. Der in der BR Deutschland als sog. *„Leitzins"* fungierende

*Diskontsatz* ist damit entfallen.[1] Im ESZB sind nunmehr *drei Kategorien* von Instrumenten vorgesehen. [Zu Details vgl. EZB: Die einheitliche Geldpolitik in Stufe 3. Frankfurt/M. Sept. 1998 und Jarchow (1998); Kap. VI 3]

### (1) Mindestreserve

Wie erwähnt, wurde die (verzinsliche) *Mindestreserve* in den Katalog der geldpolitischen Instrumente aufgenommen. Der möglicherweise durch das Modell der multiplen Giralgeldschöpfung hervorgerufene Eindruck, dass die Mindestreserve nur den Zweck habe, das Ausmaß der Geldschöpfung zu begrenzen, trifft jedoch nicht zu. Mindestreserven erfüllen im wesentlichen die folgenden *Zwecke*:
- Sie führen zu einer stabilen Nachfrage der Geschäftsbanken nach Zentralbankgeld und damit *Anbindung der Banken an die Zentralbank*.
- Sie soll die *Geldmarktzinsen stabilisieren*. Um dies zu erreichen, müssen die Mindestreserven nicht ständig in voller Höhe gehalten werden. Vielmehr kann von einer sog. „Durchschnittserfüllung" über einen Monat hinweg Gebrauch gemacht werden. Tägliche Über- oder Unterschreitungen sind daher möglich.
- Herbeiführung oder Vergrößerung einer *strukturellen Liquiditätsknappheit*. Es wird erwartet, dass durch die Mindestreserve das ESZB besser in der Lage sein wird, „in effizienter Weise als Liquiditätsbereitsteller zu operieren."

Mindestreservepflichtig sind die folgenden Verbindlichkeiten:
- *Einlagen*.
  - Täglich fällige Einlagen;
  - Einlagen mit vereinbarter Laufzeit von bis zu zwei Jahren;
  - Einlagen mit vereinbarter Kündigungsfrist von bis zu zwei Jahren.
- *Ausgegebene Schuldverschreibungen* mit vereinbarter Laufzeit von bis zu zwei Jahren.
- *Geldmarktpapiere*.
Die Höhe der jeweiligen Mindestreserve der einzelnen Kreditinstitute ergibt sich aus den Mindestreservesätzen.

Neben dem eher als „grob" qualifizierten Instrument Mindestreserve sind zwei weitere Gruppen von Instrumenten vorgesehen, nämlich *Offenmarktgeschäfte* und *Ständige Fazilitäten*. Sie sind in Übersicht 7.15 zusammengestellt.

### (2) Offenmarktgeschäfte

Unter *Offenmarktgeschäften* versteht man den **„An- und Verkauf von Wertpapieren durch die Zentralbank** am offenen Markt zur Regulierung des Geldmarktes" (wobei hier mit Geldmarkt nicht der „makroökonomische Geldmarkt", sondern der *Geldmarkt der Praxis* als Markt von Zentralbankgeld zwischen Banken und Zentral-

---

1) Die Anhebung (Senkung) des Diskontsatzes (und auch des Lombardsatzes) wurde allgemein als Signal dafür verstanden, dass die Bundesbank einen Anstieg (Senkung) der Kreditmarktzinsen erreichen wollte. Der Diskontsatz hatte in Deutschland auch eine Bedeutung in zahlreichen Vorschriften des Bundesrechts, in Verträgen und Vollstreckungstiteln. Er wird in diesem Zusammenhang durch den sog. *Basiszins* ersetzt, der sich im Wesentlichen am Zinssatz für dreimonatige Refinanzierungsgeschäfte des ESZB orientiert. Eine endgültige Regelung ist für die Zeit ab 1.1.2002 vorgesehen.

Übersicht 7.15 Geldpolitische Operationen des ESZB

| Geldpolitische Geschäfte | Transaktionen | | Laufzeit | Rhythmus | Verfahren |
|---|---|---|---|---|---|
| | Liquiditätsbereitstellung | Liquiditätsabschöpfung | | | |
| **Offenmarktgeschäfte** | | | | | |
| Hauptrefinanzierungsinstrument | Befristete Transaktionen | - | Zwei Wochen | Wöchentlich | Standardtender |
| Längerfristige Refinanzierungsgeschäfte | Befristete Transaktionen | - | Drei Monate | Monatlich | Standardtender |
| Feinsteuerungsoperationen | Befristete Transaktionen Devisenswaps | Devisenswaps Hereinnahme von Termineinlagen Befristete Transaktionen | Nicht standardisiert | Unregelmäßig | Schnelltender Bilaterale Geschäfte |
| | Definitive Käufe | Definitive Verkäufe | - | Unregelmäßig | Bilaterale Geschäfte |
| Strukturelle Operationen | Befristete Transaktionen | Emission von Schuldverschreibungen | Standardisiert / nicht standardisiert | Regelmäßig und unregelmäßig | Standardtender |
| | Definitive Käufe | Definitive Verkäufe | - | Unregelmäßig | Bilaterale Geschäfte |
| **Ständige Fazilitäten** | | | | | |
| Spitzenrefinanzierungsfazilität | Befristete Transaktionen | - | Über Nacht | Inanspruchnahme auf Initiative der Geschäftspartner | |
| Einlagefazilität | - | Einlagenannahme | Über Nacht | Inanspruchnahme auf Initiative der Geschäftspartner | |

Quelle: Europäische Zentralbank: Die einheitliche Geldpolitik in Stufe 3. Frankfurt/M. Sept. 1998. S. 7

bank zu verstehen ist). Die Formulierung am „offenen Markt" besagt, dass der Kauf von Wertpapieren direkt vom Emittenten, insbesondere vom Staat, nicht erlaubt ist. Dies entspräche einer direkten Verschuldung von Nichtbanken bei der Zentralbank. Auch Käufe zur Kursstützung bestimmter Wertpapiere sind nicht gestattet. Die Zentralbank darf An- und Verkäufe nur zur Beeinflussung des Geldmarktes, also zur Beeinflussung der Bankenliquidität und der Geldmarktzinssätze, vornehmen und um Signale hinsichtlich ihres geldpolitischen Kurses zu geben. Die Initiative bei Offenmarktgeschäften geht von der Zentralbank aus. Grundsätzlich gilt dabei, dass ein Verkauf von Wertpapieren durch die Zentralbank den Geschäftsbanken Liquidität entzieht und dadurch tendenziell die Geldmenge reduziert. Ein Ankauf von Wertpapieren erhöht entsprechend die Liquidität der Geschäftsbanken.

Das ESZB sieht in den **Befristeten Transaktionen** sein **wichtigstes Instrument**. Sie beziehen sich auf *refinanzierungsfähige Titel* und werden in den Formen *Pensionsgeschäft* (die Geschäftspartner verkaufen Wertpapiere an die Zentralbank mit einer Rückkaufsvereinbarung) oder als *Pfandkredit* (die Geschäftsbank erhält einen Kredit von der Zentralbank gegen die als Pfand hinterlegten Wertpapiere). Den nationalen Zentralbanken ist freigestellt, welche der beiden Formen sie wählen. Die Deutsche Bundesbank hat sich für die Pfandlösung (die dem früheren Lombardkredit ähnelt) entschieden. Die Kosten für diese Operationen bilden die von den Geschäftsbanken an die Zentralbank zu zahlenden *Zinsen*.

Das ESZB unterscheidet **vier Formen** von **Offenmarktgeschäften** (Übers. 7.15):

Dem *Hauptrefinanzierungsinstrument* kommt im Rahmen der Offenmarktgeschäfte die Schlüsselrolle zu. Über sie wird dem Finanzsektor der größte Teil des Refinanzierungsvolumens zur Verfügung gestellt. Durch dieses Instrument sollen auch geldpolitische Signale gesetzt werden. Der Zinssatz für diese Geschäfte hat daher die Funktion des **Leitzinses** übernommen.

Über die *längerfristigen Refinanzierungsgeschäfte* sollen den Geschäftsbanken zusätzliche längerfristige Refinanzierungsmittel zur Verfügung gestellt werden.

*Feinsteuerungsoperationen* werden fallweise eingesetzt, insbesondere um die Auswirkungen unerwarteter marktmäßiger Liquiditätsschwankungen auf die Zinssätze auszugleichen.

*Strukturelle Operationen* sollen eher langfristig auf die Bankenliquidität einwirken.

## (3) Ständige Fazilitäten

„Die *Ständigen Fazilitäten* dienen dazu, Übernachtliquidität bereitzustellen oder zu absorbieren. Sie setzen Signale bezüglich des allgemeinen Kurses der Geldpolitik und stecken Ober- und Untergrenze der Geldmarktsätze für Tagesgelder ab." (EZB: Einheitl. Geldpolitik. S. 4) Ständige Fazilitäten können die Banken in eigener Initiative und grundsätzlich unbeschränkt in Anspruch nehmen. Die *Spitzenrefinanzierungsfazilität* dient der Liquiditätsbereitstellung, die *Einlagefazilität* der Mittelanlage.

Als *Verfahren* kommen überwiegend **Tenderverfahren** zum Einsatz. Dies sind Verfahren, bei denen die Zentralbank auf der Basis konkurrierender Gebote der Geschäftspartner dem Markt Liquidität zuführt oder vom Markt abschöpft. Die für die Zentralbank günstigsten Gebote kommen vorrangig zum Zuge, bis der von der Zentralbank gewünschte Gesamtbetrag an Liquidität erreicht ist. Standardtender werden innerhalb von 24 Stunden, Schnelltender innerhalb einer Stunde abgewickelt. [Zum Tenderverfahren im Einzelnen siehe: Jarchow (1998); S. 341 f.]

Bei *Bilateralen Geschäften* schließt die Zentralbank nur mit einem (oder wenigen) Geschäftspartner(n) direkt Geschäfte ab, ohne das Tenderverfahren zu benutzen. Hierzu gehören auch Operationen, die über die Börsen oder über Marktvermittler durchgeführt werden.

## 7.5. Die Zinsbildung

### 7.5.1. Zinsbestimmung im Keynesschen Geldmarkt

#### 7.5.1.1. Der Zins als Ergebnis des Geldmarkt-Gleichgewichts

Bereits in Kap. 5. wurde darauf aufmerksam gemacht, dass Keynes seinen Ansatz als Angriff auf klassische Grundpositionen verstand. Ein wesentliches Element dieses neuen Ansatzes bildet die Ablehnung der klassischen Zinstheorie. Nach letzterer bildet sich der Zins durch das Aufeinandertreffen von zinsabhängigem Sparkapital und zinsabhängiger Investitionskapitalnachfrage. Für Keynes liegt die primäre Ursache für die Höhe des Zinses im Aufeinandertreffen von Geldangebot und Geldnachfrage, also im Geldmarkt.

Zunächst sei kurz zum Wesen des Zinses Stellung genommen.

---

Der **Zins** ist der Preis, den ein Wirtschaftssubjekt A einem Wirtschaftssubjekt B dafür zahlt, dass B eine gewisse Zeit auf die Verfügung über Güter verzichtet und das Verfügungsrecht dem Wirtschaftssubjekt A überlässt.

In einer Geldwirtschaft versteht man unter dem Zins üblicherweise den Preis für die Überlassung von *Kaufkraft in Geldform* (Kredit) für eine bestimmte Periode (i.d.R. ein Jahr).

---

In der Realität gibt es am Kreditmarkt eine Fülle von unterschiedlichen Kreditformen. Dies führt dazu, dass es verschiedene Zinssätze gibt. Hier wird sehr stark vereinfacht und ein *homogener Kreditmarkt* unterstellt. Damit gibt es auch nur *einen* Zinssatz. Da es in der Keynesschen Liquiditätspräferenz nur die Alternative zwischen Geldhaltung und langfristigen Wertpapieren, handelt es sich bei diesem einen Zinssatz um einen *(repräsentativen) langfristigen Zinssatz*.

Am (makroökonomischen) Geldmarkt treffen Geldangebot und Geldnachfrage zusammen. In Keynesscher Sicht ist das Geldangebot M exogen. Dies bedeutet: Allein die Zentralbank bestimmt das gesamte Geldangebot (die Geldmenge M) und dieses ist vom Kreditmarktzins *unabhängig* (Abb. 7.14-b). Es sollte beachtet werden, dass es sich um eine - in vielen einführenden Lehrbüchern zu findende - sehr grobe Vereinfachung handelt, die nur dem leichteren Verständnis von Grundbeziehungen dient. Die Geldnachfrage ist durch die Liquiditätspräferenzfunktion gegeben. Als Ergebnis der Geldmarktbeziehungen bildet sich der (repräsentative) Zinssatz i als Preis für die Geldhaltung. Das *Preisniveau P* gilt in der Keynesschen Geldmarkt-Analyse - wie auch in der Keynesschen Gütermarkt-Analyse - als *konstant*. Alle Größen können deshalb als *reale Größen* verstanden werden.

**Übersicht 7.16**   Der Keynessche Geldmarkt

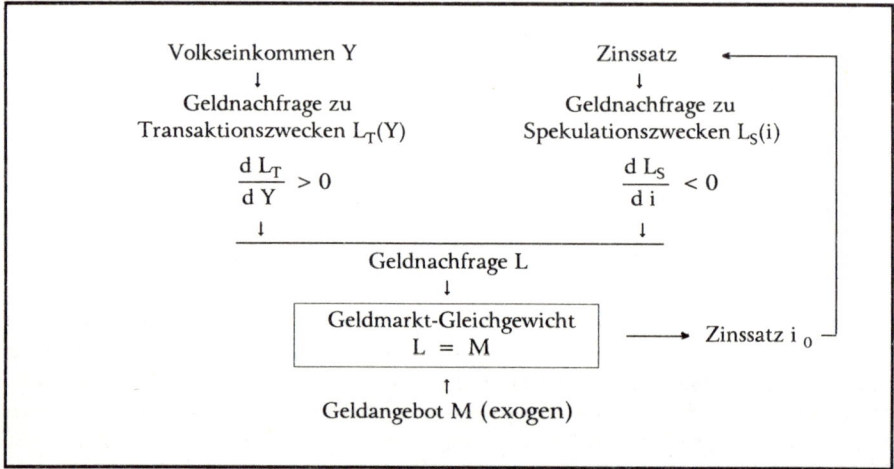

In der grafischen Analyse sind also nunmehr das Geldangebot (Abb. 7.14-b) und die Geldnachfrage (Abb. 7.9) zu kombinieren. Der Schnittpunkt beider Kurven ergibt den für die Nichtbanken relevanten Gleichgewichtszinssatz $i_0$. Dieser bewirkt: Die vom gegebenen Einkommen abhängige Geldnachfrage zu Transaktionszwecken sowie die bei diesem Zins entfaltete Geldnachfrage zu Spekulationszwecken entspricht genau dem Geldangebot (der Geldmenge) M. Jede Abweichung von diesem Gleichgewichtszins führt c.p. wieder zum Gleichgewichtszins zurück.

**Abb. 7.17**  Der Gleichgewichtszins am Keynesschen Geldmarkt

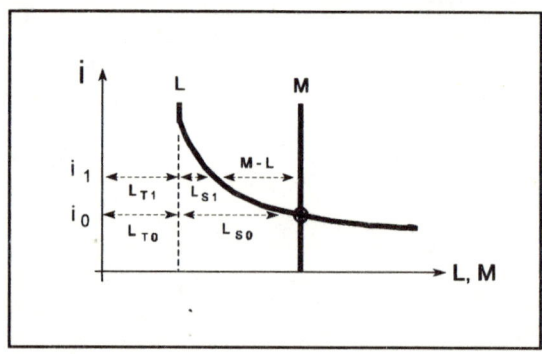

Ist nämlich z.B. der tatsächliche Zins $i_1$ *höher* als der Gleichgewichtszins $i_0$, so ist zwar die Geldnachfrage zu Transaktionszwecken auch bei diesem Zins erfüllt, die Geldnachfrage zu Spekulationszwecken beträgt jedoch nur $L_{S1}$. Damit ist die tatsächliche Kassenhaltung M größer (um M - L) als die beim Zinssatz $i_1$ gewünschte Kassenhaltung $L_{T1} + L_{S1}$. Es gibt daher noch Wirtschaftssubjekte, die bei diesem Zins lieber Wertpapiere besitzen würden als Geld zu halten. Sie fragen daher Wertpapiere nach. Deren Kurs wird steigen (= Zins wird sinken). Die Kurssteigerung (Zinssenkung) hält solange an, bis die gewünschte Geldhaltung zu Spekulationszwecken der tatsächlichen entspricht. Dies ist bei $i_0$ der Fall. Somit gilt:

---

**Geldmarkt-Gleichgewicht** im Keynesschen Sinne

Geldmarkt-Gleichgewicht herrscht bei dem Zinssatz i, bei dem die gesamte (gewünschte) Geldnachfrage L (Liquiditätspräferenz) gleich dem exogen fixierten Geldangebot M ist.

---

Das Geldmarkt-Gleichgewicht sei beispielhaft auch an Hand von allgemeinen und spezifizierten Verhaltensfunktionen abgeleitet.

**Übersicht 7.18**  Analytische Ableitung des Keynesschen Geldmarktgleichgewichts

| *allgemeiner Ansatz* | *Zahlenbeispiel* |
|---|---|
| (1)  Geldangebot | |
| $M = \overline{M}$ | $M = 246{,}875$ |
| (2)  Geldnachfrage | |
| (2.1) $L_T = k\,Y_0$ <br><br> (2.2) $L_S = \beta\,(i - i_{min})^{-1} - \gamma$ | (2.1) $L_T = 0{,}5\,Y$ <br> also z.B. für $Y = 400$ ist $L_T = 200$ <br> (2.2) $L_S = 412{,}5\,(i - 1)^{-1} - 56{,}25$ <br> (für $1 \leq i \leq 8{,}3$) |
| (2.3) $L = L_T + L_S$ <br> $L = k\,Y_0 + [\beta\,(i - i_{min})^{-1} - \gamma]$ | (2.3) $L = L_T + L_S$ <br> also: $L = 0{,}5 \cdot 400 + 412{,}5\,(i - 1)^{-1} - 56{,}25$ |
| *(3)  Geldmarkt-Gleichgewicht* $L = M$ | |
| $M = k\,Y_0 + \beta\,(i - i_{min})^{-1} - \gamma$ | $246{,}875 = 0{,}5 \cdot 400 + 412{,}5\,(i-1)^{-1} - 56{,}25$ |
| $i_0 = \dfrac{\beta}{M - k\,Y_0 + \gamma} + i_{min}$ | $i_0 = \dfrac{412{,}5}{303{,}125 - 0{,}5 \cdot 400} + 1 = 5$ |

Bei der analytischen Ableitung des Gleichgewichts muss beachtet werden, dass die Geldnachfrage durch die Vorgabe eines Einkommens (z.B. $Y = Y_0$ bzw. $Y = 400$) spezifiziert werden muss.

**Änderungen des Gleichgewichtszinses** werden ausgelöst durch
- Änderungen des Geldangebots (Geldmenge);
- Änderungen des Realeinkommens, die Änderungen der Geldnachfrage zu Transaktionszwecken bewirken;
- Änderungen der Renditeerwartungen, die Änderungen in der Geldnachfrage zu Spekulationszwecken hervorrufen.

Änderungen des Geldangebots gehen in diesem Ansatz ausschließlich auf Aktivitäten der Zentralbank zurück, indem die Zentralbank die ihr zur Verfügung stehenden Instrumente in der jeweils gewünschten Richtung einsetzt. Es sollte aber nicht vergessen werden, dass eine Ausweitung der Geldmenge immer auch eine entsprechende Geld*nachfrage* voraussetzt.

Eine **Ausweitung des Geldangebots** bedeutet in der grafischen Darstellung (Abb. 7.19) eine Rechtsverschiebung von M. Als Beispiel hierfür eignet sich besonders gut der Fall, dass die Zentralbank aus einem Leistungsbilanzüberschuss stammende Devisen gegen Zentralbankgeld aufkauft. Damit ist die tatsächliche Geldmenge / Kassenhaltung beim herrschenden Zinssatz $i_0$ größer als die gewünschte. Es wird daher nach zusätzlicher Anlage gesucht. Die Kurse steigen und der Zins sinkt solange, bis die gewünschte gleich der tatsächlichen Kassenhaltung ist. In diesem Fall wandert die zusätzliche Geldmenge ausschließlich in die Spekulationskasse.

**Abb. 7.19** Änderung des Gleichgewichtszinssatzes bei Zunahme der Geldmenge

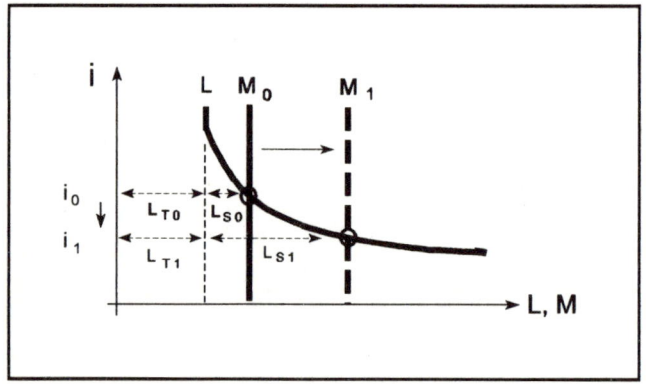

Eine **Zunahme des Einkommens** lässt die Geldnachfrage zu Transaktionszwecken steigen (vgl. Abb. 7.20). Die Kurve der gesamten Liquiditätspräferenz verschiebt sich nach rechts. Die zusätzliche Transaktionskasse kann hier nur durch höhere Zinsgebote aus der Spekulationskasse abgezogen werden. Der Zins steigt, und die Zusammensetzung der Kassenhaltung verändert sich.

Es wurde darauf aufmerksam gemacht, dass ein exogenes Geldangebot nicht der Realität entspricht. Daher sei zum Schluss dieses Gliederungsabschnittes erwähnt, dass die erarbeiteten Ergebnisse hinsichtlich der *Zins*entwicklung im Kern nicht verändert werden, wenn die Geldmenge endogen ist. Das Gleichgewicht am Geldmarkt

**Abb. 7.20** Änderung des Gleichgewichtszinssatzes durch eine Einkommenszunahme

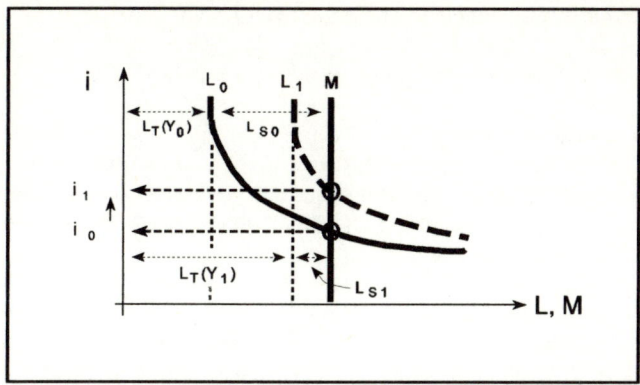

bildet sich dann in grafischer Sicht entsprechend Abb. 7.21 (Kombination der Abb. 7.9 und Abb. 7.14-a). Ein wichtiger Unterschied besteht allerdings darin, dass die Geldmenge $M_0$ nun ihrerseits ein *Ergebnis* des Geldmarktes ist. Daraus folgt auch, dass die Zinswirkungen bei exogener Geldmenge *stärker* ausfallen als bei endogener. Die *Richtung* der Zinsänderung bleibt jedoch erhalten.

**Abb. 7.21** Gleichgewicht am Geldmarkt bei endogener Geldmenge

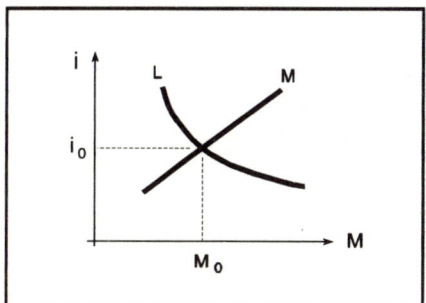

## 7.5.1.2. Die LM-Kurve als Ausdruck für Geldmarkt-Gleichgewichte

Abb. 7.20 zeigt (ebenso wie Übersicht 7.18): Bei gegebener Geldmenge M und gegebener Geldnachfrage zu Spekulationszwecken hängt der Zins (über die Geldnachfrage zu Transaktionszwecken) vom Einkommen ab. Deshalb gibt es eine *Vielzahl* von alternativ gültigen Kombinationen von i und Y, bei denen jeweils Geldmarkt-Gleichgewicht herrscht. In gleicher Weise wie bei der IS-Kurve / Funktion für den Gütermarkt wird im *Geldmarkt* eine **Zusammenfassung aller Gleichgewichtskombinationen von i und Y zur LM-Kurve / Funktion** vorgenommen. Letztere wird dann ganz analog als **komprimierter Ausdruck für die gesamte Geldmarktsituation** verstanden. Ihre Ableitung erfolgt nach dem gleichen Prinzip wie bei der IS-Kurve / Funktion (vgl. Kap. 6.4.2).

Zur Verdeutlichung werden auch hier wieder drei Verfahren benutzt: Eine Ableitung der LM-Funktion an Hand (a) allgemeiner und (b) spezifizierter Verhaltenfunktionen (Übersicht 7.22) sowie (c) eine grafische Ableitung der LM-Kurve unter Verwendung der spezifizierten Verhaltensfunktionen (Abb. 7.23).

Für die LM-Funktion / Kurve gelten dieselben Bedingungen wie für die IS-Funktion / Kurve. Auch die LM-Funktion / Kurve ist keine echte Funktion im Sinne von abhängigen und unabhängigen Variablen, sondern nur eine Zuordnungsvorschrift für Wertepaare von i und Y, bei denen Geldmarkt-Gleichgewicht herrscht.

---

**LM-Funktion / Kurve**

Die LM-Funktion / Kurve beschreibt alle Kombinationen von Zinssätzen i und Realeinkommen Y, die bei gegebenen Verhaltensfunktionen der Wirtschaftssubjekte Gleichgewicht zwischen Geldangebot und Geldnachfrage gewährleisten.

---

**Übersicht 7.22**  Die analytische Ableitung der LM-Funktion

| *allgemeiner Ansatz* | *Zahlenbeispiel* |
|---|---|
| **(2) Geldmarkt** | |
| (2.1)  Geldangebot | |
| $M = \overline{M}$ | $M = 246{,}875$ |
| (2.2)  Geldnachfrage | |
| (2.2.1) $L_T = k\,Y$ <br> (2.2.2) $L_S = \beta\,(i - i_{min})^{-1} - \gamma$ | (2.2.1) $L_T = 0{,}5\,Y$ <br> (2.2.2) $L_S = 412{,}5\,(i - 1)^{-1} - 56{,}25$ <br> (für $1 \le i \le 8{,}3$) |
| (2.3)  Geldmarkt-Gleichgewicht | |
| $M = k\,Y + \beta\,(i - i_{min})^{-1} - \gamma$ | $246{,}875 = 0{,}5\,Y + 412{,}5\,(i - 1)^{-1} - 56{,}25$ |
| **LM-Funktion** | |
| $i = \dfrac{\beta}{M - k\,Y + \gamma} + i_{min}$ | $i = \dfrac{412{,}5}{303{,}125 - 0{,}5\,Y} + 1$ |
| $Y = \dfrac{1}{k}\left(M + \gamma - \dfrac{\beta}{i - i_{min}}\right)$ | $Y = 606{,}25 - \dfrac{825}{i - 1}$ |

Die grafische Ableitung der LM-Kurve erfolgt analog der Ableitung der IS-Kurve. Quadrant 4 ist zunächst leer. Gegeben sind die Verhaltensfunktionen der Geldnachfrage $L_T(Y)$ und $L_S(i)$ sowie das Geldangebot M. Da dieses im Gleichgewicht der Geldnachfrage entsprechen muss, gibt Quadrant 2 zugleich die Gleichgewichtsbedingung wieder. Die Konstruktion beliebiger Punkte der LM-Kurve erfolgt ebenfalls wie bei der IS-Kurve. Es wird mit einem beliebigen

**Abb. 7.23** Die grafische Ableitung der LM-Kurve

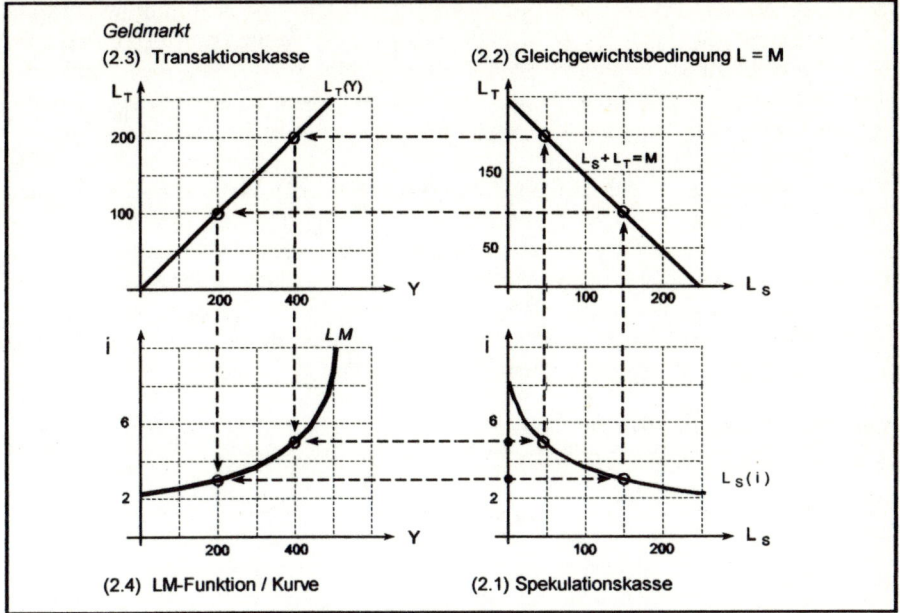

Zinssatz, z.B. i = 5 %, in Quadrant 1 begonnen. Nur wenn im vorliegenden Beispiel Y = 400 ist, herrscht Geldmarkt-Gleichgewicht. Die Zuordnung von i = 5 und Y = 400 ergibt also einen Punkt der LM-Kurve. Durch mehrfaches Vorgehen erhält man die gesamte LM-Kurve.

Ungleichgewichte am Geldmarkt müssen durch Kombinationen von i und Y beschrieben sein, die nicht auf der LM-Kurve liegen. Aus Abb. 7.23 kann leicht abgeleitet werden, dass bei allen Kombinationen von i und Y, die **oberhalb von LM** liegen, die **Geldnachfrage kleiner** als das **Geldangebot** ist. Entsprechend ist bei allen Wertepaaren unterhalb von LM die Geldnachfrage größer als das Angebot.

**Abb. 7.24** Geldmarkt-Ungleichgewichte und die LM-Kurve

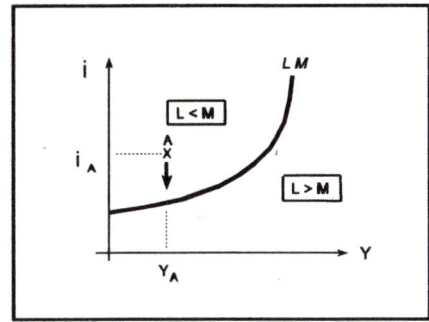

Der Abbau einer Ungleichgewichtssituation wird am Beispiel der Situation A in Abb. 7.24 beschrieben. Der Zins i bestimmt das Ausmaß der gewünschten Spekulationskasse $L_S$, das Einkommen Y das Ausmaß der gewünschten Transaktionskasse $L_T$. Bei gegebener Geldmenge M und einer durch den Zins bestimmten Spekulationskasse ergibt die Differenz M – $L_S$ die tatsächliche Transaktionskasse. Diese ist jedoch für das Einkommen $Y_A$ zu groß. Daher besteht der Wunsch nach Abbau der überschüssigen Transaktionskasse. Es wird also eine zinsbringende Anlage gesucht: Die Nachfrage nach Wertpapieren steigt; deren Kurs steigt bzw. der Zins fällt.

Bedeutsam ist, dass in der reinen Geldmarkt-Analyse die *Anpassung* ausschließlich durch den *Zins* (in grafischer Sicht: senkrecht) erfolgt, d.h. das Einkommen wird nicht tangiert. Es wäre also ein unzulässiger Schluss, dass ein sinkender Zins unmittelbar ein steigendes Einkommen bewirkt. Ob ein sinkender Zins auch zu einer Einkommensänderung führt, wird erst am *Güter*markt entschieden. Nur wenn die *Güter*nachfrage *zinselastisch* reagiert, kann gegebenenfalls die Zinssenkung eine Realeinkommenssteigerung hervorrufen.

**Abb. 7.25** Die drei Bereiche der LM-Kurve

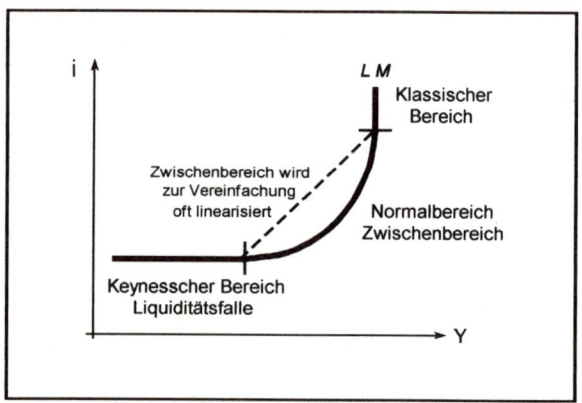

Für gesamtwirtschaftliche Analysen hat es sich als zweckmäßig erwiesen, die LM-Kurve in drei Bereiche einzuteilen (vgl. Abb. 7.25).

(1) In ihrem *waagerechten Teil* ist die LM-Kurve *vollkommen zinselastisch*. Dieser Teil wird als **Keynesscher Bereich** oder **Liquiditätsfalle** bezeichnet. Dieser Bereich ist eher als *gedanklicher Extremfall* ohne praktische Bedeutung anzusehen; in der Theorie wird ihm gleichwohl einige Aufmerksamkeit gewidmet.

(2) Der Bereich mit einer *Zinselastizität zwischen null und unendlich* wird als **Zwischenbereich** oder **normaler Bereich** der LM-Kurve bezeichnet. Steigende Einkommen sind hier mit steigenden Zinsen verknüpft.

(3) Schließlich wird der senkrechte Ast der LM-Kurve als dritter Bereich angesehen. Hier ist die *Zinselastizität null*. Dieser Teil der Kurve wird als **Klassischer Bereich** bezeichnet.

Der dem senkrechten Ast zugeordnete Y-Wert wird manchmal als „Vollbeschäftigungseinkommen" fehlinterpretiert. Dieser Klassische Bereich ist dadurch gekennzeichnet, dass kein Geld mehr in der Spekulationskasse gehalten wird. Alles Geld befindet sich in der Transaktionskasse. Bei gegebenen Parametern kann dann allerdings mit der gegebenen Geldmenge kein größeres (Gleichgewichts-Real-)Einkommen Y mehr abgewickelt werden. Aber dieses vom Geldmarkt her bestimmte maximale Einkommen muss nicht mit dem Vollbeschäftigungseinkommen übereinstimmen. Letzteres wird üblicherweise vom Arbeitsmarkt her definiert (siehe Kap. 10).

Die Bezeichnung „*Klassischer* Bereich" resultiert daraus, dass die Klassiker nur das Transaktionsmotiv kannten (vgl. Kap. 7.3.1) und in diesem Teil eben nur Transaktionskasse gehalten wird. Ansonsten spiegelt dieser Ast keine „klassischen Ansichten" wider.

Die LM-Kurve ändert ihre Lage und gegebenenfalls ihre Form, wenn sich die Parameter ändern, die Form und Lage bestimmen. Mit Hilfe des in Abb. 7.23 beschriebenen Ansatzes ist es besonders einfach, derartige Veränderungen grafisch abzuleiten. So lässt sich zeigen, dass die LM-Kurve z.B. c.p. durch die folgenden Änderungen eine *Rechts*verschiebung erfährt:
- Zunahme des Geldangebots;
- Abnahme der Geldnachfrage (Transaktionskasse und /oder Spekulationskasse);
- Zunahme der Umlaufsgeschwindigkeit des Geldes.

### 7.5.2. Die Loanable-Funds-Theorie

In der Keynesschen Zinstheorie ist der Zins primär eine durch die Geldmarkt-Bedingungen bestimmte Größe. In einer kombinierten Gütermarkt-Geldmarkt-Betrachtung (Kap. 8.1) wird jedoch deutlich, dass die Höhe des Zinses auch durch Gütermarkt-Einflüsse mitbestimmt wird. In der klassischen Theorie galt der Zins ausschließlich als eine durch *reale Faktoren*, nämlich das zinsabhängige Sparen und Investieren, bestimmte Größe. Zu den Neoklassikern zählende, eher in Gegensatz zu Keynes stehende Ökonomen (vor allem Ohlin, Lindahl, Robertson und Hawtrey) betonten die Bedeutung der realen Faktoren für die Höhe des Zinssatzes. Sie ergänzten den klassischen Ansatz allerdings um monetäre Aspekte. Die Kombination der realen Faktoren und monetärer Faktoren wie Geldnachfrage und Geldangebot bedeutet letztlich, dass sich bei diesem Ansatz der Zins am Kreditmarkt durch das Aufeinandertreffen von Kreditangebot und Kreditnachfrage bildet. Die Arbeiten der Gruppe von Ökonomen, die diesen Ansatz verfolgen, werden heute unter dem Namen *Loanable-Funds-Theorie* (Theorie der ausleihbaren Fonds, Kreditfondstheorie) zusammengefasst.

In die Betrachtung gehen die folgenden Größen ein:

Das **Kreditangebot** resultiert aus den Größen
- Ersparnisse (S);
- Kreditschöpfung der Banken ($\Delta M$);
- Enthorten.

Im Rahmen dieses Ansatzes gelten im Gegensatz zu Keynes als Ersparnis nur die Einkommensteile, die nicht dem Konsum zugeführt werden *und* auf dem Kreditmarkt angeboten werden. Die übrigen gesparten Einkommensteile stellen dann *Horten* von Geld dar. Werden gehortete Gelder zum Zwecke der Anlage am Kreditmarkt aufgelöst *(Enthorten)*, so wirkt dies wie eine Erhöhung des Kreditangebots.

Die **Kreditnachfrage** resultiert aus den Größen
- Investitionswünsche (I);
- Aufbau von Horten.

Horten und Enthorten können zu einer Kurve des Netto-Hortens (H) zusammengefasst werden. Die Zusammenfügung aller Komponenten dieses Ansatzes lässt sich
dann in grafischer Form entsprechend Abb. 7.26 vornehmen.

**Abb. 7.26** Die Loanable-Funds-Theorie

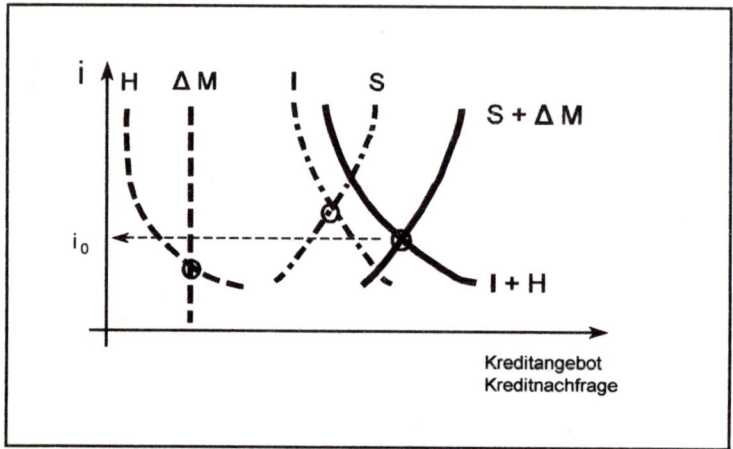

Die horizontale Addition der Angebotskomponenten $S + \Delta M$ sowie der Nachfragekomponenten $I + H$ führt zur Gesamtsituation am Kreditmarkt. Es bildet sich
der Gleichgewichtszins $i_0$. Dieser muss nicht zum Ausgleich von $I_{gepl}$ und $S_{gepl}$
führen, wie die Grafik zeigt. Hier wird die fehlende Ersparnis durch den Betrag
$\Delta M - H$ ersetzt, also durch eine die Hortung übersteigende zusätzliche Geldschöpfung. Es sind aber auch Situationen möglich, in denen die Schnittpunkte der beiden
Teilkomponenten bei demselben Zins liegen. In diesem Fall gibt es praktisch keinen
Unterschied zwischen den Ergebnissen des Keynesschen Ansatzes und der Loanable-
Funds-Theorie.

Issing (1995; S. 116) weist auf die Schwächen auch dieses Ansatzes hin. Sie liegen in einer „sehr restriktiven ceteris-paribus-Klausel." Die Ersparnis wird nur als
vom Zins abhängig gesehen. Das Volkseinkommen gilt als gegeben. Es wird daher
gefordert, dass auch hier ein *simultaner Lösungsansatz* erforderlich sei, wie er für den
Keynesschen Ansatz nachfolgend in Kap. 8 vorgeführt wird. Lange Diskussionen
führten - so Issing - schließlich zu dem Schluss, dass es letztlich keine entscheidenden Unterschiede zwischen den Ergebnissen dieser beiden Ansätze gibt.

## Literaturhinweise zu Kapitel 7:

**P. Bofinger, J. Reischle, A. Schächter:** Geldpolitik. Ziele, Institutionen, Strategien und Instrumente. München 1996 (insb. Modul A, B, C)

**W. Cezanne:** Grundzüge der Makroökonomik. 6. Aufl. München - Wien 1995 (4. Kap.)

**E. M. Claassen:** Grundlagen der makroökonomischen Theorie. 2. Aufl. München 1987 (Kap. IV, V)

**Deutsche Bundesbank:** Monetäre Analyse für das Euro-Währungsgebiet. Monatsbericht. März 1999. S. 15 ff

**D. Duwendag, K.-H. Ketterer, W. Kösters, R. Pohl, D.B. Simmert:** Geldtheorie und Geldpolitik in Europa. 5. Aufl. Berlin u.a. 1999

**Europäische Zentralbank:** Report on Electronic Money. Frankfurt/M. August 1998

**Europäische Zentralbank:** Die einheitliche Geldpolitik in Stufe 3. Allgemeine Regelungen für die geldpolitischen Instrumente und Verfahren des ESZB. Frankfurt/M. Sept. 1998

**Europäische Zentralbank:** Monetäre Aggregate im Euro-Währungsgebiet und ihre Rolle in der geldpolitischen Strategie des Eurosystems. Monatsbericht. Feb. 1999. S. 29 ff.

**M. Frenkel, G. Stadtmann:** Die geldpolitischen Instrumente der Europäischen Zentralbank. WISU 4/1999. S. 584 ff.

**M. Friedman:** Die Quantitätstheorie des Geldes. In: M. Friedman: Die optimale Geldmenge und andere Essays. Frankfurt/M. 1976. S. 77 ff.

**W. Gebauer:** Geld: Angebot versus Nachfrage. In: P. Bofinger und K.-H. Ketterer: Neuere Entwicklungen in der Geldtheorie und Geldpolitik. Tübingen 1996. S. 243 ff.

**E. Görgens, K. Ruckriegel, K.-W. Giersberg:** Grundzüge der makroökonomischen Theorie. 6. Aufl. Bayreuth 1997 (Kap. V, VI)

**E. Görgens, K. Ruckriegel:** Das geldpolitische Konzept der Deutschen Bundesbank. WISU 10/95. S. 840 ff.

**E. Görgens, K. Ruckriegel:** Die geldpolitische Steuerung der Deutschen Bundesbank. WISU 12/1995. S. 1040 ff.

**E. Görgens, K. Ruckriegel, F. Seitz:** Europäische Geldpolitik. Düsseldorf 1999

**H. Goetze:** Die Tätigkeit der nationalen Zentralbanken in der Wirtschafts- und Währungsunion. Frankfurt/M. 1999

**F. Helmedag:** Geldfunktionen. WISU 8-9/95, S. 711ff.

**O. Issing:** Einführung in die Geldtheorie. 10. Aufl. München 1995

**H.-J. Jarchow:** Theorie und Politik des Geldes I. 10. Aufl. Göttingen 1998

**R. Peto:** Geldtheorie und Geldpolitik. München 1993

**K. Ruckriegel:** Die Deutsche Bundesbank im Europäischen System der Zentralbanken. WISU 3/1998. S. 237 ff.

**P. Schaal:** Geldtheorie und Geldpolitik. 3. Aufl. München - Wien 1993

**o.V.:** E-Cash: Das Geld des 21. Jahrhunderts? WISU 7/1995. S. 559

# 8. Kapitel:
# Das Gesamtgleichgewicht auf dem Güter- und Geldmarkt

## 8.1. Die Ableitung des Gesamtgleichgewichts als Schnittpunkt von IS- und LM-Kurve

Als nächste Stufe bei der Ableitung des (keynesianischen) Totalmodells werden nunmehr die beiden Teilmärkte Gütermarkt und Geldmarkt zusammengefügt. In grafischer Form sind ihre wechselseitigen Beziehungen bereits in Übersicht 5.1 wiedergegeben. Daher wird hier nur eine etwas verkürzte Version wiederholt.

**Übersicht 8.1** Die wechselseitigen Beziehungen zwischen Güter- und Geldmarkt

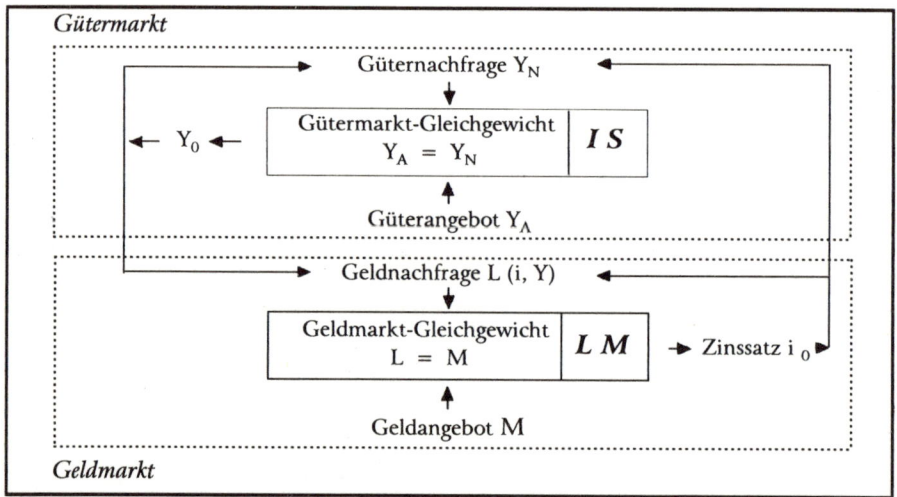

Die **wechselseitigen Beziehungen** in diesem einfachen (keynesianischen) Ansatz erstrecken sich erstens auf den **Zinssatz i**. Seine Höhe $i_0$ wird primär durch den Geldmarkt bestimmt. Er wirkt über die zinsabhängige Güternachfrage auf den Gütermarkt. Das **Einkommen Y** ist die zweite Verbindung zwischen den beiden makroökonomischen Teilmärkten. Y wirkt auf die einkommensabhängige Geldnachfrage $L_T$; Y bestimmt somit den Zinssatz i mit. Der Zinssatz i erweist sich also letztlich als eine Größe, deren Höhe auch vom Gütermarkt beeinflusst wird. Der Zins ist somit *keine rein monetär* bestimmt Größe.

Beide Teilmärkte beeinflussen sich also gegenseitig. Daher kann ein Gleichgewicht für beide Teilmärkte zusammen auch nur in einer *simultanen Lösung* bestimmt werden. Diese simultane Lösung besteht in einer Zusammenfügung von IS und LM. In ihrer grafischen Version geht die Kombination von IS und LM auf Hicks zurück. Hicks legte diese grafische Interpretation des Keynesschen Systems schon kurz nach Erscheinen von Keynes' „Allgemeiner Theorie" vor. Deshalb wird die grafische Version auch als *Hicks-Diagramm* bezeichnet.

Die IS-Funktion als Ausdruck für Gütermarkt-Gleichgewichte und die LM-Funktion als Ausdruck für Geldmarkt-Gleichgewichte beschreiben beide eine Beziehung zwischen i und Y. Sie können deshalb zur Ableitung des Gesamtgleichgewichts zusammengefügt werden. Analytisch wird dies in Übersicht 8.2 und grafisch in Abb. 8.3 gemacht. Dabei wird zur Vereinfachung für den Bereich des Gütermarktes wieder auf die Version eines Zwei-Sektoren-Modells (nur Haushalte und Unterneh-

**Übersicht 8.2** Die analytische Ableitung des Gütermarkt-Geldmarkt-Gesamtgleichgewichts

| *allgemeiner Ansatz* | *Zahlenbeispiel* |
|---|---|
| **(1) Gütermarkt** *(Übersicht 6.14)* | |
| (1.1) Angebot $Y_A$ | |
| $Y_A = Y$ | $Y_A = Y$ |
| (1.2) Nachfrage $Y_N$ | |
| (1.2.1) $C_H = c\,Y + \overline{C}$<br>(1.2.2) $I = -\alpha\,i + \overline{I}$ | (1.2.1) $C_H = 0{,}6\,Y + 50$<br>(1.2.2) $I = -8\,i + 150$ |
| (1.3) Gütermarktgleichgewicht - **IS-Funktion** | |
| $i = \dfrac{1}{\alpha}\,(C + I - s\,Y)$ | $i = -0{,}05\,Y + 25$ |
| **(2) Geldmarkt** *(Übersicht 7.22)* | |
| (2.1) Geldangebot | |
| $M = \overline{M}$ | $M = 246{,}875$ |
| (2.2) Geldnachfrage | |
| (2.2.1) $L_T = k\,Y$<br>(2.2.2) $L_S = \beta\,(i - i_{min})^{-1} - \gamma$ | (2.2.1) $L_T = 0{,}5\,Y$<br>(2.2.2) $L_S = 412{,}5\,(i - 1)^{-1} - 56{,}25$<br>(für $1 \le i \le 8{,}3$) |
| (2.3) Geldmarktgleichgewicht - **LM-Funktion** | |
| $M = k\,Y + \beta\,(i - i_{min})^{-1} - \gamma$ | $246{,}875 = 0{,}5\,Y + 412{,}5\,(i - 1)^{-1} - 56{,}25$ |
| $i = \dfrac{\beta}{M - k\,Y + \gamma} + i_{min}$ | $i = \dfrac{412{,}5}{303{,}125 - 0{,}5\,Y} + 1$ |
| **(3) Gütermarkt-Geldmarkt-Gesamtgleichgewicht - IS = LM** | |
| $\dfrac{C + I - s\,Y}{\alpha} = \dfrac{\beta}{M - k\,Y + \gamma} + i_{min}$ | $-0{,}05\,Y + 25 = \dfrac{412{,}5}{303{,}125 - 0{,}5\,Y} + 1$ |
| | $Y_0 = 400$ \qquad $i_0 = 5$ |

**Abb. 8.3**   Die grafische Ableitung des Güter- und Geldmarkt-Gleichgewichts

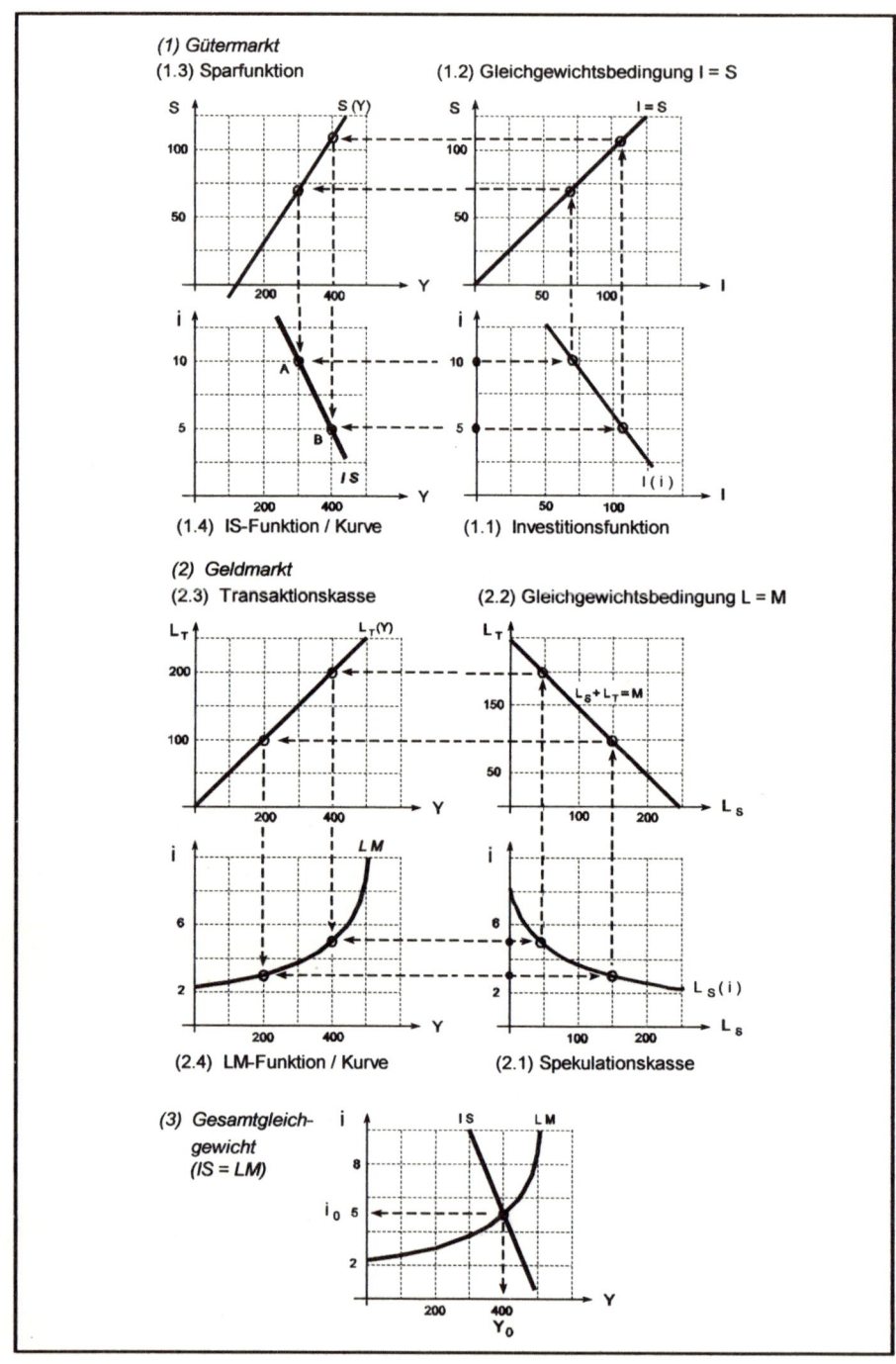

men) zurückgegriffen. Nachdem in diesem Buch der Gütermarkt recht ausführlich behandelt wurde, dürfte den Leserinnen und Lesern die Erweiterung des Ansatzes um Staat und Außenhandel keine Schwierigkeiten mehr bereiten.

In Übersicht 8.2 (bzw. Abb. 8.3) wurde für den Gütermarkt das Modell der Übersicht 6.14 (bzw. Abb. 6.15) verwendet, für den Geldmarkt das Modell der Übersicht 7.22 (bzw. Abb. 7.23). Zu suchen ist nun nach der i-Y-Kombination, die für beide Teilmärkte gleichzeitig Gleichgewicht gewährleistet. Dazu müssen IS und LM gleichgesetzt werden. Die Gleichgewichtslösung für die hier zugrunde gelegten Verhaltensfunktionen ergibt sich als $Y_0 = 400$ und $i_0 = 5$. [1)]

In der reinen Gütermarktbetrachtung ergab sich das Gütermarkt-Gleichgewicht (bei gegebenem Zinssatz) allein aus Bedingungen des Gütermarkts. In der reinen Geldmarktbetrachtung erwies sich der *Zins* als *rein monetäres* Phänomen. In der kombinierten Gütermarkt-Geldmarkt-Betrachtung sind diese Ergebnisse zu korrigieren. Sowohl das Einkommen als auch der Zins sind in ihrer jeweiligen Höhe durch Güter- *und* Geldmarkt bestimmt. Der **Zins** ist somit keine rein monetär bedingte Größe, sondern **auch von *realen Bedingungen*** (Gütermarkt-Bedingungen) **abhängig**.

Auch in diesem Ansatz gilt, dass die ermittelten Gleichgewichtswerte zunächst nur *Bedingungs*größen dafür darstellen, dass Gleichgewicht herrscht. Da bereits jeweils in den Teilmärkten Ungleichgewichtssituationen auftreten können, ist klar, dass in einer kombinierten Sichtweise erst recht Ungleichgewichte möglich sind. In Abb. 8.4 wurden die vier Typen von Ungleichgewichtssituationen eingetragen. Sie resultieren aus den zwei Möglichkeiten von IS-Ungleichgewichten (vgl. Abb. 6.16) und den zwei Möglichkeiten von LM-Ungleichgewichten (vgl. Abb. 7.24).

Ausgangspunkt sei die durch A bezeichnete Ungleichgewichtssituation. Im Rahmen einer ausschließlichen Gütermarkt-Analyse ist der Zinssatz i konstant. Die Anpassung würde in waagerechter Richtung erfolgen. Bei alleiniger Betrachtung des Geldmarktes bleibt Y konstant, deshalb wäre von einer senkrechten Anpassung auszugehen. In der Gesamtbetrachtung beider Märkte tritt eine Kombination der beiden Wirkungsrichtungen auf. Es ist allerdings nicht zu erwarten, dass sich das System unmittelbar und direkt auf das Gesamtgleichgewicht hin bewegt. Der Frage, wie die Anpassungsprozesse im Einzelnen ablaufen, soll hier nicht nachgegangen werden. Anpassungsprozesse lassen sich ohnehin mit dem hier benutzten komparativ-statischen Ansatz nicht angemessen beschreiben. Für die folgenden Analysen wird davon ausgegangen, dass das System zum Gleichgewicht hin tendiert.

---

1) Das Durchrechnen von Zahlenbeispielen - auch für um Staat und Außenhandel erweiterte Modelle - lässt sich mit Hilfe des PC vereinfachen. Das hier präsentierte Modell wurde von Lange und Lorenz (IS-LM-Analyse auf dem PC; WiSt 11/1995) für die Anwendung auf dem PC aufbereitet. Damit können das Ausgangsgleichgewicht sowie die sich nach Parameteränderungen ergebenden neuen Gesamtgleichgewichte gleichsam „auf Knopfdruck" errechnet und grafisch sichtbar gemacht werden. - Verschiedene mit Zahlenbeispielen unterlegte Modellvarianten sind im Übrigen im parallel zu diesem Lehrbuch erschienenen „Übungsbuch zur Makroökonomie" enthalten.

**Abb. 8.4** Ungleichgewichte am Güter- und Geldmarkt

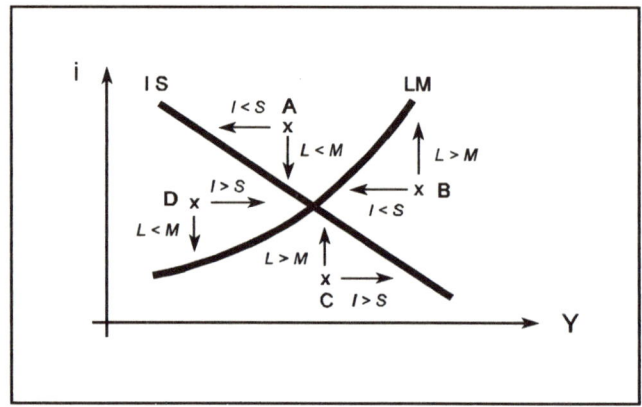

## 8.2. Änderungen des Gesamtgleichgewichts durch Verschiebungen von IS- und LM-Kurve

### 8.2.1. Verschiebungen der IS-Kurve

Das simultane Gütermarkt-Geldmarkt-Modell erlaubt, die Wirkungen von Änderungen im Güter- und im Geldmarkt auf Realeinkommen Y und Zinssatz i zwar jeweils getrennt, gleichwohl aber im Gesamtzusammenhang zu analysieren. Verhaltensänderung im Gütermarkt - sog. **reale Störungen** - (z.B. Änderung der Investitionsneigung, der Staatsausgaben, der Steuersätze) führen zu einer Veränderung der IS-Funktion. Diese Veränderungen wurden in Kap. 6.7.2 diskutiert.

Im Folgenden (vgl. Abb. 8.5) soll die Wirkung einer Änderung der autonomen Endnachfragekomponenten vorgeführt werden. Dazu wird erneut das einfache Mo-

**Abb. 8.5**   Die Änderung des Gesamtgleichgewichts durch eine Zunahme der autonomen Endnachfragekomponenten

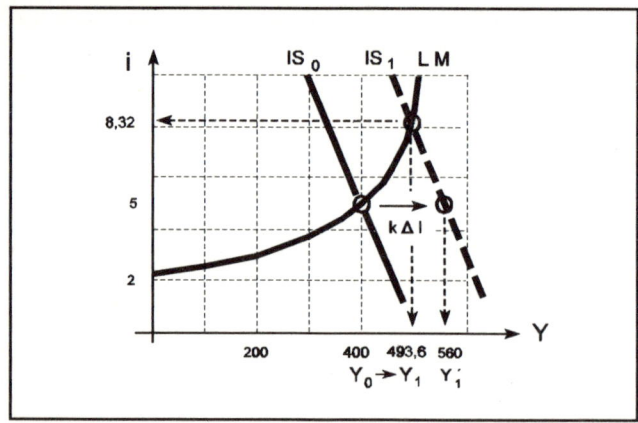

dell der Abb. 8.3 benutzt. Es erfolgt nun eine Zunahme der autonomen Netto-Investition um $\Delta I = +64$. IS verschiebt sich daraufhin um $k \Delta I = 160$ nach rechts und die neue IS-Funktion $IS_1$ lautet: $i = -0,05 Y + 33$. In der reinen Güter-marktbetrachtung würde nun (bei konstantem Zinssatz $i = 5\%$) das Einkommen auf $Y_1' = 560$ steigen. Bei konstanten Geldmarktbedingungen kann dieses Einkommen $Y_1'$ jedoch nicht erreicht werden. Die zusätzlichen Investitionen erfordern nämlich eine zusätzliche Transaktionskasse. Bei konstanter Geldmenge M kann diese nur aus der Spekulationskasse kommen. Eine Zinssteigerung auf $i = 8,32\%$ führt zu einem Abbau der Spekulationskasse zugunsten der Transaktionskasse (vgl. Kap.7.). Die Zinserhöhung dämpft jedoch die zinsabhängige Güternachfrage, so dass sich im Endeffekt der Gütermarktmultiplikator nicht voll auswirken kann. Das Einkommen erhöht sich nur auf $Y_1 = 493,6$.

Das Ausmaß der durch eine Nachfragesteigerung bewirkten Einkommens- und Zinserhöhung hängt wesentlich davon ab, in welchem *Bereich der LM-Kurve* der Schnittpunkt zwischen IS und LM liegt. Wo der Schnittpunkt liegt, hängt von den in der Wirtschaft jeweils geltenden Bedingungen ab. Um die grundsätzlichen Unter-schiede deutlich zu machen, werden üblicherweise drei Varianten gebildet: Schnitt-punkt im *Normalbereich* und in den beiden (gedanklichen) Extremfällen *Liquiditäts-falle* (Zinselastizität von LM unendlich) und *Klassischer Bereich* (Zinselastizität null) von LM. Diese drei Varianten sind in Abb. 8.6 dargestellt.

Es wird deutlich: Je nach der Zinselastizität von LM ist der Zinseffekt klein oder groß und damit die Einkommenswirkung groß oder klein. (Dabei muss allerdings jeweils unterstellt werden, dass $Y_{VB}$ noch nicht erreicht wurde.) Die drei Fälle zeigen auch: **Reale Störungen** wirken auf Zins und Einkommen i.d.R. in *derselben Richtung*.

In Zusammenhang mit der in Abb.8.6-b (extremer noch in Abb. 8.6-c) beschriebe-nen Situation soll noch auf einen wichtigen Aspekt hingewiesen werden. Es kann durchaus sein, dass in einer solchen Ausgangslage der *Staat* als zusätzlicher Nach-frager auftritt. (Die deutsche Staatsverschuldung zur Finanzierung der deutschen Einheit Anfang der 90er Jahre bildet hier ein relativ gutes Beispiel.) Eine zusätzliche kreditfinanzierte Staatsnachfrage verschiebt IS nach rechts. Damit der Staat seine (kreditfinanzierten) Ausgaben tätigen kann, muss er höhere Zinsen bieten. Diese höheren Zinsen schränken aber die private zinsabhängige Güternachfrage ein: Private Nachfrage wird durch staatliche Nachfrage verdrängt (**Verdrängungseffekt** oder **crowding-out**). Der Realeinkommenseffekt fällt geringer aus. Darüber hinaus muss auch noch darauf aufmerksam gemacht werden, dass durch die Umschichtung von privater Produktion (mit höherer Produktivität) zu staatlicher Produktion (mit möglicherweise niedrigerer Produktivität) längerfristig sogar ein generell produktivi-tätssenkender Effekt eintreten könnte. Das Realeinkommen würde dann eventuell gar nicht wachsen.

Trotz eines möglichen crowding-out wird eine zusätzliche Staatsnachfrage jedoch nicht in jedem Falle negativ zu bewerten sein. Wenn die zusätzliche Staatnachfrage zur Bekämpfung einer Rezession eingesetzt wird, ist davon auszugehen, dass das

**Abb. 8.6**   Die Wirkungen einer Nachfragezunahme auf Zins und Einkommen in Abhängigkeit von der Lage des Schnittpunkts von IS und LM

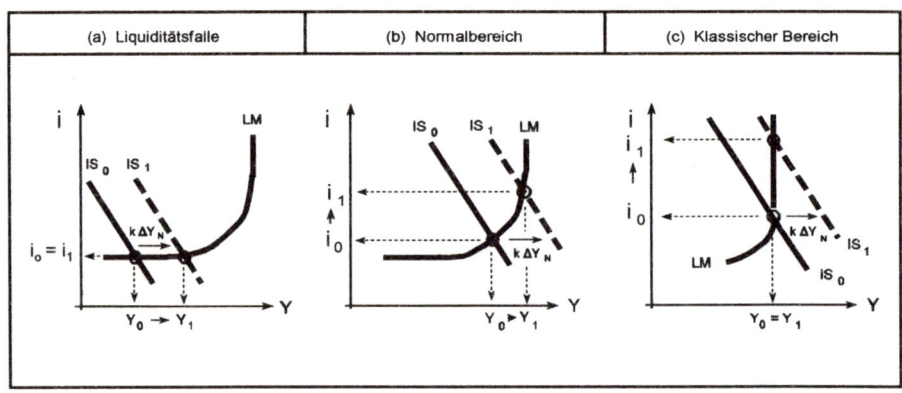

| | Lage des Schnittpunkts von IS und LM | |
| --- | --- | --- |
| (a) in Liquiditätsfalle | (b) im Normalbereich | (c) im Klassischen Bereich |
| *(1) Zinswirkung* | | |
| Zusätzliche Transaktionskasse kann praktisch *ohne Zinssteigerung* aus der Spekulationskasse abgezogen werden. | Die zur Abwicklung der zusätzlichen Produktion benötigte zusätzliche Transaktionskasse kann nur durch höhere Zinsgebote aus der Spekulationskasse beschafft werden. Die zinsabhängige Güternachfrage wird gedämpft. | Die gesamte Geldmenge befindet sich bereits in der Transaktionskasse. Die für eine zusätzliche Produktion benötigte höhere Transaktionskasse ist nicht verfügbar. Die Konkurrenz der Geldnachfrager bewirkt nur eine *reine Zinserhöhung*. |
| *(2) Einkommenswirkung* | | |
| Der Gütermarkt-Multiplikator k kann *voll* wirken | Der Gütermarkt-Multiplikator wird in seiner Wirkung *eingeschränkt*. | Die Gütermarktwirkung ist *null*. |

crowding-out relativ gering ausfallen wird. Es ist sogar wahrscheinlich, dass der folgende Aufschwung sowohl die private Konsumnachfrage als auch die private Investitionsneigung anregen wird. Damit würde ein eventuelles staatlich bedingtes crowding-out voraussichtlich überkompensiert. Deshalb spricht man dann auch von **crowding-in**.

### 8.2.2.  Verschiebungen der LM-Kurve

Änderungen der Geldmarkt-Komponenten werden im Rahmen der IS-LM-Analyse als **monetäre Störungen** bezeichnet. Monetäre Störungen (z.B. Änderung der Nachfrage zu Spekulationszwecken, Änderung der Kassenhaltung, Zunahme der Geldmenge) führen zu einer Verschiebung der LM-Kurve.

**Abb. 8.7**  Die Wirkungen einer Geldmengenzunahme auf Zins und Einkommen in Abhängigkeit von der Lage des Schnittpunkts von IS und LM

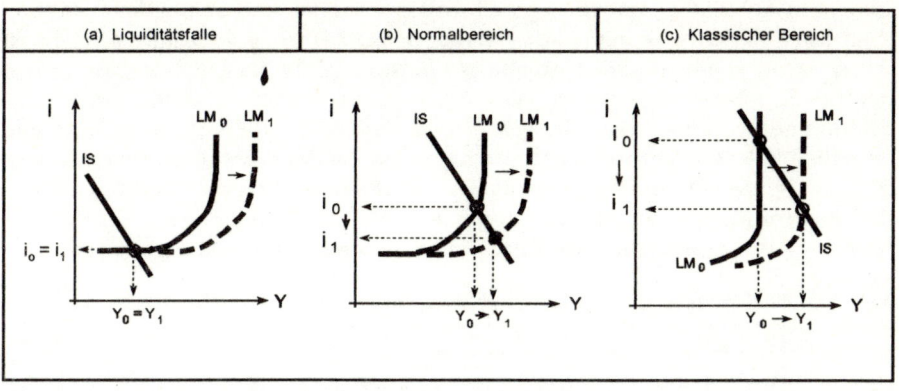

| Lage des Schnittpunkts von IS und LM | | |
|---|---|---|
| (a) in Liquiditätsfalle | (b) im Normalbereich | (c) im Klassischen Bereich |
| *(1) Zinswirkung* | | |
| Der Zins beträgt bereits $i_{min}$. Eine expansive Geldpolitik kann daher keinen Beitrag zu einer Zinssenkung leisten. | Die Geldmengenausweitung bewirkt eine Zins*senkung*. | Dieser Fall entspricht dem Fall (b). Allerdings ist hier unter sonst gleichen Bedingungen die Zinswirkung größer. |
| *(2) Einkommenswirkung* | | |
| Da der Zins in diesem Extremfall nicht mehr fällt, kann auch keine zinsabhängige Güternachfrage angeregt werden. Das Einkommen ändert sich *nicht*. | Die zinsabhängige Güternachfrage weitet sich aus. Das Realeinkommen *steigt*. | Die Einkommenswirkung ist größer als im Fall (b). |

Die Auswirkung einer monetären Störung wird hier am Beispiel einer Ausweitung des Geldangebots durch die Zentralbank beschrieben. Auch hier gilt, dass das Ergebnis davon abhängt, in welchem Bereich von LM sich IS und LM schneiden. Die für *monetäre Störungen* im IS-LM-System geltenden Ergebnisse sind in Abb. 8.7 zusammengefasst. Es kann festgehalten werden: **Monetäre Störungen** führen zu *gegenläufigen Entwicklungen* von Zins und Volkseinkommen.

Deutlich wird auch, dass - entgegen der klassischen Ansicht - Geld offenbar doch eine Wirkung auf den Güterbereich haben kann. **Geld ist *nicht* neutral**. Die *klassische Dichotomie* der Aufteilung der Wirtschaft in je einen unabhängigen Güter- und einen Geldbereich ist durch diese Sichtweise aufgehoben.

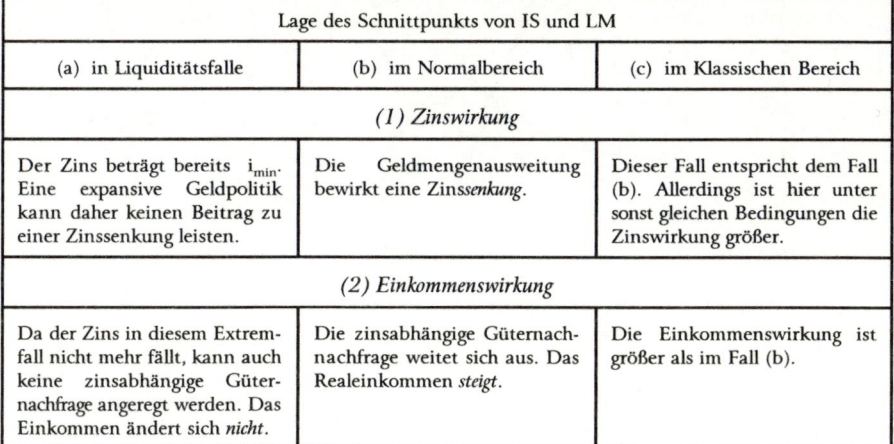

### 8.2.3. Gleichzeitige Verschiebung von IS und LM

In dem in Abb. 8.5 beschriebenen Fall wird eine relativ starke Zunahme von IS in ihrer Einkommenswirkung deutlich durch den Zinsanstieg gedämpft wird. Es ist daher naheliegend, zusätzlich an eine *gleichzeitige* Rechts-Verschiebung von LM zu denken. So könnte die negative Wirkung des Zinsanstiegs verhindert werden; die Einkommenswirkung wäre viel größer (vgl. Abb. 8.8). Rein theoretisch könnte derselbe Effekt erreicht werden, wenn die Zunahme der autonomen Endnachfrage $\Delta Y_N$ auf **notenbankfinanzierte zusätzliche Staatsausgaben** (zentralbankfinanziertes deficit-spending) zurückgeht. Ein durch die Zentralbank finanzierter Staatskredit bedeutet c.p. eine Zunahme der Geldmenge, verschiebt also LM nach rechts.

**Abb. 8.8**   Gleichzeitige Verschiebung von IS und LM

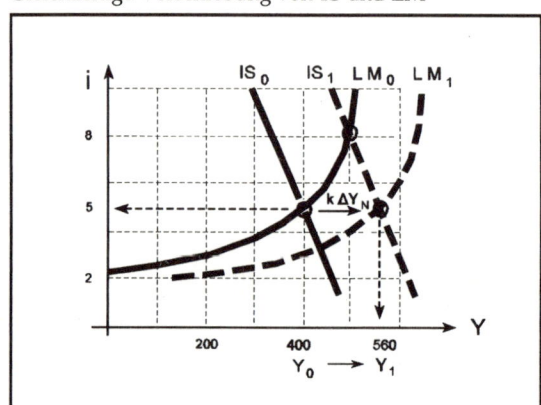

**Zentralbankfinanzierte Staatskredite** sind aber **bewusst ausgeschlossen** worden (in Deutschland schon früher durch § 20 des Bundesbankgesetzes, nun auch für das Gebiet des ESZB durch Art. 104 EU-Vertrag), da die Gefahr besteht, dass sich der Staat „hemmungslos" bedient, um seine Finanzierungsprobleme zu lösen. Dies würde das fundamentale Ziel „Preisniveaustabilität" gefährden. (Preisniveaueffekte sind in dieser Phase der Analyse allerdings noch ausgeklammert.)

Somit käme nur eine expansive Geldpolitik seitens der (autonomen) Zentralbank in Betracht. Wie später näher erläutert wird, gelingt aber die exakte Steuerung von LM (und auch IS) im Konjunkturverlauf in der Praxis nur unbefriedigend. Außerdem kann für die Zentralbank ein Zielkonflikt zwischen Aufrechterhaltung der Preisniveaustabilität und Unterstützung der Wirtschaftspolitik auftreten.

### 8.2.4. Realwirtschaftliche Unwirksamkeit von Verschiebungen der IS- oder LM-Kurve

Situationen, in denen Verschiebungen von IS oder LM keine Wirkungen auf das Realeinkommen haben, wird besondere Aufmerksamkeit geschenkt. Solche Fälle sind auch von Interesse, wenn wirtschaftspolitische Schlüsse aus den theoretischen

Ansätzen gezogen werden sollen. Die folgenden Fälle einer *realwirtschaftlichen Unwirksamkeit von Verschiebungen von IS oder LM* können angeführt werden:

*(1) Alleinige Verschiebungen von IS*

IS und LM schneiden sich im Klassischen Bereich von LM (Abb. 8.6-c).

*(2) Alleinige Verschiebungen von LM*

(2.1)  IS und LM schneiden sich im Bereich der Liquiditätsfalle (Abb. 8.7-a).
(2.2)  In Zeiten großer Unsicherheit und allgemein schlechter Aussichten kann die Zinsabhängigkeit der Güternachfrage sehr gering sein. Auch sinkende Zinsen können dann weder die Konsumenten noch die Unternehmen zu vermehrter Kreditaufnahme veranlassen. IS verläuft dann vergleichsweise sehr steil, im Extremfall senkrecht. In einer solchen Situation kann eine Zinssenkungspolitik keine realwirtschaftlichen Effekte auslösen (Abb. 8.9). Man spricht deshalb auch vom Vorliegen einer *Investitionsfalle.*

**Abb. 8.9**  Realwirtschaftliche Unwirksamkeit einer Geldmengenzunahme bei starrer
IS-Kurve

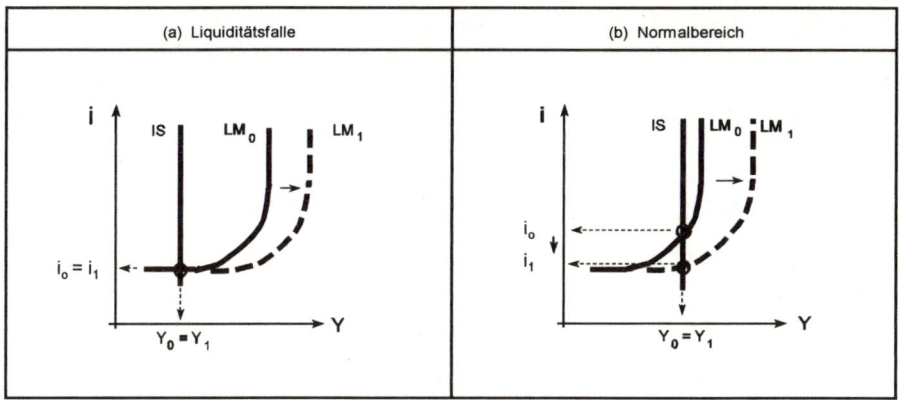

## 8.3.  Der Transmissionsmechanismus

### 8.3.1.  Der keynesianische Transmissionsmechanismus

Nach dem bisher vorgeführten IS-LM-Modell scheinen die wechselseitigen Beziehungen zwischen Güter- und Geldmarkt nicht allzu kompliziert zu sein. Vor allem hinsichtlich *monetärer Impulse seitens der Zentralbank* muss der Eindruck entstehen, dass der **Transmissionsmechanismus** - das ist der Weg, wie sich ein monetärer Impuls in der Wirtschaft fortpflanzt und sich auf den Güterbereich auswirkt - wie folgt verläuft: Die Zentralbank nimmt über ihre Geldpolitik Einfluss auf die Geschäftsbanken und damit auf die gesamte Geldmenge M (als Summe von Zentralbank- und Geschäftsbankengeld). Damit beeinflusst sie letztlich die Lage von LM. Eine expansive (kontraktive) Geldpolitik verschiebt - unter sonst gleichen Bedingungen - LM nach rechts (links). Je nach Zinselastizität von LM und IS wird sich dann der für den Gütermarkt relevante Zinssatz mehr oder weniger stark ändern und es treten die oben beschriebenen Wirkungen am Gütermarkt auf. Im keynesianischen Transmissionsmechanismus ist es also der *Zins*, dem die herausragende Rolle zukommt.

Bei einer solchen Sichtweise wird aber übersehen, dass die Zentralbank nicht direkt auf das für den Gütermarkt relevante Zinsniveau einwirkt (vgl. Übersicht 7.5). Der keynesianische Transmissionsmechanismus wirkt also nur dann, wenn die monetären Impulse der Zentralbank auch in gleicher Weise von den Geschäftsbanken an die Nichtbanken weitergegeben werden. Selbst wenn das die Geschäftsbanken grundsätzlich tun *und* auch die *Nichtbanken* eine entsprechende Geldnachfrage entfalten, so bleiben doch zahlreiche Probleme, z.B. der zeitlichen Verzögerungen zwischen dem monetären Impuls seitens der Zentralbank und der Verhaltensänderung der Geschäftsbanken und der Nichtbanken. Sicherlich ist der keynesianische Transmissionsmechanismus grob vereinfacht; der besonders von den Monetaristen propagierte *Transmissionmechanismus auf der Basis relativer Preise* versucht, die Zusammenhänge ausführlicher zu begründen. Leijonhufvud hat übrigens die Meinung vertreten, dass ähnliche Gedanken bereits bei Keynes eine viel größere Bedeutung gehabt haben, als von den Keynesianern angenommen wurde. Nachfolgend wird daher auch dieser Transmissionsmechanismus skizziert. Es gilt aber immer noch, dass die Frage nach dem Transmissionsmechanismus bislang von der Geldtheorie noch nicht befriedigend beantwortet werden konnte [vgl. z.B. die Darstellung der Ansätze bei Bofinger, Reischle, Schächter (1996; S. 547 ff.)].

## 8.3.2. Transmissionsmechanismus auf der Basis relativer Preise

Vereinfacht lässt sich die Transmission monetärer Impulse auf der Basis der Theorie relativer Preise wie folgt beschreiben. Grundlage der Analyse ist die Annahme, dass *alle* Vermögensformen (Geld, Kredite, Wertpapiere, Sachkapital) in einer - allerdings unvollkommenen - Substitutionsbeziehung stehen. Damit ist die Nachfrage nach einer Vermögensform nicht unabhängig von den Preisen anderer Vermögensformen. Die Preisänderung einer Vermögensform hat somit Rückwirkungen auf die Nachfrage nach allen anderen Vermögensformen.

Um die Wirkungen einer Geldmengenänderung auf die wirtschaftliche Aktivität aufzuzeigen, wird als Ausgangslage eine gleichgewichtige Situation unterstellt, d.h. die Wirtschaftssubjekte haben ihr Vermögen unter Berücksichtigung der verschiedenen Preise für die unterschiedlichen Vermögensformen so auf die verschiedenen Formen aufgeteilt, dass sie unter den gegebenen Bedingungen ihr Nutzenmaximum realisieren. Die Zentralbank beabsichtige nun z.B. eine Geldmengenerhöhung und führe zu diesem Zweck ein Offenmarktgeschäft (Kauf von Geldmarktpapieren von den Geschäftsbanken) durch. Es dürften sich nun etwa die folgenden Wirkungsabläufe ergeben.

Da auch die Geschäftsbanken ihre optimale Vermögensstruktur realisiert hatten, gelingt ein Kauf von Wertpapieren nur, wenn die Zentralbank höhere Kurse als bisher bietet. Die Kurssteigerung der betroffenen Papiere ist gleichbedeutend mit einer Zinssenkung. Anstelle von verzinslichen Wertpapieren verfügen die Banken nun über zinsloses Zentralbankgeld. Die Banken werden nach zinsbringenden Anlagen suchen: Sie werden u.a. solche Wertpapiere kaufen, deren Zins noch nicht gefallen ist und sie werden versuchen, vermehrt zinsbringende Kredite an die Nichtbanken zu vergeben. Da letztere bisher ihre optimale Vermögensstruktur realisiert hatten, sind zusätzliche Kredite nur bei zinsgünstigeren Angeboten unterzubringen, was zugleich Anlass zu einer neuen Optimierung der Vermögensstruktur unter den veränderten Bedingungen ist.

Während die Kreditzinsen fallen, sind die Preise für bereits vorhandenes Sachkapital zunächst noch unverändert. Im Vergleich zu den steigenden Kursen des finanziellen Vermögens ist Sachkapital also relativ billiger geworden. Die Wirtschaftssubjekte werden daher vermutlich vermehrt Sachkapital (in Form von Beteiligungen an Unternehmen, Häusern, Gebrauchtwagen u.ä.) kaufen. Dadurch werden auch die Preise des vorhandenen Sachkapitals steigen. Da vorhandes Sachkapital nun teurer wird als neu produziertes, steigt die Nachfrage nach neu produziertem Sachkapital. Diese zusätzliche Nachfrage bei gleichzeitig sinkenden Zinsen ist Anreiz zur Ausdehnung von Produktion und Beschäftigung. Je nach Auslastungsgrad der Produktionskapazitäten und des Faktors Arbeit kann dies bei konstantem Preisniveau ablaufen oder auch bei steigendem Preisniveau (vgl. auch Übersicht 6.21). Im ungünstigsten Fall bewirkt die auslösende Geldmengenzunahme nur ein höheres *nominelles* Einkommen, aber kein höheres Realeinkommen. In der engeren keynesianischen IS-LM-Analyse werden Preisniveaueffekte allerdings (zunächst) ausgeklammert (vgl. aber Kap. 11).

### 8.4. Beschränkungen der IS-LM-Analyse

Der auf Hicks zurückgehende IS-LM-Ansatz galt lange Zeit als „das" Instrument zur Analyse des kombinierten Güter- und Geldmarkts. Schließlich hatte Keynes selbst diese Interpretation seiner Gedanken gutgeheißen. Aber selbst wenn die Hickssche Interpretation die Gedanken von Keynes adäquat wiedergibt, so bleibt doch die Frage, ob der Ansatz auch aus heutiger Sicht einen geeigneten Analyserahmen bietet. Hier sind zwischenzeitlich zahlreiche kritische Einwände erhoben worden. Trotz dieser Kritik wird aber in kaum einem Lehrbuch der Makroökonomie auf die Darstellung und Anwendung dieses Ansatzes verzichtet. Es handelt sich ja auch in der Tat um einen Ansatz, der eine relativ einfache und elegante Verknüpfung von Geld- und Gütersphäre erlaubt. Insofern erscheint er nach wie vor gut geeignet, besonders Studienanfängern gesamtwirtschaftliche Interdependenzen nahezubringen.

Andererseits besteht die schon früher erwähnte Gefahr, dass im Komplexitätsgrad reduzierte Modelle leicht als „ganze" Wahrheit missverstanden werden und zugleich als unmittelbarer Ausgangspunkt für wirtschaftspolitische Schlussfolgerungen herangezogen werden. Das gilt umso mehr, je weniger die im jeweiligen Ansatz verborgenen Schwächen unerkannt und / oder ungenannt bleiben. Der von Barens und Caspari (1994) herausgegebene Sammelband zu Entstehung und Wandel des

IS-LM-Modells ist sicher ein nützlicher Beitrag, die Bedeutung dieses Ansatzes zu klären. Wenn man auch den darin enthaltenen Beitrag von Patinkin „Zur Verteidigung von IS/LM" als Rechtfertigung ansehen kann, diesem Ansatz in einem Lehrbuch weiterhin bedeutenden Raum zu widmen, so sollen doch zumindest einige Problempunkte [z.T. in Anlehnung an Kromphardt (1986); S. 78 ff.] angesprochen werden, über deren Bedeutung für den Aussagewert des Modells nachgedacht werden muss.

1. Die Geldmenge wird als exogene, von der Zentralbank gesteuerte Größe betrachtet. Das vom Wirtschaftsprozess selbst Einflüsse auf das Geldangebot ausgehen, wird ausgeklammert.

2. Das Modell stellt - auch in der hier vorgeführten Version - auf reale Größen ab. Anders formuliert: Das Preisniveau ist konstant. Preisniveauänderungen können zwar eingebaut werden (vgl. Kap. 11), gleichwohl können dadurch nicht alle Problembereiche adäquat analysiert werden.

3. Die LM-Kurve wurde unter den Bedingungen des Keynesschen Geldnachfrageansatzes abgeleitet. Heute wird die Geldnachfrage im Rahmen einer umfassenden Vermögensanlageentscheidung gesehen. Die LM-Kurve kann aber nicht ohne weiteres für andersgeartete Ansätze der Geldnachfrage in der alten Form unverändert beibehalten werden.

4. Das IS-LM-Modell umfasst nur den Güter- und Geldmarkt. Der Arbeitsmarkt findet keine Berücksichtigung. Entweder unterstellt man einfach, dass die Beschäftigung des Faktors Arbeit proportional mit der Höhe des Realeinkommens variiert, oder der Arbeitsmarkt wird als eigener Markt behandelt und dann eine Beziehung zwischen IS-LM-System und Arbeitsmarkt hergestellt. Daraus ergeben sich jedoch neue Probleme (vgl. 10. und 11. Kap.).

5. Ein komparativ-statischer Ansatz kann keine Aussagen über Anpassungsprozesse, vor allem über seine Zeitdauer machen.

6. Obwohl sich Ex- und Importe leicht in die IS-Funktion einbauen lassen, ist das IS-LM-System zunächst nicht für die Behandlung des Problems „außenwirtschaftliches Gleichgewicht" geeignet. Durch Einführung einer Z-Kurve wurde versucht, dieser Beschränkung Rechnung zu tragen (siehe Kap. 12).

7. Unsichere Erwartungen, denen Keynes so große Bedeutung zugewiesen hat, lassen sich in diesem Ansatz allenfalls angenähert in Form von Kurvenverschiebungen berücksichtigen.

## Literaturhinweise zu Kapitel 8:

I. **Barens, V. Caspari:** Das IS-LM-Modell. Entstehung und Wandel. Marburg 1994

J. **Flemmig:** Moderne Makroökonomik: Eine kritische Bestandsaufnahme. In: J. Flemmig (Hrsg.): Moderne Makroökonomik: Eine kritische Bestandsaufnahme. Marburg 1995. S. 11 ff.

J. **Heubes:** Beschäftigungswirkungen der Fiskalpolitik. WiSt 2/1981. S. 56 ff.

J. **Hicks:** Mr Keynes' Theory of Employment. Economic Journal 46. Jg. 6/1936. S. 238 ff.

J. **Kromphardt:** Die Zukunft der Globalsteuerung - Theoretische Perspektiven. In: H. Körner, Ch. Uhlig (Hrsg.): Die Zukunft der Globalsteuerung. Bern - Stuttgart 1986. S. 75 ff.

E. **Paul:** Der Crowding-Out-Effect. WiSt 4/1977. S. 177 ff.

D. **Patinkin:** Zur Verteidigung von IS/LM. In: I. Barens, V. Caspari: Das IS-LM-Modell. Entstehung und Wandel. Marburg 1994. S. 229 ff.

# 9. Kapitel:
# Wirtschaftspolitische Schlussfolgerungen aus dem
# Gütermarkt-Geldmarkt-Modell

## 9.1. Der wirtschaftspolitische Ansatz

In Kap. 5 wurde als Ziel des *theoretischen* Ansatzes die Erarbeitung eines *Totalmodells* genannt. In sich schlüssige Wirtschaft*spolitik* sollte den theoretischen *Gesamt*zusammenhang beachten. Obwohl bisher nur Teile dieses Gesamtzusammenhangs erarbeitet wurden, wichtige Elemente wie Produktionsfunktion und Arbeitsmarkt sowie Preisniveaubestimmung bisher noch gar nicht berücksichtigt wurden, soll die Erarbeitung des Totalmodells an dieser Stelle unterbrochen werden, um auf wirtschaftspolitische Aspekte aus den bisher vorgeführten makroökonomischen Partialmodellen einzugehen. Der Grund für dieses Vorgehen ist der folgende: In der Nachkriegszeit hatten sich keynesianische Vorstellungen in Wirtschaftstheorie und -politik weithin durchgesetzt. Wichtiger Ansatzpunkt für keynesianisch orientierte Wirtschaftspolitik war das vorgestellte kombinierte Gütermarkt-Geldmarkt-Modell. Es schien gute Hinweise darauf zu liefern, an welchen Stellen und in welcher Richtung wirtschaftspolitische Eingriffe zur Erreichung makroökonomischer Ziele, insbesondere des Beschäftigungsziels, sinnvoll wären. Dass das IS-LM-Modell nur einen - wenn auch wichtigen - Ausschnitt aus dem Totalmodell (das außerdem kurzfristig angelegt ist) darstellt, wurde dabei allerdings vor allem in der praktischen Wirtschaftspolitik nicht immer beachtet. - Zunächst wird eine Skizze dieser vorrangig am IS-LM-Modell orientierten wirtschaftspolitischen Sichtweise der 60er und 70er Jahre geliefert. Anschließend wird auf die Mängel eingegangen, denen ein solcher Politikansatz aus heutiger Sicht unterliegt.

Der Anlass für wirtschaftspolitische Eingriffe resultiert immer aus einer Diskrepanz zwischen (tatsächlicher) Lage und Ziel (gewünschter Lage). Wirtschaftspolitische Eingriffe können jedoch nur dann sinnvoll sein, wenn die *Ursachen* für die Diskrepanz zwischen Lage und Ziel ermittelt werden konnten und die eingesetzten Instrumente dann auch *ursachenadäquat* sind. Zusätzlich ist auf vom Einsatz der Instrumente ausgelöste Nebenwirkungen und Zielkonflikte zu achten, die die Erreichung anderer Ziele negativ beeinflussen können. Gerade dieser Aspekt ist der Grund, im Hinblick auf die wichtigen makroökonomischen Ziele von einem *„Magischen* Viereck" zu sprechen. Grundsätzlich stellt sich somit *Wirtschaftspolitik* entsprechend Übersicht 9.1 dar.

Im Rahmen des IS-LM-Modells bilden die drei möglichen Situationen hinsichtlich Gleichgewichtseinkommen $Y_0$ und Vollbeschäftigungseinkommen $Y_{VB}$ den Ausgangspunkt für wirtschaftspolitische Überlegungen:
(a) $Y_0 < Y_{VB}$    (Gleichgewicht bei Unterbeschäftigung);
(b) $Y_0 = Y_{VB}$    (Vollbeschäftigungseinkommen);
(c) $Y_0 > Y_{VB}$    (Gleichgewicht bei Überbeschäftigung).

**Übersicht 9.1** Der wirtschaftspolitische Grundansatz

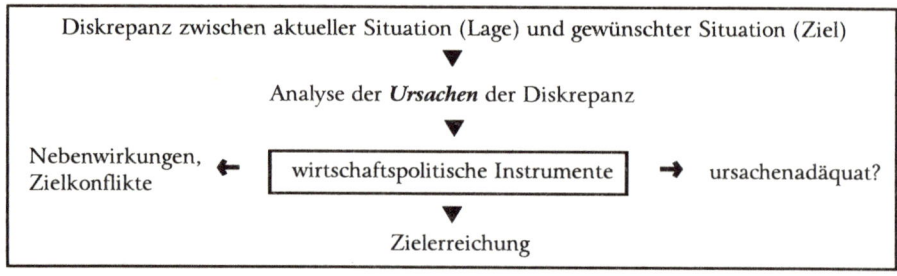

Hierbei wird $Y_{VB}$ als eine Größe angesehen, die durch die Kombination von Produktionsfunktion und Arbeitsmarktbedingungen eigenständig bestimmt ist (siehe Kap. 10). Im reinen IS-LM-Modell wird allerdings im Grunde unterstellt, dass eine *proportionale* Beziehung zwischen tatsächlichem Arbeitseinsatz N und der tatsächlichen Produktion Y besteht.

**Abb. 9.2** Gütermarkt-Geldmarkt-Gleichgewichte und Vollbeschäftigungseinkommen

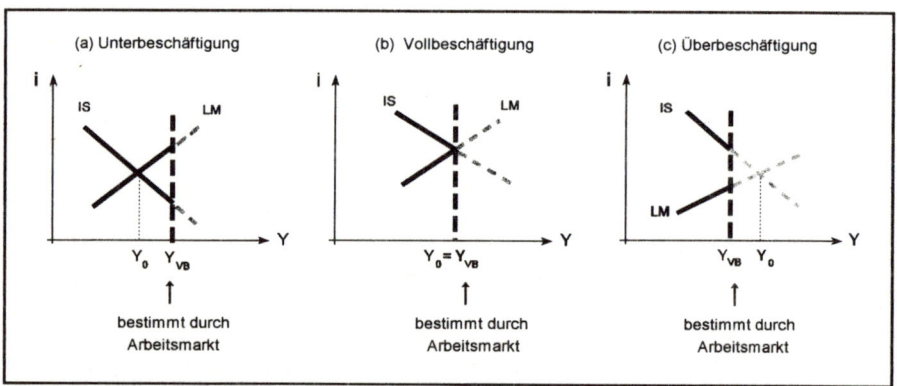

Die Situationen (a) und (c) sind wirtschaftspolitisch unerwünscht. Die Situation (a) als typisch keynesianische *Unterbeschäftigungssituation* steht in Widerspruch zum *Beschäftigungsziel*. Die Situation (c) *Überbeschäftigung* geht üblicherweise einher mit einer Tendenz zur Steigerung des allgemeinen Preisniveaus; dies steht in Widerspruch zur Forderung nach *Preisniveaustabilität*. Also müsste geprüft werden, ob durch wirtschaftspolitische Eingriffe im Fall (a) IS und / oder LM nach rechts, im Fall (b) nach links in Richtung $Y_{VB}$ verschoben werden könnten.

Im Zentrum der Überlegungen von Keynes stand das Unterbeschäftigungsgleichgewicht. In der Weiterentwicklung wurde der Ansatz aber auch zur Erklärung der Ursachen von Überbeschäftigung herangezogen. Damit konnte auch ein Zusammenhang zur allgemeinen Konjunkturentwicklung hergestellt werden. Da in Rezessionen $Y < Y_{VB}$ ist, im Boom dagegen $Y > Y_{VB}$, könnten - so schien es - gezielte expansive bzw. kontraktive Maßnahmen die unerwünschten konjunkturellen Ausschläge vermindern (vgl. Übersicht 9.3). Eine solche **Globalsteuerung** müsste umso besser gelingen, je genauer die relevanten Verhaltensfunktionen und die Werte der Verhaltensparameter empirisch ermittelt werden könnten und je ausgefeilter die Instrumente der Wirtschaftspolitik sind.

**Abb. 9.3**   Zeitpunkte und Arten konjunkturpolitischer Eingriffe

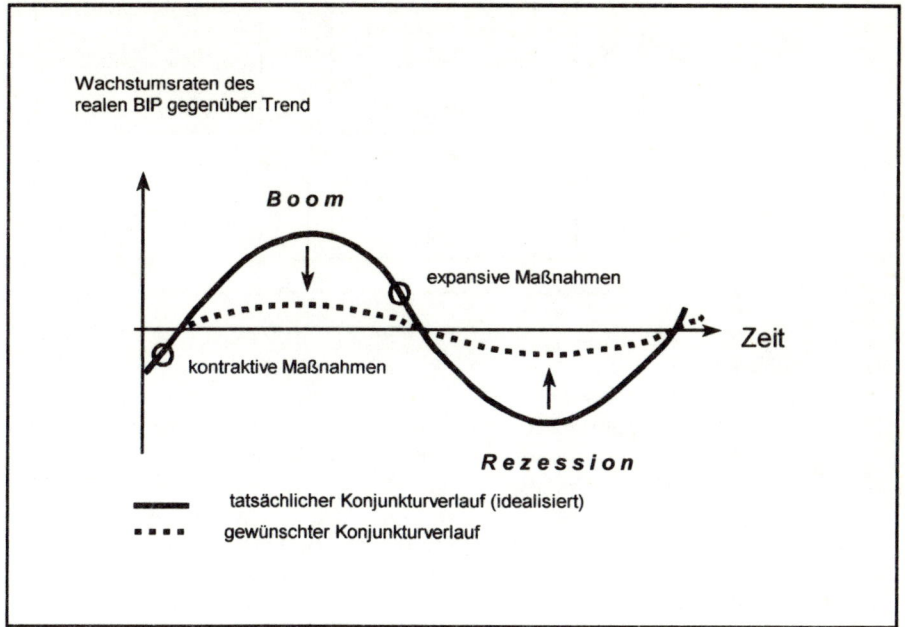

Wachstumsraten des
realen BIP gegenüber Trend

**Boom**

expansive Maßnahmen

kontraktive Maßnahmen

**Zeit**

**Rezession**

―――  tatsächlicher Konjunkturverlauf (idealisiert)
▪▪▪▪  gewünschter Konjunkturverlauf

Als eine erste wirtschaftspolitische Maßnahme wird hin und wieder das Instrument der *„moral suasion"* („moralische Überredung"; Appell an Einsicht und Vernunft) eingesetzt. Hier wird versucht, Einstellungen und Verhalten der Wirtschaftssubjekte durch entsprechende Informationen oder Propaganda zu verändern. Beispiele sind die „Maßhalteappelle" der Ära Erhard sowie die Aufrufe von Wissenschaftlern und Politikern während der 70er Jahre an die Konsumenten, zur Belebung der Konjunktur doch mehr zu verbrauchen. Die Erfolgsaussichten einer solchen Politik müssen jedoch als gering bewertet werden.

Als zentrale Instrumente der aus dem IS-LM-Modell abgeleiteten Nachfragesteuerung gelten:
(a) Die Instrumente der **Fiskalpolitik**, die auf den **Gütermarkt** - also auf **IS** - zielen. Für ihren Einsatz ist formell i.d.R. das Parlament, materiell jedoch meist die *Regierung* zuständig.
(b) Die Instrumente der **Geldpolitik**, die auf den **Geldmarkt** - und damit auf die Lage von **LM** - gerichtet sind. Für die Geldpolitik ist die *Zentralbank* zuständig.
Wirtschaftspolitik, die auf dem Einsatz dieser beiden Instrumentenkomplexe zur Erreichung des gesamtwirtschaftlichen Beschäftigungsziels beruht, wird als „keynesianische Globalsteuerung" bezeichnet.

**Übersicht 9.4** Die keynesianische Globalsteuerung

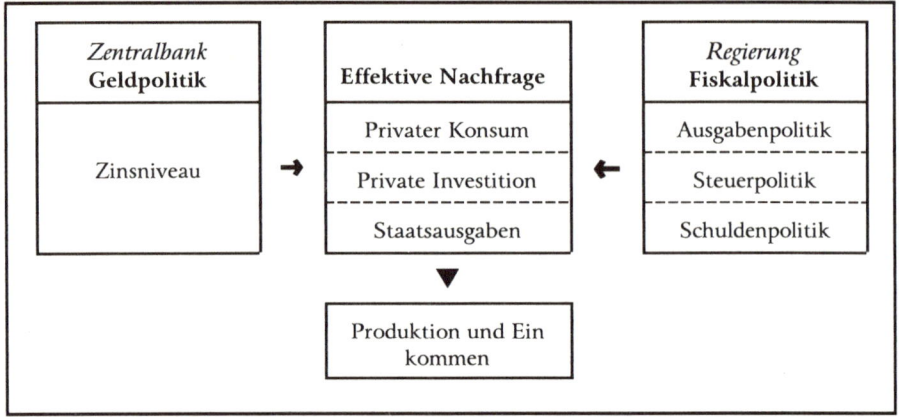

## 9.2. Fiskalpolitik

Unter *Fiskalpolitik* versteht man den Einsatz von Staatseinnahmen und Staatsausgaben zur Erreichung gesamtwirtschaftlicher Stabilitätsziele. Es sollte aber nicht übersehen werden, dass es sich dabei nur um eine Teilaufgabe des Staates handelt; seine primären Aufgaben liegen in der Produktion öffentlicher Leistungen und der Umverteilung (vgl. Kap. 2.1.3.1). In der Bundesrepublik Deutschland erhielt die Fiskalpolitik durch das 1967 erlassene, bereits mehrfach erwähnte *Gesetz zur Förderung der Stabilität und des Wachstums der Wirtschaft (StWG)* eine besondere Qualität. Hierdurch sollte eine schnelle und zielgerichtete Konjunkturpolitik durch die Bereitstellung präziser wirtschaftspolitischer Instrumente ermöglicht werden. An den Anfang dieses Gesetzes wurden die bereits mehrfach genannten vier makroökonomischen Ziele *(Magisches Viereck)* gestellt. Anschließend sind von der **Regierung** (z.T. in Zusammenarbeit mit dem Parlament) einzusetzende Instrumente aufgeführt, die auf eine **Beeinflussung des Gütermarkts** (also IS) zielen.

Die in diesem Gesetz vorgesehenen wirtschaftspolitischen Instrumente sind ganz im Sinne des vorgeführten keynesianischen, nachfrageorientierten Gütermarkt-Geldmarkt-Modells (Abb. 8.6) konzipiert worden. Deshalb enthält das Gesetz Möglichkeiten, gezielt auf die Komponenten der gesamtwirtschaftlichen *Endnachfrage* einzuwirken. Übersicht 9.5 bietet eine Zusammenfassung der vorgesehenen Instrumente. (Es werden nur die expansiv wirkenden Instrumente angegeben. Ist eine Dämpfung beabsichtigt, sind die Instrumente in umgekehrter Richtung einzusetzen.) Die Auswahl der Instrumente schien damals beeindruckend, und so wurde von „der Welt bestem Konjunkturgesetz" gesprochen.

Inwieweit Verlagerungen von IS Einkommen und Beschäftigung verändern, hängt im IS-LM-Modell allerdings von den jeweiligen Bedingungen ab: Änderungen von IS wirken stark, wenn sich IS und LM im unteren Bereich von LM (im Extremfall in der Liquiditätsfalle) schneiden (vgl. Abb. 8.6-a); sie wirken nur wenig, wenn der

**Übersicht 9.5**  Die im Stabilitätsgesetz vorgesehenen Instrumente der Nachfragebeeinflussung

| *Endnachfragekomponenten* | *Expansiv wirkende Instrumente* |
|---|---|
| Privater Konsum | Herabsetzung von Einkommen- und Körperschaftsteuer |
| | Senkung der ESt-Vorauszahlungen |
| Private Investitionen | Erhöhung der steuerlichen Abschreibungssätze |
| | Senkung der Vorauszahlungen auf ESt, KSt und Gewerbe-Steuer |
| | Herabsetzung von ESt und KSt |
| | Investitionsprämie |
| Staatsnachfrage | Ausgabenüberschüsse, finanziert aus einer Konjunkturausgleichsrücklage [*)] |
| | Zusätzliche Ausgabenprogramme aus Konjunkturausgleichsrücklage und/oder zusätzlichen Krediten |
| | Vorziehen von Ausgaben, die für spätere Perioden vorgesehen waren |
| Exporte | *Keine Instrumente* vorgesehen, da dies in Gegensatz zu den internationalen GATT-Vereinbarungen gestanden hätte |

*) Eine *Konjunkturausgleichsrücklage* wird gebildet durch die Stilllegung von Steuern.

Schnittpunkt von IS und LM im oberen Normalbereich (im Extremfall im Klassischen Bereich) liegt (vgl. Abb. 8.6-c).

## 9.3.  Geldpolitik

Im Rahmen des IS-LM-Modells bedeutet Geldpolitik Einflussnahme auf die *Lage von LM*. Im IS-LM-Ansatz geht dies praktisch über die Veränderung der Geldmenge M. Sie gilt in diesem Ansatz als exogen und wird von der Zentralbank durch den Einsatz ihrer geldpolitischen Instrumente gesteuert. In der BR Deutschland war - wie erwähnt - die Bundesbank autonom. Ihre Rechte wurden durch das Bundesbankgesetz (BBankG) geregelt. Nach § 3 BBankG war die Bundesbank auf das Ziel verpflichtet, „die Währung zu sichern". Dieses wurde allgemein als Sicherung der *Preisniveaustabilität* verstanden. Nach § 12 BBankG wurde sie allerdings ferner darauf verpflichtet, „unter Wahrung ihrer Aufgabe die allgemeine Wirtschaftspolitik der Bundesregierung zu unterstützen." In die gleiche Richtung zielt auch § 13,3 StWG, wonach die bundesunmittelbaren Körperschaften „im Rahmen der ihnen obliegenden Aufgaben die Ziele des § 1 berücksichtigen" sollen. Gerade diese zweite Verpflichtung, die sich fast wortgleich auch in Bezug auf die Europäische Zentralbank in Art. 105 EU-Vertrag findet, war und ist immer mal wieder Anlass, von politischer Seite auch öffentlich an die Zentralbank heranzutreten, doch endlich auch dieser Verpflichtung nachzukommen. Die breite Öffentlichkeit empfindet solche Ansinnen jedoch meistens als mit der Autonomie der Zentralbank unvereinbar. Darüber hinaus darf man wohl sagen, dass zumindest die Deutsche Bundesbank ihre Aufgabe selbst eher eindimensional im Sinne von „Sicherung der Preisniveaustabilität" interpretierte. So äußerte z.B. der Bundesbankpräsident 1996 auf einer Pressekonferenz: „Die Bundesbank betreibt keine Konjunkturpolitik."

Das grundlegende keynesianische IS-LM-Modell unterstellt ein *konstantes Preisniveau*. Änderungen der Geldmenge bewirken dann zwar Verschiebungen von LM und verändern gegebenenfalls Zins und Einkommen, wirken aber nicht auf die Höhe des Preisniveaus ein. Ist das Preisniveau konstant, könnte sich die Geldpolitik tatsächlich ihrer zweiten Verpflichtung widmen, die Wirtschaftspolitik der Regierung zu unterstützen. Die Auswirkungen von Änderungen der Geldmenge hängen dann im Rahmen des IS-LM-Modells nur noch davon ab, in welchem Bereich sich IS und LM schneiden und wie zinselastisch IS in der Realität ist.

Bei zinsunelastischem Verlauf von IS ist die Geldpolitik generell wenig wirksam (Abb. 8.9). Schneiden sich IS und LM im unteren Bereich von LM (Extremfall: Liquiditätsfalle), hat die Geldpolitik auch bei zinselastischem Verlauf von IS ebenfalls kaum Einfluss auf Zins und Einkommen (Abb. 8.7-a). In der keynesschen Ausgangssituation einer allgemeinen Unterbeschäftigung spricht wegen der pessimistischen Erwartungen viel dafür, dass sowohl IS wenig zinsreagibel ist als auch die konkrete i-Y-Kombination eher im zinselastischen Bereich von LM liegen dürfte. Hier wird dann die Aussage verständlich, die allerdings auch generell - und damit wohl doch verfälschend - verwendet wurde, um eine keynesianische Position zu kennzeichnen: „Money doesn't matter." Wirksam ist Geldpolitik bei zinselastischem Verlauf von IS und einem Schnittpunkt von IS und LM im Normalbereich (und im Extremfall des Klassischen Bereichs) (Abb. 8.7-b und 8.7-c).

Es liegt nahe, dass ein *gleichgerichteter kombinierter Einsatz* von Fiskal- und Geldpolitik die größte Wirkung zeitigen dürfte (Abb. 8.8). Im expansiven Fall könnte durch die Geldpolitik die normalerweise zu erwartende Zinssteigerung als Folge einer IS-Zunahme gemildert werden. Die Wirkung des Gütermarkt-Multiplikators könnte dann größer sein.

## 9.4. Probleme der vorgeführten Wirtschaftspolitik

1967/68 konnte die erste Wirtschaftskrise der Bundesrepublik Deutschland erfolgreich durch die Anwendung des Stabilitätsgesetzes beendet werden. Damit schien sich das neue Gesetz bewährt zu haben. Es dauerte jedoch nur wenige Jahre, bis Mängel deutlich wurden. Die Mängel einer Orientierung der praktischen Wirtschaftspolitik am IS-LM-Modell liegen in mehreren Bereichen [vgl. z.B. Tichy (1995); S. 73 ff. und 167 ff.]:

*Theoretische Aspekte*

- das IS-LM-Modell ist nur ein Partialmodell;
- der Ansatz ist kurzfristiger Natur;

- der Transmissionsmechanismus der Geldpolitik ist nur unzureichend beschrieben.

*Probleme der Umsetzung theoretischer Vorstellungen in der Praxis*

- die Ungewissheit über die genaue Lage und die zukünftige Entwicklung;
- nicht genau bekannte zeitliche Verzögerungen in der praktischen Wirtschafts-politik;
- das Ungleichgewicht in der Durchsetzung expansiver und kontraktiver Maß-nahmen;
- die Konzentration der Maßnahmen auf nur wenige Branchen;
- die Träger der Wirtschaftspolitik haben unterschiedliche Zielvorstellungen;
- die mangelnde Beachtung der Nebenwirkungen und Zielkonflikte;
- die Instrumente werden nicht ursachenadäquat eingesetzt;
- mögliche Lerneffekte („rationale Erwartungen") seitens der betroffenen Wirt-schaftssubjekte.

## (1) Theoretische Aspekte

Es wurde bereits erwähnt, dass das IS-LM-Modell nur einen *Teil* des umfassenderen Totalmodells darstellt. Der Arbeitsmarkt ist ebenso ausgeblendet wie Preisniveau-wirkungen. Im IS-LM-Modell wird im Grunde vereinfachend unterstellt, dass sich Arbeitseinsatz und Produktion gleichlaufend entwickeln. Das dürfte für die reine *Arbeitszeit* kurzfristig zutreffen. Für die *Zahl* der Beschäftigten trifft dies schon nicht mehr zu, da auf Schwankungen in der Produktion z.T. durch Kurzarbeit bzw. Überstunden bei konstanter Beschäftigtenzahl reagiert wird. Das IS-LM-Modell kann nur Aussagen über schwankende Arbeitszeit als Folge *allgemeiner konjunktureller* Unter- oder Überauslastung machen. Für die Analyse von Arbeitslosigkeit als Folge „zu hoher" Löhne oder struktureller Faktoren ist das IS-LM-Modell nicht geeignet. Am IS-LM-Modell orientierte Geld- und/oder Fiskalpolitik zur Beeinflussung von Produktion und Beschäftigung ist dann nicht ursachenadäquat. So führten z.B. die beiden Ölpreisschocks von 1973 und 1981 jeweils zu einem eklatanten Anstieg des Kostenniveaus und einer daraus resultierenden Beschäftigungskrise. Es wurde versucht, auf diese mit Mitteln der keynesianischen *Nachfrage*steuerung Einfluss zu nehmen. Diese Politik musste scheitern, da die Ölpreisschocks als *Angebots*schocks klassifiziert werden müssen, Nachfragepolitik hier also nicht ursachengemäß war.

In der Theorie ist es erlaubt, von einem kurzfristigen Ansatz mit konstanter Sachkapazität und konstantem technischen Wissen auszugehen. Die so gewonne-nen Erklärungen sind zwar (nur) Teil-Antworten, können aber gleichwohl einen Bei-trag zum besseren Verständnis der realen Welt liefern. Ihre Verwendung als un-mittelbare Grundlage für Wirtschaftspolitik ist jedoch nicht ohne weiteres zulässig. Tatsächlich wachsen z.B. Kapazität und technisches Wissen ständig. Ein IS-LM-Gleichgewicht in einem komparativ-statischen Ansatz trägt diesem Aspekt nicht Rechnung. Es wurde bereits erwähnt, dass dieses komparativ-statische Gleichge-wicht wegen des *Kapazitätseffektes* der Investitionen den Keim der eigenen Zerstö-rung in sich trägt. Der technische Fortschritt erhöht zudem ständig die Arbeits-produktivität, was unter sonst gleichen Bedingungen Anlass zu Entlassungen gibt. Das *Okunsche Gesetz* (vgl. Kap. 4) weist auf derartige Zusammenhänge hin. In der

Wirtschaftspolitik muss daher sehr sorgfältig geprüft werden, ob die aus kurz-fristigen Modellen abgeleiteten Ergebnisse eine ausreichende Grundlage für eine praktische, längerfristig orientierte Wirtschaftspolitik bilden.

Im IS-LM-Modell gilt hinsichtlich der **Geldpolitik**, dass die Zentralbank die Geldmenge dominiert. Eine expansive Geldpolitik verschiebt LM nach rechts, eine kontraktive nach links. Die im Normalfall zu erwartende Zinsänderung ruft dann am Gütermarkt (und bei der Beschäftigung) die entsprechende Wirkung hervor. Dieser Ansatz ist jedoch sehr einfach konstruiert. Schließlich wirkt die Zentralbank

**Übersicht 9.6** Beziehungen zwischen Geldpolitik und Beschäftigung

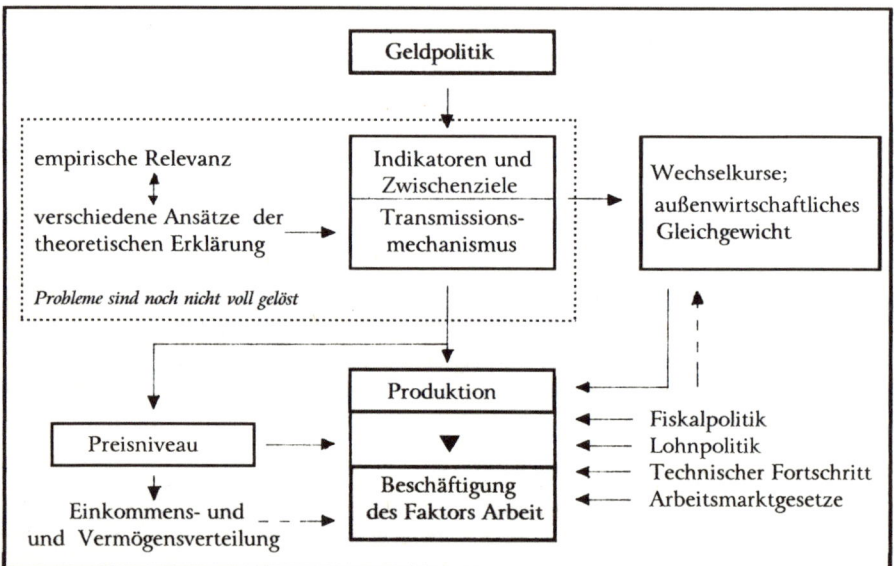

*Indikatoren und Zwischenziele*
Da die Zentralbank die eigentlichen Ziele *Beschäftigung* und *Preisniveaustabilität* nicht direkt ansteuern kann, benötigt sie
(a) **Indikatoren**. Diese sind eine Informationsquelle, die erlaubt 1. die Effekte verschiede-ner geldpolitischer Maßnahmen zu messen und zu vergleichen und 2. zu unterscheiden zwischen dem Einfluss von Markt-Aktionen und Politik-Aktionen auf das Zwischenziel. Voraussetzung für den Wert einer makroökonomischen Variablen als Indikator ist daher, dass diese Variable ausschließlich durch die Wirtschaftspolitik beeinflusst wird und in einer stabilen Relation zum eigentlichen Ziel der Wirtschaftspolitik steht.
(b) **Zwischenziele**. Da unvollkommene Information über den Wirkungsablauf - beginnend mit der geldpolitischen Einflussnahme und endend am eigentlichen Ziel - besteht, sollten Zwischenziele angesteuert werden. Man geht davon aus, dass diese Zwischenziele in enger Beziehung zu den Endzielen stehen.
*Transmissionsmechanismus*
Er beschreibt die Beziehung zwischen einem „monetären Impuls" und Änderungen (a) im realen Sektor und (b) dem Preisniveau einer Volkswirtschaft.

direkt nur auf die Geschäftsbanken ein. Die weiteren Wirkungsabläufe bis hin zur eigentlichen Beeinflussung von Produktion und Beschäftigung, der *Transmissionsmechanismus*, bilden jedoch einen komplexen und noch nicht voll erforschten Vorgang. Zudem kann auch die Geldpolitik üblicherweise nicht als isolierter Eingriff erfolgen, sondern es müssen auch gleichzeitig wirkende weitere Einflüsse bedacht werden. In Übersicht 9.6 wird versucht, diese komplexen Beziehungen aus der Sicht der Geldpolitik in ihren Grundzügen sichtbar zu machen.

Speziell für die Geldpolitik gilt außerdem seit Errichtung der Europäischen Währungsunion, dass es **keine *nationale* Geldpolitik** mehr gibt. Es heißt in Art. 105 EU-Vertrag: „Soweit dies ohne Beeinträchtigung des Zieles der Preisstabilität möglich ist, unterstützt das ESZB die allgemeine Wirtschaftspolitik in der Gemeinschaft." Es ist klar, dass eine übernationale Geldpolitik nur dann im Sinne dieser zweiten Zielsetzung eingesetzt werden kann, wenn in *allen* Mitgliedsstaaten die *gleiche* konjunkturelle Situation herrscht. Jedenfalls derzeit (1999) scheint aber die Angleichung der konjunkturellen Lage in den verschiedenen Staaten noch nicht erreicht. Darüber hinaus muss beachtet werden, dass die verschiedenen Mitgliedsstaaten der EWWU bisher auf Änderungen der Geldpolitik in unterschiedlicher Stärke reagiert haben, wie eine Studie des Internationalen Währungsfonds ergab.

*(2) Probleme der Umsetzung theoretischer Vorstellungen*

Jede Politik ist *zukunftsgerichtet*. Daraus resultiert das Problem, zukünftige Entwicklungen in die politischen Überlegungen einzubeziehen. Es muss aber bedacht werden, dass selbst über die **aktuelle Lage** (z.B. über die Entwicklung des vierteljährlichen Bruttoinlandsprodukts) hinreichend genaue Daten meistens **verspätet** bekannt sind. Schließlich erfordert die Erhebung und Auswertung gesamtwirtschaftlicher Daten Zeit. Noch wichtiger sind aber Informationen über die zukünftige Entwicklung. Wenn sich die Konjunktur entsprechend dem „Idealbild" der Abb. 9.3 entwickeln würde, wüsste man, wo man sich befindet und ob Eingriffe nötig erscheinen. In der Realität entwickelt sich die Konjunktur jedoch weit weniger regelmäßig (vgl. Abb. 3.9). Daher ist unklar, ob die zukünftigen Wachstumsraten konstant sind, steigen oder fallen (Abb. 9.7). Man ist daher auf **vorlaufende Indikato-**

**Abb. 9.7** Die ungewisse zukünftige Entwicklung

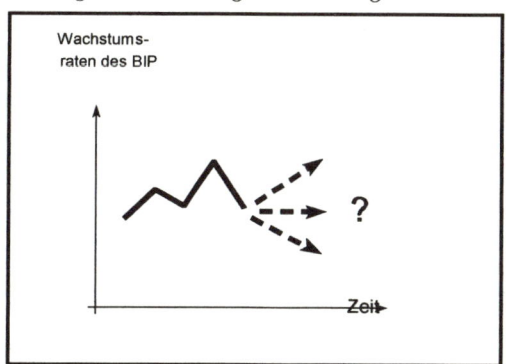

**ren** (z.B. Geschäfts*erwartungen*; Entwicklung der Auftragsbestände) und auf **Prognosen** angewiesen. *Sichere* Ergebnisse können diese aber naturgemäß nie liefern.

Neben dieser Unsicherheit ist ferner der Aspekt der vielfältigen **zeitlichen Verzögerungen** (engl. *lags*) (Übersicht 9.8) in der praktischen Wirtschaftspolitik zu beachten. Sie können bewirken, dass der Zeitraum vom Erkennen eines Handlungsbedarfs (Diagnoseverzögerung) bis zur Einsetzung der Wirkung der Maßnahme (Durchsetzungsverzögerung) so groß ist, dass die Maßnahme prozyklisch wirkt, d.h. einen Aufschwung (Abschwung) noch verstärkt anstatt ihn zu dämpfen [siehe auch Tichy (1995); S. 139 ff.].

**Übersicht 9.8** Zeitliche Verzögerungen in der Wirtschaftspolitik

| Innenverzögerung | | | | Außenverzögerung | |
|---|---|---|---|---|---|
| Handlungsverzögerung | | | | Durchführungsverzögerung | Wirkungsverzögerung | |
| Erkennungsverzögerung | | Aktionsverzögerung | | | Reaktionsverzögerung (bei den Adressaten) | Durchsetzungsverzögerung |
| Diagnoseverzögerung | Prognoseverzögerung | Planungsverzögerung | Entscheidungsverzögerung | | | |
| → Zeit | | | | | | |

Quelle: H. Berg, D. Cassel (1995; S. 225 )

Das hieraus resultierende Problem der praktischen Politik wurde anschaulich von Ghatak, Healy, Jackson (1992; S. 148) in einer Analogie beschrieben:
„To illustrate this problem, imagine you are driving a car along a twisting mountain road.   You are continuously turning the steering wheel from one side to another to keep the car on the road and so avoid disaster (i.e. the lag between adjustments to your instrument - the steering wheel - and its effects on your objective - to keep the car in the middle of the road - is negligible). Suddenly, to your horror, the steering becomes sluggish. Now when you turn the wheel there is a five-second delay before the car responds. The road starts to bend sharply to the left. You turn the steering wheel. Nothing happens. The edge of the precipice looms. Frantically you spin the wheel hard to the left. Just as disaster seems unavoidable the car turns to the left and you round the bend safely. But the road makes a sharp turn to the right. You turn the wheel the opposite way, but alas, to no avail. The car ist still responding to your earlier panic-stricken wrenchings on the wheel and completes its left turn into empty space . . .

The moral of this story is that the policy-maker needs some way of gauging whether or not the instruments of policy are set appropriately."

Sicherlich ist es von Vorteil, wenn „**eingebaute (automatische) Stabilisatoren**" existieren, die von sich aus einen Beitrag zur Glättung des Konjunkturverlaufs liefern. Als automatische Stabilisatoren gelten insbesondere die progressive Einkommensteuer sowie Transfers, hier vor allem die Arbeitslosenversicherung. Wenn auch ihre Wirkung aus theoretischer Sicht zweifelhaft erscheint, so deuten empirische Untersuchungen doch auf ihre Wirksamkeit hin [vgl. Tichy (1995); S. 84 ff. und 141]. Eine den Konjunkturverlauf glättende, aktive Politik erfordert in der Rezession expansive, im Boom kontraktive Maßnahmen. Es muss aber bedacht werden, dass kontraktive Maßnahmen tendenziell besser wirken als expansive. Steuererhöhungen, Ausgabenminderungen und Zinsanhebungen können ohne die Mitwirkung der Betroffenen durchgeführt werden. Expansive Maßnahmen erfordern dagegen meistens die Mitwirkung der Betroffenen. Sind z.B. die Wirtschaftssubjekte pessimistisch, werden sie eventuell trotz einer Zinssenkung nicht mehr nachfragen. Gleichzeitig gilt aber auch: In einem demokratischen System ist die parlamentarische Zustimmung zu expansiven Maßnahmen viel leichter zu erhalten als zu kontraktiven Maßnahmen (Reduzierung von Ausgaben; Abbau der in der Rezession aufgebauten Verschuldung). So zeigt sich in der Praxis eine **Asymmetrie in der Politik**, und die wachsende Staatsverschuldung sowie der Anstieg der Staatsquote in vielen Staaten ist sicherlich auch auf diese Asymmetrie zurückzuführen. Durch die wachsende Staatsverschuldung und die daraus resultierende Zinslast wurde zudem die „Manövriermasse" der Wirtschaftspolitik noch geringer, zumal viele Ausgaben (vor allem Gehälter der öffentlichen Bediensteten; Zuschüsse zur Rentenversicherung; Militärbudget) mittelfristig ohnehin ziemlich festgeschrieben sind. Weitere kreditfinanzierte Ausgaben zur Konjunkturankurbelung verbieten sich somit für viele westeuropäische Staaten, dies auch vor dem Hintergrund der *Maastricht-Kriterien* und des 1996 beschlossenen *Stabilitäts- und Wachstumspakts*, der bewirken soll, dass die EU-Mitgliedsstaaten mittelfristig einen ausgeglichenen oder gar leicht überschüssigen Haushalt erreichen.

Es liegt nahe: Die Träger der Wirtschaftspolitik sollten „an einem Strang ziehen". Auch das ist jedoch in der Praxis nicht selbstverständlich. Die wirtschaftspolitische Lage wird von Regierung und Zentralbank nicht immer gleich beurteilt. Selbst wenn dies der Fall ist, können die Ziele unterschiedlich sein. In einer Stagflation wird die Regierung eher für Nachfrageimpulse sein, die Zentralbank aber die Inflationsbekämpfung in den Vordergrund stellen. Aber nicht einmal die Regierung muss einen einheitlichen Willen zeigen. Regierungen bestehen oft aus Koalitionen, deren Mitglieder z.T. unterschiedliche Zielsetzungen haben. Ministerien verfolgen primär ihre eigenen Ziele. Ministerien unterliegen zudem den Einflüssen von Lobbyisten und Verbänden. Die Administration kann und wird ein Eigenleben entwickeln, d.h. der Wille des Ministers kann unmerklich verwässert oder gar verändert werden. In einem föderalen System wie der Bundesrepublik Deutschland betreiben zusätzlich die Länder-Ministerien Wirtschaftspolitik, deren Ziele von denen der Bundesregierung abweichen können. Seit Beginn der EWU sind außerdem nunmehr auch die Rückwirkungen einer nationalen Fiskalpolitik auf die Wirtschaft der übrigen Mitgliedsländer der EWU zu berücksichtigen (vgl. Kap. 12.6.2.3).

Schließlich kann die Auswahl der Instrumente fehlerhaft sein. Es wurde bereits erwähnt, dass auf die 1. Ölkrise 1973 vorrangig mit konjunkturpolitischen, auf die Nachfrage wirkenden Instrumenten reagiert wurde. Die Ölkrise muss jedoch als *Angebots*schock verstanden werden, der insbesondere auf die Wirtschafts*struktur* einwirkte (vgl. auch Kap. 11.5.2). Auch die heutige Arbeitslosigkeit ist sicherlich nur zu einem kleineren Teil auf konjunkturelle Elemente zurückzuführen (vgl. Kap. 4.4.1 und 10). Zu ihrem Abbau müssen daher vorrangig andere als konjunkturpolitische Maßnahmen ergriffen werden.

Instrumente wirken üblicherweise nicht nur auf *ein* Ziel. Daher führt die Ansteuerung eines Ziels oft zur Verletzung eines anderen. Man spricht dann von einem „trade-off" („Tauschgeschäft" / Zielkonflikt). Die Abwägung der Gesamtwirkungen ist nicht leicht und geht auch nicht ohne das Setzen von Werturteilen ab.

Es wurde aber auch ein weiterer Einwand gemacht, der sich im Grunde gegen Wirtschaftspolitik überhaupt wendet: Vernünftige Wirtschaftssubjekte können und werden aus ihren Erfahrungen lernen, sie werden von **„rationalen Erwartungen"** geleitet. Dies bedeutet, dass die Wirtschaftssubjekte in ihren jetzigen Entscheidungen die erfahrungsgemäß zu erwartenden wirtschaftspolitischen Maßnahmen berücksichtigen und vorwegzunehmen versuchen. Unter solchen Bedingungen kann Wirtschaftspolitik „ins Leere" laufen. Nur *unerwartete Maßnahmen* - so wurde argumentiert - können letztlich Erfolg haben.

Die hier angeführten Überlegungen und Beispiele zeigen jedenfalls eines: Die makroökonomische Steuerung des Wirtschaftsprozess ist keine so einfache und mechanistische Angelegenheit, wie das IS-LM-Modell nahelegt. Als Partialmodell bietet es allenfalls einige Hinweise, aber keine umfassende Grundlage für eine umfassende Politik. Eine Komplettierung des Totalmodells kann dazu beitragen, die theoretischen Grundlagen für die Wirtschaftspolitik zu verbessern. Darüber hinaus müssen die Probleme einer praktischen Umsetzung theoretischer Vorstellungen weit mehr beachtet werden, als dies früher der Fall war. Die auf den Einzelfall bezogene, *diskretionäre Wirtschaftspolitik* tritt daher auch zurück zugunsten einer stetigen, eher langfristig orientierten Wirtschaftspolitik. Zugleich ist schon seit geraumer Zeit die aus dem IS-LM-Modell resultierende starke Bevorzugung einer *Nachfrage*politik kritisiert und eine verstärkte Beachtung der *Angebots*seite gefordert worden. Angebotsseitige Elemente werden in den nachfolgenden Kapiteln berücksichtigt.

## Literaturhinweise zu Kapitel 9:

H. J. **Ahrns**, H.-D. **Feser**: Wirtschaftspolitik. Problemorientierte Einführung. 7. Aufl. München - Wien 1997
H. **Berg**, D. **Cassel**: Theorie der Wirtschaftspolitik. In: Vahlens Kompendium der Wirschaftstheorie und Wirtschaftspolitik Band 2. 6. Aufl. München 1995. S. 163 ff.
S. **Ghatak**,N.M.**Healy**, P.**Jackson**: The Macroeconomic Environment. Oxford 1992 (Part IV)
G. **Kirchgässner**: Vom Nutzen der Wirtschaftstheorie für die Wirtschaftspolitik. Konjunkturpolitik. 39. Jg. Heft 4, 1993. S. 201 ff.
H. **Körner**: Die Zukunft der Globalsteuerung - Einleitung. In: H. Körner, Ch. Uhlig (Hrsg.): Die Zukunft der Globalsteuerung. Bern - Stuttgart 1986. S. 7 ff.
H.-J. **Krupp**, B. **Rohwer**, K. W. **Rothschild** (Hrsg.): Wege zur Vollbeschäftigung. Konzepte einer aktiven Bekämpfung der Arbeitslosigkeit. Freiburg/Br. 1986
U. **Teichmann**: Grundriß der Konjunkturpolitik. 5. Aufl. München 1997 (insb. Kap. 7 - 9)
G. **Tichy**: Konjunkturpolitik. Quantitative Stabilisierungspolitik bei Unsicherheit. 3. Aufl. Berlin u.a.O. 1995 (insb. Kap. 6 - 9, 12)

# 10. Kapitel:
# Der Arbeitsmarkt

## 10.1. Einführung

Bislang wurde das Güterangebot eher als *Reaktion* der Nachfrageentwicklung verstanden. Die Angebots- und die dahinter stehenden Produktions-, Kosten- und Marktbedingungen wurden jedoch nicht analysiert. Außerdem tauchten in Kap. 6.7 die Begriffe *Vollbeschäftigung* und *Unterbeschäftigung* auf, ohne dass sie dort klar definiert wurden. Die Begriffe Voll- und Unterbeschäftigung können durchaus auf die Auslastung des Produktionspotentials bezogen werden. Meistens wird jedoch die Beschäftigung des Faktors *Arbeit* in den Vordergrund der Analyse gestellt.

In den bisherigen (kurzfristigen) Ansätzen wurde im Grunde einfach eine *proportionale Beziehung* zwischen Arbeitseinsatz und Produktion (= Realeinkommen) unterstellt. Nunmehr wird die Beschäftigung des Faktors Arbeit direkt aus Angebots- und Nachfragebedingungen am Arbeitsmarkt abgeleitet. Dabei gelten die *Arbeitnehmer*haushalte als *Anbieter* von Arbeit; die *Unternehmen* sind die *Nachfrager* nach Arbeit. Da die Unternehmen Arbeit als Produktionsfaktor nachfragen, ist die Arbeitsnachfrage in Zusammenhang mit den Produktionsbedingungen zu sehen. Die Produktionsbedingungen werden durch die volkswirtschaftliche *Produktionsfunktion* beschrieben.

Nachfolgend werden daher zunächst einige Grundlagen gesamtwirtschaftlicher Produktionsfunktionen vermittelt. Danach werden verschiedene Arbeitsmarktmodelle nebst ihren Konsequenzen für das Problem der Arbeitslosigkeit vorgeführt. Begonnen wird mit dem *(neo)klassischen Arbeitsmarktmodell*. Seine Bedeutung liegt vor allem darin, dass es einen Ansatz für eine (qualitative) Definition von *Vollbeschäftigung* bietet. Es wird auch als Referenzmodell benutzt, an dem die Ergebnisse anderer Modelle gemessen werden. Allerdings geht dieses Modell von sehr stringenten Bedingungen aus. Abweichende Ansätze werden jedoch anschlie-ßend vorgestellt. Schließlich werden aus den Modellen Hinweise auf beschäftigungspolitische Konsequenzen abgeleitet.

In danach vorgestellten Arbeitsmarktmodellen werden einige der extremen Bedingungen der Marktform der vollständigen Konkurrenz aufgegeben. Dadurch lassen sich weitere Ursachen der Arbeitslosigkeit aufzeigen.

## 10.2. Die gesamtwirtschaftliche Produktionsfunktion

Der maximal mögliche gesamtwirtschaftliche Output einer Periode (das Realeinkommen Y) hängt ab von der Zahl und Qualität der verfügbaren Produktionsfaktoren Arbeit, Kapital und Boden sowie der verfügbaren Produktionstechnologie. Im Kern handelt es sich dabei um *mengenmäßige* Beziehungen, die man - sofern sie gewissen Regelmäßigkeiten unterliegen - als Produktions*funktion* beschreiben kann.

> Eine **volkswirtschaftliche Produktionsfunktion** beschreibt als technologische Beziehung die Abhängigkeit des Realeinkommens Y vom mengenmäßigen Einsatz der Produktionsfaktoren Arbeit (N), Sachkapital (K) und Boden (B) bei gegebenem technisch-organisatorischem Wissen (tW).

Der Wunsch nach einer echten *mengenmäßigen* Beziehung lässt sich allerdings - vor allem auf volkswirtschaftlicher Ebene - nicht voll verwirklichen, da sowohl Output als auch Kapitaleinsatz letztlich nicht rein mengenmäßig bestimmt werden können: Der Output (als Summe zahlreicher Güter) kann nur als - wenn auch zu konstanten Preisen - *bewertetes* Güterbündel verstanden werden; die gesamtwirt-schaftlich geleisteten Sachkapitaldienste lassen sich nicht als „Maschinenstunden" messen, vielmehr muss als Ersatz die *Wert*größe Sachkapitalstock herangezogen werden.

In sehr allgemeiner Form lässt sich eine Produktionsfunktion wie folgt schreiben:

$$Y = Y (N, K, B, tW)$$

Der Boden wird allerdings regelmäßig aus der Betrachtung ausgeklammert. Im Rahmen einer *kurzfristig* angelegten Einkommens- und Beschäftigungstheorie wird nur der Arbeitseinsatz N als variabel betrachtet, während die Faktoren K und tW als konstant unterstellt werden ($K = \overline{K}$; $tW = \overline{tW}$), da sich Änderungen dieser Größen im Vergleich zum Faktor Arbeit nicht so schnell auswirken. Insofern lautet eine **kurzfristige volkswirtschaftliche Produktionsfunktion**:

$$Y = Y (N, \overline{K}, \overline{tW})$$

Eine solche kurzfristige gesamtwirtschaftliche Produktionsfunktion ist somit im Grunde nur eine *partielle Produktionsfunktion*.

Eine spezifizierte mathematische Umschreibung einer volkswirtschaftlichen Produktionsfunktion kann letztlich nur aus empirischen Untersuchungen hergeleitet werden. Von besonderer Bedeutung ist die von dem Mathematiker Cobb und dem Wirtschaftswissenschaftler Douglas Ende der 20er Jahre in den USA entwickelte und nach diesen Forschern benannte **Cobb-Douglas-Produktionsfunktion**. Sie hat die Form

$$Y = A K^{\alpha} N^{1-\alpha}$$

Dabei gibt der Parameter A die Produktivität der eingesetzten Technologie an. Es gilt A > 0. Für den Wert der Konstante $\alpha$ gilt: $0 < \alpha < 1$.

Zahlreiche empirische Arbeiten im Anschluß an Cobb und Douglas zeigten, dass die Cobb-Douglas-Funktion einen geeigneten Ansatz zur Beschreibung gesamtwirtschaftlicher Input-Output-Verhältnisse darstellt. Auch die Deutsche Bundesbank bediente sich im Rahmen ihrer Geldpolitik eines solchen, allerdings verfeinerten Ansatzes.

Um die Grundstruktur einer solchen Produktionsfunktion ein wenig zu verdeutlichen, sei nachfolgend auf ein einfaches einführendes Beispiel zurückgegriffen, nämlich:

$$Y = K^{0,4} N^{0,6} \quad \text{(also A = 1; } \alpha = 0,4 \text{)}.$$

Eine tabellarische Darstellung erleichtert die Erläuterung.

**Übersicht 10.1**  Tabellarische Darstellung einer Cobb-Douglas-Produktionsfunktion

|     |     | \multicolumn{8}{c}{K} | | | | | | | |
| --- | --- | --- | --- | --- | --- | --- | --- | --- | --- |
|     |     | 0 | 1 | 2 | 3 | 4 | 5 | 6 | 7 |
|     | 0   | 0 | 0 | 0 | 0 | 0 | 0 | 0 | 0 |
|     | 1   | 0 | 1,0 | 1,23 | 1,39 | 1,52 | 1,62 | 1,71 | 1,79 |
|     | 2   | 0 | 1,62 | 2,0 | 2,26 | 2,46 | 2,63 | 2,78 | 2,91 |
| N   | 3   | 0 | 2,16 | 2,66 | 3,0 | 3,27 | 3,5 | 3,69 | 3,87 |
|     | 4   | 0 | 2,64 | 3,25 | 3,67 | 4,0 | 4,28 | 4,52 | 4,73 |
|     | 5   | 0 | 3,08 | 3,8 | 4,29 | 4,68 | 5 | 5,28 | 5,53 |
|     | 6   | 0 | 3,5 | 4,32 | 4,87 | 5,31 | 5,68 | 6,0 | 6,28 |
|     | 7   | 0 | 3,9 | 4,81 | 5,43 | 5,92 | 6,33 | 6,68 | 7,0 |

Die Tabelle lässt unmittelbar erkennen, dass eine proportionale Ausdehnung beider Produktionsfaktoren den Output ebenfalls proportional wachsen lässt (sog. *konstante Skalenerträge*). Ferner wird deutlich, dass bei *Konstanz* eines Faktors (z.B. K = 4) der Output mit steigendem Einsatz des zweiten Faktors (hier Arbeit N) zwar steigt, aber mit *abnehmenden* Grenzerträgen. Mathematisch gilt: Die **Grenzproduktivität der Arbeit** ist die partielle Ableitung der Produktionsfunktion nach N.

**Übersicht 10.2**  Cobb-Douglas-Produktionsfunktion und Faktorgrenzproduktivität

| *allgemeiner Ansatz* | *Zahlenbeispiel* |
| --- | --- |
| $Y = A K^{\alpha} N^{1-\alpha}$ | $Y = K^{0,4} N^{0,6}$ |
| \multicolumn{2}{c}{*Grenzproduktivität der Arbeit*} | |
| $\dfrac{\partial Y}{\partial N} = (1 - \alpha) A K^{\alpha} N^{-\alpha}$ | $\dfrac{\partial Y}{\partial N} = 0,6 K^{0,4} N^{-0,4}$ |
|  | Beispiel: K = 4 $\dfrac{\partial Y}{\partial N} = 1,04466 N^{-0,4}$ |
| \multicolumn{2}{c}{*Grenzproduktivität des Kapitals*} | |
| $\dfrac{\partial Y}{\partial K} = \alpha A K^{\alpha-1} N^{1-\alpha}$ | $\dfrac{\partial Y}{\partial K} = 0,4 K^{-0,6} N^{0,6}$ |

In der kurzfristigen Betrachtung der Einkommens- und Beschäftigungstheorie
(Makroökonomik im engeren Sinne) wird - wie bereits oben erwähnt - der Kapitaleinsatz als konstant unterstellt; das bedeutet gleichzeitig, dass der Kapazitätseffekt
der Investitionen nicht beachtet wird. Damit ergeben sich die Beziehung zwischen
Y und N sowie der Verlauf der Grenzproduktivität entsprechend Abb. 10.3.

**Abb. 10.3**  Die kurzfristige gesamtwirtschaftliche Produktionsfunktion und die
Grenzproduktivität der Arbeit

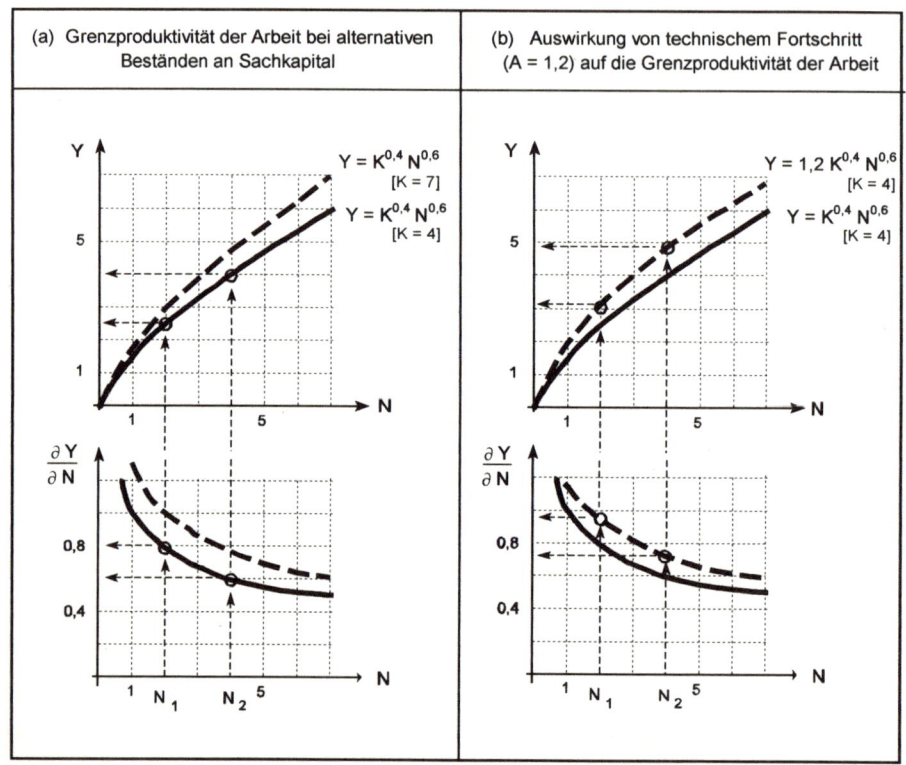

Abb. 10.3-a zeigt den Verlauf der partiellen Produktionsfunktion bei alternativen
Beständen an Sachkapital K und der daraus jeweils resultierenden Grenzproduktivität der Arbeit. Abb. 10.3-b beschreibt die Auswirkung einer Produktivitätssteigerung (der Parameter A steigt von $A_0 = 1$ auf $A_1 = 1,2$) auf den Output Y und
die Grenzproduktivität der Arbeit.

Erwähnenswert ist, dass die Grenzproduktivität des Faktores Kapital offenbar geringer ist als
die des Faktors Arbeit. Als Ausgangsbeispiel sei die Funktion $Y = K^{0,4} N^{0,6}$ und die
Kombination K = 4 und N = 4 gewählt (vgl. Übersicht 10.1). Bei alleiniger Zunahme des
Faktors K um 25 % steigt der Output um 7 % (auf 4,28), bei alleiniger Zunahme der Arbeit
um 25 % jedoch um 17 % (auf 4,68). Die beiden Faktoren tragen also offenbar in ungleicher
Weise zur Erhöhung der Produktion bei. - Man kann übrigens leicht nachvollziehen, dass ein
Anstieg des Parameters A (also ein technisch-organisatorischer Fortschritt) die Grenzproduk-
tivitäten beider Faktoren proportional erhöht.

Zum Schluss dieser knappen Einführung in die Theorie der Produktionsfunktion sei noch ein kurzer Hinweis auf den folgenden Sachverhalt gegeben: Die Cobb-Douglas-Produktionsfunktion war auch als Erklärungsansatz für die empirische Tatsache gedacht, dass die Anteile von Arbeit und Kapital am Volkseinkommen eine beachtliche Konstanz zeigen.[1] Werden die Produktionsfaktoren entsprechend ihrer Grenzproduktivitäten entlohnt (dies gilt zumindest in einem Faktormarkt mit *vollständiger Konkurrenz* und *gewinnmaximalem Verhalten* der faktornachfragenden Unternehmen), dann entsprechen die Einkommensanteile der beiden Faktoren (die Lohn- bzw. Profitquote) genau den entsprechenden Exponenten in der Produktionsfunktion, also der Lohnanteil beträgt $(1 - \alpha)$, der Kapitalanteil $\alpha$.

Man beachte, dass dies *unabhängig* von der Menge der jeweils eingesetzten Faktoren und unabhängig vom Stand des technisch-organisatorischen Wissens (ausgedrückt durch A) gilt! Letzteres ergibt sich aus den nachfolgenden Rechenschritten:

(a) Entlohnung der Arbeitsmenge N mit ihrer Grenzproduktivität

$$\frac{\partial Y}{\partial N} \, N = (1 - \alpha) \, A \, K^\alpha \, N^{-\alpha} \, N = (1 - \alpha) \, A \, K^\alpha \, N^{1-\alpha}$$

(b) Entlohnung der Kapitalmenge K mit ihrer Grenzproduktivität

$$\frac{\partial Y}{\partial K} \, K = \alpha \, A \, K^{\alpha-1} \, K \, N^{1-\alpha} = \alpha \, A \, K^\alpha \, N^{1-\alpha}$$

Da $\alpha \, A \, K^\alpha \, N^{1-\alpha} = Y$, gilt (a) $\frac{\partial Y}{\partial N} \, N = (1 - \alpha) \, Y$ und (b) $\frac{\partial Y}{\partial K} \, K = \alpha \, Y$ was nichts anderes beschreibt als (a) die Lohnquote und (b) die Quote der Einkommen aus Unternehmertätigkeit und Vermögen.

## 10.3. Das klassische Arbeitsmarktmodell

### 10.3.1. Die Bedingungen des klassischen Arbeitsmarktmodells

Das klassische Arbeitsmarktmodell ist mikroökonomisch orientiert. Die gesamtwirtschaftliche Nachfrage nach und das Angebot an Arbeit werden aus dem individuellen Verhalten von einzelnen Unternehmen und Haushalten abgeleitet. Sowohl die Gütermärkte als auch die Faktormärkte werden jeweils als Märkte in der Marktform der *vollständigen Konkurrenz* gesehen. Damit gelten für den Arbeitsmarkt die folgenden (extremen) Bedingungen:
- Der Faktor Arbeit ist *homogen*; es gibt also z.B. keine Unterschiede hinsichtlich der Fähigkeiten und Berufe.
- Es gibt nur *einen* einheitlichen Lohnsatz.
- Es handelt sich um einen *Punkt*markt, d.h. räumliche Aspekte (wie z.B. die räumliche Trennung von Wohn- und Arbeitsort) sind ausgeklammert.

---

1) In der BR Deutschland stieg die bereinigte Lohnquote seit 1960 bis zu Beginn der 80er Jahren durchaus zwar stärker an, fiel dann aber langsam wieder und erreichte in den 90er Jahren in etwa wieder den Wert von 1960. Damit war sie also sehr langfristig gesehen ebenfalls erstaunlich stabil (vgl. Kap. 3.2.4).

Die Unternehmen haben als Ziel die Gewinnmaximierung. In einem Markt der vollständigen Konkurrenz verfolgen sie dieses jeweils als Mengenanpasser. Jedes einzelne Unternehmen fragt entsprechend seiner individuellen betrieblichen (mikroökonomischen) Produktionsbedingungen Produktionsfaktoren nach. Im Rahmen makroökonomischer Analysen geht man allerdings regelmäßig nicht bis auf die Ebene einzelner Betriebe hinab, um dann anschließend die individuellen Arbeitsnachfragen zu addieren. Man setzt üblicherweise gleich bei einer *gesamtwirtschaftlichen* Produktionsfunktion an, die mehr oder weniger genau spezifiziert wird.

Am Arbeitsmarkt bildet sich der Preis für Arbeit als **Reallohn** (Nominallohn w dividiert durch Preisniveau P). Dies bedeutet, dass sich Anbieter und Nachfrager nicht am reinen Geldwert des Lohnsatzes (Nominallohn w) orientieren, sondern an der *realen Kaufkraft* des Lohnes. Unterstellt wird ferner, dass das Preisniveau P aus der Sicht der beiden Marktparteien denselben Wert hat. In der Realität muss dies jedoch nicht zutreffen: 1. In Lohnverhandlungen gehen auch *Erwartungen* über die zukünftige Entwicklung des Preisniveaus ein; die Erwartungen können jedoch bei beiden Parteien unterschiedlich sein. 2. Die für die beiden Seiten relevanten Warenkörbe sind anders zusammengesetzt, so dass sich auch die für beide Gruppen jeweils relevanten Preisindizes unterschiedlich entwickeln können. Im klassischen Arbeitsmarktmodell wird auch der Unterschied zwischen Produzenten- und Konsumentenlohn nicht beachtet.

## 10.3.2. Die Nachfrage nach Arbeit

Die gesamtwirtschaftliche Arbeitsnachfrage wird im klassischen Arbeitsmarktmodell auf das (mikroökonomische) Gewinnmaximierungskalkül der Unternehmen zurückgeführt. Danach ergibt sich die gewinnmaximale Faktornachfrage aus der Bedingung $E' = K'$. Es werden also solange Arbeitskräfte nachgefragt, bis die durch sie verursachten Grenzkosten gleich den Grenzerlösen sind. Aus den physischen Größen, die der Produktionsfunktion zugrunde liegen, lassen sich Wertgrößen durch Multiplikation mit Güter- und Faktorpreisen bilden.

Dieser Ansatz wird unmittelbar auf die gesamtwirtschaftliche Ebene übertragen. Als Produkt (Output) gilt das „Güterbündel" *Einheit des realen Inlandsprodukts*. Der Preis dieses Güterbündels ist das Preisniveau P. Der zusätzliche wertmäßige Ertrag $E'$ einer zusätzlich eingesetzten Arbeitseinheit - die *Wertgrenzproduktivität der Arbeit* - ist somit das mathematische Produkt aus dem Preisniveau P und der (physischen) Grenzproduktivität der Arbeit, also $P \dfrac{\partial Y}{\partial N}$. Die Grenzkosten entsprechen in diesem Modell dem Nominallohnsatz (auch: Geldlohnsatz) w, da der Lohnsatz für jedes einzelne Unternehmen ein Datum ist. Die gewinnmaximierenden Unternehmen fragen solange Arbeit nach, wie die Wertgrenzproduktivität der Arbeit noch höher als der Nominallohnsatz w ist. Im Gewinnmaximum ist schließlich die Bedingung erfüllt:

$$P \; \frac{\partial Y}{\partial N} \; = \; w \qquad \text{oder} \qquad \frac{\partial Y}{\partial N} \; = \; \frac{w}{P}$$

Damit ergibt sich, dass die **Arbeitsnachfrage** $N_N$ der Unternehmen vom **Reallohn abhängig** ist. Die Arbeitsnachfrage nimmt mit fallendem Reallohnsatz zu, da die Kurve der Grenzproduktivität der Arbeit (als Ausdruck für technologische Beziehungen) fallend ist. Man kann auch sagen, dass in dieser Sicht die Arbeitsnachfragekurve und die Kurve der gesamtwirtschaftlichen Grenzproduktivität der Arbeit (vgl. Abb. 10.3-a) zusammenfallen. Somit gilt:

---

**Arbeitsnachfrage** (im klassischen Arbeitsmarktmodell)

Die Arbeitsnachfrage der Unternehmen hängt vom Reallohn ab. Sie nimmt mit fallendem Reallohn zu.

$$N_N = N_N \left(\frac{w}{P}\right) \ , \quad \text{wobei} \quad \frac{d\,N_N}{d\left(\frac{w}{P}\right)} < 0$$

---

Grafisch ist die Arbeitsnachfrage in klassischer Sicht in Abb. 10.4 wiedergegeben.

**Abb. 10.4**  Die gesamtwirtschaftliche Arbeitsnachfrage

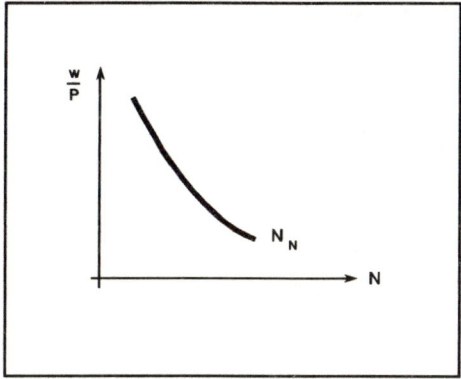

### 10.3.3.  Das Angebot an Arbeit

Auch das Arbeitsangebot der Haushalte wird im Klassischen Ansatz im Prinzip aus dem (nutzenmaximierenden) Verhalten *einzelner* Haushalte abgeleitet. Im Vordergrund steht dabei das Problem der *optimalen Aufteilung* **der begrenzten Zeit** auf *Arbeit* (im Sinne einer *entlohnten Markt*-Arbeit) und *Nicht-Arbeit* (die hier vereinfacht als „Freizeit" bezeichnet werden soll); es handelt sich also um eine **Arbeits-Freizeit-Entscheidung**. Unter anderem mit Hilfe der Nutzentheorie wird versucht, Aussagen über den Nutzen von Freizeit und Arbeit zu ermöglichen und damit dann den Verlauf des individuellen Arbeitsangebots zu begründen. Auf die Wiedergabe der sehr umfangreichen Ableitungen muss hier verzichtet werden [vgl. z.B. Franz (1996); Teil II)]. Es dürfte aber erwähnenswert sein, dass im klassischen Ansatz die Arbeit selbst eher als unangenehm, Unlustgefühle hervorrufend betrachtet wird; es wird daher auch von **Arbeitsleid** gesprochen. Ihr Nutzen liegt

nur im Einkommenserwerb. Mit Arbeit verbundene Erfolgserlebnisse außerhalb des
Einkommensaspektes werden nicht beachtet.

Als Ergebnis des nutzenmaximierenden Verhaltens der Haushalte wird üblicherweise von einem Verlauf des *einzelwirtschaftlichen* Arbeitsangebots entsprechend Abb.
10.5-a ausgegangen. Dieser Verlauf lässt sich wie folgt begründen: Bei sehr niedrigen, kaum das Existenzminimum deckenden Reallöhnen $[(w/P)_1]$ wird das
Arbeitsangebot zwangsläufig sehr hoch sein. Ab einer bestimmten Lohnhöhe
$[(w/P)_2]$ kann das Arbeitsangebot zugunsten von Freizeit eingeschränkt werden.
Erreicht das Lohnniveau attraktive (und weiter steigende) Werte $[(w/P)_3]$, wird das
Angebot voraussichtlich wieder ausgedehnt, um bei noch weiter steigenden Reallöhnen $[(w/P)_4]$ irgendwann wieder zurückzugehen.

**Abb. 10.5**  Das einzel- und gesamtwirtschaftliche Arbeitsangebot in klassischer Sicht

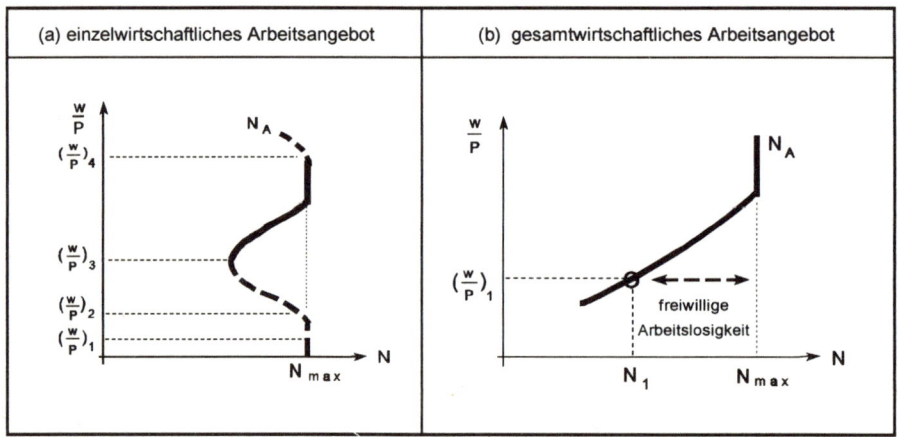

Die *gesamtwirtschaftliche* Arbeitsangebotskurve ergibt sich als Summe der individuellen Angebote. In der gesamtwirtschaftlichen Betrachtung werden allerdings
regelmäßig die (gestrichelt gezeichneten) anormal verlaufenden Äste der individuellen Angebotskurve ausgeklammert. Damit ergibt sich für das gesamtwirtschaftliche
Arbeitsangebot, dass im Normalfall das **Arbeitsangebot** - wie die Nachfrage - **als
reallohnabhängig** gilt und dass das Angebot mit steigendem Reallohn zunimmt.
Die  Elastizität des Arbeitsangebots in Bezug auf den Reallohn wird jedoch meist
als nicht sehr hoch angesehen (der ansteigende Ast verläuft dann ziemlich steil).
Das Arbeitsangebot kann allerdings nur solange ansteigen, bis das Arbeitspotential
(Labor Force) $(N_{max})$ ausgeschöpft ist (Abb. 10.5-b). (In der Praxis ist die quantitative Bestimmung des Arbeitspotentials jedoch sehr schwierig.)

Aus dem Verlauf des klassischen Arbeitsangebots folgt, dass es eine reallohnabhängige **freiwillige Arbeitslosigkeit** gibt. Beim Reallohn $(w/P)_1$ wird nämlich nur
die Arbeitsmenge $N_1$ angeboten, da einem Teil der Anbieter dieser Lohn für eine
Arbeitsaufnahme zu niedrig ist. Für diese Arbeitnehmer fällt der Vergleich zwischen
dem Nutzen von Arbeit und Freizeit zugunsten der Freizeit aus. Daraus resultiert

eine *freiwillige* Arbeitslosigkeit im Ausmaß $N_{max} - N_1$, die auch als **Niedriglohnarbeitslosigkeit** bezeichnet wird.

Nur wenn die tatsächlich beschäftigte Arbeitsmenge bei einem bestimmten Lohnsatz [z.B. $(w/P)_1$] - aus welchen Gründen auch immer - kleiner ist als die bei diesem Lohnsatz angebotene Arbeitsmenge ($N_1$), liegt *unfreiwillige Arbeitslosigkeit* vor.

---

**Unfreiwillige Arbeitslosigkeit**

Sie liegt dann vor, wenn Arbeitsanbieter bereit sind, zum *herrschenden Lohnsatz* Arbeit anzunehmen, aber dennoch keine Arbeit finden.

---

Das Arbeitsangebot kann somit formal wie folgt beschrieben werden:

---

**Arbeitsangebot** (im klassischen Arbeitsmarktmodell)

Das Arbeitsangebot der Arbeitnehmer hängt vom Reallohn ab. Es nimmt mit steigendem Reallohn zu.

$$N_A = N_A \left(\frac{w}{P}\right), \quad \text{wobei} \quad \frac{d\,N_A}{d\left(\frac{w}{P}\right)} > 0$$

---

### 10.3.4. Das Arbeitsmarkt-Gleichgewicht und die Vollbeschäftigungsdefinition

Wie in allen Marktmodellen wird auch am Arbeitsmarkt das Gleichgewicht als Übereinstimmung von Arbeits*angebot* und Arbeits*nachfrage* verstanden. Daher ergeben sich im Arbeitsmarkt-Modell der Gleichgewichtslohn $(w/P)_0$ und die gleichgewichtige Arbeitsmenge $N_0$ aus dem Schnittpunkt von Angebot und Nachfrage.

Der Gleichgewichtsreallohn bewirkt, dass keine unfreiwillige Arbeitslosigkeit auftritt, sondern nur *freiwillige* (im Ausmaß a). Der Gleichgewichtsreallohn ist zugleich derjenige, der unter den Bedingungen des Modells zur *größtmöglichen Arbeitsmenge* N führt. Höhere Reallöhne würden den Arbeitseinsatz N durch die geringere Nachfrage begrenzen; niedrigere Reallöhne würden nicht genügend Anreiz zur Arbeitsaufnahme bieten. Deshalb kann die durch den Gleichgewichtslohn bestimmte Arbeitsmenge $N_0$ als *Vollbeschäftigung* des Faktors Arbeit ($N_{VB}$) verstanden werden.

---

**Vollbeschäftigung des Faktors Arbeit**

In klassischer Sicht herrscht *Vollbeschäftigung* (des Faktors Arbeit), wenn *Arbeitsmarkt-Gleichgewicht* besteht. Dann findet jeder Anbieter, der zu diesem Reallohnsatz arbeiten will, Arbeit. Jedes arbeitsnachfragende Unternehmen, das diesen Reallohnsatz zu zahlen bereit ist, wird befriedigt. Jeder Arbeiter, der zu diesem Lohnsatz nicht arbeiten will, ist freiwillig arbeitslos. Vollbeschäftigung bedeutet damit nicht, dass das gesamte Arbeitspotential $N_{max}$ beschäftigt sein muss.

---

**Abb. 10.6**  Das klassische Arbeitsmarkt-Gleichgewicht

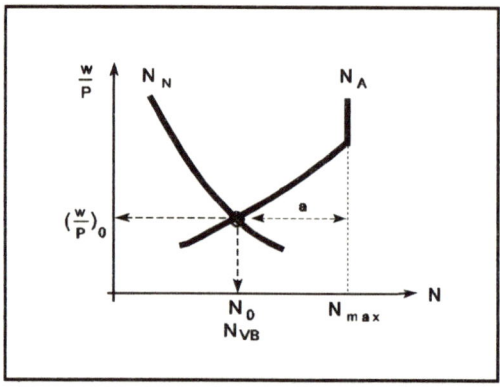

Nur dieses Gleichgewicht steht in Einklang mit dem gegebenen Sachkapital-bestand K und den technologischen Bedingungen der Produktion (der Produktions-funktion), der Zielsetzung der Unternehmen (nämlich Periodengewinnmaximie-rung) und den Nutzenvorstellungen der anbietenden Haushalte. Diese Arbeits-menge wird daher auch als Referenzgröße verwendet, um durch Vergleich mit ihr Unter- bzw. Überbeschäftigungssituationen zu bestimmen.

Im klassischen Ansatz ist gewährleistet, dass sich bei Abweichungen des tatsächli-chen Reallohns vom Gleichgewichtswert wieder das Gleichgewicht einstellt. Gemäß der Konkurrenz-Preisbildung in jedem beliebigen Markt würde auch am Arbeits-markt bei einem zu hohen Reallohn ein Unterbieten derjenigen Anbieter einsetzen, die auch mit einem niedrigeren Reallohn zufrieden wären; der Reallohn würde sinken. Umgekehrt würden bei einem zu niedrigen Reallohn die Nachfrager für einen Preisanstieg sorgen, der dann die angebotene Menge ausdehnen würde.

Es muss allerdings beachtet werden, dass in der Realität *Nominallöhne* vereinbart werden, nicht aber Reallöhne. Das ändert aber am Ausgleichsmechanismus nichts, solange die Nominallöhne voll *flexibel* sind, d.h. auch fallen können. Wenn dann nämlich z.B. das Preisniveau fällt, bedeutet dies bei zunächst konstanten Nominal-löhnen einen Anstieg der Reallöhne. Dieser würde die Arbeitsnachfrage zurückge-hen lassen. Da jedoch davon ausgegangen wird, dass die Anbieter *reallohn*orientiert anbieten (d.h. merken, dass sie mit einer Geldeinheit nun real mehr kaufen kön-nen), würden sie sich hinsichtlich ihrer Nominallöhne teilweise unterbieten, um wieder Arbeit zu bekommen. Das Sinken der Nominallöhne bewirkt, dass die zunächst über den Gleichgewichtswert gestiegenen Reallöhne wieder auf den Gleichgewichtswert zurückgehen.

Änderungen des Gleichgewichtsreallohns gehen zurück auf Änderungen von Arbeitsangebot und / oder Arbeitsnachfrage. Die Arbeitsangebotskurve kann sich z.B. nach links / oben verlagern, wenn die Anbieter insgesamt ihre Vorstellungen über die angemessene Höhe des Reallohns nach oben revidieren. Sie würde sich nach rechts / unten verschieben, wenn die arbeitswillige Bevölkerung (z.B. durch Zuwanderung) zunimmt. Die Nachfrage steigt z.B., wenn die Produzenten ihre Produktion ausweiten wollen oder wenn die Produktivität durch technischen Fortschritt steigt (vgl. Abb. 10.3-b). Die Wirkungen auf den Reallohn und die (gleichgewichtige) Arbeitsmenge können leicht mit Hilfe der Preistheorie abgeleitet werden.

Der **Arbeitsmarkt bestimmt** in klassischer Sicht zugleich das **Ausmaß der Produktion** (des Realeinkommens Y). Aus den Bedingungen des Arbeitsmarkts resultiert die Menge des Arbeitseinsatzes, die die *Vollbeschäftigungs-Arbeitsmenge* ($N_{VB}$) ist. Durch diese Arbeitsmenge ist über die gesamtwirtschaftliche Produktionsfunktion das *Vollbeschäftigungs-Realeinkommen* ($Y_{VB}$) determiniert (vgl. Abb. 10.7). Probleme hinsichtlich einer eventuell nicht ausreichenden gesamtwirtschaftlichen Nachfrage gibt es nicht, da die Gültigkeit des Sayschen Theorems unterstellt wird, eine ausreichende Güternachfrage also letztlich immer gesichert ist.

**Abb. 10.7**   Die Ableitung des Vollbeschäftigungseinkommens aus den Arbeitsmarktbedingungen (klassische Sicht)

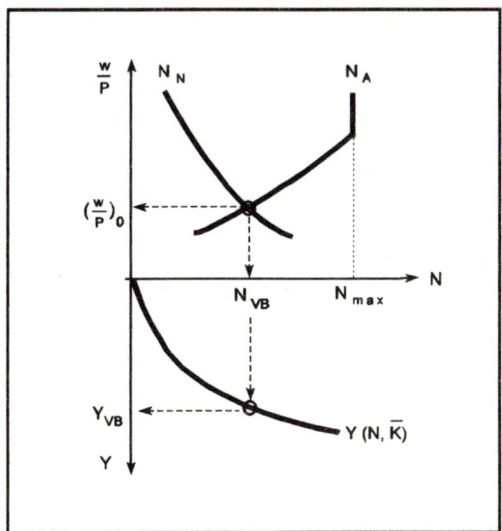

## 10.4. Ursachen der Arbeitslosigkeit

### 10.4.1. Die klassische Arbeitslosigkeit

Es wurde gezeigt, dass es im reinen Modell der (Neo-)Klassik - flexible Nominallöhne vorausgesetzt - *keine* (längerfristige) *unfreiwillige* Arbeitslosigkeit geben kann. Wenn in der Realität dennoch unfreiwillig arbeitslose Personen (also solche, die zum herrschenden Lohnsatz arbeiten möchten, aber keine Arbeit finden) zu verzeichnen sind, kann dies nach klassischer Auffassung nur an einem einzigen Grund liegen: Der tatsächliche Reallohn ist [in Abb. 10.8 mit z.B. $(w/P)_{min}$] höher als der Gleichgewichtsreallohn $(w/P)_0$. Es muss also ein Mindestpreis(lohn)problem vorliegen. Mindestpreise verhindern bekanntermaßen den Marktausgleich, die Markträumung (= Vollbeschäftigung). Die zu hohen Reallöhne **(Mindestlöhne)** führen also zu **Unterbeschäftigung**, hier im Ausmaß $N_{A1} - N_{N1}$. Für die auf zu hohe Reallöhne zurückzuführende Arbeitslosigkeit wird meistens die Bezeichnung **klassische Arbeitslosigkeit** verwendet. Zu finden sind aber auch die Bezeichnungen **reallohnbedingte Arbeitslosigkeit** und **Mindestlohn-Arbeitslosigkeit**.

**Abb. 10.8**   Klassische Arbeitslosigkeit

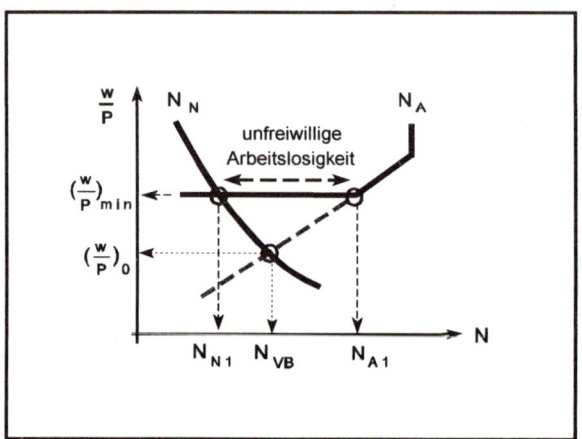

Ungeklärt ist bislang jedoch noch die Frage, *warum* es zu zu hohen Reallöhnen kommt. Oft werden als Grund *Marktunvollkommenheiten* angeführt. Sie werden allerdings hier gesondert in Abschnitt 10.4.3 behandelt. Besonders oft wird die Marktstörung damit begründet, dass der Arbeitsmarkt kein Konkurrenzmarkt ist, sondern dass Arbeitgeberverbände und Gewerkschaften eher im Sinne eines bilateralen Monopols *Mindestlöhne* vereinbaren . Damit ist die Herbeiführung des Marktausgleichs (= Vollbeschäftigung) durch das Wirken des Konkurrenzpreismechanismus ausgeschaltet.

Die **Effizienzlohntheorie** weist vorrangig den Unternehmen die Verantwortung für die zu hohen Reallöhne zu. Die Argumentation verläuft dabei wie folgt: Die Unternehmen kennen die Leistung ihrer Arbeitnehmer (ihre Produktivität) nicht genau und können sie auch nicht vollständig überwachen. Daher zahlen sie als Leistungsanreiz lieber gleich einen höheren Lohn als den Gleichgewichtsreallohn. Der dadurch ausgelöste Leistungsanreiz wird die Arbeitsproduktivität spürbar erhöhen und die Lohnstückkosten senken. Dadurch wird nicht nur die Leistung erhöht, auch die Fluktuation (die ihrerseits Kosten verursacht) wird vermindert. Außerdem darf das Unternehmen erwarten, dass sich besonders qualifizierte Bewerber melden. Verhält sich die Masse der Unternehmen in dieser Weise, so kommt es zu einem - im Vergleich zum Gleichgewichtsreallohn - zu hohen Lohn. Die Unternehmen haben also gerade keinen Anlass, Bewerber mit niedrigeren

Lohnforderungen einzustellen und auf diese Weise den Reallohn zu senken, da dies negative Rückwirkungen auf die Produktivität der bisherigen Beschäftigten haben dürfte.

Andere führen die zu hohen Reallöhne auf das **Verhalten der Gewerkschaften** zurück. Danach führe der Abstimmungsprozess innerhalb der Gewerkschaften dazu, dass sich das „Standard-Gewerkschaftsmitglied" (Insider) durch hohe Lohnforderungen durchaus individuelle Vorteile versprechen darf, allerdings gegebenenfalls auf Kosten von Randgruppen in der Gewerkschaft und / oder vor allem nicht organisierter Arbeitnehmer (Outsider) [vgl. z.B. Berthold [1988]; S. 487f.).

Es muss allerdings diskutiert werden, ob die Frage „Warum vereinbaren die Marktparteien einen zu hohen Reallohn?" überhaupt richtig gestellt ist. Es kann nämlich grundsätzlich immer nur eine Vereinbarung über die *Nominal*löhne getroffen werden. Die Marktparteien am Arbeitsmarkt, insbesondere die Gewerkschaften, lassen in ihre Nominallohnforderungen zwar gegebenenfalls vergangene und erwartete Änderungen der Kaufkraft der Löhne einfließen, aber sie können nicht direkt über die *Real*löhne disponieren. Landmann und Jerger (1999; S. 73) formulieren dies sehr dezidiert:

„Wie schon Keynes (1936) mit größtem Nachdruck betont hat, gibt es niemanden, der über den Reallohn als solchen disponieren kann. Die Tarifpolitik und vielleicht die Marktkräfte am Arbeitsmarkt mögen die Entwicklung der *Nominal*löhne bestimmen, aber das Preissetzungsverhalten der Unternehmungen bestimmt die Güterpreise und damit das allgemeine Preisniveau. Was hieraus als *Real*lohn, d.h. als Quotient von Nominallohn- und Preisniveau resultiert, ist *endogenes* Ergebnis beider Entscheidungen."

Diese Aussage sollte nicht fehlinterpretiert werden: Sie besagt nicht, dass die Löhne niemals „zu hoch" sein können. Ein besonders prägnantes Beispiel für die Wirkung zu hoher Löhne auf die Beschäftigung bietet die Entwicklung in den ostdeutschen Bundesländern nach der Wiedervereinigung [vgl. Landmann, Jerger (1999); S. 65 f.]. Die in kurzer Zeit erfolgte außerordentliche Erhöhung der Ostlöhne ohne entsprechende gleichzeitige Erhöhung der Arbeitsproduktivität bewirkte einen massiven Stellenabbau.

Auf den Aspekt, dass nur Nominallöhne, nicht aber Reallöhne vereinbart werden können, wird später nochmals eingegangen. Zunächst wird er jedoch wieder zurückgestellt und gezeigt, wie in einem Arbeitsmarktmodell, das grundsätzlich auf dem (neo)klassischen Ansatz basiert, ein Nachfragemangel im Güterbereich zu (unfreiwilliger) Arbeitslosigkeit führen kann.

### 10.4.2. Die konjunkturelle oder keynesianische Arbeitslosigkeit

Sowohl das Vorhandensein einer (in Kap. 10.3.2 erwähnten) Niedriglohn-Arbeitslosigkeit als auch das einer friktionellen Arbeitslosigkeit (siehe Kap. 10.4.3) wurden von Keynes nicht bestritten [vgl. Keynes (1974); S. 13], aber das Problem der Arbeitslosigkeit auf diese Komponenten zu beschränken, schien ihm - gerade auch angesichts der damaligen Verhältnisse - einfach nicht zulässig. Obwohl Keynes auch Bedenken gegen das im klassischen Arbeitsmarktmodell zugrunde gelegte reallohn-abhängige Arbeitsangebot äußerte, kann der Kerngedanke von Keynes zunächst durchaus auch im Rahmen des klassischen Arbeitsmarktmodells diskutiert werden.

Oben wurde gezeigt, dass in klassischer Sicht die Arbeitsmarktbedingungen die Höhe der Produktion bestimmen. Im keynesianischen Ansatz ist es aber in entschei-dendem Maße die effektive Nachfrage, die - unter Beachtung des Geldmarkts - die Produktion bestimmt; und die Produktion bedingt ihrerseits die Arbeitsnachfrage. Der keynesianische Gedankengang lässt sich am besten durch die Abb. 10.9 verdeut-lichen. Das Gütermarkt-Geldmarkt-Gleichgewicht (Schnittpunkt von IS und LM) bildet den Ausgangspunkt. Es bestimmt die Höhe des Realeinkommens $Y_1$. Ist die gesamtwirtschaftliche Nachfrage unzureichend, ist das Realeinkommen $Y_1$ kleiner als das Vollbeschäftigungseinkommen $Y_{VB}$. Die Produktionswünsche in Höhe von $Y_1$ bedingen nur eine Arbeitsnachfrage von $N_1$. Diese Arbeitsmenge $N_1$ ist aber durchaus vereinbar mit dem Reallohn $(w/P)_1$. Dieser Reallohn würde in *klassischer Sicht* als „zu hoher" Lohn und damit als *Ursache* für die Arbeitslosigkeit interpretiert werden. In *keynesianischer Sicht* wäre er jedoch die *Folge* des Wirtschaftsprozesses. Selbst ein niedrigerer Lohn in Höhe des Gleichgewichtslohns $(w/P)_0$ - wie auch weitere Lohnsenkungen - würde die Beschäftigungsmenge nicht ausdehnen. Unter

**Abb. 10.9** Die keynesianische Arbeitslosigkeit

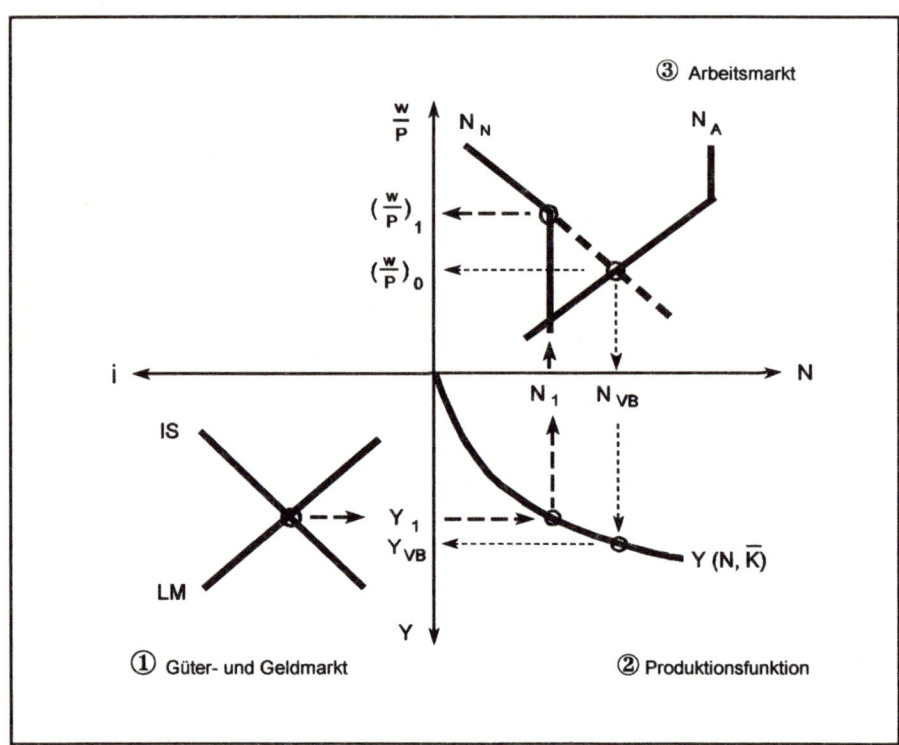

diesen Bedingungen könnte also durch **Lohnverzicht** seitens der Arbeitnehmer **keine Zunahme der Beschäftigung** erreicht werden, wie leicht aus Abb. 10.9 ersichtlich ist. Mangelnde Güternachfrage ist Ausdruck einer schlechten Konjunkturlage. Daher spricht man in diesem Fall von **konjunktureller** oder **keynesianischer Arbeitslosigkeit**.

Im soeben dargestellten Modell wurde die klassische Arbeitsnachfragekurve für einen weiten Bereich aufgegeben. Gleichwohl bleibt die klassische Gleichgewichtslösung zumindest als Bezugsgröße bestehen. Die klassische Arbeitsnachfragekurve (die in Abb. 10.9 als Referenzlinie gestrichelt eingezeichnet ist) ist u.a. deshalb mit der Grenzproduktivität der Arbeit identisch, weil im Rahmen der zugrunde gelegten Produktionsfunktion der Faktor Sachkapital K immer als vollausgelastet gilt. Eine solche Annahme widerspricht jedoch der Voraussetzung der **allgemeinen Unterauslastung**. In einer solchen Situation ist nämlich davon auszugehen, dass zusätzliche Arbeitseinsätze nicht zu fallenden Grenzproduktivitäten führen, da auch die Menge des tatsächlich *genutzten* Sachkapitals mitwachsen kann. Dann ist für die Arbeitsnachfrage aber nur noch allein der senkrechte Ast maßgebend. Je größer die Absatzerwartungen der Produzenten (die erwartete gesamtwirtschaftliche Nachfrage und damit das geplante Produktionsniveau), desto weiter rechts liegt dann die Arbeitsnachfragekurve. Und das Reallohnniveau spielt allenfalls insoweit eine Rolle, als es irgendwo eine Obergrenze $(w/P)_{max}$ gibt, die die Nachfrager (die Unternehmen) nicht zu überschreiten bereit sind.

Während Keynes selbst sich hinsichtlich der Arbeits*nachfrage* noch weithin im klassischen System bewegte, hat er gegen den klassischen Ansatz des Arbeits*angebots* schon früh Bedenken angemeldet. Ein durchformulierter Gegenvorschlag wurde von ihm allerdings nicht vorgelegt. Ein ebenfalls reallohnunabhängiges Angebot (senkrechter Verlauf der Angebotskurve) dürfte jedoch die keynesianische Position am besten wiedergeben [so jedenfalls Kromphardt (1985); S. 598]. Auf der einen Seite wird das klassische Argument akzeptiert, dass mit steigendem Reallohn das Angebot zunimmt, weil Freizeit immer teurer wird. Auf der anderen Seite resultiert aus dem Produkt von Reallohn und Arbeitszeit das Realeinkommen der Arbeitnehmer. Insbesondere bei sinkendem Lohn würden wohl wenige Arbeitnehmer ihr Angebot einschränken mit dem Argument, Freizeit sei ja nun billiger, d.h. attraktiver geworden. Da die Gesamtwirkung beider Effekte schwer abzuschätzen ist, erscheint eine senkrechte Angebotskurve als vertretbarer Mittelweg.

Der Arbeitsmarkt stellt sich unter diesen Bedingungen grafisch entsprechend Abb. 10.10 dar. Bei einer erwarteten geringen gesamtwirtschaftlichen Nachfrage $Y_{N1}$ gilt die Arbeitsnachfrage $N_N$ ($Y_{N1}$). Bei der höheren, aber immer noch zu geringen Güternachfrage $Y_{N2}$ gilt $N_N$ ($Y_{N2}$). Hier handelt es sich damit um eine prinzipielle **Nicht-Gleichgewichts-Situation**, denn es gibt keinen Schnittpunkt zwischen $N_A$ und $N_N$ und damit auch keinen Gleichgewichtslohn. Die Beschäftigung ist durch die jeweilige Nachfrage beschränkt. Zwischen den Arbeitsmarktparteien wird der Nominallohn ausgehandelt. Ist das Preisniveau nicht konstant, ergibt sich der Reallohn erst durch die Preisniveauentwicklung.

**Abb. 10.10** Keynesianischer Arbeitsmarkt ohne Gleichgewichtslösung

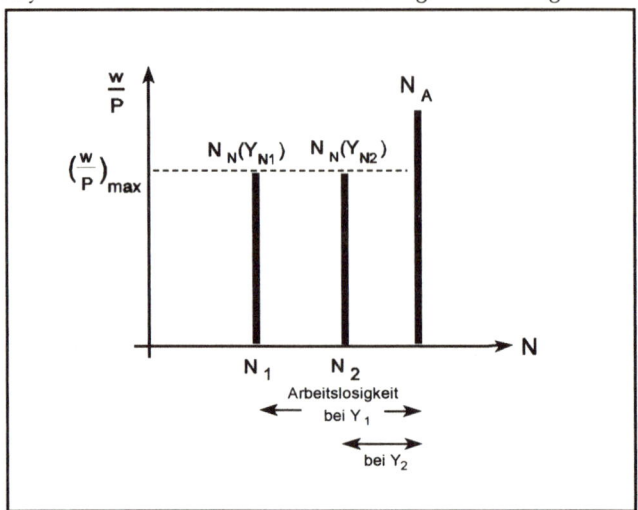

### 10.4.3. Marktunvollkommenheitsfaktoren

Schon früher sind die dem klassischen Arbeitsmarktmodell zugrunde liegenden Annahmen (Markt der *vollständigen Konkurrenz)* als unrealistisch zurückgewiesen worden. Dass in der Realität die Bedingungen des vollkommenen Marktes nicht erfüllt sind, liegt auf der Hand: Von besonderer Bedeutung ist, dass der Faktor Arbeit *nicht homogen* ist; die Spezialisierung der Arbeitskräfte und der Arbeitsplätze hat im Gegenteil im Laufe der Zeit immer mehr zugenommen. Sodann besteht keine völlige Markttransparenz. Außerdem gibt es Präferenzen, vor allem räumlicher Art. Ferner erfordern die Anpassungen an veränderte Marktbedingungen Zeit. Alle diese Faktoren eines *unvollständigen* Arbeitsmarkts können zu Arbeitslosigkeit führen. Darüber hinaus darf nicht übersehen werden, dass wegen der Bedeutung der Gewerkschaften und der Arbeitgeberverbände bei der Aushandlung von Tarifverträgen eigentlich eher die Marktform des „bilateralen Monopols" (mit Außenseitern auf beiden Seiten) gegeben ist als die Marktform des Polypols.

Im Hinblick auf die Marktunvollkommenheitsfaktoren werden üblicherweise zwei Gruppen gebildet: die friktionelle und die strukturelle Arbeitslosigkeit. Die **friktionelle Arbeitslosigkeit** (auch: **Sucharbeitslosigkeit**) entsteht durch den Wechsel von Arbeitsplätzen. Einzelne Firmen entlassen Arbeitskräfte, die nun neue Stellen suchen müssen. Wegen der mangelnden Markttransparenz sind die offenen Stellen nicht immer bekannt. Außerdem kann ein Ortswechsel erforderlich werden, der eine gewisse Zeit beansprucht. In Zeiten hoher Beschäftigung kommt es auch vor, dass Arbeiter von sich aus kündigen, um nach neuen, attraktiveren Stellen Ausschau zu halten. (Diesem Aspekt dürfte allerdings in Deutschland weniger Bedeutung zukommen, da hier Kündigungen seitens der Arbeitnehmer meistens erst dann vorgenommen werden, wenn bereits eine neue Anstellung vereinbart werden konnte.) Im Rahmen dieser steten Fluktuation wird es also selbst bei einer guten Konjunkturlage immer eine gewisse Zahl von Arbeitslosen geben, wobei die Personen allerdings wechseln.

Als Ursachen für die **strukturelle Arbeitslosigkeit** sind insbesondere die Inhomogenität des Faktors Arbeit sowie die räumliche Verteilung der Produktion zu nennen. Im Zuge der sich wandelnden Produktionsstruktur (sowohl hinsichtlich der nachgefragten Güter als auch der Produktionsstandorte) werden bisherige berufliche Fähigkeiten nicht mehr gebraucht und / oder die alten Produktionsstandorte auf gegeben. In den neuen, wachsenden Branchen tritt ein Nachfrageüberschuss an z.T. neuartigen Berufen auf, in den zurückbleibenden oder gar absterbenden Branchen dagegen ein Angebotsüberschuss an Arbeitskräften, deren Qualifikationen für die neuen Arbeitsplätze oft nicht mehr ausreichen. Die Umschulung auf neue Berufe, der Umzug in die Regionen der neuen Produktionsstandorte erfordert Zeit und führt zu Arbeitslosigkeit. So bildet sich auch hier ein Block an Arbeitslosigkeit, wobei die jeweils betroffenen Personen wechseln können. Allerdings besteht die Gefahr, dass einige Arbeitnehmer zu Langzeitarbeitslosen werden - insbesondere jüngere ohne Ausbildung und ältere, die die Umstellung nicht mehr schaffen.

Grundsätzlich gilt, dass Firmen die Arbeitslosigkeit eines Bewerbers eher als Makel ansehen: Mussten z.B. aus konjunkturellen und / oder strukturellen Gründen Entlassungen vorgenommen werden, so trifft es i.d.R. zuerst die weniger Befähigten. Selbst wenn dies gar nicht zutraf, so wird dies doch oft von den Firmen unterstellt, bei denen sich die Entlassenen bewerben. Senken die Entlassenen ihre Lohnforderungen, um leichter einen neuen Job zu finden, wird dies oft ebenfalls eher negativ bewertet: Der Bewerber zeigt ja durch die Reduktion seiner Lohnforderung, dass er offenbar selbst seine Leistungen nicht so hoch bewertet. Außerdem finden die möglichen neuen Arbeitskollegen und ihre Gewerkschaftsvertreter eine Lohn- / Gehaltunterbietung auch nicht gerade gut, fürchten sie doch dadurch einen Druck auf den eigenen Lohn. Je länger die Arbeitslosigkeit dauert, desto mehr gilt zudem das Argument des Qualitätsverlustes des Arbeitnehmers. Ist ein Arbeitnehmer erst einmal in die Arbeitslosigkeit gelangt, ist es also manchmal recht schwer, wieder aus ihr herauszukommen. Die Gefahr der Langzeitarbeitslosigkeit wird immer wahrscheinlicher.

Die friktionelle und strukturelle Arbeitslosigkeit lässt sich leicht in das klassische Arbeitsmarktmodell einbauen. Sie modifiziert den klassischen Vollbeschäftigungsmechanismus, hebt ihn aber letztlich nicht auf. In Abb. 10.11 sollen $N_A$ und $N_N$ den Arbeitsmarkt unter der Annahme eines homogenen Faktors Arbeit beschreiben. Für einen inhomogenen Arbeitsmarkt sind diese Kurven zu verändern: Das tatsächlich verwertbare Angebot ist wegen mangelnder Qualifikation und / oder Mobilität um die nicht vermittelbaren Arbeitskräfte U niedriger, beläuft sich also auf $N_A$ - U; auf der Seite der Nachfrage besteht ein Kontingent nicht besetzbarer offener Stellen V, so dass die effektive Nachfrage mit $N_N$ - V geringer ist. Das gleichzeitige Auftreten von Arbeitslosigkeit und offenen Stellen wird auch als „mismatch" (Nichtübereinstimmung) bezeichnet. Im Gleichgewicht - so wird argumentiert [vgl. Spahn (1996); S. 98 f.] - müssten U und V gleich groß sein.

Diese Sicht führt also dazu, dass die ursprüngliche klassische Definition von Vollbeschäftigung (im Sinne von $N_0 = N_{VB}$) abgeändert wird. Jetzt ersetzt die **nor-**

Abb. 10.11   Die friktionelle und strukturelle Arbeitslosigkeit

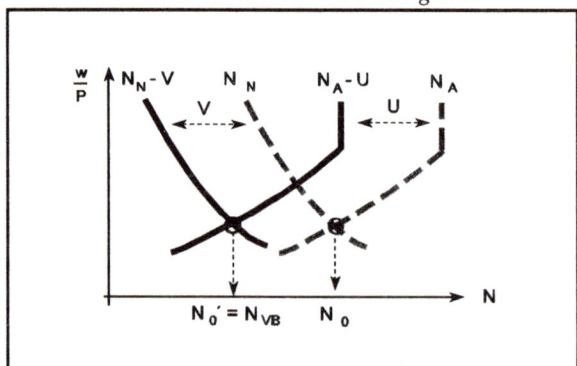

**male Rate der Unterbeschäftigung** den klassischen Vollberschäftigungsbegriff. **Vollbeschäftigung** wird nun als $N_0'$ definiert und schließt die friktionelle und strukturelle Arbeitslosigkeit ein. Deshalb wird auch vom **Vollbeschäftigungsniveau der Arbeitslosigkeit** gesprochen. „Echte" Unterbeschäftigung liegt hiernach also nur vor, wenn $N < N_0'$ ($= N_{VB}$) ist. Ein solches Ungleichgewicht könnte jedoch in klassischer Sicht nur auf zu hohe Reallöhne zurückgehen.

Im Rahmen der (bereits in Kap. 5.1 erwähnten) Kontroverse zwischen Fiskalisten und Monetaristen über die Wirksamkeit von Geld- und / oder Fiskalpolitik gerade auch im Hinblick auf den Abbau von Arbeitslosigkeit hat Friedman besonders die Aufmerksamkeit auf die strukturelle Komponente der Arbeitslosigkeit gelenkt. Er fasste diese Komponenten allerdings weiter. Für ihn ist nicht nur die „natürliche" Inhomogenität des Faktors Arbeit von Bedeutung, sondern auch die **gesellschaftlichen Bedingungen**, wie sie z.B. im Sozialversicherungssystem und in der Arbeitsmarktgesetzgebung zum Ausdruck kommen. So ist es Ergebnis von gesellschaftlichen Übereinkommen, wann Arbeitslosenunterstützung gezahlt wird und unter welchen Bedingungen Arbeitnehmer entlassen werde können. Damit beeinflussen z.B. Zumutbarkeitsregeln hinsichtlich der Aufnahme berufsfremder Tätigkeiten, der Erfordernis des Umzugs u.ä. das Ausmaß der Arbeitslosigkeit. Aber auch die gesellschaftlichen Vorstellungen über die Mindesthöhe von Löhnen werden von Friedman noch unter diesen Punkt gefasst. Die auf den gesamten Komplex von friktioneller und struktureller Komponente und gesellschaftliche Bedingungen zurückzuführende Arbeitslosigkeit bezeichnete er als „**natürliche Arbeitslosigkeit**".

Friedman betonte, dass er den Begriff *„natürliche Arbeitslosigkeit"* **nicht** im Sinne einer **naturgesetzlichen Konstante** verstanden wissen möchte. Die natürliche Arbeitslosigkeit könne z.B. durchaus verringert werden, wenn die gesellschaftlichen Bedingungen des Wechsels von Fähigkeiten und Standorten verbessert würden, wenn etwa die Schwelle der Zumutbarkeit nach unten verändert würde. Um das Ausmaß der natürlichen Arbeitslosigkeit abzubauen, sind allerdings **Maßnahmen der Geld- und / oder Fiskalpolitik** (wie sie in Kapitel 9 diskutiert wurden) **ungeeignet**, da sie nicht ursachenadäquat seien.

Die hier vorgestellte Integration der natürlichen Arbeitslosigkeit in das klassische Arbeitsmarktmodell führte zu dem Schluss, dass die grundsätzliche Wirkungsweise des klassischen Arbeitsmarkts nicht beeinflusst wird. Danach dürften z.B. verhältnismäßig schnell auftretende größere Änderungen im Ausmaß der Beschäftigung nicht Ergebnis friktioneller und struktureller Komponenten sein. Derartige Vorstellungen scheinen jedoch nicht mit den Ergebnissen neuerer Forschungen vereinbar, die zeigen, dass Modelle mit Friktionen zu völlig anderen Ergebnissen führen können als ansonsten gleiche Modelle ohne Friktionen und dass auch größere Beschäftigungsschwankungen auf früher z.T. als „eher uninteressant" klassifizierte Friktionen zurückgeführt werden können [Pissarides (1989); S. 2].

Bisher wurde nur berücksichtigt, dass der Faktor *Arbeit* in vielerlei Hinsicht als inhomogen bezeichnet werden muss. Der Ansatz, dass die Arbeitsnachfragefunktion grundsätzlich aus der Grenzproduktivität der Arbeit in einem Konkurrenzmarkt abzuleiten ist, wurde dadurch jedoch nicht in Frage gestellt. Es muss aber beachtet werden, dass auch die Produzenten untereinander nicht jeweils in der Marktform der „vollständigen Konkurrenz" agieren, in denen sie als Mengenanpasser an jeweils gegebene Güterpreise $p_i$ ihren Periodengewinn maximieren, indem sie die Situation $(E' =)\ p = K'$ zu realisieren suchen. Vielmehr sind auch für die (mikroöko-no-mischen) Gütermärkte Marktunvollkommenheiten die Regel: Es herrschen oligopolistische Marktformen, zumindest aber die „heterogene / monopolistische Konkurrenz" vor. Die Marktpreise (p) der Güter sind dann keine Daten für die einzelnen Anbieter, sondern unterliegen einem gewissen Aktionsspielraum: Die Unternehmen nehmen selbst Einfluss auf das Güterpreisniveau. Außerdem erfolgt die Preissetzung nicht zwingend nach der Regel $E' = K'$; häufig werden die Angebotspreise im Wege einer Aufschlagskalkulation („mark-up-pricing") (oft auf Basis der totalen Stückkosten oder sogar nur der Lohnstückkosten) festgelegt. Alle diese Elemente zusammen genommen bedeuten, dass sowohl der klassische als auch der keynesianische Ansatz jeweils für sich genommen als zu enge Erklärungsansätze gelten müssen.

### 10.4.4. Kombination der Ursachen

Die Unvollkommenheitsfaktoren am reinen *Arbeit*smarkt lassen sich relativ leicht sowohl in den klassischen wie den keynesianischen Ansatz integrieren; der jeweilige Grundansatz verändert sich nicht. Der klassische und der keynesianische Ansatz scheinen demgegenüber *konträre* Sichtweisen auszudrücken: Im klassischen Ansatz ist der „zu hohe" Reallohn die Ursache, in der keynesianischen Sicht ist die mangelnde Nachfrage die Ursache und der zu hohe Lohn die Folge.

Die verschiedenen gesellschaftlichen Gruppen bevorzugen jeweils den Ansatz, der ihren jeweiligen wirtschaftspolitische Zielen zu entsprechen scheint: Die Arbeitgeber stützen sich auf den klassischen Ansatz und fordern Lohnzurückhaltung. Die Gewerkschaften betonen die Doppelnatur des Lohnes (der ja nicht nur *Kosten*faktor, sondern auch der bedeutsamste *Einkommens*faktor ist). Steigende Löhne liefern danach einen Impuls zu steigender Konsum*nachfrage* (mit Multiplikatorwirkung und eventuell noch zusätzlich induzierter Investitionsnachfrage) und daraus folgender zusätzlicher Produktion und Beschäftigung. Hinter diesen Positionen scheint die

Vorstellung zu stehen, dass die Löhne bzw. die Nachfrage Größen seien, „die in einem breiteren Systemzusammenhang theoretisch als exogene Einflussgrößen behandelt und in der Praxis von wohldefinierten Akteuren grundsätzlich, wenn vielleicht auch nicht präzise, gesteuert werden können. Dies ist jedoch nicht der Fall." [Landmann, Jerger (1999); S. 73]

Der klassische und der keynesianische Ansatz zur Erklärung der Arbeitslosigkeit scheinen konträre Positionen zu sein. Landmann (1984; S. 106 ff.) hat darauf hingewiesen, dass einer bestimmten *beobachteten* Arbeitslosigkeit aber gar nicht angesehen werden könne, ob sie klassisch oder keynesianisch sei. Zudem muss bedacht werden, dass Vollbeschäftigung (im Sinne von Arbeitsmarktgleichgewicht) zwar theoretisch - zumindest im neoklassischen Ansatz - hinreichend genau definiert werden kann, in der Praxis ist jedoch die Bestimmung des Arbeitsmarktgleichgewichts alles andere als einfach. In einer neuen Publikation betonen Landmann und Jerger (1999; S. 70 ff.), dass sie die Debatte darüber, welcher denn nun der richtige Erklärungsansatz sei, „für steril" halten, da es (1) auf die Situation ankomme und (2) ohne weiteres auch *beide* Elemente (zu hohe Reallöhne und zu wenig Güternachfrage) *gleichzeitig* auftreten können. Dies gilt auch gerade wegen der Inhomogenität des Arbeitsmarkts und der differenzierten Wirtschaftsstruktur: In einzelnen Sektoren können zu hohe Löhne vereinbart sein, in anderen mag gleichzeitig Nachfragemangel herrschen. In Abb. 10.12 [die sich an Landmann (1984; S. 107) anlehnt] wird gezeigt, dass eine bestimmte beobachtete Arbeitslosigkeit leicht auf verschiedene Ursachen gleichzeitig aufgeteilt werden kann. Es ist jedoch nicht möglich, allein auf theoretischer Basis herauszufinden, wie groß der Beitrag der einzelnen Ursachenkomponenten zur Arbeitslosigkeit insgesamt ist. Hier sind empirische Untersuchungen unerlässlich.

Ohnehin sind neben den drei bislang erwähnten Elementen (klassische Arbeitslosigkeit, keynesianische Arbeitslosigkeit, Marktunvollkommenheiten) noch weitere mögliche Einflussgrößen auf die Arbeitslosigkeit zu diskutieren: die Bedeutung (a) der (bereits kurz angesprochenen) *Nominal*lohnabschlüsse, (b) der Inflation.

## 10.4.5. Reallohnansatz versus Nominallohnansatz

Die bisherige Analyse ging im Grunde davon aus, dass am Arbeitsmarkt der *Real*lohn vereinbart wird. Dieser Ansatz trifft eindeutig für den neoklassischen Arbeitsmarkt zu. Da die keynesianische Arbeitslosigkeit hier ebenfalls im Rahmen eines neoklassischen Arbeitsmarkt-Modells abgeleitet wurde, gilt dies somit auch für diesen Ansatz. Nun wurde allerdings bereits auf den S. 287 und 289 darauf aufmerksam gemacht, dass in Lohnverhandlungen grundsätzlich immer nur *Nominal*löhne (Geldlöhne), aber nie Reallöhne vereinbart werden können. In einer Welt mit nicht-konstantem Preisniveau ist es letztlich unmöglich, Reallöhne zu vereinbaren. Der Realwert der Löhne ergibt sich sozusagen erst *nachträglich* durch die Entwicklung des Preisniveaus, denn letzteres ist nicht Gegenstand von Lohnverhandlungen, sondern wird durch andere Prozesse bestimmt.

**Abb. 10.12**  Beobachtete Arbeitslosigkeit und mögliche Interpretationen ihrer Ursachen

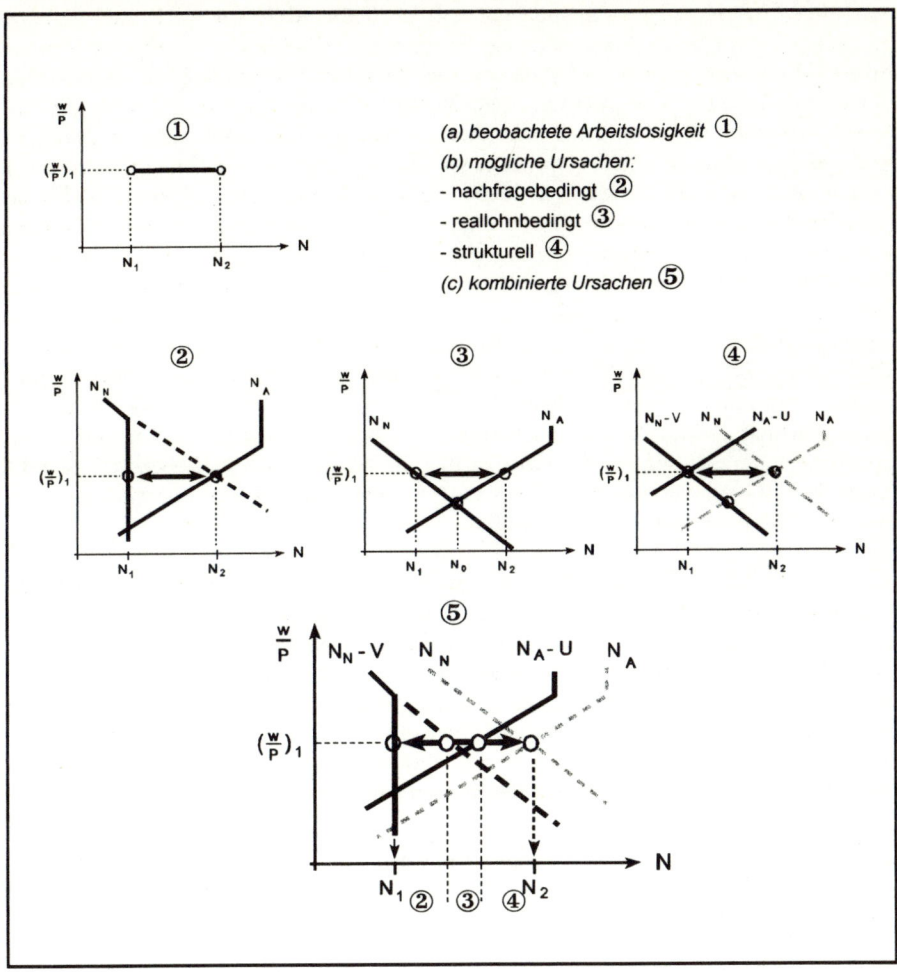

Zwischen Preisniveau, Reallohn und Nominallohn bestehen grundsätzlich die folgenden Zusammenhänge:

a) Nominallöhne und Preisniveau steigen (fallen) prozentual gleich. Dann bleiben die Reallöhne konstant.

b) Die Nominallöhne steigen (fallen) schneller als das Preisniveau. Dann steigen (fallen) die Reallöhne.

c) Die Nominallöhne steigen (fallen) langsamer als das Preisnivau. Dann fallen (steigen) die Reallöhne.

Wenn Wirtschaftssubjekte bei ihren Entscheidungen nur die reinen *Nominal*werte von ökonomischen Größen in Betracht ziehen, dann spricht man davon, dass diese Wirtschaftssubjekte der „**Geldillusion**" unterliegen. Die Unterstellung, dass auf

Seiten der Arbeitsanbieter „vollständige Geldillusion" herrscht (für die Arbeitnehmer die Entwicklung des Preisniveaus also gar keine Rolle spielt), ist sicher nicht
zulässig. Es steht außer Frage, dass die Arbeitnehmer bei ihren Nominallohnforderungen die Preisniveauentwicklung im Auge behalten. Dazu trägt die regelmäßige
Berichterstattung in den Medien über die Entwicklung des Preisindex für die Lebenshaltung bei. Die Gewerkschaften berücksichtigen bei den Tarifverhandlungen
ganz selbstverständlich die Preisniveauentwicklung. Allerdings können die Anbieter
- auch wenn sie dies wollen - gar nicht exakt reallohnbezogen agieren. Wenn sie
einen bestimmten Reallohn fordern, müssten sie dann nämlich *gleichzeitig* mit einem
sinkenden (steigenden) Preisniveau ihre Nominallohnforderungen senken (erhöhen).
Eine gleichzeitige Anpassung entfällt in der Realität jedoch schon allein deshalb,
weil (a) der Preisindex für die Lebenshaltung immer nur die Entwicklung einer
*vergangenen* Periode angibt, (b) das Arbeitsentgelt regelmäßig für eine Periode *im
Voraus fixiert* wird, in deren Verlauf sich das Preisniveau aber sehr wohl ändern kann.
Daraus resultiert, dass „Geldillusion" wie folgt zu verstehen ist [Chick (1983); S.
142]: „One has ‚money illusion' if one does not know the outcome at the end of the
production period. **Money illusion** is, in that sense, anything **less than perfect
foresight.**" (Hervorhebung vom Verf.) Eine so verstandene Geldillusion muss dann
als systemimmanent bezeichnet werden.

In die Nominallohnforderungen der Anbieter gehen daher gegebenenfalls *Nach-
holeffekte* (um vergangene Preisniveausteigerungen auszugleichen) und auch *Erwartungen über die zukünftige Preisniveauentwicklung* ein. Es sind also Modelle erforderlich,
die die **Nominallohnabschlüsse** und ihre Wirkungen auf die Beschäftigung vor
dem Hintergrund der **vergangenen** und **erwarteten Preisniveauentwicklung**
analysieren. Die folgenden grafischen Darstellungen beziehen sich daher auch auf
Nominallöhne w, denn anhand von Nominallohngrafiken lassen sich die Wirkungen
leichter darstellen als anhand von Reallohngrafiken.

Da die Unternehmen selbst Einfluss auf das Preisniveau ausüben können, wird
hier die **Arbeitsnachfrage** wie im klassischen Modell als strikt **reallohnabhängig**
gesehen. Sie sei auch hier identisch mit der Grenzproduktivität der Arbeit.
$$N_N = N_N \, (w/P)$$
In einer nominallohnbezogenen Grafik ändert sich daher die Lage der Nachfragekurve (Drehung!), wenn sich das Preisniveau ändert. In Abb. 10.13-b bezeichnet
$N_{N0}$ die Nachfrage beim Preisniveau $P_0$, $N_{N1}$ beim Preisniveau $P_1$, wobei hier gelte
$P_1 = 2 \, P_0$. (Dieser starke Anstieg des Preisniveaus wurde hier nur gewählt, um die
Auswirkungen grafisch deutlich hervortreten zu lassen.)

Das **Arbeitsangebot** gilt als abhängig vom **Nominallohn** w und von der *erwarteten (!)* Höhe des **Preisniveaus** P*. Insbesondere für die Anbieter wird regelmäßig
davon ausgegangen, dass sie wegen der mangelnden Voraussicht die tatsächliche
Entwicklung des Preisniveaus nur schwer richtig einschätzen können. Die Erwartung
mag sich als richtig, ebenso gut aber auch als zu hoch oder zu niedrig erweisen.
$$N_A = N_A \, (w, P^*)$$
P* kann daher auch noch eine Ausgleichskomponente für die in der Vorperiode
*unterschätzte Erhöhung* des Preisniveaus enthalten.

Im Übrigen wird üblicherweise von einem **Mindestnominallohn** ausgegangen, dessen Unterschreitung die Gewerkschaften nicht zulassen würden. Ansonsten steigt das Angebot bis zu einem Maximum an. Der Einfluss des Preisniveaus drückt sich auch hier in einer Lageänderung der Kurve aus, wobei es sich allerdings - genau genommen - nicht um eine Parallelverschiebung handelt. Erwarten die Anbieter z.B. eine Verdoppelung des Preisniveaus, ergibt sich die in Abb. 10.13-a eingezeichnete Verschiebung von $N_{A0}$ nach $N_{A1}$.

**Abb. 10.13** Arbeitsangebot und -nachfrage in einem Nominallohnmodell

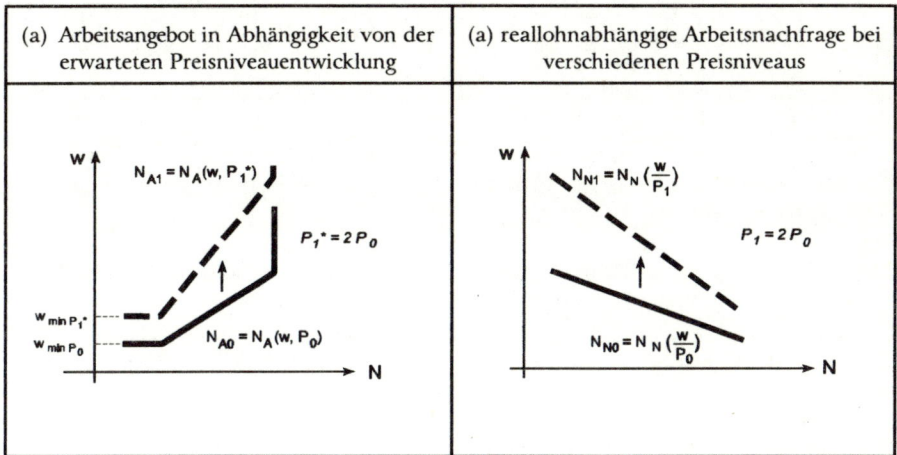

| (a) Arbeitsangebot in Abhängigkeit von der erwarteten Preisniveauentwicklung | (a) reallohnabhängige Arbeitsnachfrage bei verschiedenen Preisniveaus |
|---|---|

Die Starrheit der Nominallöhne nach unten (Mindestnominallöhne) wird übrigens oft als Ausdruck der Marktmacht der Gewerkschaften verstanden, die somit die Unvollkommenheit am Arbeitsmarkt erhöht und zu „zu hohen" Löhnen führt. Spahn (1996; S. 153) sieht demgegenüber in den Mindestnominallöhnen eher eine „Stabilitätsbedingung der Geldwirtschaft".

Unter diesen Bedingungen ergibt sich die Situation am Arbeitsmarkt bei einem bestimmten Preisniveau $P_0$ entsprechend Abb. 10.14-a. Der Fall der Abb. 10.14-a entspricht zunächst dem klassischen Vollbeschäftigungsgleichgewicht (vgl. Abb. 10.6). Im Fall 10.14-b besteht als Folge der Mindestlohn-Vereinbarung Unterbeschäftigung. Dieser Fall entspricht dann der klassischen Arbeitslosigkeit oder Mindestlohn-Arbeitslosigkeit (Abb. 10.8).

Die Auswirkungen von Preisniveauänderungen auf Nominallohn und Beschäftigungsmenge hängen davon ab, wie die Preisniveauänderung von den Anbietern und den Nachfragern eingeschätzt wird. Die Zahl der möglichen Varianten ist somit groß. Hier sollen vier Fälle beispielhaft herausgegriffen werden, denen aus theoretischer Sicht besondere Bedeutung zukommen dürfte.

Im Fall (a) der Übersicht 10.15 wird davon ausgegangen, dass die Anbieter ein konstantes Preisniveau erwarten. Die Nachfrager beachten das steigende Preisniveau, fragen also reallohnbezogen Arbeit nach. Ein konstanter Mindestnominallohn bedeutet jetzt einen fallenden Reallohn. Die Beschäftigung steigt.

**Abb. 10.14**  Arbeitsmarkt im Nominallohn-Modell

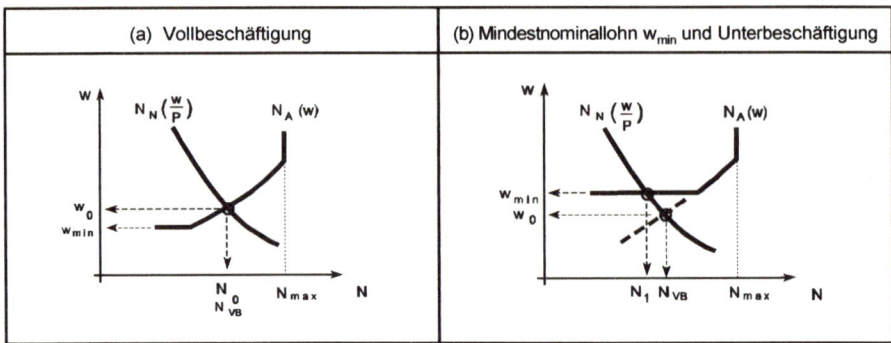

Im Fall (b) erfüllen sich die Preisniveauerwartungen beider Marktparteien. Der Reallohn bleibt konstant. Diese Situation entspricht dem klassischen Arbeitsmarkt-Gleichgewicht (Abb. 10.6).

**Abb. 10.15**  Wirkungen von Preisniveauerwartungen der Anbieter bei nominallohnabhängigem Angebot auf den Arbeitsmarkt

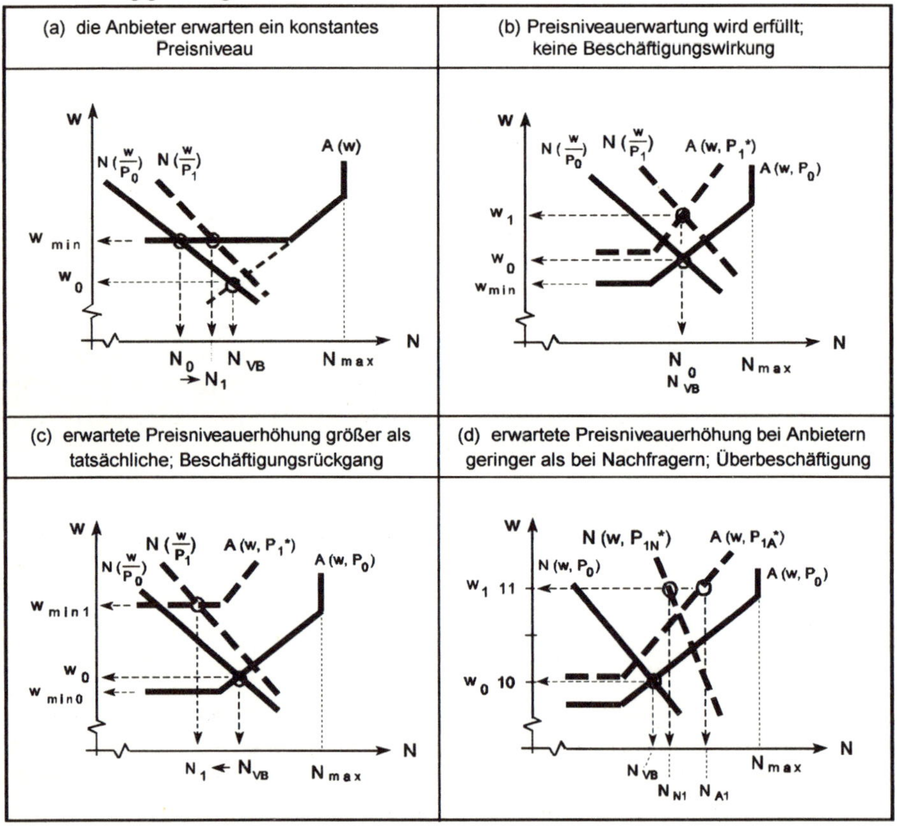

| (a) die Anbieter erwarten ein konstantes Preisniveau | (b) Preisniveauerwartung wird erfüllt; keine Beschäftigungswirkung |
|---|---|

| (c) erwartete Preisniveauerhöhung größer als tatsächliche; Beschäftigungsrückgang | (d) erwartete Preisniveauerhöhung bei Anbietern geringer als bei Nachfragern; Überbeschäftigung |
|---|---|

Im Fall (c) erwarten die Anbieter eine größere Preisniveausteigerung (z.B. 10 %) als sie sich mit 5 % tatsächlich ergibt (was von den Nachfragern korrekt in ihren Nominallohnangeboten berücksichtigt wird). Dies bedeutet aus der Sicht der Nachfrager eine Erhöhung der Reallohnforderungen der Anbieter. Die Unternehmen reduzieren dann ihre Arbeitsnachfrage; es entsteht unfreiwillige Arbeitslosigkeit.

Im Fall (d) beschreibt die Situation $w_0 / N_0$ die Ausgangssituation, die dem klassischen Arbeitsmarktgleichgewicht und damit Vollbeschäftigung $N_{VB}$ entsprechen soll. Es wird angenommen, dass die Anbieter für die nächste Periode eine Preisniveausteigerung von 5 % erwarten ($P_{1A}^*$). Die Nachfrager gehen jedoch von einer Preisniveausteigerung von 15 % aus ($P_{1N}^*$). Wird nun in den Lohnverhandlungen z.B. eine Nominallohnerhöhung von 10 % (auf $w_1$) ausgehandelt, so sehen die Anbieter dies als eine Erhöhung des bisherigen Reallohns $(w/P)_0$ um 3,3 % auf $(w/P)_1$ an, woraufhin sie ihr Angebot ausdehnen. Aus der Sicht der Nachfrager stellt sich dagegen der Nominallohnabschluss als 20 %ige Reallohnsenkung auf $(w/P)_1'$ dar; sie werden daher ihre Nachfrage nach Arbeit ausdehnen. Da sowohl angebotene und nachgefragte Menge steigen, kann die Beschäftigung über $N_0$ hinaus auf $N_{N1}$ wachsen. Diese „Überbeschäftigung" kann so lange andauern, wie die Erwartungen über die Preisniveauentwicklung bei den Anbietern geringer sind als bei den Nachfragern.

An diesen Beispielen wird deutlich, dass allein von den in die Nominallohnverhandlungen eingehenden **unterschiedlichen Erwartungen** seitens der Anbieter und Nachfrager Wirkungen auf die Höhe von Reallohn und Beschäftigung ausgehen können. Unterschiedliche Erwartungen sind aber in der Realität, in der keine vollständige Voraussicht herrscht, ganz natürlich. Wenn also z.B. die Anbieter die Preisniveauentwicklung überschätzen und daher im Endeffekt eine Reallohnsteigerung bewirken, ist der die Beschäftigung beschränkende „zu hohe" Reallohn Ergebnis der **Unsicherheit**, nicht etwa Ergebnis eines nicht marktkonformen oder monopolistischen Verhaltens einer oder beider Marktparteien.

### 10.4.6. Inflation und Arbeitslosigkeit

Im vorigen Gliederungsabschnitt wurden die Auswirkungen von (im Grunde einmaligen) Preisniveauänderungen auf den Arbeitsmarkt untersucht. In diesem Abschnitt geht es nun um *stetige* Preisniveauerhöhungen. Phasen stetiger Preisniveauerhöhungen bezeichnet man als **Inflation**. Ende der 50er Jahre legte der Brite Phillips eine statistische Untersuchung über die Beziehung zwischen Nominallohn-Änderungsrate und Arbeitslosenquote in Großbritannien für die Zeiträume 1861 - 1913 sowie 1948 - 1957 vor. Die Beziehung ließ sich recht gut durch eine Hyperbel beschreiben. Später wurde der Ansatz modifiziert: An die Stelle der Nominallohn-Änderungsrate wurde die Inflationsrate gesetzt. Für viele andere Länder wurden vergleichbare Untersuchungen angestellt und anfangs schien es so, dass der in Ab. 10.16 wiedergegebene Verlauf der „**modifizierten Phillips-Kurve**" Gültigkeit habe. Es wurde daher zunächst der Schluss gezogen, dass ein Zielkonflikt (trade-off) zwischen Inflation und Arbeitslosigkeit besteht. Preisniveaustabilität (Inflationsrate von null Prozent) schien danach mit einer bestimmten Arbeitslosenquote $u_0$ einherzugehen; eine Absenkung der Arbeitslosigkeit schien durch eine höhere Inflationsrate möglich.

**Abb. 10.16**    Modifizierte Phillips-Kurve

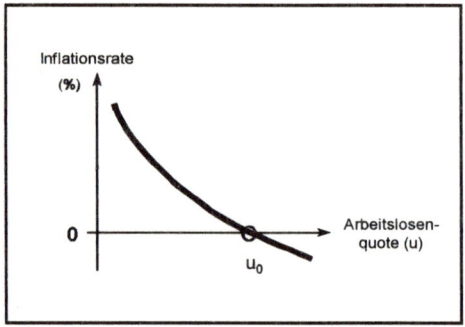

Phillips selbst hatte keine theoretische Begründung für den gefundenen statistischen Zusammenhang gegeben. Nach dieser wurde auch in Zusammenhang mit Folgeuntersuchungen gesucht. Die scheinbar ziemlich eindeutige und stabile Beziehung zwischen Inflationsrate und Arbeitslosenquote konnte jedoch bei späteren Untersuchungen meistens nicht mehr bestätigt werden. In Abb. 10.17 ist z.B. die Phillips-Kurve für die BR Deutschland für den Zeitraum 1965 - 1995 wiedergegeben. Gewisse Regelmäßigkeiten sind hier - jedenfalls auf den ersten Blick - nicht zu erkennen. Phillips-Kurven für andere Staaten zeigen teilweise völlig andere Bilder; die Phillips-Kurve für Großbritannien für den gleichen Zeitraum ähnelt am ehesten der deutschen Kurve [siehe z.B. Spahn (1996); S. 174].

**Abb. 10.17**  Die Phillips-Kurve für Deutschland 1965 - 1995 (alte Bundesländer)

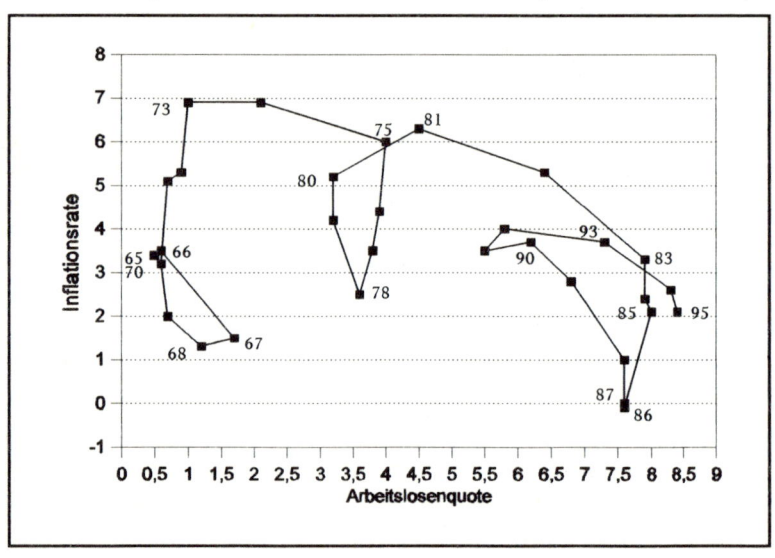

Für den tatsächlichen Verlauf der Phillips-Kurve wird heute im Wesentlichen die folgende Interpretation gegeben. Der tatsächliche Verlauf wird dabei zurückgeführt auf *Bewegungen auf* einer Kurve und *Verschiebungen* der gesamten Kurve (Abb. 10.18).

**Abb. 10.18** Bewegung auf einer Phillips-Kurve und Verschiebung der Phillips-Kurve

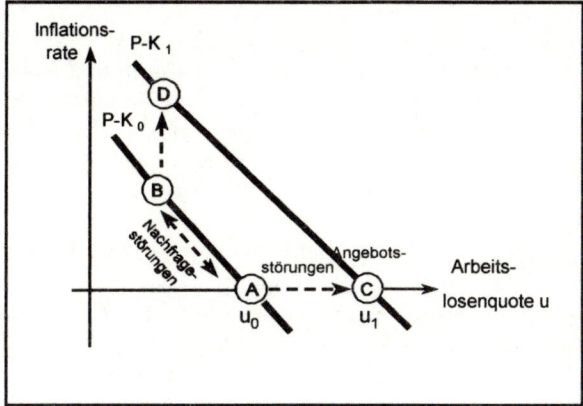

In Kapitel 10.4.5 wurde gezeigt, dass insbesondere dann, wenn die Anbieter an Arbeit eine niedrigere Preissteigerungsrate erwarten als die Nachfrager, mit einer Beschäftigungszunahme gerechnet werden darf (Abb. 10.15-a). Wenn eine Nachfrageexpansion mit einer von den Arbeitsanbietern nicht erwarteten Preisniveausteigerung einhergeht, kann der in Abb. 10.15-a beschriebene Effekt auftreten. Es handelt sich dann um eine durch Nachfragestörungen ausgelöste Bewegung *auf* der Phillips-Kurve (P-K$_0$ von A nach B).

Allerdings werden die Anbieter an Arbeit kaum auf Dauer von einer Preisniveau*stabilität* ausgehen, wenn sie jeweils am Ende der Periode feststellen, dass das tatsächliche Preisniveau gestiegen ist. Wie bereits im vorigen Kapitel dargelegt, werden sie dann versuchen, in ihren Lohnforderungen die *vergangene* Preisniveausteigerung *nachzuholen* und eventuell auch *erwartete* Preisniveausteigerungen *vorwegzunehmen*. Die dem Punkt B entsprechende niedrigere Arbeitslosenquote kann daher nur aufrecht erhalten werden, wenn die tatsächliche Inflationsrate der erwarteten vorauseilt. Dies ist aber nur möglich, wenn sich die tatsächliche Inflationsrate immer weiter *beschleunigt*, weshalb man in diesem Zusammenhang auch vom **Akzelerationstheorem** spricht. In Abb. 10.18 drückt sich dieser Ansatz darin aus, dass sich die gesamte Phillips-Kurve nach oben (P-K$_1$) verschiebt und der Punkt D erreicht wird. Wird also die Beschleunigung der Inflation gestoppt oder werden die Inflationsraten sogar zurückgeführt (Disinflation), so ist zu erwarten, dass die Arbeitslosenquote wieder bis auf den Wert u$_0$ ansteigt. u$_0$ ist dann im Grunde identisch mit der in Kap. 10.4.3 eingeführten *natürlichen Arbeitslosenquote*.

Im Beziehungszusammenhang von Preisniveauerwartungen und Arbeitsmarkt gilt, dass letztlich ein Abbau der Unterbeschäftigung nur dann erfolgt, wenn die Anbieter die Preisniveauentwicklung unterschätzen. Daraus folgt umgekehrt, dass bei zutreffenden Inflationserwartungen kein Beschäftigungseffekt auftritt. Zugleich gibt es dann keinen Anlass, die Inflationserwartungen zu revidieren; die Inflationsrate wird sich dann nicht beschleunigen. $u_0$ entspricht dieser Situation. $u_0$ wird daher auch als **inflationsstabile Arbeitslosenquote** oder als **NAIRU** (*N*on *A*ccelerating *I*nflation *R*ate of *U*nemployment) bezeichnet.

In Abb. 10.18 werden auch sog. *Angebotsstörung* als Ursache für die *Verschiebung* der gesamten Phillips-Kurve genannt. Selbst bei Preisniveaustabilität kann die Arbeitslosenquote von $u_0$ auf $u_1$ anwachsen (Verschiebung der gesamten Kurve nach rechts; A nach C). Zu Angebotsstörungen zählen z.B. die Zunahme der *Inhomogenität* des Arbeitsmarkts oder Kostenschocks (z.B. die Ölpreisschocks der Jahre 1973 und 1979/80).

In Abb. 10.19 soll in sehr einfacher Form versucht werden, diese theoretischen Überlegungen auf die tatsächliche Entwicklung in Deutschland anzuwenden. Benutzt man nämlich das Konzept von (a) Bewegungen auf einer Kurve und (b) Verschiebungen der Kurve, so kann in die zunächst völlig systemlos erscheinende Entwicklung der BR Deutschland (Abb. 10.17) doch eine gewisse Systematik gebracht werden.

**Abb. 10.19** Die Interpretation der Phillips-Kurve für Deutschland (alte Bundesländer)

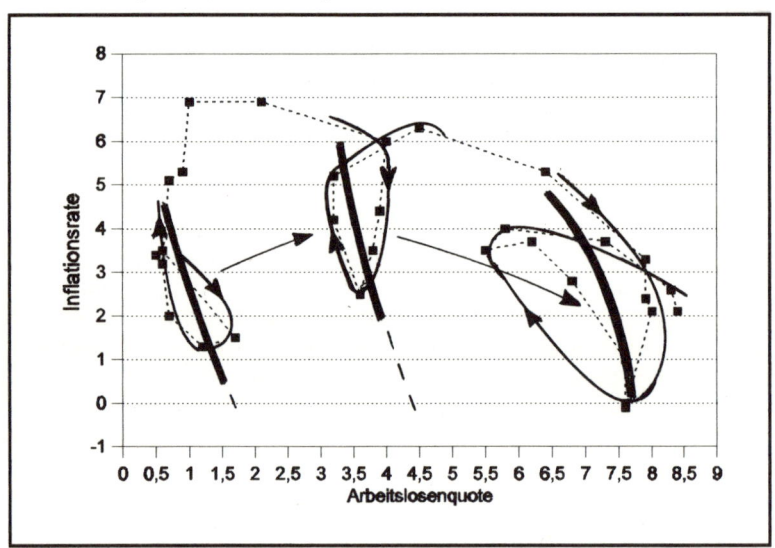

Eindeutige Beziehungen zwischen Inflationsrate und Arbeitslosenquote entsprechend Abb. 10.16 sind zunächst nur schwer zu erkennen, am ehesten noch für den Zeitraum 1968 - 1972. Auffällig sind aber drei ziemlich deutlich ausgeprägte, jeweils im Uhrzeigersinn verlaufende Schleifen: (1) 1965 - 1970; (2) 1975 - 1981; (3) 1983 - 1995. Die im zeitlichen Ablauf jeweils folgende Schleife ist in die Bereiche immer höherer Arbeitslosenquoten gerückt. Landmann und Jerger (1999; S. 103 ff.) liefern eine Erklärung für die zyklischen Bewegungen, die sie zugleich mit dem Ansatz der Verschiebung der Phillips-Kurve kombinieren, wie er in Zusammenhang mit Abb. 10.18 beschrieben wird. Auf die Wiedergabe der ziemlich komplexen theoretischen Begründung für die Schleifenbewegung soll hier verzichtet werden.

Die tatsächliche Entwicklung kann im Kern auf die beiden Elemente *Bewegung auf einer Kurve* und *Verschiebung der Kurve* zurückgeführt werden, wobei die Verschiebung allerdings indirekt über eine Schleifenbewegung erfolgt. Von besonderer Bedeutung ist die Suche nach einer Erklärung für die Verlagerung der gesamten Kurve, denn sie bedeutet, dass im Laufe der Zeit die inflationsstabile Arbeitslosenquote [die mit der natürlichen Arbeitslosenquote als identisch betrachtet werden darf; vgl. Landmann, Jerger (1999; S. 124)] immer weiter angestiegen ist. Landmann und Jerger (1999; S. 123 ff.) führen die Verschiebung zu einem geringen Teil auf eine Zunahme der friktionellen und strukturellen Komponente zurück, halten aber die Einflüsse der am Arbeitsmarkt herrschenden Marktmacht auf die Lohnbildung und den Ausgleich von Arbeitsangebot und -nachfrage für bedeutsamer. Als Angebotsstörungen dürften auch die beiden Ölkrisen von 1973 und 1979/80 einen Beitrag zur Verschiebung der Phillips-Kurve geleistet haben. Der jeweils kurzfristig erfolgte außergewöhnlich starke Preisanstieg für einen der wichtigsten Rohstoffe bewirkte einen kräftigen Anstieg aller Güterpreise und einen Realtransfer der Güter vom Inland in die OPEC-Staaten. Dem Inflationsschub hätte nur durch Lohnsenkung entgegengewirkt werden können. Dies geschah jedoch nicht. Als Folge verschob sich die gesamte Kurve und die natürliche Arbeitslosenquote nahm zu.

Spahn (1995; S. 175 f.) weist allerdings der Veränderung der strukturellen Komponente als Ursache für die Verschiebung der gesamten Kurve größere Bedeutung zu als Landmann und Jerger. Im Zuge des technischen Fortschritts nehmen die Anforderungen an die Arbeitskräfte zu. Freigesetzte Arbeitskräfte verlieren immer schneller ihre Qualifikation und ihre Chance auf Neubeschäftigung sinkt dauerhaft. Das *verwertbare*, marktfähige Arbeitsangebot sinkt also, während das tatsächliche Angebot gleichbleibt. Die Sockelarbeitslosigkeit erreicht ein höheres Niveau. Damit ist ein Erklärungsbeitrag für den treppenförmigen Anstieg der Arbeitslosigkeit in Deutschland (vgl. Übersicht 4.22) geliefert. In Deutschland - so Spahn - scheint dieser Prozess jeweils durch eine Konjunkturkrise angeschoben worden zu sein. Für Spahn (1995; S. 176) stellt sich somit der „typische Konjunkturprozess" wie folgt dar: Im Aufschwung fällt die Arbeitslosigkeit bei zugleich steigenden Inflationsraten (Bewegung *auf* der Kurve; 1967 - 1971). Die anschließende Bekämpfung der Inflation (1974 - 1977 und 1982 - 1986) bewirkt eine Zunahme der Arbeitslosigkeit. Allerdings wird im Endeffekt *nicht* wieder die *alte* Phillips-Kurve erreicht; vielmehr tritt als Folge der oben beschriebenen Entwertung der Arbeit eine Verschiebung der gesamten Kurve nach rechts auf.

Das *Akzelerationstheorem* führt zu dem Schluss, dass die Arbeitslosigkeit durch Inflation dauerhaft nur dann gesenkt werden könne, wenn sich die Inflation beschleunigt. Eine sich beschleunigende Inflation steht aber in Gegensatz zum fundamentalen wirtschaftspolitischen Ziel Preisniveaustabilität. Aus wirtschafts*politischer* Sicht stellt die Alternative „weniger Arbeitslosigkeit durch mehr Inflation" also einen Zielkonflikt dar. Die Ansicht, dass in *theoretischer* Sicht eine solche Alternative langfristig gar nicht bestehe, wurde übrigens schon relativ früh von Monetaristen [vgl. Friedman (1974)] vertreten. Für sie war es klar, dass langfristig nur eine Erhöhung der Inflationsrate erreicht werden könne, die Arbeitslosenquote aber letztlich dauerhaft nicht gesenkt werden könne, jedenfalls nicht durch *Inflation*. Friedman war darüber hinaus sogar überzeugt, dass das Wirtschaftswachstum durch eine sinkende Inflationsrate erhöht werden könne.

Andere Ökonomen teilen diese Ansicht jedoch nicht völlig. So ist z.B. Tichy (1995; S. 54 f. und 61) überzeugt, dass empirische Arbeiten belegen, dass eine mittelfristige Senkung der inflationsstabilen Arbeitslosenquote mit einer höheren Inflationsrate einhergeht. Zugleich scheint durch empirische Untersuchungen bestätigt zu sein, dass das Wirtschaftswachstum dauerhaft erhöht werden könnte, wenn längerfristig eine höhere Inflationsrate akzeptiert würde. Eine forcierte Anti-Inflationspolitik dürfte demgegenüber Produktion und Beschäftigung senken und bewirken, dass das zukünftige Wachstum auf einem vergleichsweise niedrigeren Niveau startet. Die Möglichkeiten, den trade-off zwischen Inflation und Arbeitslosigkeit in der praktischen Wirtschaftspolitik zu nutzen, dürften allerdings begrenzt sein.

Wenn auch in diesem Gliederungsabschnitt die Beziehungen zwischen Preisniveauänderungen und Arbeitslosigkeit behandelt wurden, so ist doch darauf aufmerksam zu machen, dass die hier vorgeführten Aspekte noch unvollständig sind. Die Höhe des Preisniveaus und seiner Veränderungen muss erst selbst noch besser erklärt werden. Wichtige Ansätze dazu werden im Totalmodell (Kapitel 11) geliefert.

### Empirische Aspekte

Die im letzten Gliederungsabschnitt behandelte Beziehung zwischen Inflationsrate und Arbeitslosigkeit ging zurück auf einen empirisch ermittelten Befund. Im Verlauf des Versuchs, diese empirisch gefundene Beziehung theoretisch zu erklären, wurde sie zugleich auch immer wieder in Frage gestellt. Bei den in den davor behandelten Gliederungsabschnitten erarbeiteten Ursachen für Arbeitslosigkeit war der Ausgangspunkt im Grunde umgekehrt: Es wurde auf allgemein geltende Prinzipien der Theorie - z.B. der Preistheorie - zurückgegriffen und auf dieser Grundlage (mögliche) Ursachen für Arbeitslosigkeit abgeleitet. Bereits in Kapitel 10.4.4 wurde erwähnt, dass auf diese Weise jedoch keine Antwort darauf gegeben werden kann, ob diese Formen der Arbeitslosigkeit in der jeweiligen konkreten praktischen Situation überhaupt eine Rolle spielen. Es ist klar, dass das jeweilige Ausmaß der Arbeitslosigkeit (klassisch, keynesianisch, strukturell) nur durch *empirische* Arbeiten ermittelt werden kann. Letztere können allerdings wieder Anlass sein, die bisher als richtig unterstellten Zusammenhänge in einem neuen Licht zu sehen.

Empirische Forschungen sind allerdings auch auf diesem Gebiet nicht einfach:
- In der Realität gibt es nicht „den" (einzigen) Lohnsatz; wegen der Heterogenität der Arbeit gibt es verschiedene Lohnsätze gleichzeitig.

- Die konkreten Verläufe von Angebots- und Nachfragekurven sind nicht ohne weiteres bestimmbar.
- Die von der offiziellen Statistik bereitgestellten quantitativen Daten über die Arbeitslosigkeit (vgl. Kap. 4.4.1) entsprechen nur bedingt den qualitativen Anforderungen der Theorie.
- Die statistischen Methoden erlauben es oft nicht, zweifelsfrei zu belegen, dass den Variablen, die in der Theorie als bedeutsame Einflussgrößen genannt werden, tatsächlich eine empirische Bedeutung zukommt.

Empirische Untersuchungen zu den Ursachen der Arbeitslosigkeit liegen inzwischen in größerer Zahl vor [vgl. z.B. die Literaturhinweise bei Franz (1994) und Wenzel (1995)]. Einige grundlegende Beziehungen konnten bestätigt werden. Teilweise sind die Ergebnisse verschiedener Untersuchungen aber auch widersprüchlich. Insgesamt sind jedenfalls die Ergebnisse noch nicht so einfach und überzeugend, dass man die Arbeitslosigkeit relativ genau auf einzelne Ursachen zurückführen könnte.

Empirische Arbeiten können bislang allenfalls Hinweise auf ungefähre *Größenordnungen* geben. Größenordnungen für die BR Deutschland werden z.B. in den Arbeiten von Franz [Hinweise in Franz (1986)] sowie Horn und Möller (1985) genannt. Ihre Ergebnisse lassen den Schluss zu, dass in den siebziger Jahren die reallohnbedingte Arbeitslosigkeit eine größere Rolle gespielt haben dürfte. Anfang und Mitte der achtziger Jahre hatte jedoch die nachfragebedingte Arbeitslosigkeit mit ca. 50 % das größte Gewicht, während die reallohnbedingte eine geringe Rolle spielte. Die Sockelarbeitslosigkeit hat an Bedeutung deutlich zugenommen. Die Ergebnisse der empirischen Untersuchungen können somit durchaus als eine gewisse Bestätigung der auf methodisch einfachste Weise vorgenommenen Trennung der Arbeitslosigkeit in Übersicht 4.22 angesehen werden.

### 10.4.8. Wirtschaftspolitische Schlussfolgerungen

Es ist klar, dass wirtschaftspolitische Maßnahmen zum Abbau von Arbeitslosigkeit auch das *quantitative* Ausmaß der jeweiligen Ursachen berücksichtigen müssen. Es wurde aber bereits in den Ausführungen dieses Kapitels deutlich und wird im nächsten Kapitel eher noch verstärkt sichtbar, dass die Ursachen auch ineinander fließen können. Wirtschaftspolitik zum Abbau von Arbeitslosigkeit wird daher nicht darin bestehen können, einfach bestimmte wirtschaftspolitische Instrumente für die jeweiligen Ursachenkomponenten vorzusehen. Erfolgreiche Politik wird die komplexen Wechselwirkungen zu berücksichtigen haben. Sie wird auch zu beachten haben, dass die hier beschriebenen Modelle *kurzfristig* ausgerichtet sind, auch von daher also gegebenenfalls nur einen Teilaspekt behandeln.

Es wurde schon oben dargelegt, dass je nach gesellschaftlichem Standpunkt bestimmte Ursachen einseitig in den Vordergrund gerückt werden: von den Arbeitgebern der zu hohe Lohn, von den Gewerkschaften die mangelnde Nachfrage. Auch einfache Vorstellungen, die „vorhandene Arbeit" durch Arbeitszeitverkürzung anders zu verteilen, finden in der Gesellschaft eine breite Anhängerschaft. Welche wirtschaftspolitischen Schlussfolgerungen erlauben denn nun die vorgeführten theoretischen Ansätze?

Zu hohe Löhne können bereits im nationalen Rahmen Ursache für Arbeitslosigkeit sein. Sie werden immer wieder auch vom deutschen Sachverständigenrat als bedeutsame Ursache der hohen Arbeitslosigkeit in Deutschland angeführt. So heißt es im Jahresgutachten 1999/00 (SR 1999/00; S. 166 f.):
„Zwischen Lohnniveau und Beschäftigung besteht ein enger Zusammenhang. Dies ergibt sich sowohl aus theoretischer Einsicht als auch aus praktischer Erfahrung. Die Tarifvertragsparteien setzen die Tariflöhne, sie sind damit auch in der Pflicht und in der Führungsrolle, wenn es um mehr Beschäftigung geht. Eine Schlüsselgröße für die Lohnfindung sind dabei die Produktivitätsteigerungen. In einer Situation hoher Arbeitslosigkeit kann die Zunahme der Arbeitsproduktivität für Einkommensverbesserungen der beschäftigten Arbeitnehmer oder für die Beschäftigungsförderung, und damit für die Integration der Arbeitslosen in den Arbeitsmarkt, genutzt werden. ... Ausgangspunkt ist die Grundregel: Nominallohnanhebungen sind im Ausmaß des Produktivitätsfortschritts zu halten. Aber: Die Orientierung an der Zunahme der Arbeitsproduktivität stabilisiert lediglich den gegebenen Stand der Beschäftigung; sie trägt nicht dazu bei, die Beschäftigung zu mehren und die Arbeitslosigkeit zu verringern."

Hier wird also nicht einfach entsprechend dem klassischen Modell eine Senkung des Reallohns gefordert. Dass der *Real*lohn nicht Gegenstand der Lohnverhandlungen sein kann, wurde bereits oben dargelegt. Hier werden vielmehr die **Lohnstückkosten** (vgl. Kap. 4.4.2.) in den Vordergrund der Betrachtung gerückt. Ein Zurückbleiben der Lohnstückkosten für einen gewissen Zeitraum ist nach Ansicht des Sachverständigenrat eine wichtige Vorbedingung für den Abbau von Arbeitslosigkeit. Die Mehrheit des Sachverständigenrates vertritt die Ansicht (SR 1999/00; S. 168): „Empirische Studien belegen den positiven Effekt einer Lohnzurückhaltung auf die Beschäftigung." Allerdings gibt es auch eine von Kromphardt vorgelegte gegenteilige Ansicht, wonach die Lohnpolitik *keinen* Beitrag zur Beschäftigungsanhebung leisten kann (vgl. SR 1999/00; S. 177 ff.). Dieser Streit resultiert vor allem aus einer unterschiedlichen Sichtweise über die Wirkung von Lohnerhöhungen auf die Nachfrage. Kromphardt argumentiert: „Fasst man alle Nachfrageaggregate zusammen, so ergibt sich, dass bei Lohnzurückhaltung die Gefahr eines Rückgangs der Beschäftigung besteht; eine steigende Beschäftigung ist nicht zu erwarten." (SR 1999/00; S. 179). Solche Differenzen erleichtern es den Tarifpartnern nicht gerade, die „richtigen" lohnpolitischen Entscheidungen für mehr Beschäftigung zu treffen.

Im Zuge der wachsenden Globalisierung ist eine Beschränkung der Betrachtung auf einen rein nationalen Arbeitsmarkt nicht mehr sinnvoll. So wird immer wieder darauf hingewiesen, dass die Löhne gerade auch im internationalen Vergleich zu hoch sind (vor allem auch durch die vergleichsweise besonders hohen Lohnnebenkosten). Deshalb verlegen viele Unternehmen ihre Produktion in Niedriglohnländer. Allerdings reicht auch hier nicht einfach der Hinweis, dass die Löhne in einem Niedriglohnland nur einen Bruchteil der Löhne in Deutschland ausmachen. Auch hier muss die *Produktivität* berücksichtigt werden, es müssen also die Lohn*stückkosten* verglichen werden. Zweifellos gibt es Beispiele für betriebswirtschaftlich lohnende Produktionsverlagerungen in Niedriglohnländer, die zu steigender Arbeitslosigkeit im Inland geführt haben. Für die Betroffenen ist dies sicher schmerzlich, insbesondere wenn der Wegfall ihres Arbeitsplatzes dazu führt, dass sie in die Langzeitarbeitslosigkeit gelangen (vgl. S. 291). Der Vermeidung dieses Vorgangs, der mit dem Aspekt „Inhomogenität des Arbeitsmarktes" zu tun hat, dürfte daher in der Arbeitsmarktpolitik besondere Bedeutung zukommen. Produktionsverlagerungen ins Ausland sollten aber nicht nur negativ gesehen werden. Langfristig kann durch das Ausnutzen absoluter und komparativer Kostenvorteile sowie durch die Intensivierung der Arbeitsteilung der Wohlstand *aller* beteiligten Länder erhöht werden.

Dem Abbau der friktionellen und strukturellen Arbeitslosigkeit kommt in der Arbeitsmarktpolitik sicher besondere Bedeutung zu. Deshalb wird immer wieder gefordert, den Arbeitsmarktausgleich behindernde Regelungen im Tarif- und Arbeitsrecht (z.B. Kündigungsschutz, Höhe und Dauer der Arbeitslosenunterstützung) abzubauen. Wenn auch in Deutschland hier sicher manche „verkrustete" Strukturen bestehen, bleibt doch die gesellschaftliche Diskussion über das wünschenswerte Ausmaß dieses Abbaus in Gang: „Reine Marktlösungen" stehen schließlich in gewissem Gegensatz zur Wirtschaftsordnung der „*Sozialen* Marktwirtschaft".

Eine Erhöhung der Flexibilität des Faktors Arbeit kann durch *Umschulungs- und Fortbildungsmaßnahmen* erreicht werden. *Arbeitsbeschaffungsmaßnahmen* (ABM) können einen Beitrag dazu liefern, dass der oben beschriebene Weg in die Langzeitarbeitslosigkeit verhindert wird. Gerade Arbeitsbeschaffungsmaßnahmen sind jedoch auch zwiespältig zu beurteilen [vgl. auch Pohl (1997); S. 271 f.]. Aus der Sicht der regierenden Politiker sind sie schon deshalb positiv, weil die so beschäftigten Personen *nicht als arbeitslos* gelten, die Arbeitslosenquote also niedriger ausfällt (vgl. Kap. 4.4.1). Häufig wird auch argumentiert, dass öffentliche Gelder doch sinnvoller ausgegeben würden, wenn sie an Personen in ABM-Positionen fließen, da dort immerhin „nützliche Arbeit" geleistet werde, als wenn sie als Arbeitslosenunterstützung an Arbeitslose „für nichts" gezahlt werden. Es ist aber keineswegs gesichert, dass durch die AB-Maßnahme wirklich „nützliche Arbeit" geleistet wird; dies ist zumindest in den Fällen zweifelhaft, in denen sich keine *Markt*nachfrage herausgebildet hat. Im anderen Fall besteht die Gefahr, dass Marktnachfrage verdrängt wird, im Marktbereich also Arbeitslosigkeit geschaffen wird.

Die strukturelle Komponente ist aber sowohl mit dem Aspekt Lohnhöhe als auch mit dem Aspekt Produktionsentwicklung / Wachstum verknüpft. Da die Qualität der Arbeit sehr unterschiedlich ist, wird gefordert, diesem Punkt bei der Lohngestaltung mehr Beachtung zu schenken. Eine Zunahme der Beschäftigung wird vor allem dadurch erwartet, dass die Mindestlöhne für niedrig qualifizierte Arbeit abgesenkt wird. Gerade auch im Bereich einfacher Dienstleistungen wird dann mit mehr Beschäftigung gerechnet. Falls diese niedrigen Marktlöhne keinen Mindestlebensstandard gewährleisten, wird auch die Möglichkeit eines staatlichen *Lohnkostenzuschusses* vorgeschlagen. Letzterer wird auch für geeignet gehalten, insbesondere *jungen* Menschen den Eintritt in das Erwerbsleben zu erleichtern und die Jugendarbeitslosigkeit zu senken.

Für die Beschäftigtenentwicklung ist aber auch das Wachstum der Wirtschaft von Bedeutung. In Kap. 4.4.1 wurde auf das *Okun-Gesetz* aufmerksam gemacht. Nach diesem Gesetz erfolgen Freisetzungen von Arbeitskräften, wenn das Wirtschaftswachstum unter dem Produktivitätsfortschritt liegt. Wachstum erleichtert aber auch den Strukturwandel. Arbeitskräfte, die in absterbenden Branchen freigesetzt werden, können dann viel leichter neue Arbeitsplätze in aufstrebenden Branchen finden. Die Wirtschaftspolitik ist daher aufgerufen, nach Möglichkeit auch einen Beitrag zum Wirtschaftswachstum zu liefern.

Immer wieder werden auch **Arbeitszeitverkürzungen** als ein Mittel der Beschäftigungssicherung und -ausweitung vorgeschlagen. Es ist daher zu fragen, inwieweit Arbeitszeitverkürzungen kurz- und langfristig ein geeignetes Mittel der Arbeitsmarktpolitik sein können. Es ist unbestritten, dass im Laufe der Zeit beachtliche Arbeitszeitverkürzungen stattgefunden haben und dies bei gleichzeitig beträchtlich gewachsenem Realeinkommen. Ohne Arbeitszeitverkürzung hätte das Realeinkommen noch mehr wachsen können. Teile des Produktivitätsfortschritts wurden also genutzt, stattdessen die Freizeit zu erhöhen. Es ist daher nur die Frage zu distieren, ob Arbeitszeitverkürzungen *kurzfristig* einen Beitrag zum Abbau von Arbitslosigkeit liefern können. Arbeitszeitverkürzung wird vor allem in den drei Formen diskutiert: (1) Abbau von Überstunden; (2) generelle Verkürzung der Arbeitszeiten je Periode (Woche, Monat, Jahr); (3) Verkürzung der Lebensarbeitszeit. Im Grunde laufen die Vorschläge darauf hinaus, dass eine vorhandene, gegebene Arbeitsmenge *anders verteilt* werden müsse. Die einfachste Vorstellung ist die folgende: Wenn 10 % Arbeitslosigkeit herrscht, muss nur die Arbeitszeit um 10 % gesenkt werden und die Arbeitslosigkeit verschwindet. Kurzfristig würde dies zwangsläufig aber auch bedeuten, dass die Realeinkommen anders verteilt werden müssen, d.h. die bisherigen Beschäftigten müssen einen Realeinkommensverlust zugunsten der Neubeschäftigten hinnehmen. Es ist nicht sehr wahrscheinlich, dass die derzeitigen Arbeitsplatzinhaber dazu bereit sind. Es muss aber ohnehin bedacht werden, dass das Produktionsvolumen und die für seine Erzeugung nötige Arbeitsmenge nicht einfach *gegebene* Größen sind; die Höhe des Inlandsprodukts ist vielmehr - wie bereits die vorigen Kapitel gezeigt haben - ein Resultat des gesamtwirtschaftlichen Prozesses.

Aber selbst wenn die Arbeitnehmer zu einer Realeinkommensreduktion bereit wären, würde die Umverteilung - jedenfalls kurzfristig - nur sehr bedingt funktionieren. In großen Unternehmen mit einer großen Anzahl von gleichartigen Arbeitsplätzen dürfte es noch relativ leicht fallen, z.B. bei 10 gleichartig Beschäftigten die Arbeitszeit um 10 % zu reduzieren, um einen neuen Arbeitsplatz zu schaffen. Unternehmen wie VW haben daher durchaus bereits beachtliche Arbeitszeitreduzierungen - vor allem durch sog. Arbeitszeitkonten auf Jahresbasis - einführen können. Je kleiner das Unternehmen und je spezialisierter der Arbeitsplatz ist, desto schwieriger wird jedoch eine solche Aufteilung. Es zeigt sich ja auch, dass trotz der großen Zahl von Arbeitslosen gleichzeitig ein hohes Maß an Überstunden geleistet wird. Offenbar ist es betriebswirtschaftlich rentabler, gegebenenfalls Überstundenzuschläge zu bezahlen als neue Arbeitnehmer zum Normallohn einzustellen. Dazu dürften allerdings auch arbeitsrechtliche Vorschriften beitragen. Dass deren

Sinnhaftigkeit überprüft werden muss, wurde bereits oben erwähnt. Aber auch für den Abbau von Überstunden gilt: Die betroffenen Arbeitnehmer sind nur wenig bereit, auf das durch Überstunden verdiente Einkommen zu verzichten.

Kurzfristig darf also von Arbeitszeitverkürzungen nicht zu viel erwartet werden. Die bereits 1985 geäußerte Ansicht von Oberhauser (1985; S. 209) zu Arbeitszeitverkürzungen dürfte auch heute noch Gültigkeit haben: „Die vorhandene Arbeitslosigkeit ... müsste vor allem durch eine Ausweitung der Produktion abgebaut werden. Dazu kann die Lohnpolitik, wie gezeigt, direkt kaum beitragen. Sie könnte jedoch eine expansive Beschäftigungs- und Wachstumspolitik von der Lohn- und damit von der Kostenseite her absichern, sie sogar erst ermöglichen."

Die vorgeführten Überlegungen führen zu dem Schluss, dass wohl nur ein breites Bündel von Maßnahmen einen Beitrag zum Abbau der Arbeitslosigkeit liefern kann und dass schnelle Erfolge nicht erwartet werden dürfen. Es muss aber darauf hingewiesen werden, dass der Problemkreis ohnehin noch einmal aufgegriffen werden muss, wenn das Totalmodell vorgeführt worden ist.

## Literaturhinweise zu Kapitel 10:

E. **Appelbaum**: Der Arbeitsmarkt. In: A. S. Eichner (Hrsg.): Über Keynes hinaus - Eine Einführung in die post-keynesianische Ökonomie. Köln 1982. S. 115 ff.

N. **Berthold**: Keynesianische versus klassische Arbeitslosigkeit. WiSt 10/1988. S. 485 ff.

N. **Berthold**, R. **Fehn**: Neuere Entwicklungen in der Arbeitsmarkttheorie. WiSt 3/1995; S. 110 ff.

A. **Brandt**: Ursachen der Arbeitslosigkeit und Perspektiven der Beschäftigungspolitik in Deutschland. Frankfurt/M. u.a.O. 1995 (insb. Teil A)

V. **Chick**: Macroeconomics after Keynes - A Reconsideration of the General Theory. Oxford 1983 (Insb. Kap. 7)

E.-M. **Claassen**: Grundlagen der makroökonomischen Theorie. München 1980. (Kap. VIII; S. 203 ff.)

W. **Franz**: Arbeitslosigkeit und ihre Ursachen in der Arbeitsmarkttheorie der achtziger Jahre. Einige mikro- und makroökonomische Aspekte. In: H.-J. Krupp, B. Rohwer, K. W. Rothschild (Hrsg.): Wege zur Vollbeschäftigung. Konzepte einer aktiven Bekämpfung der Arbeitslosigkeit. Freiburg/Br. 1986. S. 32 ff.

W. **Franz**: Arbeitsmarktökonomik. 2. Aufl. Berlin u.a.O. 1994

M. **Friedman**: Die Rolle der Geldpolitik. In: Geldtheorie. Hrsgg. von K. Brunner, H. G. Monissen, M. J. M. Neumann. Köln 1974. S. 314 ff.

E. **Görgens**: Beschäftigungspolitik. München 1981. (Insb. S. 13-113)

G. **Horn**, J. **Möller**: Keynesianische oder Klassische Arbeitslosigkeit in der Bundesrepublik Deutschland? Empirische Überprüfung eines Mengenrationierungsmodells mittels Kalman-Verfahren für den Zeitraum 1970-1982. IfO-Studien. 31. Jg. 1985. S. 203 ff.

J. **Kromphardt**: Reallohnniveau und Beschäftigung in der Keynesschen Theorie. WiSt 12/1985. S.597 ff.

J. **Kromphardt**: Lohnhöhe und Beschäftigung. In: H.-J. Krupp, B. Rohwer, K. W. Rothschild (Hrsg.): Wege zur Vollbeschäftigung. Freiburg/Br. 1986. S. 50 ff .

J. **Kromphardt**: Die Zukunft der Globalsteuerung - Theoretische Perspektiven. In: H. Körner, Ch. Uhlig (Hrsg.): Die Zukunft der Globalsteuerung. Bern - Stuttgart 1986 (insb. S. 86-93 und 96-99)

**J. Kromphardt:** Arbeitslosigkeit und Inflation. Eine Einführung in die makroökonomischen Kontroversen. (UTB Bd. 1452) Göttingen 1987. (Insb. Teil 11; S. 38-106)

**O. Landmann:** Löhne, Preise, Einkommen und Beschäftigung in der offenen Volkswirtschaft. In: Der Keynesianismus V - Makroökonomik nach Keynes. Hrsgg. von G. Bombach, H.-J. Ramser, M. Timmermann. Berlin u.a. 1984. S. 101 ff.

**O. Landmann, J. Jerger:** Beschäftigungstheorie. Berlin u.a.O. 1999

**A. Oberhauser:** Lohnsteigerungen und Beschäftigung. In: J. Langkau, C. Köhler (Hrsg.): Wirtschaftspolitik und wirtschaftliche Entwicklung. Bonn 1985. S. 201 ff.

**Ch. A. Pissarides:** Unemployment and Macroeconomics. Economica. Vol. 56. Feb. 1989. S. 1 ff.

**R. Pohl:** ABM bringen viele Gefahren mit sich. WISU 4/1997; S. 271 f.

**R. Rettig, L. Böckmann, D. Voggenreiter:** Makroökonomische Theorie. 7. Aufl. Düsseldorf 1998. (Kap. III)

**K. Rittenbruch:** Vollbeschäftigung und Arten der Unterbeschäftigung in Arbeitsmarktmodellen - Ein Vergleich. (1 + 11) WISU 10/1987, S. 518 ff.; WISU 11/1987, S. 573 ff.

**K. W. Rothschild:** Arbeitslose: Gibt's die? Kyklos. Bd. 31. 1978. S. 21 ff .

**K. W. Rothschild:** Theorien der Arbeitslosigkeit. München - Wien 1988

**H. Schmid, D. von Doksy:** Ökonomik des Arbeitsmarktes - Band 1. Arbeitsmarkttheorien: Stärken und Schwächen. Bern - Stuttgart 1990

**W. Sesselmeier, G. Blauermel:** Arbeitsmarkttheorien. Ein Überblick. Heidelberg 1990

**H. Siebert, E. Mohr:** Nachfrage nach Arbeit und Beschäftigung. WISU 5/1986. S. 245 ff.

**H.-P. Spahn:** Makroökonomie - Theoretische Grundlagen und stabilitätspolitische Strategien. Berlin u.a. Orte 1996 (insb. Kap. 2.1, 2.2, 3)

**J.-O. Wenzel:** Arbeitslosigkeit in der OECD und die Suche nach ihren Ursachen. In: J. Flemmig (Hrsg.): Moderne Makroökonomik - Eine kritische Bestandsaufnahme. Marburg 1995. S. 135 ff.

# 11. Kapitel:
# Totalmodelle für eine geschlossene Volkswirtschaft

### 11.1. Die Höhe des Preisniveaus als Problem

In den Kapiteln 6 - 9 wurde - von geringen Ausnahmen abgesehen - das Preisniveau als konstant unterstellt, d.h die dort zugrunde liegenden Größen sind reale Größen (anders formuliert: es gibt keinen Unterschied zwischen nominalen und realen Größen). Ein konstantes Preisniveau zu unterstellen ist sicherlich dann zulässig, wenn als Ausgangspunkt der Analyse eine Unterauslastung der Produktionsfaktoren gewählt wird. Generell ein konstantes Preisniveau zu unterstellen, würde jedoch der Realität widersprechen. Im vorigen Kap. 10 wurden daher auch bereits Auswirkungen von Preisniveauveränderungen auf den Arbeitsmarkt berücksichtigt. Änderungen des Preisniveaus wurden allerdings nicht begründet, sondern einfach angenommen. In Kap. 5.1 wurde darauf hingewiesen, dass die Höhe des Preisniveaus aber ebenfalls eine aus dem Gesamtsystem heraus zu erklärende Größe darstellt. In diesem Kap. 11 soll daher mit der Komplettierung des Totalmodells auch die Höhe dieser letzten Größe begründet werden. Zugleich sollen die Auswirkungen von Preisniveauänderungen auf die übrigen Größen des Modells aufgezeigt werden.

Stetige Erhöhungen des Preisniveaus werden als *Inflation* bezeichnet, Phasen von sinkenden Preisniveaus als *Deflation*. Von Bedeutung sind auch Zeiten einer sog. *Stagflation* (gleichzeitiges Auftreten von Stagnation und Inflation), wie sie z.B. insbesondere in den siebziger Jahre in vielen westlichen Staaten zu beobachten war. Den Ursachen und Wirkungen länger andauernder inflationärer oder deflationärer Phasen kann in diesem Lehrbuch nicht nachgegangen werden. Da sich in der realen Welt jedoch kurz- und langfristige Prozesse überlagern, ist die hier vorgeführte Analyse von Preisniveaueinflüssen beschränkt. Sie bewegt sich im Rahmen der kurzfristig ausgerichteten Einkommens- und Beschäftigungstheorie. Es wird gezeigt, wie das Gütermarkt-Geldmarkt-Modell (IS-LM-Schema) für Fälle eines variablen Preisniveaus zu modifizieren ist. Dieses modifizierte System wird mit der Produktionsfunktion und dem Arbeitsmarkt kombiniert, woraus sich das **Totalmodell** (vgl. Übersicht 5.1) ergibt. Im Rahmen dieses Totalmodells wird mit **gesamtwirtschaftlichen** oder **aggregierten Angebots- und Nachfragekurven** gearbeitet. Bei diesen Kurven wird eine Beziehung zwischen Preisniveau und gesamtwirtschaftlichem Angebot und gesamtwirtschaftlicher Nachfrage hergestellt. Damit unterscheiden sich diese Angebots- und Nachfragekurven von den in Kap. 6 benutzten.

### 11.2. Gesamtwirtschaftliche Angebotskurven

### 11.2.1. Typen von aggregierten Angebotskurven

Gesamtwirtschaftliche Angebotskurven resultieren aus einer Kombination von Arbeitsmarkt und Produktionsfunktion unter Beachtung von Preisniveaueffekten. Sie beschreiben, welche Gütermengen die Produzenten im Hinblick auf ihre Kosten (die in gesamtwirtschaftlicher Betrachtung in entscheidendem Maße *Lohn*kosten sind) und ihre Kapazitäten bei alternativen Preisniveaus jeweils anbieten wollen. Unterschiede im Verlauf der Kurven ergeben sich aus den jeweiligen Annahmen über die Verhältnisse am Arbeitsmarkt und über die Produktionsbeziehungen (gesamtwirtschaftliche Produktionsfunktion). Hier werden im Grunde drei Varianten diskutiert, die anschließend zu *einer* gesamtwirtschaftlichen Angebotsfunktion zusammengefügt werden. Im Rahmen der grafischen Darstellung des Arbeitsmarktes wird im Folgenden übrigens auf Nominallöhne abgestellt, da dies die Ableitung vereinfacht.

## (1) Keynesianische Angebotsfunktion

Für eine keynesianische Angebotsfunktion gelten die folgenden Bedingungen:
(a) Es herrscht Unterauslastung der Produktionskapazität. In diesem Fall kann die Grenzproduktivität der Arbeit bei steigendem Arbeitseinsatz konstant sein, da die *Auslastung* des vorgegebenen Sachkapitals proportional mit dem zunehmenden Arbeitseinsatz mitwachsen kann. Die Produktionsfunktion zeigt daher keine fallenden Grenzerträge.
(b) Da Unterauslastung herrscht, führt eine Produktionsausweitung eher zu einer Senkung der totalen Stückkosten. Kostenbedingte Erhöhungen der Marktpreise sind daher nicht zu erwarten. Das Güterpreisniveau bleibt konstant.
(c) Der Arbeitsmarkt entspricht der Abb. 10.10, d.h. die Güternachfrage $Y_{N1}$ bestimmt die Arbeitsnachfrage $N_{N1}$ und damit unter Beachtung der Produktionsfunktion zugleich die tatsächliche Produktion (das Angebot) $Y_1$. Wächst die Güternachfrage auf $Y_{N2}$, so wächst auch die Arbeitsnachfrage (auf $N_{N2}$), für die unter den gegebenen Bedingungen ein entsprechendes Angebot bereitsteht. Es gibt also nur **Mengenreaktionen**, aber keine Preisreaktionen. Die Höhe des vereinbarten Nominallohns (der wegen des konstanten Preisniveaus zugleich dem Reallohn entspricht) resultiert aus der Vereinbarung zwischen Anbietern und Nachfragern.

Damit ergeben sich die in Abb. 11.1 dargestellten Beziehungen. In dieser keynesianischen Sicht ist damit das gesamtwirtschaftliche Güterangebot vollkommen elastisch in Bezug auf das Preisniveau (Abb. 11.1 - Quadrant 3).

## (2) Preisniveauabhängiges Angebot

Die für eine Unterauslastung der Wirtschaft zugrunde gelegten Bedingungen sind zu modifizieren, wenn von Normalauslastung (oder gar Vollauslastung) auszugehen ist:
(a) Üblicherweise entwickeln sich nicht alle Teilbereiche einer Volkswirtschaft vollkommen parallel. So wird es bei zunehmender Kapazitätsauslastung in einigen Branchen erste Engpässe geben. Diese Engpässe werden bewirken, dass die Grenzproduktivität der Arbeit ab einem bestimmten Produktionsumfang abnehmen wird, also die klassische Produktionsfunktion Anwendung finden kann.
(b) Für weite Bereiche der Kapazitätsauslastung bis hin zur Normalauslastung ist die Annahme sicher akzeptabel, dass die variablen Stückkosten konstant sind und die totalen Stückkosten daher fallen. Steigt die Auslastung jedoch über die Normalauslastung an, können bei den Produzenten die variablen Stückkosten und

**Abb. 11.1**  Ableitung einer keynesianischen Güterangebotsfunktion

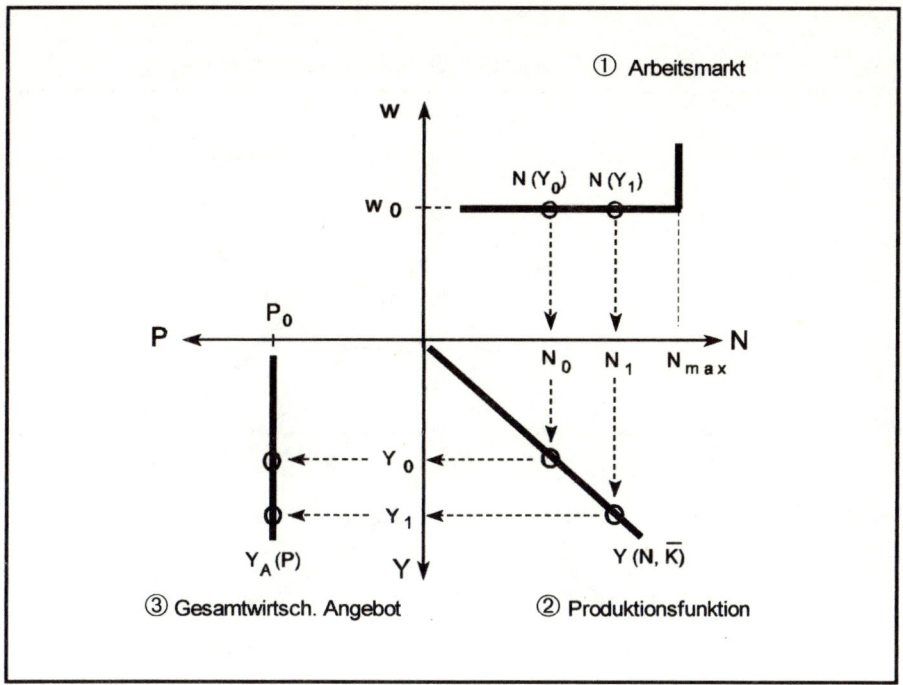

damit die totalen Stückkosten durchaus wieder ansteigen. Die für (vollkommene) polypolistische Märkte geltende Regel, dass sich die anbietenden Produzenten an den jeweils *vorgegebenen Marktpreis* als *Mengenanpasser* anpassen, ist in der Realität für weite Bereiche nicht relevant. Es herrschen vielmehr Märkte in den Marktformen „heterogene Konkurrenz" und „Oligopol" vor. Die Angebotspreiskalkulation erfolgt hier meistens durch einen Gewinnaufschlag auf die Stückkosten („Mark-up-pricing"). Hier besteht einerseits ein gewisser eigener Preissetzungsspielraum, andererseits aber auch eine Tendenz zu Preisstarrheit. Preiskämpfe werden meist vermieden. Es wird aber versucht, Kostensteigerungen, die *alle* Anbieter treffen, in steigenden Preisen weiterzugeben.

Es sei unterstellt, dass die Unternehmen eine reallohnorientierte Arbeitsnachfrage entfalten und die (erwartete) Preisniveauerhöhung richtig einschätzen. Die Anbieter unterschätzen dagegen die Preisniveauentwicklung, bei ihnen besteht also „teilweise Geldillusion". (Nur zur Vereinfachung wird hier angenommen, dass das Angebot ausschließlich nominallohnorientiert erfolgt - „vollkommene Geldillusion".) Ferner wird vor einer Mindestlohnvereinbarung in Höhe von $w_0$ ausgegangen. Unter diesen Bedingungen lässt sich die Beziehung zwischen Preisniveau P und realem Sozialprodukt Y mit Hilfe der Abb. 11.2 ableiten: Da am Arbeitsmarkt nur die Nachfrager auf Preisniveauerhöhungen reagieren, ergibt sich eine Reallohnsenkung, die zu einer Ausweitung der eingesetzten Arbeit führt. Über die Produktionsfunktion ergibt sich das jeweilige reale Sozialprodukt. Unter diesen Bedingungen steigt mit steigendem Preisniveau das aggregierte Güterangebot (Abb. 11.2 - Quadrant 3).

**Abb. 11.2** Ableitung einer preisniveauabhängigen Güterangebotsfunktion

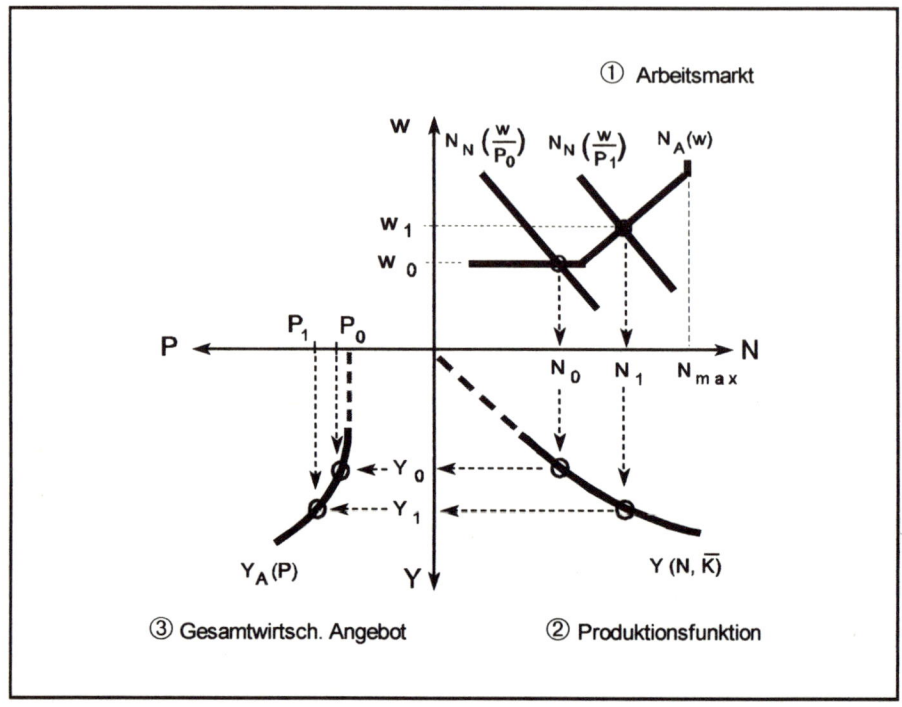

③ Gesamtwirtsch. Angebot          ② Produktionsfunktion

### (c) Klassische Güterangebotsfunktion

In klassischer Sicht reagieren am Arbeitsmarkt beide Marktseiten reallohnorientiert und beide Seiten schätzen die Preisniveauentwicklung korrekt ein. Die Arbeitsnachfrage ist aus der Grenzproduktivität der Arbeit abgeleitet. Mindestlohnregelungen bestehen nicht. In diesem Fall besteht in der Ausgangssituation (Preisniveau $P_1$) das klassische Vollbeschäftigungsgleichgewicht. Durch Preisniveauänderungen wird dieses hier nicht verändert. Bei steigendem Preisniveau ($P_1 < P_2 < P_3$) verändern sich nur die Nominallöhne entsprechend, nicht jedoch die Reallöhne und auch nicht die (Vollbeschäftigungs-)Arbeitsmenge. Das Realeinkommen Y, das somit ein Vollbeschäftigungseinkommen ist, wird durch Preisniveauänderungen grundsätzlich nicht beeinflusst (Abb. 11.3 - Quadrant 3).

### (d) Kombination der drei Versionen

Die ganze Breite der Realität lässt sich beschreiben, indem alle drei Varianten zu einer einheitlichen *gesamtwirtschaftlichen Angebotskurve* zusammengefügt werden (Abb. 11.4). Der waagerechte Ast (keynesianische Version) beschreibt die Situation einer

**Abb. 11.3** Ableitung der klassischen Güterangebotsfunktion

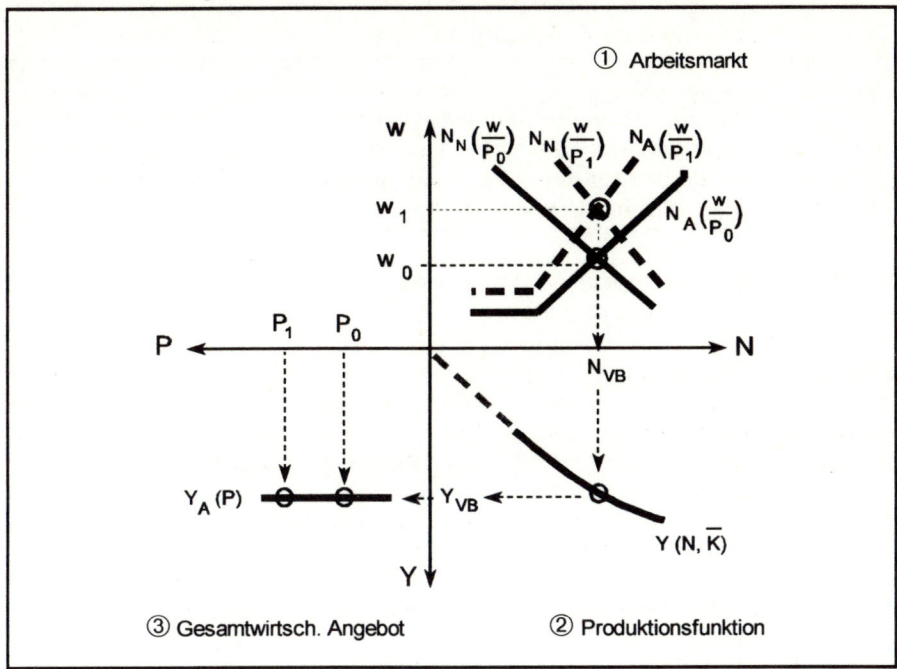

unter- bis normalausgelasteten Wirtschaft. Für eine sich im Übergang von der Normalauslastung zum Boom befindende Wirtschaft, ist - vor allem durch zunehmende Engpässe bedingt - mit einem Ansteigen des Preisniveaus zu rechnen; hier findet daher die mittlere Version Anwendung. In einer vollbeschäftigten Wirtschaft können jedoch auch durch Preissteigerungen keine zusätzlichen Faktoren mehr mobilisiert werden; es gilt die klassische Version. In verbaler Form kann somit die

**Abb. 11.4** Zusammengesetzte gesamtwirtschaftliche Angebotsfunktion

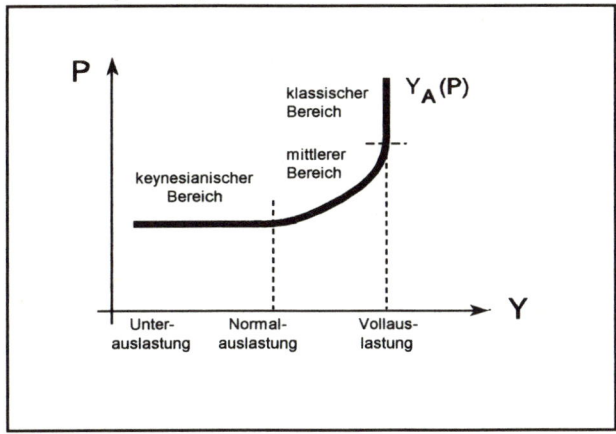

gesamtwirtschaftliche Angebotsfunktion wie folgt definiert werden:

---

**Aggregierte oder gesamtwirtschaftliche Angebotsfunktion / -kurve**

Sie fasst die gesamtwirtschaftlichen Produktionsbedingungen mit den Bedingungen am Arbeitsmarkt zusammen. Für jeden beliebigen Wert für das Preisniveau
P wird die zugehörige Arbeitsmenge N bestimmt. Das mit dieser Arbeitsmenge
auf Grund der Produktionsfunktion jeweils produzierbare Realeinkommen Y
wird nun dem jeweiligen Preisniveau P zugeordnet.

---

### 11.2.2. Die Auswirkungen von Angebotsstörungen auf die Lage der Kurve des aggregierten Angebots

Bislang wurde das aggregierte Güterangebot aus der Reaktion des Arbeitsmarktes
allein auf Preisniveauänderungen unter der Voraussetzung einer gegebenen Pro-
duktionsfunktion abgeleitet. Die in Abb. 11.4 gezeichnete gesamtwirtschaftliche
Angebotsfunktion kann sich als Folge sog. **Angebotsstörungen** verändern. Zu den
Angebotsstörungen zählen die folgenden Vorgänge:
- Erhöhung der Nominallöhne und / oder Lohnnebenkosten (die nicht als Anpas-
  sung an ein gestiegenes Preisniveau gedacht sind);
- Verkürzung der Arbeitszeit (ohne oder mit vollem Lohnausgleich);
- Zunahme des Arbeitsangebots, z.B. aus Bevölkerungszunahme resultierend;
- Erhöhung indirekter Steuern;
- Steigen von Rohstoffpreisen („Ölpreisschock");
- technischer Fortschritt und / oder zunehmende Wettbewerbsintensität verändern
  die Produktionsfunktion;
- grundlegende Senkung der Unternehmenssteuern.

Es würde hier zu weit führen, jeweils die exakte Ableitung aller genannten Stö-
rungen auf das aggregierte Angebot vorzunehmen. Es werden daher beispielhaft nur
drei Fälle herausgegriffen:
- Arbeitszeitverkürzung;
- Produktivitätserhöhung durch technischen Fortschritt;
- Steigen von Rohstoffpreisen.
Da die Verschiebung am deutlichsten im mittleren Bereich sichtbar wird, wird die
Ableitung zudem auf diesen Bereich beschränkt.

Im Fall einer Arbeitszeitverkürzung (ohne Lohnausgleich) verschiebt sich die Arbeitsangebotskurve nach links (Abb. 11.5 - Quadrant 1). Diese Links-Verschiebung
führt zu einer *Abnahme* des gesamtwirtschaftlichen Angebots (Quadrant 3).

Technischer Fortschritt bewirkt eine Verschiebung der Produktionsfunktion nach
oben (Abb. 11.6 - Quadrant 2) und damit eine Zunahme der Grenzproduktivität
der Arbeit (vgl. Abb. 10.3-b). Wird entsprechend Kap. 10.3.2 davon ausgegangen,
dass Arbeitsnachfrage und Grenzproduktivität der Arbeit identisch sind, erhöht sich
also auch die Arbeitsnachfrage (Abb. 11.6 - Quadrant 1). Im Endeffekt wird eine
*Zunahme* des gesamtwirtschaftlichen Angebots erreicht (Abb. 11.6 - Quadrant 3).

**Abb. 11.5**  Verschiebung des Angebots durch Arbeitszeitverkürzung

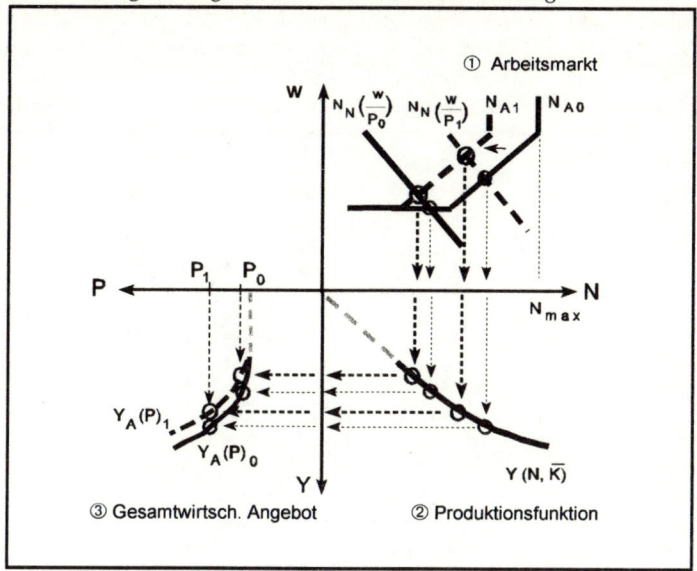

**Abb. 11.6**  Verschiebung des Angebots durch technischen Fortschritt

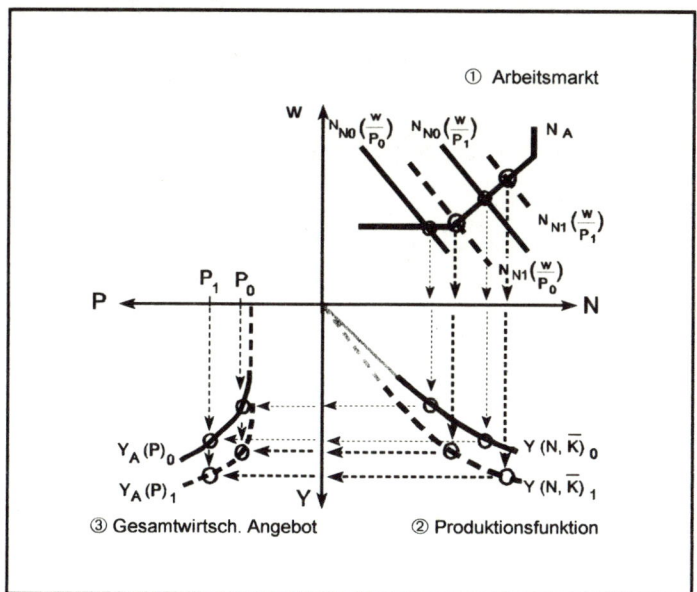

Eine Steigerung der Rohstoffpreise lässt sich in der grafischen Version des Total-modells nicht unmittelbar sichtbar machen. Materialkostensteigerungen erhöhen die Grenzkosten. Bei zunächst gegebenen Güterpreisen verlagert sich der Schnitt-

punkt von Grenzkosten und Grenzerlösen in den Bereich kleinerer Ausbringungs-
mengen. Damit sinkt die Nachfrage nach Arbeit. Es ergibt sich die in Abb. 11.7 auf-
gezeigte Veränderung (Abnahme) des aggregierten gesamtwirtschaftlichen Angebots.

**Abb. 11.7** Auswirkung einer Materialkostenerhöhung auf das gesamtwirtschaftliche Angebot

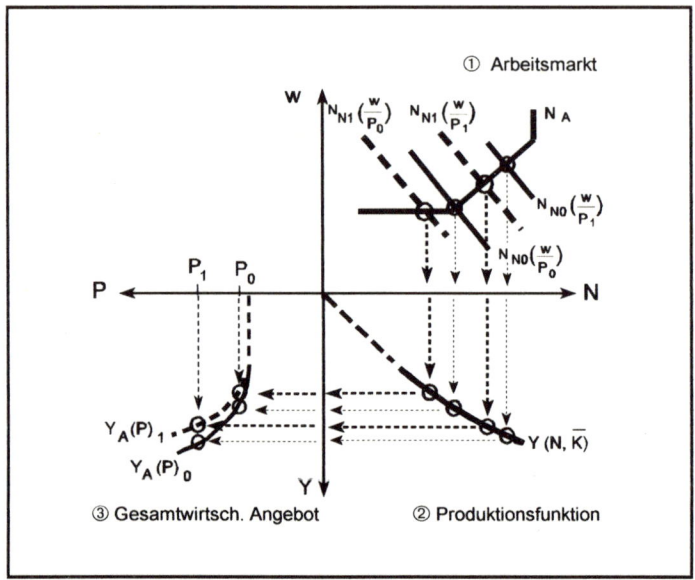

Auf ähnliche Weise lassen sich die Auswirkungen auf Lage und Form des gesamtwirtschaftlichen Angebots für die übrigen genannten Angebotsstörungen ableiten. Es
dürfte leicht einsichtig sein, dass die folgenden Angebotsstörungen zu einer *Abnahme*
des gesamtwirtschaftlichen Angebots führen:
- Erhöhung der Nominallöhne;
- Erhöhung indirekter Steuern.

Zu einer *Zunahme* des gesamtwirtschaftlichen Angebots führen:
- Zunahme des Arbeitsangebots;
- grundlegende Senkung von Rohstoffpreisen;
- grundlegende Senkung der Unternehmenssteuern.

## 11.3. Gesamtwirtschaftliche Nachfragekurven

### 11.3.1. Typen von aggregierten Nachfragekurven

Gesamtwirtschaftliche oder *aggregierte Nachfragekurven* setzen das Preisniveau und
den nachfrageorientierten kombinierten Güter- und Geldmarkt in Beziehung. Sie
verknüpfen jeweils die Variable Preisniveau P mit demjenigen Realeinkommen Y,
das bei dem jeweiligen Preisniveau ein Gütermarkt-Geldmarkt-*Gleichgewicht* (IS-LM-
Gleichgewicht) darstellt. Ansatzpunkt der Analyse der *nachfrageseitigen* Beziehung

zwischen Realeinkommen und Preisniveau ist somit das IS-LM-System. Von besonderer Bedeutung ist hier, dass **Preisniveauänderungen den Realwert** einer gegebenen (nominellen) **Geldmenge verändern**. So bewirkt z.B. eine Erhöhung des Preisniveaus eine Senkung des Realwerts der gegebenen Geldmenge. Die Auswirkungen von Preisniveauänderungen auf das IS-LM-Gleichgewicht hängen davon ab, welche Bedingungen über den Verlauf von IS und LM jeweils unterstellt werden.

### (a) Mittlere Version

Im auf reale Größen abgestellten IS-LM-Schema bedeutet eine Veränderung des Preisniveaus bei gegebener nomineller Geldmenge M eine Verschiebung der LM-Kurve. Dies wird anhand der Abb. 11.8 gezeigt. Beim Preisniveau $P_0$ beträgt die reale Geldmenge dann $M/P_0$. Für diese reale Geldmenge lässt sich die LM-Kurve als $LM(P_0)$ aus den jeweiligen Schnittpunkten zwischen $L_1$, $L_2$, ... ableiten. Steigt das Preisniveau von $P_0$ auf $P_1$, so ist dies gleichbedeutend mit einer Abnahme der realen Geldmenge auf $M/P_1$. Als Folge verschiebt sich die LM-Kurve nach links zu $LM(P_1)$.

**Abb. 11.8** Auswirkungen von Preisniveauänderungen auf die Lage der LM-Kurve

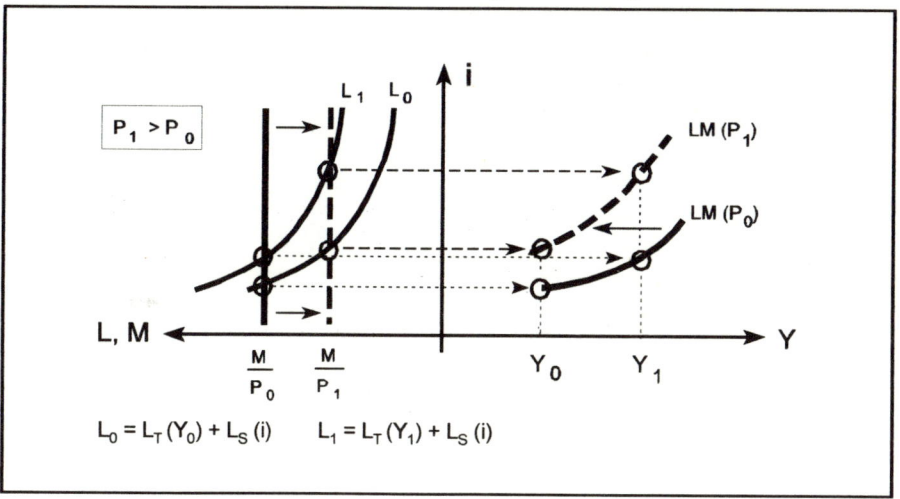

Im nächsten Schritt werden die preisniveauabhängigen LM-Kurven mit der IS-Kurve (als Ausdruck für das Gütermarkt-Gleichgewicht) verknüpft. Die IS-Kurve sei dabei „normal geneigt"; die Güternachfrage gilt hier somit als zinsreagibel. Für die LM-Kurve sei der Zwischenbereich relevant (d.h. die Geldnachfrage reagiere ebenfalls auf den Zins). Ferner wird im Folgenden vereinfachend davon ausgegangen, dass die Lage der IS-Kurve durch Preisniveauveränderungen nicht beeinflusst wird.

Berücksichtigt man nämlich, dass die Konsumnachfrage neben Einkommen und Zins auch vom Vermögen abhängt, dann bewirkt eine Preisniveauerhöhung auch eine leichte Linksverschiebung der IS-Kurve. Der Wert des realen Vermögens sinkt nämlich durch die Preisniveausteigerung. Das sinkende Real-Vermögen führt zu einer sinkenden Konsumnachfrage.

Unter diesen Bedingungen lässt sich eine gesamtwirtschaftliche (aggregierte) Güternachfrage damit entsprechend Abb. 11.9 ableiten. Auf Grund der Annahmen über die Verläufe von IS und LM kann diese Kurve als „mittlere Version" (oder auch als „gemäßigt keynesianisch") bezeichnet werden. Die Beziehung zwischen Preisniveau und Realeinkommen erweist sich als gegenläufig. Diese gesamtwirtschaftliche Kurve beschreibt **Gleichgewichtssituationen** von Preisniveau und Realeinkommen in nachfrageorientierter Sicht.

**Abb. 11.9**   Gesamtwirtschaftliche Nachfragefunktion (mittlere Version)

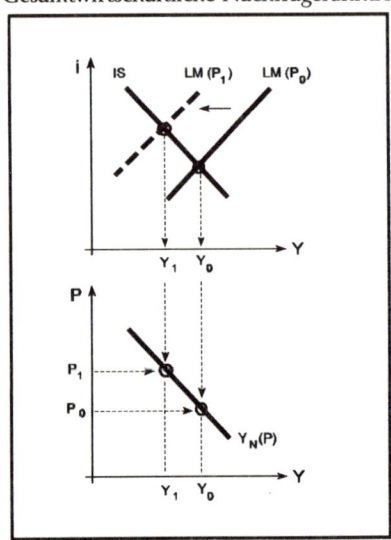

### (b) Extrem keynesianische gesamtwirtschaftliche Güternachfrage

So wie eine extrem keynesianische Angebotsfunktion formuliert wurde, so ist auch eine extrem keynesianische Version einer gesamtwirtschaftlichen Nachfragekurve zu finden. Eine extrem keynesianische Nachfragekurve ergibt sich

(a) für den Fall, dass die IS-Kurve weithin senkrecht verläuft, weil die Güternachfrage in einem weiten Bereich gar nicht auf Zinssenkungen reagiert - **vollkommen zinsunelastische Güternachfrage** (Investitionsfalle) (Abb. 11.10-a);

(b) wenn für die LM-Kurve der Bereich der **Liquiditätsfalle** gilt. Eine Abnahme der realen Geldmenge als Folge eines steigenden Preisniveaus lässt dann den Zins (zunächst) nicht steigen. Damit sinkt selbst bei einer zinselastischen Güternachfrage das Einkommen nicht (Abb. 11.10-b) .

Aus beiden Varianten resultiert ein gleichartiger Verlauf der gesamtwirtschaftlichen Nachfragekurve, nämlich ein *geknickter* Kurvenverlauf. Die aggregierte Güternachfrage ist also in einem weiten Bereich vollkommen unelastisch in Bezug auf das Preisniveau. Als Ausdruck für eine extrem keynesianische Güternachfrage wird daher manchmal auch nur der senkrechte Ast gezeichnet.

**Abb. 11.10** Extrem keynesianische gesamtwirtschaftliche Güternachfragekurve

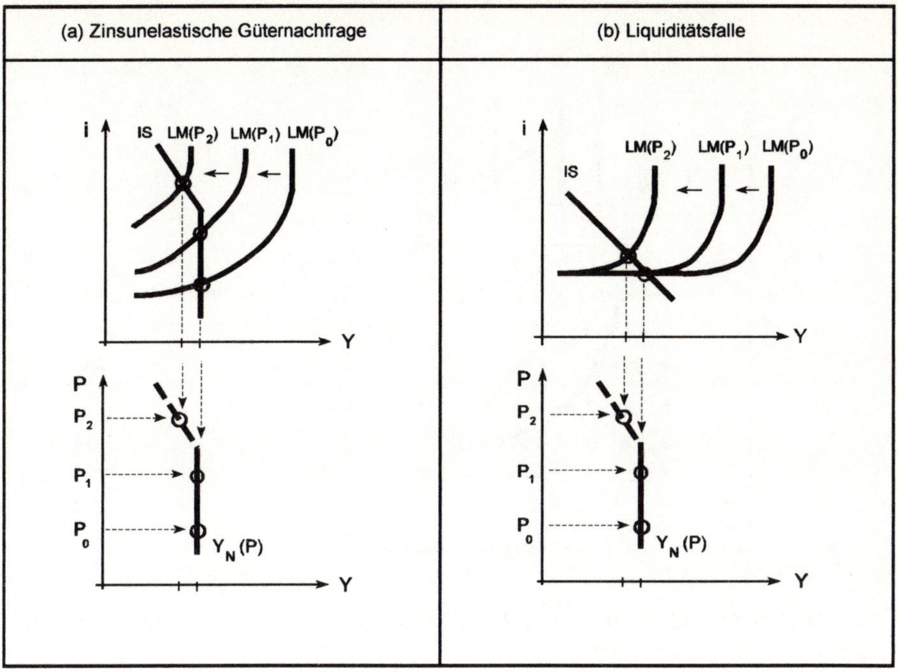

(a) Zinsunelastische Güternachfrage

(b) Liquiditätsfalle

**(c) Klassische gesamtwirtschaftliche Nachfragefunktion**

Für die Geldsphäre ist von der Gültigkeit der Quantitätstheorie (vgl. Kap. 7.3.1) auszugehen: $M \cdot V = P \cdot Y$. In der gesamtwirtschaftlichen Nachfragefunktion werden P und Y in Beziehung gesetzt. Damit gilt $P = \dfrac{M \cdot V}{Y}$ . Diese Funktion entspricht einer Hyperbel, deren Lage im Koordinatensystern durch die Parameter M (nominelle Geldmenge) und V (Umlaufgeschwindigkeit) bestimmt ist.

Zum selben Ergebnis gelangt man, wenn man die - in klassischer Sicht eher flach verlaufende - IS-Kurve mit der LM-Kurve verknüpft. Letztere besteht nur aus dem senkrechten Ast, da die Geldnachfrage nicht als zinsabhängig gilt. Die Lage von LM im i-Y-Koordinatensystem ergibt sich ebenfalls aus dem Ansatz der Quantitätstheorie. Hier wird nur nach Y aufgelöst: $Y = \dfrac{M \cdot V}{P}$. Mit steigendem P werden daher bei gegebenem M und V die Abstände zwischen den LM-Kurven immer geringer. Die Zuordnung der jeweils zugehörigen P- und Y-Werte in Abb. 11.11 führt zur gleichen gesamtwirtschaftlichen Nachfragekurve wie nach dem ersten Ansatz.

**Abb. 11.11**    Klassische gesamtwirtschaftliche Güternachfragekurve

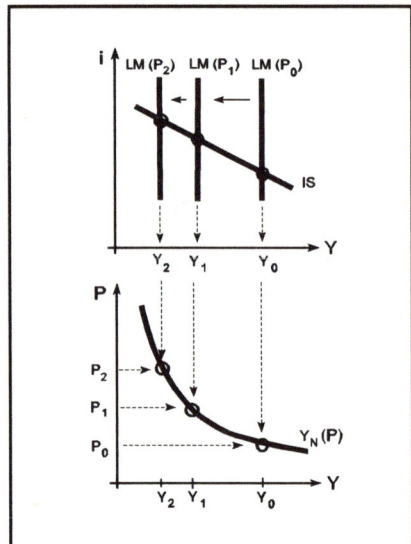

Abschließend soll auch eine verbale Definition für die gesamtwirtschaftliche Nachfragefunktion geliefert werden:

> **Aggregierte oder gesamtwirtschaftliche Nachfragefunktion / -kurve**
>
> Sie beschreibt alle Kombinationen von Preisniveau P und Realeinkommen Y, wobei letzteres jeweils nachfrageseitig durch Gütermarkt-Geldmarkt-*Gleichgewichte* bestimmt ist.

### 11.3.2. Die Auswirkungen von Nachfragestörungen auf die Lage der Kurve der aggregierten Nachfrage

Als **Nachfragestörungen** werden in diesem Zusammenhang alle die Einflüsse bezeichnet, die zu **Veränderungen des IS-LM-Gleichgewichts** führen. Änderungen im Güterbereich oder *reale Störungen* führen zu Verschiebungen der IS-Kurve, Änderungen im Geldbereich oder *monetäre Störungen* zu Verschiebungen der LM-Kurve (vgl. Kap. 8.2). Im Folgenden werden an Hand zweier Beispiele die Auswirkungen von Änderungen bei IS bzw. LM auf die Lage der Kurve der aggregierten Nachfrage aufgezeigt. Zugrundegelegt wird hier allerdings nur die „mittlere Version" der aggregierten Nachfragekurve.

Im Fall 11.12-a wird die Wirkung einer **realen Störung** gezeigt - hier als Zunahme der effektiven Nachfrage (= Rechtsverschiebung von IS). Eine Rechtsverschiebung von IS bewirkt eine Rechtsverschiebung der aggregierten Nachfrage.

**Abb. 11.12** Wirkungen von Nachfragestörungen auf die aggregierte Nachfrage

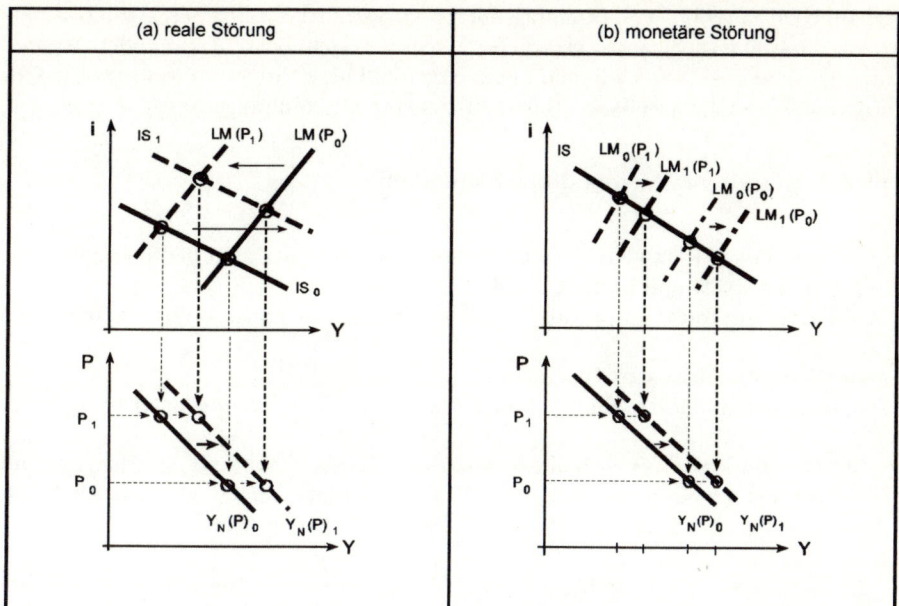

Im Fall 11.12-b wird eine **monetäre Störung** beschrieben. Hier wird davon ausgegangen, dass die (nominelle) Geldmenge ausgeweitet wird (= Rechtsverschiebung der jeweiligen LM-Kurven). Als Folge verschiebt sich auch die Kurve der aggregierten Nachfrage nach rechts.

## 11.4. Das Totalmodell

### 11.4.1. Die Bestandteile des Totalmodells

In den vorangehenden Kapiteln wurden die Bestandteile des Totalmodell erarbeitet: In Kap. 11.2 wurden die Produktionsfunktion (Kap. 10.2) und der Arbeitsmarkt (Kap. 10.3 ff.) mit dem Preisniveau zum *gesamtwirtschaftlichen Angebot* verknüpft. In Kap. 11.3 wurde die Beziehung zwischen dem Güter- und Geldmarkt (Kap. 8) und dem Preisniveau dargelegt und so die *gesamtwirtschaftliche Nachfrage* abgeleitet. Die Zusammenfügung von gesamtwirtschaftlichem Angebot und gesamtwirtschaftlicher Nachfrage bildet das Gesamt- oder *Totalmodell*, das in grafisch komprimierter Form bereits in Abb. 5.2 vorgeführt wurde. Das Totalmodell erlaubt, die *Gleichgewichtswerte* für die wichtigen gesamtwirtschaftlichen Größen
- Realeinkommen Y,
- Zinssatz i,
- Lohnsatz w und Beschäftigung N,
- Preisniveau P
in einem **simultanen Ansatz** zu bestimmen.

In den Kapiteln 11.2 und 11.3 wurden verschiedene Versionen von gesamtwirtschaftlichen Angebots- und Nachfragekurven vorgestellt: eine mittlere, eine (extrem) keynesianische sowie eine klassische Version. Auch beim Totalmodell werden üblicherweise diese drei Varianten unterschieden. Diese Varianten werden nunmehr vorgestellt und die jeweils aus ihnen zu ziehenden Schlußfolgerungen diskutiert.

### 11.4.2. Klassische Version des Totalmodells

Im klassischen Ansatz gelten vor allem die folgenden zentralen Bedingungen:
- allgemeine Preis- und Lohnflexibilität;
- vollkommene Information über die Entwicklung des Preisniveaus („keine Geldillusion");
- eine Spekulationskasse tritt nicht auf.
Damit ergibt sich das Totalmodell nach klassischer Sicht entsprechend Abb. 11.13.

In Abb. 11.13 befinden sich alle Teilmärkte (Güter-, Geld- und Arbeitsmarkt) im Gleichgewicht. Damit herrscht zugleich **Vollbeschäftigung**, d.h. alle Arbeitnehmer, die zum geltenden Lohnsatz arbeiten wollen, finden auch Arbeit.

In klassischer Sicht ergibt sich im P-Y-Diagramm das Angebot als senkrechte Kurve (vgl. Abb. 11.3 und ihre Ableitung in Kap. 11.2.1). Im Gleichgewicht nimmt das Preisniveau dabei mit $P_0$ gerade den Wert an, bei dem die vom Preisniveau abhängige aggregierte Nachfrage gleich dem aggregierten Angebot ist; deshalb spricht man auch von **Preisniveaugleichgewicht**.

Unter den Bedingungen des klassischen Modells tendiert die Volkswirtschaft zu diesem Gesamtgleichgewicht (bei Vollbeschäftigung). Die Grafik könnte den Eindruck erwecken, dass alle relevanten Gleichgewichtsgrößen simultan bestimmt werden. Dieser Eindruck wäre hier jedoch falsch: Im klassischen System sind die Güter- und die Geldsphäre vollkommen getrennt (**klassische Dichotomie**). Reallohn, Beschäftigung und reales Volkseinkommen werden durch die Bedingungen des Arbeitsmarkts und der Produktionsfunktion bestimmt (vgl. Kap. 10.2.3). Dies ist die Angebotsseite. Die Zusammensetzung des realen Volkseinkommens nach Konsum- und Investitionsgütern - die Nachfrageseite - wird durch den Zinssatz bestimmt. Der Gleichgewichtszins ergibt sich im IS-LM-System als Schnittpunkt von IS- und LM-Kurve.

Die Höhe des Preisniveaus P resultiert aus den Bedingungen des Geldmarkts. Bei gegebener Umlaufgeschwindigkeit wird die Lage von $Y_N(P)$ ausschließlich durch die Höhe der (nominellen) Geldmenge M bestimmt: Mit steigender Geldmenge M verschiebt sich die Kurve nach oben; das (Gleichgewichts-)Preisniveau steigt. In klassischer Sicht lautet die Begründung dafür wie folgt: Die Wirtschaftssubjekte planen ihre reale Kassenhaltung (Geldnachfrage) L im Hinblick auf das Realeinkommen Y, also $M/P = L(Y)$. Im Ausgangsgleichgewicht gilt also $M_0/P_0 = L(Y_0)$. Das (nominelle) Geldangebot steige nunmehr auf $M_1$. Damit besteht Ungleichgewicht im Geldsektor; beim Preisniveau $P_0$ ist die Geldmenge $M_1$ nominal und real

**Abb. 11.13** Makroökonomisches Gesamtgleichgewicht - klassische Sicht

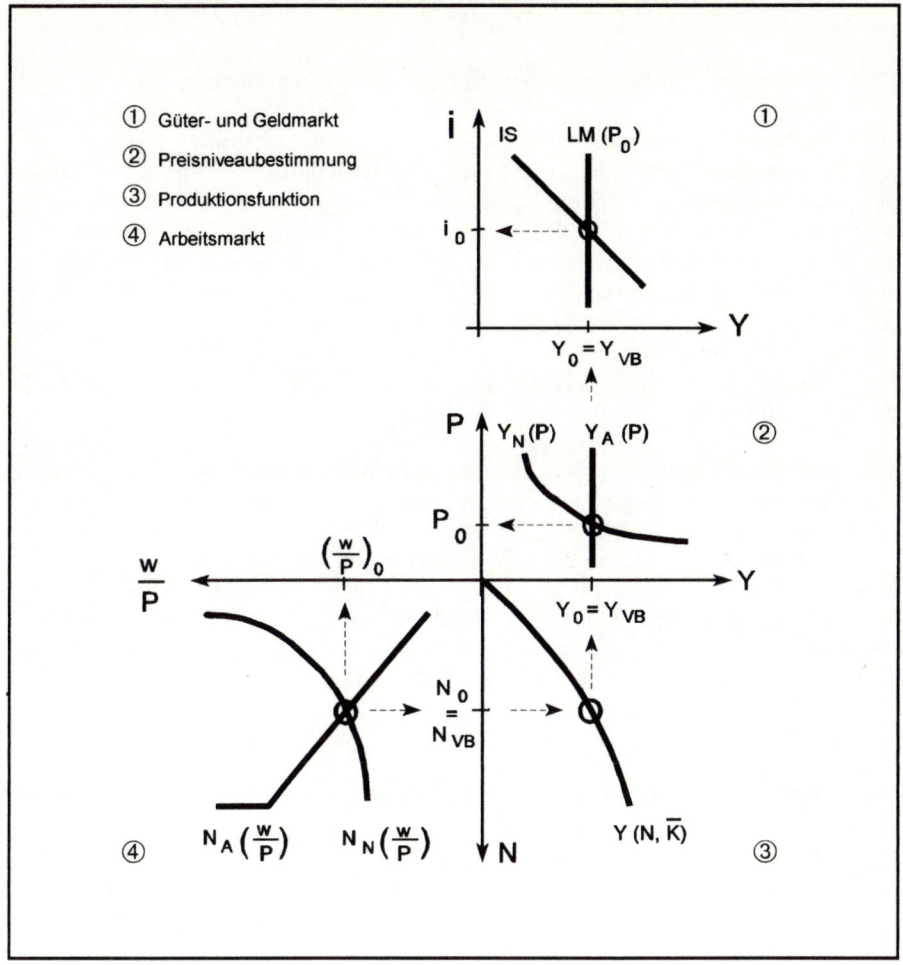

für das Realeinkommen $Y_0$ zu groß. Die vermehrten Ausgaben lassen bei dem konstanten Realeinkommen $Y_0$ das Preisniveau ansteigen. Bei dem höheren Wert $P_1$ wäre mit $M_1/P_1$ die alte Realkasse wieder erreicht. Das Preisniveau und auch die Nominallöhne sind gestiegen; real hat sich nichts verändert, denn Geld ist in klassischer Sicht neutral.

Eine Zunahme der gesamtwirtschaftlichen Güternachfrage verändert aber Beschäftigung und reales Volkseinkommen ebenfalls nicht. Besteht die Zunahme der Nachfrage z.B. in einer verstärkten Investitionsnachfrage, so wird zwar der Zins steigen und sich die *Zusammensetzung der Produktion* nach Konsum- und Investitionsgütern ändern, nicht jedoch die Gesamtbeschäftigung und die Gesamtproduktion. Das gilt ebenso, wenn die zusätzliche Nachfrage in Form von Staatsausgaben aufträte. Letztere würden nur an die Stelle der privaten Nachfrage treten (crowding-out; vgl. Kap. 8.2.1).

### 11.4.3. Keynesianisches Totalmodell der Unterbeschäftigung

In klassischer Sichtweise tendiert die Gesamtwirtschaft zur Vollbeschäftigung. Ein typisch keynesianisches Gleichgewicht bei Unterbeschäftigung (Abb. 11.14) resultiert aus den folgenden Bedingungen: Am Arbeitsmarkt wird der Nominallohn vereinbart. Die Nachfrage nach Arbeit ist durch die (erwartete) Güternachfrage begrenzt. Das IS-LM-Gleichgewicht in Höhe von $Y_0$ bestimmt den Produktionsumfang (das Realeinkommen). Diese Produktion reicht nicht aus, die Vollbeschäftigungsmenge an Arbeit zu beschäftigen. Das aggregierte Angebot ist in dieser Situation gar nicht oder allenfalls nur sehr wenig vom Preisniveau abhängig. Das Preisniveau bildet sich mit $P_0$ als Schnittpunkt von $Y_A(P)$ und $Y_N(P)$. Damit wird nachträglich auch der Reallohn mit $w_0/P_0$ festgelegt.

Wenn eine solche Situation als **Gleichgewicht bei Unterbeschäftigung** bezeichnet wird, soll damit ausgedrückt werden, dass *kein* Gesamtgleichgewicht (Gleichgewicht auf *allen* Teilmärkten) vorliegt. Es liegt vielmehr nur ein Teilgleichgewicht im IS-LM-System vor, während Ungleichgewicht am Arbeitsmarkt (= unfreiwillige Arbeitslosigkeit) besteht. Allerdings kann eine solche Situation als Gleichgewicht im Sinne eines „andauernden Zustandes" verstanden werden, denn hier könnten weder sinkende Nominallöhne noch ein steigendes Preisniveau (das bei konstanten Nominallöhnen die Reallöhne senken würde) die Situation verändern.

Es ist allerdings diskutiert worden, ob nicht doch sog. **Realkasseneffekte** die Wirtschaft von sich aus zur Vollbeschäftigung zurückführen könnten. Zwei Realkasseneffekte werden in diesem Zusammenhang angeführt. Der erste, der sog. **Keynes-Effekt**, soll wie folgt ablaufen: In Phasen starker Unterbeschäftigung könnten die Preise (und eventuell sogar die Nominallöhne) sinken. Ein sinkendes Preisniveau bedeutet bei gegebener (nomineller) Geldmenge ein Ansteigen der realen Kassenhaltung. Im IS-LM-System würde sich dies als Rechtsverschiebung der LM-Kurve darstellen. Die Spekulationskasse würde ungeplant ansteigen. Die Wirtschaftssubjekte werden daher vermehrt Wertpapiere nachfragen. Die Kurse steigen, was gleichbedeutend mit sinkenden Zinsen ist. Durch letztere werden Investitionen angeregt; Einkommen und Beschäftigung steigen wieder.

Damit der Keynes-Effekt überhaupt wirken könnte, müssten allerdings bestimmte Voraussetzung gegeben sein:
a) Zinssenkungen als Folge einer LM-Verschiebung müssten noch möglich sein (d.h. der Schnittpunkt von IS und LM darf nicht nahe der Liquiditätsfalle liegen);
b) die Güternachfrage (repräsentiert durch IS) muss zinselastisch reagieren.
Gerade im Fall einer - insbesondere bedeutsamen - Unterbeschäftigung werden diese Bedingungen aber eher nicht erfüllt sein.

Der Keynes-Effekt dürfte jedoch selbst bei Vorliegen dieser Voraussetzungen keineswegs ein gesicherter Ausweg aus der Krise sein. Eine deflationäre Entwicklung

**Abb. 11.14** Keynesianisches Totalmodell - Unterbeschäftigung

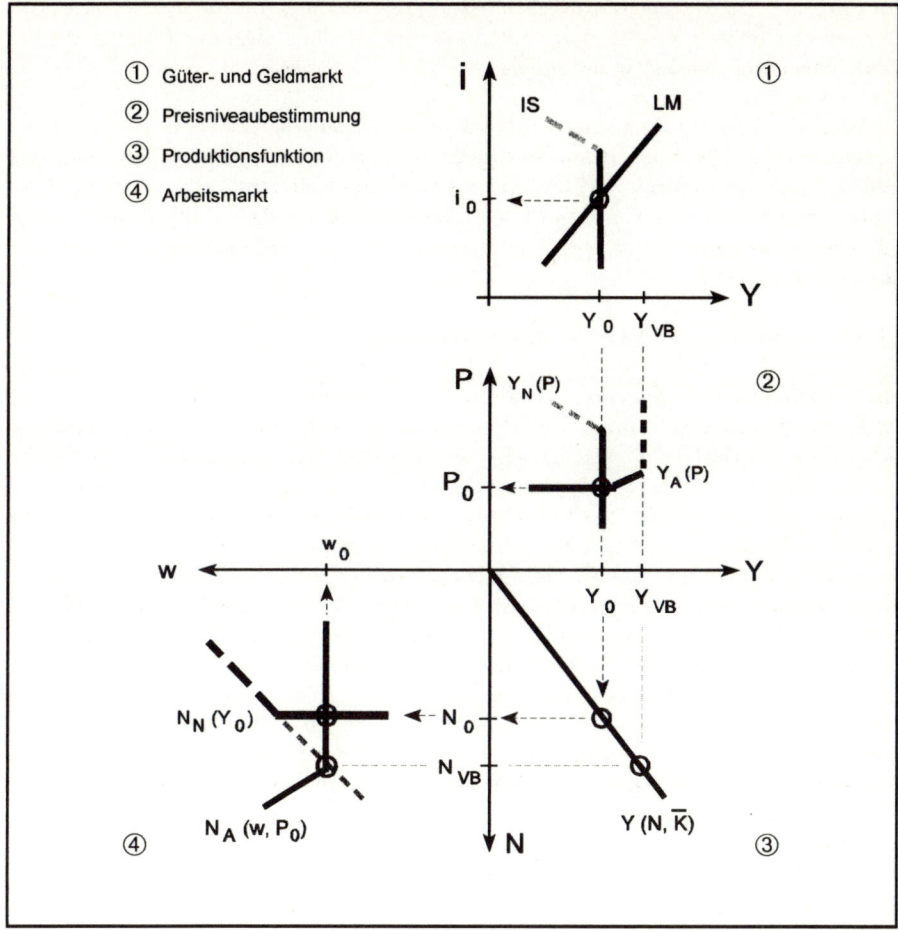

bringt nämlich eigene Probleme mit sich. Es ist zu erwarten, dass die gesamte Investitionsneigung der Unternehmen in Zeiten der Deflation eher zurückhaltend bis rückläufig ist. So muss schließlich z.B. auch gewährleistet sein, dass die nominal fixierten Zinsen und Tilgungen der Investitionskredite aus den Verkaufserlösen gezahlt werden können. Bei sinkendem Preisniveau ergeben sich hier größte Schwierigkeiten.

Auch der zweite Realkasseneffekt, der **Pigou-Effekt**, der sogar bei zinsunelastischer Güternachfrage und Liquiditätsfalle einen selbsttätigen Ausweg aus der Krise verspricht, muss ähnlich kritisch beurteilt werden. Beim Pigou-Effekt wird - durchaus nicht unrealistisch - davon ausgegangen, dass nicht nur das Einkommen, sondern auch das *Vermögen* die Höhe des Konsums beeinflusst. Sinkt das Preisniveau, so steigen die Realwerte aller nominal fixierten Forderungen. Der steigende Realwert des Finanzvermögens wird die Wirtschaftssubjekte zu vermehrtem Konsum veranlassen. Diese steigende Konsumnachfrage bedeutet im IS-LM-System eine Rechtsverschiebung von IS und führt daher zu wieder steigender Produktion (= Realeinkommen) und Beschäftigung.

Gegen die Wirksamkeit dieses Effekts werden ebenfalls Einwände vorgetragen. Auch hier gilt insbesondere, dass deflationäre Phasen eher zu größeren Instabilitäten führen: Kaufzurückhaltung bei Gütern in Erwartung weiteren Preisverfalls; Umverteilung zugunsten von Gläubigern u.a. Außerdem wäre daran zu erinnern, dass selbst dann, wenn der Effekt prinzipiell wirken könnte, die Zeitdauer inakzeptabel lang sein könnte.

### 11.4.4.  Eine mittlere Version des Totalmodells

Die beiden bisher vorgestellten Totalmodelle beschreiben eher Extremsituationen. Im klassischen Modell erfolgt die Bestimmung des Preisniveaus entsprechend der „klassischen Dichotomie" unabhängig von Arbeitsmarkt, Gütermarkt und Produktionsfunktion. Beim klassischen Modell sind es vor allem die Voraussetzungen der vollständigen Konkurrenz, der Lohn- und Preisflexibilität sowie der vollkommenen Information, die in der Realität der Industriestaaten so nicht gegeben sind. Außerdem ist die Annahme, dass die Geldnachfrage völlig zinsunabhängig ist und damit auch keinerlei Form einer Spekulationskasse bestehe, zu eng. Insofern ist dieses Modell eher als Referenzsystem oder als Ausdruck für sehr langfristige Tendenzen brauchbar. Das extrem keynesianische Modell ist insofern einseitig, als es eher als Erklärungsansatz in Phasen einer *rezessiven Wirtschaft* geeignet erscheint. Das Preisniveau ist hier konstant, hat also gar keinen Einfluss auf die wirtschaftlichen Aktivitäten. Für „normale" Zeiten dürfte daher eine „mittlere Version" angemessener sein. Aber selbst eine solche mittlere Version eines „Total"-Modells ist nicht in der Lage, *alle* bedeutsamen Einflussfaktoren zu berücksichtigen. So sind hier z.B. Wechselkurs- und Zahlungsbilanzeffekte nicht berücksichtigt (vgl. aber Kap. 12). Außerdem sind z.B. die die kurzfristigen Entwicklungen überlagernden *langfristigen Wachstumseffekte* und / oder anhaltende *inflationäre Prozesse* ausgeklammert. Zudem darf nicht vergessen werden, dass mit der hier benutzten komparativ-statischen Methode Anpassungsvorgänge nicht beschrieben werden können.

Um den Bereich der „Normalauslastung" und zugleich den Übergang von einer unterbeschäftigten in eine vollbeschäftigte Wirtschaft zu bechreiben, sollte man auf eine „mittlere Version" (Abb. 11.15) zurückgreifen. Es gibt jedoch keine allgemeingültigen Kriterien dafür, aus welchen Modell-Bestandteilen eine mittlere Version zusammengesetzt sein müsste. Hier wird eine mittlere Version in der Auswahl der folgenden Komponenten gesehen:
- Eine geneigten IS-Kurve als Ausdruck einer Zinsabhängigkeit vor allem der Investitionsnachfrage;
- eine zinsabhängigen Geldnachfrage (normaler Bereich der LM-Kurve);
- ein Arbeitsmarkt entsprechend den Bedingungen der Abb. 11.2. (Die wichtigen, in Kap. 10.4.3 behandelten Inhomogenitäten am Arbeitsmarkt sind hier allerdings ausgeklammert worden.)

- Die Produktionsfunktion wird als Kombination aus keynesianischem und klassischem Ansatz gewählt.

**Abb. 11.15**   Gesamtwirtschaftliches Gleichgewicht in einer mittleren Version
des Totalmodells

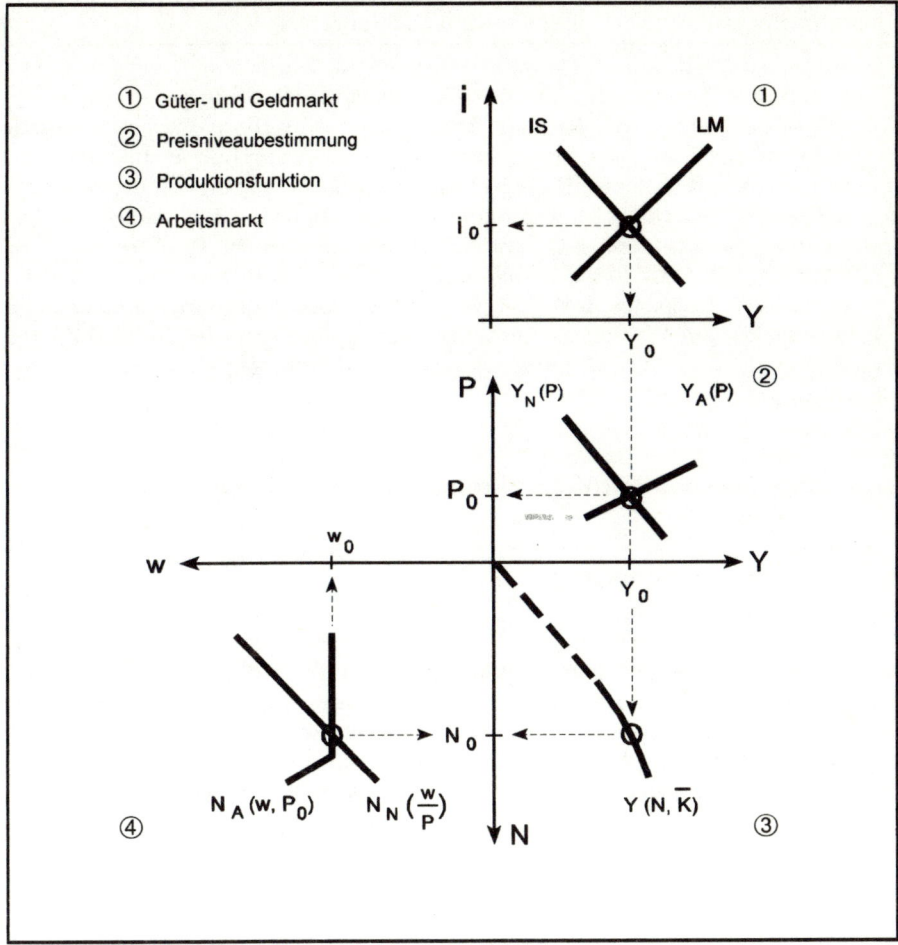

In Kap. 8 folgt die Höhe des Gleichgewichtseinkommens $Y_0$ nur aus *nachfrageseitigen* Bedingungen des Gütermarkts, allerdings unter Berücksichtigung der Geldmarktsituation. Im Totalmodell des Kap. 11.4.3 (Abb. 11.14) bleibt diese Sichtweise im Grunde bestehen. In dieser *mittleren Version* des Totalmodells wird die Höhe des Gleichgewichtseinkommens jedoch durch *nachfrageseitige* **und** *angebotsseitige* Faktoren bestimmt, und die Höhe des Preisniveaus, das von Bedeutung für Angebot und Nachfrage ist, ist seinerseits *Ergebnis* des Systems, also eine sog. endogene Größe. Man kann auch sagen, dass der Schnittpunkt von $Y_A(P)$ und $Y_N(P)$ das **Preisniveaugleichgewicht** bestimmt.

---

**Gleichgewicht im Totalmodell**

Gleichgewicht im Totalmodell ergibt sich als Schnittpunkt der vom Preisniveau abhängigen, auf Güter- und Geldmarktbedingungen zurückzuführenden Gesamtnachfrage und dem vom Preisniveau abhängigen, auf Produktions- und Arbeitsmarktbedingungen zurückzuführenden Gesamtangebot.

---

Die Abb. 11.15 zeigt den Gleichgewichtszustand des Systems (der sich hier ebenfalls als Unterbeschäftigung am Arbeitsmarkt darstellt). Wie es zu diesem Zustand kommt, ist aber aus ihr nicht ersichtlich. Dies kann nur beschrieben wird, indem man von einem Ungleichgewicht ausgeht und die sich ergebenden Wirkungen nachzeichnet. Allerdings kann eine solche Beschreibung nur schrittweise *nacheinander* erfolgen; es darf aber nicht übersehen werden, dass die Prozesse zum Teil *gleichzeitig und sich wechselseitig beeinflussend* ablaufen. Im folgenden Gliederungsabschnitt wird an Beispielen diskutiert, welche Ergebnisse zu erwarten sind und wie die Prozesse ablaufen, wenn das bisherige Gleichgewicht im Totalmodell gestört wird. Wegen der Bedeutung der Arbeitslosigkeit wird vorrangig von Unterbeschäftigungen ausgegangen.

## 11.5. Angebots- und Nachfragestörungen in der mittleren Version des Totalmodells

### 11.5.1. Nachfragestörungen

Nachfragestörungen wirken auf das IS-LM-Gleichgewicht ein. Die Wirkungen auf das IS-LM-Gleichgewicht sind ausführlich im Kapitel 8 diskutiert worden. Die zusätzlichen Einflüsse von Arbeitsmarkt und Preisniveau sind in den vorangehenden Gliederungsabschnitten dargestellt worden. Hier müssen die Teilaspekte nur noch zusammengefügt werden. Im Gegensatz zur Situation der Abb. 11.14, in der nur Gütermarktänderungen, aber keine Änderungen der Geldmenge wirken können, können in der mittleren Version nachfrageseitig sowohl Gütermarktänderungen als auch Geldmarktänderungen wirken.

Zunächst soll der Fall einer *Zunahme der autonomen Investitionen* diskutiert werden (vgl. Abb. 11.16). (Dieser Fall ist bekanntermaßen identisch mit der Änderung einer beliebigen anderen autonomen Endnachfragekomponente.) Die Zunahme der autonomen Investitionen führt im IS-LM-Bereich zu einem höheren Realeinkommen $Y_1'$ bei gleichzeitig gestiegenem Zinssatz. Dieses höhere Realeinkommen $Y_1'$ ist aber nicht vereinbar mit dem Ausgangspreisniveau $P_0$. Bei $P_0$ besteht vielmehr ein Nachfrageüberhang. Das höhere Realeinkommen wird angebotsseitig nur bei einem höheren Preisniveau angeboten. Also kommt es zu einem Preisniveauanstieg, der seinerseits auf LM(P) zurückwirkt (vgl. Abb.11.12-a), was zu einer weiteren Zinserhöhung führt. Dies wiederum dämpft die Wirkung des Gütermarktmultiplikators. Am Arbeitsmarkt ergibt sich schließlich eine Zunahme der Beschäftigung, die allerdings wesentlich niedriger ausfällt, als dies ohne die Preisniveaueffekte der Fall wäre.

**Abb. 11.16**  Wirkung einer Investitionszunahme in der mittleren Version des Totalmodells

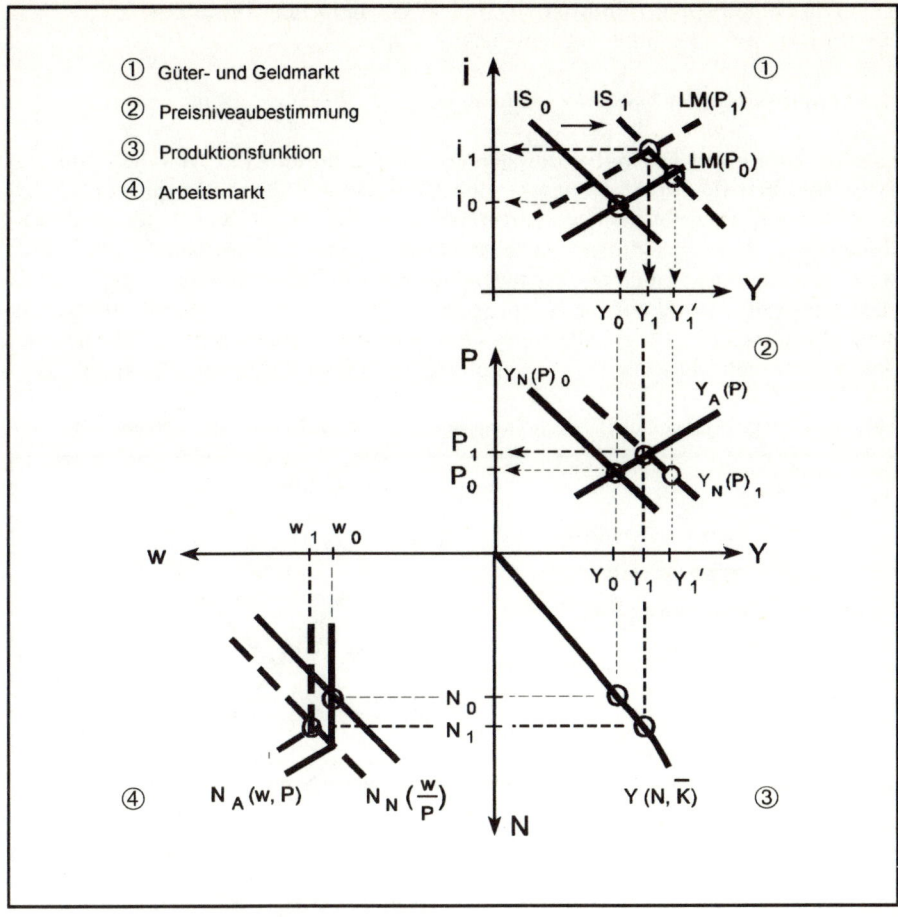

Nachfragestörungen, die vom *Geldmarkt* ausgehen (z.B. eine Geldmengenzunahme) können in gleicher Weise analysiert werden. Eine Zunahme der Geldmenge verschiebt die gesamtwirtschaftliche Nachfrage ebenfalls nach rechts (vgl. Abb. 11.12-b). Die Rechtsverschiebung von LM(P) senkt den Zinssatz und erhöht das Einkommen. Auch hier ist dieses Einkommen kein Gleichgewichtseinkommen hinsichtlich $Y_A(P)$. Das steigende Preisniveau verschiebt LM(P) wieder teilweise zurück. Der Zins steigt wieder an. Die Einkommenswirkung, wie sie sich im IS-LM-Modell bei konstantem Preisniveau ergeben würde, wird abgeschwächt.

## 11.5.2. Angebotsstörungen

Änderungen gesamtwirtschaftlicher Größen, die als Angebotsstörungen zu klassifizieren sind, wurden bereits in Kap. 11.2.2 vorgestellt. Von den verschiedenen Angebotsstörungen sollen hier nur die folgenden herausgegriffen werden:

(1) Lohnerhöhungen
   (1.1) bei konstanter Produktivität; (1.2) bei steigender Produktivität.
(2) Rohstoffpreiserhöhung am Beispiel der „Ölkrise".

*(1.1) Lohnerhöhung bei konstanter Produktivität*

Eine im Gefolge von Tarifverhandlungen erreichte Erhöhung des Nominallohns von $w_0$ auf $w_1$ bewirkt im Arbeitsmarkt eine Verschiebung des Arbeitsangebots nach oben. Da das Preisniveau noch unverändert ist, bleibt die Kurve der (reallohnabhängigen) Arbeitsnachfrage zunächst konstant. Die Lohnerhöhung führt unter diesen Bedingungen zu einem Rückgang der nachgefragten Arbeitsmenge. Das mit dieser geringeren Arbeitsmenge $N_1'$ produzierte Realeinkommen nimmt auf $Y_1'$ ab. Beim Preisniveau $P_0$ ist $Y_1'$ allerdings kein gesamtwirtschaftliches Gleichgewichtseinkommen mehr. Die Lohnkostenerhöhung veranlasst die Unternehmen zu Preis-

**Abb. 11.17**  Wirkung einer Lohnerhöhung in der mittleren Version des Totalmodells

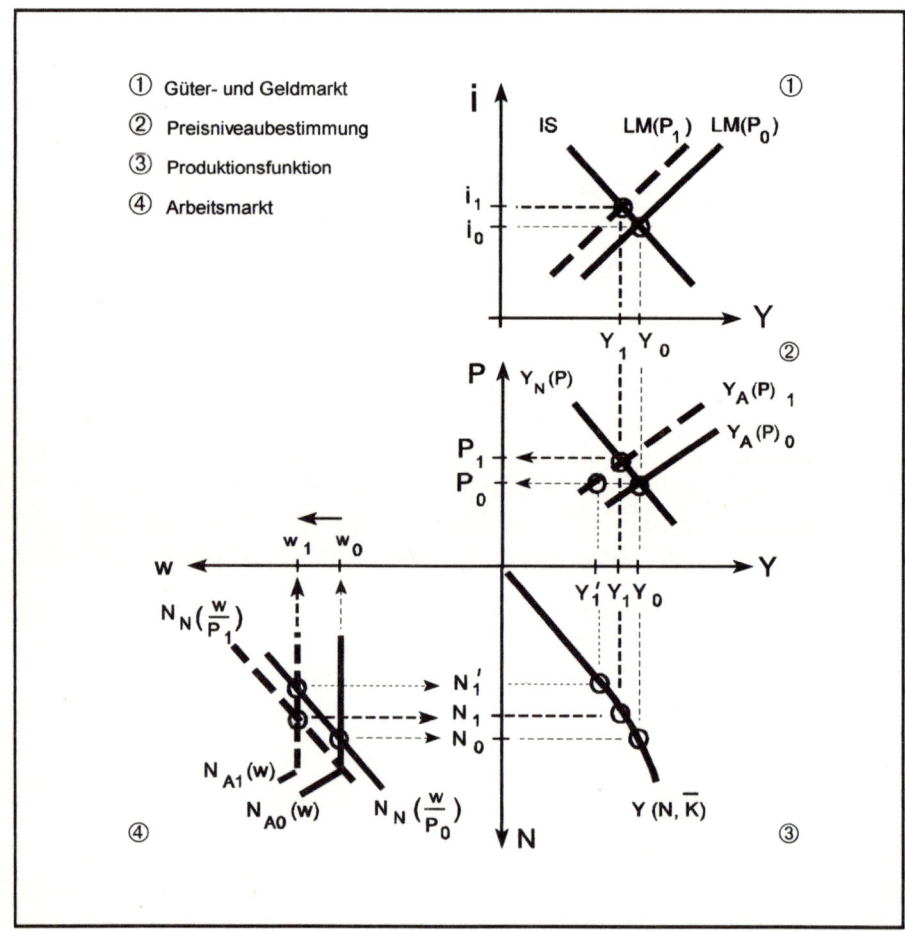

erhöhungen; damit steigt das gesamtwirtschaftliche Angebot von $Y_A(P)_0$ auf $Y_A(P)_1$. Der Preisniveauanstieg senkt gleichzeitig den Realwert der gegebenen Geldmenge und verschiebt damit LM von $LM(P_0)$ nach links zu $LM(P_1)$, was den Zins erhöht und das Einkommen senkt. Die Lohnsteigerung entsprach bei $P_0$ zunächst auch einer Reallohnsteigerung. Die Preisniveausteigerung vermindert aber den ursprünglichen Reallohnanstieg. Die Arbeitsmenge geht deshalb nicht bis auf $N_1'$ zurück, sondern nur auf $N_1$. Insgesamt ist bei dieser Bedingungskonstellation davon auszugehen, dass es zu einem Einkommens- und Beschäftigungsrückgang kommt.

### (1.2) Produktivitätsorientierte Lohnerhöhung

Gerade auch im wirtschaftspolitischen Raum wird immer wieder argumentiert, dass dieser negative Effekt steigender Löhne nur dann nicht auftrete, wenn sich die Lohnsteigerungen im Rahmen des *Produktivitätsfortschritts* halten. Um diese Aussage zu überprüfen, werden die Abläufe zwecks Erleichterung der Nachvollziehbarkeit in zwei Schritte zerlegt.

### 1. Schritt (Abb. 11.18-a)

Wie in Abb. 11.6 gezeigt wurde, bewirkt ein technischer Fortschritt einen Anstieg der Produktionsfunktion auf $Y(N, K)_1$, damit eine Erhöhung der Grenzproduktivität der Arbeit, eine Zunahme der Arbeitsnachfrage auf $N_{N1}$ sowie einen Anstieg des gesamtwirtschaftlichen Angebots auf $Y_A(P)_1$. Wenn die Lohnstückkosten nicht steigen sollen (damit von ihnen kein Impuls zu einer Preisanhebung erfolgt), dürfte der (Nominal-)Lohn jetzt bis auf $w_1$ ansteigen. Dann könnte mit der alten Arbeitsmenge $N_0$ nun das höhere Realeinkommen $Y_1$ produziert werden. Allerdings wäre dieses höhere Einkommen $Y_1$ kein Gleichgewichtseinkommen mehr, da sich die IS-LM-Situation nicht geändert hat. Es käme daher zu einem Druck auf das Preisniveau in Richtung auf $P_1$. Da dann der Realwert der gegebenen Geldmenge zunimmt, würde sich eine neue Kurve $LM(P_1)$ ergeben. Die Preisniveausenkung würde eine Reallohnsteigerung bewirken und die Arbeitsnachfrage wieder etwas nach links verschieben, so dass im Endgleichgewicht das Einkommen zwar etwas auf $Y_1'$ gestiegen wäre, die Beschäftigung des Faktors Arbeit aber etwas abgenommen hätte. Eine reine Anpassung der Löhne an die gestiegene Produktivität bei sonst gleichen Parametern (!) reicht demnach nicht aus, die Beschäftigung zu sichern. Ein sinkendes Preisniveau widerspricht zudem dem Ziel der Preisniveaustabilität. So kann ein sinkendes Preisniveau durchaus auch zur Verunsicherung der Produzenten führen und einen Abwärtstrend einleiten - eine Entwicklung, die mit den hier benutzten komparativ-statischen Modellen nicht angemessen dargestellt werden kann.

### 2. Schritt (Abb. 11.18-b)

Wenn das Preisniveau mit $P_0$ und die Arbeitsmenge mit $N_0$ konstant bleiben sollen, muss die produktivitätsorientierte Lohnpolitik offenbar durch die Entwicklung im Gütermarkt-Geldmarkt-Bereich unterstützt werden. Eine Ausweitung von $IS_0$ auf $IS_1$ ist notwendig, um das alte Preisniveau und die alte Beschäftigung aufrecht zu erhalten. Nun spricht allerdings auch einiges dafür, dass im Zuge des gestiegenen Einkommens der Konsum nicht nur entsprechend der marginalen Konsumquote

**Abb. 11.18**  Produktivitätsorientierte Lohnsteigerung

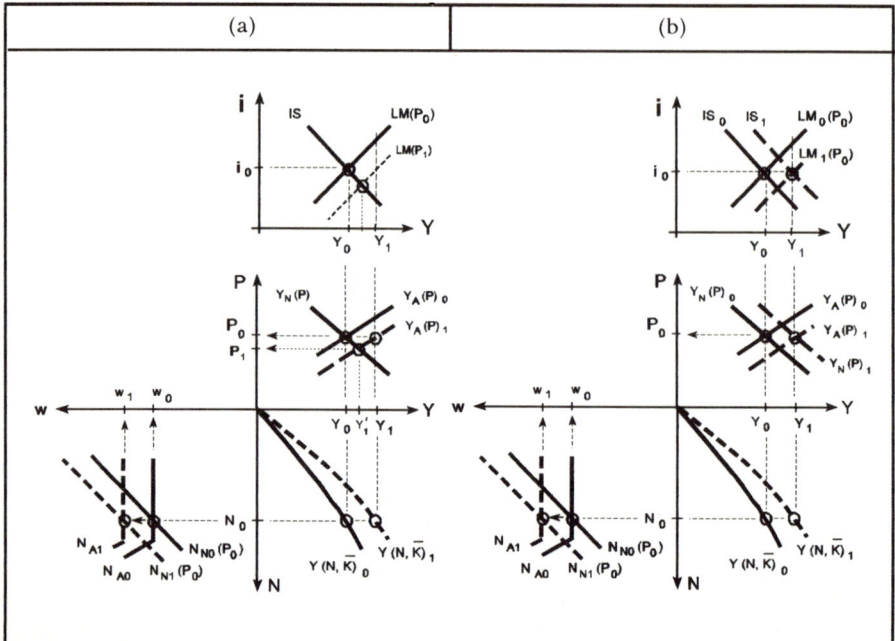

ansteigt (dieser Effekt ist ja bereits in $IS_0$ enthalten!), sondern dass auch der *autonome Konsum* zunimmt (vgl. die Diskussion von kurz- und langfristiger Konsumfunktion in Kap. 6.2.1). Eine Unterstützung kann auch aus dem investiven Bereich kommen, da bei steigendem Einkommen auch die Investitionsneigung zunehmen kann. Auch die Ansprüche an den Staat hinsichtlich zusätzlicher öffentlicher Leistungen können steigen. Die Geldpolitik könnte ebenfalls einen Beitrag leisten.

Landmann und Jerger (1999; S. 278 f.) haben das Ergebnis dieses gesamten Komplexes sehr klar zusammengefasst:

„... wie ein stabiles Preisniveau und ein hoher Beschäftigungsstand gleichzeitig verwirklicht werden können, (ist) im Prinzip einfach zu formulieren: Die Nachfragepolitik muss dafür sorgen, dass die nominale Gesamtnachfrage möglichst im Einklang mit der Entwicklung des realen gesamtwirtschaftlichen Produktionspotentials wächst. Durch die Ausrichtung an dieser Vorgabe bestimmt die Lohnpolitik sodann die Beschäftigung. Damit zeigt sich mit aller Deutlichkeit, was eine beschäftigungsorientierte Lohnpolitik ist: Nicht die vielzitierte Produktivitätsregel, also die Orientierung der Lohnzuwächse an der Zunahme der Arbeitsproduktivität, gibt den Ausschlag für die Beschäftigungswirkungen der Lohnpolitik, sondern eben das Verhalten der Löhne relativ zu demjenigen der nominalen Gesamtnachfrage.

Dies bedeutet natürlich nicht, dass eine beschäftigungsorientierte Lohnpolitik keinen Bezug zum Produktivitätswachstum aufweist. Aber es bedeutet, dass dieser Bezug durch die Orientierung der Nachfragepolitik am Potenzialwachstum hergestellt wird. Man könnte es auch so wenden: Die Produktivitätsregel ist eher das Ergebnis als die Voraussetzung einer beschäftigungsorientierten Lohnpolitik."

Damit ist aber auch klar: In der *Praxis* stellt sich die Erreichung des gesamtwirtschaftlichen Gleichgewichts bei Preisniveaustabilität als nicht ganz einfach zu lösendes Problem dar.

*(2) Rohstoffpreiserhöhung am Beispiel der Ölkrise*

Die beiden Ölkrisen von 1973/74 und 1979/80 sind herausragende Beispiele für Angebotsstörungen. Ihre Wirkung ist deutlich an der Entwicklung der makroökonomischen Größen Produktion, Beschäftigung und Preisniveau abzulesen (vgl. Kap. 3 und 4). Die Wirkung einer Materialpreiserhöhung auf die Lage des gesamtwirtschaftlichen Angebots wurde bereits in Abb. 11.7 abgeleitet. Bleibt die Nachfragekurve zunächst unverändert, so ergibt sich die in Abb. 11.19-a gezeigte Änderung von Produktion und Preisniveau, nämlich einen Anstieg von P und eine Abnahme von Y sowie eine - direkt in der Grafik nicht sichtbare - Abnahme der Beschäftigung.

Es kann leicht nachvollzogen werden, dass in diesem Fall eine Zunahme der *Nachfrage* zwar grundsätzlich wieder zu einem höheren Einkommen (und Beschäftigung) führen könnte, jedoch nicht bei Preisniveaustabilität. Hier könnte vielmehr durch eine *Lohnreduktion* der Rohstoffpreisanstieg kompensiert werden.

**Abb. 11.19**   Ölkrise und nachfolgende Stagflation

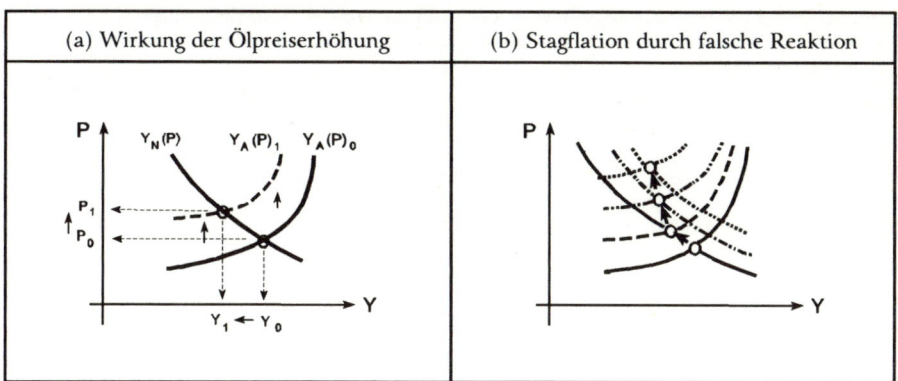

| (a) Wirkung der Ölpreiserhöhung | (b) Stagflation durch falsche Reaktion |

Eine Lohnzurückhaltung erfolgte damals angesichts der steigenden Preise allerdings gerade nicht und die Wirtschaftspolitik versuchte, der Rezession durch eine Nachfrageexpansion zu begegnen. Lohnsteigerung und Nachfragesteigerung ließen sowohl das Angebot als auch die Nachfrage steigen. Dadurch wurde eine Situation der **Stagflation** erzeugt, in der das Preisniveau stetig stieg, Produktion und vor allem die Beschäftigung aber nicht entscheidend zunahmen. Gerade der Beschäftigungsabbau im Gefolge des unmittelbaren ersten Ölpreisimpulses verfestigte sich aus den Gründen, die bereits in Kap. 10 erläutert wurden, und konnte durch die damals praktizierte Politik kaum rückgängig gemacht werden.

## 11.6. Wirtschaftspolitische Schlussfolgerungen aus dem Totalmodell

Das Totalmodell zeigt, dass der Einsatz ausgewählter *einzelner* Instrumente im Hinblick auf die Erreichung gesamtwirtschaftlicher Ziele nur selten in Frage kommt. In den meisten Fällen ist ein *kombinierter* Einsatz angebots- und nachfrageseitiger Instrumente erforderlich. Die Auswahl angemessener Instrumente ist manchmal schwierig, weil die Instrumente oft nicht nur auf *ein* Ziel einwirken, sondern auch auf andere Ziele, die sie aber gerade negativ beeinflussen. Dies wurde in den vorangehenden Gliederungsabschnitten deutlich: In der mittleren Version des Totalmodells geht z.B. eine beschäftigungserhöhende Fiskalpolitik mit einer Tendenz zu einer Steigerung des Preisniveaus einher.

Relativ einfach stellt sich das Problem der angemessenen Instrumente bei extremer „keynesianischer Unterbeschäftigung" [weithin starre Güternachfrage (Abb. 11.10) und elastisches Güterangebot (Abb. 11.)] dar. Da hier zunächst kein steigendes Preisniveau zu erwarten ist, kann man sich tendenziell auf die in Kap. 8 beschriebenen nachfrageseitigen Instrumente beziehen. Je nach den Bedingungen kommt Fiskal- und / oder Geldpolitik in Betracht. In der in Abb. 11.20 zugrunde gelegten **extrem keynesianischen Situation sind** - wie auch im klassischen Ansatz - der **monetäre und der reale Sektor getrennt** (dichotomisiert). Geldpolitik hat hier daher keine Wirkung. Deutlich wird aber auch, dass unter den Bedingungen des Modells eine **Einflussnahme auf das aggregierte *Angebot* keine Wirkung auf das Realeinkommen** haben wird, sondern nur auf das Preisniveau.

**Abb. 11.20** Fiskal- und Geldpolitik bei keynesianischer Unterbeschäftigung

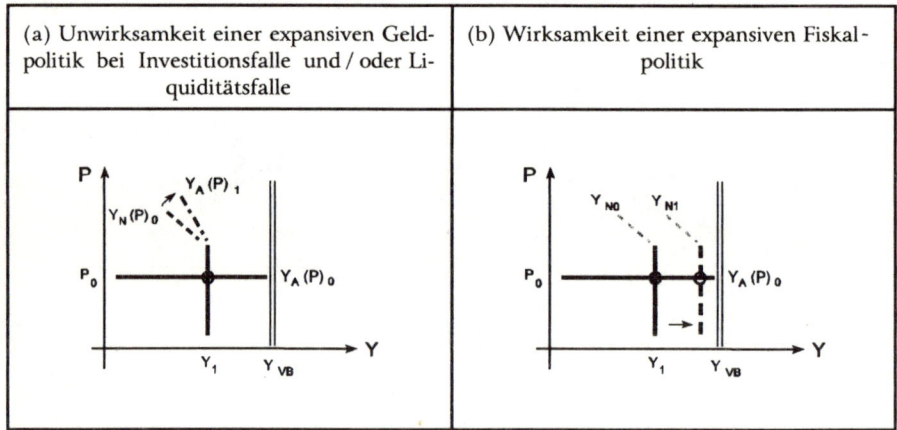

Unter den „normalen" Bedingungen der mittleren Version stellt sich - wie eingangs erwähnt - das wirtschaftspolitische Problem wesentlich komplexer dar. Die Präsentation des (theoretischen) Totalmodells hat wichtige Wechselwirkungen aufgezeigt: Der Verlauf der aggregierten Nachfrage wird bestimmt durch den Verlauf von IS und LM. Daher bewirken Veränderungen von IS und / oder LM Verschiebungen der Kurve $Y_N(P)$. Auf die Lage des aggregierten Angebots wirken die bereits in Kap. 11.2.2 genannten Faktoren ein (wobei die Liste nicht als erschöpfend angesehen werden kann). Zu beachten ist außerdem, dass zwischen aggregiertem Angebot und aggregierter Nachfrage auch Wechselbeziehungen bestehen, wie an einigen Beispielen verdeutlicht werden soll: Löhne sind für die Unternehmen Kosten und haben somit Einfluss auf das Angebot; sie sind für die Haushalte zugleich Einkommen und bestimmen über den Konsum die aggregierte Nachfrage mit. Steuern wirken gleichermaßen auf Angebot und Nachfrage. Investitionen sind ebenfalls einerseits Nachfragekomponente, andererseits ist in mittel- und langfristiger Sicht ihr Kapazitätseffekt zu beachten, der auf das Angebot zurückwirkt. Es muss jedoch darauf verzichtet werden, hier all diesen Aspekten nachzugehen. Es können nur einige wenige ausgewählte Standardfälle diskutiert werden, die am derzeitigen Hauptproblem - der Unterbeschäftigung - ansetzen. Das Totalmodell erlaubt wegen der Einbeziehung des Preisniveaus aber auch Hinweise auf eine Anti-Inflationspolitik.

Auf der **Nachfrageseite** kommen zur Überwindung einer (gemäßigten) Unterbeschäftigungssituation eine **expansive Geldpolitik** und / oder eine expansive Fiskalpolitik in Betracht. Sie würden entsprechend Abb. 11.12-b die Kurve $Y_N(P)$ nach rechts verschieben. P und Y würden wachsen. Damit träte allerdings jeweils ein **Zielkonflikt** mit dem Ziel „Preisniveaustabilität" auf. Ein Problem besteht allerdings darin, dass das Preisniveau nicht einfach nur auf einen höheren Wert steigt und dann auf diesem höheren Niveau verharrt. Es besteht vielmehr die Gefahr, dass ein gestiegenes Preisniveau - z.B. über steigende Nominallohnforderungen - ein weiter steigendes Preisniveau anregt (vgl. die Ausführungen zur Ölkrise) und so bald inflationäre Prozesse entstehen, deren nachteilige gesamtwirtschaftliche Wirkungen unbestritten sind. Inflationäre Prozesse und ihre Auswirkungen können aber mit dem hier verwendeten komparativ-statischen Ansatz nur bedingt analysiert werden.

Auf der **Angebotsseite** wird die Bedeutung flexibler Löhne betont. Eine **Senkung der Nominallöhne** würde $Y_A(P)$ nach unten verschieben. Das Preisniveau würde sinken und Beschäftigung und Realeinkommen steigen. Erneut bestünde ein gewisser Zielkonflikt zwischen Einkommens- und Beschäftigungswachstum und Preisniveaustabilität. Allerdings dürfte es für die Gewerkschaften nicht einfach sein, ihre Mitglieder von der Notwendigkeit von Lohnzurückhaltung oder gar Nominallohnsenkungen zu überzeugen, zumal das Sinken des Preisniveaus aus der Sicht der Gewerkschaften als ziemlich unsicher erscheinen muss. Auf der Seite der Unternehmen müsste zudem gewährleistet sein, dass das sinkende Preisniveau nicht zu einer Investitionszurückhaltung führt. - Andererseits darf man schon schließen, dass unter der Bedingungskonstellation dieses Modells der Vorschlag, den umgekehrten Weg zu beschreiten („Lohnerhöhung führt zu mehr kaufkräftiger Nachfrage, die ihrerseits Produktion und Beschäftigung wachsen lässt"), wegen der in der Realität zu erwartenden Verzögerungen zwischen Lohnerhöhung und späterem Nachfrageanstieg nicht angebracht wäre. Auf die Bedeutung, die einer *gleichzeitigen* Entwicklung von Nominallöhnen und Nominalnachfrage in einer Welt mit Produktivitätsfortschritt zukommt, wurde bereits im vorigen Gliederungsabschnitt hingewiesen. Dieser Hinweis sollte auch bei den nachfolgenden Überlegungen nicht vergessen werden.

Eine Angebotspolitik kann sich neben den Löhnen und generell den Arbeitsmarktbedingungen (siehe oben) auch auf andere Kostenfaktoren beziehen. So wird eine Politik der Senkung von Unternehmenssteuern Wirkungen auf die Kostenbelastungen der Unternehmen haben und daher eine Verschiebung von $Y_A(P)$ nach rechts bzw. unten hervorrufen. Senkungen der Einkommensteuern dürften sowohl positive Angebots- als auch Nachfrageeffekte auslösen. Auch eine Politik der Förderung des Wettbewerbs könnte zu Kostensenkungstendenzen führen, die das Angebot ausdehnen könnten. Vor allem dürfte auch eine Politik der Steigerung der Produktivität und der Innovationsförderung geeignet sein, $Y_A(P)$ nach rechts (bzw. unten) zu verlagern. Eine Angebotspolitik könnte daher tendenziell eine Zunahme des Realeinkommens bei eher sinkendem Preisniveau bewirken. Obwohl die Zahl der Anhänger einer Angebotspolitik stark angewachsen ist, scheint sich die Angebotspolitik bisher aber weniger geschlossen und weniger formalisiert darzustellen als die Nachfragepolitik. Der Nachfragepolitik wird - zum Teil gerechtfertigt - Einseitigkeit vorgeworfen; der gleiche Vorwurf trifft nach Ansicht des Verfassers für die Angebotspolitik aber dann auch zu, wenn sich Wirtschaftspolitik in Maßnahmen der Arbeitsmarktliberalisierung, der Kosten- und Steuersenkung erschöpft.

Eine Kombination beider Politiken dürfte sich als sinnvoll erweisen, zumal es manchmal - wie bereits ausgeführt - gar nicht so einfach ist, eine Maßnahme eindeutig nur der Angebots- oder nur der Nachfragepolitik zuzuordnen. Die Politik müsste dabei auf die jeweiligen konkreten, unterschiedlichen Bedingungskonstellationen abstellen.

Wie bereits in Kap. 9 dargelegt wurde, finden punktuelle und abrupte Eingriffe, wie sie zu Beginn der auf dem Stabilitätsgesetz beruhenden Nachfragepolitik anzutreffen waren, heute weniger Anhänger. Weil die Verzögerungen in der Wirtschaftspolitik nicht genau zu kalkulieren sind, besteht die Gefahr, dass die Eingriffe erst dann zu wirken beginnen, wenn sich die Lage schon wieder von sich aus geändert hat. Die Politik wirkt dann eher zyklusverstärkend. Daher wird heute eine eher verstetigte Wirtschaftspolitik, die auch die *Erwartungen der Wirtschaftssubjekte* verstetigt, mehr befürwortet. Für die Geldpolitik wurde diese Forderung schon vor längerer Zeit von den Monetaristen erhoben. Sie haben gefordert, dass idealerweise das Geldmengenwachstum an der langfristig zu erwartenden - auf reale Faktoren zurückgehenden - Wachstumsrate des realen BIP ausgerichtet werden sollte. Dies bedeutet, dass „Geldpolitik betreiben" dann nicht mehr heißt, durch diskretionäre geldpolitische Maßnahmen auf die jeweilige wirtschaftliche Lage Einfluss zu nehmen, sondern nur noch, eine bestimmte Geldmengenwachstumsrate festzulegen. Offiziell hat dies die Bundesbank auch getan. Die verkündeten Raten sind allerdings fast nie eingehalten worden. Außerdem scheint die Bundesbank nicht völlig auf diskretionäre Geldpolitik verzichtet zu haben.

Das Totalmodell ist kurzfristig angelegt. In der Realität überlagern sich kurz- und langfristige Entwicklungen. Im Hinblick auf eine spannungsfreie Entwicklung der Wirtschaft ist es wünschenswert, dass es der Wirtschaftspolitik (wozu allerdings auch ein passendes Verhalten der Tarifpartner zählt) gelingt, dass sich gesamtwirtschaftliches Angebot und gesamtwirtschaftliche Nachfrage mittel- und längerfristig einigermaßen parallel entwickeln. Dann könnte insbesondere erreicht werden, dass sich das Wirtschaftswachstum bei Preisniveaustabilität vollzieht.

**Abb. 11.21** Parallele Entwicklung von Angebot und Nachfrage

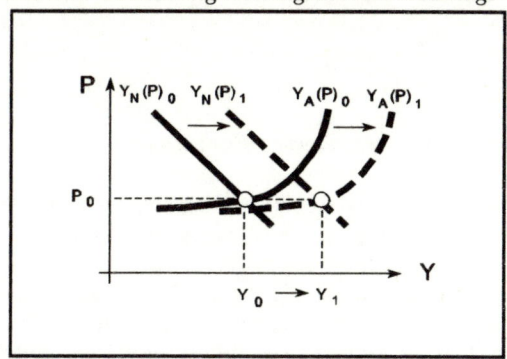

Wirtschaftspolitik muss den Gesamtzusammenhang aller makroökonomischen Größen beachten. Daher muss darauf hingewiesen werden, dass wichtige außenwirtschaftliche Elemente (Bedeutung der Wechselkurse, außenwirtschaftliches Gleichgewicht) im Totalmodell noch gar nicht berücksichtigt sind. Einige außenwirtschaftliche Aspekte sollen noch im folgenden Kap. 12 angesprochen werden.

## Literaturhinweise zu Kapitel 11:

**Blümle, W. Patzig**: Grundzüge der Makroökonomie. 3. Aufl. Freiburg/Br. 1993 (Thema X)

**G. Blümle, W. Patzig**: Die Rolle der Spekulationskasse für die Herleitung der gesamtwirtschaftlichen Nachfragefunktion. WISU 3/1988. S. 161ff.

**M. Carlberg**: Theorie der Arbeitslosigkeit. München 1988 (S. 25-79)

**E.-M. Claassen**: Grundlagen der makroökonomischen Theorie. München 1980 (Kap. IX)

**R. Dornbusch, S. Fischer, R. Startz**: Macroeconomics. Boston/Mass. 1998 (insb. Kap. 5, 6)

**B. Felderer, St. Homburg**: Makroökonomik und Neue Makroökonomik. 2. Aufl. Berlin, Heidelberg u. a. 1985 (§ 23, § 40)

**J. Kromphardt**: Arbeitslosigkeit und Inflation. Eine Einführung in die makroökonomischen Kontroversen. (UTB Bd. 1452) Göttingen 1987 (Teil VI; insb. S. 219ff.)

**O. Landmann**: Löhne, Preise, Einkommen und Beschäftigung in der offenen Volkswirtschaft. In: Der Keynesianismus V - Makroökonomik nach Keynes. Hrsgg. von G. Bombach, H.J. Ramser, M. Timmermann. Berlin - Heidelberg - New York 1984 (S. 108-116)

**O. Landmann, J. Jerger**: Beschäftigungstheorie. Berlin u.a.Orte 1999

**H. Majer**: Makroökonomik. 3. Aufl. München - Wien 1988 (Kap . IV)

**A. Maußner**: Klassische und keynesianische Güterangebotsfunktion. WISU 8-9/1986. S. 395f.

**R. Neubäumer**: Aggregiertes Angebot und aggregierte Nachfrage. WISU 5/1989

**R. Rettig, L. Böckmann, D. Voggenreiter**: Makroökonomische Theorie. 7. Aufl. Düsseldorf 1998 (insb. Kap. III, VI)

# 12. Kapitel:
# Einige Grundlagen der makroökonomischen Analyse offener Volkswirtschaften

## 12.1. Die Bedeutung der Außenwirtschaftsbeziehungen

Ausgangspunkt der makroökonomischen Analyse sind in aller Regel „geschlossene Volkswirtschaften" (Volkswirtschaften ohne Außenwirtschaftsbeziehungen). Die aus solchen Modellen abgeleiteten Schlussfolgerungen gelten dann aber auch nur für eine geschlossene Volkswirtschaft. Aber selbst für die USA mit ihrem vergleichsweise geringen Außenhandelsanteil ist die Aussagekraft der Modelle für geschlossene Volkswirtschaften manchmal eingeschränkt. Die übrigen westlichen Industriestaaten weisen derart hohe Außenhandelsverflechtungen auf (z.B. machten 1999 in Deutschland die Exporte fast 30 % des BIP aus), dass makroökonomische Modelle durch eine Einbeziehung der außenwirtschaftlichen Beziehungen zu Modellen für „offene Volkswirtschaften" erweitert werden müssen.

Als entscheidend erweist sich die Frage, ob und inwieweit die aus den Modellen für geschlossene Volkswirtschaften gewonnenen Ergebnisse über die makroökonomischen Wirkungszusammenhänge bei Berücksichtigung von außenwirtschaftlichen Einflüssen zu modifizieren sind. Damit stellt sich auch die Frage, ob wirtschaftspolitische Maßnahmen mit einer binnenwirtschaftlichen Zielsetzung zugleich der Zielsetzung „außenwirtschaftliches Gleichgewicht" dienen oder ihr widersprechen. Dabei ist zu berücksichtigen, dass - wie bereits in Kap. 4.4.2 dargelegt - das Ziel „außenwirtschaftliches Gleichgewicht" unterschiedlich interpretiert werden kann.

Die Analyse außenwirtschaftlicher Einflüsse stellt ein besonders schwieriges Gebiet der Volkswirtschaftslehre dar. Zwar bedient sich die Außenwirtschaftslehre keiner besonderen außenwirtschaftlichen Methoden, aber der Grad der Komplexität der Modelle ist noch höher als der für geschlossene Volkswirtschaften. Besonders schwierig wird es, wenn von Wechselwirkungen derart auszugehen ist, dass die Entwicklung im Land A auf die Entwicklung im Land B wirkt und von dort gegebenenfalls wieder zurück auf Land A. Darüber hinaus sind in aller Regel ja nicht nur *zwei* Länder beteiligt. Üblicherweise werden zur Vereinfachung jedoch nur sog. **Zwei-Länder-Modelle** gebildet: das betrachtete Land (Inland) und der „Rest der Welt (Ausland)". Dabei können die wechselseitigen Abhängigkeitsbedingungen der beiden Länder im Hinblick auf ihre jeweilige (ökonomische) Größe als jeweils unterschiedliche Modellvoraussetzungen formuliert werden. Aus der Bildung der *Europäischen Währungsunion (EWU)* folgen allerdings auch neue Untersuchungsgebiete für die Außenwirtschaftstheorie. Nunmehr ist zu analysieren, wie binnenwirtschaftliche Maßnahmen im Land A einer Währungsunion auf andere Mitgliedsländer der Union wirken und wie sich gegebenenfalls der Wechselkurs der Union gegenüber der übrigen Welt verändert und welche Rückwirkungen daraus resultieren.

Wegen der Komplexität des Untersuchungsgegenstandes wird die Außenwirtschaftslehre in der VWL als eigenständiges Teilgebiet geführt. Im Rahmen dieses Lehrbuches kann daher auch nur eine reduzierte Behandlung außenwirtschaftlicher Aspekte erfolgen. So werden z.B. die Ursachen und Wohlfahrtsentwicklungen des internationalen Handels ebenso wenig analysiert wie etwa die detaillierten Bestimmungsgründe für den Verlauf von Angebot und Nachfrage nach Devisen. Auch die meisten Wechselwirkungen zwischen verschiedenen Ländern müssen ausgeklammert werden. Es werden nämlich nur am Beispiel eines „kleinen Landes" (von einem solchen gehen keine merkbaren Einflüsse auf den „Rest der Welt" aus) die Auswirkungen außenwirtschaftlicher Einflüsse auf Realeinkommen, Zins und Preisniveau des „kleinen Landes" skizziert. Um diese Einflüsse zu skizzieren, müssen allerdings zunächst die Beziehungen zwischen Devisenmarkt, Wechselkurs und Zahlungsbilanz erläutert werden.

## 12.2. Devisenmarkt, Wechselkurs und Saldo der Zahlungsbilanz

### 12.2.1. Devisenmarkt und Wechselkurs

Im In- und Ausland bestehen normalerweise unterschiedliche Währungen. Die Austauschrelation zwischen zwei Währungen wird als **Wechselkurs** (e) bezeichnet. Das Verständnis des Wechselkurses und des Devisenmarktes wird wesentlich erleichtert, wenn man sich klar macht, dass die ausländische Währung ganz analog zu einer normalen Ware zu sehen ist. Nur ist die Ware hier „*Mengen*einheiten an ausländischer *Währung*" (WE). Der Preis einer ausländischen Währungseinheit (also *einer* Mengeneinheit) wird dabei in inländischer Währung angegeben.

---

Der **Wechselkurs** (e) ist der Preis einer Einheit einer Auslandswährung (WE), gemessen in Einheiten der Inlandswährung.

Beispiel: 1 WE = 1,2 €    damit: e = 1,2 € / WE

---

Zur Vereinfachung wird nicht zwischen *Währungskurs* als Oberbegriff sowie *Devisen*- und *Wechselkurs* als Unterformen unterschieden. Hier wird, dem allgemeinen Sprachgebrauch folgend, nur vom „Wechselkurs" (e) gesprochen, womit die **Preisnotierung** (richtig: Devisenkurs) gemeint ist. Für den Euro wird dagegen in der Praxis die Mengennotierung (Wechselkurs) gewählt: 1€ = 0,833 WE.

---

Der Austausch (Kauf und Verkauf) von ausländischen Währungseinheiten (Devisen) findet in unterschiedlichen Formen statt:

1. **Freie Konvertibilität**
   Dies bedeutet, dass jedermann ohne jede Beschränkung Währungen am Devisenmarkt austauschen kann.

1.1. System des **flexiblen Wechselkurses** (Floating)
   Freier Handel mit Devisen am Devisenmarkt *ohne Beteiligung der Währungsbehörde* (Zentralbank). Der Kurs bildet sich nach Angebot und Nachfrage.

1.2. System des **fixen (festen oder starren) Wechselkurses**
   Es wird ein bestimmter Kurs fixiert.

1.3. Zwischenformen zwischen (1.1) und (1.2).
2. Formen der **beschränkten Konvertibilität** und der **Devisenbewirtschaftung** (Kontrollen, Zuteilungen u.ä.).
Im Folgenden werden nur die beiden Formen (1.1) und (1.2) behandelt.

Im **System** *flexibler* **Kurse** bildet sich der Gleichgewichtskurs $e_0$ entsprechend der Polypolpreistheorie als Schnittpunkt von Angebot $A_0$ und Nachfrage $N_0$ (Abb. 12.1). Steigt z.B. das Angebot auf $A_1$, fällt der Kurs auf $e_1$.

**Abb. 12.1** Die Kursbildung im System flexibler Wechselkurse

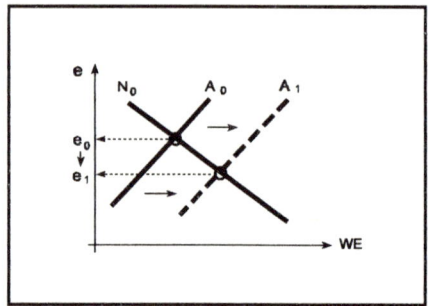

Im **System** *fixer* **Kurse** (Abb. 12.2-a) wird von den *Regierungen* ein bestimmter Kurs festgelegt. Dieser Kurs sollte nach Möglichkeit zu einem Ausgleich von Angebot und Nachfrage führen. Dies ist jedoch nur dann der Fall, wenn sich die aus Marktkräften resultierenden Größen Devisenangebot und -nachfrage gerade beim Fixkurs schneiden ($A_0$ und $N_0$). Wenn dies nicht der Fall ist, wird der Fixkurs zu einem Höchstpreis (Schnittpunkt von $A_1$ und $N_0$) oder Mindestpreis (Schnittpunkt von $A_0$ und $N_1$). Aus der Preistheorie ist bekannt, dass in diesen Fällen Eingriffe erforderlich sind, damit der fixierte Kurs aufrecht erhalten werden kann. In Kap. 12.2.3 werden die Eingriffe diskutiert.

**Abb. 12.2** Fixkurssystem

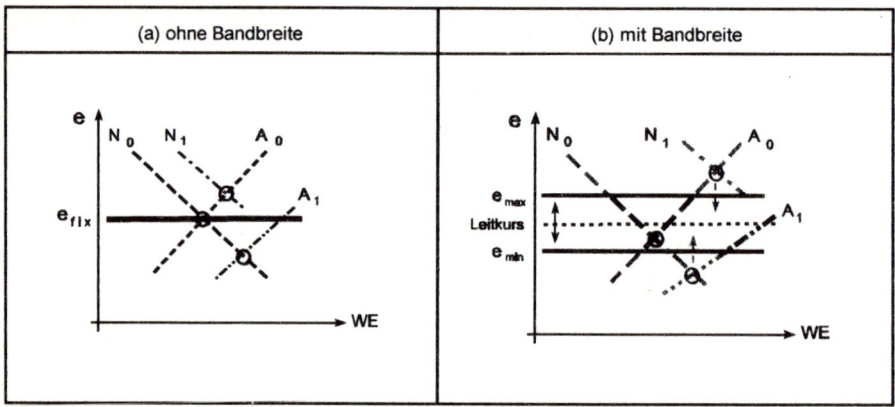

Oft wird auch eine - mehr oder weniger große - *Bandbreite* um den Fixkurs zugelassen. (In diesem Fall wird der Fixkurs auch **Leitkurs** genannt.) Marktkurse innerhalb der Bandbreite dürfen sich frei bilden. Würden die Marktkurse außerhalb der Bandbreite liegen, müssen Interventionen vorgenommen werden.

Preisänderungen einer ausländischen Währungseinheit werden mit besonderen Namen belegt. Deren Sinn ergibt sich ganz folgerichtig daraus, dass am Devisen-markt die *ausländische* Währung die Funktion der *Menge* hat.

| Preis der ausländischen Währungseinheit (WE) | | *inländische Währung* |
|---|---|---|
| steigt / wird erhöht | Aufwertung (der ausl. Währung) | *Abwertung* |
| | englisch:<br>Kurssteigerung im *freien Markt*: (currency) appreciation<br>offizielle Aufwertung im *Fixkurssystem*: revaluation | |
| fällt / wird gesenkt | Abwertung (der ausl. Währung) | *Aufwertung* |
| | englisch:<br>Kurssteigerung im *freien Markt*: (currency) depreciation<br>offizielle Abwertung im *Fixkurssystem*: devaluation | |
| Weil sich am Devisenmarkt zwei Währungen gegenüberstehen, ergibt sich, dass eine Aufwertung (Abwertung) der ausländischen Währung gleichbedeutend mit einer Abwertung (Aufwertung) der heimischen Währung gegenüber der ausländischen ist. Sofern es zweifelhaft ist, auf welche Währung sich die Begriffe beziehen, ist ein entsprechender Hinweis erforderlich. | | |

In der Realität gibt es zahlreiche Zwischenformen; sie treten teilweise auch nebeneinander auf. So bestand zwar z.B. einerseits zwischen Dollar und DM grundsätzlich ein System der flexiblen Kurse; es kam aber vor, dass die Deutsche Bundesbank in besonderen Situationen in die Dollar-Kursbildung eingegriffen hat (kontrolliertes oder *schmutziges Floating*). Gleichzeitig war die DM in das EWS - dem Vorläufer der EWU - eingebunden. Hier bestand ein Leitkurssystem, zunächst mit einer *Bandbreite* von i.d.R.  ± 2,25 % . Später (1993) wurde die Bandbreite allerdings auf beachtliche ± 15 % ausgedehnt. Damit hatte sich das System einem Sytem flexibler Kurse angenähert, dies umso mehr, als die Leitkurse nicht sehr langfristig fixiert wurden, sondern verhältnismäßig oft verändert wurden. - Nunmehr ist der Euro gegenüber dem Dollar flexibel.  Ein Nachfolgesystem des bisherigen EWS - das EWS II - nimmt für die EU-Staaten, die einen Beitritt zur Währungsunion planen, die Mechanismen des Leitkurssystems in etwas veränderter Form wieder auf.

Da sich der Kurs im flexiblen System aus Devisenangebot und Nachfrage bildet, ist nach deren Determinanten zu fragen:
Das **Devisenangebot** resultiert - vereinfacht gesehen - aus
- Exporterlösen;
- empfangenen monetären Übertragungen;
- Kapitalimporten.
Die **Devisennachfrage** entsteht ganz entsprechend aus
- Importwünschen;
- zu leistenden monetären Übertragungen;
- Kapitalexporten.

**Die Exporte** (ausländische Güternachfrage) hängen ab
- vom Einkommen des Auslands $Y_{AL}$ (das im gewählten Modell - kleines Inland - als von inländischen Größen unabhängig betracht werden darf).
- vom Preisverhältnis zwischen In- und Ausland, das auch vom Wechselkurs beeinflusst wird. Bei gegebenem Wechselkurs würde z.B. eine Preissenkung der heimischen (Export-)Güter eine relative Preiserhöhung der ausländischen Produkte bedeuten, so dass die Ausländer c.p. vermehrt heimische Güter kaufen würden. Bei gegebenen in- und ausländischen Preisniveaus führt eine Aufwertung der ausländischen Währung ebenfalls zu einer Exportsteigerung.

Die **Importe** hängen ab
- vom heimischen Einkommen.
- vom Preisverhältnis zwischen Inland und Ausland; (relativ) sinkende Importpreise erhöhen die Importe (und umgekehrt).

Es sollte nicht übersehen werden, dass das Devisenangebot bzw. die -nachfrage aus *Wert*größen (Exportpreise × Exportmengen bzw. Importpreise × Importmengen) abzuleiten ist. Daher folgt z.B. c.p. aus einer Preissenkung der Exportgüter bei normalem Verlauf der Exportnachfrage zwar eine Mengenzunahme, jedoch nicht zwingend auch eine Zunahme der Export*erlöse*. Dies hängt vielmehr von der jeweiligen Elastizität der Exportnachfrage ab. Nur bei einer Elastizität von (absolut) größer als eins würden bei einer Preissenkung die Erlöse zunehmen. Weil hier also verschiedene Möglichkeiten bestehen (es können sogar anormale Kurvenverläufe auftreten), ist die Ableitung von Devisenangebot und -nachfrage aus Ex- und Importakten ziemlich kompliziert. Daher muss an dieser Stelle auf die Speziallliteratur verwiesen werden. - Im Folgenden wird davon ausgegangen, dass das Devisenangebot sowie die Devisennachfrage jeweils „normale" Kurvenverläufe zeigen.

**Kapitalexporte** bestehen im Erwerb ausländischer Vermögenstitel, deren Kauf den Besitz von Devisen voraussetzt; Kapitalexporte bedingen also eine Devisennachfrage. Für einen Anleger stellt sich die Frage, ob er durch die Anlage eines Euro im Ausland mehr Rendite erzielt als durch eine Anlage im Inland. Obwohl sich Renditedifferenzen auch in Aktienanlagen und Realinvestitionen zeigen können, wird vereinfachend von „der" **Zinssatzdifferenz** (als Differenz zwischen Auslandszinssatz $i_{AL}$ und Inlandszinssatz i) gesprochen. Die Zinssatzdifferenz ist bei sonst gleichem Risiko der Anlage allerdings nur bei konstantem Wechselkurs allein entscheidend. Schließlich können ausländische Zinsvorteile schnell aufgezehrt werden, wenn zwischenzeitlich der Wechselkurs fällt. Wechselkurs*erwartungen* spielen also ebenfalls eine Rolle. Lässt man diese außer Acht, kann man sagen, dass der Wunsch inländischer Anleger nach Anlage im Ausland umso größer wird, je größer die Zinsdifferenz ist; umgekehrt werden die Ausländer dann um so weniger im Inland anlegen wollen, so dass die Kapitalimporte (und damit das Devisenangebot) abnehmen.

### 12.2.2. Der reale Wechselkurs und die Kaufkraftparität

Der tatsächliche oder nominale Wechselkurs e ermöglicht es, die Preise in verschiedenen Währungsgebieten miteinander zu vergleichen. Von Interesse ist natürlich, ob die Güter im Ausland (gemessen in heimischer Währung) billiger oder teurer als im

Inland sind oder werden und wie sich damit die Kaufkraft der heimischen Währung im Ausland entwickelt. Von Interesse ist auch, ob *Kaufkraftparität* besteht.

---

**Kaufkraftparität** liegt dann vor, wenn man für eine inländische Währungseinheit im In- und Ausland das gleiche Güterbündel kaufen kann.

---

Die Preisniveaus in den verschiedenen Währungsgebieten entwickeln sich jedoch oft unterschiedlich. Der **reale Wechselkurs** gibt nun Auskunft darüber, ob sich unterschiedliche Preisniveauentwicklungen in den (nominalen) Wechselkursen (die sich am Devisenmarkt bilden) in der Weise niederschlagen, dass diese Unterschiede ausgeglichen werden oder nicht. Verändern sich die tatsächlichen Wechselkurse in der Weise, dass die *realen* Kurse konstant bleiben, bleibt die in der Vorperiode geltende Kaufkraftrelation (die keine Kaufkraft*parität* sein muss) unverändert.

---

Der **reale Wechselkurs** $e_r$ ist der um die Inflationsdifferenzen bereinigte (nominale) Wechselkurs e. Er ist somit analytisch definiert als:

$$e_r = e \cdot \frac{\text{Inflationsrate Ausland}}{\text{Inflationsrate Inland}}$$

Änderungen des realen Wechselkurses verändern die bisher bestehende Kaufkraftrelation.

---

Ein stark vereinfachtes Beispiel (Tab. 12.3) dürfte helfen, das Grundprinzip der Berechnung realer Wechselkurse leichter zu verstehen. Stellvertretend für die Preisniveaus von in- und ausländischen Güterbündeln wird hier der Preis für nur *ein* Gut, nämlich 1 (gleichwertige) Schachtel Zigaretten, in Deutschland (D) und den USA unter Verwendung der vorgegebenen Preise und des durch den Devisenmarkt vorgegebenen nominalen Wechselkurses (e = €/$) verglichen. Der reale Wechselkurs wird dann entsprechend der obigen Formel berechnet.

Es wurde angenommen, dass in der Ausgangsperiode $t_0$ der nominale Wechselkurs e gerade so war, dass *Kaufkraftparität* herrscht. Damit die Unterschiede klar herausgearbeitet werden können, wurden für die Folgeperiode $t_1$ vier verschiedene Varianten A - D angenommen.

*Periode $t_{1A}$:*
In beiden Staaten steigt der Güterpreis um 10 %. Der nominale Wechselkurs ist gleichgeblieben. Der reale Wechselkurs bleibt dann auch konstant; die Kaufkraftparität bleibt erhalten.

*Periode $t_{1B}$:*
In D bleibt der Preis konstant, in den USA steigt er um 15 %. Der nominale Wechselkurs bleibt konstant. Der reale Wechselkurs berechnet sich hier als:

$$e_r = 1 \frac{1,10}{1} \qquad e_r = 1,1 \,.$$

In diesem Fall steigt also der reale Wechselkurs (reale Aufwertung des $ = reale Abwertung des €). Würde man als Deutsche/r eine Schachtel Zigaretten in den USA

**Tabelle 12.3**   Realer Wechselkurs

| Pe-ri-ode | Güterpreise | | Wechselkurs | | | | Kaufkraftparität | |
|---|---|---|---|---|---|---|---|---|
| | D in € | USA in $ | nominal | real | | ja / nein | Prozent der Kaufkraft einer heimischen WE bei Kauf des Gutes im Ausland | |
| | | | | Kurs | gegenüber Vorperiode konstant ja / nein | | | |
| $t_0$ | 2,0 | 2,0 | 1 $ = 1 € | - | - | ja | aus Sicht D: 100 % aus Sicht USA: 100 % | |
| $t_{1A}$ | 2,2 | 2,2 | 1 $ = 1 € nominal konstant | 1 $ = 1 € | ja | ja | aus Sicht D: 100 % aus Sicht USA: 100 % | |
| $t_{1B}$ | 2,0 | 2,2 | 1 $ = 1 € nominal konstant | 1 $ = 1,1 € | nein reale Aufwertung $ = reale Abwertung € | nein | aus Sicht D: 90,9 % aus Sicht USA: 110 % | |
| $t_{1C}$ | 2,2 | 2,3 | 1 $ = 0,9565 € nominale Abw. $ = nominale Aufw. € | 1 $ = 1 € | ja | ja | aus Sicht D: 100 % aus Sicht USA: 100 % | |
| $t_{1D}$ | 2,1 | 1,9 | 1 $ = 0,9947 € nominale Abw. $ = nominale Aufw. € | 1 $ = 0,9 € | nein reale Abwertung $ = reale Aufwertung € | nein | aus Sicht D: 111,1 % aus Sicht USA: 90 % | |

kaufen wollen, müsste man dafür 2,2 € bezahlen. Anders ausgedrückt: 1 € hat bei einem Wechselkurs von e = 1 €/$ in den USA nur 90,9 % der inländischen Kaufkraft. Wenn bei diesen Güterpreisen weiterhin Kaufkraftparität bestehen sollte, müsste der nominale Wechselkurs auf e = 0,9091 fallen.

$$(e_r = 1 \quad 1 = e \frac{1,10}{1} \quad e = 0,9091)$$

*Periode $t_{1C}$:*
Der Preis steigt gegenüber $t_0$ in D um 10 %, in USA um 15 %. Der nominale Wechselkurs fällt auf e = 0,9565 € (nominale Abwertung des $ = nominale Aufwertung des €) und damit gerade so, dass der reale Wechselkurs konstant bleibt.

*Periode $t_{1D}$:*
Der Preis steigt in D um 10 %, er fällt in den USA um 5 %. Der Wechselkurs fällt auf e = 0,9947 € (nominale Abwertung des $ = nominale Aufwertung des €). Hier ergibt sich ein fallender realer Wechselkurs (reale Abwertung des $ = reale Aufwertung des €). Damit steigt die Kaufkraft eines Euro in den USA auf 111,1 %.

Die Volkswirte hat die Frage stark beschäftigt, ob es eine Tendenz dazu gibt, dass der Wechselkurs langfristig Kaufkraftparität gewährleistet, also unterschiedliche Inflationsraten durch die Entwicklung des (nominalen) Wechselkurses ausgeglichen werden. Kurzfristig gilt das auf keinen Fall. Die Gründe hierfür sind u.a.:
- Nicht alle Güter werden international gehandelt (z.B. Boden, Mietleistungen, bestimmte persönliche Dienstleistungen). Die jeweilige Preisentwicklung dieser Güter geht in die nationalen Preisniveauentwicklungen ein, berührt aber nicht Devisenangebot und - nachfrage.
- Die Preise auf den nationalen und internationalen Märkten bilden sich meistens nicht nach dem Modell der vollständigen *Polypole*. Nationale Bedingungen (z.B.

Steuern) bedingen ebenfalls Verzerrungen.
- Internationale *Kapital*bewegungen ändern oft schnell und stark den Wechselkurs.

Die Kaufkraftparität, also die Entwicklung der realen Kaufkraft in den beteiligten Ländern, kann in keiner Weise zur kurz- und mittelfristigen Prognose von Wechselkursentwicklungen herangezogen werden. Nur auf sehr lange Sicht spiegelt sich die Entwicklung der Kaufkraft in den beteiligten Ländern in der Entwicklung der Kurse wider. Dabei konnte nachgewiesen werden, dass der Zusammenhang zwischen den westeuropäischen Staaten enger ist als z.B. der Zusammenhang zwischen Westeuropa und den USA.

### 12.2.3. Wechselkurssysteme und Saldo der Zahlungsbilanz

Von besonderer Bedeutung sind die Beziehungen zwischen Devisenmarkt und Zahlungsbilanz. Dies wurde schon in Kap. 4.2 deutlich gemacht, und zwar dadurch, dass die Zahlungsbilanz von ihrem Prinzip her als eine Aufstellung über die Herkunft und die Verwendung von Devisen charakterisiert wurde. Im Vordergrund der Betrachtung stehen die Fragen, (a) wie der **Saldo der Zahlungsbilanz** (Z) vom Devisenmarkt her beeinflusst wird und (b) wie die Zusammenhänge zwischen Devisenmarkt und **Leistungsbilanz** (LB) sind. Die Zusammenhänge stellen sich für den Fall flexibler und den fixer Wechselkurse unterschiedlich dar.

### (a) Flexibler Wechselkurs

Eine nicht ausgeglichene Zahlungsbilanz im Sinne von Z ≠ 0 ensteht dadurch, dass Devisenangebot und -nachfrage am freien Markt nicht ausgeglichen waren; die *Zentralbank* musste eingreifen und Devisen aufnehmen oder abgeben (vgl. Übersicht 4.7). Ein System flexibler Wechselkurse zeichnet sich aber gerade dadurch aus, dass sich der Kurs entsprechend Abb. 12.1 *ohne* Mitwirkung der Zentralbank bildet. Deshalb kann es in einem solchen System grundsätzlich nicht zu einer Änderung (Ab- oder Aufbau) von Devisenreserven bei der Zentralbank kommen. Es gilt immer Z = 0, d.h. die **Zahlungsbilanz ist ausgeglichen**. Dies bedeutet jedoch nicht, dass dann auch Leistungsbilanz-Ausgleich (LB = 0) gewährleistet ist. Es bedeutet nur, dass ein Leistungsbilanz-Überschuss durch ein entsprechendes Defizit in der Kapitalbilanz ausgeglichen ist, ein Leistungsbilanz-Defizit durch einen Nettokapitalimport (LB + KB = 0).

Wenn allerdings die Zentralbank aus gesamtwirtschaftlichen Gründen in die freie Kursbildung durch ein eigenes Angebot (Nachfrage) eingreift *(schmutziges Floaten)*, bildet sich ein Saldo Z ≠ 0. Die Situation entspricht dann den Zentralbank-Eingriffen im System fixer Kurse.

### (b) Fixer Wechselkurs

Wie aus der Mikroökonomik bekannt ist, kann ein Fixpreissystem nicht einfach dadurch funktionieren, dass ein bestimmter Preis / Kurs dekretiert wird. Notwendige weitere Marktbeschränkungen (etwa Mengenkontrollen) entfallen jedoch bei

**Abb. 12.4**   Fixer Wechselkurs und Zentralbankeingriffe

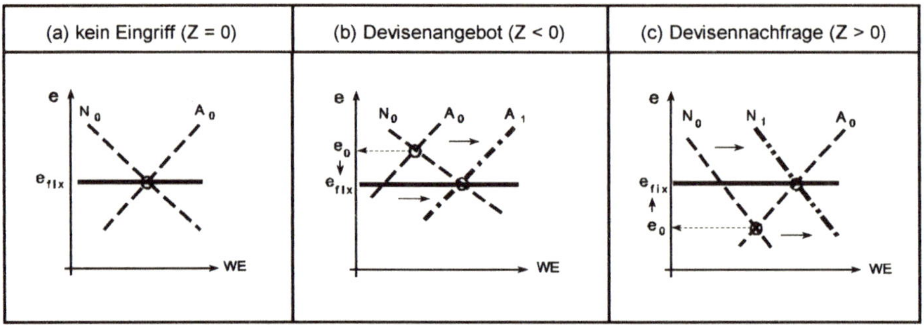

| (a) kein Eingriff (Z = 0) | (b) Devisenangebot (Z < 0) | (c) Devisennachfrage (Z > 0) |
|---|---|---|

freier Konvertibilität. In den Fällen, in denen Marktangebot und Marktnachfrage beim fixierten Kurs voneinander abweichen, bestehen die folgenden Möglichkeiten:

(1) In *kurzfristiger Sicht* muss ein zusätzliches Angebot (bzw. Nachfrage) entfaltet werden. Dieses kann nur von der *Zentralbank* erbracht werden. Eingriffe der Zentralbank am Devisenmarkt ändern aber zugleich den Devisenbestand der Zentralbank, führen somit zu einer *unausgeglichenen Zahlungsbilanz* ($Z \neq 0$).

Im Fall 12.4-a ist der fixierte Kurs mit dem Gleichgewichtskurs identisch. Die Zentralbank muss nicht eingreifen, daher $Z = 0$.

In der Situation 12.4-b besteht beim fixierten Kurs ein Nachfrageüberhang. Am freien Markt würde dieser eine Kurs*erhöhung* (= *Ab*wertung der *heimischen* Währung) auf $e_0$ bewirken. Soll der fixierte Kurs Bestand haben, muss die Zentralbank das Angebot auf $A_1$ erhöhen. Dadurch nehmen ihre Devisenreserven ab ($Z < 0$; Zahlungsbilanz-Defizit oder passive Zahlungsbilanz). Die Eingriffsmöglichkeiten der heimischen Zentralbank sind somit auf die Höhe ihrer Devisenreserven [wozu aber auch der Kreditrahmen beim Internationalen Währungsfonds (IMF) zählt] begrenzt. Da die Zentralbank ihre eigene Währung aufkauft, nimmt die heimische Geldmenge ab.

Im Fall 12.4-c liegt ein Angebotsüberhang vor, der einen Abwertungsdruck auf die ausländische Währung auslösen würde. Die Zentralbank muss als Nachfrager von Devisen (= Anbieter heimischer Währung) in dem Maße auftreten, dass die Nachfrage auf $N_1$ wächst. Damit nehmen die Devisenreserven der Zentralbank zu ($Z > 0$; Zahlungsbilanz-Überschuss oder aktive Zahlungsbilanz). Hier sind der Zentralbank zwar keine Grenzen gesetzt, da sie heimische Währung selbst in unbegrenzter Menge produzieren kann, aber der Umtausch von Devisen in heimisches Geld durch die Zentralbank bewirkt eine (inländische) Geldmengenvermehrung (sofern nicht die Zentralbank bei der binnenwirtschaftlich bedingten Geldmenge erfolgreich gegensteuert, also **Neutralisierungspolitik** betreibt).

Nur wenn die Marktgleichgewichte in etwa gleichmäßig um den fixierten Kurs pendeln, bereiten somit die notwendigen Eingriffe der Zentralbank keine größeren Probleme, da sich Auf- und Abbau von Devisenreserven bei der Zentralbank die Waage halten.

(2) Weichen jedoch die Marktkurse auf *längere Sicht* in *derselben* Richtung vom fixierten Kurs ab, muss auf andere Weise eingegriffen werden. Es muss eine *Umstellung der nationalen Wirtschaftspolitik* (Geld- und / oder Fiskalpolitik) in der Weise erfolgen, dass sich als Folge die Kurven am Devisenmarkt so ändern, dass ihr Schnittpunkt wieder mit dem Fixkurs zusammenfällt (bzw. in die Bandbreite fällt). Die Wirtschaftspolitik muss dann also primär in den Dienst des Zahlungsbilanzausgleichs gestellt werden, was aber zu Konflikten mit binnenwirtschaftlichen Zielen führen kann. Bei andauernden Problemen ist daher an eine *Änderung der Parität* zu denken. Beide Wege sind mit Problemen verbunden, wie nachfolgend gezeigt wird.

## 12.3. Wechselkurssysteme und außenwirtschaftliches Gleichgewicht

### 12.3.1. Das Problem des außenwirtschaftlichen Gleichgewichts

Auf längere Sicht sind Situationen von $Z \neq 0$ unerwünscht. Dies mögen einige Hinweise verdeutlichen. Eben wurden bereits die Einflüsse auf die heimische Geldmenge angeführt. Dann ist zu bedenken, dass Defizite wegen der beschränkten Devisenreserven nur begrenzt hingenommen werden können. Werden seitens des Auslands keine weiteren Kredite gewährt, müssen die Güterimporte eventuell ziemlich plötzlich gestoppt werden, was die Versorgungslage beeinträchtigen wird. Importe mögen zwischenzeitlich heimische Produktionen ersetzt haben, so dass der Importausfall besonders schmerzlich spürbar wird. Ständige Importüberschüsse haben außerdem negative Beschäftigungseffekte; sie wirken wie Sickerverluste (vgl. Kap. 6.7). Eingriffe wie Kontingentierungen, Zölle, Devisenbewirtschaftung, die die internationale Arbeitsteilung behindern, werden i. d. R. als Folge anhaltender Defizite ergriffen. Sie wirken naturgemäß auf die Überschussländer zurück.

Aber auch ohne diese möglichen Rückwirkungen sind Export-Überschüsse keineswegs nur positiv zu beurteilen. Überschüsse tragen zwar zur heimischen Beschäftigung bei und erhöhen in einem Fixkurssystem auch die Devisenreserven, auf die später gegebenenfalls zurückgegriffen werden kann. Letztlich sind langanhaltende Überschüsse aber auch Ausdruck dafür, dass (wertmäßig) mehr Güter ab- als zufließen. Da zusätzlich die überschüssigen Devisen von der Zentralbank in heimische Währung umgetauscht werden, besteht die Gefahr eines doppelten Inflationsimpulses: weniger Güter und mehr Geld!

„Außenwirtschaftliches Gleichgewicht" sollte also nicht ausschließlich als $Z = 0$ verstanden werden; gleichzeitig sollte auch der Saldo der Leistungsbilanz (LB) in die Betrachtung einbezogen werden. *Flexible* Kurse bewirken zwar, dass $Z = 0$ ist, nicht jedoch zwingend, dass auch LB = 0 ist. Bei *fixen* Kursen kann sowohl $Z \neq 0$ als auch LB $\neq 0$ sein. Es ist daher zu diskutieren, ob es Mechanismen gibt, die in beiden Systemen in Richtung $Z = 0$ und LB = 0 wirken.

### 12.3.2. Flexible Wechselkurse und Zahlungsbilanzausgleich

Flexible Wechselkurse scheinen das Wechselkurssystem zu sein, das einem *marktwirtschaftlichen* System am besten entspricht. Die Kurse reagieren unmittelbar auf

Änderungen im Devisenangebot und der -nachfrage. Außerdem kann ein Saldo der Zahlungsbilanz - wie oben dargelegt - im System flexibler Kurse nicht auftreten.

Sieht man von reinen Finanztransaktionen ab, so stellt sich die Kursanpassung im Prinzip wie folgt dar (vgl. auch Abb. 12.1): Im Ausgangsgleichgewicht mit $e_0$ soll gelten, dass der Saldo der Leistungsbilanz null ist (LB = 0). Nun trete eine autonome Exporterhöhung auf; das Ausland wünscht beim derzeitigen Wechselkurs $e_0$ zusätzliche deutsche Maschinen. Beim Wechselkurs $e_0$ resultiert daraus ein Exportzunahme und zugleich eine Zunahme des Devisenangebots. Letztere bewirkt aber eine Kurssenkung $e_1$ (Abwertung der ausländischen WE = Aufwertung des Euro). Die Abwertung bewirkt, dass a) für das Ausland die deutschen Produkte teurer werden, b) im Inland die Importgüter billiger werden. Dadurch wird der Exportüberschuss wieder abgebaut. Devisenangebot und -nachfrage stimmen bei einem niedrigeren Kurs wieder überein. Die Leistungsbilanz ist ausgeglichen. Die Anpassung ist über eine Veränderung von Im- und Exporten erfolgt.

Der eben beschriebene Ablauf lässt sich auf den Fall übertragen, dass im In- und Ausland unterschiedliche Inflationsraten herrschen. Es sei angenommen, dass im Inland das Preisniveau stabil ist, während im Ausland Inflation herrscht: Das steigende Preisniveau im Ausland veranlasst bei dem zunächst noch konstanten Kurs die Ausländer, vermehrt im Inland zu kaufen; gleichzeitig werden die Importgüter im Inland teurer, was die inländische Nachfrage nach Importgütern senkt. Wenn unterstellt werden darf, dass wegen entsprechender Nachfrageelastizitäten diese Preisänderungen das Devisenangebot steigen und die Devisenachfrage fallen lässt, wird der Wechselkurs fallen (Abwertung der ausländischen Währung). Damit würden die Exporte wieder zurückgehen und die Importe wieder steigen.

Diese Sichtweise ist jedoch etwas einfach. Wichtig ist, dass der Wechselkurs heute weniger von den Güterexporten und -importen bestimmt wird, sondern in hohem Maße von den internationalen Kapitalströmen beeinflusst wird. Es ist damit eher so, dass der von Kapitalströmen geprägte Wechselkurs auf die internationalen Güterströme zurückwirkt. Aber selbst wenn man diesen Aspekt außer Acht lässt, bleibt die Aussage gültig, dass die Sichtweise etwas einfach ist [vgl. Dieckheuer (1990); S. 132 ff.]. Sie würde nämlich nur gelten, wenn die Märkte hinsichtlich der Mengen ohne zeitliche Verzögerungen reagieren würden. Die Gütermärkte reagieren in der Praxis aber nicht verzögerungsfrei. So werden Exportgeschäfte meistens auf der Basis der heimischen Währung abgeschlossen, Importgeschäfte auf der Basis der ausländischen. Bei einer Aufwertung der ausländischen Währung werden dann zwar die bestellten Importgüter teurer, aber die Exporterlöse steigen nicht. Wechselkursbedingte Preisänderungen lösen durchaus auch Substitutionseffekte aus. Aber auch diese unterliegen Verzögerungen. Es kann daher längere Zeit dauern, bis ein Leistungebilanzausgleich erfolgt.

### 12.3.3. Mechanismen des Zahlungsbilanzausgleichs bei fixem Wechselkurs

Obwohl flexible Kurse das Problem des Zahlungsbilanzausgleichs im Sinne von Z ≠ 0 beseitigen, können sie andererseits den internationalen Handel stören und spekulative Kapitaltransaktionen auslösen, die ihrerseits die Wechselkurse beeinflussen. Dies wird durch fixe Kurse vermieden, die aber das Problem der Zahlungsbilanz-*ungleichgewichte* mit sich bringen. Es ist daher zu fragen, welche Möglichkeiten bestehen, **Zahlungsbilanzausgleich bei fixen Kursen** zu erreichen. Auch hier seien zur Vereinfachung die reinen Finanztransaktionen ausgeklammert.

Eine Möglichkeit besteht in der **Änderung der Parität** (d.h. des fixierten Wechselkurses): Bei anhaltenden Defiziten (Überschüssen) wird die heimische Währung abgewertet (aufgewertet). Das kann jedoch nur selten geschehen, da man sonst gleich ein System der flexiblen Kurse einführen kann. Änderungen der Paritäten sind u.a. insofern problematisch, als

a) man den „richtigen" Kurs (den Gleichgewichtskurs) nicht kennt;
b) Kursänderungserwartungen die Spekulation anregen;
c) Folgewirkungen der Kursänderung auf das inländische Preisniveau, Realeinkommen und Beschäftigung einkalkuliert werden müssten.

Aber auch in Systemen fixer Kurse werden **automatisch wirkende Anpassungsmechanismen** diskutiert. Es sind dies vor allem der *Geldmengen-Preis-Mechanismus* und der *Einkommensmechanismus*. Die Wirkungsweise beider Mechanismen werden nachfolgend skizziert.

Der **Geldmengen-Preis-Mechanismus** (Übersicht 12.5) stellt im Wesentlichen ab auf die Gültigkeit der klassischen Quantitätstheorie und ein allseits flexibles Preissystem. Steigen z.B. im Ausland die Preise, während sie im Inland konstant bleiben, lohnt es sich bei fixem Wechselkurs für die Ausländer, mehr im Inland zu kaufen. Gleichzeitig nehmen die inländischen Importwünsche ab. Im Ausland wird die Leistungsbilanz passiv und gleichzeitig nehmen die Devisenreserven ab. Im Inland wird die Leistungsbilanz aktiv und die Devisenreserven nehmen zu. Im Ausland geht die Abnahme der Devisenreserven mit einer Geldmengenreduktion einher, im Inland mit einer Geldmengenvermehrung. Die Geldmengenveränderung lässt entsprechend dem quantitätstheoretischen Ansatz im Inland das Preisniveau steigen, im Ausland tendenziell wieder zurückgehen. Für die Ausländer wird es weniger interessant, im Inland zu kaufen; für die Inländer werden Importe wieder lohnend. Letztlich stellt sich Zahlungsbilanzausgleich ein.

Der Geldmengen-Preis-Mechanismus dürfte langfristig und für Zustände hoher Beschäftigung tendenziell zutreffend sein. Gleichwohl ist zu bedenken, dass von der einfachen Quantitätstheorie ausgegangen wurde. Geldmengenveränderungen können aber auch Einkommensänderungen bewirken, wie das IS-LM-System zeigt. Vor allem kurzfristig dürfte die Voraussetzung der Preisflexibilität nach unten nicht erfüllt sein. Letztlich liegt aber das Hauptproblem darin, dass bewusst Preisniveauschwankungen (mit möglichen Rückwirkungen auf Einkommen, Beschäftigung und Verteilung) hingenommen werden müssen, damit Zahlungsbilanzausgleich erreicht wird. Hier werden also die übrigen gesamtwirtschaftlichen Ziele hintan gestellt.

**Übersicht 12.5** Der Geldmengen-Preis-Mechanismus

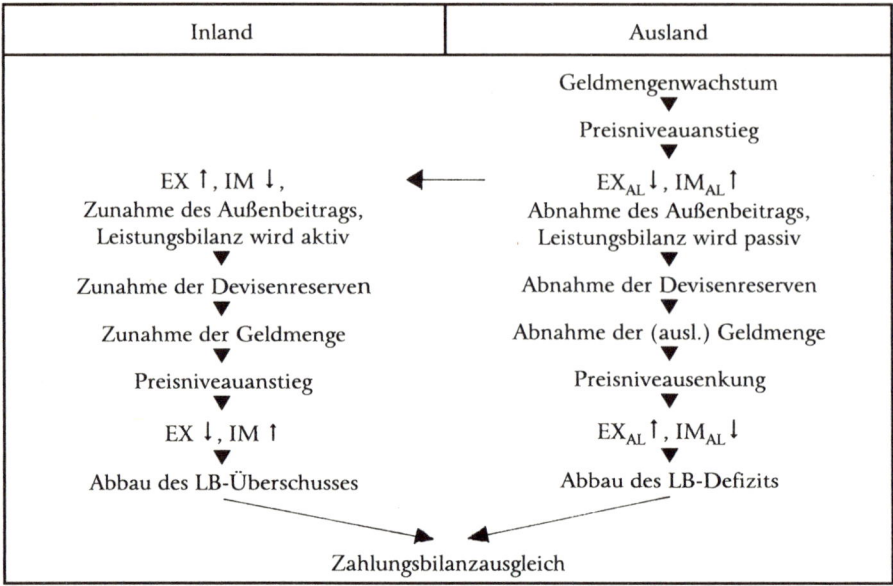

Die im Geldmengen-Preis-Mechanismus bedeutsamen Größen Geldmenge, Preisniveau und relative Preise spielen im **Einkommensmechanismus** (Übersicht 12.6) keine Rolle. Hier wird auf der Basis des in Kap. 6 behandelten keynesianischen Gütermarktmodells und des dort kurz vorgestellten Exportmultiplikators die Änderung des Außenbeitrags (als Ausdruck für den Leistungsbilanzsaldo und die Änderung der Devisenreserven) analysiert. Ziemlich umfangreiche Multiplikatormodelle, die über die Einkommensabhängigkeit der Importe Wechselwirkungen zwischen Inland und Ausland berücksichtigen, sind entwickelt worden. Das Prinzip des wechselseitig wirkenden Multiplikatorprozesses lässt sich am einfachsten durch

**Übersicht 12.6** Der Einkommensmechanismus

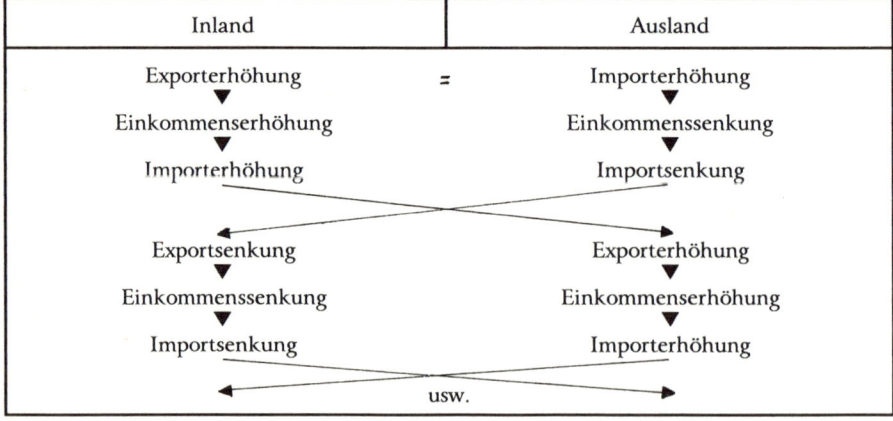

ein Pfeilschema beschreiben. Als Ausgangspunkt eignet sich am besten eine autonome Exporterhöhung (hier des Inlands).

Da die marginale Importquote kleiner als eins ist, werden die induzierten Importe fortlaufend kleiner. Daraus kann dann auch ohne gezielte Multiplikatorberechnungen geschlossen werden, dass die erste Einkommenssenkung im Ausland größer ist als die zweite Einkommenserhöhung. Eine detaillierte Analyse auf der Basis der keynesianischen Multiplikatoren erbringt das folgende Ergebnis [vgl. Jarchow, Rühmann (1982) S. 109 f.]:

1. Das Volkseinkommen im Inland steigt, jedoch weniger als auf der Grundlage des einfachen Exportmultiplikatoransatzes des Kap. 6.6.1 (also ohne Auslandsrückwirkung).
2. Unter den Bedingungen des Modells findet zwar ein vollständiger Zahlungsbilanzausgleich nicht statt, aber die durch die erste Exporterhöhung ausgelöste Zunahme des (inländischen) Außenbeitrags wird durch die induzierten Importe tendenziell teilweise wieder abgebaut.

Da die eben beschriebenen Mechanismen allenfalls gewisse Beiträge zum Abbau von Zahlungsbilanzungleichgewichten liefern können, werden - soll der fixierte Wechselkurs Bestand haben - bei dauerhaften Ungleichgewichten **wirtschaftspolitische Eingriffe** erforderlich. Sowohl Defizit- als auch Überschussländer müssten eine Wirtschaftspolitik derart betreiben, dass die Hauptrichtung der Devisenströme jeweils umgekehrt wird.

## 12.4. Die Kurve des Zahlungsbilanzausgleichs

Die bislang skizzierten Mechanismen sind Einzelmechanismen, d.h. es fehlt an einer integrierten gesamtwirtschaftlichen Betrachtung, in der sowohl die Zahlungsbilanzsituation als auch die Güter- und Geldmärkte (einschließlich der internationalen Kapitalbewegungen) berücksichtigt sind. Einen wichtigen Ansatz zu einer solchen Gesamtschau bietet das Konzept der *Kurve des Zahlungsbilanzausgleichs* (Z-Kurve). Sie ermöglicht eine unmittelbare Verknüpfung von Gütermarkt-Geldmarkt-Bereich und Zahlungsbilanz.

Die Kurve des Zahlungsbilanzausgleichs (Z - Kurve) verknüpft die Kombinatio-nen von (inländischem) Zinssatz i und (inländischem) Einkommen Y, die jeweils Zahlungsbilanzausgleich (Z = 0) gewährleisten.  Als **entscheidende Größen** für den **Verlauf der Z-Kurve** gelten dabei:
- der **Leistungsbilanzsaldo** und die ihn beeinflussenden Größen, nämlich vor allem das (inländische) **Realeinkommen** Y und das **Preisverhältnis zwischen Export- und Importgütern** sowie das **Auslandseinkommen** $Y_{AL}$, das Einfluss auf die heimischen Exporte hat;
- der **Kapitalbilanzsaldo,** der wesentlich von der **Zinssatz***differenz* zwischen in- und ausländischem Zinsniveau abhängt.

Unter der Voraussetzung des „kleinen Landes" (keine Rückwirkungen vom Ausland auf das Inland) werden die wichtigsten Beziehungen nachfolgend beschrieben.

Leistungsbilanzsaldo und Außenbeitrag werden dabei vereinfachend gleichgesetzt und als LB bezeichnet.

## (1) Einflussfaktoren auf den Leistungsbilanzsaldo

### 1.1. Auswirkungen des (inländischen) Realeinkommens

Die Importe sind einkommensabhängig, also IM = IM (Y). Ein steigendes Einkommen lässt die Importe steigen und damit c.p. den Außenbeitrag fallen.

### 1.2. Preisverhältnis zwischen Export-und Importgütern

Im Außenhandel spielen nur die Preise der international gehandelten Güter eine Rolle. Vor allem bestimmte Dienstleistungen (z.B. Wohnungsvermietung) werden jedoch nicht international gehandelt. Zur Vereinfachung wird hier aber darauf verzichtet, zwischen dem heimischen allgemeinen Preisniveau (P) und dem Exportpreisniveau ($P_{EX}$) bzw. dem ausländischen allgemeinen Preisniveau ($P_{AL}$) und dem Importpreisniveau ($P_{IM}$) zu unterscheiden. Aus der Sicht des Inlands ist übrigens nicht das ausländische Preisniveau in ausländischer Währung, sondern das unter Verwendung des Wechselkurses e in inländische Währung umgerechnete entscheidend. Mit $P_{AL}$ ist hier letzteres gemeint.

Das Preisverhältnis zwischen Export- und Importgütern wird **Terms of Trade** (tot) oder **reales Austauschverhältnis** genannt. Es gibt letztlich an, wie viele Mengeneinheiten an Importgütern man für eine Mengeneinheit Exportgüter erhält.

$$\frac{P_{EX}}{P_{IM}} = \frac{P}{P_{AL}} = \text{tot}$$

Bei einer Erhöhung des Wertes spricht man von einer „Verbesserung", bei einer Senkung von einer „Verschlechterung" der Terms of Trade.

Die **Richtung** der Auswirkungen von Änderungen der Terms of Trade auf den Außenbeitrag lässt sich ohne detaillierte Untersuchung der Angebots- und Nachfragebedingungen am Export- und Importgütermarkt **nicht** eindeutig angeben. Normalerweise ist aber zu erwarten, dass sich der Außenbeitrag bei einer Verbesserung der Terms of Trade verschlechtert, weil eher mit sinkenden Export- und steigenden Importwerten zu rechnen ist. Eine solche (relative) Erhöhung kann übrigens auf zwei Wegen entstehen:
a) Bei konstantem Wechselkurs steigt das inländische Preisniveau (relativ) gegenüber dem ausländischen.
b) Bei konstanten (oder sich gleichmäßig verändernden) Preisniveaus erfolgt eine Aufwertung der Inlandswährung (der Wechselkurs e fällt). Daher wird häufig auch nur der Wechselkurs als Einflussfaktor angeführt.

Die Einflussfaktoren auf den Leistungsbilanzsaldo lassen sich damit in allgemeiner Form wie folgt schreiben:
LB = LB (Y, e)

wobei     $\frac{\partial LB}{\partial Y} < 0$     und     $\frac{\partial LB}{\partial e} < 0$

## (2) Einflussfaktoren auf den Kapitalbilanzsaldo

Schon vorn wurde gezeigt, dass die internationalen Kapitalbewegungen in entscheidendem Maße abhängen von a) den internationalen Zinssatzdifferenzen, b) der erwarteten Wechselkursentwicklung (e*).

Also:    $KB = KB (i, i_{AL}, e*)$

Bei fixem Wechselkurs (d.h. zugleich, dass e* keine Rolle spielt) und gegebenem Auslandszinssatz $i_{AL}$ gilt, dass der Kapitalimport positiv mit dem Inlandszins i verknüpft ist, d.h. steigende Inlandszinsen rufen c.p. einen steigenden Kapitalimport hervor. Bei gegebenem Kapitalexport nimmt dann der Saldo der Kapitalbilanz zu. In allgemeiner Form gilt somit:

$KB = KB (i)$    wobei    $\dfrac{d\,KB}{di} < 0$

## (3) Die Z-Kurve

Unter diesen Bedingungen lässt sich nunmehr leicht eine **Kurve des Zahlungsbilanzausgleichs (Z-Kurve)** ganz analog zum Verfahren bei IS und LM konstruieren (Abb. 12.7). Dabei wird zunächst von einem gegebenen festen Wechselkurs ausgegangen und der Fall eines Leistungsbilanzüberschusses (LB > 0) angenommen.

In *Quadrant 1* wird der Saldo der Kapitalbilanz in Abhängigkeit vom (inländischen) Zinssatz i gezeigt.

*Quadrant 2* beschreibt die Bedingung für den Zahlungsbilanzausgleich: LB + KB = Z = 0,  also LB = - KB.

In *Quadrant 3* wird die Abhängigkeit des Außenbeitrages vom (inländischen) Einkommen bei normaler Reaktion dargestellt.

Da von LB > 0 ausgegangen wurde, muss die KB-Achse ein negatives Vorzeichen erhalten. KB ist hier also Ausdruck für Nettokapitalexporte, denn je geringer der Inlandszins i ist, desto weniger Kapital wird c.p. importiert und desto mehr exportiert.

In *Quadrant 4* werden die Gleichgewichtswerte von i und Y eingetragen. Bei einem Einkommen von $Y_0$ ergibt sich ein Leistungsbilanzüberschuss von $LB_0$ . Z = 0 besteht nur, wenn $LB_0 = - KB_0$. $KB_0$ wird nur beim Zinssatz $i_0$ erreicht. Also besteht Zahlungsbilanzausgleich im Punkt A. Auch der Punkt B repräsentiert eine i-Y-Kombination mit Zahlungsbilanzausgleich. Alle Kombinationen des Zahlungsbilanzausgleichs werden durch die Z-Kurve wiedergegeben.

| **Kurve des Zahlungsbilanzausgleichs (Z-Kurve)** |
| --- |
| Die *Z-Kurve* ist im i-Y-Diagramm der geometrische Ort aller Kombinationen von i und Y, bei denen Zahlungsbilanzausgleich (Z = 0) besteht. |

Bei der Kombination $i_0/Y_1$ (Punkt C) liegt damit kein Zahlungsbilanzausgleich vor. Das höhere Einkommen $Y_1$ würde einen niedrigeren Außenbeitrag $LB_1$ bedingen. Zur Erreichung von Z = 0 müsste also entweder bei konstantem $Y_1$ der Zins steigen oder bei konstantem Zins $i_0$ das Einkommen auf $Y_0$ sinken. $LB_1 < - KB_0$ bedeutet, dass die Kapitalexporte größer sind als der Außenbeitrag. Anders formuliert: Im Punkt C ist die Devisennachfrage größer als das Angebot; die Zahlungsbilanz ist defizitär ($Z < 0$). Hieraus folgt unmittelbar, dass alle Kombinationen von i und Y rechts (bzw. unterhalb) der Z-Kurve ein Zahlungsbilanzdefizit, alle Kombinationen links (bzw. oberhalb) der Z-Kurve einen Zahlungsbilanzüberschuss ($Z > 0$) anzeigen (vgl. Abb. 12.7-4a).

**Abb. 12.7** Ableitung der Z-Kurve und Zonen der unausgeglichenen Zahlungsbilanz

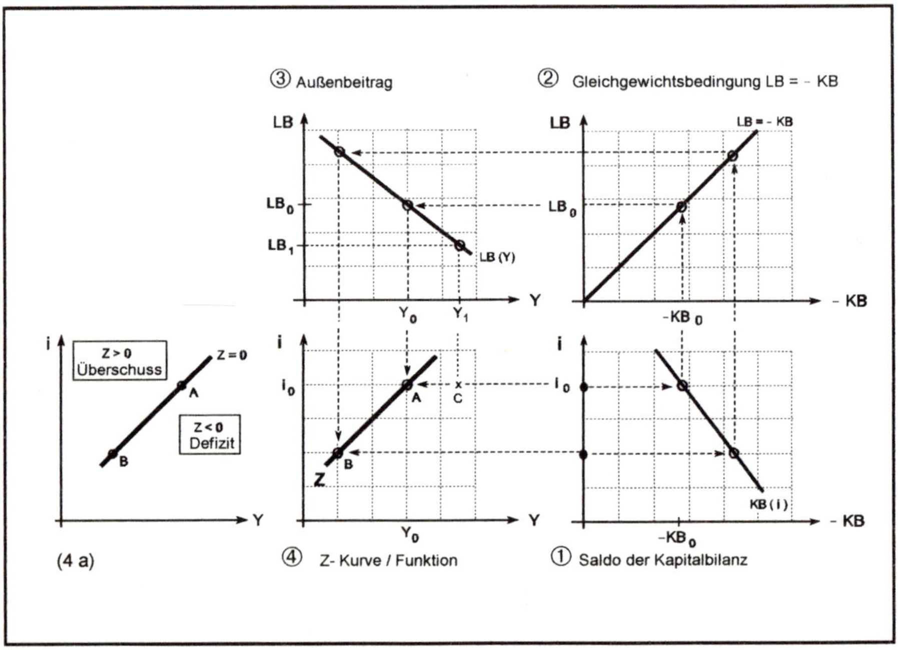

Die Steigung und die Lage der Z-Kurve werden von mehreren Parametern beeinflusst. Die **Steigung** hängt entscheidend vom Ausmaß der **internationalen Kapitalmobilität** ab (vgl. Abb. 12.8). Je größer die Kapitalmobilität ist, desto schneller reagieren die Kapitalströme auf selbst kleine Zinssatzdifferenzen. Die Kurve KB(i)

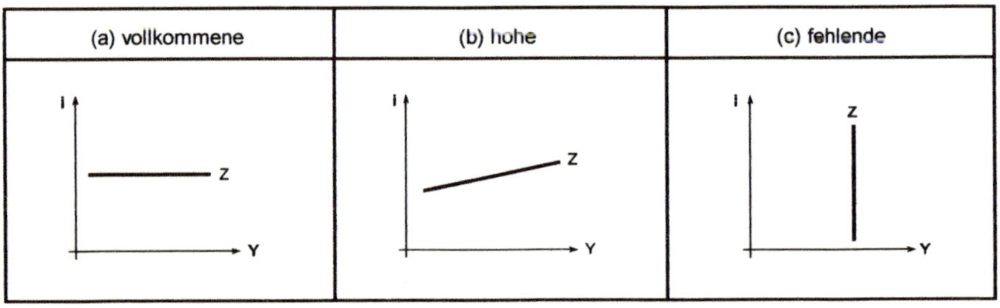

**Abb.12.8** Steigung der Z-Kurve in Abhängigkeit von der Kapitalmobilität

wird dann immer flacher. Im Extremfall vollständiger Kapitalmobilität wird die Z-Kurve daher eine Parallele zur Y-Achse. Es existiert ein einheitlicher Weltzinssatz. Im umgekehrten Extremfall fehlender Kapitalmobilität verläuft die Z-Kurve dagegen senkrecht. Heute ist davon auszugehen, dass die Kapitalmobilität recht hoch ist, so dass die Kurve ziemlich flach verläuft.

Die Lage der Z-Kurve verschiebt sich, wenn sich c.p. der Auslandszinssatz $i_{AL}$ ändert, das Auslandseinkommen $Y_{AL}$, der Wechselkurs e und die Terms of Trade (tot). Unter Verwendung des in Abb. 12.7 vorgeführten Schemas können die jeweiligen Wirkungen auf die Lage der Z-Kurve leicht abgeleitet werden. Auf die Wiedergabe dieser Ableitungen wird hier verzichtet. In Abb. 12.9 sind die Ergebnisse eingetragen.

**Abb. 12.9** Der Einfluss von Parameteränderungen auf die Lage der Z-Kurve

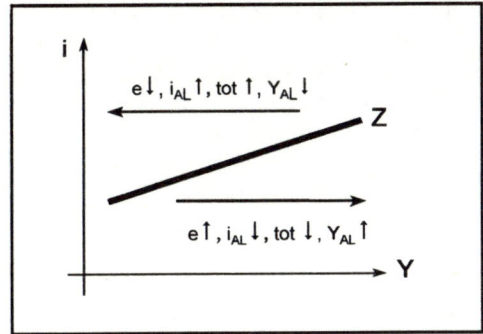

Eine **Verschiebung nach links** ergibt sich bei einer
- Abwertung der ausländischen Währung (Wechselkurs e fällt);
- Zunahme des Auslandszinssatzes $i_{AL}$;
- Verbesserung der Terms of Trade;
- Senkung des Auslandseinkommens.
Eine **Verschiebung nach rechts** ergibt sich bei Umkehrung der eben genannten Argumente.

Obwohl eine Verschiebung nach links (rechts) optisch auch einer Verschiebung nach *oben (unten)* entspricht, ist es methodisch eigentlich nur korrekt, von Links- bzw. Rechtsverschiebungen zu sprechen. Nur so wird nämlich deutlich, dass sich z.B. eine vollkommen zinselastische (= waagerechte) Z-Kurve gegebenenfalls in sich selbst verschiebt.

## 12.5. Gütermarkt-Geldmarkt-Gleichgewicht und Zahlungsbilanzkurve bei Preisniveaukonstanz

### 12.5.1. Vorbemerkung

Die Z-Kurve erlaubt eine unmittelbare Kombination mit dem wichtigen Instrument der binnenwirtschaftlichen (internen) Gleichgewichtsanalyse, dem IS-LM- Schema. Die Kombination von IS-LM-Schema mit der Z-Kurve als außenwirtschaftlichem

Analyseinstrument stellt eine Erweiterung des nachfrageorientierten keynesianischen Ansatzes dar. Der Ansatz ist auch insofern keynesianisch, als in dem hier zunächst vorgestellten Modell Preisniveaueinflüsse nicht auftreten; es wird **Preisniveaukonstanz** unterstellt. Bei der Anwendung des IS-LM-Schemas im Rahmen der Außenwirtschaftslehre ist zu beachten, dass dann in die IS-Kurve - entsprechend Kap. 6.6.2 - auch die Ex- und Importe eingehen. (Deshalb wird diese erweiterte IS-Kurve manchmal auch als IXSM-Kurve bezeichnet.)

Gütermarkt-Geldmarkt-Gleichgewicht und Zahlungsbilanzausgleich müssen nicht zusammenfallen. Die Zahl der theoretisch möglichen Kombinationen von IS-, LM- und Z-Kurve ist recht groß. Sie wird von drei Aspekten bestimmt:
a) dem Verlauf der IS-Kurve (die vom Extremfall einer senkrechten Kurve bis zu einem sehr flachen Verlauf reichen kann);
b) der Elastizität der LM-Kurve;
c) der Steigung der Z-Kurve (die vom Grad der Kapitalmobilität abhängt).

Zusätzlich ist das jeweils realisierte Wechselkurssystem in die Betrachtung einzubeziehen. Je nach gewählter Kombination können dann Ergebnisse unterschiedlich ausfallen. Es ist hier aber nicht möglich, alle Varianten zu diskutieren. Man darf daher nicht vergessen, dass die Schlussfolgerungen nur für das dargestellte Modell, aber nicht unbedingt auch für andere Situationen gelten. Gewählt wird hier die folgende Situation:
- normal geneigte IS-Kurve;
- relativ flach verlaufende Z-Kurve;
- die Steigung der LM-Kurve ist größer als die der Z-Kurve.

### 12.5.2. Fixe Wechselkurse

Unter der Voraussetzung eines konstanten Preisniveaus sei zunächst der Fall **fixer Wechselkurse** diskutiert. Abb. 12.10-a beschreibt einen Zahlungsbilanzüberschuss, 12.10-b ein Defizit. Bei einem fixen Wechselkurs können die Punkte $A_0$ und $B_0$ durchaus eine gewisse Zeit Bestand haben, nämlich so lange, wie es der Zentralbank gelingt, die Geldmenge konstant zu halten (Neutralisierungspolitik). Dies setzt voraus, dass im Fall $A_0$ die Zentralbank mit einer kontraktiven Politik Erfolg hat, die die aus dem Devisenumtausch resultierende ständige Geldvermehrung neutralisiert.

Im Fall $B_0$ kann möglicherweise zunächst auf Devisenreserven zurückgegriffen werden. Nach deren Aufbrauchen könnte sich die Zentralbank eventuell neue Reserven durch Kreditaufnahme (z.B. beim Währungsfonds) verschaffen. Die aus der Devisenabgabe resultierende stetige Geldmengenabnahme muss dabei allerdings ebenfalls kompensiert werden. Auf lange Sicht dürften sich in beiden Situationen für eine Neutralisierungspolitik seitens der Zentralbank Schwierigkeiten ergeben.

Verzichtet die Zentralbank auf kompensierende Maßnahmen oder gelingen ihr diese nicht, ist langfristig ein Gesamtgleichgewicht von IS, LM und Z zu erwarten. Im Fall des Gütermarkt-Geldmarkt-Gleichgewichts bei $Z > 0$ (Abb. 12.10-a) wird die stetige Geldmengenvermehrung zu einer Rechtsverschiebung von LM führen. Der

**Abb. 12.10** Gütermarkt-Geldmarkt-Gleichgewicht und Zahlungsbilanzausgleich bei fixem Wechselkurs

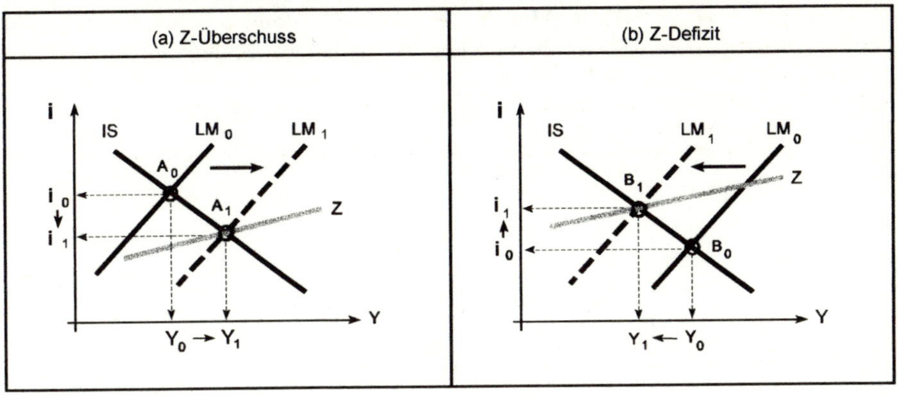

Anpassungsprozess erfolgt dabei entlang der IS-Kurve, da diese unverändert bleibt. Langfristig wird der Punkt $A_1$ zum Gesamtgleichgewicht; der (Inlands-)Zins wird gesunken, das Einkommen gestiegen sein.

Umgekehrt wird im Fall des Defizits (Abb. 12.10-b) die Geldmengenabnahme zu einer Linksverschiebung von LM führen. Im Punkt $B_1$ (höherer Zins, niedrigeres Einkommen) wird sich das langfristige Gleichgewicht einstellen.

## 12.5.3 Flexible Wechselkurse

Bei *flexiblen Wechselkursen* nimmt die Zentralbank nicht am Devisenmarkt teil; daher entfällt der aus der Außenwirtschaft stammende Einfluss auf LM. LM bleibt somit konstant, während sich Z-Kurve und IS-Kurve verschieben. Der Ausgleichsmechanismus sei anhand eines Beispiels beschrieben (vgl. Abb. 12.11). In der Ausgangssituation liege mit $i_1 / Y_0$ (Punkt A) ein Gütermarkt-Geldmarkt-Gleichgewicht bei Zahlungsbilanzausgleich vor. Nun wird im Inland eine expansive Fiskalpolitik betrieben. Der ursprüngliche Fiskalimpuls würde die IS-Kurve nach rechts bis $IS_1$ verschieben.

Nun treten jedoch zwei Effekte gleichzeitig auf, die den ursprünglichen Fiskalimpuls abschwächen:
1. Der Anstieg des Volkseinkommens bewirkt über die einkommensabhängigen Importe, dass sich IS nicht so weit nach rechts verschiebt wie ohne diese einkommensabhängigen Importe.
2. Der Anstieg der Importe löst eine Mehrnachfrage nach Devisen aus.
3. Durch den Fiskalimpuls steigt der (heimische) Zinssatz. Dieser Zinsanstieg führt - bei zunächst konstantem Wechselkurs - zu einer Zunahme der Kapitalimporte.

Mehrangebot und Mehrnachfrage nach Devisen werden Auswirkungen auf den Wechselkurs haben. Die Veränderung des Wechselkurses hängt davon ab, ob die Mehrnachfrage nach Devisen aus wachsenden Importwünschen größer oder kleiner ist als das Mehrangebot, das aus den (von den steigenden Zinsen induzierten) zusätzlichen Kapitalimporten resultiert. Im vorliegenden Beispiel wird davon ausgegangen, dass das Mehrangebot größer ist als die Mehrnachfrage; dann ist mit einer Aufwertungstendenz (der heimischen Währung) zu rechnen.

**Abb. 12.11** Gütermarkt-Geldmarkt-Gleichgewicht und Zahlungsbilanzausgleich bei flexiblem Wechselkurs

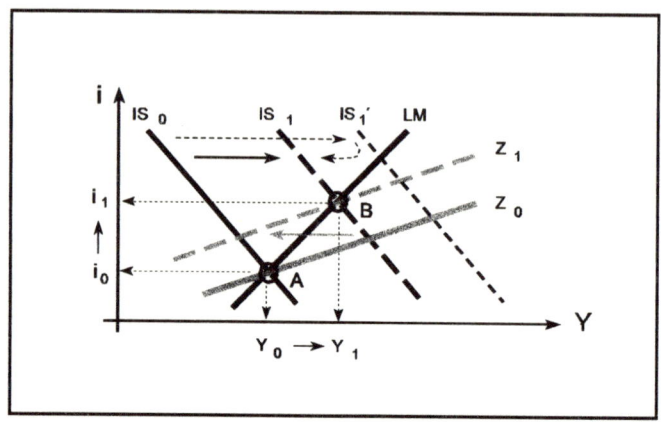

Wechselkursänderungen bewirken aber nun ihrerseits Verschiebungen von IS (zur ausführlichen Begründung vgl. z.B. Siebert; 1984; S. 247 ff.). So lassen z.B. Aufwertungen IS nach links wandern, weil ein fallender Wechselkurs (= Aufwertung der heimischen Währung) für das Ausland die heimischen Exporte verteuert. Als Gesamtwirkung eines Fiskalimpulses ist somit unter den angenommenen Bedingungen davon auszugehen, dass der ursprüngliche Fiskalimpuls import- und wechselkursbedingt teilweise durch eine gegenläufige Bewegung kompensiert wird: Die IS-Kurve wandert nicht bis $IS_1'$, sondern nur bis $IS_1$.

In B ist mit einem höheren Zins $i_1$ und einem höheren Einkommen $Y_1$ ein neues Gleichgewicht zwischen IS, LM und Z erreicht. Dieses Gleichgewicht stellt sich jedoch bei einem niedrigeren Y-Niveau als in einer geschlossenen Volkswirtschaft ein. Das genaue Ausmaß der Verschiebungen von IS- und Z-Kurve kann allerdings ohne Kenntnis der Parameter nicht angegeben werden. Eindeutig ist jedoch, dass das *neue Gleichgewicht B* nur *auf der alten LM-Kurve* und unter den gegebenen Bedingungen nur *oberhalb von A* liegen kann. Es lässt sich im Übrigen zeigen, dass der Fiskaleffekt umso geringer ausfällt, je flacher die Zkurve verläuft. Im Extremfall vollkommener Kapitalmobilität (waagerechte Z-Kurve) verschiebt sich die Z-Kurve in sich selbst; der Fiskalimpuls würde jetzt gar keine Wirkung haben [vgl. Siebert (1984); S. 258].

Das kombinierte Gütermarkt-Geldmarkt- und Zahlungsbilanzgleichgewicht sollte übrigens nicht insofern fehlinterpretiert werden, dass nunmehr auch LB = 0 (und damit auch KB = 0) gelten müsste. Es wird nur gefordert, dass Z = 0 ist. Solange LB = - KB, die internationalen Kapitalströme als Folge der Zinssatzdifferenz also fließen, ist diese Bedingung gewährleistet. Allerdings - so betont Tichy - muss man sich darüber klar sein, dass Zahlungsbilanzgleichgewichte von der Form LB = - KB auf Dauer nicht stabil sind.  So sind z.B. im Fall eines Leistungsbilanzdefizits *ständige* Kapitalimporte nötig, die dann auch stetig steigende Zinszahlungen auslösen, die ihrerseits die Leistungsbilanz weiter passivieren. Letztlich erfordert Zahlungsbilanzausgleich daher auch eine ausgeglichene Leistungsbilanz (LB = 0) [vgl. Tichy (1995); S. 138].

Die bisherigen Ausführungen können den Eindruck erwecken, als resultierten außenwirtschaftliche Probleme ausschließlich daraus, dass ein System der fixen Kurse gewählt wurde; bei flexiblen Kursen kann schließlich nie Z ≠ 0 sein. Es darf aber nicht übersehen werden, dass die Kurse z.B. auch durch spekulative Vorgänge im Kapitelbereich beeinflusst werden. Auch Kursänderungserwartungen lösen internationale Kapitalströme aus, die dann ihrerseits die Kurse verändern. Die so veränderten Kurse verändern auch die Ex- und Importwerte, so dass Rückwirkungen auf die Leistungsbilanz - z.T. mit zeitlichen Verzögerungen - zu erwarten sind. Daher wird die Gefahr gesehen, dass stark schwankende Kurse den Außenhandel beeinträchtigen könnten und damit die Vorteile der internationalen Arbeitsteilung nicht voll zur Geltung kommen lassen könnten. In der Realität sind denn auch zeitweilige Eingriffe der Zentralbanken in den Devisenmarkt bei im Prinzip flexiblen Kursen („schmutziges Floating") immer mal wieder zu verzeichnen.

## 12.6. Internes und externes Gleichgewicht bei Preisniveaukonstanz

### 12.6.1.  Das Problem der Gleichzeitigkeit von internem und externem Gleichgewicht

In Kapitel 12.5 wurde gezeigt, dass - wenn auch gegebenenfalls nur langfristig - Tendenzen zu einem Gleichgewicht von IS, LM und Z bestehen. Zahlungsbilanzausgleich oder **externes Gleichgewicht** und IS-LM-Gleichgewicht müssen aber nicht bei Vollbeschäftigung realisiert sein. Nur wenn das IS-LM-Gleichgewicht zugleich ein Arbeitsmarktgleichgewicht ist, liegt binnenwirtschaftliches oder **internes Gleichgewicht** vor. Ein gesamtwirtschaftliches Gleichgewicht unter Einbeziehung des Außenwirtschaftssektors - also ein **internes und externes Gesamtgleichgewicht** - liegt damit nur dann vor, wenn alle Teilbereiche des Modells - Güter-, Geld- und Arbeitsmarkt sowie Zahlungsbilanz - im Gleichgewicht sind. Der Arbeitsmarkt wird allerdings üblicherweise im Rahmen des hier vorgestellten Modells nicht explizit aufgeführt. Vielmehr bedient man sich der - z.B. auch in Kap. 9.1 benutzten - Methode, ein Vollbeschäftigungseinkommen $Y_{VB}$ vorzugeben, auf dessen Herleitung jedoch zu verzichten.

Das Problem des gemeinsamen internen und externen Gleichgewichts ist damit letztlich zweifacher Natur. Erstens besteht (zumindest kurzfristig und bei festem Wechselkurs) die Möglichkeit des Auseinanderfallens von Gütermarkt-Geldmarkt-Gleichgewicht (IS-LM-Gleichgewicht) und Zahlungsbilanzausgleich (Punkte A und B in Abb. 12.12-a). Erreicht werden müsste aber nicht nur, dass der Schnittpunkt von IS und LM in Richtung auf Z wandert (z.B. Punkt C in Abb. 12.12-a), sondern zweitens auch noch auf der Z-Kurve in Richtung des Vollbeschäftigungspunktes G

(Abb. 12.12-b). Dieser Punkt G repräsentiert das interne und externe Gesamt-gleichgewicht.

**Abb. 12.12**   Alternative Kombinationen von Gütermarkt-Geldmarkt-Gleichgewichten, Zah-lungsbilanzausgleich und Vollbeschäftigung

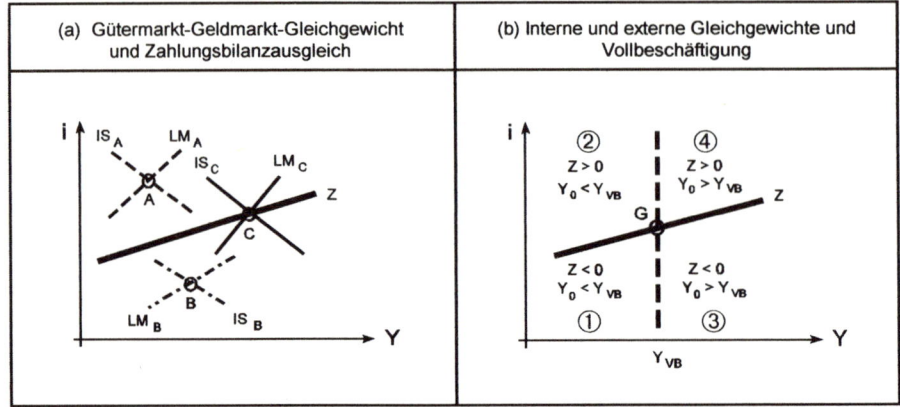

### 12.6.2.   Fiskal- und Geldpolitik zur Erreichung eines internen und externen Gesamtgleichgewichts bei Preisniveaukonstanz

### 12.6.2.1.   Fiskal- und Geldpolitik bei fixem Wechselkurs

In Abb. 12.12-b wurde das $i$-$Y$-Feld in vier Zonen eingeteilt, in denen jeweils unter-schiedliche Ungleichgewichtskombinationen vorliegen. Im Folgenden soll zunächst unter den Bedingungen des fixen Wechselkurses und unter Ausklammerung von Preisniveauveränderungen untersucht werden, welche Möglichkeiten in den vier Fäl-len (Abb. 12.13) in Frage kommen können, durch Geld- und / oder Fiskalpolitik das Gesamtgleichgewicht G anzusteuern.

Unterlässt die Zentralbank eine Neutralisierung der außenwirtschaftlich bedingten Geldmengenänderungen, so wird unter den Bedingungen des Modells der Schnitt-punkt von IS und LM langfristig auf die Z-Kurve fallen. Doch wäre zu erwägen, ob dieser Prozess nicht durch eine aktive Geldpolitik beschleunigt werden könnte. Be-trachtet man allein die Geldpolitik (also Konstanz von IS), so führt sie zwar zu einem Zahlungsbilanzausgleich, wirkt aber nur in den Fällen (1.2) und (2.1) auch im Sinne des Beschäftigungszieles; bei (1.1) und (2.2) wirkt sie aber diesem Ziel entgegen.

Eine alleinige Fiskalpolitik (Verschiebung von IS) zur Erreichung des Zahlungs-bilanzzieles würde - jedenfalls bei den hier zugrundegelegten Kurvenverläufen - sogar in allen vier Fällen dem Beschäftigungsziel widersprechen: Bei (1.1) würde die Wirtschaft in die Überbeschäftigung gelangen, bei (2.1) würde diese noch verstärkt. Bei (1.2) würde die Unterbeschäftigung zunehmen; bei (2.2) müsste IS so stark zu-

**Abb. 12.13** Geld- und Fiskalpolitik bei festem Wechselkurs zur Erreichung von internem und externem Gesamtgleichgewicht

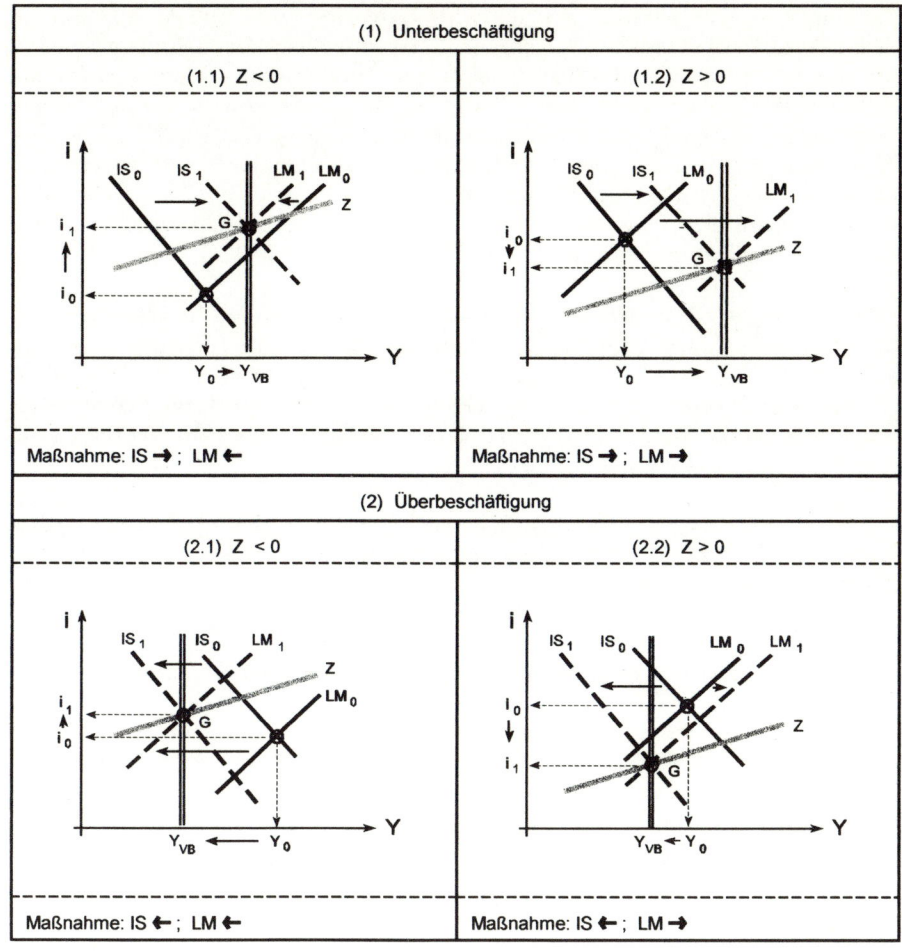

rückgehen, dass die Wirtschaft in die Unterbeschäftigung gelangen würde. Damit wird deutlich, dass in den vorliegenden Fällen weder eine alleinige Geldpolitik noch eine alleinige Fiskalpolitik geeignet wäre, gleichzeitig internes und externes Gleichgewicht anzusteuern. Nur durch eine **kombinierte Geld- und Fiskalpolitik** („policy-mix") könnte versucht werden, beiden Zielen gerecht zu werden.

**Situation (1.1)** erfordert Maßnahmen zum *Abbau* des Zahlungsbilanz*defizits*, also eine Zinssteigerung zur Anregung der Kapitalimporte und / oder eine Senkung des Einkommens zum Abbau des Importüberschusses. Andererseits soll die *Unterbeschäftigung beseitigt* werden. Zumindest bei dem hier zugrundegelegten Verlauf von IS und LM ist die Lage insofern unglücklich, als das Gesamtgleichgewicht nur bei einer **gleichzeitig expansiven Fiskalpolitik** (IS nach rechts) und einer **kontraktiven**

**Geldpolitik** (LM nach links) erreicht werden kann. Die erforderliche Einkommens-zunahme lässt die einkommensabhängigen Importe wachsen, damit würde c.p. die Zahlungsbilanz noch weiter verschlechtert. Daher muss die zum Abbau des Zah-lungsbilanzdefizits nötige Zinssteigerung, die zu vermehrten Kapitalimporten anrei-zen soll, verhältnismäßig hoch ausfallen. Diese Zinssteigerung erfordert wiederum eine ziemlich starke Rechtsverschiebung von IS (also einen hohen autonomen Ausgabenimpuls), da die Zinssteigerung die zinsunabhängige Güternachfrage tenden-ziell zurückgehen lässt. Der aus einer rein binnenwirtschaftlichen Betrachtung folgende Vorschlag, bei Unterbeschäftigung sowohl Fiskal- als auch Geldpolitik expansiv einzusetzen (vgl. Kap. 9.2), erweist sich in dieser außenwirtschaftlichen Lage ($Z < 0$) nicht als sinnvoll.

Die **Situation (2.2)** stellt sich im Grunde gleich dar, nur mit umgekehrten Vor-zeichen. Aus Zahlungsbilanzgründen ist hier eine Zinssenkung erforderlich. Für sich allein genommen würde diese aber die Güternachfrage in unerwünschter Weise anregen. Also ist neben der **expansiven Geldpolitik** eine **kontraktive Fiskalpolitik** notwendig, wodurch auch hier letztere stärker ausfallen muss, als wenn die Zah-lungsbilanz keine Rolle spielt.

In den **Situationen (1.2) und (2.1)** ist dagegen eine **gleichgerichtete Politik** angebracht. Deshalb fallen die Zinsänderungen hier auch im Vergleich zu den bei-den anderen Fällen geringer aus.

Was im Übrigen die Möglichkeiten und Probleme der Einflussnahme auf IS und/ oder LM betrifft, so ist an die Ausführungen in den Kapiteln 6-9 zu erinnern.

Ein Beitrag zum Abbau von Unterbeschäftigung und Zahlungsbilanzdefizit (Situa-tion 1.1) könnte auch durch das Ausland geleistet werden. Betreibt das Ausland eine expansive Politik, so werden durch das Wachstum des Auslandseinkommens die ausländischen Importe (= heimische Exporte) angeregt. Dies führt zu einer Rechts-verschiebung von IS **und** Z.

Neben den Maßnahmen der Geld- und Fiskalpolitik kommt bei langanhaltenden Zahlungsbilanzungleichgewichten auch die Auf- bzw. Abwertung in Frage. Im Fol-genden sei in Abb. 12.14 wiederum der Fall der Situation (1.1) - Punkt A - beispielhaft herausgegriffen. Bei Zahlungsbilanzdefizit ist eine Verschiebung der Z-Kurve nach rechts erforderlich, die durch eine **Abwertung** der *heimischen* Währung (steigender Wechselkurs e) erreicht wird (vgl. Abb. 12.9). Eine Wechselkursänderung wirkt indes - wie bereits früher erwähnt - auch auf die Lage von IS: Eine Abwertung verschiebt IS nach rechts zu $IS_1$. Es bildet sich ein Gleichgewicht zwischen IS, LM und Z im Punkt B. Die Wechselkurspolitik dient in diesem Fall auch dem Beschäftigungsziel. Allerdings wäre in diesem Beispiel noch zusätzliche expansiv wirkende Binnenpolitik - insbesondere Geldpolitik - nötig, um den Punkt des internen und externen Gesamtgleichgewichts G zu erreichen.

**Abb. 12.14**  Abwertung bei Unterbeschäftigung und Zahlungsbilanzdefizit

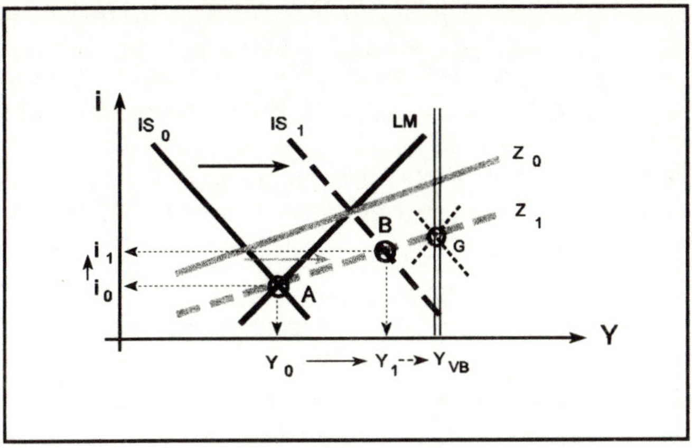

## 12.6.2.2.  Geld- und Fiskalpolitik bei flexiblem Wechselkurs

Die soeben behandelten Wirkungen einer Abwertung leiten direkt über zum Problem des Gesamtgleichgewichts bei flexiblen Kursen. Der Unterschied liegt nur darin, dass im System fixer Kurse (a) Kursänderungen von den dafür zuständigen Institutionen beschlossen werden und meistens nur selten vorgenomen werden, (b) es schwierig ist, den richtigen Kurs, also den (langfristigen) Gleichgewichtskurs, zu treffen.

Im System flexibler Kurse treten Zahlungsbilanzsalden nicht auf. Die IS-LM-Gleichgewichte liegen daher immer auf der Z-Kurve. So erübrigt sich zwar der Einsatz wirtschaftspolitischer Instrumente zum Abbau von Zahlungsbilanzungleichgewichten; aber auch bei flexiblen Wechselkursen ist nicht gesichert, dass zugleich internes Gleichgewicht, also Vollbeschäftigung, herrscht. Daher ist zu überlegen, welche wirtschaftspolitischen Instrumente im Fall flexibler Kurse geeignet sein könnten, die Wirtschaft in Richtung Vollbeschäftigung zu lenken. Dabei wird hier nur der Fall der Unterbeschäftigung behandelt.

Die Auswirkungen einer **expansiven Fiskalpolitik** sind bereits vorn (Kap. 12.5.3; Abb. 12.11) geschildert worden. Dort wurde deutlich, dass ein staatlicher Ausgabenimpuls in seiner Wirkung geschwächt wird durch steigende Importe, die sowohl aus dem wachsenden Einkommen als auch aus der Aufwertungsbewegung herrühren. Insgesamt wird die Wirkung auf das Einkommen umso geringer, je flacher die Z-Kurve verläuft, je stärker also die internationale Kapitalmobilität ist. Die Fiskalpolitik verliert dann immer mehr an Bedeutung im Hinblick auf den Abbau einer Unterbeschäftigung.

Eine **expansive Geldpolitik** drückt sich in einer Rechtsverschiebung von LM aus. Dadurch wird eine Zinssenkung ausgelöst, die die zinsabhängige Nachfrage ausweitet und damit das Einkommen wachsen lässt. Das wachsende Einkommen lässt die einkommensabhängigen Importe ansteigen und damit die Devisennachfrage.

Die Zinssenkung bremst die Kapitalimporte und regt die Kapitalexporte an, so dass auch von daher die Devisennachfrage steigt. Die steigende Devisennachfrage führt zu einer Abwertungsbewegung (der heimischen Währung). Dadurch verschieben sich sowohl die Z-Kurve als auch die IS-Kurve nach rechts, allerdings Z mehr als IS. Im Gegensatz zur Fiskalpolitik, in der die Aufwertungstendenz dem Expansionseffekt entgegenwirkt, wird hier der Effekt der expansiven Geldpolitik durch die von der Abwertung ausgehende Rechtsverschiebung von IS noch unterstützt. Die Geldpolitik ist somit unter den Bedingungen des Modells tendenziell wirkungsvoller als die Fiskalpolitik.

**Abb. 12.15** Expansive Geldpolitik bei flexiblen Wechselkursen

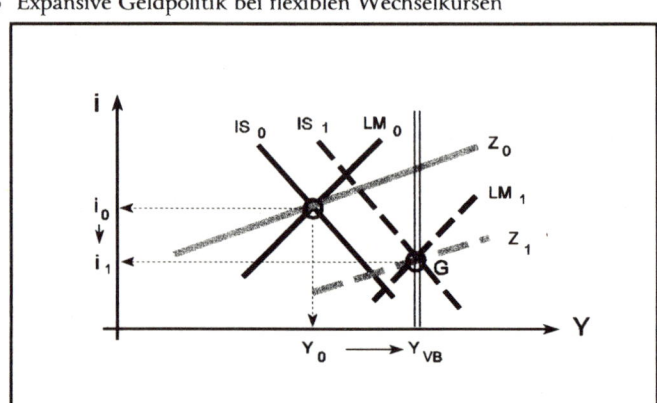

Es wurde bereits betont, dass die hier gewonnenen Ergebnisse nicht ohne weiteres für die praktische Wirtschaftspolitik nutzbar gemacht werden können. Trotz des Schwierigkeitsgrades der vorgestellten Modelle muss man sich bewusst sein, dass es sich noch immer um relativ einfache Modelle handelt. So wurden u. a. Rückwirkungen des Auslands auf das Inland ausgeschlossen, das Preisniveau wurde als konstant angenommen, die für Wechselkursschwankungen mitverantwortlichen, auf Kurs-*erwartungen* beruhenden spekulativen Kapitalbewegungen wurden nicht berücksichtigt. Die Analyse derart komplexer Beziehungen kann jedoch hier nicht vorgenommen werden; sie muss der Speziallitteratur der Außenwirtschaftslehre vorbehalten bleiben. Allerdings soll zum Abschluss doch noch eine Modellerweiterung vorgestellt werden: die Berücksichtigung von Preisniveaueinflüssen. Hier bietet sich nämlich eine gute Kombinationsmöglichkeit mit den in Kap. 11 für die geschlossene Volkswirtschaft abgeleiteten gesamtwirtschaftlichen Angebots- und Nachfragekurven.

### 12.6.2.3. Fiskal- und Geldpolitik in einem einheitlichen Währungsraum

Seit Gründung der EWU stellt sich die Fiskal- und Geldpolitik der an der EWU beteiligten Staaten in einem neuen Licht dar. Eine *nationale* Geldpolitik zur Erreichung binnenwirtschaftlicher Ziele ist nicht mehr möglich. Übernationale Geldpolitik kann nur eingesetzt werden, wenn alle Mitgliedsländer eine gleichartige Konjunktursituation zeigen. Nationale Fiskalpolitik ist jedoch weiterhin möglich. Um die

Wirkungen einer nationalen Fiskalpolitik und einer übernationalen Geldpolitik auf die nationalen Volkswirtschaften abzuschätzen, bedarf es daher modifizierter theoretischer Ansätze. Ein grundlegendes, gut verständliches Modell zu diesem Problemkreis (dessen Lektüre empfohlen wird) wurde von Carlberg (1999) vorgelegt. Einige wichtige Aspekte dieses Modells sollen hier wiedergegeben werden.

Dieses Modell geht von *zwei* in einer Währungsunion verbundenen Staaten (Deutschland und Frankreich) aus, die dem „Rest der Welt" gegenüberstehen. Gegenüber Letzterem besteht ein flexibler Wechselkurs. Im Gütermarktbereich wird berücksichtigt, dass die in der Währungsunion verbundenen Staaten besonders intensiv Handel treiben. Die jeweilige Höhe der nationalen Einkommen der in der Währungsunion verbundenen Staaten ist - durch die Ex- und Importe in den jeweils anderen Staat - wechselseitig voneinander abhängig. [Insofern sind implizit auch Elemente des Einkommensmechanismus (Übersicht 12.6) enthalten.] Die Gleichgewichtseinkommen beider Staaten können daher nur *simultan* bestimmt werden. Die Exporte in den Rest der Welt werden als abhängig vom (flexiblen) Wechselkurs gesehen, der seinerseits von den Güter- und Geldmarktbedingungen abhängt und dessen Höhe somit ebenfalls eine im Modell zu bestimmende Größe ist.

Der Geldmarkt ist sehr einfach modelliert: Es gibt ein von der Europäischen Zentralbank für das Währungsgebiet bestimmtes autonomes Geldangebot M. Die Geldnachfrage in beiden Staaten besteht nur aus Geldnachfrage zu Transaktionszwecken. Zinseffekte sind ausgeklammert.

Im Gesamtsystem werden (bei gegebenen Verhaltensparametern) die drei Größen *deutsches Einkommen, französisches Einkommen* und der *Wechselkurs der Währungsunion* gegenüber dem Rest der Welt simultan bestimmt. Wenn auch das Modell sehr einfach strukturiert ist, lassen sich mit ihm doch bestimmte Wirkungsrichtungen aufzeigen, die bei der Anwendung von nationaler Fiskalpolitik und übernationaler Geldpolitik zu beachten sind. Die Ergebnisse der Modellanalyse auf das jeweilige nationale Einkommen sind in Übersicht 12.16 zusammengestellt.

**Übersicht 12.16**  Wirksamkeit von Geld- und Fiskalpolitik in der Währungsunion nach dem Carlberg-Modell

|  | Einkommenswirkung in D | Einkommenswirkung in F |
|---|---|---|
| expansive Fiskalpolitik in D | expansiv; relativ gering | kontraktiv; relativ groß |
| gleichartige expansive Fiskalpolitik in D und F | keine | keine |
| Investitionsrückgang in D | kontraktiv | expansiv |
| Zunahme des Geldangebots | expansiv | expansiv |
| Zunahme der Geldnachfrage | kontraktiv | kontraktiv |

Quelle: Carlberg (1999; S. 1658 f.)

Carlbergs Fazit lautet daher (Carlberg 1999; S. 1660):
„Die Fiskalpolitik in Deutschland und Frankreich ist im allgemeinen nicht in der Lage, die Vollbeschäftigung in Deutschland und Frankreich herbeizuführen. Das gleiche gilt für die Geldpolitik in der Währungsunion. Erforderlich ist deshalb eine Kombination von Geldpolitik und Fiskalpolitik. In diesem Sinne sollte die makroökonomische Politik zwischen der Europäischen Zentralbank, der deutschen Regierung und der französischen Regierung koordiniert werden."

## 12.7 Internes und externes Gleichgewicht bei variablem Preisniveau

### 12.7.1. Die Kurve des Zahlungsbilanzausgleichs im P-Y-Koordinatensystem

Die bisherige Analyse stand unter der Prämisse eines konstanten Preisniveaus. Nunmehr muss noch diskutiert werden, ob und gegebenenfalls welche Modifikationen erforderlich sind, wenn diese Prämisse aufgegeben wird zugunsten der eines variablen Preisniveaus.

Als analytisches Hilfsmittel dient auch hier eine Kurve des Zahlungsbilanzausgleichs. Auch diese Kurve wird oft als Z-Kurve bezeichnet; zur Vermeidung von Verwechslungen gegenüber der Kurve des Kap. 12.2.3 soll sie hier aber $Z_P$-Kurve genannt werden.

> Die $Z_P$-Kurve stellt alle Kombinationen von Preisniveau P und Realeinkommen Y dar, bei denen Zahlungsbilanzausgleich (Z = 0) herrscht.

Die $Z_P$-Kurve verläuft in einem P-Y-Koordinatensystem von links oben nach rechts unten. Dieser Verlauf lässt sich - unter Ausklammerung des Kapitalverkehrs - wie folgt begründen (vgl. Abb. 12.17): Der Punkt $A_0$ bezeichne eine Situation des Zahlungsbilanzausgleichs. Bei konstantem Preisniveau $P_0$ lässt eine Erhöhung des Realeinkommens auf $Y_1$ die Importe ansteigen und verschlechtert daher die Leistungsbilanz (= lässt den Außenbeitrag sinken). Die Zahlungsbilanz würde defizitär (Z < 0). Um den Importüberschuss abzubauen, müsste bei gegebenem Wechselkurs das inländische Preisniveau niedriger werden, denn so würden die heimischen Güter für

**Abb.12.17** Zahlungsbilanzausgleich bei variablem Preisniveau - die $Z_P$-Kurve

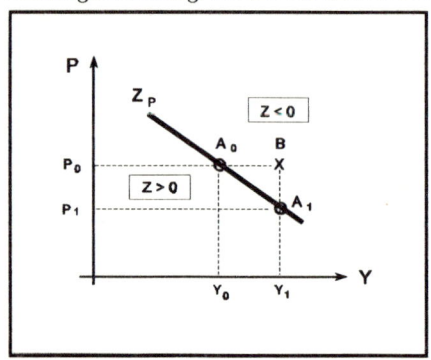

die Ausländer (die Exporte) attraktiver. Ein neues Gleichgewicht könnte bei $A_1$ (höheres Realeinkommen, niedrigeres Preisniveau) liegen. Allerdings gilt diese Ableitung nur, wenn Ex- und Importe genügend preiselastisch reagieren. Entsprechend würde eine Senkung des Preisniveaus bei konstantem Einkommen $Y_0$ die Exporte anregen und zu einem Zahlungsbilanzüberschuss führen.

Die $Z_P$-Kurve ist nur für einen bestimmten Wechselkurs und einen bestimmten Inlandszinssatz definiert. Senkungen des Wechselkurses (= Aufwertungen der heimischen Währung) lassen die $Z_P$-Kurve nach links wandern, entsprechend Abwertungen nach rechts. So lässt z.B. bei konstantem inländischen Preisniveau $P_0$ eine Abwertung die Exportgüter für die Ausländer billiger werden. Die Exporte nehmen zu und rufen einen Zahlungsbilanzüberschuss hervor. Dieser kann durch ein wachsendes Einkommen, das zusätzliche Importe anregt, reduziert werden. Die neue Gleichgewichtskurve könnte dann möglicherweise durch den Punkt B laufen.

Würde der hier sonst ausgeklammerte Kapitalverkehr berücksichtigt, dann würde die $Z_P$-Kurve auch durch Änderungen des (inländischen) Zinssatzes verschoben. Eine (relative) Zunahme des inländischen gegenüber dem ausländischen Zinsniveau würde zu vermehrten Kapitalimporten führen, so dass sich die Situation $A_0$ zu einem Zahlungsbilanzüberschuss verwandeln würde. Zum Ausgleich müssten die Importe durch ein größeres Einkommen wachsen. Die $Z_P$-Kurve würde sich demnach nach rechts (oben) verlagern.

### 12.7.2. Internes und externes Gesamtgleichgewicht bei fixem Wechselkurs und variablem Preisniveau

Gesamtgleichgewicht in einer offenen Volkswirtschaft liegt nur dann vor, wenn sich alle drei Kurven - nämlich $Y_A(P)$, $Y_N(P)$ und $Z_P$ - in einem Punkt G schneiden, der gleichzeitig auch das Vollbeschäftigungseinkommen $Y_{VB}$ darstellt (Abb. 12.18-a). Daneben sind zahlreiche Ungleichgewichtskombinationen möglich, die man analog

**Abb. 12.18**  Internes und externes Gesamtgleichgewicht und Zonen des Ungleichgewichts bei variablem Preisniveau

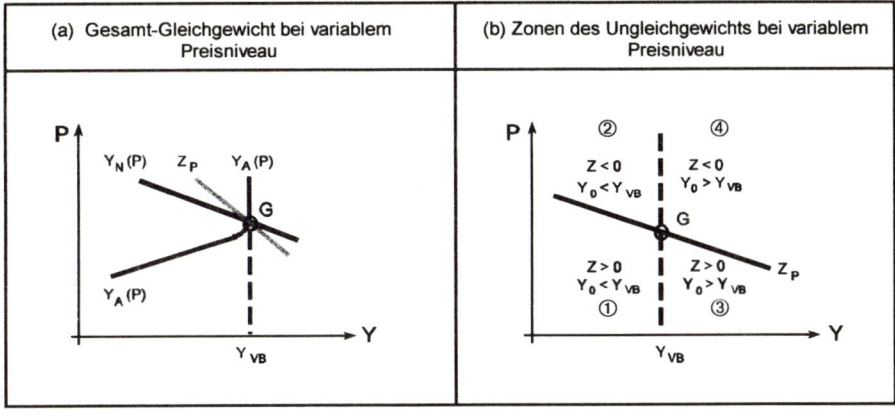

dem Vorgehen in Abb. 12.12-b ebenfalls in vier Bereiche einteilen kann (Abb. 12.18-b). Auch hier ist nun zu fragen, ob es bei Vorliegen einer Ungleichgewichts-situation automatische Tendenzen zu einem internen und externen Gesamt-gleichgewicht hin gibt oder ob ein Bedarf für wirtschaftspolitische Eingriffe besteht. Die Diskussion dieser Frage soll auf den *Bereich (2)* der Abb. 12.18-b beschränkt werden.

In der Tat könnte bei fixem Wechselkurs - ähnlich wie im Fall eines konstanten Preisniveaus (vgl. Kap. 12.5.) - in einem langfristig wirkenden Prozess mit einer automatischen Anpassung gerechnet werden, dem sog. **klassischen Anpassungs-prozess**. Dessen Verlauf wird wie folgt gesehen: Zur Stützung des Wechselkurses müsste die Zentralbank in der Defizitsituation ständig Devisen anbieten. Dieser Devisenverkauf würde die inländische Geldmenge vermindern. Die Abnahme der Geldmenge wird die Kurve der aggregierten Nachfrage $Y_N$ (P) nach links verschieben (vgl. Kap. 11.3). Die Kurve des aggregierten Angebots $Y_A$ (P) wird sich nach unten verschieben, weil wegen der Unterbeschäftigung Kosten und Löhne tendenziell sinken werden. Langfristig könnte so das interne und externe Gesamtgleichgewicht (Punkt G) erreicht werden (vgl. Abb. 12.19).

**Abb. 12.19**  Der „klassische Anpassungsprozess"

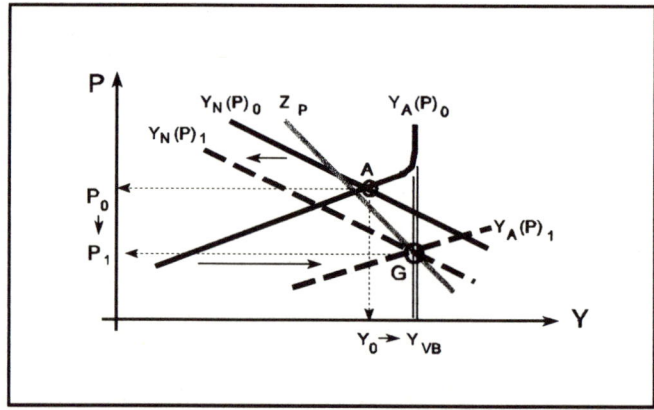

Dieser Anpassungsprozess funktioniert nur, wenn das Preisniveau und auch vor allem die Kosten und Löhne tatsächlich sinken. Ein sinkendes Preisniveau wider-spricht aber dem Ziel der Preisniveaustabilität. Ein sinkendes Preisniveau kann - wie bereits früher dargelegt - u.a. die Investitionsbereitschaft negativ beeinflussen und unerwünschte Verteilungswirkungen hervorrufen. Eine abnehmende Investitionsbe-reitschaft würde aber $Y_A$(P) nach links verschieben, so dass die erwartete Wirkung in Richtung auf G gar nicht einträte. Dieser Anpassungsprozess kann also - ab-gesehen von seiner Dauer und hier nicht diskutierten möglichen anderen Problemen - nicht als ein sehr sicherer Weg zum Gesamtgleichgewicht angesehen werden. Da-mit wären wiederum die Wirkungen dreier wirtschaftspolitischer Maßnahmen - einzeln oder kombiniert eingesetzt - zu erwägen: a) fiskalpolitische Eingriffe; b) geldpolitische Eingriffe; c) Wechselkursänderungen.

Anhand der Abb. 12.20 sollen nun die Eingriffsmöglichkeiten diskutiert werden. Es muss beachtet werden, dass fiskal- und geldpolitische Maßnahmen nur die gesamtwirtschaftliche **Nachfragekurve** $Y_N$ (P) berühren (wenn man davon absieht, dass z.B. Steueränderungen auch das gesamtwirtschaftliche Angebot beeinflussen können). Eine alleinige **expansive Fiskalpolitik** (Abb. 12.20-b) könnte zwar die Wirtschaft in Richtung des Punktes B bewegen und damit die Unterbeschäftigung abbauen. Aber das Defizit der Zahlungsbilanz würde zunächst größer, da die Importe mit steigendem Einkommen zunehmen. Allerdings wird bei gegebener Geldmenge durch expansive Fiskalpolitik i. d. R. auch der Inlandszins steigen, was die Kapitalimporte anregt. Die $Z_P$ - Kurve würde sich nach oben (rechts) verschieben; die Punkte B und C würden sich annähern. Ein Zusammenfallen beider Punkte ist auf diesem Wege jedoch nicht zu erwarten.

Eine alleinige **expansive Geldpolitik** (Abb. 12.20-c) könnte ebenfalls zu einer Rechtsverschiebung der $Y_N$(P)-Kurve führen. Die Zunahme der (nominellen) Geldmenge lässt den Zins sinken, wenn auch im Realwert durch das steigende Preisniveau nicht so stark wie bei konstantem Preisniveau. Ein sinkender Zins würde zwar die zinsabhängige Güternachfrage anregen und zu einem Einkommenswachstum führen können, aber die Zahlungsbilanz über ansteigende Kapitalexporte noch weiter

**Abb.12.20** Wirtschaftspolitische Maßnahmen zur Erreichung von internem und externem Gesamtgleichgewicht bei fixem Wechselkurs und variablem Preisniveau

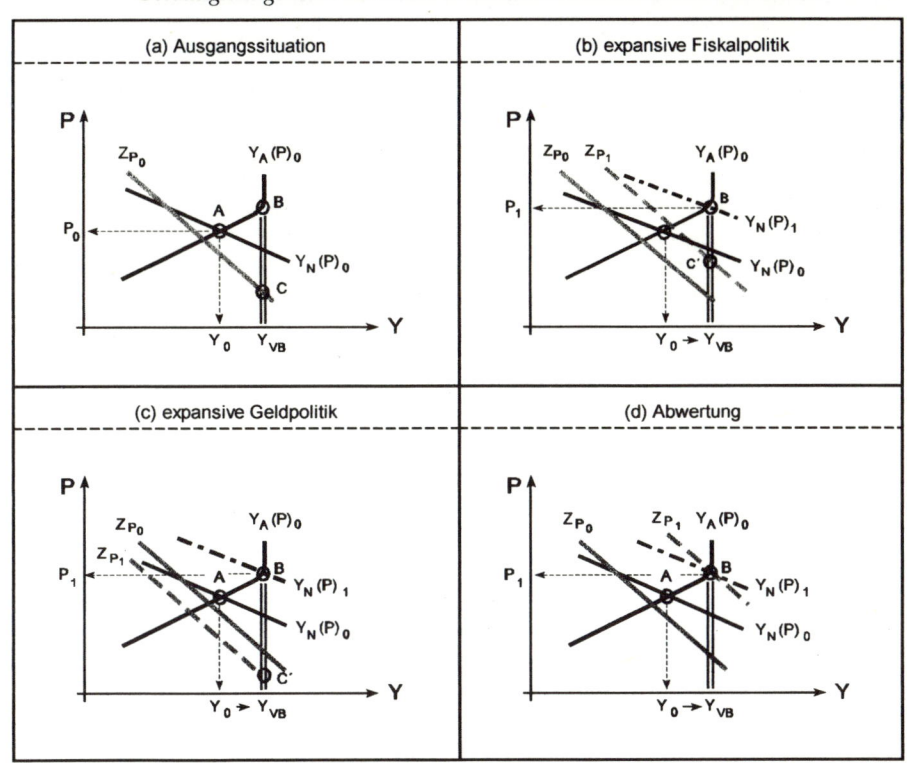

verschlechtern (die $Z_P$-Kurve würde sich nach links verschieben). Bei alleiniger Geldpolitik tritt also ein Zielkonflikt zwischen Beschäftigung und Zahlungsbilanzausgleich auf.

Daher wäre eine **kombinierte expansive Fiskalpolitik und kontraktive Geldpolitik** zu erwägen. Die kontraktive Geldpolitik müsste dann den Zinsanstieg durch
die Fiskalexpansion unterstützen. Allerdings müsste die Fiskalpolitik sehr stark
expansiv ausfallen, da sie den kontraktiven Effekt der Geldpolitik auf das Einkommen überkompensieren müsste.

Es ist deshalb zu fragen, ob in dieser Situation eine **Abwertung** ein geeigneteres
Instrument sein könnte. Durch die Abwertung (Abb. 12.20-d) wird das Inland gegenüber dem Ausland preisgünstiger; die $Z_P$-Kurve verschiebt sich nach rechts.
Gleichzeitig verschiebt sich $Y_N$ (P) nach rechts, da der Außenbeitrag größer wird. Unter der Voraussetzung einer konstanten $Y_A$ (P)-Kurve könnte die Abwertung in Richtung auf das interne und externe Gesamtgleichgewicht (Punkt B) führen. Es ist aber
nicht sicher, dass allein durch die Abwertung $Y_N$ (P) genügend weit nach rechts verschoben wird. Die Einkommensexpansion lässt nämlich unter den Bedingungen
dieses Modells auch das Preisniveau steigen. Damit wird der durch die Abwertung
erzielte Preissenkungseffekt für die Exportgüter gedämpft. Unterstützend käme daher am ehesten eine expansive Fiskalpolitik und eine jedenfalls nicht expansive Geldpolitik in Frage, da eine expansive Geldpolitik sonst wieder Zinssenkungstendenzen
auslösen könnte, die die Kapitalexporte anregen würden.

Schließlich ist auch noch zu bedenken, dass der hier zugrundegelegte Verlauf von
$Y_A$ (P) darauf zurückzuführen ist, dass die Nominallöhne hinter der Preisniveauentwicklung zurückbleiben (vgl. Kap. 11). Wird die Reallohnsenkung durch entsprechende gewerkschaftliche Lohnpolitik rückgängig gemacht, würde sich $Y_A$ (P) nach
oben verschieben, so dass die Erreichung von $Y_{VB}$ gefährdet wäre und zudem noch
weitere Preissteigerungstendenzen zu erwarten wären. Die Gefahr der Linksverschiebung von $Y_A$ (P) resultiert außerdem noch daraus, dass als Folge der Abwertung
die ausländischen Vorleistungen (Importe) teurer werden.

Im Übrigen hat sich gezeigt, dass die erwartete Verbesserung der Leistungsbilanz
als Folge einer Abwertung zumindest kurzfristig i.d.R. nicht eintrat. Vielmehr schlägt
die Verteuerung der Importe zunächst mehr zu Buche, so dass die Defizitsituation
zunächst noch verstärkt wird. Erst nach einiger Zeit wirkt die Abwertung (vgl. auch
Kap. 12.2.3). Da in diesem Fall die grafische Darstellung der zeitlichen Entwicklung
der Leistungsbilanz einem J ähnelt, spricht man auch vom **J-Kurven-Effekt** einer
Abwertung.

Obwohl Abwertungen zu einem Zahlungsbilanzausgleich beitragen können, sollte
auch bedacht werden, dass Abwertungen politisch nicht sehr erwünscht sind, da sie
als Ausdruck mangelnden Erfolgs einer Volkswirtschaft angesehen werden. In der
Praxis werden daher Abwertungen i. d. R. hinausgezögert. Sie müssen dann häufig
sehr stark sein; zudem regt eine erwartete Kursänderung die Spekulation an. Beides
wird die Probleme eher noch vergrößern.

Man kann somit schließen, dass selbst unter den vereinfachenden Bedingungen dieses Modells eine Abwertung zur Erreichung von internem und externem Gesamtgleichgewicht jedenfalls nicht als einfaches und alleiniges Mittel gelten kann.

Als letzter Problemkreis ergäbe sich die Analyse der Wirkungszusammenhänge von Realeinkommen und Preisniveau bei *flexiblen* Wechselkursen. Eine einigermaßen befriedigende Darstellung selbst nur der Grundlagen dieses Bereichs sprengt jedoch den Rahmen dieses Kapitels. Interessierte Leserinnen und Leser müssen daher auf die Spezialliteratur zur Außenwirtschaftstheorie verwiesen werden.

Bereits aus dieser kurzen Einführung in die Grundlagen der makroökonomischen Analyse offener Volkswirtschaften ist ableitbar, dass die aus den Modellen für geschlossene Volkswirtschaften gewonnenen Ergebnisse z.T. zu modifizieren sind. Bei der Übertragung von Modellergebnissen in die praktische Wirtschaftspolitik muss auch hier mit Vorsicht vorgegangen werden; es sollte nie vergessen werden, dass die Ergebnisse an die Modellvoraussetzung gebunden sind.

### Literaturhinweise zu Kapitel 12:

G. Blümle: Außenwirtschaftstheorie. Freiburg/Br. 1982 (7. und 8. Kap.)

G. Blümle, W. Patzig: Grundzüge der Makroökonomie. 3. Aufl. Freiburg/Br. 1993 (Kap. 2.2.5)

M. Carlberg: Geld- und Fiskalpolitik in der Währungsunion. WISU 12/1999. S. 1656 ff.

W. Cezanne: Grundzüge der Makroökonomik. 4. Aufl. München - Wien 1988 (8. Kap.)

E.-M. Claassen: Grundlagen der makroökonomischen Theorie. München 1980 (Kap. 12, 13)

G. Dieckheuer: Internationale Wirtschaftsbeziehungen. 2. Aufl. München - Wien 1991 (insb. Kap. C, D, F)

R. Dornbusch, S. Fischer, R. Startz: Macroeconomics. 7. Aufl. Boston/Mass. u. a. 1998 (Kap. 12 und 21)

S. Feuerstein, J. Siebke: Wechselkursunion und Stabilitätspolitik in einem einfachen keynesianischenModell. WISU 12/1987. S. 635 ff.

H.-J. Jarchow, P. Rühmann: Monetäre Außenwirtschaft. I Monetäre Außenwirtschaftstheorie. Göttingen 1982 (Dritter Teil)

H.-J. Jarchow: Geld- und Fiskalpolitik bei Wechselkursflexibilität. Ein vereinfachtes neoklassisches Makro-Modell. WiSt 9/1987. S. 441 ff.

O. Landmann: Löhne, Preise, Einkommen und Beschäftigung in der offenen Volkswirtschaft. In: Der Keynesianismus V. Makroökonomik nach Keynes. Hrsgg. von G. Bombach, H.-J. Ramser, M. Timmermann. Berlin- Heidelberg-New York-Tokyo 1984 (Insb. S. 117 ff.)

M. Lüdiger: Das Mundell-Fleming-Modell. WISU 2/1988. S. 74ff .

H. Majer: Makroökonomik. Theorie und Politik. Eine anwendungsbezogene Einführung. 3. Aufl. München - Wien 1988 (Kap. V)

F.-J. Rose: Der neue Europäische Wechselkursmechanismus. WISU 1/2000. S. 55 ff.

K. Rose: Theorie der Außenwirtschaft. 10. Aufl. München 1989 (Teil II)

H. Siebert: Außenwirtschaft. 3. Aufl. Stuttgart 1984 (Kap. 9, 11 - 13)

H.-P. Spahn: Makroökonomie. Theoretische Grundlagen und stabilitätspolitische Strategien. Berlin u.a.Orte 1996 (Kap. 4.1 und 4.2)

G. Tichy: Konjunkturpolitik. Quantitative Stabilisierungspolitik bei Unsicherheit. 3. Aufl. Berlin u.a. Orte 1995

P.J.J. Welfens, N. Theis: Auswirkungen von Makropolitik - Eine kompakte Präsentation. WISU 7/1999; S. 991 ff.

# Register